グローバル化と憲法

超国家的法秩序との緊張と調整

山田哲史

弘文堂

グローバル化と憲法
——超国家的法秩序との緊張と調整

目次

初出一覧　vi

序　章··1

第1部　グローバル化時代における国内議会　　7

第1章　我が国における条約承認をめぐる議論··············9
　Ⅰ　「条約」の意義···9
　Ⅱ　条約承認の効果···11
　　1　事前の承認の場合　11
　　2　事後の承認の場合　11
　　3　条約の国内効力　13
　Ⅲ　条約承認権の内容──条約修正権の有無···········13
　　1　修正権肯定説　14
　　2　修正権否定説　15
　　3　折衷的解消へ　15
　Ⅳ　中間総括···17
　　1　従来の議論の傾向　17
　　2　近時の動向　18
　　3　以降の検討の方向性　20

第2章　ドイツにおける議会関与論···························22
　Ⅰ　出発点としての基本法59条·······························22
　　1　基本法59条1項　22
　　2　基本法59条2項　23
　Ⅱ　基本法59条2項の拡張可能性──ドイツにおける対外権概念·······31
　　1　導入──ドイツにおける問題意識　31
　　2　判例　32
　　3　学説　42
　Ⅲ　議会のコントロール···63
　　1　総論　63
　　2　決議の活用　65
　　3　議会関与早期化論　83
　　4　小括　97
　Ⅳ　中間総括···98

第3章　アメリカにおける議会関与論 … 100

I　アメリカ合衆国憲法における国際合意 … 101
1　基本的な制度の仕組み　101
2　実際の運用　104
3　学説による評価・問題の所在　118

II　ハサウェイの解決策とその検討 … 120
1　解決策の提示――ハサウェイによる再構成　120
2　検討　125
3　小括――ハサウェイの見解の妥当性　176

III　中間総括 … 177

第4章　ドイツ・アメリカの議会関与論の比較と我が国におけるその展望 … 179

I　独米の比較 … 179
II　我が国における展望 … 185
III　今後の課題 … 189
1　行政法的アプローチの深化　190
2　司法権ないし裁判所への着目　191

第2部　グローバル化時代における国内裁判所　193

第1章　問題の所在――国内裁判所のプレゼンス … 195

第2章　我が国における国際法の国内適用 … 199

I　直接適用あるいは自動執行性 … 199
1　判例・裁判例　200
2　学説　210
3　まとめ　225

II　国際法適合的解釈ないし間接適用 … 225
1　裁判例　227
2　学説と検討　243
3　まとめ　250

III　中間総括 … 252

第3章　アメリカにおける国際法の国内適用………253

Ⅰ　アメリカにおける「自動執行性」概念の展開………253
1. 沿革　253
2. 近時の学説　262
3. 2008年 Medellín 判決　289
4. まとめ　299

Ⅱ　アメリカにおける国内法の国際法適合的解釈………304
1. 沿革　304
2. 権力分立の理論としての Charming Betsy Canon?　314

Ⅲ　中間総括………351

第4章　ドイツ連邦共和国基本法における国際法親和性原則……352

Ⅰ　沿革………353
1. 基本法制定時における「開かれた国家」性　353
2. 学説による理論化──フォーゲルとブレックマン　357
3. 判例における受容と発展──再統一まで　362
4. 冷戦後の進展する欧州統合の中での展開　365
5. まとめ　366

Ⅱ　概念整理──「開かれた国家」性と国際法親和性の異同………367

Ⅲ　国際法親和性原則の根拠………368
1. 総説　368
2. 近時の学説による詳細な検討　370
3. まとめ　380

Ⅳ　国際法親和性原則の具体的内容………380
1. 総説　380
2. クノップの議論　384
3. 憲法の国際法親和的解釈──欧州人権法親和性原則という特殊形態?　401
4. ドイツにおける直接適用可能性の概念　410
5. 国際法親和性原則の限界　428

Ⅴ　中間総括………436

第5章　アメリカ・ドイツにおける国際法の国内適用論の比較と日本国憲法98条2項の意義の再考………441

Ⅰ　米独の比較………441

Ⅱ　日本国憲法98条2項の意義………445
1. 問題の所在　445
2. 日本国憲法98条2項の「原意」　447

3　98条2項解釈論の再構成　　455
　Ⅲ　日本における国際法の国内適用の再構成 …………………………458

第2部補論　国境を越える裁判所の「対話」と民主主義…………460
　Ⅰ　国境を越える裁判所の対話とは何か……………………………461
　Ⅱ　国際裁判所——その機能と限界……………………………463
　Ⅲ　国内裁判所——国際・外国判例の参照の意義と限界……………465
　　1　民主政の擁護者としての国内裁判所?　　467
　　2　規範的基礎づけの試み　　468
　　3　プラグマティックな正当化　　469
　Ⅳ　国内裁判所と国際裁判所の関係…………………………………472
　Ⅴ　再論——裁判所の「対話」とは何か……………………………473

終　　章……………………………………………………………475

あとがき　　479
事項・人名索引　　483
判例索引　　491

■初出一覧

序章 「グローバル化時代の議会民主政――ドイツにおける議論を参考にして――㈠」法学論叢172巻2号（2012年）82頁以下

第1部
　第1章・第2章 「グローバル化時代の議会民主政――ドイツにおける議論を参考にして――㈠～㈤・完」法学論叢172巻2号82頁以下～174巻2号102頁以下（2012～2013年）
　第3章 「国際的規範と民主政――アメリカ合衆国における議論を手がかりにして――」帝京法学29巻1号（2014年）223頁以下
　第4章 「グローバル化時代の議会民主政――ドイツにおける議論を参考にして――㈠～㈤・完」法学論叢172巻2号82頁以下～174巻2号102頁以下（2012～2013年）、「国際的規範と民主政――アメリカ合衆国における議論を手がかりにして――」帝京法学29巻1号（2014年）223頁以下の双方の一部より再構成

第2部
　第1章 書き下ろし
　第2章・第3章 「憲法問題としての国際的規範の『自動執行性』」帝京法学29巻1号（2014年）343頁以下、「国内法の国際法適合的解釈と権力分立――米国におけるCharming Betsy Canonの紹介を中心に――」岡山大学法学会雑誌65巻3・4号（2016年）924頁以下
　第4章・第5章 「ドイツ連邦共和国基本法における国際法親和性原則(1)・(2・完)」岡山大学法学会雑誌66巻1号（2016年）234頁以下・66巻2号（2016年）798頁以下
　補論 *International 'Dialogue' among Courts in Light of Democracy*, 45 Kangwon L. Rev. 211 (2015)
終章 書き下ろし

序　章

　国際化、グローバル化の時代であるといわれて久しい[1]。グローバル化というこの古くて新しい現象をめぐっては、「グローバル化」自体の定義が最も困難であるといっても過言ではない。しかし、ヒト・モノ・カネの国境を越えた交流が無視しえないほどに活発化していることは否定できず、付随して、様々な法的規範が実質的に国際的に形成されるようになってきている。例えば、経済や警察関係の多数国間条約の締結[2]のほか、国際機構の決議[3]や国際枠組におけるルール設定[4]を通じた国際的な規範形成、さらには(準)司法機関による「判例法」形成[5]など、枚挙にいとまがない。

　こういった国際的な規範形成の進展は、国際法の発展として肯定的に受け入れられることも多い。しかし、上記のような国際的なフォーラムにおける法形成を民主主義の観点からみた場合、「他国」の参加の下、しかも国際的

---

[1] グローバルな相互連関性が決して目新しい問題でないことについては、D. HELD, DEMOCRACY AND THE GLOBAL ORDER 18-20 (1995) [D. ヘルド (佐々木寛ほか訳)『デモクラシーと世界秩序』(NTT出版、2002年) 23-24頁] 等を参照。
[2] 一つ例を挙げれば、近時の児童ポルノ規制の進展は、児童の売買等に関する児童の権利条約選択議定書の批准に端を発している面がある。
[3] 例えば、国連の安全保障理事会決議1624は、テロ容疑者をリストアップし、その者の資金凍結等を行う措置を定めた。
[4] 例えば、主要国の中央銀行や金融機関の監督官庁の首脳が構成する、「バーゼル委員会」のルール形成は、世界的な影響力を有する。See, e.g., A.-M. SLAUGHTER, A NEW WORLD ORDER 36ff. (2004); S. WHEATLEY, THE DEMOCRATIC LEGITIMACY OF INTERNATIONAL LAW 264ff. (2010). 邦語文献では、神田秀樹「国際金融分野におけるルール策定」中山信弘編集代表／神田秀樹編『ソフトロー研究叢書第2巻 市場取引とソフトロー』(有斐閣、2009年) 7頁以下や原田大樹『公共制度設計の基礎理論』(弘文堂、2014年) 12-14頁を参照。さらに、国際的枠組における国際的規範形成一般については、「特集　国際社会におけるルール形成と国内法」法時84巻10号 (2012年) 4頁以下所収の諸論文も参照。
[5] 「判例法」形成については、世界貿易機関の紛争解決手続が重要である。これについては、小寺彰『WTO体制の法構造』(東京大学出版会、2000年) 特に87頁以下等を参照。この他、人権条約の個人通報制度や国際的な人権裁判所と民主的正統性の問題につき、S. Hamamoto, An Undemocratic Guardian of Democracy-International Human Rights Complaint Procedures, 38 VICTORIA U. WELLINGTON L. REV. 199 (2007) も参照。

フォーラムにおける国家の代表が主に官僚によって担われている状況の下で、従来国民代表たる議会に留保されていたはずの法形成が、他者による決定に服してはいないかという問題が浮かび上がってくる。これは「Democratic Deficit（民主主義の赤字[6]）」の問題であり、欧米では夙に活発な議論がなされているところである[7]が、我が国、ことに憲法学においては、EU の存在する欧州における論点であるとの認識にとどまり[8]、アクチュアルな問題として認識されているとは必ずしも言い難い。しかし、前述のように、国際的フォーラムにおける規範形成は、EU のような特殊な国際機構だけの問題ではない。実際には我が国にとってもすでにアクチュアルな問題であり、これについて真剣に考えるべき時が来ているのである。

　この問題に対処するために、国際レベルにおける民主主義の可能性を探ること、グローバル・デモクラシー論を参照することが有用であり、本来は必須である[9]。しかも、そこには、国内の民主政論の蓄積をもとに憲法学が貢献する余地もある[10]。しかしながら、グローバルなレベルにおける民主的正統性の創出が如何に行われるかという問題について、議論は発展途上である[11]。また、仮に民主的正統性の淵源たる demos が必要であるとされた場

---

(6)　「民主主義の赤字」ないし「デモクラシーの赤字」という訳語については批判も多く、「明白な誤訳」と呼ばれることもある（三島憲一「訳者解説　ヨーロッパ統合の深化へ向けて」世界 2012 年 11 月号 65 頁）。しかしながら、人口に膾炙した訳語になっていること、民主的正統性の面では欠損を抱えているが、その他の面で得るところもあるという意味で、赤字という表現も必ずしも不適切とは言い切れないとの認識から、本書ではあえて「民主主義の赤字」という訳語をあてている。

(7)　民主主義の赤字については、例えば、WHEATLEY, *supra* note 4, at 2-11 等を参照。邦語文献では、庄司克宏「国際機構の正統性と民主主義」同編『国際機構』（岩波書店、2006 年）207 頁以下等を参照。

(8)　日本における関心の薄さについては、齊藤正彰『国法体系における憲法と条約』（信山社、2002 年）8 頁を参照。なお、同『憲法と国際規律』（信山社、2012 年）175 頁以下［初出、2007 年］は、例外的にこの点について自覚的に議論している。また、佐藤幸治『憲法〔第 3 版〕』（青林書院、1995 年）149 頁は、夙に「法規的内容」をもつ条約の増加について触れていた。

(9)　グローバル・デモクラシー論を概観する邦語文献として、小田川大典ほか編『国際政治哲学』（ナカニシヤ出版、2011 年）第 III 部 153 頁以下［五野井郁夫＝芝崎厚士執筆部分］等がある。

(10)　国境を越える民主主義の可能性について憲法学の立場から概観する邦語文献として、例えば、大津浩「国境を超える民主主義」ジュリ 1378 号（2009 年）47 頁以下などを参照。

(11)　カール・シュミットは、「同質性」こそが民主主義の本質であるという。Siehe z.B. *C. Schmitt, Die geistesgeschichtliche Lage des heutigen Parlamentarismus*, 7. Aufl., 1991, S. 34 ［C. シュミット（樋口陽一訳）「現代議会主義の精神史的状況」長尾龍一編『カール・シュミット著作集 I』（慈学社出版、2007 年）61 頁］。かかる立場からは、民主的正統性の淵源として「同質性」を有する demos が必須となろう。近時の、特にグローバルな観点を視野に入れた見解においては、「同質性」を絶対的に要求する見解は少ないが、一定の「共通性」のようなものはどうしても求められる傾向にある。この点に関して、例えばグリム（*D. Grimm, Braucht Europa eine Verfassung?, JZ* 1995, S. 581ff.）とハーバマス（J. Habermas, *Remarks on Dieter Grimm's 'Does Europe Need a Constitution?'*, 1 EUR. L.J. 303

合、世界はおろか欧州単位であっても demos の想定が困難なことは多くの論者が共通して認める[12]。世界規模の demos を要求しないにしても、民主的な意思形成を支えるべき、世界規模の公共（圏）のようなものにどこまで現実味があるのかは不透明である[13]。この他にも、法規範形成過程への NGO の参加を通じた民主的正統化を唱える議論[14]なども見受けられるが、NGO といわゆる利益団体との差異は明確なものではない[15]。NGO の参加による民主的正統化を語ること、少なくともそれだけで足りると考えることは、ナイーブな印象論の域を出ないだろう[16]。

翻って、国家のプレゼンスというものはなお強いものがある。国際的な問題を考える場合も、国家が第1の基準点となっていることは否定し難い[17]。そうすると、国際的な規範を国内へと取り込む場面、あるいは国際的な規範を実際に適用する場面——なお、国際的な規範も実際に適用されるのは各国の国家機関を通じてであるのが一般である——で、各国で従来の民主政の枠組を維持・利用しつつ、グローバル化の下で要求される国際的協調の要請との調整を図ることによって、民主的正統性も確保する方策を探ることがなお

(1995)［J. ハーバーマス（高野昌行訳）『他者の受容』（法政大学出版局、2004年）181頁以下（「ヨーロッパに憲法は必要か」）］）との間でなされた、欧州の憲法をめぐる有名な論争がある。グリムは、一定の集団的アイデンティティが前提として必要であると主張（589頁以下）し、ハーバーマスはそれを批判し、民主的プロセスの中で生じるコミュニケーションを通じて社会統合はなされるのであって、集団的アイデンティティは民主政の前提ではないとする（305頁［邦訳186頁］）。もっとも、ハーバーマス自身が認める（306頁［邦訳186-187頁］）ように、両者とも一定のコミュニケーション的つながりが民主政形成にあたって必要となると考えており（グリムについて589頁）、対立はその実現可能性に対する両者の見解の相違にこそある。

(12) 例えば、グリムとハーバーマスの論争においても、欧州の demos が存在しないことについて、両者の意見は一致している（Grimm 589頁・Habermas 303頁［邦訳181頁］）。民主的正統化の淵源を何に求めるのかという問題も含め、本文でここまで論じた点に関して、よくまとめられた論稿として、*S. Müller-Franken*, Die demokratische Legitimation öffentlicher Gewalt in den Zeiten der Globalisierung, AöR 134, 2009, S. 542ff. がある。

(13) 憲法に裏付けられた政治的・行政的な力を有する「強い」公共の存在は否定しつつ、グローバルメディア等を背景とした世界規模の「弱い」公共の存在を指摘し、そこに期待を寄せる見解として、H. Brunkhorst, *Globalising Democracy Without a State*, 31 J. INT'L STUDIES 675 (2002); *J. Habermas*, Der gespaltene Westen, 2004, S. 141f.［J. ハーバーマス（三島憲一ほか訳）『引き裂かれた西洋』（法政大学出版局、2009年）197-198頁］を参照。またハーバーマスは、政治的エリートを通じた、国家ごとの公共の「トランスナショナル化」を説く（*J. Habermas*, Zwischen Naturalismus und Religion, 2005, S. 333-334）。こういった見解の批判的考察として、毛利透「国家の時代の終わり？」棚瀬孝雄編『市民社会と責任』（有斐閣、2007年）63頁以下、特に73頁以下がある。

(14) 邦語の法学文献では、例えば、小寺彰『パラダイム国際法』（有斐閣、2004年）73-77頁、柴田明穂「国際法制度における NGO の機能と現実」ジュリ1299号（2005年）11頁。

(15) Siehe z.B. *C. Möllers*, Die drei Gewalten, 2008, S. 206.
(16) 同旨、大津・前掲註(10) 49頁。
(17) z.B. *Müller-Franken* (Anm. 12), 565ff.. さらに、毛利・前掲註(13) 82-83頁も参照。

有益であり、それこそまさに憲法学が取り組むべき問題であろう[18]。

本書は、以上のようなアプローチで、国際的規範形成の民主的正統化の可能性を探るものに他ならない。その際、まずは、国内において民主的な規範形成の第１の場となる国内議会が、国際的な規範形成にも積極的に関与する方策を講じることが考えられる[19]。そして我が国において、国内議会による関与のツールとしてさしあたって想起されるのは、日本国憲法（以下、単に「憲法」とすることがある）61条・73条３号に規定される国会の条約承認権である。そこで本書は、まずは、条約承認権の性質等を明らかにしつつ、条約承認手続の「条約」以外への拡張可能性や、条約承認手続以外の手法を含めて国内議会たる国会が国際的な規範形成へと関与し民主的正統性を確保する方策についても検討を加えることを目論むものである（第１部）。そして、この試みは、別の観点からみると、グローバル化時代における国内議会民主政のあり方について検討するものだということができる。

他方で、国内議会による承認というものを観念できない国際的法規範も多い[20]。詳細は第１部の検討において明らかになることであるが、国内議会による「承認」もまた、国内における立法行為とは同視できない脆弱な関与であることが否定できないところもある[21]。そこで、法規範の形成や国内

---

(18) 森英樹「国家の『ゆらぎ』と憲法」公法64号（2002年）20-21頁参照。
(19) リスボン条約の合憲性が争われた2009年６月30日のドイツ連邦憲法裁判所判決（BVerfGE 123, 267 [347f.; 369ff.]）も、欧州レベルでの民主的正統性の確保は不十分であるとして、国家レベル、特に国内議会による民主的正統性の確保を重視する。Siehe z.B. *R. Lhotta u. J. Ketelhut*, Integrationsverantwortung und parlamentarische Demokratie, ZParl 2009, S. 876-877. もっとも、*C. Schönberger*, *Lisbon in Karlsruhe: Maastricht's Epigones at Sea*, 10 GERMAN L.J. 1201, 1215 (2009) は、連邦国家の国内政治制度も満たしえないような、過度に理想化された国内民主政モデルの要求を欧州レベルで行うものだと批判する。
(20) 代表的な例として、国際法の主要な法源の一翼を担いながら、各国の法的信念を伴う広範かつ一様な国家実行の存在によって成立が認められ、拘束にあたって、当該国家の同意が必ずしも必要とされない、慣習国際法をまず挙げることができよう。さらに、国連安全保障理事会の決議に代表される国際機関の決議 (*e.g.,* Y. Iwasawa, *Domestic Application of International Law*, 378 RECUEIL DES COURS DE L'ACADÉMIE DE DROIT INTERNATIONAL DE LA HAYE 9, 204-212 (2016). 邦語文献では、例えば、小和田恒「国際機構の規範定立行為と国内法制」村瀬信也＝奥脇直也編『国家管轄権』（勁草書房、1998年）683頁以下、森肇志「国際連合憲章」法教421号（2015年）114頁以下）や、行政機関間の国際的ネットワークによって形成される基準といったものも含めることができる。なお、安保理決議をめぐって、東京地判平成23年12月19日判タ1380号93頁では、イラン人難民の入学拒否の根拠として安保理決議1737が援用されうるかが問題となった。我が国においても、このように安保理決議の国内における効力や意義が問題となる先例が登場してきているのである。
また、日本法における国際機構の諸行為の効果を一般的に論じた数少ない文献として、Y. IWASAWA, INTERNATIONAL LAW, HUMAN RIGHTS, AND JAPANESE LAW 103ff. (1998) も参照。
(21) Siehe z.B. *C. Möllers*, Gewaltengliederung, 2005, S. 371f.

への取り込みの場面において、国内議会が十分な役割を果たせない場合にも、規範が最終的に適用される場面において国内裁判所が最後の「ゲートキーパー[22]」として機能する可能性も浮上する。そこで、第2部においては、もちろん第1部の議論を踏まえつつ、グローバル化時代における国内裁判所のあり方について議論を展開する。具体的には、国際的な法規範の国内における、広い意味での「適用」のあり方が第2部では論じられることになる。さらに敷衍すると、――以下の内容は、第2部の検討を通じて徐々に明らかになり、また議論が展開されていくところなのだが――ゲートキーパーとしての国内裁判所という観点からは、ゲートキーパーとしての裁判所が立法府に十分な国際的規範の統制を要求すべく「差戻す」場面としての国際的法規範の「自動執行性」、あるいは「直接適用可能性」というものに注目が集まる。ただし、法規範が適用されるのは裁判所においてのみではなく、執行府・行政機関を通じてもなされる。そうすると、執行府・行政機関における場合も含めて、国内効力を得る以上に国内における手当なく、国際的法規範が国内において適用されるというのはどのような場合かという問題が論じられることになる。さらに、自動執行性、あるいは直接適用可能性というものを欠くとしても、国際的法規範が国内法解釈などに影響を与えうることが認められており[23]、そのあり方も分析しないことには、真の意味でグローバル化時代における法規範の民主的正統性をめぐる問題を検討したことにはならない。こうして、従来国際法の間接適用と呼ばれた、国際的法規範の国内法解釈への影響を含めて、国内法平面における国際的法規範の適用・作用を、裁判所におけるそれに必ずしも限定せず論じることになるわけである。そして、これは第1部で扱う国内議会を舞台とした調整に加えて、憲法を頂点とする国内法秩序と超国家的な多様な法秩序との相互の関係の調整のあり方を模索する作業にもなる。

---

(22) 石川健治「『国際憲法』再論」ジュリ1387号（2009年）28頁註17の表現を借用している。
(23) 浅田正彦編『国際法〔第3版〕』（東信堂、2016年）27-28頁［浅田正彦執筆部分］などを参照。

第1部 グローバル化時代における国内議会

第1章　我が国における条約承認をめぐる議論
第2章　ドイツにおける議会関与論
第3章　アメリカにおける議会関与論
第4章　ドイツ・アメリカの議会関与論の比較と
　　　　我が国におけるその展望

第1章
我が国における条約承認をめぐる議論

　第1部での検討を始めるにあたり、まず本章において、我が国における条約承認をめぐる従来の議論状況について数点確認しておくことにしよう[1]。

I 「条約」の意義

　日本国憲法 61 条および 73 条 3 号は、国会の条約承認権について定める。しかし、諸外国の憲法においてはその範囲が明示されている場合も珍しくない[2]にもかかわらず、国会による承認が必要な「条約」が何たるかについて規定していない。ウィーン条約法条約 2 条 1 項(a)号は、「条約」を国家間の文書形式による国際法によって規律される国際合意と定義する[3]が、日本国憲法 61 条・73 条 3 号にいう「条約」は条約法条約が定義づけている国際法上の条約全てを指すものではない、と一般には解されている[4]。

　問題はその範囲である。旧日米安保条約 3 条に基づく行政協定の「条約」該当性が争点の一つとなった砂川事件判決[5]も、国会の承認を得た日米安保条約による委任の範囲内であるから、別途国会の承認がなくとも問題ないと判断したにとどまる。つまり、判例は「条約」を積極的に定義づけていない。

---

(1) 以下に紹介する論点等をめぐる我が国の議論状況を概観する最新文献として、中内康夫「条約締結に対する国会承認(上)・(下)」時法 1902 号（2012 年）63 頁以下・1904 号（2012 年）63 頁以下がある。
(2) 例えば、以下で検討を加えることになるドイツ連邦共和国基本法 59 条 2 項。その他には、フランス第五共和制憲法 53 条 1 項、イタリア憲法 80 条、オーストリア憲法 50 条 1 項、スペイン憲法 94 条 1 項等が、政治的性格を有する条約と法律事項に関連する条約を承認対象としている。
(3) もっとも、これは当該条約上の定義づけであり、国際機構が当事者となる条約については別条約が採択されているために国際機構を意図的に当事者から排除した定義となっている点、そして口頭による約束も必ずしも国際法上「条約」から排除されていないという点には注意を要する。国際法上の条約概念については、A. AUST, MODERN TREATY LAW AND PRACTICE 16-31 (2nd ed., 2007) 等を参照。
(4) 芦部信喜（高橋和之補訂）『憲法〔第 6 版〕』（岩波書店、2015 年）314-315 頁等。
(5) 最大判昭和 34 年 12 月 16 日刑集 13 巻 13 号 3225 頁。

この点についてはむしろ、昭和49年2月20日の衆議院外務委員会における大平正芳外務大臣（当時）の「条約の国会提出に関する外務大臣発言」(6)に示された政府見解によって整理がなされている。これを要約すれば、以下の通りである。すなわち、①法律事項を含む国際約束、②財政事項を含む国際約束、そして③我が国と相手国との間あるいは国家間一般の基本的な関係を法的に規定するという意味において政治的に重要な国際約束であって、その発効のために批准が要件とされているものという3類型が国会の承認を要する条約に該当する。①は憲法41条からの要請を、②は憲法85条からの要請を受けてのものであり、③については大平大臣によれば国際的な慣行に従ったものであると説明されている。以上のような承認を必要とする条約の範囲は、のちに紹介・検討する、ドイツにおいて立法機関の関与が要求される条約の範囲と類似する点が多く、当該政府見解がドイツにおける枠組を参照した可能性を指摘する見解(7)もあるが、終戦直後の1946年に憲法改正に際して外務省条約局によって出された「改正憲法草案ノ下ニ於ケル条約締結制度ニ付テ」に、その淵源が見出されることについては、すでに大石眞が指摘している(8)ところである。

　この大平発言においては、国会の承認を要しない条約についても言及がされており、「行政取極」との呼称を与えられた上で、ア）国会の承認を得た条約の範囲内で実施しうる国際約束、イ）国内法の範囲内で実施しうる国際約束、ウ）国会の議決を経た予算内で実施しうる国際約束について、行政府限りで締結可能なことが確認されている(9)。

　以上のような政府見解における枠組について、学説は概ね妥当なものとして賛同してきた(10)。もっともそこには批判がないわけではなく、1)「政治的に重要」の意義が明瞭ではないという批判、2) その政治的に重要な国際約束につき、批准が発効要件とされているかという形式的な基準によっているのは適切ではないとする批判、さらに3) 承認不要な場合として明示した三つの類型について、「範囲内」という言葉の意味するところが不明瞭であ

---

(6) 山内一夫＝浅野一郎編『国会の憲法論議2』（ぎょうせい、1984年) 4572-4583頁。
(7) 佐藤功「国会の条約承認権と交換公文」上法19巻2＝3号（1975年）152頁。
(8) 大石眞『統治機構の憲法構想』（法律文化社、2016年) 184-185頁 [初出、1999年]。
(9) 山内＝浅野編・前掲註 (6) 4573頁。
(10) 樋口陽一ほか『注解法律学全集3 憲法Ⅲ』（青林書院、1998年) 248頁 [中村睦男執筆部分]。

る⁽¹¹⁾との批判がある。

II　条約承認の効果

Iにおいて、承認の要求される条約の範囲がいかなるものであるかについての従来の見解を確認したが、続いて条約承認のもつ効果について確認しておこう。

憲法73条3号は、事前および事後の承認の二つの形式を認めている。この事前・事後という区別は、条約の最終的な成立の前後の区別を意味する⁽¹²⁾ものであり、国会による条約承認の効果を論じる際にはこの二つの場合を分けて論じるのが一般的である。ここでもそれに倣うことにする。

1　事前の承認の場合

条約の成立に先立って国会による承認がなされる場合、これをもって内閣による条約の批准が可能になるのであり、承認は条約締結行為への承諾だということになる。

なお、これが、条約の批准を通じた条約締結行為の完成を内閣に義務づけるものかについては明らかではない。この問いに如何に答えるかは、条約承認というものの性質をどのように解するかに依存することとなりそうである。この点に関連して、我が国における議論は、基本的に条約の締結を内閣による行為と考えた上で、国会による承認がそこへの民主的統制として副次的なものであることを前提に、その統制の範囲・強弱を争っている傾向が強い⁽¹³⁾。このような捉え方が正しければ、従来の見解からは、国会による承認は、批准の義務までを課すものではないと解されるということになろう。

2　事後の承認の場合

事後の承認の意義をめぐってそもそも議論があるので、それについてまず述べておこう。前述のように「事後」というのは、条約の成立後ということ

---

(11)　佐藤功・前掲註 (7) 155頁。
(12)　佐藤幸治『日本国憲法論』(成文堂、2011年) 456頁など。
(13)　国会の承認権を重視し、国会の承認を批准そのものとみる例外的な見解として、鈴木安蔵『憲法学原論』(勁草書房、1956年) 448頁。

である。そうすると、国会による民主的統制を行うというところにそもそもの承認の意義があると考えるならば、あくまでそれは例外にとどまるとするべきであり、事前の承認が原則であると解されている[14]。このような見解は昭和34年3月17日衆議院内閣委員会における林修三法制局長官（当時）の答弁[15]にも認められる[16]。学説上も、73条3号にいう「時宜によ」るとは、内閣の裁量によるというのではなく、緊急を要するなど事前の承認を得ることが困難である場合をいうと解する見解[17]が有力である。

　事後の承認に関連して主に争われてきたのは、事後の承認が拒否された場合に、条約の効力がどうなるのかについてである[18]。政府見解は、条約の効力自体に影響はないが、政府としては改訂・廃棄に努めなくてはならないという[19]。これは、後述する学説とは異なり、国内法上の効力と国際法上の効力を分けて議論していないし、「努力をしなければならない」ということが法的にどのような意義を有するのか不明瞭である。

　学説においては、国内法上効力を失うことについては若干の例外を除いて異論はないものの、国際法上の効力については、相手国の信頼や法の安定性の要求から有効と解する見解[20]（有効説）と、条約について議会による承認が要求されることは、現在では各国において共通する現象となっていることを理由に、国際法上の効力も事後の承認の拒否によって否定されるという見解[21]（無効説）とが対立してきた。これに関連して、国際法平面において、国内法上の瑕疵が条約に与える効果については、長く国際法学において争われてきたが、条約法条約成立後は、同条約46条の規定にそい、当該瑕疵の明白性・基本的重要性を基準として考えるということで一応の決着がついた

---

(14)　樋口ほか・前掲註（10）250頁。
(15)　山内＝浅野編・前掲註（6）4595-4596頁。
(16)　もっとも、それに先立つ昭和26年5月23日の衆議院外務委員会における大橋武夫法務総裁（当時）の答弁に従えば、政府は憲法73条3号にいう「時宜によつて」という文言を行政権に広い裁量を認めるものであると解している（同上4596-4597頁）。
(17)　野中俊彦ほか『憲法Ⅱ［第5版］』（有斐閣、2012年）206頁［高橋和之執筆部分］、佐藤功『憲法（下）［新版］』（有斐閣、1984年）892-893頁。
(18)　もっとも、実際に事後の承認が拒否されたことはなく、理論的問題にとどまっている。
(19)　山内＝浅野編・前掲註（6）4609-4613頁。
(20)　佐藤功『日本国憲法概説［全訂第5版］』（学陽書房、1996年）443頁、橋本公亘『日本国憲法［改訂版］』（有斐閣、1988年）538頁、小嶋和司『憲法概説』（信山社、2004年）378-379頁等。
(21)　宮沢俊義（芦部信喜補訂）『全訂　日本国憲法［第2版］』（日本評論社、1978年）566頁、清宮四郎『憲法Ⅰ［第3版］』（有斐閣、1979年）447頁、野中ほか・前掲註（17）428頁［野中俊彦執筆部分］、渋谷秀樹『憲法［第2版］』（有斐閣、2013年）571頁等。

と解されている⁽²²⁾。そうすると、この問題についても、明白性・基本的重要性を基準として考えるべきであろう。無効説の説くように、議会による条約承認が国際的に一般化しているので、承認欠如が、瑕疵として明白性・基本的重要性を一般的に有するといえそうではある。しかし、佐藤幸治も指摘する⁽²³⁾ように、あえて事後の承認の方策をとるような例外的な場合に、結局承認を得られなかったことが、瑕疵として明白といえるかは慎重に考える必要がある⁽²⁴⁾。

3 条約の国内効力

最後に、承認を経た条約の国内効力について簡潔に言及しておくと、自動執行性を有しない条約については、国内効力を有さないとする見解も多いが、憲法98条を根拠として⁽²⁵⁾、国内効力を認める見解が近時ではむしろ有力であるといってよい⁽²⁶⁾。概念整理の問題である面は否めないが、裁判等における適用可能性と法としての効力の有無は区別して考えるべきであり、近時の考え方が妥当である。

III 条約承認権の内容——条約修正権の有無

国内議会たる国会が国際的な規範形成に如何に関与しうるかが、本書にお

---

(22) M. Bothe, *1969 Vienna Convention Article 46*, in 2 THE VIENNA CONVENTIONS ON THE LAW OF TREATIES 1090, 1092 (O. Corten & P. Klein eds., 2011).
(23) 佐藤幸治・前掲註 (12) 457 頁。
(24) 岩澤雄司「憲法と国際法」法教 370 号（2011 年）29 頁も同旨。また、条約法条約 46 条の要件は、我が国の憲法学説が従来想定してきたよりも厳格なもので、ほとんどその充足が認められないことに注意しなくてはならない。この点については、Bothe, *supra* note 22, at 1092-1093 や酒井啓亘ほか『国際法』（有斐閣、2011 年）123 頁［濵本正太郎執筆部分］などを参照。
(25) これに反対する見解として、宮田豊「憲法第98条第2項」論叢62巻3号（1956年）36-37頁。なお、齊藤正彰『国法体系における憲法と条約』（信山社、2002年）246頁は憲法98条2項によって初めて国内効力を基礎づけられるのではなく、明治憲法以来の慣行と憲法7条1号との関係の中で明らかになるとする。
(26) 例えば、樋口陽一ほか『注解法律学全集3 憲法IV』（青林書院、2004年）346-347頁［佐藤幸治執筆部分］、樋口陽一『憲法〔第3版〕』（創文社、2007年）102頁等。下級審裁判例では、シベリア抑留補償請求訴訟の東京高裁判決（東京高判平成5年3月5日判時1466号40頁）が国内効力と国内における適用可能性を明確に区別する。なお、この点については、国内効力と自動執行性の区別につき詳細な議論を展開した岩澤雄司『条約の国内適用可能性』（有斐閣、1985年）および Y. Iwasawa, *Domestic Application of International Law*, 378 RECUEIL DES COURS DE L'ACADÉMIE DE DROIT INTERNATIONAL DE LA HAYE 9 (2016) が必読である。また、本書第2部でも詳しい検討を加える。

いて明らかにしようとするところである。そうすると、条約承認の対象や効果が上記のようなものであるとして、問題は、条約承認を行う際、国会がどのような活動をなすことができるかである。これに関して、我が国において従来議論がなされたのは、主に国会の条約修正権の有無であった。そこで、「修正権論争」とでもいうべき議論の内容について簡潔にまとめておこう。なお、「修正権論争」は、1960年の新日米安保条約締結に端を発するものであり、多分に政治的色彩を帯びたものであったが、この論争によって条約承認権についての様々な論点が洗い出された。もっとも、逆にいえば、新安保条約を契機に一気に盛り上がりをみせた、我が国における条約承認をめぐる議論は、この論争以降停滞しているといってもよい状況にある。

1　修正権肯定説

条約承認における「議案」が何を指すのかをめぐる議論[27]で幕を開けた昭和35年2月19日の衆議院日米安全保障条約等特別委員会での議論は、やがて国会に条約の修正権があるのかをめぐる議論へと発展した。このような議論の過程で行われた参考人招致において、国会の条約修正権を肯定した中村哲をはじめとする修正権肯定説の内容は大要以下の通りである。すなわち、①承認を全面的に拒否できる以上、部分的な拒否とも評価可能な修正は可能である。②憲法61条・60条2項が両院協議会を条約承認についても必要的なものとしているが、全面的な承認・不承認の二者択一であれば妥協の余地がなく不自然である。そして、②に関連して、③憲法61条・60条2項を受けて制定された国会法85条は条約修正権を前提とした規定になっている。この点に関して、論争に先立って刊行された法学協会の『註解日本国憲法　下巻』も、両院協議会の予定に言及し、そこでは国会による修正を想定している[28]。こういった、形式的な根拠づけを基礎づける実質的な理由は、国会による民主的統制の重要性を認識した上でこれを担保しようというものである。また、これを憲法41条にいう「国権の最高機関」性に求める見解もあった[29]。

---

(27)　なお、ここでの政府の見解は、議案は「何々について承認を求めるの件」というものであって、条約本文は議案の付属文書であるというものであった（第34回国会衆議院日米安全保障条約等特別委員会会議録第2号2頁［林修三法制局長官発言］）。
(28)　法学協会編『註解日本国憲法　下巻』（有斐閣、1953年）941頁。

もっとも、修正権肯定説も、「修正」の効果・内容としては、国会の修正によって、相手国との関係においても直ちに修正に拘束力が生じるというのではなくて、内閣に対して条約改定を義務づけるにとどまる。また、この義務づけを法的なものと解するのが多数だが、その性質については必ずしも明らかではない。

2　修正権否定説

　国会答弁に現れた政府見解と学説の力点の置き方には多少の違いもあるし、学説内部でも論者によって区々であることは否めないが、**1** で概観した修正権肯定説に対して、修正権否定説は概ね以下のような理由で国会の修正権を否定する。

　すなわち、まず、憲法73条3号によって条約締結があくまで内閣の職務とされており、実際上も条約の交渉は内閣が行わざるをえず、その交渉に伴い内閣には内容決定権限が認められている。条約には相手国が存在し、相手国の同意なしには内容の変更は不可能である。そうすると、国会による民主的統制、あるいは審議権にも一定の制約が課されるよりほかない[30]。また、肯定説の指摘する両院協議会の規定が存在することの意義について、林修三法制局長官が昭和35年2月19日の衆議院日米安全保障条約等特別委員会において行った答弁では、可分な条約については、一部について承認、一部について拒否ということが起こりうる以上、国会法上両院協議会が予定されているからといって、国会の条約修正権が予定されているということにはならないとされている[31]。

　また、修正権否定説においても、決議等によって国会が内閣に対して、条約の内容の修正・再交渉を求める余地を認めるものもある[32]。

3　折衷的解消へ

　以上の概観においてすでに明らかになっているだろうが、修正権肯定説と

---

(29)　もっとも、最高機関性の援用は、国会論戦において野党によって採用されたものであり（林修三「『条約修正権』問題の論点　上」時法347号（1960年）53頁参照）、憲法学説として明示的に最高機関性を援用するものは管見の限り見当たらない。
(30)　樋口ほか・前掲註（10）250頁。
(31)　第34回国会衆議院日米安全保障条約等特別委員会議録第2号8頁［林修三法制局長官発言］。
(32)　第34回国会衆議院日米安全保障条約等特別委員会議録第3号2頁［田上穣治参考人発言］等。

否定説は必ずしもかみ合った議論とはなっていない。もちろん、大まかにいって、国会による民主的統制を重視するか、あくまで条約締結を本来的には内閣の職務であると考えて、国会による関与を制限的に捉えようとするかという基本的なスタンスの相違を見出す[33]ことはできなくはない。しかし、政府見解は後者の性格を比較的強く有するとはいえ、国会に参考人として招致され、修正権を否定する見解を述べた田上穣治自身、その答弁の冒頭において、国会の広い審議権を認めるべきことについては賛意を示す[34]など、国会による民主的統制を重視する論者は修正権否定説を採用する者の中にもみられる。

　結局、肯定説・否定説の間にある差異は、「修正」という語の意義をどう捉えるかというものにすぎないといえよう。つまり、肯定説は国会による民主的統制・審議権の確保のために、「修正」という言葉で、その影響力行使の可能性を強調しようとする。一方で否定説は、「修正」という語を狭く、その語から通常想起される意味で捉え、条約の内容が直接的に変更されることを「修正」と考えているのである。以上のような指摘はすでに多くの論者によってなされているところであるが、「修正権論争」の当時、我妻榮が論争を「字義の論」と揶揄した[35]ことは、的確に本質を捉えていたといえる。

　このような状況を踏まえると、もちろん異論はあるものの、今日における学説の到達点は、折衷的見解とも呼ばれる、深瀬忠一の提示する[36]以下のような枠組に見出されることになるのではなかろうか[37]。つまり、①条約の一括承認のみを問題とするのではなく、承認の可分性を認める。②国会は承認に際して「条件」を付すことが可能であり、その場合内閣は再交渉を行い条件の成就を目指す努力をしなくてはならないが、合意不成立の場合これを廃案とする自由は内閣に残される。③国会による解釈（宣言）、了解、留保を否定する必要はなくその余地を認める[38]。なお、②について補足すると、深瀬は憲法習律上、再交渉義務が内閣に課されるというのだが、「憲法習律」の意義は明らかではなく、さしあたり、内閣に努力義務が課されると

---

(33)　樋口ほか・前掲註（10）250-251頁。
(34)　第34回国会衆議院日米安全保障条約等特別委員会会議録第3号2頁［田上穣治参考人発言］。
(35)　我妻榮「条約修正権」ジュリ198号（1960年）13頁。
(36)　芦部信喜ほか編『演習憲法』（青林書院、1984年）467頁［深瀬忠一執筆部分］。
(37)　樋口ほか・前掲註（10）252頁参照。
(38)　この点について、岩澤・前掲註（24）29頁も参照。

解するのが妥当であろう。

また、学説の到達点が以上の通りであったとしても、実務上、国会による留保が否定されていることには、注意が必要である[39]。

IV　中間総括

1　従来の議論の傾向

ここまで従来の我が国における議論について紹介を行ってきたが、以上の議論のもつ一般的な傾向について、ひとまずまとめておこう。

一つ目に挙げられるのが、相手国との交渉によって条約の内容が形成された後の、ある意味でいえば受動的な、国会の働きについて議論するにとどまり、内容形成自体への関与のあり方や、さらにはそれに先んじる国会の関与の問題への関心が見出せないということである。もちろん、これは憲法が少なくとも明文上は承認という場面においてのみ国会の関与の余地を認めているとともに、上記の検討が承認をめぐる議論を対象としている以上、当然の結果ということができるかもしれない。しかし、国会関与の早期化という観点を、我が国の議論において見出すことができないのは事実である。

次に、特に条約修正権論争においてみられることであるが、非常に抽象度の高いレベルでの理由づけがなされるだけで、原理間の衡量等がなされていないという点である。修正権論争を題材に少し具体的にいうならば、修正権肯定説は国会が国権の最高機関であることや民主的統制・国会の審議権の確保ということを強調するのであるが、条約の締結が憲法上内閣の職務とされていることとの関係で、その要請がどこまで貫徹されるべきものなのかといった観点から考察が加えられているとは言い難い。その意味で、例外的に踏み込んだ検討を施しているのが、芦部信喜の研究[40]である。それは、歴史的に執行府の職務とされてきた外交作用、特に条約締結の本質を「協働的行為」と捉える見解[41]をクロース・アップし、それを通じて外交作用の性質

---

(39)　まず、大石が指摘する（大石・前掲註 (8) 192頁）ように、政府見解では留保付きの政府案に対して留保なしの承認を決議することは、不承認の決議を意味すると解されている（山内＝浅野編・前掲註 (6) 4619頁）ことから、国会による留保の余地を認めていないと考えられる。また、他の政府見解（第34回国会衆議院日米安全保障条約等特別委員会会議録第2号15頁［林修三法制局長官発言］）でも、留保は内閣が行うものであり、国会の留保決議は内閣に対する勧告にとどまるという。

(40)　芦部信喜『憲法と議会政』（東京大学出版会、1971年）179頁以下［初出、1958年］。

(41)　E. Menzel, Die auswärtige Gewalt der Bundesrepublik, VVDStRL 12, 1954, S. 179ff.

を執行府だけでなく議会も深く関与するものとして、丁寧な検討を促す契機となりうるものであった[42]。

2 近時の動向

以上のような従来の議論状況に加えて、近時実務において、そして学説上も注目すべきいくつかの新たな動向が確認されるので、簡潔に述べておくことにしよう。

(1) 実務上の動向　まず、実務上の動向として、2007年7月から2009年8月までの「ねじれ国会」において、参議院が二つの条約[43]について、憲政史上初の不承認の議決を行い、両院協議会が開催されるに至った。そこでも妥協が得られなかったことから衆議院の議決が国会の議決となった[44]。また、九つの条約[45]が、参議院が議決を行わないまま自然成立し、これは31年ぶりのことであった[46]。このような事態を受けて、国会の条約修正権について再論すべきであるという意見もあり[47]、江田五月元参議院議長は国会による留保・解釈宣言の要求可能性にも言及した[48]。

---

(42) ここで芦部が紹介した見解は、後述するようにドイツ国内で有力な見解となっていき、近時、日本の一部の論者が注目する見解でもある。そこで、芦部説を詳細に検討することは控え、基本的にはのちに発展した見解の検討をもってこれに代えることにしたい。もっとも、条約承認を政府と議会の協働にかかる事項とみることにより、承認を欠く条約の国際法上の効力に瑕疵を生じさせ、国際法上の効力要件ともなるとする結論（芦部・前掲註（40）208-209頁、211頁。林知更「立憲主義と議会」安西文雄ほか『憲法学の現代的論点〔第2版〕』（有斐閣、2009年）136頁［以下、林（論点）］も参照）については、注意が必要である。芦部論文後に成立し現在では慣習国際法化しているともされる条約法条約46条は、原則として国内の条約承認手続の瑕疵等を国際法上無効主張に援用することを排除する立場を明確にしている。See, e.g., Bothe, supra note 22, at 1091-1092. さらに、条約法条約所定の手続によらなければ無効主張が排除されることからしても、少なくとも「効力要件」ということにはかなり語弊がある。See, id., at 1093. これらの点については、酒井ほか・前掲註（24）123-129頁も参照。こういった背景からか、ドイツの議会に友好的な議論も、現在では国際法上の効力問題とは切り離して論じているように見受けられる。

(43) 「日本国とアメリカ合衆国との間の相互協力及び安全保障条約第6条に基づく施設及び区域並びに日本国における合衆国軍隊の地位に関する協定第24条についての新たな特別の措置に関する日本国とアメリカ合衆国との間の協定」（いわゆる「思いやり予算」協定）と、「第三海兵機動展開部隊の要員及びその家族の沖縄からグアムへの移転の実施に関する日本国政府とアメリカ合衆国政府との間の協定」の二つの条約である。

(44) 大西祥世「参議院における憲政と憲法」ジュリ1395号（2010年）24頁。

(45) WTO譲許表修正確認書、ASEANとのEPA協定、オランダ・チェコとの社会保障協定、オーストラリア・パキスタンとの租税関連条約、アンティグア条約、国連国際物品売買契約条約、ASEAN貿易投資観光促進センター設立協定改正議定書がこれに該当する。

(46) 大西・前掲註（44）24頁。

(47) 江田五月＝江橋崇「インタビュー　参議院のこれから」ジュリ1395号（2010年）11-12頁、大西・同上30頁。

もう一つ注目すべき実務上の事項は、第二次大戦中の中国人強制労働に関する西松建設事件最高裁判決[49]において、日中共同声明という政治的国際文書に一定の法的効果を認める可能性、国家の一方的行為によって個人の請求権を放棄することの可能性を示唆する判示がなされたことである[50]。これは、国際法上の「ソフトロー」が我が国の国内裁判の文脈でもアクチュアルな問題となってきていることを示すとともに、国際的規範による、しかも条約以外の法形式による個人の権利・義務関係の直接的な取り扱いについてどう対応すべきかが、我が国においても問われていることを示している[51]。また、条約の適用に慎重であるとされてきた最高裁判所において、（平成12年法律第97号改正前の）租税特別措置法の日星租税条約への適合性が当然のように論じられたこと[52]も、注目される。

(2) 学説の動向　以上のような実務上の動向を踏まえて、政治的関心事から生じた修正権論争を除けば、上述の芦部研究以来基本的に停滞してきた学説[53]も、わずかではあるが、新たな動きをみせつつある。すなわち、主にドイツにおける議論を参照しつつ、権力分立論を見直す文脈などにおいて、外交作用における国会と内閣の関係を探求する論者の登場である[54]。内容

---

(48)　江田＝江橋・同上12頁［江田発言］。なお、インタビューおよび雑誌刊行の当時、江田は参院議長であった。
(49)　最判平成19年4月27日民集61巻3号1188頁。
(50)　この判決の内容については、宮坂昌利「判解」最判解民事篇平成19年度(上)400頁、浅田正彦「判批」民商139巻6号（2009年）55頁、同「判批」判評590号（2007年）2頁、豊田哲也「いわゆる『非拘束的合意』についての一考察」中山信弘編集代表／小寺彰＝道垣内正人編『国際社会とソフトロー』（有斐閣、2008年）39頁以下等を参照。
(51)　豊田・同上55-57頁。
(52)　最判平成21年10月29日民集63巻8号1881頁。
(53)　もっとも、例えば1980年の日本公法学会のテーマの一つは、「公法と国際社会」であったし、そこでも報告を担当した阿部照哉の一連の研究［阿部照哉「対外政策に関する国会の権限」清宮四郎＝佐藤功編『続憲法演習』（有斐閣、1967年）199頁以下、同「日本国憲法と国際社会」公法43号（1981年）1頁以下、同「欧州連合と憲法」榎原猛ほか編『国法学の諸問題』（嵯峨野書院、1996年）123頁以下］は、停滞期において例外をなす業績である。また、西岡祝によるドイツ法における「対外権」をめぐる基本的な議論の紹介といった業績も軽視できない。なお、日本公法学会のテーマという観点からすれば、1992年には「国際社会と公法」、2001年には「グローバル化と公法」（全体テーマは「国家の『ゆらぎ』と公法」）、2011年には「市場のグローバル化と国家」（全体テーマは「国家の役割の変容と公法学」）がそれぞれテーマの一つとなっており、定期的な主題化が行われるとともに、そこでは注目すべき見解が提示されている。また、条約による規律事項の拡大と国会による民主的統制について、実務家の視点から論じたものとして、柳井俊二「条約締結の実際的要請と民主的統制」国際78巻4号（1979年）37頁以下も重要である。
(54)　村西良太『執政機関としての議会』（有斐閣、2011年）14頁以下［特に43頁以下］［初出、2007年］、林知更「外交作用と国会」大石眞＝石川健治編『憲法の争点』（有斐閣、2008年）200-201頁［以下、林（争点）］、林（論点）・前掲註(42)115頁以下、毛利透『統治構造の憲法論』（岩波書店、

の詳細については次章以降適宜言及するが、芦部研究以外の、従来の修正権論争における、国会による民主的統制や審議権といった言葉だけが踊り、内容が詰まっていない議論に対して、権力分立論等の憲法学上の基礎的理論に立ち返った理論的考察の萌芽が、近時の学説の展開の中に見出される[(55)]。

3　以降の検討の方向性

　従来の議論をみても、近時の動向をみても、承認の対象をどのように設定するかという問題と、修正権の有無を筆頭として国会の関与を如何に実質化するかという問題が、国会の条約承認権を足掛かりに、国際的に形成された規範の民主的正統性を確保する方策を考えるにあたり、主要な問題となるといえよう。

　そこで、①条約の承認（厳密には承認というのは語弊のあるところであるが、ここでは便宜上承認と呼んでおく）の手法が我が国におけるそれと類似しており、②欧州化の進展という事情も手伝って、本書が関心を寄せる民主政とのかかわりを重視した理論的で精緻な検討が活発に行われているという点から、まずはドイツの議論を参照したい。

　そうすると、先に引用した近時の見解も本書と同様、ドイツにおける議論を参照しており、具体的な検討対象が重なっていくことになる。しかし、先行研究——特に、まとまった先行研究となっている村西良太の研究[(56)]——との間には方向性の違いを指摘でき、具体的な理解についての相違はともかく、その点について簡単に説明しておきたい。村西研究は、国家の統治機構の構成を考える上で、如何に機関を配置し権限を配分するかといった観点（いわば、権力分立の視点）からその一つの例として外交作用を検討するもの

2014年）247頁以下［初出、2010年］、川﨑政司「立法の多元化と国会の役割・あり方」浦田一郎＝只野雅人編『議会の役割と憲法原理』（信山社、2008年）195頁以下［特に226頁以下］、石村修「『外交権』の立憲主義的統制」専修ロー10号（2014年）21頁以下。なお、安念潤司「演習」法教299号（2005年）124-125頁や斎藤誠「グローバル化と行政法」磯部力ほか編『行政法の新構想Ⅰ　行政法の基礎理論』（有斐閣、2011年）339頁以下［特に365-367頁］等も参照。

(55)　国内議会の対応をめぐる議論に限定せず、グローバル化一般にかかわる諸問題に触れるものとして、阪口正二郎ほか編『岩波講座憲法5　グローバル化と憲法』（岩波書店、2007年）や「特集　グローバル化の中の国家と憲法」ジュリ1378号（2009年）に所収の諸論稿などがある。

(56)　毛利・前掲註（54）も村西研究と同様の方向性で検討をしているし、林も原則的には村西・毛利と同様の問題意識に立っていると思われるが、国際化における外交およびその質的変化に目を向けている点（林（争点）・前掲註（54）201頁、林（論点）・前掲註（42）137頁）において、本書の方向性にも近い面を有している。

である。これに対して、本書、とりわけ第1部は、あくまでグローバル化・国際化において、国際的に形成される規範が国内の個人にとっても重要性をもつものとなってきている中で、規範の民主的正統性を担保するためにはどうすればよいかという観点（いわば民主主義の視点）を検討の出発点とするものである。本書が権力分立について検討を加えていても、それは民主的正統性の確保のあり方を考える上で、議会と執行府との間の権限の配分を考えているということができる。反対に、村西研究が民主主義の問題に目を向けていたとしても、それは権力の配分を考える上での指標をそこに求めているということなのである[57]。

　それでは、続く第2章において、ドイツにおける議論について検討していこう。

---

(57) このことは、本書が「外交」（の一部）の質的変化に主たる問題点を見出しているのに対して、村西研究が条約締結の内閣の機能への適合性を強調するにとどまっている点（村西・前掲註（54）245頁）に表れているということができよう。

第2章
ドイツにおける議会関与論

I　出発点としての基本法 59 条

ドイツにおける議論展開をみていくにあたって、まずは国際合意の締結のあり方について定めたドイツ連邦共和国基本法（以下、「基本法」とする）59条の規定内容から確認していくことにする[1]。

1　基本法 59 条 1 項

> 59 条 1 項　連邦大統領は、国際法上連邦を代表する。連邦大統領は、連邦の名において、外国と条約を締結する。連邦大統領は使節を信認し接受する[2]。

連邦大統領について定める第 5 章に置かれた、基本法 59 条 1 項は、大統領の権限を定める規定ぶりで、上記の通り定める。もっともこれは、連邦大統領に条約内容についての実質的決定権を付与したものではなく、国内において形成された意思の対外的な表出行為を行う役割を連邦大統領に委ねたものにすぎないと解され[3]ており、条約締結にも基本法 58 条に定められる連

---

[1]　以下の事項に関する邦語文献として、西岡祝「ボン基本法と対外的な代表権限および決定権限」福法 44 巻 3＝4 号（2000 年）453 頁以下、同「ボン基本法と立法府の同意を要する条約」福法 45 巻 3 号（2000 年）187 頁以下がある。
[2]　基本法を含むドイツ憲法の邦訳については、原則として、高田敏＝初宿正典編訳『ドイツ憲法集〔第 7 版〕』（信山社、2016 年）に従った。
[3]　*I. Pernice*, Art. 59, in: *H. Dreier* (Hrsg.), Grundgesetz-Kommentar Bd. 2, 3. Aufl., 2009, Rn. 21; *E. Menzel*, Art. 59, in: Bonner Kommentar, S. 4-5; *K. Stern*, Das Staatsrecht der Bundesrepublik Deutschland Bd. II, 1980, S. 224; *C. Calliess*, Auswärtige Gewalt, in: HStR IV, 3. Aufl., 2006, § 83 Rn. 19; *R. Streinz*, Art. 59, in: *M. Sachs* (Hrsg.), Grundgesetz Kommentar, 6. Aufl., 2011, Rn. 18.

邦大臣の副署が必要である⁽⁴⁾。

　そして、実質的な内容形成は、連邦政府内部において以下のような形でなされることになる。すなわち、外交の基本方針決定は、基本法65条の「連邦宰相（Bundeskanzler）の基本方針決定権限⁽⁵⁾」の一つとして連邦宰相に担われ、その範囲内で所管の連邦大臣（ここでは特に連邦外務大臣）が外交についての責任を負うのである⁽⁶⁾。

　なお、これに関連して、実質的決定が連邦政府によって担われること、つまり連邦政府と連邦大統領の間での権限配分は、基本法上の連邦大統領の位置づけに基づくものであり⁽⁷⁾、基本法65条に基づくものではない。基本法65条は、執行府内部における権限配分を規律するものであって⁽⁸⁾、ここで基本法65条が引用されているのは、連邦政府内部での決定過程を説明するためのものであることに注意しなくてはならない。

　ここでは、さしあたり条約締結に関する実質的な権限が連邦宰相以下の連邦政府に属していることを確認して、早速、基本法59条2項の規定内容へと検討を進めることとしよう。

2　基本法59条2項

> 59条2項　連邦の政治的関係を規律し、又は、連邦の立法の対象にかかわる条約は、それぞれ連邦の立法について権限を有する機関の、連邦法律の形式による同意又は協力を必要とする。行政協定については、連邦行政に関する規定を準用する。

（1）対象と形式　　(i) **対象**　　基本法59条2項では一定の事項に関する条約について、連邦の立法機関による関与が必要とされることが示されている。その一定の事項とは、①連邦の政治的関係と②連邦の立法事項である。

---

(4) *Pernice*, ebd., Rn. 21; *Menzel*, ebd., S. 4-5; *Stern*, ebd., S. 224; *Calliess*, ebd., Rn. 19.
(5) 連邦宰相の基本方針決定権限について、邦語文献では、毛利透『統治構造の憲法論』（岩波書店、2014年）37頁以下［初出、1999年］を参照。
(6) この点については、BVerfGE 1, 372 (394) も参照。また、連邦政府職務規則（Geschäftsordnung der Bundesregierung, GOBReg）11条により、対外的な交渉は原則として外務省を通じて行われることになっている。*Siehe Callies* (Anm. 3), Rn. 17.
(7) *Siehe* z.B. *W.-R. Schenke*, Die Verfassungsorgantreue, 1977, S. 57-58.
(8) vgl. *M. Oldiges*, Art. 65, in: *M. Sachs*, Grundgesetz Kommentar, 6. Aufl., 2011, Rn. 7f.

さらに、明文には表れていないが、③連邦の収入・支出の予算法律による把握を求める基本法110条1項1文の要請にてらして、財政事項も立法機関による関与が必要となると解されている(9)。第1章において我が国における従来の議論を紹介する際に言及したように、我が国において国会の承認を必要とする「条約」の規律事項として、ア）法律事項、イ）財政事項、ウ）政治的に重要な国際約束が挙げられていることとの類似性を指摘することができよう。そういった意味でもドイツの議論を参照することの意義が見出せる。

ここで、①ないし③の各事項について、いくつか補足して説明しておくべき点に触れておくことにしよう。この中でも、①の連邦の政治的関係とは何を意味するのかが最も不明確であろう。諸外国と一定の約束事を取り結ぶということは、考えようによっては須らく政治的な性格を有するということにもなりかねない。しかし、それでは事項の限定としては意味をなさない。連邦憲法裁判所の判示するところによれば、政治的関係とは、諸国家間あるいは国際社会における、国家の存立、その領土の統一性、国家の独立性、その立場、あるいは、国家の重み（Gewicht）に、本質的かつ直接的にかかわるものをいうとされている(10)。こうして、「政治的」とは「高度に政治的」の意で理解されている(11)。我が国においても「政治的に重要」ということの意義が明確ではないのである(12)が、基本的な視点の限りでは概ね一致しているといってよい。

続いて、②の「連邦の立法事項」に関して、ここで問題となっているのは連邦と州との間の権限関係ではなく、連邦レベルでの立法と行政との間の権限関係である(13)。したがって、ここでは連邦と州の立法事項を定めた基本法72条以下の規定は直接意味をもたない(14)。外交をめぐる連邦と州との関

(9) Pernice (Anm. 3), Rn. 33; Streinz (Anm. 3), Rn. 34; Calliess (Anm. 3), Rn. 28.
(10) BVerfGE 1, 372 (381). この判決は、独仏経済協定を「連邦の政治的関係を規律」する条約にはあたらないとしている一方で、本文のような定義を与え、そこにはとりわけ、同盟、保護条約、政治的協働に関する協定、平和条約、不可侵条約、中立条約、軍縮条約、仲裁条約、そしてこれらに類似の条約が該当するとしている（ebd.）。
(11) BVerfGE 40, 141 (164); Pernice (Anm. 3), Rn. 28; Streinz (Anm. 3), Rn. 29; Calliess (Anm. 3), Rn. 27.
(12) その一例として日中平和友好条約が挙げられている（例えば、樋口陽一ほか『注解法律学全集3 憲法III』（青林書院、1998年）247頁［中村睦男執筆部分］）。
(13) BVerfGE 1, 372 (388f.); Pernice (Anm. 3), Rn. 31; Streinz (Anm. 3), Rn. 31; Calliess (Anm. 3), Rn. 28; Menzel (Anm. 3), S. 9.
(14) BVerfGE 1, 372 (388f.); Pernice, ebd.; Calliess, ebd., Rn. 28. これに対して、連邦の立法権限の範囲内にあることが必要とされる点を強調するものとして、W. Rudolf, Völkerrecht und deutsches

係については、基本法32条がこれを定めているのである。対外的事項をめぐる連邦と州との権限関係も一つ興味深いところではあるのだが、連邦制を採用していない我が国における議論について参照するにあたって、直接意味をもつわけではないので、この点についてはこれ以上触れないでおくことにする[15]。行政との関係における、立法事項の実質的な枠づけは、一般的な法律の留保論の問題として処理されることになる[16]が、これについては基本法59条2項の拡張可能性をのちに論じる際に触れる。

最後に③についてである。取り決められた支出が予算の科目ないし債務負担権限の付与の枠内に収まらない場合には、基本法110条1項1文に従って法律が必要とされる[17]。

　(ⅱ) 関与の形式　次に、基本法59条2項では、立法機関による関与の方式については、「連邦法律[18]」によって、同意または協力がなされなければならないと定められている。すなわち、法律の形式が、しかも憲法上明文によって用いられる点において、形式が憲法上示されることなく、運用上は「条約」という国法が「承認」されている我が国とは異なっている。また、条約法律の内容は、連邦議会の同意の存することであり、条約自体は条約法律の付属として公表される[19]。一方で、我が国においては、条約文のみが官報を通じて公布される[20]のであり、議決対象自体も前述の通り「何々について承認を求めるの件」であるというのであるから、条約法律自体の本文で一定の条件を付し、そこへの修正も可能なドイツとの相違は、「法律」かどうかという形式以上にこのような運用にあるといえよう。

　Recht, 1967, S. 193 等がある。
(15)　この点については、さしあたり *Calliess*, ebd., Rn. 52ff. を参照。基本法32条の規定内容に関する邦語文献としては、西岡祝「ボン基本法と連邦・州間の対外権の配分」福法 (1999年) 101頁以下 [特に110頁以下] がある。
(16)　*Pernice* (Anm. 3), Rn. 31; *Streinz* (Anm. 3), Rn. 26; *Calliess*, ebd., Rn. 28.
(17)　*Pernice*, ebd., Rn. 33. ドイツにおける予算制度に関しては、*M. Heinzen*, Staatshaushalt, in: HStR V, 3. Aufl., 2007, § 120 等を参照。
(18)　この連邦法律は、同意 (Zustimmung) を与えるものであるから「同意法律 (Zustimmungsgesetz)」、あるいは条約に関する法律であることから「条約法律 (Vertragsgesetz)」といった呼び名が与えられている。同意法律は、連邦参議院の同意が必要とされる法律 (基本法73条2項、74条2項参照) を示す語としても用いられるため、両者の混同を避け、引用の場合を除き、条約法律と呼ぶことにする。
(19)　条約法律のひな型については *M. Schweitzer*, Staatsrecht III Staatsrecht Völkerrecht Europarecht, 10. Aufl., 2010, Rn. 176 等を参照。
(20)　我が国の官報における条約の公布の様式については、例えば、クラスター爆弾禁止条約についての『官報号外 (平成22年7月9日)』等を参照。

次に、基本法59条2項1文にいう、「立法機関」とは、通常の立法に関与する連邦議会および連邦参議院を指しており、「同意又は協力」というのは、連邦参議院が連邦立法への「協力」機関とされ、一定の事項については「同意」が必要とされていることに由来している。すなわち、連邦議会および連邦参議院の関与のあり方は、基本法第7章に定めるところに従う[21]。よって、連邦参議院の関与のあり方は規律内容により異なるわけである[22]。

　基本法59条2項2文は行政協定の締結についての定めとなっている。ここにいう「行政協定」とは、同条同項1文で条約法律による承認が要求される「条約」を国際合意の総体から控除したものであると解されている[23]。その規律のあり方については、連邦行政の規定に従うとされているが、そこでは、法規命令の制定についての規定である基本法80条が重要である。とりわけ、基本法80条2項・3項に従って連邦参議院の同意が必要とされる場合がある点に留意しなければならない[24]。

　(2) 条約法律の効果　　以上のような定めに基づき制定される条約法律は、いかなる法的効果を生むのか。連邦憲法裁判所の最初期の決定は、以下のような二重の性格をもっていると言及しており[25]、学説も概ねこれに従っている[26]。つまり、①連邦大統領に最終的な条約締結行為への授権を行う、立法機関の決定を意味するとともに、②国際法上の条約の内容にドイツの国法としての効力を与える意義を有しているというのである。

　まず、①に関連して、「最終的な締結行為への授権」ということに現れているように、国際法上の条約の成立以前に、条約法律が制定されることが前提とされており、我が国でいうところの「事前の承認」のみが認められ、「事後の承認」は基本法上認められないと考えられている[27]。また、先に我

---

(21) *Schweitzer* (Anm. 19), Rn. 179.
(22) 立法手続への連邦参議院の関与のあり方については、*F. Ossenbühl*, Verfahren der Gesetzgebung, in: HStR V, 3. Aufl., 2007, § 102 Rn. 44 ff. 等を参照。邦語文献では、服部高宏「連邦法律の制定と州の関与」論叢160巻3=4号（2007年）134頁以下等を参照。
(23) *Pernice* (Anm. 3), Rn. 48; *Streinz* (Anm. 3), Rn. 76; *Calliess* (Anm. 3), Rn. 29.
(24) vgl. *Pernice*, ebd., Rn. 49; *Streinz*, ebd., Rn. 79.
(25) BVerfGE 1, 396 (401f.).
(26) *Pernice* (Anm. 3), Rn. 46; *Streinz* (Anm. 3), Rn. 59ff; *Calliess* (Anm. 3), Rn. 27. ただし、連邦憲法裁判所の言及が変型理論の採用なのか実施理論の採用なのかについては争いがある。
(27) *Streinz*, ebd., Rn. 53. 同書は事後の承認は違憲となるとしているが、国内法上違憲あるいは違法により無効になる場合の国際法上の効力は、ドイツにおいても基本的に条約法条約46条に従い、その瑕疵の明白性により判断されると解されている。Siehe ebd., Rn. 70; *Schweitzer* (Anm. 19), Rn. 217ff.

が国において事前の承認がなされた場合に、批准が義務的なものとなるかについて議論されていない旨指摘したところであるが、ドイツにおいては、条約法律が成立したとしても、連邦大統領に当該条約の批准を義務づけるものではない(28)。すなわち、執行府が批准を最終的に決定できるというのが一般的な見解である(29)。

　次に、②に関連して、やや厄介な問題が存在しているので、その点について触れておこう。つまり、条約法律が条約内容を国内法上効力のあるものとするという点については争いがないが、そのあり方をどのように説明するかをめぐって対立が存在している(30)。ドイツにおいてトリーペル（H. Triepel）以来伝統的には、条約が国内法上効力を有するとは、国際法たる条約が「変型（Transformation）」して、国法の一種としての条約となったということであるとする、変型理論（Transformationstheorie）が通説の地位を占めてきた。しかし、これに対して第二次大戦以来、実施理論（Vollzugstheorie）という見解が唱えられ、有力化している(31)。実施理論に従うと、条約が条約法律によってその締結を承認されたとしても、国際法上の条約は国際法上の規範としてそのまま存在するのであって、条約の内容を実施するべき「実施命令（Vollzugbefehl）」が条約法律によって国内法上成立することで、国際法の国内法における適用の条件が整えられたにすぎないということになる(32)。両説の最も大きな相違点は、国内法平面において条約の効力や解釈の問題を考えるにあたって、変型理論によれば国内法に従って処理されることになる(33)一方で、実施理論によれば国際法に従うことになるという点である(34)。

---

(28)　*Pernice*（Anm. 3), Rn. 44; *Streinz*, ebd., Rn. 59.
(29)　*Streinz*, ebd., Rn. 59; *S. Weiß*, Auswärtige Gewalt und Gewaltenteilung, 1971, S. 152f; *H. W. Baade*, Das Verhältnis von Parlament und Regierung im Bereich der auswärtigen Gewalt der Bundesrepublik Deutschland, 1962, S. 109.
(30)　基本法59条2項の効果について論じているのであるから当然なことではあるが、以下では条約の国内法への取り込みをめぐる問題を扱っている。慣習国際法については、基本法25条によって規律されており、成立とともに国内法上も法的拘束力が認められる（*K.J. Partsch*, Die Anwendung des Völkerrechts im innerstaatlichen Recht（Berichte der Deutschen Gesellschaft für Völkerrecht Heft 6）, 1964, S. 159）。
(31)　変型理論と実施理論の対立については、邦語では岩澤雄司『条約の国内適用可能性』（有斐閣、1985年）6頁以下や西岡祝「ボン基本法と国際法の国内的実施を巡る理論」福法46巻2=3=4号（2002年）153頁以下等を参照。Siehe auch *Partsch*（Anm. 30）.
(32)　*Schweitzer*（Anm. 19), Rn. 423; *R. Geiger*, Grundgesetz und Völkerrecht mit Europarecht, 4. Aufl., 2009, S. 141.
(33)　*Schweitzer*, ebd., Rn. 425.
(34)　Ebd., Rn. 423.

すなわち、変型理論に従うならば、国際法上効力を未だ有していない条約やすでに効力を失った条約が国内法としては有効であるなど不自然な結果を招くことになりかねない。しかし、国際法上の効力の存在を変型の条件とする「穏健な（gemäßigte）変型理論」によって効力や解釈を国際法の規律にかからしめる議論も一部で展開されている[35]。

こうしてみると、ここでの問題は、演繹的に理論から実務上の規律が導かれるというよりは、規範の名宛人などの異なる国際法と国内法との間での構造変化の発生について、どの見解が実務を理論的により上手く整理できるかが問題となっている。つまり、説明の仕方の問題の域を出ないように思われる[36]。実際に、基本法59条2項1文の文面は双方の解釈を可能とするし、判例もこの点について立場を明確にしていない[37]。

(3) 条約法律制定にあたっての議会の権限　ここまで議会が連邦法律の制定という形で関与できる範囲やその効果について概観してきた。では、議会は条約法律の制定にあたってどのような権限を行使することができるのか。以下では、法律案の提案権と修正権を対象として、その点について概観してみよう。

　(i) **議会の提案権**　基本法59条2項1文は、文言上連邦法律の形式による同意または協力を要求するにとどまり、議会自体が条約法律の提案を行うことが可能であるかについては直接語らないが、判例はこれについて否定的な立場をとる[38]。

学説においては、否定説[39]に対して、議会に条約制定にあたってのなん

---

(35) *Rudolf* (Anm. 14), S. 164ff.
(36) 例えば、条約への留保に関して以下のような両説の相違が説かれることがある。つまり、条約の新加盟国による留保への対応をめぐって、変型理論においては、法律の形式を有する国内法としての（留保なき）条約を行政命令限りで変更することは許されず、常に法律による処理が要求されることになる。その一方で、実施理論では条約内容の変更に法律の形式が必然的に要求されるのではなく、内容上法律を要するほど重要であるかどうかの問題を国内法上別途論じる余地が生まれる（*W. Wiese*, Verfassungsrechtliche Aspekt der Vorbehalt zu völkerrechtlichen Verträgen, DVBl. 1975, S. 79; *Partsch* (Anm. 30), S. 91f.)。これに対して、議会の関与の有無は、権力分立等の観点から論じられるべきであり、国際法が国内法に如何に取り込まれるのかという観点から答えの決まってしまう変型理論よりは、権力分立の観点からの考察を可能とする余地を認める実施理論の方が望ましいというのである（*Wiese*, ebd., S. 79; *Partsch* (Anm. 30), S. 92f.)。この指摘については妥当なものであるが、両説の優劣を決定づけるまでの意義を有するかについては疑問が残る。
(37) *Wiese*, ebd., S. 78. もっとも、同書は、条約法律を、基本法93条にいう規範統制の対象としての「法律」に該当すると解するが、初期の連邦憲法裁判所判例（BVerfGE 1, 392 (410f.); 6, 290 (294)）は、変型理論に親和的であるとする。
(38) BVerfGE 68, 1 (85f.); 90, 286 (358).

らかの提案権を肯定しようとする見解[40]がある。もっとも、肯定説といっても、国際合意を相手国等と締結することまでを法的に義務づけるというまでの主張をするのではなく[41]、事実的なものも含めて議会に外交分野におけるイニシアティブを取り戻そうとするものである[42]。

また、実務上は、多数国間条約[43]など条約自体は成立しているが、ドイツが未だその当事国となっていない条約について、条約法律の議案が連邦議会の議員や会派によって提出された例が多数ある[44]。これらの法律案は基本的に通常の法律案と同様に処理され、委員会の審議を経て[45]、中には本会議において可決され、そのまま法律として成立したもの[46]も含まれる。このような実務上の取り扱いは、判例との間に齟齬をきたしているようにもみえる。

しかし、判例も、明示的には連邦政府による一定内容の条約交渉や条約の内容形成を議会が強いたり妨げたりすることを否定しているにすぎない[47]。つまり、条約法律の提案権について、厳密には直接何も語っていないのである[48]。実務上の取り扱いとの関係で考えれば、条約の内容自体に対するイニシアティブは否定するものの、条約法律の提案権については否定していな

---

(39) z.B. *H. Schneider*, Gesetzgebung, 3. Aufl., 2002, S. 157 (Rn. 224); *M. Schürmann*, Grundlagen und Prinzipien des legislatorischen Einleitungsverfahrens nach dem Grundgesetz, 1987, S. 67.

(40) *K.J. Partsch*, Parlament und Regierung im modernen Staat, VVDStRL 16, 1958, S. 101; *T. Maunz*, Art. 59, in: *T. Mannz u. G. Dürig*, Komm. z. GG, Lfg. 22, 1983, Rn. 21; *Streinz* (Anm. 3), Rn. 55. なお、議会の関与のあり方について、政治的条約か立法事項に関する条約かという条約の種類によって、異なる扱いが許されないか熟慮するべきだとする見解として、*O. Rojahn*, Art. 59, in: *I. von Münch u. P. Kunig* (Hrsg.), Grundgesetz Kommentar Bd. II, 6. Aufl., 2012, Rn. 56 がある。

(41) z.B. *V. Röben*, Außenverfassungsrecht, 2007, S. 100-101. Siehe auch *Schneider* (Anm. 39), S. 157 (Rn. 224); *Schürmann* (Anm. 39), S. 67.

(42) *Streinz* (Anm. 3), Rn. 55; *G. Kretschmer*, Gesetzentwürfe aus der Mitte des Bundestages, in: *K. Letzgus, H.H. Hill, D. Kleinert, G. Oschatz u. H.D. With* (Hrsg.), Für Recht und Staat, FS für Herbert Helmrich, 1994, S. 546-547.

(43) 条約法律案が提出されたものとして、ILO 条約、関税協定、EC 規則の実施、ジュネーブ条約第一追加議定書、拷問等禁止条約、自由権規約選択議定書（第一議定書）などがある。

(44) *Weiß* (Anm. 29), S. 136f.; BT-Drs 2/1366; 2/1367; 2/1368; 2/1369; 4/3004; 4/3005; 10/381; 10/406; 11/458; 11/3668; 12/556.

(45) BT-Drs 2/2792; 2/2137; 2/1850; 2/1730; 4/3216; 4/3217; 10/468; 11/2287; 11/6370.

(46) z.B. BT-Drs. 12/556; BT-Drs. 12/2388; BGBl. 1992 II, S. 1246ff. (Gesetz zum Fakultativprotokoll vom 19. Dezember 1966 zum Internationalen Pakt über bürgerliche und poltische Rechte). また、拷問禁止条約の批准に関しては、連邦政府に並んで、当時の野党、社会民主党（SPD）会派からも条約法律案が提出されたが、いずれも受理された上で、政府案が採択され、SPD 案が廃案となっている (BT-Drs. 11/3668; 11/6370; PlPt 11/194, S. 14907 (A))。

(47) BVerfGE 68, 1 (85); 90, 286 (358).

(48) *Kretschmer* (Anm. 42), S. 540.

いと解釈するのが現状の説明としては適切だろう。こうして理論的には、結局、いかなる条約の当事国となり、如何に国内法上の実現を目指すかを決定するのが執行府の専権的事項であると考えるかどうかが問われることになる。この点、のちに述べる対外事項の性質論にも関連するが、国内における実施のあり方について執行府にここまでの排他的な権限を認める必要はないように思われる[49]。

　(ii) 議会の修正権　　当然のことながら、通常の連邦法律について議会は、連邦政府の提出にかかる法律案であっても、そこに修正を施すことができる。では、上述の通りこれは我が国においては一大論争を招いた論点であるが、ドイツにおいて議会に条約の修正権は存在するのであろうか。この点、連邦議会議院規則（Geschäftsordnung des Deutschen Bundestages; GOBT）81条4項は条約について全体としての採決が行われなくてはならないとし、同規則82条2項において条約についての修正動議が排除されている。これが基本法上の要請なのかについては定かではないが、原則的には基本法の要請として捉えられているようである[50]。学説上も、条約自体に対する字義通りの修正権については、相手国の存在等を理由に、これを否定するものが大多数である[51]。もっとも、上述のように条約法律独自の条文を設けることができ、それが通常であるところ、条約法律独自の条文への修正は許容されており[52]、実際なされている[53]ことには注意しなくてはならない[54]。

(49) この点に関連して、外交における連邦大統領の対外代表権や連邦政府の実際的な決定権から、提案権も含めて議会の排除を原則とする見解を、対外的代表の問題と国内における（内部的）権限関係の問題を混同するものとして否定し、基本法59条2項が提案権について語らない以上、原則に立ち返り議会に提案権を認めるべきであるなどとする議論（ebd.）が基本的に正当であると考える。また、Schürmann（Anm. 39）, S. 103 は、Baade（Anm. 29）, S. 108 を引きながら、執行府の専属権限に該当する旨主張するが、バーデ（H.W. Baade）は連邦宰相の基本方針決定権限などを理由に裁判所による審査可能性を排除する文脈で語っているのであって、議会との関係における位置づけを論じる上では、少なくとも引用として適切ではない。
(50)　vgl. BVerfGE 77, 170 (231).
(51)　Weiß（Anm. 29）, S. 138f.; Rojahn（Anm. 40）, Rn. 55; B. Kempen, Art. 59, in: H. von Mangoldt, F. Klein u. C. Strack, Das Bonner Grundgesetz Bd. II, 4. Aufl., 2000, Rn. 73; Streinz（Anm. 3）, Rn. 51; R. Wolfrum, Kontrolle der auswärtigen Gewalt, VVDStRL 56, 1997, S. 48-49; Röben（Anm. 41）, S. 101; H. Butzer u. J. Haas, Art. 59, in: B. Schmidt-Bleibtreu, H. Hofmann u. A. Hopfauf（Hrsg.）, GG Kommentar zum Grundgesetz, 13. Aufl., 2014, Rn. 87. Siehe auch BVerfGE 77, 170 (230ff.). また、修正権の否定を仕方ないとしつつも、議会における熟議の対象の確保といった面で、「修正可能性」が法的に認められることの重要性を強調し、修正権の不存在を問題視する（ただし、修正権を肯定すべきだとまでは主張しない）ものとして、C. Möllers, Gewaltengliederung, 2005, S. 371 がある。
(52)　Weiß, ebd., S. 138; Baade（Anm. 29）, S. 39; Wolfrum, ebd., S. 49. Siehe auch BVerfGE 77, 170 (231).
(53)　z.B. BT-Drs. 16/6965; 16/7517; BT-PlPt. 16/136 S. 14303 (A).

（4）まとめ　以上がドイツにおける国際合意をめぐる基本枠組である。こうしてみると、個別の場面においてもしばしば触れたように——当然ながら相違点は少なからず存在するが——、我が国の枠組との類似性をみてとれるように思われる。そういう意味では、ドイツにおける議論を我が国において参照することの意義は大きいだろう。次のⅡでは、本書と共通する問題意識に基づいて展開される近時の議論状況を検討する。

Ⅱ　基本法59条2項の拡張可能性——ドイツにおける対外権概念

1　導入——ドイツにおける問題意識

　本書の冒頭で触れた、グローバル化あるいは国際化という問題は、その名前が示している通り、なにも日本に限った話ではなく、ドイツにおいても同様にアクチュアルな問題である。むしろ欧州統合の進展ということを考えれば、それがドイツにおいて、日本以上にアクチュアルな問題となっているということは明らかである。実際、ドイツは、国際化に伴う「民主主義の赤字」について、最も敏感に反応し、対処を試みている国であるといってよいだろう[55]。

　ドイツでは、国際レベルあるいは欧州レベルでの民主的正統性の調達について多く語られていることもさることながら、本書が第一の検討対象としている国内レベルでの民主的正統性の確保、特に国内議会の役割の強化についても活発な議論がなされている[56]。これを本書において見過ごすことはできない。その一つの表れが、基本法59条2項の枠組を拡張し、「条約」以外のものについても議会による関与を行う余地を探るものである[57]。

---

(54)　条約法律の修正等に加えて、留保、前文の付加、付帯決議等によって修正に準ずる効果を得ようとする工夫も存在するが、これらについてはのちに詳述する。

(55)　2007年に行われたドイツ国法学者大会のテーマが「グローバル化の挑戦にさらされた憲法（Das Verfassungsrecht vor den Herausforderung der Globalisierung）」であったということにもそれが表れている。また逆にいえば、ドイツにおけるグローバル化と民主政の問題を概観するにあたっては、この大会における二つの報告（G. Nolte, VVDStRL 67, 2008, S. 129ff.; R. Poscher, VVDStRL 67, 2008, S. 160ff.）を参照することが有意義である。

(56)　z.B. Calliess (Anm. 3); Wolfrum (Anm. 51), S. 39ff.

(57)　なお、これに対して、仮に条約を通じて議会が関与する形であっても、そこでドイツの主権への制約がなされる場合も多い。その場合、ドイツの決定権限の喪失、ひいては、ドイツ国民の決定権限の喪失を意味するのであれば、民主政の観点から問題が生じることになる（連邦憲法裁判所の判例では憲法的アイデンティティの問題と整理される）し、条約において認められた範囲内での主権の制約にとどまっているかも問題となりうる（同じく、連邦憲法裁判所の判例では権限踰越の問題と整理さ

したがって、以下では、この基本法59条2項の拡張可能性をめぐる議論について、まずは連邦憲法裁判所の判例を、より一般的な対外権[58]の性質決定に関する部分[59]ともあわせて整理した上で検討を加えていきたい。

2 判 例

(1) 最初期の枠組──「条約」の範囲確定　最初期の判例においては、基本法59条2項の拡張が論じられたわけでなく、むしろ「条約」の範囲が確定されたところではあるが、後の判例にも共通する基盤とでもいいうる対外権をめぐる基本的な考え方が表れており、これを参照することに意義が見出される。そこで、以下では事案と判示内容の趣旨を紹介しておくことにする。

　(i) Petersberg協定に関する1952年7月29日判決 (BVerfGE 1, 351)　1949年11月22日、連邦宰相アデナウアーは、フランス、イギリス、アメリカの高等弁務官との間で、通称Petersberg協定を締結した。この協定は、ドイツ連邦共和国（以下、1990年の再統一以前のいわゆる西ドイツを「連邦共和国」と呼ぶことがある）の国際社会への復帰とそれに伴う順次の主権回復に関するものであった[60]。これに対して、社会民主党（SPD）会派が、連邦宰相によるPetersberg協定の締結によって、基本法59条2項1文が連邦議会に認める同意権が侵害されていること、Petersberg協定が基本法59条2項1文の政治条約に該当し、連邦の立法機関の同意が必要となることの確認を求めて連邦憲法裁判所に対して機関訴訟を提起したのが本件訴訟である。

　連邦憲法裁判所は、議会内会派に機関訴訟の当事者適格を認めた上で、本

れる）。このような事態は、主として高権の国際機関への移譲が行われる場合に生じるので、基本的には欧州連合に関連する事項において論じられることになるが、この点についても──むしろそちらの方が──議論が盛んになされている。この点、連邦憲法裁判所も、いわゆるマーストリヒト判決 (BVerfGE 89, 155) 以来、選挙権の侵害というやや無理のある構成を用いて憲法異議を認めることによって、実質的に民衆訴訟を導入し、裁判的保障を行うまでになっている。のちに言及するユーロ危機に際しての諸判例はこの枠組の中で登場した判決によって構成されているし、これものちに触れる「条約の継続発展」の問題も、（々の）条約における主権制約の枠内にとどまっているかという意味で、権限踰越の問題に通じるところがあり、本来であれば、本書でもきちんと分析する必要がある。ただし、欧州統合に伴う問題は、本書の直接の検討対象ではなく、議論の拡散を防ぐ意味でも、必要に応じて適宜言及するにとどめる。以上の点については、邦語文献では、中西優美子『EU権限の法構造』（信山社、2013年）27頁以下（「第2章 権限付与の原則」）などを参照。

[58] 対外権の性質等について詳しくは後述することになるが、ドイツ公法学において、国境を越えた国家の活動を総称して、「対外権（auswärtige Gewalt）」という。

[59] 以下の内容について、石村修『『外交権』の立憲主義的統制」専修ロー10号（2014年）21頁以下を適宜参照。

[60] 協定については、BVerfGE 1, 351 (354-357) に引用されている。

件協定を「条約」であるとしながら、相手方が、ドイツの敗北のため連邦共和国に優位しドイツにおいて高権を行使する連合国高等弁務官府であるため、基本法59条2項にいう「条約」には該当しないとした(61)。その上で判決は、「基本法59条2項は、立法府が執行府の領域に介入しているという意味において権力分立システムを破るものであ」り、基本法に規定のない場合にそれを適用することは許されない旨述べた(62)。

(ii) 独仏経済協定に関する1952年7月29日判決（BVerfGE 1, 372）　1950年2月10日に、ドイツ連邦共和国政府とフランス共和国政府の間で締結された独仏経済協定をめぐる判決である。この協定には両当事国間における物品の輸出入の制限撤廃等に関する方法や為替指図の方法に関する規定等が置かれていた。連邦議会が連邦政府に対して条約法律案の提出を求める決議を行ったにもかかわらず、連邦官報（Bundesanzeiger）によって公示されたにとどまり、条約法律案は提出されなかった(63)。これに対して、連邦議会のSPD会派が機関訴訟を提起した(64)。

連邦憲法裁判所は、独仏経済協定が基本法59条2項1文の「政治条約」(65)にも、立法事項に関する条約にも該当しないとして、請求を棄却した。その中で裁判所は、立法事項に関する条約への該当性は、結局立法と行政の権限関係の判断によるとし、外交分野における立法と行政の権限関係について大要次のように述べた(66)。

「明示的に執政作用に属する任務を割り当てられていない限りにおいて、連邦議会は執行府の執政作用に属するような機能を引き受けることはでき」ず、基本法59条2項は、例外的権限を全くもって限定的に基礎づけたにすぎず、「連邦議会は憲法適合的な一般的コントロールの可能性をもつにとどまる」。その一環として、「連邦議会が執行府の政策を非とするなら、連邦宰相に不信任を示すことができる（基本法67条）し、それによって執行府を倒

---

(61) 判決は、Petersberg協定が内容上政治条約に該当するかの問題は残されたままであるとも明示している（BVerfGE 1, 351 [370]）。
(62) BVerfGE 1, 351 (369).
(63) 以上の事案の概要については、BVerfGE 1, 372 (373ff.) を参照。
(64) BVerfGE 1, 372 (377f.).
(65) この判決における「政治条約」の定義については、Ⅰ2(1)(i)で前述した。
(66) なお、本件協定の規律事項については、占領法に付随してドイツが受忍することが求められる事項の範囲にすでに含まれているものであり、新たな立法措置は不要であるとの立場である（BVerfGE 1, 372 [390ff.]）。

すことができる。しかし連邦議会は自身で政治を指導できない(67)」。

　(iii) 小　括　　これらの判決は対外権に関する最初期の判決であるとともに、連邦憲法裁判所自体の最初期の判決でもあり、対外権の帰属や議会の関与について、後の判例に受け継がれる考え方を含む(68)、重要判例である。

　具体的には、対外権は執行府に属するのが原則であり(69)、基本法59条2項1文に定められた立法機関の関与は、あくまで例外的な立法府の介入だとした(70)。また、独仏経済協定判決においては、議会による一般的なコントロールが基本法59条2項1文の枠外に存在することを明示している点に注意しておかなければならない。

(2) 定式の確立――「二重決定判決」1984年12月18日判決（BVerfGE 68, 1）

　続いて、基本法59条2項の拡張が初めて正面から問題となった、二重決定判決を紹介する(71)。これは、後の判決において維持される一つの定式を提示したものである。

　本件の事案は、以下のようなものである。ソ連の中距離核ミサイルSS-20配備への対抗策として、西側諸国は、1979年に北大西洋条約機構（NATO）の理事会において、ワルシャワ条約機構と相互の戦略ミサイル削減交渉を行うとともに、連邦共和国を含む西欧諸国に中距離核ミサイルを配備する「二重決定」を行った。当初からソ連の軍事力の脅威を主張していたシュミット政権は、この理事会での決定に賛成の意思表示を行い、対内的にはこの二重決定を公示した。のちにソ連との軍縮交渉は不発に終わり、実際に兵器の配備が行われることとなった。連邦議会の緑の党会派は、NATO理事会における二重決定への賛成が、基本法59条2項等に違反するとして、機関訴訟を提起した。

---

(67) BVerfGE 1, 372 (394).
(68) E.R. Zivier, Demontage einer Verfassungsvorschrift?, Recht u. Politik 2003, S. 20.
(69) E. Menzel, Die Auswärtige Gewalt der Bundesrepublik in der Deutung des Bundesverfassungsgerichts, AöR 79, 1953/54, S. 339.
(70) Ebd., S. 346. なお、連邦憲法裁判所の対外権をめぐる初期の判決についてまとめた当該論文において、メンツェルは夙にこういった「原則＝例外」理解に対する疑問を呈しており、現代（1953年当時）の問題状況に即したものではないと診断する。もっとも、のちにも述べるように、メンツェルは当該論文の執筆と時を同じくして、1953年のドイツ国法学者大会において報告し、対外権を「結合された (kombinierte) 権力」と位置づけていることからすると、彼にとっては当然の議論展開ではある。
(71) 本判決の邦語による紹介として、安田寛「パーシング2配備を巡る憲法訴訟」防衛大学校紀要社会科学分冊第54輯（1987年）27頁以下。

本件で問題となったのは、連邦政府による一方的な意思の表明[72]であり、内容的にはNATOの同盟体制における軍備にかかわるものであった。判決は、対外問題への議会の関与が例外であるとの枠組を初期の判例より踏襲し、基本法59条2項1文の類推あるいは拡大解釈・適用を明示的に否定している[73]。その背景となっている権力分立構想も、基本的に初期の判例に基本的にそったものである[74]。より具体的には、基本法上の民主政を、機能適合性を考慮した権力分立的民主政と捉え、対外作用の執行府への機能適合性を強調し、議会の条約締結への関与を例外的なものとした[75]。

　もっとも、本判決にはマーレンホルツ（E.G. Mahrenholz）判事の反対意見[76]が付されており、基本法59条2項1文の「拡張」をめぐって対立が生じている。本判決についての評釈類もこの対立について評価が分かれる[77]。このような対立構造は、端的にいうと、学説の状況を紹介する際に詳しく論ずることとなる、対外権の性質をめぐる見解の対立を反映している。内容を簡潔に説明すると、法廷意見やそれを支持する学説は、民主的正統性や他のコントロール手段に言及しつつも、積極的な理由づけとして、歴史的・古典的な権力分立枠組を前提とする機能適合性に基づいて、対外権を原則的に執行府の専権事項と捉える[78]。他方、反対意見は、国際的フォーラムにおける、「立法的性格」を有する活動の増加といった状況の変化とこのような現代的問題への対応の必要性を説き、従来の対外権イメージを否定する[79]。

　ただし、法廷意見と反対意見との対立は、当てはめの違いにすぎないという指摘[80]もあり、それは当を得ていると考えられる。すなわち、いずれの

---

(72) 本判決は、一方的行為については従来法律による同意が不要であったことを出発点として言及する。BVerfGE 68, 1 (83).
(73) z.B. *B.-O. Bryde*, Sicherheitspolitik zwischen Regierung und Parlament, Jura 1986, S. 366.
(74) Ebd., S. 366.
(75) BVerfGE 68, 1 (87).
(76) BVerfGE 68, 1 (111ff. v.a. 127ff.).
(77) 本件に関するいくつかの評釈のうち、法廷意見に肯定的なものとして、*D. Murswiek*, Rechtsprechungsübersicht, JuS 1985, S. 807ff.; *A. Greifeld*, Erläuterte Entscheidungen, JA 1985, S. 357ff.; *D. Rauschning*, Organstreit zur Nachrüstung-BVerfGE 68, 1, JuS 1985, S. 863ff. などがある。他方、判旨に否定的なものあるいは反対意見を積極的に評価するものとして *U. Fastenrath*, Erläuterte Entscheidungen, JA 1986, S. 451ff.; *Bryde* (Anm. 73), S. 363ff. などがある。
(78) BVerfGE 68, 1 (83ff.); *Murswiek*, ebd., S. 808; *Greifeld*, ebd., S. 358; *Rauschning*, ebd., S. 865.
(79) BVerfGE 68, 1 (128f.); *Fastenrath* (Anm. 77), S. 453; *Bryde* (Anm. 73), S. 366. これらはいずれも、1977年の国法学者大会におけるトムシャット報告（*C. Tomuschat*, Der Verfassungsstaat im Gefrecht der internationalen Beziehung, VVDStRL 36, 1978, S. 60f.）を引用する。
(80) *R. Eckertz*, Automare Rüstung im Verfassungsstaat, EuGRZ 1985, S. 165ff.

見解も各機関の能力に即して権限を配分しようという発想を背景にもつ点では同じだといってよい(81)。結局のところ、迅速性等の観点から執行府の能力こそ対外権にふさわしいとみるか、立法的性格を有するものが多くなってきた以上、その能力および義務を有する立法機関たる議会の関与を確保すべしと主張するかの差なのである(82)。また反対意見を含め、判例に反対する見解も、執行府の機動的な働きの必要性を認めており、執行府による交渉が不可欠であることまで否定してはいない(83)。

(3) 枠組変化の兆候？──1994年7月12日判決（BVerfGE 90, 286）　次は、上記(2)で示された定式の変化を示唆するものとして引用される判決について、確認しておこう(84)。

本判決は、①安保理決議713、同757の履行監視のため、NATOおよび西欧同盟（WEU）の決議に基づいて派遣された海軍部隊への連邦軍（Bundeswehr）の参加決定およびその決定の実施命令、②安保理決議816に基づくボスニア上空の飛行禁止措置実施のための、NATOによるAWACS（早期警戒管制機）飛行部隊の投入決定に対する、連邦軍の兵員投入決定およびその実施、③ボスニア・ヘルツェゴビナ上空の監視に投入されたAWACS部隊への連邦軍の兵員配置決定、ボスニア・ヘルツェゴビナ上空の飛行禁止を連邦軍の兵員が参加するAWACS部隊を出動させて行うことについてのNATO理事会の決議への協力決定とこの決定の実施、④第2次国連ソマリア活動への連邦軍の参加決定とこの決定の実施の4点につき、基本法に違反する措置であるとして提起された機関訴訟である。

ここでは、条約の変更・修正という形式をとらない内容変化（条約の継続発展(85) [die Fortentwicklung des Vertrags]）に対する議会の同意の必要性が問題となった。基本法59条2項1文の性質確定やその類推・拡張解釈の可

---

(81) 機能適合性が、執行府にのみ有利に働く要素ではないことについて、S. Kadelbach, Die Parlamentarische Kontrolle des Regierungshandelns bei der Beschlussfassung in internationalen Organisationen, in: R. Geiger, Neue Probleme der parlamentarischen Legitimation im Bereich der auswärtigen Gewalt, 2003, S. 53f. も参照。
(82) Eckertz (Anm. 80), S. 167.
(83) BVerfGE 68, 1 (128); Bryde (Anm. 73), S. 366.
(84) 本判決の邦語評釈として、山内敏弘「ドイツ連邦軍のNATO域外派兵の合憲性」ドイツ憲法判例研究会編『ドイツの憲法判例Ⅱ〔第2版〕』（信山社、2006年）366頁以下、松浦一夫『ドイツ基本法と安全保障の再議論』（成文堂、1999年）198頁以下［初出、1995年］等がある。
(85) vgl. BVerfGE 90, 286 (374).

否という点では、法廷意見をみる限り、基本的に二重決定判決を踏襲しており、形式的かつ限定的に基本法59条2項1文の適用範囲を定めるということに文面上変化はない[86]。もっとも、NATO・WEU を通じた監視活動への参加をめぐって[87]は、執行府による議会関与の潜脱を防ぐため[88]に、より柔軟に基本法59条2項1文の類推を含めた意味での適用余地を認めようとする4判事の反対意見[89]が付され[90]、賛否が同数となったため、違憲判断には過半数の賛成を必要とする連邦憲法裁判所法67条の規定に従い、違憲判断が回避されたにすぎない[91]。また、「条約」以外への類推・拡大適用は認めないとしつつも、純粋に形式的な判断をするのではなく条約当事国の条約変更意思の存在の有無を確認する[92]など、「条約」への該当性判断が実質化している[93]点は否定できない。このように、基本法59条2項1文の解釈適用をめぐって、議会の関与を重視する傾向が連邦憲法裁判所においても見出しうることは指摘できよう[94]。

　次に、本判決の特徴は、なんといっても連邦軍の国外派遣に関して議会の同意を要求した[95]という点に求められる[96]。これは、現在では基本法115a条1項に規定される連邦議会による防衛上の緊急事態の認定などにその表れが認められる、1918年以来のドイツ憲法史上の伝統的な防衛憲法（Wehrverfassung）[97]の枠組を根拠に、「議会留保」という語を用いて、連邦軍の対

---

(86) BVerfGE 90, 286 (357ff.).
(87) ソマリアにおける PKO への参加については、全会一致で合憲性が確認されている（BVerfGE 90, 286 (378ff.])。
(88) T. Stein u. H. Kröninger, Bundeswehreinsatz im Rahmen von Militäraktionen, Jura 1995, S. 258-259.
(89) BVerfGE 90, 286 (372ff.).
(90) もっとも、基本法59条2項1文に該当しない外交分野については、政府の領域であること、国際条約の意義は比較的広く解しつつも、同条同項同文前半の「政治的条約」の範囲を狭く解するという点については全会一致で従来の判例を踏襲している。Siehe H. Cremer, Das Verhältnis von Gesetzgeber und Regierung im Bereich der auswärtigen Gewalt in der Rechtsprechung des Bundesverfassungsrechts: eine kritische Bestandaufnahme, in: R. Geiger (Hrsg.), Neue Probleme der parlamentarichen Legitimation im Bereich der auswärtigen Gewalt, 2003, S. 21.
(91) BVerfGE 90, 286 (372).
(92) BVerfGE 90, 286 (361; 368).
(93) z.B. W. Heun, JZ 1994, S. 1074. a.M. M.H. Wiegandt, Methodische Bedenken zur Entscheidungsfindung des BVerfG im Bereich der Außenpolitik, NJ 1996, S. 117.
(94) Zivier (Anm. 68), S. 23.
(95) BVerfGE 90, 286 (381ff.).
(96) z.B. W. Schröder, JuS 1995, S. 404.
(97) 多義的な防衛憲法の中でも、この防衛憲法は、実質的意味における防衛組織憲法を指すと解される。防衛憲法の概念については、山中倫太郎「防衛憲法（Wehrverfassung）の概念について」防衛

外派遣については連邦議会の形成的な（konstitutive）同意を必要とするとしたものである(98)。このように不文の憲法的要請を認め、さらに従来「議会留保」という文脈では法律の形式によることが前提とされていた(99)ところ、「単純決議(100)」によって同意は表明されるとした点が特徴的である(101)。

この議会留保をめぐっては、基本法 59 条 2 項 1 文の解釈における対外権理解を実質的に変更し、連邦政府および連邦議会の協働へとシフトしたものであるとの指摘が一部にある(102)。もっとも、これに関しては上述の通り、法廷意見は対外権理解について従来の考え方を明示的に継承しているのである(103)し、少なくとも文面上は決定の重要性に着目する本質性理論(104)を根拠として議会留保を導き出してはいない(105)。議会の同意を表明する形式の面でも、基本法 59 条 2 項 1 文の場合とは法律と単純決議という面で異なっているし、条約という一般的規範への承認と具体的な派兵への同意という、問題となっているレベルの相違(106)を考えれば、基本法 59 条 2 項の解釈問題とは別の議論としてみるべきであろう(107)。そうすると、連邦軍派遣における議会留保を理由に、対外権理解に実質的な変化がみられると判断すべき

大学校紀要社会科学分冊第 110 輯（2015 年）13 頁以下を参照。
(98) *D. Blumenwitz*, Der Einsatz deutscher Streitkräfte, BayVBl. 1994, S. 680.
(99) *D. Wiefelspütz*, Die konstitutive wehrverfassungsrechtliche Parlamentsbeschluss, ZParl 2007, S. 10; *C. Degenhart*, Staatsrecht I, 16. Aufl., 2000, Rn. 340.
(100) 講学上、基本法上特段法の拘束力が定められていない決議について、「単純決議」という用語があてられている。決議の効力をめぐる問題に関しては、議会のコントロール手法に関連して、本判決の評価を含めのちに III で詳しく論じる。また、この決議の議決にあたっては、特段の定めがない以上、基本法 42 条 2 項に定められた原則に従って、過半数でなされることになる（z.B. *N.K. Riedel*, DÖV 1995, S. 140）。この点に関しては、裁判所が不文の議会留保を導くにあたって参照している基本法 115a 条 1 項が 3 分の 2 以上の多数を可決要件としているという相違点に着目して、判例の議会留保の根拠づけの不十分さを示すものもある。Siehe *Wiefelspütz*, ebd., S. 236.
(101) *Wiefelspütz*, ebd., S. 231.
(102) 例えば、*U. Di Fabio*, Gewaltenteilung, in: HStR II, 3. Aufl., 2004, § 27 Rn. 71 は、本判決があくまで防衛憲法に関する議会留保について扱ったものであることに留意しつつも、対外領域における権力分立原則の一般的な立場の決定が問題となっているとする。また、*Wolfrum*（Anm. 51）, S. 52 は、実質的に二重決定判決は変更されたと論じる。村西良太『執政機関としての議会』（有斐閣、2011 年）54 頁は、こういった議論に好意的な立場をとる。もっとも、村西も対外権の性質理解における二重決定判決からの継続性を全く否定しているわけではないことを付言しておかねばならない（同上 54-55 頁の註（161）参照）。
(103) z.B. *M. Sachs*, JuS 1995, S. 165. 特に判例の継続性を強調するものとして、*Cremer*（Anm. 90）, S. 19ff. がある。また、本判決は、随所で二重決定判決を引用している。z.B. BVerfGE 90, 286 (358).
(104) 本質性理論について、詳しくは **3 (2)** で後述する。
(105) *Heun*（Anm. 93）, S. 1074.
(106) z.B. *Sachs*（Anm. 103）, S. 166.
(107) *P. Kirchhof*, Redebeitrag, in: VVDStRL 56, 1997, S. 116.

ではない⁽¹⁰⁸⁾。

　このような見解を前提にして、軍事的決定は対外的決定の重要な要素であるとの指摘⁽¹⁰⁹⁾も加味するならば、対外権の領域において本質性理論に基づいた実質的な議論が行われているという点で、判例の対外権理解に変化が生じているとの理解も不可能ではない⁽¹¹⁰⁾。しかし、このような理解は判例に対する批判的考察を重ねた上での、「真意」の忖度の結果である。判決自体は、防衛憲法の問題として対外権一般とは分けて論じており、判例の解釈としては区別しておくべきだろう。そうすると、軍事問題の処理が対外権の一部であることをもって、防衛憲法に関する現象を対外権全体の傾向として論じるのは論理に飛躍がある。こうして、前述のように判例の対外派兵についての議会留保論の論拠を本質性理論に求める多くの学説も含めて、対外権の問題とは一応区別された防衛憲法上の本質性理論として理解している⁽¹¹¹⁾。

(4) その後の展開　1994 年判決以降の関連判例の展開をここで簡潔に確認しておくことにしよう。基本法 59 条 2 項 1 文の拡張に関する判例は、その後も、連邦軍の海外派遣や NATO における機関の性質変化というものをめぐって、すなわち、防衛憲法に関連する問題と一体となった形で展開されることとなった⁽¹¹²⁾。

---

(108)　もっとも、議会留保については、判決の理由づけが必ずしも説得的ではなく (G. Nolte, *Germany: Ensuring Political Legitimacy for the Use of Military Forces by Requiring Constitutional Accountability, in* DEMOCRATIC ACCOUNTABILITY AND THE USE OF FORCE IN INTERNATIONAL LAW 231, 243 (C. Ku & H.K. Jacobson eds., 2003)、結局は本質性理論をベースとしていると解さざるをえないとする見解も多い。vgl. *Wiefelspütz* (Anm. 99), S. 238.
(109)　*K. Dau*, Parlamentsheer unter dem Mandat der Vereinten Nationen, NZWehrr 1994, S. 181-182.
(110)　この点については、村西・前掲註 (102) 56 頁を参照。
(111)　z.B. *K. Stern*, Diskussionsbeitrag, in: VVDStRL 56, 1997, S. 97 (99); *Calliess* (Anm. 3), Rn. 40.
(112)　したがって、ここでの直接の関心からはそれるが、以下に紹介する判決において連邦軍の国外派兵に関する議会留保の範囲確定等の詳細化も進められた（特に 2008 年判決の主要な争点はむしろこの点をめぐるものであったといってよい。vgl. z.B. *C.M. Burkiczak*, AWACS II — In dubio pro Bundestag, NVwZ 2008, S. 752ff.）。こういった判決の蓄積や、2005 年の議会関与法（Parlamentsbeteiligungsgesetz, BGBl. 2005 I, S. 775）の制定を通じて（これについて例えば、*F. Schröder*, Das neue Parlamentsbeteiligungsgesetz, NJW 2005, S. 1401ff. を参照。この論稿は議会関与法を当時までの判例を法文化したにすぎないとしている (ebd., S. 1404)。そして、この法律においても十分に明らかにされなかった「武装した兵力の出動 (Einsatz bewaffneter Streitkräfte)」という概念の内容を初めて示したのが 2008 年判決であるとの理解が一般的である。z.B. *M. Ladiges*, AWACS-Aufklärung unter Parlamentsvorbehalt, Recht u. Politik 2009, S. 29)、派兵に関する議会留保の憲法的基礎づけに疑義を呈する論者においても一種の憲法慣習法が成立したと解する（*Wiefelspütz* (Anm. 99), S. 249）ほどに、連邦軍の国外派兵の議会留保の枠組は確立した。なお、94 年判決以降の連邦軍国外派兵への議会留保に関する邦語文献として、松浦一夫「ドイツ連邦軍域外派遣の法と政治(I)・(II)」防衛法研究 28 号（2004 年）5 頁以下・29 号（2005 年）267 頁以下、高山昌治郎「自衛隊の活動における

具体的には、1999 年の NATO の首脳会談によって決定された「新戦略概念⁽¹¹³⁾」への連邦政府の同意をめぐる 2001 年 11 月 22 日判決（BVerfGE 104, 151)、国連安保理決議に基づく NATO を通じたアフガニスタンへの連邦軍派遣をめぐる 2007 年 7 月 3 日判決（BVerfGE 118, 244)⁽¹¹⁴⁾、2003 年のイラク戦争時の NATO 軍によるトルコ領空防衛のための措置への連邦軍参加についての連邦政府の同意をめぐる 2008 年 5 月 7 日判決（BVerfGE 121, 135）などが挙げられる。

　これらのいずれの判決においても、条約締結後の条約の継続発展を対象とする、基本法 59 条 2 項 1 文の類推を含めた意味での適用が争点の一つとなった⁽¹¹⁵⁾。そしていずれも、対外権が執行府に本来専属することを理由に、基本法 59 条 2 項 1 文の拡張は許されないという定式が維持された⁽¹¹⁶⁾。

　もっとも、2001 年判決においては、条約の変更の有無をめぐって、「目的と本質」の変更の有無を問うなど比較的詳細な検討がなされ、さらに「憲法は、対外権の領域において、執行府と立法府が共同で作用する（zusammenwirken）ことを予定している〔圏点、引用者付加〕」というような表現までみられるに至っている⁽¹¹⁷⁾。さらに、2007 年判決においては、15 頁にわたる実体判断の全体（判決のＣの部分、BVerfGE 118, 244 [262ff.]）が、NATO の従来の枠組からの逸脱、すなわち NATO 条約の変更がなされているかの判断に費やされており、具体的・詳細な検討がなされている。検討の内容はというと、NATO 基本条約に対する条約法律が生み出した「統合プログラム（Integrationsprogramm）」の範囲を超えるものかどうかが基準となるとする。

　　『国会承認』の射程（後）」Research Bureau 論究 8 号（2011 年）76 頁以下等がある。
(113)　The Alliance's Strategic Concept Approved by the Heads of State and Government Participating in the Meeting of the North Atlantic Council in Washington D.C., 23-24 April 1999, http://www.nato.int/cps/en/natolive/official_texts_27433.htm [本書で参照するウェブサイトの最終訪問日は、2016 年 8 月 22 日である]。
(114)　小林宏晨「アフガニスタンへのトーネード機派遣の憲法適合性」日本法学 73 巻 4 号（2008 年）1589 頁以下、同「ドイツ連邦軍のアフガニスタン関与は憲法適合か」日本法学 74 巻 2 号（2008 年）451 頁以下参照。
(115)　BVerfGE 104, 151 (199ff.); 118, 244 (257ff.); 121, 135 (157ff.).
(116)　BVerfGE 104, 151 (206ff.); 118, 244 (259) [国家権限の機能的な分配に言及]; 121, 135 (158f.) [権力分立論の展開のようなことはしないが、他のコントロール、すなわち連邦議会の質問権（基本法 43 条)・予算法による規制の存在を説いた上で、BVerfGE 68, 1; 90, 286; 104, 151 といった先例をを引いて拡張の否定を確認]。さらに、2012 年 6 月 19 日の連邦憲法裁判所判決（BVerfGE, 131, 152 [195f.]）もこの枠組を維持した。
(117)　BVerfGE 104, 151 (205; 210).

そしてより具体的には、NATO 加入の根拠となっている基本法 24 条 2 項を引いて、「平和維持」に資するものではない場合——例えば、侵略目的に転じるような場合——には、統合プログラムからの逸脱が基礎づけられるとし、国際法上の武力不行使原則への違反はその徴憑となるとする(118)。このように、「条約」ないし「条約変更」への該当性判断の実質化がある程度進む(119)とともに、判例における対外権の性質理解の変化を思わせる面も存在することが指摘できる(120)。

　(5)　まとめ　　以上、基本法 59 条 2 項 1 文の拡張をめぐる代表的な判決を紹介してきた。ここで改めて、判例の傾向や変遷の流れといったものを簡潔に確認しておこう。

　まず、判例は外交の領域を原則として執行府に属するものと考え、議会による外交への関与は「例外」と位置づける定式を判例は採用し、一貫してそれを維持しているということである(121)。しかも、これが権力分立原則からの要請であるとしている点に、のちに紹介する学説との関係を考えるにあたって留意しておく必要がある。

　もっとも、「枠組変化の兆候？」という表題を付した 1994 年判決においては、基本法 59 条 2 項 1 文の類推・拡大解釈については、伝統的な枠組を前面に出してそれを否定したものの、防衛憲法における議会留保という形で、

---

(118) BVerfGE 118, 244 (270f.). Zu dem v.a. *D. Murswiek*, Die Fortentwicklung völkerrechtkicher Verträge: verfassungsrechtliche Grenzen und Kontrolle im Organstreit, NVwZ 2007, S. 1132.

(119) もっとも、2008 年判決では、NATO の変化を条約の変更とは捉えないとする先例を引用する程度で、中心的な議論は防衛憲法上の議会留保をめぐって展開されており、「条約」「条約変更」の意義については、詳細な検討を行っていない。

(120) ドイツにおいて同様の見解を示すものとして、防衛憲法における議会留保についての性格づけを視野に入れたものではあるが、*Ladiges* (Anm. 112), S. 30 を参照。その議会留保の性格づけについて、2008 年判決は、同意は議会の元来からの共同決定権（originäres Mitentscheidungsrecht）であると特徴づけ（BVerfGE 121, 135 [168f.]）、議会留保は権力分立の基礎原理（Bauprinzip）であって例外（Durchbrechung）を構成するものではない（BVerfGE 121, 135 [163]）などとしている。確かに、軍事問題も対外事項の一角をなすものであるから、対外権の分野においても一定の範囲で議会に友好的な変化が生じているを示すものとしてみる（ラーディゲス [M. Ladiges] もその趣旨かと思われる）のは可能であろう。しかし、同判決は、対外事項における執行府の優越についても言及している（BVerfGE 121, 135 [168f.]）ことにてらせば、あくまで防衛憲法の特殊性を重視したものであって対外権理解を変更してしまうようなものではないと理解しておく方が適切（*M. Sachs*, JuS 2008, S. 830）かと思われる。2008 年判決による防衛憲法上の議会留保に関する議会友好性については、*Burkiczak* (Anm. 112), S. 752ff.; *C. Gramm*, Die Stärkung des Parlaments in Wahrverfassung, DVBl. 2009, S. 1476ff. 等を参照。このような 2008 年判決の議会友好性を村西は 1994 年判決以来の判例における「外交権」の議会化の一例として挙げるが、判例理解として対外事項一般についてかような立場をとっているとみるべきでないことは、すでに論じた通りである。

(121) *Zivier* (Anm. 68), S. 20f.

議会による同意を要求する結論を導いた。さらに、1994年判決では、「条約」以外への基本法59条2項1文の拡張を強く否定しつつ、「条約」自体への該当性について丁寧に検討する傾向がみられ、これは2001年判決以降一貫して連邦憲法裁判所が採用する枠組ともなっている。こういった意味で、基本法59条2項1文の適用の可否を判断する枠組の実質化傾向をみてとることは不可能ではない(122)。

こうして、判例は少なくとも、表面的、形式的には基本法59条2項の拡張には慎重な態度を一貫して崩していない。しかし、その一方で変化の兆しが疑わしいながらも見出されなくはないというのが現状である。

3 学　説

2では、判例が、外交を執行権の領域であるとして、立法権の関与を例外と捉えて、基本法59条2項の拡張を認めず、議会の関与を限定的にのみ認める枠組を採用していることを確認した。これに対して、学説においては、本書においてもその冒頭において指摘したような、グローバル化あるいは国際化、そしてドイツにあっては欧州化の進展という事態に対応する形で、判例のような考え方に反対し、外交の「議会化」を主張する見解も、特に近時においては有力となっている(123)。

本書の目的からすれば、こうした判例の傾向に批判的な見解について検討することに、なんといっても興味が向かうところではあるが、以下ではまず、対外権の性質に関する様々な見解について概観した上で、若干の検討を加えてみることにしよう。

(1) 対外権の性質論　すでに註(58)で触れたように、ドイツ公法学において、国境を越える国家の活動を総称して、対外権（auswärtige Gewalt）という。もっとも、ドイツにあっても、これは講学上の概念にすぎず、基本法等の実定憲法に現れたものではない。

ロック(124)やモンテスキュー(125)にあっては、対外権に該当する権限は立

---

(122) 対外権の理解枠組を維持しているという点を強調するかどうかについては、村西との間に相違があるが、実質化・柔軟化の兆候を認める点では、筆者と村西との差は大きくない。
(123) 学説の概観として、例えば、*Calliess* (Anm. 3) を参照。
(124) J. LOCKE, TWO TREATISES OF GOVERNMENT 365-366 [§§146-148] (P. Laslett ed., Student ed., 1988) [J. ロック（加藤節訳）『完訳 統治二論』（岩波書店、2010年）470頁以下］。もっとも、ロックは、「執行権」と「連合権」は別個のものでありながら、両者を分離して別々の人間の下に置くことは不

法権や国内の執行権限とは独立の権限として想定されているところである(126)。しかし、現在では対外権を「第四権」などと捉えるのではなく、「三権」分立構造の中で、この対外権として総称される作用を、立法と執行の間でいかように配分するのかが問題となっている。

これに関連して、君主制国家(127)においては、元来対外権は、国家を体現し、対外的にそれを代表することとなる君主の下に、大権事項として留保されていた(128)。他方では、フランス革命期の憲法においては、全ての国際条約について議会が「批准」すべきことを定めるなど、議会に対外権が大幅に委ねられた(129)。現代においても、対外権の基本的な配置をどのように考え

可能であるとしている。
(125) C.-L. モンテスキュー（野田良之訳）『法の精神(上)』（岩波書店、1989年）291頁以下（第2部第11編第6章「イギリスの国制について」）。当該章の冒頭においては、立法権力、外交作用を担う者としての執行権力、裁判権力の三つに国家権力を分類するような記述がなされている。しかしのちには、内政について執行を行う権力についても、「執行権力」の語を用いており、外交作用と内政における立法の執行をどこまで分離して考えていたかについては、必ずしも明確ではない。もっとも、少なくとも、立法権と対外作用の分離を明確にしていたことは確かである。これらの点については、参照、深瀬忠一「フランス憲法史における条約と国内法」法学会論集（北海道大学）7巻2号（1956年）26頁以下。
(126) ルソーについても、執行権が立法権に完全に従属するものと考えながら、外交については、執行権とは別異に、元首に委ねられるべき事項であるという考え方を示したとされる。この点については、深瀬・同上37-39頁、西岡祝「ロック、モンテスキュー及びルソーにおける『対外権』の位置」福岡大学研究所『福岡大学創立三十五周年記念論文集 法学編』（福岡大学研究所、1969年）22頁を参照。
(127) この点に関連して、Baade (Anm. 29), v.a. S. 173ff. は、のちに述べる、執行府専権事項説が、18・19世紀の君主制原理にとらわれたものであることを強調する。彼は、神聖ローマ帝国以来の歴史をみても、対外権が執行府に独占的に担われたのはむしろ例外であるとする。また、ロックやモンテスキュー、ルソーといった思想家が、対外権を執行権の一部とみるか別のものとみるかはさておき、基本的に元首あるいは執行府の下に置くものとしたのも、対外権の内政に与える影響が当時の時代状況において認識されていなかったためであるという（Baade, ebd., S. 222ff.）。
(128) このような考えを端的に示す例として、G.W.F. Hegel, Vorlesungen über Rechtsphilosophie 1818-1831, Bd. 4, 1974, §329 [G. W. F. ヘーゲル（藤野渉＝赤沢正敏訳）『法の哲学 II』（中央公論新社、2001年）414頁］また、深瀬・前掲註 (125) 40頁以下を参照。なお、現在でもイギリスでは、条約締結自体が国王の大権であり、議会は関与できない。もっとも、国内法への編入には議会制定法が必要であり、緊急の場合を除いて、批准に先立ち21日間、議会の審議に付されるという習律が存在していた（J. ALBER, CONSTITUTIONAL AND ADMINISTRATIVE LAW 115 (7th ed., 2009). 邦語文献では、小森光夫「条約の国内的効力と国内立法」村瀬信也＝奥脇直也編『国家管轄権』（勁草書房、1998年）548-549頁）ところ、2010年憲法改革及び統治法（Constitutional Reform and Governance Act 2010, 2010, c. 25 (U.K.)）の第2部に法定化された。なお、この法律は、一院または両院が批准に消極的な決議をした場合には、批准が妨げられるとする。以上の点については、条文の邦語訳も含めて三野功晴「イギリスの2010年憲法改革法及び統治法(2)」外法252号（2012年）166頁以下も参照。
(129) 芦部信喜『憲法と議会政』（東京大学出版会、1971年）181-182頁［初出、1958年］。フランス革命期の憲法における条約締結・承認権に関する緻密な研究として、深瀬・同上第二部［43頁以下］。また、深瀬論文は、フランス革命期にあっても特に時代が下るにつれ、秘密条約の容認や一定の政治的条約締結についてのイニシアティブを執行府に与える規定や実行が一般化していたことも指摘する（同上60-61頁、66-67頁）。

るかという形で対外権の性質をめぐる議論が行われている。

　(i) **執行府専権説**　　対外権を執行府に専属のものと考え、条約承認を国内法上の効力付与や行政をコントロールするために立法府が例外的な関与を認められた場合であるとする見解である。現在この見解を明示的にしかも積極的な形で採用する学説は少なくなってきている[130]が、その代表的な論者である、グレーヴェ（W.G. Grewe）の見解[131]を追ってみることにしよう。

　グレーヴェによれば、対外権の分配を、議会に有利に考えるか、執行府に有利に考えるかという問題は、「民主化」と均衡のとれた権力分立のいずれを採用するかの問題である。そして、グレーヴェは「民主化」の議論は憲法上なんらのよりどころもない、不確かな議論であって、均衡のとれた権力分立を採用すべきであるという[132]。すなわち、基本法はドイツ連邦共和国を民主的で社会的な連邦国家と定義づけており、国家機関の構成としては、明らかに代表民主制を採用しているとする。さらには、基本法の権力分立においては、分離よりも相互の抑制と均衡に重点を置いている。国家権力が国民から発するという規定は、プレビシットの形式を採用した「草の根民主主義」や、議会絶対主義を肯定するものではなく、普通選挙によって選出された議員により構成され、憲法上配分された権限に拘束された議会とその議会に依存する執行府による統治を想定したものである[133]。また、基本法における権力分立は、基本法20条の規定のみから定義づけられるものではなく、基本法における具体的な国家作用の分配に目を配らなければならないとした上で、連邦憲法裁判所の判例を参照しつつ、各国家機関にその性質に適合的な作用を配分することが求められているとする。そうして、このような観点からみた時、外国との交渉というものは執行府にのみ可能なものである[134]。さらに、グレーヴェは、民主政においても外交の一定領域において秘密外交は重要なのであり、機密性の保持という観点からも、対外権は、議会の性質に適合的ではなく、執行府の構成員やプロの外交官にこそ任せられる権限で

---

(130)　以下で引用する、グレーヴェの著作以外でこの立場を採用するものとして、*Kempen* (Anm. 51), Rn. 31ff. がある。
(131)　W.G. *Grewe*, Auswärtige Gewalt, in: HStR IV, 2. Aufl., 1988, § 77 Rn. 48ff. [im folgenden *Grewe* HStR]. Auch, *ders.*, Die auswärtige Gewalt der Bundesrepublik, VVDStRL 12, 1953 [im folgenden *Grewe* VVDStRL].
(132)　*Grewe* HStR, ebd., Rn. 48.
(133)　Ebd., Rn. 48.
(134)　Ebd., Rn. 49.

あるとしている(135)。

　以上のような議論は、基本的に先に概観した判例と共通するところであって、判例はこの執行府専権説に立っているといえよう。

　こうして、この見解からは例外たる立法府による対外権への関与を抑えるため、条約という形式をもたないものへの基本法 59 条 2 項 1 文の類推適用あるいは拡張解釈を否定する。もっとも、この見解も、一般的なコントロール機能として、対外権への議会の関与がありうることについては必ずしも否定していない(136)。判例においても条約法律の制定以外の一般的コントロールの存在が言及されていることについては、すでに触れた通りである(137)。

　(ii) **執行・立法協働説**　以上に紹介したような、判例や学説の対外権を執行府の専権と考える見解に対しては、前出のグレーヴェに続いて、1953 年のドイツ国法学者大会において報告を行ったメンツェル（E. Menzel）の、「結合された（kombinierte）権力」論(138)を皮切りに有力な反対論が存在している。表現の仕方としては、「混合的（gemische）権力」(139)などと呼ばれることもあるが、対外権を、結局立法府と執行府の両方が関与すること（協働）によって処理される権限だとする見解である。すでに触れたように、我が国においては、芦部(140)や林(141)、村西(142)がこの見解を好意的に引用する。

　執行府専権説に対峙する見解として登場した以上、議会の関与を重視する見解が多いところであるが、執行府の専権であることを否定し、立法府も「協働」することを示すものにすぎず、必ずしも議会の優位までは導かない(143)。村西が夙に指摘する(144)通り、協働説はある一群の権限がどのよう

---

(135) Ebd., Rn. 50.
(136) Ebd., Rn. 51.
(137) BVerfGE 1, 372 (394).
(138) *Menzel* (Anm. 69), S. 179ff.
(139) *Baade* (Anm. 29), S. 7.
(140) 芦部・前掲註 (129) 211 頁。
(141) 林知更「立憲主義と議会」安西文雄ほか『憲法学の現代的論点〔第 2 版〕』（有斐閣、2009 年）136-137 頁［以下、林（論点）］。
(142) 村西・前掲註 (102) 第一部第一章［初出、2007 年］。この村西論文は、国家指導（Staatsleitung）あるいは「執政」全体について、議会と政府による協働を認める。対外権に関しては村西・同上 44 頁以下を参照。
(143) 議会の優位を認めるものがほとんどではあるが、政府の優位を認める見解として、*K. Stern*, Das Staatsrecht der Bundesrepublik Deutschland Bd. I, 2. Aufl., 1984, S. 499 u. 1004-1005; *W. Kewenig*, Auswärtigen Gewalt, in: *H.-P. Scwartz* (Hrsg.), Handbuch der deutschen Außenpolitik, 1975, S. 41-42 がある。
(144) 村西・前掲註 (102) 61-62 頁。

なアクターによって担われるのかについての見解であっても、権限配分を決定する見解ではないのである(145)。

さらに、村西は、レーベンシュタイン（K. Löbenstein）を引きながら、「協働」とは結局、「権力相互のコントロール」と呼んできたものであるという(146)。もしそうだとすると、すでに何度か述べてきたように、最初期のものはともかくとして、判例も議会による一般的なコントロールの可能性については否定するものではないというのであるから、判例までもが協働説であるということになってしまいかねない。もっとも、このように結論づけるにあたっては、それぞれの論者の用いる「コントロール」という語の意義等について精査する必要性があり、慎重でなければならないだろう。ただ、以上の検討からいえることは、議会の関与を強化したいのであれば、議会の関与が求められる理由をその効果等にてらして説得的に論じること、これこそが重要になってくるということである(147)。こういった観点から、協働説に立ち、さらに議会関与の拡張、基本法59条２項１文の適用拡張を主張する見解が言及する理由づけを検討してみると以下のようなものを挙げられる。

つまり、抽象的なレベルでいえば、民主的統制の強化あるいは民主的正統性の付与である。もっとも、執行府にも民主的正統性は認められているのであるから、議会に特有な民主的統制の強化や民主的正統性付与に関連する事由が問題となるが、そういった意味で挙げられているのが、議会という公開の場(148)を通すことによる、透明性の確保、（政治的）責任の所在の明確化である(149)。また、今日議会化が論じられている背景には、グローバル化・国際化・欧州化に伴って、市民の権利・義務関係への影響の強い規範が、国家の枠外において形成されているという事態があることにも注意をしておくべ

---

(145) この点について、日比野勤「政治過程における議会と政府」岩村正彦ほか編『岩波講座　現代の法3』（岩波書店、1997年）82-83頁も参照。
(146) 村西・前掲註 (102) 60-61頁。
(147) これは、各憲法機関の機能に適合的な権限配分を模索するということであり、村西がいうところの「権力分立論の地平」における議論（同上61頁）である。林（諭点）・前掲註 (141) 137頁も、「政府と議会の合有」という未分化な定式を超克し、議会および政府の固有役割の明確化とそれに適合的な権限配分・手続形成を行うことの必要性を説く。また、この点に関連して、毛利・前掲註 (5) 253頁も参照。
(148) 議会の公開性に着目する可能性については、毛利・同上253-254頁も参照。
(149) *Poscher* (Anm. 55), S. 183. vgl. *S. Kadelbach u. U. Guntermann*, Vertragsgewalt und Parlamentsvorbehalt, AöR 126, 2001, S. 569. 関連して、議会少数派によるコントロールの存在を強調するものとして、*Röben* (Anm. 41), S. 80, 83-84 も参照。

きである(150)。

　結局、協働説が議会関与の拡張について共通して論じるのは、各論について、行為の性格や、個別権限についての基本法等の規定のあり方、議会および執行府の性質を丁寧に検討していく他はないということである(151)。そして、原則としてそこでの検討の指標として挙げられているのが、本質性理論である(152)。こうしてこの見解と判例との違いにおいて重要なのは、条約という形式に着目して基本法59条2項1文の適用範囲を決めるのではなく、実質的な内容によって決定するということである(153)。

　(iii) **立法的性質強調説**　通常の見解は、(ii)で紹介したように、対外権が立法府と執行府の協働に服するという点を強調し、議会の関与拡張を提唱するにせいぜいとどまっている。しかし、対外権の行使における立法的性格(154)を強調することで、より積極的に議会関与の必要性を導こうとする見解(155)がメラース（C. Möllers）によって提示されており、その見解を紹介しておきたい。もっとも、この見解も、対外権が議会の専権事項だとまで主張するものではなく、執行府の関与を当然に予定するものである。そうすると、協働説の一類型というのが正確だということになろう。けれども、立法的な性格を有することの説明が他と比べて特徴的であるので、項目を分けて論じているわけである。

　それではまず、この見解において対外的行為が立法的性格をもつとされる理由を説明しよう。国際法上の義務を負うということは、国際法上の主体たる国家が拘束を受けるということなのである。そうすると、国際法上の義務が、個人の権利関係を規律する場合にはいうまでもないことであるが、そうでない場合であっても、民主的に正統化された国家機関を拘束することとなり、ひいては当該国家の民主的な自己決定の選択肢を狭めてしまうことにな

---

(150) *Poscher*, ebd., S. 162; *Calliess* (Anm. 3), Rn. 4-12; *Wolfrum* (Anm. 51), S. 41-43.
(151) *Calliess*, ebd., Rn. 48; *Wolflum*, ebd., S. 44.
(152) *Calliess*, ebd., Rn. 47; *Röben* (Anm. 41), S. 96. なお、本質性理論のリーディング・ケースとされる Kalkar 決定において、基本法59条2項1文は本質性理論を規律内容とする一般的法律の留保の具体化であるとされていること（BVerfGE 49, 89 [126f.]）に、留意しておかなければならない。
(153) もっとも、判例において条約該当性判断の実質化傾向を見出しうることについては先に述べた。
(154) なお、*Baade* (Anm. 29), S. 90ff. は、夙に1962年の段階において、国内の立法事項にかかわり、しかも直接適用可能性を有する条約の登場とその普及に着目して、条約制定過程を世界的内政（Weltinnenpolitik）と表現し、そこでの立法府と執行府の役割の逆転を指摘し、立法府による法創造の独占に対する侵害を指摘していた。
(155) *Möllers* (Anm. 51), S. 370ff..

る。というのも、対外的な義務は国家機関を全体として拘束するからである。こうしてみると、対外的な義務を負うということは、将来に向かった、潜在的で一般的な決定を下すことを意味している。さらに、国際法の性格からして、上位の規範からの派生によって拘束が生じるのではなく、法創造に関与する国際法主体の意思に基づくのであって、対外的行為における意思形成と将来志向の一般的な決定の直結性が認められる(156)。そして、この将来志向の一般的決定というものは、メラースの説くところによれば、まさに立法府が担うべき機能であるとされている(157)。このように、対外的行為、特に対外的に一定の義務を負う行為は、本来は議会によって担われるべきものなのである(158)。しかし、執行府による交渉の必要性、相手国の存在といった事情から、条約の内容に対する議会の修正権や、条約内容についての提案権が議会に認められない(159)。メラースはこれは仕方ないことである反面、対外権を通じた処理が例外ではなくなっている今日には大きな問題だとする(160)。そして、このような問題は、議会の条約法律さえ必要とならない行政協定の場合には深刻であるとして、メラースは議会の同意の必要性を実質的に判断すべきことにも触れる(161)。

（2） **本質性理論とは何か**　以上みてきたように、対外権を立法府と執行府の協働とみる見解においても、その立法的性格を強調する見解においても、

---

(156)　Ebd., S. 370-371.
(157)　Ebd., S. 88ff. メラースは、自己決定を基盤に据えた正統化理論を構築し、集団的自己決定としての潜在的で未来指向一般的決定に民主的正統化の契機を、一般的決定によって形成された権利に基づいて具体的な自己決定の確保を行う事後回顧的判断に「個人に基づく正統化」の契機を見出す。そして、民主的正統化を担うものとして、議会を想定し、潜在的で未来志向な一般的決定は原則として議会によることを求める。メラースの正統化論に関する邦語文献として、高橋雅人「ドイツにおける行政の民主的正当化論の一断面」早法59巻1号（2008年）323頁以下を参照。
(158)　Möllers, ebd., S. 371.
(159)　Ebd., S. 371.
(160)　Ebd., S. 372. なお、メラースは、のちに詳述する議会関与の早期化による議会の関与強化の有用性を述べるとともに、超国家レベルでの正統性付与の強化が結局は問題になるという（ebd., S. 373-376）。さらに、同時に外交問題について司法審査が緩やかになることについても触れ、個人に基づく正統化の観点からも欠損が認められることを指摘する（ebd., S. 371f.）。
(161)　Ebd., S. 372-373. これに関連して、メラースは、平和利用の一環である原子力発電所の設置については、議会による決定を必要とする本質的事項とした一方で、上述のように、核ミサイル配備については条約法律を不要としている連邦憲法裁判所の判例には一貫性がなく不適切だとする（ders., Die Drei Gewalten, 2008, S. 167）。もっとも、このような批判については、連邦憲法裁判所が、化学兵器の連邦領域内配備に関して、配備決定は本質的事項であると認めた上で、NATO関連諸条約の同意法律の存在をもって足りるとしている（BVerfGE 77, 170 [230ff.]）点からすると、必ずしも当を得たものではない。

基本法59条2項1文が適用ないしは類推適用されるかどうかを具体的に判断する際の基準として挙げられたのが、本質性理論である(162)。ここでは、その本質性理論とはどのような考え方であるか、本書の関心にかかわる限りで、簡単に確認しておこう(163)。

　本質性理論とは、法律の留保論に関するドイツにおける判例理論であり、通説的見解である。その内容は、立法者は全ての本質的決定を自身で決定しなくてはならないというものだと定義される(164)。もっとも、何をもって「本質的」と判断するのかについては明確な基準は存在しない。これを支持する論者自身も、本質性理論は思考を方向づける枠組であり、具体的な判断基準ではないとする(165)。しかし、法律の留保論について、歴史的な沿革から改めて確認してみることで、ある程度本質性理論の性質がどのようなものであるのかを捉えることはできる。以下では、簡潔ではあるがそれを行ってみたい。

　三月前期においては、議会による民主的参加の範囲を決定するという意味で「重要性」を基準に語られていた法律の留保論は、立憲君主政後期には、法治国的な、行政による市民の権利領域への介入ないし侵害（Eingriff）への授権へと関心が向けられるようになり、これ以降、法律の留保論は「侵害」の概念の定義づけをめぐって展開されていくことになった。しかし、これはやがて侵害概念の混乱をもたらし、行き詰まりをみせることになる(166)。

　その一方で組織論にかかわる領域においては、「政治的な重要性」を有する決定については議会がかかわらなくてはならないという考え方が比較的早

---

(162) 基本法59条2項に本質性理論の規律が及ぶことについては、判例においても、Kalkar決定（BVerfGE 49, 89 [126f.]）、連邦領域における化学兵器配備に関する憲法異議訴訟判決（BVerfGE 77, 170 [230ff.]）、および連邦行政裁判所の北ドイツ放送事件判決（BVerwGE 60, 162 [181f.]）等において示唆されている。

(163) ここでなされる検討は、基本的にオッセンビュールの概説（*F. Ossenbühl*, Vorrang und Vorbehalt des Gesetzes, in: HStR V, 3. Aufl., 2007, § 101 Rn. 11ff.）に従った素描にとどまることを断っておかなければならない（もっとも、*H. Butzer*, Der Bereich des schlichten Parlamentbeschlusses, AöR 119, 1994, S. 83は、オッセンビュールの所論を支配的な新しい考え方と評している）。また、本質性理論をめぐる邦語文献としては、なんといっても大橋洋一「法律の留保学説の現代的課題」『現代行政の行為形式論』（弘文堂、1993年）1頁以下［初出、1985年］を挙げておかねばならない。

(164) BVerfGE 49, 89 (126); *H. Maurer*, Allgemeines Verwaltungsrecht, 17. Aufl., 2009, S. 120, Rn. 12.

(165) 大橋・前掲註（163）36頁。Siehe auch *E. Schmidt-Aßmann*, Der Rechtsstaat, in: HStR II 3. Aufl., 2004, § 26 Rn. 65.

(166) *Ossenbühl* (Anm. 163), Rn. 43f.

期から見出されるようになっていた(167)。このような状況の下で、従来のいわゆる特別権力関係に属し、「侵害」概念を手掛かりにして議論を展開することが困難な教育法の領域に関する事件をめぐって、連邦憲法裁判所は本質性理論を確立していった。

この一連の議論において、規律の内容のみならず、規制の形態や規制官庁の権限、規制手続へと関心が向けられた。そこでは、官僚によって決定されるべきか、議会によって決定されるべきかという問題関心がみてとれるようになったのである(168)。これに関してオッセンビュール（F. Ossenbühl）は、君主制が終焉し、議院内閣制が採用されていることによって執行府と議会が同一性を帯びる時代においては、執行府が何をすることが許されるか以上に、執行府と議会のなれ合いを防ぎ、議会がどのような責任から逃れてはならないのかへと問題関心が移るのだという(169)。そして判例も、本質性理論の基盤として法治国原理と民主政原理の二つを挙げる(170)。こうして現在では、本質性理論の採用によって法律の留保論が、権利保護に主な関心を向け、対象となる事項をもとに「法律」という形式を要求する法治主義的な法律の留保と、決定機関に着目して「政治的に重要な事項」については「議会」が決定する民主主義的な議会留保の二つの要素から構成されるようになっている。

もっとも、仮に連邦憲法裁判所のいう、「本質性とは基本権関連性である」との定式を、基本権に関してその範囲等の決定を下すことは政治的に重要な事項であるという形で、民主的議会留保の観点から求められるものであると考えるならば、法治国的法律の留保とどこまで差異があるのかはわからない(171)。しかしながら、法治国的法律の留保と民主主義的議会留保の相違は、前者が（形式的意味での）法律によることまでを必要とするが後者が必然的にそれを要求するわけではないという点に見出すことができる。そうすると、さしあたっては、議会留保というものが、法律による規律を求める法律の留保とは別異の内容をもつものとみておく方が妥当なように思われる(172)。

---

(167) Ebd., Rn. 45.
(168) Ebd., Rn. 48.
(169) Ebd., Rn. 48f.. 松本和彦「基本権の制約と法律の留保」樋口陽一ほか編『日独憲法学の創造力 上巻』（信山社、2003 年）381-382 頁も、オッセンビュールを引用して、この点を強調する。
(170) vgl. BVerfGE 41, 251 (260).
(171) *Ossenbühl* (Anm. 163), Rn. 51.
(172) なお、広い意味での法律の留保原則に、（法治国的）法律の留保と（民主主義的）議会留保の二

こうして、法治国的法律の留保と民主主義的議会留保という二つの要素の存在に着目すると、国際化によって個人の権利・義務関係が国際的規範によって規律されるようになってきているので、そのような内容をもつ限り条約という形式を有していなくても議会の関与を確保しようという発想は法治国的法律の留保論に、外交の政治的重要性を強調する議論は民主主義的議会留保論にそれぞれ親和的であるということができそうである。また逆に、民主主義的議会留保論からは、国際的規範の内容・性質次第で、条約法律ではなくとも、単純決議に一定の法的拘束力をもたせる処理の余地も生じてくるといえよう[173]。

　もっとも、判例・学説上、政治的重要性が本質性のメルクマールであるかについて、見解の一致は必ずしもみられないことに注意が必要である。少なくとも、判例[174]上、政治的論争の対象となっているということだけでは、本質性を有しないことが明示されている[175]。さらに、クレープス（W. Krebs）などは、政治的重要性が基準として機能しないと指摘し[176]、給付的なものを含む、基本権への介入や具体化・内容形成についての議会制定法による留保（「基本権留保 Grundrechtsvorbehalt」）を主張する[177]。加えてクレープスは、以上のような自説が、「基本権実現にとって本質的」という判例の定式に適合的であるともしている[178]。

　しかし、「基本権実現にとって本質的」といったところで、それもまた基

　　つの要素が含まれていることについては、一般的な同意が得られている（vgl. *Maurer* (Anm. 164), S. 117-119; *H. Schulze-Fielitz*, Art. 20 (Rechtsstaat), in: *H. Dreier* (Hrsg.), GG Kommentar, 2. Aufl., 2006, Rn. 114 u. 119ff.）。この点に関連して、法律の留保原則の「法治主義的保護機能」と「民主的正当化機能」に言及するものとして、藤田宙靖『行政法の基礎理論 上巻』（有斐閣、2005年）384-387頁［初出、1988-1989年］も参照。

[173]　vgl. *J. Kokott*, Kontrolle der auswärtigen Gewalt, DVBl. 1996, S. 939. また、前述の連邦軍国外派遣の判例（BVerfGE 90, 286）において、議会の単純な決議による同意の必要性を、議会留保の要求として導いた。他方で、議会留保といっても、原則として形式的法律によることが想定されているとするものとして、*Schulze-Fielitz*, ebd., Rn. 122. この点については、のちに改めて詳述する。

[174]　BVerfGE 49, 89 (126); 98, 218 (251f.).

[175]　これに対して、議会における議論の公開性と野党の存在、ひいては野党による争点化という観点から、公論に持ち込むべき政治的論争性というものこそ「本質性」であるとするのは、*G. Kisker*, Neue Aspekte im Streit um den Vorbehalt des Gesetzes, NJW 1977, S. 1313ff. (v.a. S. 1314f.; 1318)。

[176]　*W. Krebs*, Vorbehalte des Gesetz und Grundrechte, 1975, S. 108f.

[177]　Ebd., S. 110ff.

[178]　*W. Krebs*, Zum aktuellen Stand der Lehre vom Vorbehalte des Gesetes, Jura 1979, S. 310f. これに関連して、メラースは、政治的重要性を裁判所において手掛かりとなる基準としては否定し、自由の領域の限界づけを立法府の中心的機能と判例は考えており、基本権関連性に基準を一元化していると判例を分析している（*Möllers* (Anm. 51), S. 186ff.）。

準として空虚であることは否めない⁽¹⁷⁹⁾。基本権関連性を強調する論者も認める⁽¹⁸⁰⁾、公開性・透明性（さらには野党の存在）といった議会の機能的特性を視野に入れると、民主主義的議会留保の観点を強調し、上記のように政治的重要性を（明確な指標となっているかは別として）、基準と考えること⁽¹⁸¹⁾が適切ではないか⁽¹⁸²⁾。

次に、民主主義的議会留保の要素の取り込みによって、議会という機関の性質や能力等も考慮要素となったという点が指摘されたが、一連の判決においては、立法手続における、透明性、手続の公開性、関係者や公衆の意見形成への参加や代表されることの機会、議会における野党の参加保障、また逆に、議会への過剰期待の有無、執行府のより大きな事項能力といった事項も本質性判断の要素として考慮されている⁽¹⁸³⁾。議会の特徴として挙げられた点は、協働説が挙げるものと共通するところであるが、執行府のより大きな、当該事項を処理する能力というのは、まさに判例が再三対外権に関連して言及してきた点でもある。そうするとやはり問題は、本質性理論を用いる、用いないということ以上に、結局は、事項の性質を如何に説得的に示すかということにかかってくるように思われる。そういった意味では、立法的性格強調説は事項としての性質を説明する必要性に応えた主張であるということができよう⁽¹⁸⁴⁾。協働説において、議会化を主張しようとするならば、グローバル化・国際化・欧州化といった時代・構造の変化とともに、議会の機能を

---

(179) vgl. *H. Papier*, Der Vorbehalte des Gesetzes und seine Grenzen, in: *V. Götz, H.H. Klein u. C. Strack* (Hrsg.), Die öffentliche Verwaltung zwischen Gesetzgebung und richterlicher Kontrolle Göttingener Symposion, 1985, S. 43, 54.
(180) z.B. *Krebs* (Anm. 178), S. 307.
(181) 当時の判例に現れた法律の留保についての考え方について、議会民主政に本質的な議会の優位の反映として国家共同体の基礎的問題の決定が議会により行われなければならないというものであると分析し、基準としての切れ味の悪さを認めつつも「重要性説（Bedeutsamkeitslehre）」として主張するものとして、*E. Schmidt-Aßmann*, Verwaltungsorganisation zwischen parlamentarischer Steuerung und ekekutivischer Organisationsgewalt, in: *R. Stödter u. W. Thieme* (Hrsg.), Hamburg・Deutschland Europa, FS für H.P. Ipsen, S. 333ff. (v.a S. 345f.), 1977 も参照。
(182) 以上の点については、村西・前掲註 (102) 91-102頁も参照。
(183) *Ossenbühl* (Anm. 163), Rn. 59. なお、本質性理論が議会の機能にも着目した議論であるということについては、*H. Herbert*, Zur »Wesentlichkeitstheorie« des Bundesverfassungsgerichts, DVBl. 1987, S. 1247 や大橋・前掲註 (163) 30頁等も参照。大橋もまた、議会の公開性に重点を置いた理論展開を行っている（特に 40-41頁）。
(184) なお、立法的性格強調説の主張は、将来志向の一般的決定としての性格を有することが一番の基盤となっている（vgl. *Möllers* (Anm. 51), S. 370f.）が、メラースもグローバル化・国際化・欧州化によって、国内への影響力は一層強いものとなっていることも指摘している（ebd., S. 372）。

丁寧に論じていく必要性があろう。そして結局は、個別の事項について判断していくしかないことになる[(185)]。

それでは続いて、基本法59条2項1文[(186)]の拡張が特に論じられている問題群について、どうしても類型的な扱いにはなってしまうものの、検討してみることにしよう。

(3) **各　論**　ドイツにおいて、基本法59条2項1文の「拡張」が論じられる主な対象は、国際法上の一方的行為、条約の継続発展による実質的変更、ソフトローの形成、条約の一方的な終了、国際機構における決議等である。以下では、このうち一方的行為と条約の継続発展、ソフトローについて検討しておくことにする。

というのも、一方的行為やソフトローについては、我が国において実際に問題となったことを指摘したように、日本法に対する示唆を得やすいからである。また、条約の継続発展については、判例の蓄積などの面で、ドイツにおいて議論の蓄積が多い部類に属していることによる。

これに対して、条約の終了がこの文脈において問題になる場合は、結局一方的な行為によってそれが導かれる場合なのであって、一方的行為の問題に収斂する。国際機構の決議が問題となる場合も決議への賛成が問題になるのであれば、採択時であれ事後的な賛成表明であれ、これもまた一方的行為として論じられるものとなる。さらに、決議の履行や拘束力について焦点を当てるのであれば、国際法上国家が拘束されるかという面でソフトロー類似の論点に帰着する。あるいは、国際法上の拘束力が認められることを前提に国内執行の問題を論じるのであれば、条約締結と同じレベルの問題はすでに解決済みであって、自動執行性ないし直接適用可能性の問題となり、ここで論じる問題ではない。

(i) **一方的行為**　一方的行為とは、相手方との双方向の合意ではなく、一方的になされる国家（あるいはその機関限りで）の意思表明等の行為を指

---

(185) *G. Geiger*, Die völker-und verfassungsrechtlich wirksame Erweiterung des Aufgabenspektrums von NATO und WEU um Krisemanagementaufgaben, NZWehrr 2001, S. 144; *U. Fastenrath*, Kompetenzverteilung im Bereich der auswärtigen Gewalt, 1986, S. 214.

(186) これまでに紹介してきた議論は、基本法59条2項1文のような明文規定のある「特別な」法律の留保の場合と区別される、明文規定はなく基本法20条3項の解釈から導かれる「一般的」法律の留保にかかわるものであるが、基本法59条2項1文の拡張を論じるのであれば、その規定の根本に存在する、一般的ルールについての議論を応用することは可能だろう。

す[187]。一方的行為と基本法59条2項1文の適用をめぐる問題については、夙に1977年のドイツ国法学者大会における討論において、200カイリの漁業水域の設定を例に挙げて、国際法上効力を有し、国民の権利・義務にも関係しうる内容をもつ一方的行為の存在と、そのような一方的行為に59条の規律を及ぼさなければ、59条2項1文の機能が失われる可能性の指摘が、デーリング (K. Doehring) によってなされていた[188]。二重決定判決においても、NATOの二重決定採択における賛成が一方的行為として理解されたのは上述の通りであり、一方的行為への基本法59条2項1文の適用可能性の問題は一大論点となっている[189]。

まず、一方的行為をめぐる概念整理をしておくことにしよう。一方的意思表示としての一方的行為には、様々なものが含まれる。そこで、一方的行為について、学説上以下のように大きく二つに分けて整理することが多い。すなわち、①特定の条約規定等に基づく行為であって、それによって効力が認められる従属的な一方的行為と、②そういった効力付与規定を有することなく行われる、独立の一方的行為である[190]。

以上のような分類をもとにそれぞれについて順に検討していくことにすると、まず、①従属的な一方的行為については、法的拘束力を与えることになる条約の枠組の中でそれが許されるかという問題に結局落ち着くことになる[191]。国際司法裁判所 (ICJ) の強制管轄権受諾宣言や各種人権条約の個人通報制度の受諾宣言のようなものは、条約に明確な根拠が見出せ、特段大きな重要性を有さないとして、同意が不要な例としてよく挙げられる[192]。

一方で、条約において認められる一方的行為であっても、その内容の重要性から一定の事項――例としては海洋法に関する条約に基づく、各種水域の設定が挙げられる――については、国内法上は法律という形式が採用される

---

(187) *Schweitzer* (Anm. 19), Rn. 286.
(188) VVDStRL 36, 1978, S. 147f.; siehe auch *K. Doehring*, Staatsrecht der Bundesrepublik Deutschland, 3. Aufl., 1984, S. 196 [後者においては、連邦宰相ブラントの政府声明による、ドイツ民主共和国 (東ドイツ) の国家承認が例として挙げられている]。
(189) *J. Kokott*, Art. 59 Abs. 2 GG und einseitige völkerrechtliche Akte, in: *K. Hailbronner, G. Ress u. T. Stein* (Hrsg.), Staat und Völkerrechtsordnung FS für Karl Doehring, 1989, S. 503f.
(190) *Kempen* (Anm. 51), Rn. 55 u. 57.
(191) *Butzer/Haas* (Anm. 51), Rn. 75.
(192) z.B. *Wolfrum* (Anm. 51), S. 60; *Streinz* (Anm. 3), Rn. 45 [ただし、条約で明確に予定されており、その具体化と認められる限りで容認]。ただし、これには疑問がないわけではない。

べきであるとの議論がみられる(193)。

さらに、条約によって認められたものかが、規定上必ずしも明確とはいえないが、実際的には、条約の枠組の中で一定の効力が認められるものについては、条約の解釈の枠内で認められるものなのか、あるいは条約解釈の枠を超えて、実質的な条約の改正を構成してはいないかという点が問題となり、結局次に述べる条約の継続発展の問題と融合していくことになろう(194)。

この文脈でよく問題とされるのが、条約の留保や、条約の終了(特に廃棄・脱退)をめぐるものである。そこで、この二つについて簡単に学説を確認しておくことにする。

まず、条約の留保についてであるが、条約の留保とは、条約の署名ないしは批准等の際に、「条約の特定の規定の自国への適用上その法的効果を排除し又は変更することを意図して」単独に行う声明を意味する(条約法条約2条(d)号)(195)。この定義づけに現れているように、条約の留保は条約の締結時になされる。対外権の性質理解として議会関与を重視する見解からは容易に想定される(196)が、議会の関与を例外的なものとする見解からであっても、同意の対象となる条約内容を決定づけるものである以上、条約の一部に同視され、基本法59条2項1文に基づく同意対象に留保は含まれるものと解されている(197)。そして、実務上も条約法律において留保が規定されることがある(198)し、それどころか、実務上は立法機関が執行府に対して一定の留保

---

(193) *Röben* (Anm. 41), S. 115. もっとも、これは対外的な行為について法律の形式によって同意するという基本法59条2項1文の問題というよりは、むしろ国際法上は一方的な行為として認識される行為を純粋な国内法上の法律という形式で行うものであり、そこに厳密な意味では差異がある点に注意が必要である。

(194) 二重決定判決(BVerfGE 68, 1)では、まさに内容の重要性と条約内容の実質的な改正への該当可能性が、一応は区別できるものの同時に問題になっており、連邦政府による同意の付与は、一方的行為のうちこの類型に該当するものであったといえよう。

(195) 条約の「留保」をめぐる国際法上の問題については、さしあたり、酒井啓亘ほか『国際法』(有斐閣、2011年) 117-119頁等を参照。

(196) *Fastenrath* (Anm. 185), S. 233f. は、国際化の潮流の中での、対外的事項全般について議会と政府の相互作用の必要性を説くことで、留保への議会関与を肯定する。

(197) *Kokott* (Anm. 189), S. 515f.; *M.H. Müller*, Die innerstaatliche Umsetzung von einseitigen Maßnahmen der Auswärtigen Gewalt, 1994, S. 79. なお、対外権における議会の役割を重視する見解においても、同様の理由づけはなされている。z.B. *H.D. Jarass*, Die Erklärung Vorbehalten zu völkerrechtlichen Verträgen, DÖV 1975, S. 120f..

(198) *Wiese* (Anm. 36), S. 73ff.; *Schweitzer* (Anm. 19), Rn. 208. もっとも、実務上、条約法律の公布時に連邦法律公報で留保が公示されても、条約法律の条文に留保が明記されないこともある(*Wiese*, ebd., S. 78)。具体例として、*Wiese*, ebd., S. 74 は、欧州人権条約の批准に際して、連邦議会および連邦参議院の同意を得た留保が存在したものの条約法律には明記されなかったことを挙げている。

を強制することも認められているのである(199)。もっとも、ここでは条約に明文の規定がある留保については、立法機関が留保を付さなかった場合に執行府はその裁量で留保を付すことが可能であるとされている(200)ことに注意しておかなくてはならない。それでも、これは議会もそれに同意した条約において明示的に認められた権限であるから許されるものなのである(201)。また、こうして付された留保や第三国による留保は、連邦法律公報において公示されることとなっている(202)。以上のように、留保に関しては、基本法59条2項1文の規律が及ぶと解する点で、対外権や基本法59条2項1文の性質についての理解の違いを超えた、実務も含めての一貫した一致がみられる。

次に、条約の終了について、従来の通説は、対外権の原則的な執行府への帰属を背景に、基本法59条2項1文の文言が終了について言及していないことを理由として議会の関与が不要であると解してきたとされる(203)。また、条約によって制約された自由の回復なのであるから、議会の同意は不要であるとの説明もなされている(204)。しかし、表裏をなす事項については同様の規律が及ぶとする *actus contrarius* 原則や国内法上法律の廃止が法律によってなされることを理由として議会の同意を要求する見解(205)や条約によって形成された権利が縮減されるような場合には議会の同意が必要であるとする見解(206)が有力になってきている。特に、政治的条約については、一般的にその終了も政治的に重要であるといえることから、議会の同意を必要とするという論者が多い(207)。

---

(199) Leisätze des Rechtsausschusses des Bundesrates zu mit völkerrechtlichen Verträgen zusammenhängenden Rechtsfragen, Protokoll der 447. Sitzung des Rechtsausschuss des Bundesrates vom 7. /8. 6. 1977, abgedruckt im Anhang II No. 7 von *Kokott*（Anm. 189), S. 516 [im folgenden *BRat. Leisatz*].
(200) Ebd..
(201) *Wiese*（Anm. 36), S. 77.
(202) *BRat. Leisatz*（Anm. 199), I. 4..
(203) *Schweitzer*（Anm. 19), Rn. 232.
(204) *Kokott*（Anm. 189), S. 513; *Jarass*（Anm. 197), S. 130.
(205) *Röben*（Anm. 41), S. 115f.. さらに進んで、連邦憲法裁判所が、連邦議会による条約法律の制定が、条約締結を認める一方的な行為にとどまらず、条約の規定内容をめぐる継続的な責任の引き受けであると指摘したこと（BVerfGE 118, 244 [258f.]）にも触れて、条約を終了させるにあたっての責任も立法者は負っているという議論を展開するものとして、*S. Hölscheidt u. K. Rohleder*, Vom Anfang und Ende des Fiskalvertrags, DVBl. 2012, S. 810 がある。
(206) *Fastenrath*（Anm. 185), S. 239.
(207) *E. Friesenhahn*, Parlament und Regierung im modernen Staat, VVDStRL 16, 1958, S. 70; *Jarass*（Anm. 197), S. 121; *Streinz*（Anm. 3), Rn. 46. このような見解に賛同しつつも、危機や見通しのつきづ

続いて、②独立の一方的行為について考えてみよう。この場合、国際法上の拘束力の有無も定かではないが、基本法59条2項の適用が問題となるには、そもそも国際法上、そのような一方的行為が拘束力を有するのかが問われることになる[(208)]。この点、まず義務を引き受けるものについては、信義則等を根拠に法的拘束力が認められる独立の一方的行為が存在することが、国際法上認められている[(209)]。権利を主張するものについては、国際法上、基本的に他国に対抗することはできず、相手国の明示または黙示の承認が必要とされる[(210)]。

学説上、国際法上の拘束力を認められる一方的行為のうち、継続的な拘束力や予算執行を伴い、内容上重要性を有し本質的な決定事項に該当する場合など、議会の判断が留保されるべき場合には、同意が必要であるという見解も説かれる[(211)]。

(ii) **条約の継続発展（Fortentwicklung）** 条約の継続発展というのは、条約が正式の改正を経ることなく[(212)]、成立後の運用によって、異なった意義

らい事態への対応という即時のかつ実効的な対応可能性を留保すべき場合には、議会の同意は不要であるとするものとして、*Kokott* (Anm. 189), S. 512f. がある。

(208) 政治的重要性を有する場合には、基本法59条2項1文の適用を考える上で、国際法上の効力は必ずしも要求されないと考えることも決して不可能ではないかもしれない。しかし、基本法59条は「国際法上の条約」の締結手続について規定している以上、政治的条約についても国際法上の法的効果の存在が前提とされていると考えられる。なお、「国際法上の条約」の意義の理解については、例えば *Schweitzer* (Anm. 19), Rn. 103ff. 等を参照。

(209) 「一方的宣言」について、Nuclear Tests (Austl. v. Fr.), 1974 I.C.J. 253, ¶¶ 43-46 (Dec. 20)［信義則を媒介として、拘束される意思の存在と一方的宣言の公然性を要件とする］および、The Frontier Dispute (Burk. Faso v. Mali), 1986 I.C.J. 554 ¶¶ 39-40 (Dec. 22)［手段としての唯一性を要求する］の二つのICJ判決を参照。*See also,* I. BROWNLIE, PRINCIPLES OF PUBLIC INTERNATIONAL LAW 640-643 (7th ed., 2008).

(210) 例えば、酒井ほか・前掲註 (195) 136-137 頁参照。*See also,* Fisheries Case (U.K. v. Nor.), 1951 I.C.J. 116, 132-138 (Dec. 18).

(211) *U. Fastenrath* (Anm. 185), S. 242; *Pernice* (Anm. 3), Rn. 38. これに関連して、「重要」な事項の一例として、接続水域や排他的経済水域の設定については、国家の領域高権の範囲確定にかかわることを理由に重要であり、本質的決定事項に該当するというものがある。*Siehe Wolfrum* (Anm. 51), S. 61. さきほどは条約の枠内での行為の一例として挙げたが、条約外でもこのような行為は行われうるものであり、その場合は、内容の重要性を伴う、国際法上の拘束力を有する一方的行為に該当するということになろう。

(212) なお、条約上改正が予定されている（明文で規定されているものに限定されない）場合に、どの程度の改正であれば、従来の条約の承認の際にその改正も見越して議会の同意が得られているとみることができるかについては、連邦省庁共通職務規則 (GGO) 73条3項1文に基づいて制定された、条約法律及び条約に関連する命令の様式に関する連邦司法省指針 (RiVeVo〈http://www.verwaltungsvorschriften-im-internet.de/bsvwvbund_12112007_IVA7926057412802007.htm#ivz21〉) が規律している。そこでは、基本法80条1項2文に倣い、内容・目的・程度を基準として決定されるという (RiVeVo 2.3.1)。明文の規定のない条約改正の予定も含むものであるので、「継続発展」との差異は

を有するようになることを指し、既出の 1994 年の NATO 域外派兵に関する連邦憲法裁判所判決[213]や NATO の新戦略概念への同意をめぐる 2001 年連邦憲法裁判所判決[214]、そして 2007 年の同じく NATO のアフガン派兵をめぐる連邦憲法裁判所判決[215]などではまさにこれが主要な問題点となった。ここで問題となっているのは、ある条約に新たな意義を与えうる、当該条約の枠組内における行動への関与[216]に、議会の同意が必要かである。

多くの学説はこれについて、条約の実質的な改正か（動態的な）解釈の枠にとどまるのか、言い換えれば、当初の条約締結によって予定され、同意を得た内容に含まれるのか否か[217]という問題に帰着するとしている[218]。これについては、判例も前述のように、実質的な条約改正ないしは新たな条約締結になっていないかという点を審査した。つまり、この一般的な枠組のレベルにおいて学説と判例に齟齬はないといってよい[219]。

相対的なものであり、このような実務上の処理は参考に値するということができよう。この点については、*T. Plate*, Art. 59 Abs. 2 GG: Anwendungsfragen aus der Praxis am Beispiel der Änderung völkerrechtlicher Verträge, DÖV, 2011, S. 606ff. も参照。
(213) BVerfGE 90, 286.
(214) BVerfGE 104, 151.
(215) BVerfGE 118, 244.
(216) 条約の解釈に一定の変化を与えうる事項として、条約法条約 31 条 3 項(a)号・(b)号に規定された、「締約国の事後の合意」あるいは「事後の慣行」に該当する、あるいはそれを構成する個々の行為が、ここでは主に問題となるとされる (*G. Ress*, Verfassungsrechtliche Auswirkungen der Fortentwicklung völkerrechtlicher Verträge, in: *W. Fürst, R. Herzog u. D.C. Umbach* (Hrsg.), FS für Wolfganag Zeidler Bd. 2 (1987), S. 1781). 特に後者の事後の慣行については、他の当事国のものを含む多様かつ多数の行為が問題となり、訴訟においていずれを捉えて主張を展開するかという技術的ながら困難な問題も存在する。この点については、*D. Murswiek*, Die Fortentwicklung völkerrechtkicher Verträge: verfassungsrechtliche Grenzen und Kontrolle im Organstreit, NVwZ 2007, S. 1132ff. [結論として、判例上、諸行為の総体を対象とすることは認められていないというべきであるが、個々の行為のいずれの行為を選択するかは、それぞれに伴うコスト負担も含めて原告の選択に委ねられるとする] を参照。
(217) 国際機構の文脈における国際法の用語で言い換えれば、国際機構の「黙示的権限」の範囲内かどうかということになろう。vgl. *Kadelbach* (Anm. 81), S. 46.
(218) *Butzer/Haas* (Anm. 51), Rn. 68; *Pernice* (Anm. 3), Rn. 36; *Röben* (Anm. 41), S. 110; *Wolfrum* (Anm. 51), S. 54-55; *Kempen* (Anm. 51), Rn. 50-51. こういう意味では、条約によって設立された国際機構において創造される「派生法」の限界、すなわち、設立条約（一次法）の制定時に想定されていた範囲内にとどまるかという問題もこれとパラレルな問題であるということができよう。これに対して、国際機構の設立条約の継続発展と派生法形成の問題を区別することの重要性を説くものとして、*Kadelbach*, ebd., S. 43 がある。もっとも、カーデルバッハも、その区別は常に容易であるわけではないということは認める。
(219) *Röben*, ebd., S. 261ff. (*siehe* v.a S. 266; 268; 280) は、むしろ条約法律における授権の範囲内での執行府による規範形成の問題と捉えて、連邦憲法裁判所が基本法 80 条 1 項を参照して検討を行っていると指摘する。このように考える場合も、条約締結時に当初想定された規律内容の範囲確定という作業を行うことになり、実質的な検討内容は重なる（だからこそ、法律の留保という観点で多くの学説が読み解いている判例をそのように理解できる）ことになろう。また、基本法 80 条 1 項が考慮要素を比較的明瞭に示していることからすると、レーベン (V. Röben) の捉え方の方が考慮要素の明確

もっとも、判例は条約該当性をかなり限定的にしか認めないし、1994年判決は当事者に条約を改正するあるいは新たな条約を締結するという意思があったかという主観的なアプローチを採用した[220]ところ、この判例のアプローチに対しては、学説上批判が多い[221]。つまり、この判決において少数意見[222]がとったように、国際機構内における合意やそこへの連邦政府の同意といったものの文面に着目した客観的アプローチを採用すべきだというのである[223]。具体的な判断基準として、学説上は、継続発展自体が予測可能であったか、当該発展を包摂する発展の一般的なラインが認識可能であったかが問われるべきであるなどと論じられている[224]。

　これに関連して、前述のように連邦憲法裁判所の2007年判決は、比較的明瞭な判断枠組を提示した。つまり、一連のNATO関連条約の「統合プログラム」からの逸脱の有無を問うとしつつ、NATO体制への参加を基礎づける基本法24条2項に着目し、問題となるNATOの活動が「平和維持」目的から離れ、例えば侵略的性格をもつ場合には逸脱を認めるとしたのである。そして、さらには、国際法上の武力不行使原則に違反するような個々の行為は、平和維持目的からの逸脱の徴憑となるとしている[225]。もっとも、これは、NATOの枠組において、「統合プログラム」というものが想定されえたからであって、条約の継続発展一般に利用可能な手法ではないことには注意しておかなければならないが、審査枠組の明瞭化が進んでいるという点

性という点で優れているということはできる。もっとも、議会がどこまで自身で決定するかという意味での議会留保に関する規定として、基本法80条は（広い意味での）法律の留保に関する一つの規定とされていることからすれば、むしろ二つのアプローチを区別してみること自体が不要なのかもしれない。

(220)　BVerfGE 90, 286 (361ff.).
(221)　*Butzer/Haas* (Anm. 51), Rn. 70; *Rojahn* (Anm. 40), Rn. 66; *Calliess* (Anm. 3), Rn. 37.
(222)　BVerfGE 90, 286 (372ff. v.a. 374-375).
(223)　*Rojahn* (Anm. 40), Rn. 66. Siehe auch *Ress* (Anm. 216), S. 1779.
(224)　*Wolfrum* (Anm. 51), S. 55; *Ress*, ebd., S. 1779等も、条約法律による同意時に予期できるものであったかを基準としている。もっとも、レスは、二重決定判決（BVerfGE 68, 1）を好意的に引用し、高権の委譲を伴う国際機構の権限拡大の問題を考えるにあたって（問題をここに限定している点には注意が必要である）は、国際機構の形成自由や実際性を重視して、条約の「本質的変化」を構成する場合に初めて、条約の実質的な変更（つまり、同意時に予測された範囲を超えた拡大）を構成するとした上で、国際機構法における権限踰越に関する考え方を参照して「本質性」を「明白性」に読み替える。すなわち、条約内容の明白な書き換えにならない限り、基本法24条1項に基づく授権の範囲内だというのである (*Ress*, ebd., S. 1784).
(225)　この点については、上述の判例紹介を参照。また、条約の継続発展に着目して、2007年判決に比較的詳細な検討を加えたものとして、*D. Musrwiek*, Die Entwicklung völkerrechtlicher Verträge: verfassungsrechtliche Grenzen und Kontrolle im Organstreit, NVwZ 2007, S. 1130ff. がある。

で、評価されるべきである(226)。

なお、判例および学説による「条約の継続発展」の具体的な捉え方の検討を通じていえることは、本質的事項が決定されているかという本質性理論のアプローチが明示的にはとられておらず、直接的には「条約変更」への該当性が問われているということである。しかし、これは立法事項に該当する新たな条約締結と同視しうるだけの変遷を経ているかを問うものであり、「本質性」を具体化した基準としての「変更」への該当を問うているとみることができるのではないだろうか。「本質性」という概念自体が基準として不明確であるということにてらせば、条約の変更への該当性を問う形で、判例においても比較的明瞭な基準の設定がなされてきていることは、むしろ重要な意義を有している(227)。

(iii) ソフトロー　ソフトローとは、直接には法的な拘束力をもつものではないが、政治的に高い拘束性を有する、宣言や行為基準そして決議といった規範のことを指す(228)。ハードなものであるはずの「ロー」に「ソフト」と付すのは形容矛盾であるとの批判など、その性質等をめぐる議論も盛んであったが、一定の範囲でそういった規範群が存在するということについて、現在はある程度コンセンサスが得られているものといってよい(229)。国際的に国家に対するものとしてのソフトローについても、議会の同意にかからしめるべきではないかという議論は全くありえないわけではない(230)。し

---

(226)　こういった意味で、1994年判決の主観を基準とする（と学説上指摘された）アプローチは、同判決の少数意見や学説の示す客観的判断アプローチに接近したと指摘できよう。
(227)　もっとも、国際法の文脈での「条約の変更」をめぐってではあるが、条約解釈の動態性が指摘される現代において、とりわけ国際レベルで有権解釈を行う機関が存在するような場合には、条約の解釈と条約の変更の相違が理論上はともかく実際には区別できなくなってくることを指摘するものとして、G. Ress, Die Bedeutung der nachfolgenden Praxis für die Vertraginterpretation nach der Wiener Vertragsrechtskonvention, in: ders. u. R. Bieber (Hrsg.), Die Dynamik des Europäischen Gemeinschaftsrechts, 1987, S. 61ff. がある。条約の「動態的解釈」について網羅的に検討したものとして、M. Fitzmaurice, Dynamic (Evolutive) Interpretation of Treaties Part I, 21 HAGUE Y.B. INT'L L. 101 (2008); M. Fitzmaurice, Dynamic (Evolutive) Interpretation of Treaties Part II, 22 HAGUE Y.B. INT'L L. 3 (2009) を参照。邦語文献では、欧州人権裁判所における動態的解釈（「発展的解釈」）に限定されるが、戸田五郎「欧州人権条約による欧州人権条約の解釈」国際人権11号（2000年）17頁以下等を参照。
(228)　z.B. Pernice (Anm. 3), Rn. 42. もっとも、ソフトローの意義の詳細についてはそれ自体大いに議論のあるところである。国際法上のソフトローに関する邦語文献として、位田隆一『「ソフトロー」とは何か(一)・(二)・完』論叢117巻5号（1985年）1頁以下・6号（1985年）1頁以下、中村耕一郎『国際「合意」論序説』（東信堂、2002年）、中山信弘編集代表／小寺彰＝道垣内正人編『国際社会とソフトロー』（有斐閣、2008年）第1部所収論文等を参照。
(229)　vgl. Geiger (Anm. 32), S. 84.

かし、現在のところ、学説状況として、その対象とする内容・性質が如何に重要なものであっても、条約等を手掛かりに法的な拘束力をもつ規範として認識されない以上は、条約類似のものとして同意の対象とすることは不可能であるというのが、一般的な見解であるといえる[(231)]。そうすると、ここでも結局、外見上は法的拘束力がないとされている規範が法的拘束力のある「条約」に該当するかというような問題が論じられることになってしまう。

　(ⅳ) 評　　価　　以上、様々な国際的規範について各論的な検討を加えてきたが、信義則を媒介にして法的拘束力が認められる一方的行為の類型を除けば、一見条約とは異なった形態の合意形成について、結局、それが条約法律による同意の必要な「条約」に該当するのかという点へと問題がすり替わっている。すなわち、基本法59条2項1文における「条約」の定義づけと、その「拡張」の問題が結局は混合して堂々巡りになっている感が否めない。このように考えると、「条約」以外への基本法59条2項1文の拡張に対しては、明確に消極的態度をとるが、「条約」該当性については実質化をみせている判例と比較したとき、主観を重視するか客観を重視するかという細部における対立はみられるにしても、両者の間の距離は基本的に小さなものであるといってしまうこともできよう。

　また、このような各論の検討から得られた大まかな検討基準は以下のようなものである。つまり、ある国際的な規範形成行為が処理する①対象の性格・内容の重要性と、当該行為の②国際法上の法的拘束力の有無を含めた効果の内容と、それを反映するものとしての③国内（法）への影響の有無・性質が、大まかな検討事項となるのではないかということである。そして、各論的な検討においては必ずしも明らかではないが、総論部分では本質性理論による検討が必要とする論者の検討である以上、①規律対象の重要性の判断は、本質性理論からいう「重要性」、つまり議会が決定するだけの重要性——ここには議会の機能の面から議会による決定に適合的であり、また議会による決定が要求されるものでもあるということを含む——という観点が前提となっているといえよう。

　(4) まとめ　　ここまで、基本法59条2項1文による条約に対する議会

---

(230)　比較的初期にこの問題の存在を指摘するものとして、*Tomuschat*（Anm. 79）, S. 33f. がある。
(231)　*Streinz*（Anm. 3）, Rn. 40; *Butzer/Haas*（Anm. 51）, Rn. 84; *Pernice*（Anm. 3）, Rn. 42f.; *Kempen*（Anm. 51）, Rn. 54.

の同意の拡張可能性について様々な検討を加えてきた。もっとも、最終的に各論的な議論にまで目を向けてみると、ドイツにおける拡張論も、一部の例外を除けば、「拡張」というのには語弊があり、外見上の形式にとらわれるのではなく、「条約」適合性を実質的に判断しようという見解となっているということがわかった。しかも、それに否定的だとされる判例にしても、それと同様の傾向がみられるのである。

　もっとも、判例自体は表面的には形式的な判断を行っているような判示をしている。これに対し実質的判断の必要性を強調するという点において、拡張論の意義を見出すことはできる。また、その実質判断における方向づけとして、議会の機能的適合性を強調するという点において、拡張論はなお有意義であるということもできよう。

　すなわち、字義通りの「拡張論」として理解するには困難な点はあるけれども、グローバル化・国際化の時代において、国際的規範が国内に与える影響の大きさにてらせば、議会を経ることによる透明性の確保と責任の明確化という機能の重要性はかなり傾聴すべきものを含んでいるということが、ここでの一応の結論である。つまり、議会の関与強化はやはり必要なのである。

　しかし、議会の関与強化は必ずしも条約法律の制定による必要もないのではないかという新たな問題関心も生じてくる。すなわち、本質性理論の検討からは、民主主義的議会留保の観点を強調すれば、議会の決定こそが重要であり、法律の形式によることが必ずしも要求されないのではないかという点が指摘されたし、条約法律による処理を求めるあまり「条約」該当性・類似性にとらわれ議論が堂々巡りに陥ってしまっている印象をぬぐえないからである。次節では、こういった問題関心を背景に、条約法律制定以外の議会のコントロールのあり方を探ってみることにする。

　なお、最後に、各論の検討からは、議会の同意を必要とするか否かの判断基準として、①規律対象の議会の機能適合性を含めた意味での重要性、②国際法上の法的拘束力の有無を含めた効果の内容、③国内（法）にもたらす影響の有無・性質といった観点が挙げられることを、検討の成果として改めて確認しておく。

III 議会のコントロール

1 総　論

　すでにみたように、判例は対外権が本来的に執行府の専権事項であることを少なくとも形式的には強調する。ただし、その判例[232]も執行府専権事項説[233]も、執行府の対外権行使に対する、議会によるコントロール[234]については、これを認めている。もっとも、専権事項と捉える見解は、協働説に比して、一般的コントロールに関する検討もわずかにとどめる傾向があるし、一般的コントロールといってもその意味するところが見解により区々なのも事実である。また、すでにみた通り、条約承認という「出口」を広く捉えようとするアプローチも必ずしも実り多いものではなさそうであり、「出口」にのみ負担をかけるべきではなく対外権の行使全体にわたる様々な関与・コントロールを検討すべきだとする見解[235]も聞かれるところである。したがって、ここで改めて議会のコントロールのあり方について検討を行う必要性は高い[236]。そこで以下では、対外権をめぐる議会のコントロールにつき、個別に検討していくことにしよう[237]。

　まず、判例が明示的に挙げる、一般的コントロールの手法は、基本法67条の連邦宰相に対する建設的不信任決議である[238]。連邦憲法裁判所は、最終的には連邦政府を退陣に追い込む力を有し、デッドロックに陥れば、最終的には議会が執行府に優越することを背景とする影響力を指摘するのであろ

---

(232) z.B. BVerfGE 1, 372 (394); 68, 1 (89); 90, 286 (364). *Cremer* (Anm. 90), S. 28ff (v.a. S. 29; 31) は、判例は「法律」という形式による議会の介入の拡張を否定したものであるが、決議等の活用を含めた、法律という形式によらないコントロールを重視したものであるとする。
(233) *Grewe* [VVDStRL] (Anm. 131), S. 154ff.; *Kempen* (Anm. 51), Rn. 38.
(234) 対外権に限らず、一般に執行府に対して立法府が行うコントロールという意味で一般的コントロールと呼ばれる。
(235) *Wolfrum* (Anm. 51), S. 63.
(236) 対外権の協働的性格を強調しながらも、むしろコントロールの充実必要性を強調する見解として、*Calliess* (Anm. 3), Rn. 48; *Wolfrum*, ebd., S. 55. カリースは、基本法59条2項1文の拡張戦略の有効性に懐疑的であり、類推あるいは拡大解釈は不要とする（*Calliess*, ebd., Rn. 48）。
(237) 本来であれば、「コントロール」という語の意味を含めて丁寧に検討するべきところであるが、ここでの検討は、ドイツにおける対外権をめぐる議論では、どのようなコントロール手法が挙げられているかを紹介し、それについて簡単な評価を加えるにとどまることを断っておかねばならない。「コントロール」概念については、吉田栄司『憲法的責任追及制論Ⅰ』（関西大学出版部、2010年）、同『憲法的責任追及制論Ⅱ』（関西大学出版部、2010年）等、特に、Ⅱ 196頁以下を参照。
(238) BVerfGE 1, 372 (394); 68, 1 (109f.).

う。もっとも、これは、あくまで最終手段であり、議院内閣制を採用するドイツにおいて議会多数派によって執行府が支持・形成されるのが通常である以上、「平時」の現実的なコントロール手法とはいえないだろう(239)。また、むしろ、派兵の承認を基本法 68 条に定める信任投票と一括で議決に付した(240)ことで、シュレーダー政権がアフガニスタンへの連邦軍派遣を実現したことを想起すれば、連邦宰相・連邦政府の存亡へとつながることによって、かえって議会による柔軟なコントロールの可能性を奪うこともありうる。

　また、この他にも判例上、質問権や予算統制の存在が指摘されている(241)。この質問権が行使され、対応する執行府の説明がなされる、討議の場としての委員会の存在(242)も、学説上重視されている。連邦議会には、欧州連合委員会（45 条）・外交委員会・国防委員会（45a 条）の三つの委員会の設置が基本法によって定められている。また、連邦参議院には欧州連合専門部会（52条）設置が同様に基本法自体に規定されている。以上の規定の存在は、議会によるコントロールの重要な側面として指摘されている(243)。さらに、「一般的」コントロールの側面を強調するならば、基本法 44 条に規定される調査委員会の包括的な調査権を強調する見解(244)も見受けられる。

　さらに、委員会によるコントロールをめぐっては、欧州統合の文脈における、しかも財政に関する規律にかかわる問題という特殊なケースではある(245)が、議会の委員会の同意が憲法上の要求として義務づけられるとする、2011 年 9 月 7 日の連邦憲法裁判所判決(246)が注目される。これは、のちに述

---

(239) この点については、前掲の二重決定判決のマーレンホルツ判事の反対意見（BVerfGE 68, 1 [131]）も参照。
(240) vgl. BT-Drs. 14/7740.
(241) BVerfGE 68 1 (109f.); 104, 151 (208f.) [基本法 24 条の文脈で言及]. また、最近の 2012 年 6 月 19 日の連邦憲法裁判所判決（BVerfGE 131, 152 [196]）もこの二つの判決を引用して、この点に触れている。
(242) 特にのちに述べるような議会関与の早期化を論じる場合などには、機動性なども考慮して、外交委員会などの、議会全体ではなく代表者によるコントロールに限定されることも多い。vgl. *Möllers* (Anm. 51), S. 373f.
(243) *Kretschmer*, Art. 45a, in: *B. Schmidt-Bleibtreu, H. Hofmann u. A. Hopfauf* (Hrsg.), GG Kommentar zum Grundgesetz, 13. Aufl., 2014, Rn. 12.
(244) *Röben* (Anm. 41), S. 121-122. レーベンは、基本法 44 条 1 項により、調査委員会は議員の 4 分の 1 の申立てにより義務的に設置されるものであって、議会少数派によって活用されやすいものであることを強調する。
(245) 外交一般と対比する形で、基本法 115 条に基づき、保証引受に対して、連邦議会における同意が広範に求められることについては、*D. Thym*, Anmerkung (über BVerfG, 2 BvR 1099/10), JZ 2011, S. 1011.

べる法的に拘束力を有する議会決議の可能性をめぐる議論との関連では、委員会限りの決議にも法的拘束力を認めた判例が登場したということを意味する。そもそもどのような場合に議会の同意がなされる必要があるのかという問題にかかわるので、拘束的な議会決議の可能性を論じたのちに、改めて2 (1)(ii)で拘束的議会決議の委員会への委任の可否という形で論じることにしたい。

この他に、一般的コントロールの手法としては、決議の利用がよく挙げられている[247]。決議によって行われるコントロールの内容も含めて議論は多岐にわたっているので、整理の便宜という観点からも項目を分けて論じることにしよう。

2 決議の活用

法律の形式をとらない議会の意思表明手段として決議がある。先にも少し触れたように、この決議を利用することが議会による執行府のコントロールの手法として考えられている[248]。そこで、議会による決議の法的性質・効力等について検討してみることにする。

(1) 法的拘束力のある議会決議の可能性　　(i) 議会留保による根拠づけ

議会制定法たる法律が法的拘束力をもつことは当然であるが、憲法上の一定の手続を経た形式的意味の法律でなくとも、決議に法的拘束力を認め、執行府の活動を議会の意思表明にかからしめることは可能であろうか。

基本法上定められた法律制定手続によらずに議決された「決議」について、概ね、①憲法上法的効果が定められているもの、②法律上法的効果が定められているもの、③議事規則上法的効果が定められているもの、④以上のような法的根拠を有さないもの、といった根拠に基づく区別がされている。そして、用語法に細かな相違はあるが、多くの論者は、④のカテゴリーに該当する決議を「単純決議 „schlichte" Beschlüsse」と呼び[249]、その法的拘束力の

---

(246) BVerfGE 129, 124. この判決に関する邦語文献として、村西良太「多国間の政策決定と議会留保」法政80巻1号（2013年）1頁以下［以下、村西（ユーロ法政）］や同「議会の中の権力分立」松本和彦編『日独公法学の挑戦』（日本評論社、2014年）119頁［以下、村西（挑戦）］、同「『議会』留保と『本会議』留保」浅野有紀ほか編『グローバル化と公法・私法関係の再編』（弘文堂、2015年）168頁以下［以下、村西（公私）］、さらに、籾山錚吾「ドイツ連邦憲法裁判所の9月7日判決について」朝日42号（2012年）1頁以下がある。

(247) z.B. *Wolfrum*（Anm. 51), S. 63; *Kempen*（Anm. 51), Rn. 39; *Rojahn*（Anm. 40), Rn. 77.

(248) 邦語文献でこの可能性に言及するものとして、林（論点）・前掲註（141）137頁。

(249) *Butzer*（Anm. 163), S. 67ff. なお、トーマ（R. Thoma）が夙に、*R. Thoma*, Der Vorbehalt der

有無をめぐって見解が対立している[250]。

　この点に関する判例としては、連邦行政裁判所の 1961 年 1 月 20 日判決[251]がある。また、連邦議会の単純決議の効力について扱うものではないが、バイエルン州議会の単純決議の効力をめぐる、バイエルン憲法裁判所の 1959 年 9 月 30 日決定[252]も参考となる。

　前者の判決は、石油法（MinÖlG）[253]に基づいた連邦財務大臣の軽油燃料価格の引下げ命令を、事後的に再び命令によって変更したことの合法性をめぐる事案である。連邦議会は、石油法を可決するに際して、経済状況等に本質的な変化が生じない限り 1951 年 3 月 31 日の価格水準を維持するような法律の運用を行うべきことを連邦政府に対して決議した[254]（この決議について、連邦参議院はこれを認識した上で、法律案に異議を表明しなかった）。また連邦議会は、さらに法律の施行後、連邦財務大臣による上記二つの命令の間に、国内水運について燃料費の一定額の割引を維持するよう明示的に示す決議を行った[255]。これらの決議が連邦財務大臣を拘束するものであるか否か、そして連邦財務大臣の命令がこの決議に反するものであるかが争われたのである。連邦行政裁判所は、最初の決議について、その法的拘束力について明示的に述べないものの、石油法の条文解釈を行うにあたっての考慮要素とした[256]。他方、後者の決議については、法律としての議決手続をとっておらず、基本法 76 条ないし 78 条に定められた連邦参議院の関与を欠くものであるがゆえに、法的拘束力を有しないとされた[257]。

　後者のバイエルン憲法裁判所の決定の事案は、戦後の住環境支援をめぐる補助金の配分に関する州議会決議の法的効力の有無を問うものであった。バイエルン憲法裁判所は、一旦予算法が議会において決定された以上は、その

Legislative und das Prinzip der Gesetzmäßigkeit von Verwaltung und Rechtsprechung, in: *ders. u. G. Anschütz* (Hrsg.), Handbuch des Deutschen Staatsrechts Bd. 2, 1932, §76, S. 221 において、„schlichte" Beschlüsse という用語を利用している。

(250)　z.B. *Rojahn* (Anm. 40), Rn. 77.
(251)　BVerwGE 12, 16.
(252)　*BayVerfGH*, Beschluss vom 30. 9. 1959, DVBl. 1959, S. 816ff.
(253)　BGBl. 1951 I, S. 371.
(254)　BT-Drs 1/2193; BT-PlPt 1. S. 5551 (d).
(255)　vgl. BT-Drs 1/3090.
(256)　BVerwGE 12, 16 (18f.); *F. Klein*, Zur rechtlichen Verbindlichkeit von Bundestagsbeschlüssen-BVerwGE 12, 16, JuS 1964, S. 182.
(257)　BVerwGE 12, 16 (20).

具体的配分の決定等は執行府の事項になるとし、憲法上如何に議会に政治的な重点が置かれていても、憲法上の根拠なく執行府が議会から拘束的な命令を受けることはないとした(258)。

このように、判例は（少なくとも直接的な意味で）単純決議に法的拘束力を認めていない。

それでは、学説はどう考えているのだろうか。この点、基本的には、法的拘束力を否定するものが多い(259)。その理由は、端的にいえば法律と決議では制定手続が異なるというところに求められる。もう少し具体的にいえば、連邦議会内の手続自体、法律については必要的な委員会審議、3回に及ぶ読会による本会議の審議が要求されるところ(260)、決議については、原則として1回の審議がなされるにとどまる(261)し、委員会付託は動議の提出者が異議を申し立てない場合にのみ行われる(262)、といったように幾分か簡略化されたものとなる。さらに、連邦行政裁判所も指摘しているところであるが、連邦参議院の関与が欠如している(263)し、連邦大統領による認証も欠く(264)上、連邦法律公報による公布という手続はとられないので、この点で公開性が劣る(265)。こうして、このような手続的な差異があるところ、一定の手続を経ることによって「法律」という法的拘束力あるものとなるという形式的法律概念の意義を失わせないようにするため、法的拘束力に差異を設けなければならないというのである(266)。

対して、古くからの肯定説として、1）議会と執行府が協働して国家の基本的な重要事項を決定する国家指導（Staatsleitung）に該当する場合においては、国家指導を担う機関として、議会が拘束的な決議による意思表示を行うこともできるというもの(267)がある。また、2）直接的な法的拘束力を正

---

(258) DVBl. 1959, S. 818.
(259) z.B. *N. Achterberg*, Parlamentsrechts, 1984, S. 747; *Stern* (Anm. 3), S. 49. 1964年までの学説状況については、*Klein* (Anm. 256), S. 187ff. が詳細にまとめている。
(260) GOBT § 78 (1).
(261) GOBT § 78 (1).
(262) GOBT § 88 (2).
(263) *Bachof,* Die Rechtsprechung des Bundeverwaltungsgerichts, JZ 1962, S. 708.
(264) vgl. *Butzer* (Anm. 163), S. 103.
(265) *K.A. Sellmann,* Der schlichte Parlamentsbeschluß, 1966, S. 140f..
(266) Ebd., S. 140.
(267) *F. Klein,* Zur Anwendbarkeit der Gemeinsamen Entschließung vom 17. 5. 1972 auf den Grundlagenvertrag, in: *H. Schneider u. V. Götz* (Hrsg.), Im Dienst an Recht und Staat, FS für Werner Weber zum 70. Geburtstag, 1974, S. 125.

面から認めるというのではなく、議会には基本法67条の建設的不信任投票による連邦政府打倒の権限が存在していることから、それに伴う政治的影響力も手伝って、決議の遵守を余儀なくされるという事態を捉えて[268]、あるいは、裁判において立法者たる議会の意思を反映するものとして参照されることを捉えて[269]、そこにある種の「法的効果」を認めるものもある。

これらの肯定説に対しては、次のような批判がある。すなわち、1）議会が国家指導を担う機関であることを認めるにしても、個別の単純決議が法的に拘束力を有するかどうかは別問題であって[270]、そこには論理の飛躍があるという批判である[271]。さらに、2）連邦政府が連邦議会に政治的に依存するものであるからといって、それに伴う政治的・事実的な効果を、それがたとえ基本法67条という法規範から派生していても、法的な効果と呼ぶことは不適切であり、そこには「法的にレレバントである（rechtserheblich）」のと「法的に拘束力がある（rechtsverbindlich）」という二つの概念の混同があるという批判である[272]。これらの批判は正鵠を射たものといえよう。

また、決議の法的拘束力を認めることについては、以下のような批判もある。つまり、決議という形である程度まで具体的な決定を議会が担うことになると、具体的適用の場面における行政の裁量が奪われる傾向がある。その一方で議会が柔軟な個別的対応はできないために、裁判所等による事後的調整を必要とすることとなる。こうして、結果として法的安定性やドイツ行政法における体系性の喪失を生じさせるというのである[273]。

他方、以上のような伝統的な議論とは、やや異なった議論として注目され

---

(268) vgl. *S. Magiera*, Parlament und Staatsleitung in der Verfassungsordnung in der Verfassungsordnung des Grundgesetzes, 1979, S. 216. クリーゲーは、連邦議会が連邦政府の存在基盤を構成するということと、連邦政府が連邦議会に服従すべきかどうかとは別だとして直接的な拘束力を否定する（*J. Criegee*, Ersuchen des Parlaments an die Regierung, 1965, S. 87）が、議会による提案を審査し返答する義務は生じるとする（S. 114）。

(269) vgl. *Klein* (Anm. 256), S. 189.

(270) この点に関して、ゼルマン（K.A. Sellmann）は、レーベンシュタインを引きつつ、国家指導の領域に含まれる事項についての議会の単純決議は、議会と協働して国家指導を担う執行府に対して拘束力を有する（*Sellmann* (Anm. 265), S. 63ff.）。もっとも、基本決定に基づく執行府による制度設計を踏まえた最終的な制度構築の決定については、形式的意味における法律が必要であるとして、その場面で単純決議に法的拘束力ある決定を認めることには反対する（ebd., S. 138ff.）。

(271) *P. Lerche*, Bundestagsbeschlüsse ohne Gesetzesbefehl über Subventionen, NJW 1961, S. 1759.

(272) Ebd., S. 1758; *F. Klein* (Anm. 267), S. 189. *Siehe auch U. Schneuner*, Der Bereich der Regierung, in: Rechtsprobleme in Staat und Kirche, FS für R. Smend, 1952, S. 284 Fn. 82.

(273) *Lerche*, ebd., S. 1759f.

るのが、ブッツァー（H. Butzer）が 1994 年に提示した見解である⁽²⁷⁴⁾。その趣旨を簡潔に述べると、以下の通りである。すなわち、行政国家現象の中における議会の能力の限界とそれに伴う法律の機能の限界に鑑みて、法律という形式にこだわらず、議会に拘束的な決定を留保しつつ迅速簡易な対応を可能にしようという立場から、単純決議による法律の代替を模索するのである⁽²⁷⁵⁾。行政国家の中での議会や議会制定法たる法律の限界⁽²⁷⁶⁾の認知とその中での議会の統制権限の確保を模索するスタンスは妥当であり、以下では、ブッツァーの見解を追試する形をとって、法的拘束力を有する決議を認めることの可否を検討してみよう。

議会の決議による法律の代替可能性を論じるにあたり、ブッツァーはまず、本書も本質性理論を概説するにあたり紹介した、オッセンビュールのいう民主主義的議会留保に着目する⁽²⁷⁷⁾。つまり、法律の留保に内包される、一定の重要事項について議会による民主的決定を要求するという意味での民主主義的議会留保の要素は、決定の形式について語るものではなく、議会の決議によっても充足されるというのである⁽²⁷⁸⁾。そして、法律によることが要求される要素は何であるかを問うことにより決議の法律への代替性についての検討を進める。もっとも、ブッツァーは、議会留保に着目しながらも、それを法的拘束力の根拠とはせず、伝統的な拘束力肯定説と同様な Rechtserheblichkeit についての議論を展開し、Rechtserheblichkeit と Rechtsverbindlichkeit との相違は相対的なものであるなどとして、「拘束力」を肯定しようとする⁽²⁷⁹⁾など、やや歯切れの悪い説明をする。

たしかに、憲法上も法律上も法的拘束力を基礎づけられていない決議を単純決議と定義する限りにおいて、単純決議の「効力」を説明しようとすればこのような歯切れの悪いものになることも理由のないことではない。しかし、

---

(274) *Butzer* (Anm. 163).
(275) Ebd., v.a. S. 81ff..
(276) この点については、ブッツァーが指摘する以上に現代的な問題に着目した、*W. Hoffmann-Riem*, Gesetz und gesetzesvorbehalt im Umbruch, AöR 130, 2005, S. 5ff. や、原田大樹『公共制度設計の基礎理論』（弘文堂、2014 年）351 頁以下［初出、2014 年］も参照。
(277) *Butzer* (Anm. 163), S. 81ff..
(278) Ebd., S. 84.
(279) Ebd., S. 90ff.. 決議は、議会にとって自己拘束力があるとともに、他の憲法機関に対する関係では議会の意思を表示するものであって、その内容を実施する用意があることを示唆し一定の脅しをかける意義を有するなどとする（S. 94）。

民主主義的議会留保が一定の重要事項について議会による決定を義務づけるのならば、一定の重要事項についての議会による決定の法的拘束力を基礎づけることになりはしないか。この点を検討するに際して、まずは、ブッツァー論文の刊行と前後して出された 1994 年の連邦憲法裁判所判決[280]を参照することが有意義である。この判決はすでに述べたように、連邦軍派遣決定について議会の決議によることを義務づけたものであるが、本判決における連邦軍国外派遣についての議会留保の枠組を確認しておこう。すなわち、「武装した兵力」を国外に出動させる個別の機会に、議会の決議による承認が必要であるというものであって、その拠りどころは、歴史的に宣戦等につき議会の同意が要求されてきたという 1918 年以来の防衛憲法における伝統に求められ、基本法においても、87a 条や 115a 条等にそれが表れているとされた[281]。このような判例の理由づけに対しては前述の通り、宣戦と個別の派兵ではレベルが違い、また裁判所の指摘する基本法の他の条文については、いずれも具体的な措置をとるにあたって前提となる一定の事態を認定するのであるから、これもまた個別の派兵措置への同意とはレベルの異なるものなのであり、根拠として説得性を欠くという批判がある[282]。そして、むしろ軍隊の国外派遣という国家にとって重大な事項を決定するについては議会の決定が必要であるという、本質性理論の要請が実際には背後にあるのだという了解がむしろ一般的といってよい[283]。そして、上述のような理由づけは、法律ではなく決議によって本質性理論からの要請が充足されるとするにあたって、「法律の留保」と「議会[284]留保」の関係性の説明に立ち入ることを避けるための方便であったとの説明も加えられている[285]。

　加えて、いわゆるユーロ危機に関連して、連邦憲法裁判所判決[286]によっ

---

[280]　BVerfGE 90, 286.
[281]　BVerfGE 90, 286 (381ff.).
[282]　*Wiefelspütz* (Anm. 99), S. 238.
[283]　z.B. *Calliess* (Anm. 3), Rn. 40; *Stern* (Anm. 111), S. 99; *Streinz* (Anm. 3), Rn. 27; *Rojahn* (Anm. 40), Rn. 19. 以上の議論については、村西（ユーロ法政）・前掲註（246）39–40 頁も参照。
[284]　なお、連邦軍の国外派兵に関する判例にいう議会留保の「議会（Parlament）」は、連邦議会を指し、連邦参議院を含まないと解されている。Siehe H.H. *Klein,* Rechtsfragen des Parlamentsvorbehalt für Einsätze der Bundeswehr, in: *H.-D. Horn* (Hrsg.), Recht im Pluralismus FS für Walter Schmitt Glaeser zum 70. Geburtstag, 2003, S. 245.
[285]　Nolte, *supra* note 108, at 244.
[286]　BVerfGE 129, 124 (176ff.). この判決については、村西（ユーロ法政）・前掲註（246）1 頁以下が詳細な検討を行っている。

て示された、財政規律をめぐる、法律によらざる議会留保の要求はどのような理由づけがなされたかを確認しておこう。ここでは、まず判決は、マーストリヒト判決[287]以来の、選挙権侵害を理由とする、実質的な民衆訴訟としての憲法異議[288]の枠内で、現在、あるいは将来の連邦議会が予算決定権限を固有の責任において行使できないという形で、連邦議会が自身の財政責任を手放すことになる場合には、基本法38条に保障される主観的基本権としての選挙権が侵害されるとした[289]。このような判断枠組を示すにあたって、リスボン判決[290]を引きつつ、公権力による収入・支出決定は、立憲国家における民主的な自己形成能力の基盤をなし、ドイツ連邦議会は国民に対して責任を負う形で収入・支出を決定しなければならないものであって、予算規律権限は中心的要素をなすという[291]。そして、ドイツ連邦議会の議員は国民の代表として、政府間ガヴァナンスにおいても基盤的な財政決定についてのコントロールを維持しなければならず、連邦議会による事前の形成的な同意なく、収入・支出に関する本質的な財政上の問題が決定されることがあってはならないのである[292]。ここで判決は、欧州連合への権限移譲の限界について従来の判例が論じてきた、憲法のアイデンティティ保障の文脈において、加盟国が「決定の主人」であることが要求されることを引き合いに出して、他国の意思決定によって、結果として評価しきれないほどの効果をもたらすような、国際条約上の持続的メカニズムに参加することは許されないとする[293]。そして、国家の支出に影響を与えるような、国際的なあるいは欧州連合の枠内におけるあらゆる連帯融資措置について、連邦議会による個別の同意が必要とされるとしたのだった[294]。

議会留保を要求する、以上のような論理展開の中で重要な役割を果たしたのは、民主政の核心的要素としての、連邦議会の財政規律権限――国民に対

---

(287) BVerfGE 89, 155 (171ff.).
(288) 村西（ユーロ法政）・前掲註 (246) 11頁参照。Siehe auch, z.B. *H.-J. Cremer*, Rügbarkeit democratiewidriger Kompetenzverschiebungen im Wege der Verfassungsbeschwerde?, NJ 1995, S. 5ff..
(289) BVerfGE 129, 124 (177).
(290) BVerfGE 123, 267 (359).
(291) BVerfGE 129, 124 (177f.).
(292) BVerfGE 129, 124 (178f.).
(293) BVerfGE 129, 124 (179f.).
(294) BVerfGE 129, 124 (180).

する形では、財政責任となる——である。判決は、予算の確定を予算法律によることを求めた基本法110条2項に、この連邦議会の財政規律権限が現れているとするのである[295]が、より具体的に、将来の会計年度に支出が生じる可能性がある保証引受等について、法律による授権を求める基本法115条1項について——それも、明白な違反となる境界線は必ずしも明らかではないという文脈で——言及するものの[296]、予算法律という法律の一形式によらない、個別の議会の同意を要求する、形式の壁を越える根拠は何も示されていない。こうしてみると、連邦軍国外派遣の場合以上に、基本法の個別条項を通じた根拠づけは弱いものになっている[297]。

判例自体から導かれる範囲は軍事的決定や財政決定に限定されているものの、判決自体の基礎づけが必ずしも十分とは言い難い。さらに、連邦軍国外派遣について紹介したような、それに対する学説による背景の補充を前提としたとき、むしろ次のように考えることはできないだろうか。つまり、議会決議の存在によって充足される、法律という形式は必要とされないが議会の決定を必要とするという意味での、「議会留保」が一定の事項については存在すると考えることが可能ではないのかと。その限りで、明文にはよらないが一定の憲法上の原理から導かれる拘束力ある決議が存在すると考えるのである。そして、ブッツァーに限らず、民主的議会留保の側面への着目を通じて、このような法律によらない議会の決定の留保事項を認める余地があることは、これまでも指摘されてきたのである[298]。

そうすると、一定の重要性を備えるがゆえに議会による民主的決定を必要とする事項のうち、法治国的法律の留保の発想から「法律」によることが要求される事項を差し引いたものについては、議会留保すなわち拘束的な議会決議がむしろ要求されるのではないか。

確かに、憲法上定められた手続を経たものだけが法的拘束力をもつ「法

---

(295) BVerfGE 129, 124 (178f.).
(296) BVerfGE 129, 124 (182). なお、外交一般と対比する形で、基本法115条に基づき、保証引受に対して、連邦議会における同意が広範に求められることについて指摘するものとして、D. Thym, Anmerkung (über BVerfGE 129, 124), JZ 2011, S. 1011 も参照。
(297) この点、村西（ユーロ法政）・前掲註（246）50頁は、従来執行府の専権事項と理解されてきた対外事項に広い意味では含まれる連邦軍の国外派遣決定と、元来議会権限の筆頭と目される財政統制の場合では、自ずと差異が出てくると指摘する。
(298) M. Kloepfer, Der Vorbehalt des Gesetzes im Wandel, JZ 1984, S. 694f. Siehe auch K.-U. Meyn, Kontrolle als Verfassungsprinzip, 1982, S. 385.

律」となるという形式的な法律概念を保持するという意味[299]では、決議の法的拘束力について法律上あるいは憲法上（解釈によるものを含めて）の根拠が必要ということになる。これに対して、議会留保の観点からの要請は、基本法20条3項の解釈に基づく、決議の法的拘束力の根拠、それも憲法上の根拠となるのである。

こうして、議会留保は、議会の決定義務を確定するものである[300]と同時に、決議という形式をもってなせる議会の決定権限を基礎づけるものともなっている[301]。

以上のように、当初掲げた問題は、議会の決定すべき重要事項の範囲確定と法治国原理から要求される法律制定手続による慎重な決定を要求される範囲の確定という二つの問題へと転換することになる。

そこで、まず議会の決定すべき重要事項の範囲確定について検討すると、一般に本質性理論をめぐって語られるように「議会による民主的決定が要求される政治的な重要事項[302]」というトートロジックな解答に甘んじざるをえないであろう。もっともこれは、本質性理論に付きまとう基準としての不明確性から生じる問題であり、思考にあたっての基本的な方向性を見出すことでさしあたっては満足すべきである[303]。そして、連邦軍の国外派遣決定やユーロ救済のための多額の債務引受がその一例となっていることは、「重要性」判断における一助にはなるだろうし、政治的に重要というだけでは、

---

(299) これに関連して、法律によることを必ずしも要求しない、議会留保論について、議会による執行府への抑止を重視する立憲君主制的発想であり、議会多数派と執行府が同一の政治勢力によって占められる基本法下の議院内閣制においては、形式的意味の法律という憲法が認める手法以外に、議会に過剰で無意味な統制手段を認めることには慎重であるべきで、野党への情報提供こそが政府統制として重要であるとする、C. メラース（赤坂幸一訳）「議会統制の二つの概念」法政81巻1＝2号（2014年）3-4頁の指摘は重く受け止めなければならない。ただし、法律によることが必ずしも適合的でない――それは、議会が行うことが適切でないということを意味する可能性は高いけれども――個別的決定のうち特に重要なものについて、一定の範囲で、法律によらない議会留保の充足を求めることは完全に否定されるべきものではないだろう。

(300) このように憲法上議会による決定が必要とされるという限りで執行府の核心領域が侵害されるという問題もなくなることになる。なお、連邦軍の国外派遣に際しても、派遣の提案権は連邦政府に専属するなどとされている（z.B. BVerfGE 90, 286 [389]）ことからすると、議会による最終的決定を要求しても、それはあくまでコントロールとしての性格を有するものであって、執行府の第一義的な具体的判断を留保しているのである。

(301) この限りで、ここで検討するのは、根拠なき真の単純決議に法的拘束力を認めるという議論ではない。

(302) vgl. *Kloepfer* (Anm. 298), S. 694. なお、上述のように、議会における公開性への適合性といったものも一つの考慮要素となる。

(303) 参照、大橋・前掲註（163）36頁。

限界設定が困難なところも否めないし、単純決議によることが必ずしも通常の手法ではないことに鑑みれば、基本法の個別条項の指摘などの先例が行ってきた作業を含め、丁寧な根拠づけは必要となろう。

それでは次に、法律によることが要求される範囲の確定の問題に移ろう。本書は、議会決議の法的拘束力の根拠づけについては、ブッツァーの見解から離れたところであるが、ブッツァーも、法律と決議との間の形式的な差異について、それがもつ意義を尋ねていく作業を行っており、その議論も適宜参照していく。

法律と決議との形式面での差異とは、単純決議に法的拘束力を認めることに反対する見解などが挙げているように、①連邦議会以外の憲法機関の関与の欠如、すなわち、①-1：連邦参議院の関与の欠如と①-2：連邦大統領による認証の欠如の2点(304)、②連邦法律公報による公布の欠如(305)、そして、③連邦議会における審議手続が幾分か簡略化されること(306)である。それでは、これらの点はいかなる意義をもつのであろうか。以下、順に検討してみることにしよう。

決議におけるこれらいくつかの手続過程の欠如と対照することで、法律の形式を採用することによって、総じて多様な機関の関与の下、議会内部の手続も含めた意味で、慎重な検討によって議会の拙速な決定に伴う独善を回避し、合憲性、適法性、あるいは権利保障(307)を図ることができるようになっていると理解できよう。各事項について敷衍していくと、①-1：連邦参議院の関与は、これによって、もちろん基本権規定を含めて憲法適合性を判断する機会を付与する可能性を与えるものであるが、連邦制における州の利害を反映するという側面がやはり重要となる(308)。よって、州の関与が必要とされるような事項については、連邦議会の決議による決定は避けられなくてはならないだろう。これを逆にいえば、決議によることができるのは、連邦の専権事項に限定されることになる。

---

(304) *Butzer* (Anm. 163), S. 103.
(305) Ebd., S. 100; *Sellmann* (Anm. 265), S. 140.
(306) GOBT § 78 (1). vgl. *Butzer*, ebd., S. 85.
(307) この点に関連して、*Butzer*, ebd., S. 86f. が指摘する通り、基本権条項が、基本権の制約について明文で「法律」という形式によることを求めていることは、決議による決定の領域的限界となっているといえよう。
(308) vgl. *Weiß* (Anm. 29), S. 146f. ［直接的には基本法59条2項1文における連邦参議院の関与について論じる］。

次に、①-2：連邦大統領による認証の欠如については、法律の認証に際して連邦大統領は一定の憲法適合性審査権を有しているとされていること[309]に関連しよう。確かに連邦大統領による認証は法形成の不可欠な要素といわれることはある[310]。しかし、あくまで連邦大統領は立法機関ではない[311]。また、連邦憲法裁判所の判例は、連邦大統領の憲法適合性審査権の存在も考慮に入れながらも、連邦憲法裁判所のような終局的判断ではないことなどを挙げ[312]、規定内容が確定していることを根拠に、認証に至っていない段階でも当該法律を審査対象としている[313]。この点にも表れているように、連邦憲法裁判所による憲法適合性の審査が担保されている[314]のであれば、法的拘束力ある決定を行うにあたって不可欠な要素とまではいえないだろう[315]。さらに、そもそも認証（Ausfertigung）というのは、正当に法律が成立したことを確認しそれを表明すること[316]なのであるから、成立自体には認証は不要であると解することも可能である[317]。そうすると、時間的に緊急性が認められる場合には、これを省略した決議の形式によることが可能であるとも考えられる。また、次に述べる公布の欠如とも関係するが、国民との間において効力を有するために認証が必要であっても、他の憲法機関に対

---

[309] 審査権限の存在自体も含めて、特に審査権限の範囲をめぐり議論のあるところではあるが、例えばシュテルン（K. Stern）のように、憲法機関の憲法適合性担保のためのコントロール機能を理由に包括的な審査権限を認める（*Stern*（Anm. 3）, S. 230ff.［v.a S. 234］）論者もいる。また実例を挙げれば、航空安全法や消費者情報権法の憲法適合性をめぐってケラー（H. Köhler）大統領（当時）が2006年に連邦議会議長に与えた通知（Unterrichtung, BT-Drs 16/3262; 16/3866）では、審査を義務的だとした上で、具体的な実体的憲法判断をも示している。なお、米国大統領の拒否権のような、政治的判断に基づく審査権が認められないことは勿論である。*Siehe Ossenbühl*（Anm. 22）, Rn. 70.

[310] vgl. *M. Nierhaus*, Art. 82, in: *M. Sachs*（Hrsg.）, Grundgesetz Kommentar, 6. Aufl., 2011, Rn. 9.

[311] z.B. *Degenhart*（Anm. 99）, Rn. 564. vgl. BVerfGE 1, 396（413f.）.

[312] BVerfGE 1, 396（413）.

[313] BVerfGE 1, 396（413f.）; 2, 143（169）; 34, 9（22f.）.

[314] これに関連して、ブッツァーは、連邦憲法裁判所が州際条約締結の承認を行う州議会の決議について抽象的規範統制（基本法93条1項2号）の審査対象としていることを挙げ（BVerfGE 90, 60）、ここから、議会の決議は、法的効果を有する限りで抽象的規範統制の対象になるとする（*Butzer*（Anm. 163）, S. 101）。この点については、*A. Hopfauf*, Art. 93, in: *B. Schmidt-Bleibtreu, H. Hofmann u. A. Hopfauf*（Hrsg.）, GG Kommentar zum Grundgesetz, 13. Aufl., 2014, Rn. 277 u. 284f. 等も参照。

[315] vgl. *E. Friesenhahn*, Zum Prüfungsrecht des Bundespräsidenten, in: *K.D. Bracher, C. Dawson, W. Geiger u. R. Smend*（Hrsg.）, Die moderne Demokratie und ihr Recht FS für G. Leibholz Bd. 2, 1966, S. 689.

[316] z.B. *Schneider*（Anm. 39）, Rn. 465.

[317] *Friesenhahn*（Anm. 315）, S. 681 は、明示的に基本法78条に所定の手続をもって法律は成立し、連邦大統領の認証は、対市民の関係において拘束力を獲得するための手続であるとしている。これに否定的な見解として、*F. Schoch*, Prüfungsrecht und Prüfungspflicht des Bundespräsidenten bei der Gesetzesaufertigung, ZG 2008, S. 214f. も参照。

する関係では不要な手続ということになりうる⁽³¹⁸⁾。

　ブッツァーは、ここで指摘した連邦参議院・連邦大統領の関与排除を、他の憲法機関を尊重しなくてはならないという憲法機関忠誠（Verfassungsorgantreue）義務⁽³¹⁹⁾の要請として説明し、結局簡易な手続による議会関与の確保という当初の目的との齟齬を懸念する⁽³²⁰⁾。しかし、上述したように、そもそも他の機関の関与が本来的に要請されるものではない領域においては、憲法機関忠誠原則といったものによる拘束も働かないというべきではないのか⁽³²¹⁾。法律との代替性が認められる範囲は幾分か狭いものとなるし、ブッツァーが懸念するように、決議によることによって得られるはずの時間的な利点が奪われることになるが、選択肢として完全に否定してしまう必要はないだろう。

　②公布の欠如については、国民との関係において正式には公表がなされていないということである。そうすると、議会の決議の名宛人は通常の場合、連邦政府などの他の憲法機関であり、場合によって他国であったりもするが、国民を直接の名宛人とすることはできないことになる⁽³²²⁾。一方で、ブッツ

---

(318)　vgl. *Friesenhahn* (Anm. 315), S. 681.
(319)　これについては、のちに触れるが、「忠誠（Treue）」という語のもつ封建的響きを拭うために、「機関間尊重（Interorganrespekt）原則」という語を用いる論者もいる。Siehe R.A. *Lorz*, Interorganrespekt im Verfassungsrecht, 2001, S. 80ff, v.a. 89ff. 関連して、宍戸常寿『憲法裁判権の動態』（弘文堂、2005 年）254 頁も「憲法機関誠実原則」という訳語をあてており、上位者に対するニュアンスを含む「忠誠」の語を避けているという点で、ロルツの主張とも通じるところがあると思われるし、訳語としてもこちらの方がむしろ適切なように思われる。ただし、「連邦忠誠」からの派生であることを明確にし、またあえてしっくりこないものを残すことにより、原語にも含まれるやや割り切れない語感を残す趣旨で、本書では「憲法機関忠誠原則」としている。
(320)　*Butzer* (Anm. 163), S. 103f.
(321)　のちにも少し触れるように憲法機関忠誠原則はそれ自体として具体的なルールを含んでいるのではなく、憲法の個別規定や法律による具体化を待って初めて具体的内容が認識される性質のものである（後掲註(393)も参照）。したがって、各機関の関与が求められる趣旨を問い、必要的な関与の限界を明らかにする作業は、むしろ憲法機関忠誠原則から求められる関与の具体的範囲を特定する作業であるといってもよい。
(322)　vgl. *Butzer* (Anm. 163), S. 88. 先にも触れた通り、基本権への介入が正当化される形式的要件としては、「法律」によることとされているので、基本権に介入する事項は決議によっては決定されえず、「基本権に介入しないこと」という基準を設けることも考えられる。しかし、本質性の基準として判例等でやや広い意味ながら「基本権関連性」が使用されており（vgl. *Maurer* (Anm. 164), S. 120f.）、連邦軍の国外派兵の場合さえも兵士の生命・身体にかかわり、基本権に関連する事項といいうるという議論がある（vgl. *Wiefelspütz* (Anm. 99), S. 240; A.L. *Paulus*, Die Parlamentszustimmung zu Auslandseinsätzen nach dem Parlamentsbeteiligungsgesetz, in: *D. Weingärter* (Hrsg.), Einsatz der Bundeswehr im Ausland, 2007）ことに鑑みれば、国民を名宛人としない以上は原則として国民の基本権領域を少なくとも直接は侵害しないことになろうから、用語法による混乱を避ける意味でも「基本権に介入しないこと」という基準を別途設ける必要はないと思われる。

ァーは、面倒な公布という手続を経ないという点を、むしろ迅速性という面からは決議の利点であるとも考えている(323)。

③連邦議会内の手続の簡略化という問題は勿論慎重さの確保ということはあるが、議事規則によるものであって基本法上の形式的法律概念に必ずしも含まれるものではないだろう。例えば、3回に及ぶ読会を立法の放棄しえない構成要素とする見解(324)もないわけではないが、判例(325)や通説(326)は、単なる議事規則上の規律にすぎないとしている。なお、連邦軍の国外派兵についての決議による同意の場合は、議会の提案権や修正権が欠如した形で審議がなされる(327)など、審議のあり方は実際柔軟に処理されている(328)。決定の慎重さのみを要求する契機となる要素については、現代社会の複雑化の中で、議会の処理能力の限界と迅速性の要求という困難な問題が生じていることに目を向けたとき、逆に決定とそれに伴う責任は議会に留保しつつも、審議自体はある程度簡略化し専門知識に道を譲るという手法も、むしろその採用を要請される面があるとさえいえるのであって(329)、それだけを理由として、法律の形式で決定しなくてはならず、決議によって決定してはならないということはできない。なお、逆の発想をすれば、決議によらず、あくまで憲法上の法律制定手続において決定を行うが、法律制定手続について一定の簡略化を行い、または個別の審議の重要性に段階づけをすることも考えうる(330)。

以上の議論を振り返ると、a）政治的に重要な事項であって、b）国民を直接の名宛人にせず(331)、またc）連邦の専権事項に該当するものについて

---

(323) *Butzer,* ebd., S. 100.
(324) *H. von Mangoldt u. F. Klein,* Das Bonner Grundgesetz Bd. II, Art. 77 Anm. III 6 a, 2. Aufl., 1964, S. 1751.
(325) BVerfGE 1, 144 (151ff.).
(326) z.B. *Achterberg* (Anm. 259), S. 361.
(327) これについては、さしあたり *Röben* (Anm. 41), S. 285 などを参照。
(328) 通常の法律制定手続においても、第二読会で改めて委員会に付託を行うことは稀である上、第二読会において修正が加えられなかった場合には、第二読会に続けて第三読会に移ることができるなど（以上の点につき、*Schneider* (Anm. 39), Rn. 123f. を参照）、3回の読会が存在することに実際上の意義はあまりなくなっている。
(329) vgl. *Sellmann* (Anm. 265), S. 65f.; *Meyn* (Anm. 298), S. 384ff..
(330) 例えば、いみじくも条約法律の場合は読会審議が通常の3回から2回になっている（GOBT §78 (1)）。
(331) 従来「法律」の一般性の要請が論じられてきたが、これは基本的に国民を名宛人にした場合について、恣意排除の観点などから語られるものであり、国家機関を直接の名宛人とする組織法律については個別法であることが前提とされてきた（玉井克哉「国家作用としての立法」法教239号（2000年）74頁、76頁）。そうすると、個別具体的な決定が許されるためにも、直接の名宛人は国民ではな

は、議会の拘束力のある決議による決定が可能であるということができる。迅速性の要請が強調される外交の場面においては、特にこのような簡略化された手段によるコントロールを認める余地は大きいのではないか。上記のような範囲に含まれる具体的事象がどの程度あるのかは判然としないところであるが、外交に関連する場面でこのような決議の対象として想定しうるものとしては、国家承認あるいは政府承認が挙げられよう。もっとも、このような結論から得られるものは、外交の民主的統制の強化には違いないものの、本書が本来目的としている、国際的な規範形成の民主的正統性確保という観点からは、それほど実りの多い手法ではないかもしれない。

さらに、簡略化という観点からいえば、このような決議による、議会の承認・同意を本会議によって行う必要があるのか、場合によっては委員会に委ねることも認められるのか、仮にそうならば、どのような場合に、どこまで認められるのだろうか。この点、さきほど指摘したように、委員会の同意によって議会留保の充足を認める連邦憲法裁判所判決が登場しているところであり、続く(ⅱ)では、委員会への委任の可能性について若干検討したい。

　(ⅱ)　**委員会への委任可能性**　すでに言及しているように、前出の 2011 年 9 月 7 日の連邦憲法裁判所判決は、債務引受について議会留保が必要であるとしたにとどまらず、その議会留保が、本会議の同意ではなく、予算委員会の同意によって満たされるとしたのである。

当該判決で連邦憲法裁判所は、一方で、通貨同盟金融安定化法(332)は、当該法の執行に関して連邦議会が連邦議会予算委員会への情報提供の形でのみ関与できるとするにとどまるが、①保証引受の授権に限度額や保証の目的を示しているし、②一定の範囲で支払方法についても規律し、③ギリシャとの間での特定の協定の締結が想定されていることから、保証引受の授権は内容上十分な決定を含み、議会による財政の自律的決定権を害するものではないとした(333)。他方で、欧州安定化メカニズム法(334)1 条旧 4 項(335)が、連邦政

　　く、他の国家機関である方が望ましいということがいえよう。さらに進んで、法律の一般性要求の妥当性については、同「法律の『一般性』について」樋口陽一=高橋和之編『現代立憲主義の展開　下』（有斐閣、1993 年）383 頁以下［特に 409 頁以下］や毛利・前掲註 (5) 219 頁以下［初出、2002 年］等を参照。
(332) BGBl. 2010 I, S. 537. 財政の安定性のために通貨同盟において要求されるギリシャ共和国の支払能力の維持のための保証引受に関する法律。
(333) BVerfGE 129, 124 (185). 欧州安定化メカニズムの枠組における保証引受に関する法律。
(334) BGBl. 2010 I, S. 627.

府による保証引受に際して連邦議会予算委員会に態度決定を求めることができると規定していたことに関しては、同項3文に挙げられた、緊急時の理由づけを伴う遅滞なき事後報告の場合を除いて、予算委員会の事前の同意がない限りは、議会による財政の自律的決定権を害すると判断し、当該条文をそのような原則としての予算委員会の事前同意を求める条文であるという、憲法適合的解釈を施した(336)。

このように、連邦議会の本会議ではなく、予算委員会という、一委員会の同意で、議会留保の要請が満たされるという、連邦憲法裁判所判決が登場したのである。もっとも、2011年9月7日判決は、基本法115条の「連邦議会」の同意権限を連邦議会の「予算委員会」に移譲することの許容性については、実質的に何も論じないままこれを認めている(337)。

他方、2011年10月9日改正後の欧州安定化メカニズム法が導入した予算委員会の一部の委員によって構成される下部委員会（いわゆる「9人委員会」。なお、現在では、7人で構成される委員会となっている）が一定事項につき連邦議会としての決定を行う仕組みの合憲性が問題となった、2012年2月28日の連邦憲法裁判所判決では、連邦議会の本会議による本質的決定を重視し、委員会構成における会派比率の「鏡像性」の確保(338)や、議員の関与権限を排除するに足る憲法上の法益を理由に必要不可欠な制限となっていることを求める、厳格な条件の下でのみ、委員会あるいはその下部委員会に決定権限の移譲を認める判示をしている(339)。そして、この2012年判決では、前述の2011年9月7日判決も、例外的・限定的に、予算委員会限りでの承認を本会議による承認に代えることを認めた判決であると理解している(340)。

この二つの連邦憲法裁判所判決から、判例は、本会議から委員会への委任の可能性自体については排除されないと理解していることがわかるものの、

---

(335) 判決の後、2011年10月9日の法改正により削除された。現在では、旧5項が繰り上がって4項となっている。
(336) BVerfGE 129, 124 (185f.).
(337) Siehe z.B. *Thym* (Anm. 245), S. 1012. 同旨、村西（挑戦）・前掲註（246）119頁。Siehe auch BVerfG E 129, 124 (185f.).
(338) これを比例代表フェティシュの一種として否定的に論じるものとして、*M. Nettesheim*, Verfassungsrecht und Politik in der Staatsschuldenkrise, NJW 2012, S. 1411 がある。また、最終的な意思決定を行わない作業チームには、この原則が適用されないとした、BVerfGE 140, 115 (154) も参照。
(339) BVerfGE 130, 318 (350ff.).
(340) BVerfGE 130, 318 (352f.).

どのような範囲で許されると考えているのかは判然としない。一つの捉え方は、権限が移譲される組織が、9人あるいは現在のように7人というように極端に少ない人数によって構成される場合には、問題となる余地があるが、基本的には問題とならないというものであろう。また、他方では、伝統的に財政統制について特に重要な役割を担ってきた予算委員会については、財政統制に関する決定権限が移譲されても問題とする余地はないが、それ以外の場合には、委譲の正当性が厳しく論じられなくてはならないと解する可能性もある。2011年判決も例外的に予算員会限りによる決定を認めたものであるとしている点を重視すると、例外性が明示的には2011年判決で論じられていない点を補充する意味では、後者の理解を採用しているということができるかもしれない。ただし、2012年判決が議員によって提起された機関訴訟であるという訴訟形態の問題も関連しており微妙なところがある(341)が、実際には、委員の枠を与党内で融通したことが問題視され、委員会の定数の少なさにも大きな関心を払っている点(342)を重視すれば、むしろ前者の理解をすべきように思われる。

　判例の理解はともかくとして、どのように考えていくべきであろうか。まず、指摘できるのは、ドイツでは、通常の委員会があくまで、本会議における決定のための準備的審査機関としての役割を担っており、代替的に決定を行うのは本来の機能ではないということである(343)。さらに、本質性理論において、議会留保が重視される大きな理由は、議会議事の公開性にある(344)が、委員会審議は非公開が原則であり、また、それこそが委員会の重要な特性と考えられている向きもある(345)。このような点からすると、議会留保の対象となる決定を委員会に委任することは原則として否定されるべき方向に大きく傾くことになろう。しかし、非公開という委員会の特性を、(語弊はあるが) 逆手にとるならば、政治的な重要性は高く、コントロールの要請も強く働くが、秘匿性の高い事項について、次善の策として、議会の一部によ

---

(341)　この点について、村西 (挑戦)・前掲註 (246) 125頁の指摘を参照。
(342)　Siehe z.B. BVerfGE 130, 318 (354).
(343)　村西 (挑戦)・前掲註 (246) 116頁。Siehe auch M.-E. Geis, Parlamentsausschüsse, in: HStR III, 3. Aufl., 2005, §54 Rn. 1.
(344)　さしあたり、前掲註 (183) および対応する本文を参照。
(345)　M.-E. Geis, Parlamentsausschüsse, in: HStR III, 3. Aufl., 2005, §54 Rn. 53; Schneider (Anm. 39), Rn. 119. あわせて、村西 (挑戦)・前掲註 (246) 117頁も参照。

る審査の機会を与えることは、逆に執行府の核心的領域との境界づけが微妙になってくる場面も多そうであるが、憲法上否定されるべきではない[346]。

いずれにせよ、ドイツにおいてもなお議論が十分まとまっていないところ[347]であり、今後検討を深めていくことにしたい。

(iii) 小 括　　(i)・(ii)を通じて、議会留保を根拠とする、法的拘束力のある単純決議による対外事項統制を要求する余地があること、例外的なものとして許容性は本来限定的に判断されるべきだが、場合によっては、本会議ではない委員会レベルでの決定に委ねられることも可能であり、実際にそれらを許した連邦憲法裁判所判例が存在していることを確認できた。

具体的な基準設定は十分にできていないが、我が国への応用可能性にもてらしながら、我が国における展望の文脈で若干の補足的な考察をのちに行うことにしたい。

(2) 単純決議による議会の働きかけ　　(1)では、拘束的な議会の決議の可能性について検討し、その大まかな範囲を示したが、法的拘束力のない真の意味での単純決議を利用して議会が執行府の対外権行使に対して一定のコントロールを及ぼす可能性がある。こういった可能性は、対外権に対する基本的な理解の対立にかかわらず認識されている[348]。そこで、以下では、決議活用の用途とは具体的にどのようなものかを、実例も参照しつつ、簡潔に紹介しておこう。

単純決議活用の用途として挙げられるのは、①条約内容の実質的な形での形成関与や②議会の条約等の締結へのイニシアティブの行使である[349]。

---

(346) ただし、委員会が上述のような議会留保の要請根拠と必ずしも合致しない特性を有していることにてらせば、委任を許容する範囲は限定的であるべきであるし、厳格な判断に服することになるように思われる。また、歴史的な位置づけも含む、委任先の組織の特性を考慮して、個別具体的な機能適合性を考慮することが求められよう。
　　また、本文に述べたような場合は、形式的意味の法律という正式な手法が機能しない場面であり、先述のメラースの批判（前掲註 (299) 参照）があたらない場面ということができよう。
(347) この点について、村西（公私）・前掲註 (246) 184頁の指摘を参照。
(348) もっとも、すでに触れたことであるが、対外権に関する文脈において議会の関与拡張に慎重な学説は、決議のコントロールへの利用について、一般的な可能性には言及することはあっても、そのありようについては多くを語らず法的拘束力がない点を強調するような傾向にある。z.B. *Kempen* (Anm. 51), Rn. 39. また、*Grewe* (Anm. 131), S. 138f. は、決議による方針設定の可能性に言及するが、立法府の過剰な行為といったニュアンスを与えている。一方で、議会による積極的な関与を主張する学説は、当然ながら、政治的な拘束力の強さを強調し、執行府が対外的な交渉において議会の指示通りそのままに活動することが、困難であることに由来する制約を認めつつも、決議の積極的な利用について論じる。z.B. *Wolfrum* (Anm. 51), S. 49; *Rojahn* (Anm. 40), Rn. 77.
(349) Siehe z.B. *Wolfrum*, ebd., S. 48f.; *Röben* (Anm. 41), S. 99ff..

まず、①条約内容の実質的な形成関与については、付帯決議の利用[350]が説かれている[351]。付帯決議の例として有名なのは、いわゆる東方条約[352]の付帯決議[353]である。これは、ブラント政権による東方外交をめぐる議会内の激しい対立の中で妥協として生まれたもので、東方条約の締結によってもドイツ統一という目標が放棄されないことやNATO体制への参加など西側諸国との関係に変更を生じさせるものではないことなどが確認され、重要な意義を有している。さらに、前述した石油法に関する決議をめぐる連邦行政裁判所判決[354]も、法律の制定と同時に成立した第１の決議、すなわち付帯決議については、立法者の立法当時の意思を推認させるものとして解釈の手掛かりとして扱っており[355]、付帯決議が条約の意味の内容確定に与える意義は大きい。ただ、当然、原則として、こういった国内での内容操作は、条約の相手国を拘束する等、国際法上の効力を有するものではない[356]。

次に、②条約締結等へのイニシアティブ行使については、実務上条約交渉等について一定の要求を行う決議がなされている[357]。具体例として、国連海洋法会議における交渉にあたって、連邦政府が維持し貫徹すべき基本的な立場を個別項目ごとに示したもの[358]が有名である。さらに、近年の例として、サービスの貿易に関する一般協定（GATS）をめぐるWTOのラウンド交渉にあたっての留意事項等を示したものもある[359]。このような条約交渉等についての決議は事実上の法案としての機能をもつなどといわれ、注目さ

---

(350) z.B. *Wolfrum*, ebd., S. 49.
(351) 決議の利用という形態をとるものではないが、これに類するものとして、学説上、条約法律に前文を付加するという手法が付帯決議の活用とセットで説かれている（z.B. *Weiß* (Anm. 29), S. 143）。前文の付加の例として有名なのが、独仏協力条約についての共同声明に関する法律（BGBl. 1963 II, S. 705）についてのものである。これはドイツ・フランス間の協力の基本的な枠組を決定づけた条約に関する条約法律であり、問題となっている前文は、ドイツの統一問題や欧州の共同体形成、そしてアメリカとの関係に及ぼす影響を確認しているというように、重要な内容を含むものである。なお、ドイツにおいては、ナチス期や占領期、そして旧東ドイツの法律には前文が多用されたものの、通常の法律に前文が付されることは稀である。Siehe *Schneider* (Anm. 39), Rn. 324ff.
(352) BGBl. 1972 II, S. 353.
(353) BT-PlPt 6. S. 10943ff. u. 10960f.
(354) BVerwGE 12, 16.
(355) BVerwGE 12, 16 (17ff.); *Lerche* (Anm. 271), S. 1758.
(356) *Rojahn* (Anm. 40), Rn. 77; *F. Zeitler*, Verfassungsgericht und völkerrechtlicher Vertrag, 1974, S. 246f; *Weiß* (Anm. 29), S. 144.
(357) z.B. *Wolfrum* (Anm. 51), S. 49; *Röben* (Anm. 41), S. 100.
(358) BT-Drs. 7/5561.
(359) BT-PlPt 15. S. 2451; BT-Drs 15/224; 15/506.

れている⁽³⁶⁰⁾。

　また、すでに述べたように多数国間条約の留保については、条約内容を決定づけるものとして基本法59条2項1文の枠内で処理されているところであるが、留保の付加を議会が先導するという意味で、議会の側から留保を求める決議の活用が主張されることもある⁽³⁶¹⁾。

　以上の通り、法的拘束力を有さない真の意味での単純決議によっても、いろいろな形で対外事項につき議会が政治的には重要な影響を及ぼす余地が残されており、実際影響力が行使されていることも確認された。

3　議会関与早期化論

　ここまで1・2においては、コントロールの方法やその内容という観点からの検討を紹介したが、学説上これとは違った切り口、すなわち時間的な側面からコントロールのあり方を検討する場合がある。具体的には、議会による事前の関与を行おうというもの⁽³⁶²⁾だが、以下ではそのような性格を有する二つの議論について紹介・検討していこう。

(1) 憲法機関忠誠原則に基づく関与早期化論　　(i) 概　　論　近時の多くの見解は、議会によるコントロールを実効的なものとするために、国際的な規範形成に関する情報を十分に、かつ事前に——具体的には交渉の時期から——議会に提供し、それに伴って議会の関与をより早期に行うことを主張するに至っている。こういった見解の多くがここで提唱しているのは、欧州連合における立法への国内議会の関与を定めた基本法23条およびそれに基づく法律上の制度を、欧州連合関連事項⁽³⁶³⁾に限定せず、一般化しようという

---

(360)　*Butzer* (Anm. 163), S. 93.

(361)　*Rojahn* (Anm. 40), Rn. 57; *Wolfrum* (Anm. 51), S. 49.

(362)　以下に述べるように、ここで主に論じられるのは議会への情報の早期提供であるが、さらに進んで、議員の交渉参加の可能性を指摘するものとして、*Weiß* (Anm. 29), S. 123がある。同書によれば連邦政府とりわけ連邦外務省の指揮の下個別議員が外交交渉を委託されることが可能であり、実際に欧州軍事共同体の交渉や、イスラエルとの外交関係樹立の交渉が連邦議会議員に委ねられたという (ebd., S. 123 Fn. 30)。もっとも、当然ながらこれは例外にとどまるものである (ebd., S. 123) し、議会の権限というよりは、議員個人の能力に着目してなされたものであるとみるべきであるように思われる。

(363)　欧州連合の一次法改正や二次法の制定・改正に限定されず、欧州連合法を補完する条約あるいは欧州連合法と特に密接な関係のある条約の締結についても、この制度の適用があるというのが連邦憲法裁判所の判例 (BVerfGE 131, 152 [191ff.]) であり、ユーロ危機に際してユーロ圏諸国の間で設立された欧州安定化メカニズム (ESM) の設立条約には、基本法23条2項 (連邦議会に対する、連邦政府の情報提供義務) の規律が及ぶとしている。

ものである⁽³⁶⁴⁾。さらに、これは単純な立法論的構想にとどまるのではなく、憲法機関忠誠原則によって、連邦政府から連邦議会あるいは連邦参議院への早期の情報提供を基礎づけようとする⁽³⁶⁵⁾。

　もっとも、これではその理由づけの内容が判然としないので、簡潔に説明を加えておこう。まず、憲法機関忠誠原則というのが何かが問題となる。これは最上級の憲法機関が相互に尊重し合わなければならないというものである⁽³⁶⁶⁾。理論的にはスメント（R. Smend）のいう「国家統合」の観点から要求されるもので、権力分立の憲法構造を前提として、根本的な意味ではこれと対立しながらも、機関相互の競合や摩擦を調整し国家としての一体性を与えるという意味で権力分立を補充する機能を担うものであるとされる⁽³⁶⁷⁾。それ自体として具体的な内容をもつ性格のものではなく、その妥当範囲は憲法上の統治構造全体に及ぶことになるが、欧州連合を創設したマーストリヒト条約の合憲性が争われた、連邦憲法裁判所のマーストリヒト判決によって、基本法23条における情報提供義務等が憲法機関忠誠原則の具体的な表れの一つであるとされた⁽³⁶⁸⁾。そして、情報提供義務等を憲法機関忠誠原則の具体例とする点は、現在では判例として定着している⁽³⁶⁹⁾。

　そして、このように憲法機関忠誠原則を援用する見解を採用する学説の多くは対外権協働説に立っており、協働であるからこそ、最上級憲法機関としての連邦政府は、同じく最上級の憲法機関である連邦議会・連邦参議院に情報を提供し、それに対する相手方の評価を尊重するというような相互の配慮が強く基礎づけられるとも主張する⁽³⁷⁰⁾。

(364)　*Calliess*（Anm. 3）, S. 617f.; *Poscher*（Anm. 55）, S. 186ff。なお、2012年6月19日の連邦憲法裁判所判決（BverfGE, 131, 152 [196]）は、情報提供義務が基本法59条2項の場合にどの程度連邦政府に課されるかについては、明確にされていないと指摘した上で、それについて当該事件において判断する必要はないと判示した。
(365)　*Röben*（Anm. 41）, S. 119-120; *Poscher*, ebd., S. 188-189; *Calliess*, ebd., S. 617.
(366)　*Schenke*（Anm. 7）, S. 147-148; *Lorz*（Anm. 319）, S. 41-42; BVerfGE 35, 193 (199); 45, 1 (39); 90, 286 (337). 邦語文献では、宍戸・前掲註（319）254頁を参照。
(367)　*Schenke*, ebd., S. 26-29; *Lorz*, ebd., S. 38-40.
(368)　BVerfGE 89, 155 (191 u. 203).
(369)　*Poscher*（Anm. 55）, S. 188; BVerfGE 97, 350 (374f.)。なお、これに関連して1977年の時点で*Schenke*（Anm. 7）, S. 60-61が、国際交渉の進展等についての連邦政府から連邦大統領への情報提供義務を、憲法機関忠誠原則に基づいて認めていた点も注目される。
(370)　*Röben*（Anm. 41）, S. 119-120。また、ポッシャー（R. Poscher）は、のちに触れる、欧州法における議会関与の拡大に関する法律を具体化する、機関間取極〔欧州連合の関連事項における連邦政府と連邦議会の協力に関する法律6条について具体化する連邦議会と連邦政府の間における協定（BGBl. 2006 I, S. 2177ff.）〕がまさにこの現れだとしている。Siehe *Poscher*, ebd., S. 189.

また、国際的規範の形成の立法的性質を強調しながらも、同意による議会関与の限界を認めるメラースにあっても、交渉時点からの関与を是認すべきだという立論をする。彼は意義ある関与を可能ならしめるという意味でも、従来のように、今更議会によってどうしようもない状態に至って議会に提示されることを避ける必要があることを説く[371]。なお、具体的な関与のあり方について、メラースも基本法23条の枠組が参照に値するという[372]。

　最後に、2001年に憲法機関忠誠原則をめぐる教授資格請求論文を上梓したロルツ（R. A. Lorz）[373]は、対外権の性質について、判例の枠組に親和的な立場をとりながら、情報提供義務を肯定的に論じる[374]。ロルツによれば、対外権は執行府に配分されるといったところで、憲法機関忠誠原則から一般的な議会コントロールの一環として、議会の態度の尊重とその前提としての情報提供が要求される。他方、対外権の議会化を強調し、その一環として関与権を認めたところで、執行府に一定の判断余地を残すよう憲法機関忠誠原則から要求される[375]。

　(ⅱ) 欧州法の形成における国内議会の関与のあり方　　ここで、多くの学説が特に議会の事前関与を考えるにあたって参照する、欧州法形成における国内議会の関与のあり方について、紹介しておこう。

　欧州法の形成における国内議会の関与のあり方については、欧州諸条約上の欧州法レベルでの仕組みと、基本法23条以下の国内法レベルでの仕組みが相互に密接に関連しつつもそれぞれ独自に存在している。そして、これらは、2009年12月1日に発効したリスボン条約によって大きく変容することになった。ここではリスボン条約以降の基本的な仕組みを、まずは欧州法レベル、続いて国内法レベルという順序で説明する。

　リスボン条約によって改正された欧州連合条約（EUV）は、欧州レベルにおける法形成への国内議会の関与について、新たに規定を設けた（EUV12条）。その内容は以下の通りである。すなわち、欧州連合における立法の草

---

[371]　*Möllers*（Anm. 51）, S. 373.
[372]　Ebd., S. 373-374.
[373]　*Lorz*（Anm. 319）.
[374]　Ebd., S. 338.
[375]　Ebd., S. 339f. また、このような見解を前提とすると、後述するような、執行府に議会への情報提供・議会による態度決定について、あくまで尊重を義務づけるにとどまるという、欧州連合をめぐる実定法上の制度は、適切であるといえよう。

案を各加盟国の国内議会に提供するといった情報提供（a号）、国内議会に対する補完性原則の遵守監視権限の付与（b号）、条約の見直し手続への参加権の付与（d号）である[376]。

このうち、a号に関しては、新規に制定された、「欧州連合における国内議会の役割に関する議定書」[377]の第Ⅰ編が具体的に規定している。そこでは、国内議会に対する立法案の送付についての具体的手続が規定されるとともに、欧州委員会における協議文書、年間立法計画等の国内議会への送付も規定されている（1条）。

b号についても、補完性原則および比例性原則の適用に関する議定書が新設され、補完性原則違反の意見提出（6条）とその意見の取り扱い（7条）および、これまではその裁判適合性自体に争いのあった補完性原則について、国内議会に欧州連合司法裁判所への提訴権を付与すること（8条）について規定するとともに、国内議会の役割に関する議定書にも、そこで得られた情報に基づいてなされることになる意見提出についての言及（4条）がなされている。

最後に、d号については、EUV48条が具体的内容を規定している。同条2項が、通常の条約改正において改正提案を国内議会に告知することを定めるほか、3項は欧州理事会が欧州議会および欧州委員会との協議後、改正審議に賛成する決定を単純多数決で採択する場合に招集される諮問委員会への、国内議会の参加が定められている。さらに、7項は、EUVの簡易改正手続の場合に、欧州理事会によってなされる全ての発議について国内議会に告知されるとともに、国内議会の反対によってその採択が否定されることを規定する[378]。

---

(376) この他、法形成に直接かかわるものではないが、EUV12条は、連合政策の実施や諸活動の評価（c号）、新規加盟申請の通知（e号）、各国国内議会間・欧州議会と各国国内議会の議会間協力への寄与（f号）について定めている。
(377) この議定書には、国内議会への情報提供を規定したⅠ編のほか、欧州議会および国内議会の議会相互の協力について定めた第Ⅱ編が存在している。構成国の国内議会の関与のあり方については、邦語文献として、P.-Y. モンジャル（兼頭ゆみ子訳）「EUにおける民主主義の諸原則」比雑46巻4号（2013年）152-154頁がある。
(378) 以上のような、リスボン条約による一連の制度の導入に対応し、欧州連合の関連事項における連邦議会と連邦参議院の権利の拡大および強化に関する法律（BGBl. 2009 I, S. 3022ff. [IntVG]）が制定された。IntVGは、補完性原則の遵守監視に関する意見提出の方法につき定める（11条）ほか、IntVGが法律や決議による議会の同意を求める、欧州条約の改正等の際の情報提供をできるだけ早期かつ包括的に行うべきことを規定する（12条）。なお、当初制定されたIntVG（BT-Drs. 16/8489, 11. 03. 2008）が議会の関与を不十分な形でしか認めていないとして、連邦憲法裁判所によって違憲とさ

続いて、国内レベルの規律についてみていこう。基本法 23 条はその 1a 項以下において、国内議会すなわち連邦議会および連邦参議院の、欧州連合に関連する事項への関与に関する定めを置く。1a 項は、リスボン条約による国内議会への補完性原則遵守監視権限付与に対応して 2008 年 10 月 8 日の第 53 回改正法律で挿入されたものである。2 項は、連邦議会・連邦参議院へのできるだけ早期の段階での包括的な情報提供を、3 項は連邦政府による欧州連合の法制定行為への協力に先立ち、連邦議会に態度決定の機会が与えられ、それが交渉に際して「考慮（berücksichtigen）」される旨規定する。この、「考慮」についてはその意義が判然としないところではあるが、法的拘束力まではないものの、連邦議会の態度決定の内容を認識し、交渉における立ち位置の決定に際して連邦議会による態度決定を分析する義務（Befassungspflicht）、連邦議会の態度決定を採用しない場合に理由を提示する義務（Begründenpflicht）、態度決定において連邦議会が求めたものに、それを取り込むという意味で注意を払う義務（Sorgfaltspflicht）が課されると解されている(379)。なお、態度決定は議会の単純決議によると解され、議会の一般的なコントロールのコロラリーと理解されている(380)。

そして、4 項ないし 6 項は連邦参議院による連邦の意思形成への関与のあり方について、問題となる事項の類型ごとに規定する(381)。

以上のような基本法の規定に加えて、連邦議会の欧州法形成・変更に対する関与のあり方については、基本法 23 条の諸規定を具体化する法律として、欧州連合の関連事項における連邦政府と連邦議会の協力に関する法律

れた（BVerfGE, 123, 267［432 ff.］）。判決の内容およびそれを受けた IntVG 等の概要について、*M. Nettesheim*, Die Integrationsverantwortung-Vorgaben des BVerfG und gesetzgeberische Umsetzung, NJW 2010, S. 177ff. がある。また IntVG については、*S. Hölscheidt, S. menzenbach u. B. Schöder*, Das Integrationsverantwortungsgesetz — ein Kurzkommentar, ZParl 2009, S. 758ff. 等も参照。

(379) *Streinz*, Art. 23, in: *M. Sachs*（Hrsg.）, Grundgestz Kommentar, 2011, Rn. 113f.; *C. Calliess*, Parlamentarische Integrationsverantwortung, ZG 2010, S. 20. Siehe auch *F. Möller u. M. Limpert*, Informations-und Mitwirkungsrechte des Bundestages in Angelegenheiten der Europäischen Union, ZParl 1993, S. 28. Siehe auch *H.-G. Kamann*, Die Mitwirkung der Parlamente der Mitgliedstaaten an der europäischen Gesetzgebung, 1997, S. 79-81.

(380) vgl. *Möller/Limpert*, ebd., S. 28; *Lorz*（Anm. 319）, S. 337f.

(381) 連邦制という観点からは重要な点であるが、本書では連邦制を直接の検討対象としないので、簡潔な言及にとどめる。この点については、欧州連合の関連事項における連邦と州の協力に関する法律（BGBl. 1993 I, S. 313）が具体化している。基本法 23 条 5 項において、「連邦参議院の見解を権威あるものとして考慮する」の意義が必ずしも明らかではないが、連邦政府と連邦参議院の意見が相違する場合には、協議による調整が求められ、協議が不調に終わるか、連邦参議院の意見が 3 分の 2 以上の賛成による場合は、連邦参議院の見解に従うと具体化する点（5 条 2 項）などが重要である。

(EUZBBG)[382]が制定された。そして、その6条について具体化する連邦議会と連邦政府の間における協定[383]が締結された上、リスボン条約成立に伴い、議会制定法化という形式的な面を始め、この協定は大幅に修正された[384]。

EUZBBG 4条では、連邦議会の態度決定に先んじる情報提供について、類型ごとにそのあり方を規定し、基本法23条2項を具体化する。基本法23条2項2文やEUZBBG 4条は、できるだけ早期の情報提供を義務づけているが、EUZBBG 9条1項は、EU内部の手続の経過に従って判断される時間的基準にあわせて、態度決定がなされる時までに情報提供が行われなくてはならないとする。

これに関連して、連邦憲法裁判所は、基本法23条2項の規範内容としても、連邦政府がなんらかの法的効果を伴う意見表明を国際的に行う前に、連邦議会が根拠をもって連邦政府への委託と態度決定を確保できるだけの時間を残して情報提供をすることを要求しているとし、非公式な情報であっても連邦政府の影響下に入り次第、連邦議会に原則書面をもって伝達しなくてはならないとしている[385]。

また、基本法23条3項では上述したように連邦議会の態度決定は連邦政府による交渉にあたって「考慮される」とされているところ、EUZBBG 9条2項では「基礎に置かれる（zugrunde legen）」とされており、この条文などを参照して、上記のような解釈論が展開されている[386]。

さらに、連邦議会による審議の簡略化・迅速化という面では、1992年の基本法改正以来、基本法23条に基づく諸権利を、連邦議会の委員会の一つである欧州連合委員会に委任することが可能とされてきた。これに加えて、2008年10月8日の基本法改正による同法45条3文の追加によって、EU関連条約上の根拠に基づく連邦議会の諸権利の行使の委任も可能となった[387]。

---

(382) BGBl. 1993 I, S. 311.
(383) BGBl. 2006 I, S. 2177. *Siehe* auch z.B. *T. Hoppe*, Drum prüfe, wer sich niemals bindet — Die Vereinbarung zwischen Bundesregierung und Bundestag in Angelegenheiten der Europäischen Union, DVBl. 2007, S. 1540ff.
(384) BGBl. 2009 I, S. 3026.
(385) BVerfGE 131, 152 (185f.).
(386) *Streinz* (Anm. 379), Rn. 114; *Möller/Limpert* (Anm. 379), S. 27f.; *K. Rohleder*, Die Beteiligung des Deutschen Bundestages an der europäiniechen Rechtsetzung in Theorie und Praxis, ZG 2011, S. 112.

また、従来一定の権限についての一般的な授権[388]と個別事案ごとの授権[389]が議事規則において明文で認められてきた[390]が、リスボン条約発効に伴う2010年7月の連邦議会議事規則93b条の修正[391]によって、欧州共通外交・司法政策部門など一定の事項について、例外的に欧州連合委員会への委任が排除される旨明示される形に変更された[392]。

　(iii) 評　　価　　以上、欧州法における法定立に対する国内議会の参加について概観したが、特にリスボン条約成立後は、かなりの程度の関与が連邦議会・連邦参議院に認められている。

　基本法23条の具体化立法については、基本法で要求される以上の内容を定めているという指摘もあるが、基本法23条の参照を主張する見解がどこまで欧州法に関する規定を国際的な規範形成一般に応用しようとするのかは明瞭ではない。また、欧州法に関する制度の応用を考えるにあたり、欧州法上の法定立については手順が確立しているが、国際的規範形成一般についてはそうではなく、議会の態度決定のタイミングなど、判断は困難ではないだろうか。学説が明示的に導入を主張するのが早期の情報提供にとどまっているのも、この点からすれば理解できる。そうすると、国際的規範形成への一般化は、せいぜい情報提供にとどめるのが適当である。もっとも、そういったところで、EUZBBG 4条の挙げる、連邦政府の意思形成やEU機関内部での協議内容、欧州議会の態度決定、欧州委員会や他の加盟国の関係する決定などの提供される情報項目は、欧州法における制度化によって初めて提供が可能となる面もあり、通常の外交においては、機密保持の要請なども含めて、提供すべき情報の決定には困難が伴おう。

　最後に、憲法機関忠誠原則から具体的に情報提供その他の義務がどう導かれるのかという点についても不明確で[393]、欧州法に関連する枠組をどこま

---

(387)　*Rohleder,* ebd., S. 108.
(388)　GOBT § 93b Abs. 2 S. 2 aF.
(389)　GOBT § 93b Abs. 2 S. 1 aF.
(390)　もっとも、個別の授権は一度も行われたことはなく、また一般的授権も1993年以来8件にとどまるという (*Rohleder* (Anm. 386), S. 109)。
(391)　なお、2010年7月、連邦議会議事規則93b条の修正と同時に、補完性原則違反の意見表明および訴訟提起の方法について定める93c条・93d条の追加が行われた。
(392)　*Rohleder* (Anm. 386), S. 109.
(393)　憲法機関忠誠原則から、一義的に基本法23条やEUZBBGに規定されたような執行府の義務と議会の権限が導かれるものではなく、(憲法規定の定立も含めた意味での) 立法が必要とされることを指摘するものとして、*Hoppe* (Anm. 383), S. 1541 がある。

で参照すべきかがわかりづらくなっているということが指摘できる。

なお、より近時の連邦憲法裁判所の判例は、連邦政府の連邦議会に対する情報提供義務の根拠を権力分立原則と民主政原理に求める(394)。憲法機関忠誠原則に根拠をもつことを否定はしないのだが、根拠として言及もしない。また、判例によれば、連邦議会の情報要求権は、同時に権力分立原則に基づく制約にかかり、執行府の核心領域については、情報提供義務は生じないという(395)。そして、この核心領域には、執行府独自の意思決定が含まれ、より具体的には、進行中の交渉や連邦政府としての決定に至る準備過程といったものが該当するとされている(396)ことにてらすと、条約等の交渉過程における情報の開示の要求には、一定の限界が生じることも予想される(397)。

以上のように、抽象的なレベルにおいては、事前に議会に対して情報を付与することの重要性が説かれており、それは妥当である。しかし、その具体的なあり方についてはドイツにおける議論も十分に示すことができていないというのが現状である。

(2) 授権立法型関与早期化論　　以上のような憲法機関忠誠原則に基づく議会関与の早期化論に対して、柔軟かつ実効的なコントロールを議会に可能にするために、条約の内容が決定した後に議会に承認を求めるのではなく、議会が一定の内容をもつ条約の締結・制定を予め授権できるというドレッガー（M. Dregger）の見解(398)が存在する。そこで、簡潔にこの見解を紹介し

---

(394) BVerfGE 137, 108 (231ff. Rn. 130ff.). この判決は、欧州連合関連事項にかかわらない、武器輸出に関する議員の質問への応答拒否が問題となったケースであり、一般的な情報権の根拠づけは、権力分立原則と民主政原理に基礎づけられるが、欧州連合関連事項については憲法機関忠誠原則に基礎づけられるのだという整理は不可能ではない。ただし、情報権の限界づけについて、この判決は、ESM 設立条約締結過程における情報提供義務に関する判決（BVerfGE 131, 152）を引用しており（BVerfGE 137, 108 [234 Rn. 136]）、連邦憲法裁判所はそのような整理をしていないと読むべきであろう。なお、連邦議会の情報権一般については、S. ヘルシャイト（柴田尭史訳）「ドイツ連邦議会の情報権」松本和彦編『日独公法学の挑戦』（日本評論社、2014 年）129 頁以下などを参照。
(395) z.B. BVerfGE 131, 152 (206); 137, 108 (233f. Rn. 135).
(396) BVerfGE 137, 108 (234f. Rn. 136f.).
(397) ちなみに、武器輸出に関する質問が問題となった上記判決では、武器輸出の詳細を公にすることによる外交関係への悪影響が、応答義務を否定する根拠として言及されている。Siehe BVerfGE 137, 108 (252 Rn. 175). ただし、安全保障という問題の特殊性にも配慮しており、また、応答義務を全般に否定するわけでもなく、安全保障会議における審議経過や個別参加者の表決審理について応答義務を否定するにとどまること (siehe BVerfGE 137, 108 [250f. Rn. 171 u. 272 Rn. 227]) に留意すれば、対外交渉であるというだけで安易に情報提供義務が否定されるということにはならないだろう。
(398) M. Dregger, Die antizipierte Zustimmug des Parlament zum Abschluß völkerrechtlicher Verträge, die sich auf Gegenstände der Bundesgesetzgebung beziehen, 1989, v.a. S. 71ff.

ておこう。

　(i) **理論的枠組**　この見解は、まず基本法59条2項1文がコントロールについての規定であるということを強調する。すなわち、確かに1871年のドイツ帝国憲法11条3項における帝国立法事項にかかわる条約締結への連邦参議院の同意と発効についての帝国議会の承認の要求や、ヴァイマル憲法45条3項に規定された、ライヒの立法事項にかかわる同盟・条約へのライヒ議会の同意は、二元的な政治体制の下での議会の立法権限の保障という側面が強かった。しかし、一元的な議院内閣制の採用される基本法においては、立法権限の保障という役割は、過去の憲法におけるその役割に比して小さい上、議会による条約の内容形成が否定されているのである(399)から、結局コントロール機能が問題となっていることを強調する(400)。

　したがって、基本法59条2項1文の要請するところは、法律の形式によって一定の内容をもつ条約の締結が同意されていることによって満たされるという。そうすると、立法権限の保護という観点から設定される、立法府が自ら条約の国内実施のための法定立を行わなければならないか、それとも基本法80条1項に則って執行府に委任できるかという問題は、重要ではない(401)。むしろ、基本法59条2項1文の同意の付与権限に表れた、コントロールとしての議会関与が必要とされる範囲を示すものとして基本法80条1項をみるべきだということになる(402)。

　このようにして、条約への同意権限を執行府に委譲してしまうことは許されない(403)ものの、基本法80条が定めるところに従って、ある条約を締結する権限について、その権限の内容、目的、程度を法律において規定することによって、条約締結に先んじた授権立法を行うことが可能であるというのである(404)。

---

(399)　ドレッガーは、連邦憲法裁判所の対外権の性質理解を是とし、その執行府専属性を強調する(ebd., S. 53-54) ので、このような議論が展開される。もっとも、協働説にあっても、立法機能ではなくコントロール機能こそが重要だと考える者も多く、相対的な面がある。
(400)　それでも、法律の形式が用いられているのは、連邦議会と連邦参議院がコントロールの共同関与者の地位にあることを示すためのものだとして、実質的な意味での立法者としての参加を規定したものではないということを強調する。Siehe ebd., S. 59.
(401)　Ebd., S. 69-70.
(402)　Ebd., S. 71.
(403)　Ebd., S. 70-71. Siehe auch BVerfGE 1, 372 (395).
(404)　vgl. *Dregger*, ebd., S. 73.

そして、ドレッガーは、先行する授権立法で定めるべき内容の範囲を具体的に特定するにあたり、基本法80条1項の判断枠組を参考にして、本質性理論とパラレルに考えるべきだという(405)。もっとも、ドレッガーも本質性理論は一般的な判断基準を提示するものの個別の事情・状況にあわせた具体的判断をするしかないことを認める(406)。その上で、判断にあたって、注意すべき点として以下のようなものを挙げる。つまり、まずは一般的な問題として、基本法80条で委任を認める以上、これを厳格に解するのはその意味を無からしめるものであって適切ではない(407)。もっとも、その一方で条約に先行する授権立法の場合には、条約が一旦成立してしまうと立法府限りで内容を変更することができなくなる関係から、比較的厳格な検討が要求されるともいう(408)。

　さらに、ドレッガーはこうした授権の範囲内で条約の制定がなされているかについても、議会がチェックを行うべきであって、授権の廃止・拡張を含め、授権のあり方に修正を施せるように、交渉段階でその審査のために設置された特別委員会など議会への情報提供を認めるべきだという(409)。また、授権法律において授権に期限を設けることも有効な統制のために重要であるとする(410)。

　　(ii) 実際の運用とその評価　　(i)で、ドレッガーの見解を概観したのであるが、実際の運用として事前に国際約束の締結を授権するような法律が制定されるということはあるのか、また仮にあるならばどのようなものであるかを確認してみることにしたい。

　事前授権法律は多くはない(411)が、実際に制定されている。そこで、一例

---

(405) Ebd., S. 76-77.
(406) Ebd., S. 76f.. なおドレッガーは、一定の事項についての議会による決定を求めるという意味での「議会留保」と、その議会による決定が一定の明確性を有することの要求とを区別して考える可能性を指摘しつつも、結局上記のような意味での「議会留保」の内容をかなり狭く解さなければ、明確性要求との区別は困難だとして、基本法80条1項の充足性を本質性理論とパラレルに考えることを是認する。Siehe ebd., S. 78.
(407) Ebd., S. 77-78.
(408) Ebd., S. 80.
(409) Ebd., S. 81-82.
(410) Ebd., S. 82-83, 97.
(411) ここで取り上げる深海底鉱業暫定規律法の制定時、多くの先例が存在する旨、連邦政府は委員会審議で説明したが、そこで挙げられた先例はいずれもすでに連邦議会が条約法律によって同意をした条約の実施にあたって具体化を行うための国際協定の締結について定めるものであり、深海底鉱業暫定規律法のように全く基礎となる条約が存在しない場合の授権法律の先例としては適切ではない

としてドレッガーも紹介している、1982年の改正法律[412]によって追加された、深海底鉱業暫定規律法[413]の14条3項について検討しておこう。

この法律をめぐる問題をよく理解するためには、制定の背景を知る必要がある。1967年の国連総会におけるマルタ大使の深海底制度創設の提案をきっかけとして開催された第3次海洋法会議は、1973年の第1会期以来10年にも及ぶ五月雨式の長期交渉を経て、1982年に国連海洋法条約の採択によって幕を閉じた。この間、排他的経済水域および大陸棚の外側の全ての海底を深海底と呼び、国際的な深海底制度の構築が議論された。その過程において、技術的な劣性ゆえに、資源の分配を確保するために深海底およびそこに眠る資源の国際管理を目指す途上国と、事業と投資の安定性の観点から国際制度を設定すること自体には同意しつつも私人による探査・開発を原則としようとする先進国との間で深海底制度のあり方をめぐる激しい争いが繰り広げられた。そうした中で、交渉の長期化による深海底開発の停滞を防ぐために、アメリカそしてそれに続いた連邦共和国などは、自国民による深海底の探査・開発を許可し規制する暫定的国内法を成立させた[414]。他方で、1982年に採択された国連海洋法条約の深海底制度は先進国にとって望ましい内容ではなかったため先進諸国は批准を取りやめることになる。このような経緯もあり、暫定措置が維持されることになるとともに、同様の国内措置をとった先進国間でその調整が喫緊の課題となった。そこで国内法令において調整のための規律を設けた上で、先進国間で暫定措置協定が締結され、鉱区の申請や許可をめぐる国際的紛争の解決のための手段等が定められたのである[415]。そして、連邦共和国においては、国内法令による調整が深海底鉱業

(W. Lauff, Die Verträge zum Tiefseebergbau und die "faktisc Aufteilung der Welt", NJW 1982, 2700ff.)。その意味では、Wolfrum (Anm. 51), S. 47 が他の例として挙げる、統一条約の条約法律 (BGBl. 1990 II, S. 885) の2条ないし5条も、条約等の特定の条文の具体化に関するものであって、事前授権法律の例とは言い難い。もっとも、こういった先例からは基本法80条1項を基準として、条約法律によらない条約の改正やさらなる発展を限界づけるという議論を発展させる可能性があろう。最後の点について、B. Meyring, Die Entwicklung zustimmungsbedürftiger Verträge nach ihrem Abschluss und ihre Auswirkungen in der deutschen Rechtsordnung, 2001, S. 317f.; A. Steinbach, Die antizipierte Zustimmung des Gesetzgabers bei Änderungen völkerrechtlicher Verträge nach Art. 59 Abs. 2 GG, DÖV 2007, S. 555ff. (v.a. 558ff.) を参照。

(412) BGBl. 1982 I, S. 136.
(413) BGBl. 1980 I, S. 1457.
(414) 連邦共和国の暫定的国内法が、先述の1980年の深海底鉱業暫定規律法である。
(415) 以上の経緯については、Dregger (Anm. 398), S. 11-18; 山本草二『海洋法』(三省堂、1992年) 213頁以下等を参照。

暫定規律法の改正法により行われ、それによって追加された深海底鉱業暫定規律法 14 条 3 項が暫定措置協定締結の授権を行った規定なのである[(416)]。

　14 条 3 項の条文を邦語訳したものを以下に引用すると、「連邦政府は、双務性の承認が要求される限りにおいて、他国との関係におけるライセンス付与の前提条件を規律する国際合意を、法規命令[(417)]により定めることができる。この合意は、とりわけ、複数の権利付与申請者の競合に際して生じる紛争解決について仲裁手続を予定し、国際的に取り決められた時点以前に権利付与しないよう決定することができる」というものであるが、これはどう評価されるべきであろうか。ドレッガーは自らの定立した、「締結されようとしている条約によって、どのような対象について、どのような目的のために規律しようとしているかが、事前の同意の明確性から基礎づけられるか」という基準に則って検討を加えている。まず内容については、採掘権（ライセンス）の配分について重要である基準の統一化が規律の内容であることが認識可能である[(418)]。続いて、国内措置によってライセンスを付与している他国との調整が前提となっており、目的とするところもライセンス付与の相互承認のみとなるし、ライセンスの相互承認に必要な範囲での規律という範囲も認識できる[(419)]。こうしてドレッガーは、締結される国際協定のいくつかのパターンが考えられるとはしながらも、深海底鉱業暫定規律法 14 条 3 項が事前授権法律として憲法上許容されるという[(420)]。もっとも、同項が法規命令を定めることができるとして、対外的な規律の形成と国内法への取り込みを区別しない、やや混乱した形になっていることや、授権に期限を付したり[(421)]、事後的な審査権限を設けたりしなかったことは、コントロールの有

---

(416) *Lauff* (Anm. 411), S. 2700f..
(417) ここで法規命令の形式が選択されているのは、連邦政府によって制定される以上、国法上の形式として法規命令の形式をとることになるためである。これに対して、実質的に予定されているのは、本来ならば条約そして国法上は条約法律の形式によって制定されるべきものなのである。これは、ドレッガーが当該法規命令と法律の留保・法律の優位といった原則との抵触関係を問題としている（*Dregger* (Anm. 398), S. 86ff.）ことにも表れている。
(418) Ebd., S. 101f.
(419) Ebd., S. 102.
(420) Ebd., S. 103.
(421) なおこの点に関して、ラウフは対外権についての協働説を採用した上で、基本法 80 条 1 項による条約締結の事前授権は、原則想定されておらず、本件のような緊急性が認められ、かつ連邦共和国にとって損害がないあるいは小さい場合にのみ可能となるとの考え方を前提として、緊急性がなくなった場合には、授権を終了させる変更法を制定しなくてはならないとする。*Siehe Lauff* (Anm. 411), S. 2705.

効性を失わせるとして問題視する(422)。

　(iii) 評　価　さて、実際の運用も踏まえた上で、以上の見解についてどう評価するかであるが、こういった主張についてはドイツにおいて必ずしも議論が盛んではなく、一般的には基本法80条1項の要件を満たすならば事前の授権も可能とする見解は多数あるものの、あまり踏み込んだ議論はなされていない(423)。例外的に、ラウフ (W. Lauff) は、基本法59条2項1文の権限の他者への移譲を否定した判例(424)を引用するなどして、事前授権を原則として否定する(425)が、基本法80条1項が基本法59条2項1文と並んで一般的な法律の留保の具体化であり、最低限の本質的な部分についての決定を議会に求めるものであると考える(426)ならば、基本法80条1項に基づく授権は否定される必要はないだろう。このほか、ドレッガーの議論は、一つ筋の通った議論であるし、その後の欧州法における、事前のそれも含めた国内議会の関与の拡張やそれに伴う憲法機関忠誠原則等の理論展開を援用することによって、事前の関与を確保しようという見解は、前述の通り有力になってきており、それとの接合可能性は十分にあるように思われる(427)。

　ただ、一つ気になるのは、ドレッガーのように、基本法59条2項1文のコントロール機能を強調することによって、この見解を正当化する必要があるのかである。立法的性格強調説であっても、議会による条約の内容形成への参画の否定というドレッガーの見解については反対することになろうが、一定の重要な事項について議会が自ら決定した上での執行府への授権は、必ずしも否定的に捉えないだろう(428)。ドレッガー自身、議会が予め決定すべ

---

(422)　*Dregger*（Anm. 398), S. 103ff..
(423)　vgl. *Wolfrum*（Anm. 51), S. 46-47; *Rojahn*（Anm. 40), Rn. 60-61; *Geiger*（Anm. 32), S. 122; *Kempen*（Anm. 51), Rn. 68; *Butzer/Haas*（Anm. 51), Rn. 107; *Pernice*（Anm. 3), Rn. 45; *Lorz*（Anm. 319), S. 301. これらのほとんどが、基本法59条2項1文に基づく関与権限は譲渡できず、また授権の先取りは原則禁止されるが、本質的決定を議会が行うことで基本法80条1項の要件を満たす限りにおいて事前の授権が許されるといった言及をした上で、ドレッガー論文の参照を求めている。また、根拠が必ずしも明らかではないが、あまりに早期に同意をすることは権力分立を害しうるとの批判的立場をとるものとして、J. *Frowein,* Diskussionsbeitrag in: VVDStRL 56, 1997, S. 107-108 がある。
(424)　BVerfGE 1, 372 (395).
(425)　*Lauff*（Anm. 411), S. 2705.
(426)　vgl. BVerfGE 49, 89 (127).
(427)　すなわち、早期の情報提供により、授権の必要性や内容といったものの判断を充実させるということなどが考えられる。
(428)　本質性理論のリーディング・ケースとされる Kalkar 判決（BVerfGE 49, 89 [127]）もいうように、基本法80条1項は、どこまで議会が法律によって定めるかというものを定めた、一般的法律の留保を具体化したものである。そうすると、本質性理論に従って議会の決定が必要とされる事項につ

きことを抽出するにあたって、本質性理論とパラレルな思考によって導かれるとしている以上、立法的性格強調説において議会が決定しなければならない事項を枠づける範囲とも基本的には重なるはずである。また、ドレッガーは、交渉中も含め授権の枠内にあるのかを議会がこまめにチェックし、修正等を加えられるとしており、その意味でも立法的性格強調説[429]と、どこまで差があるのか疑わしい。さらに、ドレッガーの見解への支持は、対外権理解の違いを越えて、協働権説にも及んでいる[430]。

このように、判例はともかくとして、対外権の位置づけの枠を超えた諸見解と親近性をもちうるのは、ドレッガーが、権限配分の問題と、統治（Regierung）・コントロールの関係を峻別して考えていること[431]に、起因しているように思われる。ドレッガーは、統治（Regierung）は、議会によってなされるのではなく執行府によってなされるのだが、一方で議会のコントロールはあらゆる行為に対してなされうるのであり、しかもそれは存分に行う必要があるという[432]。つまり、対外権の執行権への帰属と議会関与の排除を結び付けていないのである。これに対して、協働権説や立法的性格強調説は、決定権限を執行府に認めざるをえないことは前提としつつ、対外権の執行権への専属性を否定することによって議会関与を引き出そうとする見解[433]である。つまり、一方では立法的性格によって、他方では「コントロール」の意味内容として、積極的な議会関与を基礎づけるため、言葉の上は大変異なってみえるだけなのである[434]。

（3）まとめ　情報の早期提供の必要性と、条約交渉以前からの方向づけの可能性が、(1)・(2)において見出されたが、これらは必ずしも排他的なものではないだろう。条約内容を一定程度枠づける法律によって授権した

いて基本法59条2項1文の規律が及ぶとする立法的性格強調説からも基本法80条1項の認める限度での委任は認められよう。
(429) 他方、*C. Möllers*, Die drei Gewalten, 2008, S. 166 も、対外事項で執行府の行動が優先されざるをえないことを認める。
(430) z.B. *Wolfrum* (Anm. 51), S. 46-47.
(431) *Dregger* (Anm. 398), S. 51ff.. なおこれは、我が国において高橋和之が論じる、政治の領域においてデモクラシーから要請される「アクション—コントロール」図式と、法の領域において法の支配に基づいた三権の定義分けという区分（高橋和之『現代立憲主義の制度構想』（有斐閣、2006年）10頁以下（「統治機構論の視座転換」〔初出、2002年〕）と類似した発想ということができよう。
(432) *Dregger*, ebd., S. 53-54, 56, 60-61.
(433) 村西良太『執政機関としての議会』（有斐閣、2011年）45頁、*Möllers* (Anm. 429), S. 166.
(434) これは「コントロール」という語が必ずしも十分な共通了解がないまま用いられているためだといえるし、対外権の本質論が錯綜している理由の一端でもあるように思われる。

場合に、その後の経過の中で情報提供を求めることは、望ましいことであっても否定すべきことでないからである。実際、授権の廃止・修正等の可能性を認めているということはそれを予定しているともとれよう。

　逆に、交渉時あるいはその前からの継続的な情報のやり取りを憲法機関忠誠原則によって基礎づけることで、ドレッガーの議論を強化することも可能である。

　また、事前の授権を、授権といいうるまで具体的なものでないとしても、早期の情報交換によって緊密なコントロールを及ぼし、国際合意の締結後に同意・不同意の判断を条約法律という形式よりは簡略化した形で留保するというような方策も、この二つの見解の融合により導く余地はある。

　ただし、ここで一つ留意しておかなければならないのが、いずれの早期化論についても、一定のプロトタイプとしての「条約」を想定しつつ、それに対して、条約締結承認という点（先に使った表現を用いれば条約承認という出口への一点集中）ではなく、線あるいは面での議会関与を目論むものであるということである。

　特に、憲法機関忠誠原則を援用する早期化論については、基本法59条2項1文の同意対象の拡張に代わる、あるいは、それを補完する枠組として早期化論を提示する論者が多いのであるが、基本法59条2項1文の拡張論が、「条約」の範囲確定の問題であるということからすると、視点や守備範囲の幾分ずれた議論をしているのではないかという疑問は生じる(435)。

4　小　　括

　以上、議会のコントロール権について縷々検討を加えてきたが、この検討から得られたものとは何であろうか。それを端的にいえば、次の2点にまとめられよう。

　すなわち、第1に政治的に重要な事項であって、直接国民を名宛人にせず、連邦の専権事項に属するような事象を扱う決定を行うには、議会が決議という形でそれを行うことができ、また議会がなんらかの形で決定すべきだということ。そして第2に、交渉前からの継続的・包括的な議会関与の可能性を

---

(435)　もっとも、憲法機関忠誠原則に基づく関与早期化論のいう、情報早期提供については、「条約」以外の国際的な規範形成についても、外交一般について情報を議会に早期提供すべきだという議論を展開していると善解する余地がある。

模索する必要があるということである。

　さらに、繰り返しになるが、コントロールの対象となる対外事項を如何に考えているかという点に、十分に注意してコントロール論を行うべきである。ここで紹介したいろいろな議論は、連邦宰相の（不）信任や、質問権の行使といった問題を論じる限りにあっては、対象を広く外交一般と把握しているといえようが、具体的な検討に入れば入るだけ、どのような行為に議会の関与が不可欠なのかというような観点は薄れ、いつの間にかある種の典型的な条約に対することを前提とした議論となってしまっている感がある。そういった「典型的な」条約についても、必ずしも効果的な影響力行使が条約法律による同意だけでは実現しえない現代にあっては、もちろん後者のような議論は重要であるが、それをもって、実質的意味の条約の範囲確定の議論と混同するようなことはあってはならないはずである。ドイツの議論においてはその混同がみられる点を、最後に指摘しておきたい。

IV　中間総括

　ここまで、ドイツにおける議論について検討してきた。その内容を今一度ここで振り返っておこう。

　まず、最初に検討したのが、議会による民主的正統性確保のために、基本法59条2項1文の適用範囲を拡張しようという議論であった。もっとも、検討の結果、そこでなされている議論は結局のところ、字義通り適用範囲を拡張しようというよりは、そこで議会による同意が必要とされている限りでの「条約」の意義確定そしてその適用判断を、実質的なものとすることを目指すものであった。そこで実質的判断の基準として採用されているのが本質性理論であり、学説上の傾向として、①規律対象の議会の機能適合性を含めた意味での重要性、②国際法上の法的拘束力の有無、③国内法にもたらす影響力の大小といった観点が判断基準として挙げられることが明らかになった。

　次に、ドイツにおいては、以上のような条約法律制定の範囲拡張による議会関与の強化に並行して、様々な議会によるコントロールを行うことの重要性が指摘されていることについて検討した。ここでは、まず一定の事項については法律ではなく議会の決議によって法的拘束力ある決定を行う可能性が示された。さらに、議会への早期の情報提供を整備することで議会の関与を

早期から認め、あるいは、事前に議会が一定内容の国際約束を締結するよう授権することなどによって、点ではなく線あるいは面による影響力行使を行うことが重要であり、実際にそのような影響力行使が不可能ではないことも確認することができた。もっとも、特に、早期関与論が、典型的な「条約」を想定した上で、どのようにして、線的あるいは面的な影響を及ぼすかという議論に向かっていることから、「条約」とは解されない国際的な規範形成の類型への議会関与について、より踏み込んで検討する余地が残されていることには留意しておく必要がある。

第3章
アメリカにおける議会関与論

　前章では、条約承認手続をはじめとする国内議会の機能強化について、主にドイツにおける議論を参照し検討した。そこで筆者は、国際化・グローバル化の時代において国内議会が規範形成の民主的正統性の確保に資するには、条約承認という「点」を拡大するとともに、それだけにとどまらない、「線」さらには「面」での多様な関与を行っていくことの重要性を説いた。そして、ドイツの学説も、条約交渉中からの議会関与も含めて、国際合意の締結に関して多様な形態が発展しているアメリカ合衆国の制度や議論に大きな関心を向けている[1]。

　また、実際に、近年日本にとっても大きな問題となった、環太平洋パートナーシップ協定（TPP）をめぐって、アメリカでは、のちに紹介するファスト・トラック（Fast-Track）と呼ばれる手続に準ずる方法がとられ[2]、交渉前の段階から議会への情報提供が行われた[3]。このようなアメリカの仕組みを参照することには意義があるし、日本における条約締結・承認とは大きく

---

(1) C. Möllers, Gewaltengliederung, 2005, S. 366ff.

(2) I.F. Fergusson, W.H. Cooper, R. Jurenas & B.R. Williams, *The Trans-Pacific Partnership Negotiations and Issues for Congress*, 2-4 (2015), CRS REPORT FOR CONGRESS R42694, https://www.fas.org/sgp/crs/row/R42694.pdf. 正式なファスト・トラック手続をとるには、議会による授権が必要となるが、この議会調査局の報告もいうように、この授権自体は、2007年に失効していた。これに対して、TPPや欧州諸国との環大西洋貿易投資パートナシップ協定（TTIP）の交渉に向けて、オバマ政権が議会の授権を復活するよう要請していた。紆余曲折を経つつ、2015年6月末に2015年TPA法が成立し、TPAの授権が復活した。See, J. Weisman, *Trade Bill Wins Final Approval in Senate*, N.Y. TIMES, June 25, 2015 at B1. なお、TPPやTTIPなどの交渉が先行していた通商協定については、議会による手続においてTPA法に基づく簡略手続が用いられることが明記された。See, 19 U.S.C. § 4206.

(3) 我が国でもTPP交渉参加をめぐり、国会の関与のあり方が問題となっており、実際、平成23年11月には、交渉参加表明に反対する決議案（第179回国会決議第1号）が衆議院に提出された。この決議が採択されることはなかったが、平成25年4月19日には、衆院農林水産委員会において交渉内容に関する要求が決議されるに至った（第183回国会衆議院農林水産委員会会議録第6号）。

異なる制度が憲法上予定されているアメリカの議論を参照することは、視点を相対化するという意味でも重要なことである。

そこで、本章では、アメリカ合衆国における議論の展開を追うことにより、民主主義の赤字への対応策を模索する[(4)]。

I　アメリカ合衆国憲法における国際合意

1　基本的な制度の仕組み

アメリカにおける議論展開を検討する前に、国際合意の締結に関する基本的な仕組みについて概観しておくことにする。

まず、アメリカ合衆国憲法が明文で国際合意の締結に言及するのは、その2条2節2項のみである。そこでは、出席議員の3分の2以上の同意に基づく上院の助言と承認を得て条約を締結する権限が大統領に認められている。このような大統領の権限に基づいて締結されるのが、アメリカ憲法にいう狭義の「条約（treaty）」である。

しかし、アメリカにおいて国際合意はこの条約という形式のみを用いて締結されているわけではない。「条約」ではない国際合意は、「行政協定（executive agreement）」と呼ばれており、それは、大きく「議会関与行政協定（congressional-executive agreement）」と「単独行政協定（sole executive agreement）」に分類される。

議会関与行政協定は、相手国との間における当該約束の内容形成の事前（ex ante）あるいは事後（ex post）に、法律あるいは両院の共同決議（joint resolution）[(5)]に基づく授権あるいは承認を受けて成立するものである。なお、

---

(4) もっとも、民主的正統化の必要性を強調し、国際法・外国法の合衆国への導入に対して否定的なアメリカ憲法学（の一部の）立場の評価について、アメリカの、特にG.W.ブッシュ大統領時代のアメリカの単独行動主義とも関連して、慎重な見解が示されている点には注意しておかなければならない。この点につき、阪口正二郎「立憲主義のグローバル化とアメリカ」ジュリ1289号（2005年）40-41頁、木下智史「グローバル化の中のアメリカ立憲主義」阪口正二郎編『岩波講座憲法5　グローバル化と憲法』（岩波書店、2007年）155頁以下［特に167-168頁］を参照。

(5) 米国連邦議会の決議は、①法律と基本的に同じ手続によって成立し、法律と同様の法的拘束力を有する「両院共同決議（joint resolution）」、②両院の間で送付あるいは回付されることによって、一つの統一された決議として成立するが大統領の承認を経ず、法的拘束力を欠く「両院合同決議（concurrent resolution）」、③各院単独による決議（「単独決議（single resolution）」）の3種類があるとされる。このうち、①共同決議については、成立手続も拘束力も同様であるならば、法律との間にいかなる違いがあるかについて疑問が生じるが、慣行上、「付随的な、通常でない、あるいは低次の立法目的」に用いるとされており（JEFFERSON'S MANUAL OF PARLIAMENTARY PRACTICE, § 397 [hereinafter

用語法の問題として、日本における条約の事前承認・事後承認にいう、「事前」・「事後」が条約の成立を跨いでの前後の区別であるのに対して、ここでの「事前」・「事後」は条約交渉の前後での区別である点に注意しなくてはならない。また、アメリカにおいても条約や事後承認協定など承認を必要とする国際合意については、国際法上の効力発生の前に承認がなされることが想定されている(6)。事後承認行政協定については、我が国やドイツにおける条約締結の仕組みに類似するものといえよう。

　議会関与行政協定については、憲法2条2節2項との適合性、さらには「条約」との互換性をめぐって議論がなくはない。もっとも、この形式は実務上多用されているし、この点についての明確な判例は存在していない(7)が、学説上も現在は一般的に合憲と解されている(8)。合憲説の論理構成を簡単に

J'S MANUAL])、実際には、特定目的、単発的な案件に関するものや暫定予算の制定に使われる。米国連邦議会における決議に関する邦語文献として、藤田晴子＝渋谷敏「アメリカ連邦議会の各種決議の形式と効力」レファレンス262号（1972年）1頁以下、横田紀子「米国連邦議会の『決議』」議会政治研究16号（1990年）25頁以下等がある。

(6) もっとも、署名のみで国際法上の効力が成立する国際合意の場合も「(ex post) congressional-executive agreement」と呼ぶのが一般である。この場合は、国際法上の効力発生後に立法がなされることとなる点に注意しなくてはならない。ただし、日本において参照する場合に、そのような場合を少なくとも「承認」と呼ぶべきかは疑問で、国内実施法律に引きつけて考える方が有益であろう。以上の点も含めて、CONG. RESEARCH SERV. LIAB. OF CONG., 106TH CONG., TREATIES AND OTHER INTERNATIONAL AGREEMENTS: THE ROLE OF THE UNITED STATES SENATE 8-10 (2001) [*hereinafter* REPORT OF THE SENATE'S ROLE] を参照。

　また、これに関連して、承認なき条約の締結、あるいは承認なき事後承認行政協定の締結は違憲無効ということになろうが、国際法上の効力の問題については、アメリカでもウィーン条約法条約46条の規律に倣い、その明白性を問うと解されている。*See*, AM. L. INST., RESTATEMENT OF THE LAW THIRD, THE FOREIGN RELATIONS LAW OF THE UNITED STATES §311 (3)(Student ed., 1990) [*hereinafter* RESTATEMENT 3RD]。

(7) C.A. BRADLEY & J.L. GOLDSMITH, FOREIGN RELATIONS LAW 556 (3rd ed., 2008). もっとも、Weinberger v. Rossi, 456 U.S. 25 (1982) では、法律における「条約（Treaty）」という文言の解釈にあたり、そこに議会関与行政協定を含める解釈を行っており、合憲性を前提とした判断と考えることが可能である。また、連邦高裁レベルでは、北アメリカ自由貿易協定（NAFTA）の合憲をめぐって争われた Made in the USA Foundation v. United States, 242 F.3d 1300 (11th Cir. 2001) では、政治問題の法理により管轄権が否定されたが、2条の条約条項が国際合意についての排他的規定ではないとして、通商条項に基づく議会による処理可能性を示唆するほか、Ntakirutimana v. Reno, 184 F.3d 419 (5th Cir. 1999) は、「条約」ではなく、ルワンダ国際刑事裁判所との行政協定とその実施法律に基づく犯罪人引渡しを有効と判示した。

(8) NAFTAをめぐる、アッカーマンおよびグルーヴ（B. Ackerman & D. Golove, *Is NAFTA Constitutional?*, 108 HARV. L. REV. 799 (1995); D. Golove, *Against Free-Form Formalism*, 73 N.Y.U. L. REV. 1791 (1998)) とトライブ（L. Tribe, *Taking Text and Structure Seriously: Reflections on Free-From Method in Constitutional Interpretation*, 108 HARV. L. REV. 1221 (1995)) の間の著名な論争を含めて、議会関与行政協定の合憲性をめぐる議論については、すでに我が国でも多くの優れた紹介がなされているので、ここでは詳細な検討を控えることにする。比較的近時の主要な邦語文献として、土屋孝則「アメリカにおける上院の条約承認権の変貌」近大法学44巻3＝4号（1997年）77頁以下

紹介しておこう。まず、議会関与行政協定は、連邦議会の両院、その中でも国民代表と考えられている下院も関与して、過半数による採決に付される。したがって、条約とは異なり特段少数派への拒否権付与が認められないことなどから、民主的であるとともに効率的であるという実質的な理由が挙げられる。そして、形式的な理由づけとしては、2条2節2項に「only」というような限定が加えられておらず、1条8節18項の「必要かつ適切」条項に基づく立法と解せるというのである(9)。

　条約との互換性については、古くは合憲性を認めるのであればそれも認められるとする見解が多かった。しかし、上院の少数派にある種の拒否権を付与する2条2節2項の規定に、連邦制からの要請等を読み込み、一定の重要事項については専ら条約によることが求められるとする、合憲性・互換性分離論が有力に主張されるようになっている(10)。

　他方、単独行政協定とは、主に大統領の固有権限（inherent power）に基づいて、議会の関与を受けることなしに、執行府限りで締結される(11)。この単独行政協定は、大統領の固有権限の遂行形態の一つとして、許容範囲をめぐっては後述のように争いはあるものの、学説上もそのような国際合意の

　［以下、土屋（近大）］、同「『連邦議会が承認した行政協定』の台頭と憲法問題」米法 2001-1 号（2001 年）57 頁以下、櫻井雅夫「NAFTA と FTAA 協定の議会承認過程」国際商事法務 30 巻 6 号（2002 年）766 頁以下がある。

(9)　Ackerman & Golove, *id.,* at 913-914. *See also,* Tribe, *id.,* at 1258ff.. 邦語文献では、土屋（近大）・前掲註(8) 88 頁以下を参照。

(10)　*See, e.g.,* J. Yoo, *Law as Treaties?: The Constitutionality of Congressional-Executive Agreements,* 99 MICH. L. REV 757, 773ff., 798ff. (2001) [*hereinafter* Yoo L.a.T.]; O.A. Hathaway, *Treaty's End: The Past, Present, and Future of International Lawmaking in the United States,* 117 YALE L.J. 1236, 1307ff. (2008) [*hereinafter* Hathaway 2008]. なお、我が国への議論紹介は、こういった見解があまり盛んに主張されていない段階でなされており、条約との互換性という問題の存在が我が国においては十分に認識されていないということが指摘できる。

(11)　以上の類型分けに関連して、米国国務省のマニュアル（11 U.S. DEPT. OF STATE FOREIGN AFFAIRS MANUAL § 723. 2-1, 2-2 (A)-(C)）において、各種形態についての一応の定義づけ分類がなされている。つまり、同マニュアルは国際合意を、条約による協定、立法による協定、大統領の憲法上の権限による協定に三分している。最後の大統領の憲法上の権限としては、①外交において国を代表する権限、②外交官を接受し、外国政府を承認する権限、③「国軍の最高司令官」としての権限、④法が誠実に執行されるように留意する権限の4つが挙げられている。また、同マニュアルは、各類型のうちいずれを利用するかを決定する指標として、ア）当該国際合意が国家全体に与える義務やリスクの範囲、イ）州法との関係性の有無、ウ）議会における実質的内容についての立法なくして効果をもちうるか、エ）合衆国が過去に類似の合意をなしたか、オ）特定のタイプの合意に対する議会の態度の傾向、カ）当該合意に求められる公式性の程度、キ）合意の有効期間の長短・迅速性の要求・ルーティンあるいは即席の合意をなすことの望ましさ、ク）類似の合意に関する一般的な国際的慣行の8点を挙げている（*id.,* § 723. 3）ものの、いずれの形態についても同マニュアルはその利用範囲等にはほとんど触れていない。

存在可能性自体を否定するものはないといってよい(12)。

上で触れた議会関与行政協定の合憲性・互換性分離論については、のちに改めてやや詳しく論じるが、以上で基本的な国際合意の種類や仕組みが確認できたものとして、次に実際の運用についてみてみよう。

2 実際の運用

1では、アメリカにおける国際合意をその締結のあり方に従って分類しつつ概観したが、ここではその実際の運用がどのようなものとなっているかを検討しておこう。

(1) 従来の言説　まずは、アメリカにおける国際合意の締結をめぐるこれまでの言説を、かなり図式的なものになってしまうが、以下に簡単にまとめておこう。

上院の3分の2による同意を必要とする、非常に硬直的な「条約」のみが憲法上明記されているところ、ベルサイユ条約の批准失敗に象徴される不都合が生じ、国際社会の緊密化、それに伴う手続の迅速性要請といったもののため、特に第二次大戦後には、行政協定が多用されるようになったというものである(13)。そして、そのような「現状」を受けてなされる理論上の検討は、行政協定全体の多用の是非について論じられるべきはずなのだが、なぜか議会関与行政協定のみについての合憲性や「条約」との互換性の問題へと矮小化されていたのである。しかし、実情はそれほど単純なものではないということが指摘されてきている。

第1に、同じ行政協定であっても議会関与行政協定と単独行政協定の性格は大きく異なるものであるということは容易に想定されよう。すなわち、1でそれぞれについて概説したところから明らかなように、我が国でいうところの「条約」と「行政取極」にそれぞれ該当するほどに性質の異なるものであることは、特に指摘を待つまでもない。

次に、この点についてはアメリカにおける議論にあっても意識されているとは言い難い(14)のであるが、同じ議会関与行政協定でも、事前授権行政協定と事後承認行政協定のあり方はかなり異なったものであることが一部で指

---

(12) *cf.* L. HENKIN, FOREIGN AFFAIRS AND THE US CONSTITUTION 219 (2nd ed., 1996).
(13) *e.g.* Ackerman & D. Golove, *supra* note 8, at 861ff. 邦語文献では、土屋（近大）・前掲註 (8) 85-86頁。
(14) もっとも、Tribe, *supra* note 8, at 1269 は、歴史的には事前の授権が多くみられたことに留意しつ

摘されている(15)。もし、本当にそのような相違があるのならば、以下で実際の運用のあり方を検討するにあたって、事前授権行政協定・事後承認行政協定と単独行政協定という3種類の行政協定の区別を十分に意識して検討すべきである。以下では、ここまで述べた点に留意しつつ、実際の運用を確認する。

（2）量的な分布　　実際の運用をみるにあたり、まずは、条約および3種類の行政協定の締結数を比較してみることにしよう。2001年から2010年の10年間の締結数が、条約が2年の改選期ごとに20件程度であるのに対して、行政協定は年間で少なくとも133件、多い場合には434件、平均すれば300件程度が締結されている(16)。行政協定のうち、単独行政協定については、1980年から2000年の間の総数で、3876件である。そして、注目すべきことに、ハサウェイ（O.A. Hathaway）によれば、事後承認行政協定は1980年から2000年の20年間に9件締結されたにとどまるというのである(17)。

以上からは、確かに条約に対する行政協定の多用ということをみてとることができる。しかも、従来、議会関与行政協定の増加・多用が指摘されていたところであるが、それはともかくとして、単独行政協定がかなりの割合を占めていることが注目される。さらに議会関与行政協定の合憲性や条約との互換性は、北アメリカ自由貿易協定（NAFTA）など事後承認行政協定をイメージしながら論じられてきたにもかかわらず、事後承認行政協定がほとんど締結されていない実態も明らかである。

（3）各形式の利用のあり方　　続いて、以上のような数量的な実情を意識しつつ、それぞれの形式の利用のあり方について、可能な場合には、実例を参照しながらやや詳しく検討していくことにしよう。

　（ⅰ）**単独行政協定**　　最初に、単独行政協定についてであるが、これは主

つ、事後の承認を否定する一方、事前の授権の余地はあることを認めている。
(15) O.A. Hathaway, *Presidential Power over International Law: Restoring the Balance*, 119 YALE L.J. 140, 155-167, 214 (2009) [*hereinafter* Hathaway 2009]. *cf.* D.F. Vagts, *International Agreements, the Senate and the Constitution*, 36 COLUM. J. TRANSNAT'L L. 143, 146-147 (1997).
(16) U.S. DEPT. OF ST., REPORTING INT'L AGREEMENT TO CONGRESS UNDER CASE ACT (Text of Agreements), http://www.state.gov/s/l/treaty/caseact/index.htm および、CONGRESS. GOV, TREATY DOCUMENTS, https://www.congress.gov/treaties に基づき集計。
(17) Hathaway 2009, *supra* note 15, at 150. なお、事後承認行政協定は、法律の形式をとって制定されるため、他の国際合意と異なりそれであると識別することに困難を伴うため、ハサウェイも断定的な表現を用いない。

として大統領の固有権限に基づいて締結されるものであり、その中でも特にその根拠とされるのが、国軍の最高司令官としての大統領の権限である。すなわち、軍事関連の国際合意が単独行政協定の形式によって締結されることが多い[18]。また伝統的には、戦前の日本との間に締結された、「桂・タフト協定」などを代表とする秘密協定は、単独行政協定によって処理されてきたし、外国政府への請求権行使に関する協定がこれによって処理されることも多かった。現在では、一定の傾向はあるものの、分野は多岐にわたっている。

これに対して、連邦最高裁判所も、1920年代に締結された、ソビエトの承認とソビエトによる国有化に伴う補償をめぐる協定に関する事件[19]や、1979年の在テヘラン米国大使館占拠事件等に関する補償問題を処理したイラン政府との協定をめぐる事件[20]において、単独行政協定の効力を肯定してきた。さらに、前者の事件においては、合衆国憲法6条2項にいう「国の最高法規」に該当するとして、州法に対する優越を認めた[21]。もっとも、これらの事件では、単独行政協定の認められる範囲を制限的に確定しようとする傾向を見出すことが可能であった[22]。

しかしながら、2003年のGaramendi判決[23]においては、これとは異なった傾向を読み取ることができる。この事件では、クリントン大統領（当時）とドイツの連邦宰相（当時）シュレーダーと間で締結された、ホロコースト被害者救済の基金を設立し個別の訴訟による解決を排除する単独行政協定と、ホロコート被害者救済に関して、戦前・戦中期の保険契約内容の公開を、州内で営業する保険会社に義務づけたカリフォルニア州法との抵触問題が争われた。この判決において、単独行政協定の有効性を認定するに際して、具体的な事情の特殊性に言及するのではなく、請求権に関係する場合は特にそう

---

(18) ヤルタ・ポツダム両協定も単独行政協定の形式をとって締結されたものである。*See,* HENKIN, *supra* note 12, at 219.
(19) United States v. Belmont, 301 U.S. 324 (1937); United States v. Pink, 315 U.S. 203 (1942).
(20) Dames & Moore v. Regan, 453 U.S. 654 (1981).
(21) *Belmont,* 301 U.S. at 331; *Pink,* 315 U.S. at 234.
(22) これらの判決においては、大統領が対外的関係分野における唯一の連邦機関であることを指摘しつつ、ソ連との外交関係樹立によって、むしろ国民の請求権の確保に道を開くものである点（*Pink,* 315 U.S. at 227）や、国際法上の主権免除等との関係から大統領による外交的解決によらざるをえない面がある（*Belmont,* 301 U.S. at 327–330; *Pink,* 315 U.S. at 233）こと、大使館占拠事件という事件の特殊性といったものを丁寧に指摘する（*Domes & Moore,* 453 U.S. at 660）ことなどによって、その射程を制限しようとする姿勢がうかがえる。
(23) American Insurance Association v. Garamendi, 539 U.S. 396 (2003).

であるという一定の限定は付しつつも、広く単独行政協定が歴史的に認められてきたことを指摘するにとどまっている(24)。さらに、最高法規性についても、対外事項に関連する場合、州法は連邦の政策によって破られるという論理構成が採用されている(25)。のちに述べる学説による評価にもかかわることだが、Garamendi 判決がこのように単独行政協定の締結に関して広い判断余地を認めたことには、強い批判もなされている(26)。

なお、連邦法律との関係について、「国の最高法規」条項は、州法への優位を論じるものであって、「最高法規」間での優劣について論じるものではなく(27)、連邦法律との関係においてはこれに劣位すると解することになろう(28)。

最後に、この協定の終了については、締結と同じく大統領自身の権限の枠内で、大統領単独でなされるものと解されている(29)。

---

(24) *Garamendi*, 539 U.S. at 414-416. このような傾向を指摘するものとして、B.P. Denning & M.D. Ramsey, *American Insurance Association v. Garamendi and Executive Preemption in Foreign Affairs*, 46 WM. & MARY L. REV. 825, 831（2004）がある。

(25) *Garamendi*, 539 U.S. at 416-420. なお、スティーブンス、スカリア、トーマスの3判事の賛同を得た、ギンスバーグ判事の筆による反対意見（539 U.S. 396, 430ff.）は、単独行政協定とカリフォルニア州法との間に抵触関係はないとするものであり、単独行政協定の州法への優越性について反対するものではない。*See, Garamendi*, 539 U.S. at 443 (Ginsburg, J., dissenting). また、この点に関連して、ICJ 判決の執行を求める大統領の覚書に基づく、州法上の死刑執行停止が認められなかった、Medellin v. Texas, 552 U.S. 491 (2008) は、大統領単独権限の限界づけという意味で、Garamendi 判決の射程を考えるにあたって示唆的である。同判決（552 U.S. 491, 531）は、大統領が対外的な紛争解決について広い単独権限を有するとはせず、一連の先例はアメリカ国民と外国あるいは外国人との間の民事請求の処理に関する協定の締結に関するものであると限定的に解した。*See also*, C.A. BRADLEY, INTERNATIONAL LAW IN THE U.S. LEGAL SYSTEM 95 (2nd ed., 2013). なお、Medellin 判決についてはのちに詳しく触れるが、この判決をめぐる諸問題に関する邦語文献として、青柳幸一「憲法と条約の相剋」筑波ロー7号（2010年）1頁以下［Garamendi 判決との関係については、特に同論文41頁を参照］、小林友彦「国内裁判所における国際司法裁判所判決の地位」小寺彰ほか編『国際法判例百選〔第2版〕』（有斐閣、2011年）18-19頁、宮川成雄「大統領権限と国際法の効力」樋口範雄ほか編『アメリカ法判例百選』（有斐閣、2012年）14-15頁などがある。

(26) *e.g.* B.R. Clark, *Domesticating Sole Executive Agreements*, 93 VA. L. REV. 1573 (2007). 当該論文は、これまでの判例による特殊事情の指摘を重視する。またそれに加えて、国際法上の主権免除法の変遷からこれまで以上にそのような特殊事情は認められなくなっていること（*id.*, at 1618ff.）等を指摘するとともに、最高法規条項に明示される規範は、上院の関与の認められるものであり、国の最高法規とされるためには、連邦制の観点から上院の賛成が必要とされるとして、最高法規性の是認にも反対している（*id.*, at 1597ff.）。*See also*, Denning & Ramsey, *supra* note 24, at 830, 924, 950. また、単独行政協定が認められる範囲は無制限ではないが、大統領権限の限界をめぐる複雑な問題との関係でその範囲を確定することは困難であるとするものとして、HENKIN, *supra* note 12, at 224 がある。

(27) *e.g.* J.G. Ku, *Treaties as Laws*, 80 IND. L.J. 319, 345ff. (2005).

(28) *cf.* United States v. Guy W. Capps, Inc., 204 F.2d 655, 658 (4th Cir. 1953); R.D. ROTUNDA & J.E. NOWAK, TREATISE ON CONSTITUTIONAL LAW 819 (4th ed., 2007). 反対説として、HENKIN, *supra* note 12, at 228 も参照。

(29) RESTATEMENT 3RD, *supra* note 6, at §339 Reporters' Note 2.

(ii)　**事前授権行政協定**　　続いて、事前授権行政協定についてである。これも利用される分野は幅広いが、軍事、通商、借款といった分野への利用が比較的多い。また、事前の授権のあり方は、事項を特定して個別に行われるというのではなく、抽象的な権限規定に基づいてなされている。

　具体的な例を挙げれば、1961 年国際開発法（the Act for International Development of 1961）503 条においては、「大統領は、<u>自身が決定できる条件の下</u>で、友好国あるいは友好関係にある国際機構に対して、あらゆる資源を与えることにより、また（貸与あるいは譲与による）防衛手段や防衛業務の供与によって、必要な軍事的援助を与えることができる。〔下線、引用者付加〕」とするにとどまる(30)。また、比較的具体的な規定をしている場合であっても、「国防長官は、防衛装置や軍需品の研究開発の共同プロジェクトを遂行するために、一または二以上の国あるいは機関と覚書（あるいは他の公的な協定）を結ぶことができる」と規定する(31)にとどまる。すなわち、事前に授権する法律は、かなり抽象的な内容にとどまっているといえよう。

　そうすると、憲法上の大統領の権限から直接導くことができるのか、法律によって根拠が創出される権限か、という点に違いは存在するものの、大統領に委ねられた裁量の大きさという面からすれば、単独行政協定との区別は相対的なものとなる(32)。そうであるならば、事前授権行政協定というものは、事後承認行政協定と一つのまとまりで考えるのではなく、むしろ単独行政協定に引きつけて考えるべきなのである。

　さらに、個別法において、事前授権行政協定についてのこのような抽象的な授権に期限が設けられていることもほとんどない(33)。

　また、条約を除く国際協定一般について発効から 60 日以内に議会へ提示することを義務づける一般的規律（Case-Zablocki Act）(34)が存在するものの、この期間はしばしば遵守されていない。例えば 2007 年から 2009 年の 3 年間に議会に提示された協定のうちこの期間を遵守しなかったものは、

---

(30)　22 U.S.C. § 2311.
(31)　10 U.S.C. § 2350a(a).
(32)　実際、例えば、偽造品の取引防止に関する協定（ACTA）が単独行政協定か事前授権行政協定かについては争いがあり、通商代表部の行為に一貫性がないことも指摘されている。*See* M.E. Kaminski, *The U.S. Trade Representative's Democracy Problem*, 35 SUFFOLK TRANSNAT'L L. REV. 519, 545-547（2012）.
(33)　Hathaway 2009, *supra* note 15, at 166.
(34)　The Case-Zablocki Act, codified in 1 U.S.C. § 112b.

35.4%⁽³⁵⁾であり、2009年だけをみれば45.7％に上る⁽³⁶⁾。また仮に期間を遵守して議会に提示したところで、提示の時点ではすでに協定は発効しており、その効力を否定することもできない⁽³⁷⁾。こうして、締結された協定に対する議会による審査はほとんど機能していないと評価されている⁽³⁸⁾。

最後に、協定の終了についてはあまり議論されていないところである。授権の終了という点では議会制定法によることが必要となろう⁽³⁹⁾が、授権の範囲内での協定の締結・終了は、大統領単独で可能であるということになるのではないかと思われる⁽⁴⁰⁾。

　（iii）**事後承認行政協定**　　行政協定の大半がこの形式をとっているかのような紹介がなされてきた事後承認行政協定は、実際にはほとんど利用されていない形式である。確かに、NAFTAなどの重要な国際協定がこの形式によって締結されていることからそのインパクトは強いものとなっているのであるが、前述のハサウェイが確認した限りでは、1980年から2000年の間の約20年間で、上述のNAFTA以外には、ウルグアイラウンド協定、カナダやイスラエルとの貿易関連協定の修正協定や、東欧や南アフリカの民主化支援の協定など、9件にとどまっている⁽⁴¹⁾。絶対数の少なさから多く利用される分野を特定することの意義や可能性は疑わしいところではあるが、NAFTAの締結に利用されたことに表れているように、通商分野における利用が多い⁽⁴²⁾。

また、通商分野に関しては、1974年通商法（The Trade Act of 1974）151条ないし154条⁽⁴³⁾によって、一般にはファスト・トラックと呼ばれる特別な

---

(35) *Reporting International Agreements to Congress under Case Act*（*Text of Agreement*）*2007-2009*, http://www.state.gov/s/l/treaty/caseact/2007/; http://www.state.gov/s/l/treaty/caseact/2008/; http://www.state.gov/s/l/treaty/caseact/2009/. なお、全体の件数としては、2007年から2009年にかけての3年間で756件が報告されている。

(36) *Reporting International Agreements to Congress under Case Act*（*Text of Agreement*）*2009*, http://www.state.gov/s/l/treaty/caseact/2009/.

(37) Hathaway 2009, *supra* note 15, at 167.

(38) *Id.*, at 166-167.

(39) *cf.* BRADLEY & GOLDSMITH, *supra* note 7, at 559.

(40) 同旨、BRADLEY, *supra* note 25, at 87.

(41) Hathaway 2009, *supra* note 15, at 150.

(42) *Id.*, at 150. なお、2011年にアメリカで承認された米韓FTAも事後承認行政協定の形式を採用したものである。*See, e.g.*, H.H. Koh, *Remarks: Twenty-first Century International Lawmaking*, 101 GEO. L.J. 725, 731 (2013), *also* United States-Korea Free Trade Agreement Implementation Act, Pub. L. No. 112-41, 125 Stat. 428 (2011) (codified at 19 U.S.C. § 3805 note (2006)).

(43) 19 U.S.C. § 2191-2194.

法案審理手続が法定された。その後、1979 年、1984 年の通商法、1988 年包括通商法（Omnibus Trade and Competitiveness Act of 1988）においても引き継がれたのち、1994 年から 2002 年までの中断を経て、2002 年の超党派貿易促進権限法において、貿易促進権限（Trade Promotion Authority; TPA）制度と名前を変えて(44)、2007 年に大統領への権限付与が失効するまで再び利用された制度であり、2015 年 6 月に 2015 年 TPA 法(45)によって、改めて大統領への 2018 年まで(46)の権限付与が行われた(47)。なお、連邦議会における簡略化された法律制定手続の内容は、1974 年以来基本的に不変であるが、それを利用する権限については、対象を限定しつつ時限的に与えられ、上記のように数次の法制定が行われる中で議会の関与のあり方には若干の変化が生じている(48)ということに注意しなくてはならない。また、前掲註(2)およびそれに対応する本文でも触れたように、権限付与の失効後も、TPP の交渉などに際して、失効した法定の内容と同様の手続が事実上採用されていた。

　このように、審議の迅速化を図って定められたファスト・トラック手続の概要は以下の通りである(49)。すなわち、大統領は、交渉開始の 90 日以上前に、交渉に入る意思を連邦議会に通告する(50)。これと前後して、大統領は、下院歳入委員会・上院財政委員会、その他大統領が適当と判断する上下両院の委員会、および上下院の交渉助言グループ（Advisory Group on Negotiations）(51)と、交渉に関する協議を行う(52)。また、この他にも、交渉状況の説

---

(44) TPA という名称が与えられた後も、従来通りファスト・トラックと呼ばれることも多く、本書では用語法の混乱を避けるためにも、一貫してファスト・トラックと呼ぶこととする。
(45) Bipartisan Congressional Trade Priorities and Accountability Act of 2015, Pub. L. No. 114-026.
(46) 大統領が連邦議会に要求し、上下両院がこれを拒絶する決議を行わなかった場合は、2021 年まで授権が延長される。*See*, 19 U.S.C. § 4202 (a) & (c).
(47) I.F. Fergusson, *Trade Promotion Authority (TPA) and the Role of Congress in Trade Policy*, CRS Report for Congress RL33743, 2-8 & 20 (2015), https://www.fas.org/sgp/crs/misc/RL33743.pdf.
(48) *See, id.,* at 5-8.
(49) 2015 年 TPA 法に基づく仕組みを図示によって概観するものとして、*id.,* at 22 (Appendix. B) がわかりやすい。
(50) 19 U.S.C. § 4204 (a)(1)(A).
(51) 2015 年 TPA 法 § 104 (c)（19 U.S.C. § 4203 (c)）によって上下両院に各々設置される。下院の助言グループは、下院歳入委員会の委員長、同委員会の少数派幹部ら 5 名、上院のグループについても、上院財政委員会の委員長、同委員会の少数派幹部ら 5 名他のメンバーで構成されるグループである。議会助言グループは、交渉前、および適宜に交渉に関する会合を大統領と行うことができる（19 U.S.C. § 4203 (a)(1)(D) & (c)(2)(D)）のに加えて、各構成員は通商協定における米国代表に対する公式のアドバイザーとしての地位を得る（19 U.S.C. § 4203 (c)(2)(C)）といった権能を有する。なお従来、1974 年通商法は、相手国との交渉には、上下両院の臨時議長・議長が選任する原則 5 名ずつの議員が、議会アドバイザーに選任される仕組みを設けており、この議会アドバイザーもまた、米国代表の公式アド

明や交渉関連文書の開示も、個々の連邦議会議員の求めに応じて行う必要がある[53]。

そして、交渉が進展すると、署名などによる協定の（国際法上の）発効前90日までに発効させる意思があることを議会に通告するとともに連邦公報において公表し[54]、下院歳入委員会、上院財政委員会、議会監視グループ、その他の関連事項を所管する委員会の意見を受け付けた上[55]で、署名を行う。なお、下院歳入委員会と上院財政委員会が、それまでの手続に瑕疵があることを理由に、通商協定の実施法の制定にあたってファスト・トラック手続の利用を認めない判断を、この時点で下すことができる（「ゲートキーパー委員会の不承認」）制度が採用されている[56]。また、署名の90日以上前に独立行政委員会である合衆国国際貿易委員会（USITC）に、大統領は協定の詳細を報告しなければならない[57]。

署名後60日以内には、協定の締結によって必要となった法改正のリストが議会側に示される[58]。さらに、先ほどのUSITCへの報告に対応する形で、署名後105日以内には、USITCは、協定が米国経済に与える影響についての報告を、連邦議会に提出する[59]。厳密にはTPA法の外で行われる非公式なものであるが、正式の協定の実施法案が提出される前に、議会の各委員会における一定の審議を行い、模擬投票などを行うことも通例となっている[60]。協定発効後初めての連邦議会両院が開会する日に、協定の最終稿と正式な実施法案を提出する。これを受けて、下院[61]歳入委員会および下院

バイザーとしての地位を獲得するものとされている（この制度は現在も存続している）。*See,* 19 U.S.C. § 2211 & 4203(b).
(52) 19 U.S.C. § 4204(a)(1)(B).
(53) 19 U.S.C. § 4203(a)(1)(A) & (B).
(54) 19 U.S.C. § 4205(a)(1)(A).
(55) 19 U.S.C. § 4204(b).
(56) 19 U.S.C. § 4205(b). この内容については、手続制定の経緯を含めて、E.W. Sim, *Derailing the Fast-Track for International Trade Agreements,* 5 FLA. INT'L L.J. 471, 511-515 (1990) も参照。さらに、2002年の超党派貿易促進権限法以降、この判断を行う決議の提案権に制限がなくなったことについては、H. Shapiro & L. Brainard, *Trade Promotion Authority Formerly Known as Fast Track,* 35 GEO. WASH. INT'L REV. 1, 18 (2003) などを参照。
(57) 19 U.S.C. § 4204(c)(1); Fergusson, *supra* note 47, at 12.
(58) 19 U.S.C. § 4205(a)(1)(C); Fergusson, *id.,* at 10.
(59) 19 U.S.C. § 4204(c)(2) & (3); Fergusson, *id.,* at 12.
(60) Fergusson, *id.,* at 15 & 23.
(61) 通商協定には、通常の場合、歳入の徴収にかかわる関税に関する事項が含まれているので、その場合には、歳入の徴収に関する下院の先議を定めた合衆国憲法1条7節1項の規定により、下院が先

の関連委員会が 45 開会日以内に委員会報告を行うか自動的に本会議の審議対象となり、委員会の報告あるいは、自動的に本会議の審議対象となったのち、開会日 15 日以内に下院の本会議における議決がなされる[62]。その後、上院財政委員会および関連委員会（この審議も 45 開会日以内に行う必要がある）、さらに上院本会議における議決を経ることとなる[63]。討議は各議院 20 時間以内に限定され、上院における議事妨害は禁止されている[64]。また、議会における手続は、上下両院で計 90 開会日以内でなければならない[65]。以上の手続において、議会による修正は許されない[66]が、議決は各議院において単純多数決によることになる[67]。

また、一定の手続[68]を踏むことによってファスト・トラック手続を離れ通常の手続[69]に戻ることも可能であるし、院内規則の改変等による妨害も不可能ではない[70]。このように、原則的には、審議過程を簡略化した手続であるということができるが、様々な場面で議会に影響力の行使を認める仕組みとなっている[71]。

次に、NAFTA の承認法律を例として、具体的な取り扱いを確認してみることにしよう。まず、事後承認行政協定は、法律の形式をとって制定される。NAFTA を承認するにあたって、当該法律は、協定の発効日の決定や

に審議することになる。この点について、Sim, *supra* note 56, at 476 & 503 を参照。
(62) 19 U.S.C. § 2191 (e)(1). *See also*, Fergusson, *supra* note 47, at 22.
(63) 19 U.S.C. § 2191 (e)(2).
(64) 19 U.S.C. § 2191 (f)(2); (g)(2) & (g)(3).
(65) Fergusson, *supra* note 47, at 22.
(66) 19 U.S.C. § 2191 (d).
(67) Fergusson, *supra* note 47, at 23 n. 47.
(68) 先に紹介したように、個別の協定の締結・実施過程において、通知および協議がなかった場合には、連邦議会の上下いずれか一院は、手続否認決議によって当該協定に関する限りでファスト・トラック手続が適用されないことを確認することができる。ただし、（それが妥当かは別として、）議会が任意に通常手続への回帰を決定できるのではなく、手続に瑕疵があることが条件となることに注意が必要である。See, Fergusson, *supra* note 47, at 14.
(69) 相手国との交渉から発効に至るまでの、事後承認行政協定の成立過程については、REPORT OF THE SENATE'S ROLE, *supra* note 6, at 10; Sim, *supra* note 56 at 476-477 などを参照。
(70) H.H. Koh, *The Fast Track and United States Trade Policy*, 18 BROOKLYN J. INT'L L. 143, 151-152 (1992); Sim, *id.*, at 507-514.
(71) この点を強調するものとして、Koh, *id.*, at 161 & 180 がある。*See also* H.H. Koh, *Congressional Controls on Presidential Trade Policymaking after I.N.S. v. Chadha*, 18 N.Y.U. J. INT'L L. & POL. 1191, 1218-1221 (1986); L.L. Wright, *Trade Promotion Authority: Fast Track for the Twenty-first Century?*, 12 WM. & MARY BILL RTS. J. 979, 1000-1003 (2004). もっとも、全体としてみた場合、議会の関与過程はむしろ増大しているともいえ、協定署名後の手続の簡略化、あるいは、迅速化といった方が正確かもしれない。

関連国内法への影響如何等、実施方法について定めるものであって、協定それ自体が法律に盛り込まれるものではなかった(72)。これは、NAFTA に限られるものではなく、事後承認行政協定全体についてこのような処理がなされているようである。次に審議のあり方であるが、実際に NAFTA の審議にあたっても、前述の 1974 年通商法 151 条に基づくファスト・トラック手続が採用され、審議時間が限定されるなど審議の簡略化が行われた(73)。議会における審査は、両院あわせて 1 か月足らずで終了しており、上院においては議員から修正動議が提出されたが、前述のように修正が禁止されていることから却下されている(74)。

最後に、事後承認行政協定を形成する法律の形式について確認することにしておこう。承認法律という以上は、我が国やドイツにおけるように、当該条文が参考資料等として添付されるか、そうでなくとも全文が本文として引用されて、これを法律とするといった形式をとるようというようなイメージをもってしまうところである。しかし、実際のところそれは全く違っている。むしろ、国際協定の国内実施法律をイメージした方が適切なのである(75)。すなわち、多くは第 1 編として国際協定を特定してこれを承認する（approve）と規定するのであるが、実際に国際協定自体の条文を引用等することはなく、それ以降の条文においては、国際協定の実施方法が詳細に規定されている(76)。

なお、終了については、議会制定法によっている以上、大統領単独によることは不可能であり、議会制定法によることが要求されると解されよう(77)。

---

(72) The North American Free Trade Agreement Implementation Act, Pub. L. No. 103-182, 107 Stat. 2057 [*hereinafter* NAFTA Act].
(73) H. Res 311 in the House of Representatives, U.S. November 17, 1993.
(74) 一連の審議過程については、Bill Summary and Status, 103rd Congress (1993-1994), H.R. 3450 All Information (CONGRESS. GOV, About Legislation of the U.S. Congress, https://www.congress.gov/legislation/about より参照可能) を参照。
(75) つまり、国内実施法律において、批准の承認も行っていると理解した方が実情に即しているということになり、前掲註 (6) で述べたように、署名のみで成立する国際合意については、完全な国内実施法律であると考えた方がよいというのが実際のところである。この限りにおいて、単独行政協定との区別は相対的であり、実務上も互換性をもって運用されているとの指摘（J.R. Paul, *The Geopolitical Constitution: Executive Expediency and Executive Agreements*, 86 CAL. L. REV. 671, 724 (1998)）は、傾聴すべきものを含んでいる。
(76) *cf.* NAFTA Act, *supra* note 72; To approve and implement the trade agreements concluded in the Uruguay Round of multilateral trade negotiations, Pub. L. No. 103-464, 108 Stat 4809.
(77) もっとも、BRADLEY, *supra* note 25, at 87 は、議会が国際協定の承認を行うのみで、それに続いて実施措置をなんら議会がとらない場合には、大統領単独での終了が可能であるとするが、その根拠は

(iv) 条　　約　　最後に条約である。これも繰り返しになるが、条約は、唯一憲法上明文で認められている国際合意の形態である。当然連邦・州の関係上の制約を受けるものの、締結が許される分野等に特に限定はない。もっとも、2001 年から 2010 年の間の 10 年間に承認された条約をみると、租税条約、犯罪人引渡し・司法共助条約、軍縮条約が大半を占める[78]。また、犯罪人引渡条約と人権条約は条約によってのみ締結されているという指摘もある[79]。

　次に、承認のあり方であるが、署名等の後、国務長官が大統領に条約文を送付した上で、大統領が上院へと助言と承認を付すようメッセージを付して提出する。承認は決議の形で行われ、条約文が文書番号によって指摘されるものの、当該決議には条約文自体は引用されない。また、決議には、発効に先立って大統領に一定の措置を求める等の「条件（Condition）」[80]として、修正（Amendment）、留保（Reservation）、了解（Understanding）、解釈宣言（Declaration）等が提示される[81]。上院では、まずは外交関係委員会において、続いて本会議において条約承認の審議が行われるのであるが、この審議の過程[82]で条件の修正もなされる[83]。

　以上のような条約への条件づけの限界については、まず、当然ながら批准の前に行われることが必要となる[84]。また、上院が付した条件について大

　　　明らかではない。
(78)　CONGRESS. GOV, TREATY DOCUMENTS, https://www.congress.gov/treaties に基づき調査。
(79)　Hathaway 2008, *supra* note 10, at 1343. ただし、犯罪人引渡しについて若干の例外が存在することについては、後掲註（170）参照。
(80)　例えば、この「条件」の中では、条約が自動執行性を有すること、あるいは自動執行性を有しないことが宣言されることが多い。この宣言が条約の自動執行性に対して有する効力については、争いがある。この点については、S.A. Riesenfeld & F.M. Abbott, *Foreword: Symposium on Parliamentary Participation in the Making and Operation of Treaties*, 67 CHI.-KENT. L. REV. 293, 295-297 (1991) 等を参照。
(81)　REPORT OF THE SENATE'S ROLE, *supra* note 6, at 124. もっとも、論者により、分類方法は必ずしも一致していない。留保・了解・解釈宣言をまとめて、頭文字をとって RUD（s）と呼び、条件と同義の用語として使用することも多い。*See*, HENKIN, *supra* note 12, at 180. なお、BRADLEY, *supra* note 25, at 37 は、RUDs を、①表現の自由など憲法上の個人の権利の侵害を防ぐためのもの、②死刑の存置など政策的根拠に基づくもの、③条約上の不明瞭な文言の解釈を行うためのもの、④連邦制に適合的な方法で実施することを表明するもの、⑤条約が自動執行性を有しないと宣言するものの五つに分類する。
(82)　相手国との交渉から発効に至るまでの、条約の成立過程については、REPORT OF THE SENATE'S ROLE, *id.*, at 8-9 等を参照。
(83)　*See*, *id.*, at 11.
(84)　Fourteen Diamond Rings v. United States, 183 U.S. 176 (1901); C.A. Bradley & J.L. Goldsmith, *Treaties, Human Rights, and Conditional Consent*, 149 U. PA. L. REV. 399, 443-444 (2000); HENKIN,

統領に異議がある場合には、大統領は条約を批准しないことができ[85]、その例として、有名なものではベルサイユ条約がある[86]。国際法上の適法性や合憲性をめぐる学説の対立[87]に加えて、内容面での制約についても議論がある[88]が、対外関係法第3リステイトメントは、条約に関係のない条件づけが禁じられるほかには、特別な憲法上の制約はないとする[89]。

　上院による条約の修正の可否という点については、上記の通り「条件」の種類として、「修正」「留保」が挙げられていることにも表れているように、二国間条約の「修正」や多数国間条約の「留保」によって条約内容の修正がなされることが当然のこととして認められており[90]、我が国やドイツにおけるような問題設定はほとんど見当たらない。もっとも、ヘンキン（L. Henkin）は、上院による「留保」あるいは「修正」という一般的な用語法は厳格さに欠くと指摘し、二国間条約についての修正は相手国との交渉の末、成立するものであるし、多数国間条約における留保も合衆国を代表する大統領による留保が必要となるため、こういった手続を大統領・執行府が履行しない限りでは承認を拒否するものと位置づける[91]。

　最後に、条約の終了について上院の承認が必要であるかも問題となっているが、実務上は大統領単独でも行われている[92]。

　この問題について、まず判例をみてみると、米華相互防衛条約の終了をめぐる、連邦最高裁のGoldwater判決[93]において争点となった。同事件では、最高裁はサーシオレイライを認めながらも、原判決を取り消し、却下判決するよう指示を付して地裁に差戻した[94]。各個別意見では、パウエル（L.F.

---

supra note 12, at 184.
(85)　Bradley & Goldsmith, *id.*, at 443; HENKIN, *supra* note 12, at 184.
(86)　HENKIN, *id.*, at 184.
(87)　*See, e.g.,* Bradley & Goldsmith, *supra* note 84.
(88)　*cf.* BRADLEY & GOLDSMITH, *supra* note 7, at 504ff..
(89)　RESTATEMENT 3RD, *supra* note 6, at §303 d.
(90)　J. Yoo, *Review Essay Politic as Law?: The Anti-Ballistic Missile Treaty, the Separation of Powers, and Treaty Interpretation*, 89 CALIF. L. REV. 851, 873 (2001); Bradley & Goldsmith, *supra* note 84, at 443-444.
(91)　*See*, HENKIN, *supra* note 12, at 180; L. HENKIN, CONSTITUTINALITY, DEMOCRACY, AND FOREIGN AFFAIRS 52 (1990).
(92)　1933年のギリシャとの引渡条約の破棄、1939年の日米通商航海条約の破棄、1979年の米華相互防衛条約の破棄が例に挙げられる。*See*, HENKIN, *supra* note 12, at 212.
(93)　Goldwater v. Carter, 444 U.S. 997 (1979).
(94)　*Goldwater*, 444 U.S. at 997.

Powell, Jr.）判事の同意意見は事件の成熟性を否定することにより(95)、バーガー（W.E. Burger）首席判事・スチュワート（P. Stewart）判事・スティーブンス（J.P. Stevens）判事が賛同するレンキスト（W. Renquist）判事の同意意見は政治問題の法理の適用により(96)、司法判断適合性（justiciability）を否定した。他方でホワイト（B. White）判事が賛同したブラックマン（H. Blackmun）一部反対意見においては、大統領にそもそも単独で条約を終了する権限がないのであれば、成熟性も政治問題の法理も問題とはならないなどとして、実体審理を行うべきであるとされた(97)。さらに、ブレナン（W.J. Brennan, Jr.）判事の反対意見では、政治的な問題ではなく法的な憲法解釈問題として外国政府の承認は大統領の権限であり、国民政府から北京政府への政府承認切り替えに際して不可避な米華相互防衛条約の終了は大統領の（単独）権限に属するなどと述べられている(98)。

　学説はというと、一方で対外関係法リステイトメントは、原則的には大統領が単独で終了させることができるが、条約承認の際に上院が、上院あるいは議会両院の承認を終了の条件としている場合には、これらの承認が要求されうるという見解をとっている(99)。他方、ヘンキンは終了時にも上院の承認が要求されると主張し(100)、見解は分かれる。

　（4）小　　括　　以上、アメリカにおける国際合意の諸形態の運用の実情を縷々考察してきたが、ここで改めてそのあり方をまとめておこう。

　まず、条約、事後承認行政協定、事前授権行政協定、単独行政協定の四つの形態は、それぞれその多く用いられる分野を緩やかに棲み分けつつ、各々の役割を果たしている。もっとも、従来その役割の重要性が強調されてきた事後承認行政協定については、実際にはその利用数がかなり限定されたものである。事後承認行政協定によって取って代わられるべきであるように論じられることの多かった条約が、現在もなお一定数国際合意の形態として採用されていることとの対比が、ここでは特に興味をひかれる。

---

(95) *Goldwater,* 444 U.S. at 998ff. (Powell, J., concurring).
(96) *Goldwater,* 444 U.S. at 1003ff. (Rehnquist, J., concurring).
(97) *Goldwater,* 444 U.S. at 1007 (Blackmun, J., dissenting in part).
(98) *Goldwater,* 444 U.S. at 1007f. (Brennan, J., dissenting).
(99) Restatement 3rd, *supra* note 6, at §339 cmt. a.
(100) Henkin, *supra* note 12, at 212. ヘンキンはさらに、条約の実施法律の制定権限を議会が握っていることから、条約の終了に大統領を追い込むことができること、宣戦権限に伴って、一定の条約関係を終了・停止させる権限があることを指摘する（*id.*）。

次に、各合意形態の性質等をめぐる点について改めて確認しておくと、議会関与行政協定という形でひとまとまりにして考えられてきた、事前授権行政協定と事後承認行政協定の性質はかなり異なるものであることが注目される。むしろ事前授権行政協定と単独行政協定の性質の方が類似するものである。すなわち、単独行政協定についての議会関与がほとんどないということは容易に想像されるところではあるものの、事前授権行政協定に対する議会の関与も、質的には非常に抽象的なものであるし、量的にも僅少なものなのである。もっとも、実際の運用として規範的に使い分けが決定されているのではなく、3種の行政協定それぞれの形式の間の境界は必ずしもはっきりしないことは指摘した通りである。

　また、上院単独や上下両院による関与の認められる、条約および事後承認行政協定についてみても、国際的に締結された条文自体は、上院あるいは議会による承認の決議あるいは法律といった意思表明それ自体には含まれないということも確認された。ここには、国際的平面での国家間の合意形成、すなわち「外交」と、その国内実施、あるいは国内法形成とを分断的に捉える傾向を見出せる[101]。のちに詳しく述べるように、条約と事後承認行政協定の互換性をめぐる近時の議論等において、憲法制定時、制憲者たちは2条における条約に関する規定が、外交作用を大統領に担わせつつ、上院には外交作用への諮問的な参与役割を担わせた[102]ものである一方、それを国内法上実現していくためには、立法府すなわち連邦議会による1条に基づく立法が別途必要となることを想定していたことが指摘されている[103]のだが、ここからも外交と立法の分離を読み取れる。そうすると、アメリカにおいては、

---

(101) このことは、我が国においては、前述のように条約承認の議案に条文自体を含めるかをめぐって国会において激しく論戦が繰り広げられたということにてらしてみたとき、興味深いものがある。

(102) *See*, J. Jay, No. 64, *in* A. Hamilton, J. Madison & J. Jay, The Federalist Paper 391-392 (Rossiter, C. et al. eds., 2003) [A. ハミルトン=J. ジェイ=J. マディソン（斎藤眞=中野勝郎訳）『ザ・フェデラリスト』（岩波書店、1999年）306-307頁]；A. Hamilton, No. 75, *in id.*, at 451. また、この点については、その想定がワシントン（G. Washington）大統領の時代にすでに裏切られ、変質をみせたことも含めて、Henkin, *supra* note 12, at 177-179 を参照。上院の「助言と承認」が、「承認」に矮小化されているという事実と、条約承認決議において、条約本文は引用されず、実施条件等について規定されているという前述の事実からすれば、条約の承認も国内的実施の側面に含まれると解した方がよいのかもしれない。

(103) Yoo L.a.T., *supra* note 10, at 831-848; J. Yoo, *Globalism and the Constitution: Treaties, Non-Self-Execution, and the Original Understanding*, 99 Colum. L. Rev. 1955, 2091ff. (1999) [*hereinafter* Yoo Globalism].

外交と国内法形成の分離という基本線が存在するということもできよう(104)。

最後に、こういった各形式の性質というものを踏まえた上で、現状を改めてみたときには、議会の関与が抽象的でわずかなものにとどまる、単独行政協定および事前授権行政協定がアメリカの締結する国際合意の大半を示しているということも明らかとなった。

3 学説による評価・問題の所在

議会の関与の乏しいまま国際合意が締結されているという実態が、2において浮き彫りになったが、これに対する学説の評価はいかなるものであろうか。もっとも、2で明らかにした実情というものは、上述したように、アメリカ本国においても必ずしも十分に認識されてきたものではないため、議論が深められているとは言い難い面はあるところだが、例えば以下のような見解が示されている。

すなわち、議会の関与を欠くままに、大統領単独による既存の権利義務の修正がなされ、憲法において想定された、チェック・アンド・バランスを損ない、憲法の構造が害されるという批判である(105)。中でも、前出のハサウェイは、このような問題について、解決策の提示も含めて、網羅的かつ詳細に検討を加えている。そこで、以下ではこのハサウェイの見解について紹介を行っておきたい。

それでは、ハサウェイの現状評価を簡潔に紹介することから始めることにしよう。大まかな議論の枠組を説明すると、まずハサウェイは、歴史的な経緯(106)にも触れた上で、ここまでに紹介したような現状を「大統領単独主義の勝利」であると評価する(107)。そして、この「大統領単独主義」の現状を規範的に正当化しうるのかを検討し、消極的な評価に基づいて、バランスを取り戻す必要性を説くのである(108)。

続いて、内容について少し詳しく紹介することにしよう。第1に、大統領単独主義を正当化する議論として、国際的に合衆国を代表する唯一の存在で

---

(104) この点については、Röben, Außenverfassungsrecht, 2007, S. 528 も参照。
(105) Clark, *supra* note 26, at 1577; Hathaway 2009, *supra* note 15, at 147.
(106) 本書では、歴史的経緯についてそれ自体を紹介するという作業を行わないが、ハサウェイによる歴史的経緯の検討過程は、Hathaway 2009, *id.*, at 167ff. を参照。
(107) *Id.*, at 205.
(108) *Id.*, at 238-239.

あることから大統領の対外権限を広く認めようとする見解が聞かれるところではある[109]。しかし、大統領が合衆国の唯一の代表者であることは確かではあるが、対外的な代表および交流と、そこで形成された合意の国内的な具体化・実施は別問題であり、ここで問題なのはむしろ後者であると論駁する[110]。そして、Youngstown Sheet & Tube Co. v. Sawyer 判決[111]のジャクソン（R.H. Jackson）同意意見[112]を引きつつ、議会の授権も否認もない場合には大統領は自身の固有の権限にのみ依拠することができ、固有権限を越える範囲で議会との真の協働（genuine collaboration）が必要であるとした[113]上で、事前授権行政協定が部門間の協働の形式は満たすものの、実質面において前述のように不十分なものであるとする[114]。

　一方で、権力分立は合衆国憲法の真髄であるところ、そこで重要なのは、複数の部門の関与による競合的な相互作用、すなわちチェック・アンド・バランスである。しかしながら、議会の関与のない単独行政協定や、限定的な議会の関与のみが認められる事前授権行政協定の場合には、このような部門間の競合的相互作用は生じない。こうして、民主的なアカウンタビリティーが脅威にさらされるというのである[115]。

　さらに、国内の問題におけるのとは異なり、委任禁止法理や行政手続法による規制、司法審査といったコントロールが存在しないか、あるいは不十分なものにとどまることが、問題を一層困難にするという[116]。また、経費充当との関係で大統領には、協定の実現に際して一定の制約が生じるが、権限の付与と経費充当を認めることとの間にはその性質上差異が存在すること、実際に議会による支出の管理が、事前のものであれ、事後のものであれ十分に機能していないことを挙げて、大統領の行動に対する有効な制約たりえないとも反論している[117]。

　そして、最後に効率性を理由とする正当化論も以下のような理由から適切

---

(109) cf. Yoo L.a.T., *supra* note 10, at 816; United States v. Curtiss-Wright Export Corp., 299 U.S. 304, 319.
(110) Hathaway 2009, *supra* note 15, at 206ff..
(111) Youngstown Sheet & Tube Co. v. Sawyer, 343 U.S. 579 (1952).
(112) *Youngstown*, 343 U.S. at 637 (Jackson, J., Concurring).
(113) Hathaway 2009, *supra* note 15, at 211.
(114) *Id.*, at 214.
(115) *Id.*, at 215-219.
(116) *Id.*, at 219ff..
(117) *Id.*, at 225ff..

ではないという。つまり、①国内実施を視野に入れたとき、国内における広い政治的な支持があってこそ効率的な国際法形成につながる。また、②国内的な支持がある方が相手方からも信頼が得られ有利な交渉を行える。さらに、③執行部門に情報が全て揃っているわけではなく、開かれた国際法形成は、より豊富な情報に基づいた充実したものとなりうる。以上、3点である[118]。

Ⅱ　ハサウェイの解決策とその検討

Ⅰでは、アメリカにおける国際協定のあり方をめぐる基本的な制度枠組と運用、そしてのその評価・問題点を確認した。その3の末尾で紹介したように、ハサウェイは現状を憲法上正当化されうべからざる「大統領単独主義」の状態であると認識した上で、そこからのバランスの回復の必要性を説く。それでは、その方策としてハサウェイはどのようなものを考えているのであろうか。以下では、ハサウェイの方策について紹介した上で、ハサウェイの見解の疑問点に対応させる形で検討を試みることとしたい。

1　解決策の提示――ハサウェイによる再構成

ハサウェイは、上述のような民主的アカウンタビリティーの欠如を解消する方策として、大きく二つのモデルを提示している。解決策の模索にあたっては、単純に民主的アカウンタビリティーの充実のみを求めるのではなく、対外的な代表としての大統領の優位性、そして国際的な法形成が不可避なものとなり、その重要性も増している中で、国際的法形成が実効性を担保しうることも追求されなければならない[119]として、両者のバランスの回復という観点からアプローチしている[120]点が注目される。

　(1) **議会関与拡大モデル**　ハサウェイは、一つの解決策として国際合意形成への議会関与の回復、現状からするならば拡大を行うモデルを提示している。その概要は以下の通りである。

---

(118)　Id., at 230ff.
(119)　もっとも、ハサウェイは、Ⅰの3で触れたように、従来実効性担保の必要性を大統領権限の拡大に直結させる傾向があることに対して、3点の理由を挙げて、多数の国内機関等の関与によって情報収集の可能性を広げることがむしろ望ましいといった反論を提示している（id., at 230-239）。
(120)　Id., at 239.

すなわち、それは合衆国憲法2条の「条約」や事後承認行政協定という形式を国際合意の様式として維持し、その利用を拡大するというものである(121)。これらの形式の利用については、一方で迅速性、ひいては実効性を失わせるという問題が生じかねないが、それに対しては前述のいわゆるファスト・トラック手続の活用を挙げる(122)。もっとも、ファスト・トラック手続の利用は通商分野に限られている(123)のであるが、ハサウェイは通商分野にこれを限定する特段の理由はない(124)として、ファスト・トラック手続の活用を主張する(125)。

　議会関与拡大モデルとでも呼ぶことのできる、この解決モデルが利用されるべき対象についても、ハサウェイは言及している。まず、ハサウェイは別の論文において、2条の条約と事後承認行政協定がほぼ互換的なものであるとしつつ、連邦制の観点等から領土割譲、犯罪人引渡し、外国人の権利剥奪といった一定の重要事項については2条の条約によることが必要であるとの見解に立っている(126)ため、その事項に該当する場合については、条約によることが必要であることになる。

　その他の事項については、効率および民主的性格の観点から事後承認行政協定が条約に勝るとして、むしろ、実際的には事後承認行政協定に適合的な事項が検討されている(127)。これは、すなわち上院の3分の2の同意を必要とする条約の場合、少数派に拒否権を付与しているに等しいために、条約承認が停滞しうる上に、多数派の意見の実現が阻止され、さらには、そもそも

---

(121) Id., at 259ff..
(122) P.B. Stephan, *International Governance and American Democracy*, 1 CHI. J. INT'L L. 237, 252 (2000) も同様に、対外交渉の絡む場面での、議会と執行府との間のバランスをとる手法としてファスト・トラックを評価し、通商協定以外にも利用すべきであると主張する。
(123) なお、交渉段階での議会の関与等については、通商分野に限定されるが、審議手続の簡略化という点に限れば、類例は数多い（A.-A. P. Bruhl, *Using Statutes to Set Legislative Rules*, 19 J. L. & POL. 345, 346 (2003) 参照）。
(124) 例えば、武器売却において、ファスト・トラック手続を導入することの有用性を主張するものとして、V.P. Sciarra, *Congress and Arms Sales: Tapping the Potential of the Fast-Track Guarantee Procedure*, 97 YALE L.J. 1439 (1988) がある。
(125) Hathaway 2009, *supra* note 15, at 263-266. もっとも、外国との通商の規律が、憲法上明示的に連邦議会の権限とされていることを重視すれば、安易に通商以外の分野について、通商をめぐる議会の関与のあり方を拡大することには慎重でなければならないということになろう。この点については、のちに改めて検討する。
(126) Hathaway 2008, *supra* note 10, at 1344-1348.
(127) なお、これに対して、Clark, *supra* note 26 は、連邦制の観点から条約という形式を重視したアプローチを採用している。

国民代表としての性格をより強く有する下院が排除され、州の代表としての性格を有し、必ずしも国民代表としてのみの性格をもつわけではない上院のみが関与できるという事情(128)を考慮してのことである。そして、以下の三つの場合には、このモデルが適合的であるとしている。つまり、①立法によってでなければ効力をもちえないもの、すなわち合衆国憲法１条の必要的立法事項に該当する場合、②１年より短い通告期間でもって合衆国が脱退することが可能であるという明示の規定がない場合、③議会の上下両院の一定数の議員が要請する場合(129)といった一定の重要な国際合意である。

(2) 行政手続モデル　もう一つのモデルは、行政手続法（Administrative Procedure Act; APA）に定められた、行政立法手続に関する行政手続の仕組みを国際的な規範の定立に対して適用していこうというものである。これは、比較的珍しい立論(130)ということができ、むしろハサウェイ説の真骨頂というべきところであるが、その内容をみていくことにしよう。もっとも、それに際して、現行法上、国際的な規範の定立手続については APA の適用が排除されている(131)ということに触れておかねばならない(132)。つまり、議会関与拡大モデルにおけるファスト・トラックの拡大同様、立法論としての性格を有するのである。

さて、このモデルの主眼とするところは、行政手続に関する規律の利用によって、国際的な法規範の定立の透明性を高め、もってアカウンタビリティーを確保しようというところにある。中でもこのモデルにおいてハサウェイが注目しているのは、「ノーティス・アンド・コメント（notice and comment）

---

(128)　Hathaway 2008, *supra* note 10, at 1344-1348. この点については、古くから指摘がなされており、多くの論者の見解が一致するところである。例えば、制憲者の意図としてこの点を指摘するものとして、P.L. Fitzgerald, *Executive Agreements and the Intent Behind the Treaty Power*, 2 HASTINGS CONST. L.Q. 757, 765 (1975); 土屋（近大）・前掲註(8) 81-82 頁がある。

(129)　Hathaway 2009, *supra* note 15, at 258.

(130)　もっとも、R.B. Stewart, *U.S. Administrative Law: A Model For Global Administrative Law?*, 68 LAW & CONTEMP. PROBS. 63, 71-73 (2005) もこのような手法を示唆general。

(131)　5 U.S.C. § 553(a)(1). 外交・軍事事項の適用排除については、A.E. Bonfield, *Military and Foreign Affairs Function Rule-Making under the APA*, 71 MICH. L. REV. 221 (1972) 参照 ［結論としては、他の適用排除条項で国家の安全や機密保持といった問題は解決可能として、§553(a)の削除を主張する］。

(132)　なお、Stewart, *supra* note 130, at 79 は、本文で問題としている国際的な規範定立の場合ではなく、国際的に形成された規範の国内実施にあたっては、APA の規律が排除される理由がないと指摘している。また、二国間投資協定（BIT）の交渉にあたってその基盤となる、モデル BIT の改正作業において、米国通商代表部はノーティス・アンド・コメント手続を使用した（J.W. Yackee, *Controlling the International Investment Law Agency*, 53 HARV. INT'L L.J. 391, 434 Fn. 200 (2012)）。

手続」[133]、すなわち、我が国でいえば意見公募手続ないしパブリック・コメント手続[134]に該当する手続である。このノーティス・アンド・コメント手続を活用しようとする理由は、情報の提示が広く公衆に対して行われることによって、透明性を確保することができるとともに、国民の参加・関与によって民主的正統性をも調達しうるからだという[135]。

そして、その実現方法としては、情報の提示に関しては、あらゆる国際協定の議会への提示を求めた、Case-Zablocki法の修正によって、議会への「事前」（ここでは、交渉前ではなく、協定発効前をいう）の情報提示をさせた上で、一定の時点で公衆に公開するとともに、期間を区切って意見を募集すればよいとしている[136]。また、国際的な規範の定立にあたっては、相手国が存在し、内容の変更への制約や迅速・効率性が求められることを考慮して、判断材料とすべき情報の公開とともに、交渉の早期の段階でこれが行われるべきであるとする[137]。

次に、このモデルが適用される領域を如何に考えているかについてであるが、本来的には行政に対する規制を活用していることからもわかるように、単独行政協定や議会の関与の希薄な事前授権行政協定が基本的にその対象とされることとなる[138]。前者については、それはつまり大統領の固有権限に含まれる事項ということになる。後者について実質的な意味での枠づけを試みれば、議会の関与強化が求められる場合、すなわち議会関与拡大モデルの適用されるべき場面を控除したものということになるのではないだろうか。

---

(133) 5 U.S.C. § 553(b), (c). 制度の概要については、宇賀克也『アメリカ行政法〔第2版〕』（弘文堂、2000年）66頁以下等を参照。

(134) 我が国におけるパブリック・コメント手続全般については、常岡孝好『パブリック・コメントと参加権』（弘文堂、2006年）等を参照。また、ハーバーマスの熟議民主主義との関係等についても論じたものとして、角松生史「手続過程の公開と参加」磯部力ほか編『行政法の新構想II』（有斐閣、2008年）289頁以下。さらに、行政の民主的正統化との関係では、毛利透『統治構造の憲法論』（岩波書店、2014年）364-367頁［初出、2012年］も参照。

(135) Hathaway 2009, *supra* note 15, at 246. これに対して、1974年の通商法以来、通商交渉にあたり、業界代表者等からなる諮問委員会を設けるなどして、私的部門・公的部門双方に情報提供するとともに意見を集めることが、大統領に義務づけられていること（19 U.S.C. §2155 [current ver. 2006]）について、公衆参加による通商の正統化を見出すものとして、B.J. Schoenborn, *Public Participation in Trade Negotiations*, 4 MINN. J. GLOBAL TRADE 103 (1995) がある。

(136) *Id.*, at 244.「事前＝発効前」としているということは、規範自体の成立後も排除されていないということであり、国内実施におけるノーティス・アンド・コメント手続の履行との区別は相対的なものとなろう。

(137) *Id.*, at 246.

(138) *Id.*, at 257.

さらに、ハサウェイは委任禁止法理の適用という言葉は出さないものの、事前授権行政協定について、ドイツ連邦共和国基本法 80 条 1 項を参照しつつ(139)、より詳細な内容を伴う明示の授権を要求するとともに、授権に対して期限を付すことが求められることにも言及する(140)。もっとも、これは議会関与の拡大アプローチにむしろ分類されるべきものかもしれない。

　(3) 小　括　ここまで、議会の関与が不十分なまま国際合意が締結されているという、Ⅰ3 でのハサウェイの現状・問題認識の確認を踏まえて、ハサウェイが提示する解決策について、その概要を紹介した。

　従来十分に意識されてこなかった事前授権行政協定と事後承認行政協定の性格の決定的な相違を見抜き、事前授権行政協定における議会関与の欠如に着目した点は、画期的な見解であるということをまず指摘しなくてはならない(141)。また、そういった認識に基づき、条約や事後承認行政協定の活用によって、議会関与を確保しようとする点は、本書の基本的な立場からしても肯定的に捉えることができる。さらに、単独行政協定や事前授権行政協定を利用する場合についても、行政手続法の手法を利用することによって、民主的アカウンタビリティーを補充しようとする点については、比較的珍しい(142)見解であり、非常に興味をひくものである。そして、これは基本的に

---

(139)　もっとも、基本法 80 条 1 項の委任立法における要件は、基本法制定当時のアメリカ判例法上の基準を明文化したものであるといった関係性が指摘されている（小嶋和司『小嶋和司憲法論集二　憲法と政治機構』（木鐸社、1988 年）307 頁［「行政の議会による統制」］［初出、1967 年］等参照。また、*Möllers*（Anm. 1）, S. 185 も基本法 80 条 1 項の要件がアメリカの委任禁止法理に関する intelligible rule を彷彿とさせるものであるという）。委任禁止法理とドイツの本質性理論との類似点や相違点については、のちにやや詳しく検討する。

(140)　Hathaway 2009, *supra* note 15, at 255-256. ハサウェイがこのような期限付与に言及するのは、事前の授権についての事後的コントロールの一環としてである。これは、議会拒否権（の一類型）について違憲判断を下した、INS v. Chadha, 462 U.S. 919 (1983) 以降、議会による事後的コントロールが機能不全に陥っているとの彼女の診断の下、期限を付すことによって一定年数が経った際に、議会の再考を促すことを狙っているためである。

(141)　先に、各 3 種の行政協定の間の境界はあくまで曖昧な点が残ると指摘したが、国内実施法としてであれ、国際協定の内容形成後に法律が制定されているかどうかは重要である。

(142)　もっとも、既出のスチュワート（R. Stewart）の論文（Stewart, *supra* note 130）のような類似の議論は存在する。また、議会の設置を想定することが難しい国際レベルにおいて、アメリカ行政手続法の経験を活用することによって、アカウンタビリティーを向上させ、民主主義の赤字を補おうとする議論は珍しいものではない（例えば、G. Majone, *Europe's 'Democratic Deficit': The Question of Standards*, 4 EURO. L.J. 5, 22 (1998) は、欧州版 APA の導入を民主主義の赤字の一解決策として挙げる。また、スチュワート論文の主要な議論対象は、むしろこちらである）。あるいは、本書の冒頭で紹介したように、国内レベルに加えて、国際レベルでのアカウンタビリティーも向上させた上での各国政府のネットワーク化を国際レベルの民主主義のあり方として想定する議論もある。また、のちに触れることになるが、ドイツの論者がアメリカ行政法を参照しつつ、行政機関相互で締結される国際

妥当な見解であるということができるように思われる。また、ビジョンをある程度まで具体的に示しているという点からも、議論の準拠点として採用するに足りる見解ということがいえよう。もっとも、ハサウェイの説くところに関して、なおいくつか検討を加えるべき点がいくつか存在する。ただし、その検討にあたっては、アメリカ憲法における基本的な民主政構想の確認などの作業を伴うものであって、項を改めて論じることとしよう。

2 検 討

1では、民主的正統化の十分ではない国際合意の形成が進んでいることに対するハサウェイの解決策を紹介するとともに、なお検討を加えるべき点がいくつか残されていると指摘した。本項では、それを受けてハサウェイの見解をめぐる検討を深めていこう。

ハサウェイの所論について検討すべきことは、以下の4点にまとめることができる。

まず、(1)条約と事後承認協定との関係をめぐる問題である。つまり、議会関与拡大モデルに関連して、ハサウェイは条約を議会関与拡大の一モデルとして挙げるわけであるが、条約は下院が排除され上院のみが関与するものである。上述の通りハサウェイ自身、このように上院のみが関与すること、しかも上院の3分の2の同意が必要とされることで、上院少数派への拒否権付与となることなどを理由に、事後承認行政協定の方が民主的正統性の面において勝るという見解も提示している。民主的正統性という点を強調する論調からすれば、条約と事後承認行政協定は互換的なものなのではなくて、むしろ事後承認行政協定を利用しなければならないという主張さえも考えうるところであるが、条約と事後承認協定との関係性についてどう考えるべきなのだろうか。この点について、詳しく検討してみる必要がありそうである。

次に、(2)対外関係に関する権限配分についての基本的な考え方が必ずしも明瞭ではないという点も指摘できるように思われる。勿論ハサウェイも大統

合意の民主的正統化の文脈で、国内での意見公募手続の有用性を説くものとして、C. Möllers, Transnationale Behördenkooperation – Verfassungs- und völkerrechtliche Probleme transnationaler administrativer Standardsetzung, ZaöRV 65, 2005, S. 376f. u. 385 もある。なお、メラースは、この論文で、各国政府機関のネットワーク化が熟議の民主主義の観点から民主的正統性を高めるものであるとする議論について、ネットワーク論の事実描写としての機能はともかく、熟議の民主主義を誤解したものであるとして、理論的な基礎づけに欠けるものであるとする（Möllers, ebd., S. 180ff.）。

領の対外権限の範囲について論及していないわけではない。また、アメリカ国内をさしあたって発信対象と考えているのであれば、従来の議論の蓄積にてらして、一定の事項は当然の前提として取り立てて論じていないだけであるという側面もあろう。しかし、ここではハサウェイの議論の射程や妥当性を検討し、さらには我が国への示唆を得ようとする以上、対外事項の権限配分に関する基本的な議論状況を、簡潔であれ確認しておく必要があるといわなければならない。

　さらに、(3)行政手続の議会民主政論における位置づけの問題がある。ハサウェイは、行政手続による規律論と並行して、議会による事前授権の強化を説いている。そうすると、議会による授権の強化と行政手続の関係はいかなるものなのであろうか。これをめぐるアメリカ公法学における議論の背景を改めて検討しておくことが重要である。また、一方で、行政手続モデルを説明するにあたって、透明性と「民主的アカウンタビリティー」の確保を強調している。しかし、透明性やアカウンタビリティーと民主主義ないし民主的正統性といったものとは、どういった関係に立っているのかは必ずしも明確にはなっていない。行政手続の議会民主政における位置づけを探ることは、このような「民主的アカウンタビリティー」をめぐる問題を解明することにもつながるはずである。

　加えて、(3)からある種派生するものとして、(4)以上のような議会民主政やそこにおける行政手続のあり方をめぐる議論が対外関係・国際関係の文脈においてどこまで妥当するものなのか、どの程度変容を必要とするのかについて検討することも必要となろう。こうして、ここでは(2)で概観する対外事項についての権限配分をめぐる基本的な考え方も踏まえつつ、「国際的な権限移譲（international delegation）」という呼ばれる議論を参照しながら、議会の役割論を対外事項の領域へ転用する可能性を検討する作業をしていきたいと思う。

　それでは、(1)・(2)・(3)・(4)の順序で以上の点について検討を加えていこう。

　(1) 条約と事後承認協定との関係　　繰り返しになるが、条約と事後承認行政協定(143)は、互換可能（interchangeable）であると解する見解が有力であ

---

(143)　もっとも、従来の学説は事前授権行政協定と事後承認行政協定の区別にあまり意を用いていな

り、通説といってもよい状況にある⁽¹⁴⁴⁾。これも先に触れたことではあるが、ハサウェイも条約と事後承認協定はほぼ互換可能であるとしている⁽¹⁴⁵⁾。しかし、「ほぼ」という限定が付されているということは、完全な互換可能性を否定しているということである。実際、ハサウェイの見解のように事後承認行政協定の合憲性と分離する形で、条約との互換可能性を否定する見解は有力なものとなってきている⁽¹⁴⁶⁾。

互換可能性を否定する見解は、実際問題として条約によって排他的に処理されている領域の存在を挙げつつ、理論的な説明づけを試みるが、必ずしもそれは一致したものとはなっておらず、条約によって独占される事項についての判断も微妙に食い違っている。これらの見解は、大まかには、①合衆国憲法制定時以来の合衆国憲法1条と2条の固有領域の存在を説くものと、②歴史的経緯の中で一定範囲について事後承認協定の合憲性が認められるようになり、その範囲内で互換可能性はあるが、条約の固有領域はなお残るという見解に分類することができる⁽¹⁴⁷⁾。

後者、すなわち②の見解をとるのがスピロ（P.J. Spiro）である。この見解は、アッカーマン（B. Ackerman）のように正式な憲法改正手続によらざる憲法修正が生じるとするもの⁽¹⁴⁸⁾ではないが、実践の積み重ねによって憲法

いため、多くの学説は事後承認行政協定に限定せず議会関与行政協定全般に関する問題として論じている。

(144) HENKIN, *supra* note 12, at 217 [もっとも、ヘンキン自身の見解を述べた部分ではない]; REPORT OF THE SENATE'S ROLE, *supra* note 6, at 86; RESTATEMENT 3RD, *supra* note 6, at § 303 cmt. e.

(145) Hathaway 2008, *supra* note 10, at 1307ff..

(146) Yoo L.a.T., *supra* note 10, at 773ff., 798ff.; P.J. Spiro, *Treaties, Executive Agreements, and Constitutional Method*, 79 TEX. L. REV. 961, 1034 (2001); Vagts, *supra* note 15, at 147-148. また、HENKIN, *supra* note 12, at 218 も、条約専属領域の存在を示唆する（もっとも、*id.*, at 72 は、議会権限の拡大を経た現在において、議会立法によりカバーできない事項はほとんどないとする）。また、古くは Missouri v. Holland, 252 U.S. 416, 433 (1920) も、法律には不可能であるが、条約であれば制定可能な事項の存在を示唆していた。以上の互換性をめぐる議論を概観するものとして、BRADLEY, *supra* note 25, at 83-87 がある。

(147) *cf.* Hathaway 2008, *supra* note 10, at 1247-1248.

(148) アッカーマンは、制憲時の意図としては、事後承認協定を憲法は認めていなかったとする。しかし、ニューディール期にはすでに、国内政治における憲法構造の変化と呼応して、事後承認行政協定の承認とその条約への代替性の承認の萌芽があったことを認める。もっとも、アッカーマンによれば、それはあくまで萌芽にとどまるのであって、第二次大戦の開戦に伴う、ベルサイユ条約批准拒否への批判的見解が国民世論において定着すること等を待たなければならなかった。そして、憲法改正条項によらない憲法修正は、F.D. ルーズヴェルトの三選が達成された1944年の大統領選挙および上下院選挙によって、ついに達成へと至ることになったという。*See*, Ackerman & Golove, *supra* note 8, at 861-896. アッカーマンの憲法改正条項によらない憲法修正に関する基本的な思考枠組については、後掲註（150）を参照。

の解釈内容に変更が加えられるという見解であって⁽¹⁴⁹⁾、その意味ではアッカーマンの憲法理論⁽¹⁵⁰⁾と同様に、判断の困難性・判断が恣意に陥る危険性といった批判を加えることができよう。また、判断の困難性とも関連するが、実務上なお条約によって独占される領域があるといっても、あくまで互換可能性の有無でいえば互換可能であるが、慣行上従来通り条約によっているだけだと解することもでき、なんらかの規範的な判定基準なくしては完全な互換可能性を否定することはできないのではないかという疑問が生じる。

それならば、1条および2条の固有領域を問い、議会と大統領の競合関係についての問いに正面から答えようとすることが有意義であるように思われる。またそうすることによってこそ、ハサウェイが明確にしていない、条約と事後承認行政協定の優劣問題の解答を得ることにもつながるだろう。

このような観点から問題をみるにあたって、外交・軍事における大統領権限の捉え方についてはハサウェイと対照的な見解を示す⁽¹⁵¹⁾論者ではあるが、まさに外交・軍事における大統領権限を広く認める立場から問題を論じているものであるという点において、ユー（J. Yoo）の議論は参照に値する。以下では、ユーの議論をたたき台として検討を進めよう。

ユーの議論の最大の特徴は、条約権限と（国内）立法権限の峻別という点⁽¹⁵²⁾にある。つまり、「条約形成＝外交＝大統領権限」という図式に則り、それを議会の有する立法権から分離して考えるのである。2001年から2003年にかけてG.W. ブッシュ政権下で司法長官補代理（Deputy Assistant Attorney General）をつとめたユーは大統領優位の議論を展開する論者として有名であるが、大統領の権限を広く認めるのは「条約権限」という外交の領域においてのみであり、立法権限については議会による権限行使を排除することを認めない論調をとる。このような見解を採用する理由としてユーは、アメ

---

(149) Spiro, *supra* note 146, at 964.
(150) アッカーマンは、まずアメリカ憲法における法形成過程を「通常政治」と「憲法政治」に二分する。その上で、私益を超えた共同体全体の利益について、「我ら人民（We the People）」の積極的な政治参加の下に高次の法制定が行われる、後者の「憲法政治」においては、憲法改正条項によらない憲法修正が可能であるとする。*See*, B. ACKERMAN, WE THE PEOPLE II 3-95 (1998). このようなアッカーマンの基本的憲法理論を紹介する邦語文献として例えば阪口正二郎『立憲主義と民主主義』（日本評論社、2001年）71頁以下（「第4章　二元的民主政理論」）等を参照。
(151) *See, e.g.*, B. Ackerman & O.A. Hathaway, *Limited War and the Constitution: Iraq and the Crisis of Presidential Legality*, 109 MICH. L. REV. 447, 455-456 (2011).
(152) *e.g.* Yoo L.a.T., *supra* note 10, at 761.

リカ独立革命時のイギリス憲法[153]や制憲期における条約ないし外交をめぐる理解を挙げる[154]。そして、その端的な表れとしてユーが挙げるのが、ハミルトンの筆になるフェデラリスト第75編[155]における「主権国家間の『契約』（CONTRACT）」としての条約の位置づけと、それと立法との区別である。つまり、条約締結は、州の利害を代表しつつまた少数者の保護が意図された、条約締結手続への上院の関与を伴う形で大統領が担う国際平面での合意形成であり、それは国内での立法からは区別されたものであるとユーは解する[156]。その一方で、国際合意によって立法事項が取り扱われるようになってきた現状を指摘することにより、国際平面での他国との関係処理としての条約と、国内平面での法形成を分離することの必要性を説く[157]。

このような基本的な考え方に基づいて、ユーは、従来の互換可能性をめぐる議論を、国際法形成と国内法形成の相違に意を用いず、また条約権限と立法権限の調整を図ることなく、どちらか一方のみを優遇させ、他方を骨抜きにすることを目論む見解であったとして、否定する[158]。より具体的にいえば、議会関与行政協定の民主的な性格などを強調する見解については、そもそも制憲者が非民主的な性格をあえて付与した条約を廃する理由としてはそれだけでは不適切であり、議会の状況をみたときに本当に民主的といいうるのか、事実上国民が直接選出する大統領による外交処理の方が民主的といいうる可能性すらあるなどとして、基本的な枠組の構想を踏まえる必要性を強

---

(153) 現在でもイギリスにおいては、条約の締結自体は国王（女王）の大権であり、議会はこれに関与できないが、国内法への編入については議会制定法が必要となるというように、外交ないし条約と立法との分離がみられる。もっとも、1924年以来、緊急の場合を除き、条約の批准に先立って、21日間議会の審議に付されなくてはならないという習律（*The Ponsonby Rule.* http://webarchive.nationalarchives.gov.uk/20130117090758/; http://www.fco.gov.uk/resources/en/pdf/3706546/23166603/TrPonsonbyRule も参照）が存在していたところ、2010年憲法改革・統治法（Constitutional Reform and Governance Act 2010, 2010, c. 25 (U. K.)）の第2部に法定化された。なお、当該憲法改革法では、一院または両院が批准に消極的な決議をした場合には、批准が妨げられるとしている。以上の点について、J. ALDER, CONSTITUTIONAL AND ADMINISTRATIVE LAW 115 (7th ed., 2009) 等を参照。

　なお、これに関連して、経塚作太郎「条約の国内実施及び適用をめぐる若干の問題」国際56巻1号（1957年）4頁は、英国の慣行上、批准ないし署名前、すなわち条約の発効前の議会の法律を通じた「承認」が一定の条約については必要であるという。しかし、そこで引用されている、A.D. MCNAIR, THE LAW OF TREATIES 13 & 22 (1938) は、条約の成立にではなく、条約を国内において執行ないし適用するには、立法が必要であるとしており、経塚の誤解と解するのが相当であろう。

(154) Yoo L.a.T., *supra* note 10, at 832ff..
(155) Hamilton, *supra* note 102, at 449.
(156) Yoo L.a.T., *supra* note 10, at 836. *See also*, Yoo Globalism, *supra* note 103, at 2074.
(157) Yoo L.a.T., *id.*, at 838.
(158) *Id.*, at 761.

調する⁽¹⁵⁹⁾。また、アッカーマンの主張する、1945年に憲法改正規定の外での憲法の変化が生じたという議論については、「憲法政治」の想定自体に疑義が残ること、「憲法政治」の認識困難性、さらには事実問題として1944年の議会・大統領選挙において議会関与行政協定が政治的な争点となったとは言い難いこと⁽¹⁶⁰⁾の3点を挙げて批判する⁽¹⁶¹⁾。

そして、最後に、トライブ（L. Tribe）の条約が排他的に国際合意の形成を独占するという見解については、それが実務にそぐわないという批判に加えて、規範的にも国際合意が立法事項を扱うことの増加を特に強く指摘して、条約権限による立法権限の浸食という、憲法上の構造を破壊するような事態を招くという批判を浴びせる⁽¹⁶²⁾。

こうして、ユーは、立法権の行使として合衆国憲法1条における立法事項に関係する国際合意については議会関与行政協定によって形成されうるのであって、むしろ原則としてそれによって形成されることを要求する。また、仮に条約によって立法事項が処理されたとしても、その自動執行性は認められず法律による条約の実施措置が不可欠になるとするのである⁽¹⁶³⁾。その一方で、大統領によって担われる対外権限の一形態としての条約制定の固有領域が存在することを認め⁽¹⁶⁴⁾、実務上条約によって独占されている領域（つまり、安全保障・軍縮・人権・（犯罪人）引渡し・環境）を検討することで、一定の条約専属の領域を提示しようとする⁽¹⁶⁵⁾。

これに対して、ハサウェイはというと、事後承認行政協定の規律限界として1条の立法事項が機能することについては、ユーと同様の立場に立っている。しかしながら、ユーとは異なり、1条の立法事項を広く認めることによって、実際上は事後承認行政協定によって規律不可能な事項はほぼないといってよいとする⁽¹⁶⁶⁾。そして、事後承認行政協定の性質が、条約よりも民主

---

(159) Id., at 777-778.
(160) この点については、Paul, *supra* note 75, at 743-746 も同旨。
(161) Yoo L.a.T., *supra* note 10, at 781-788.
(162) Id., at 796-797.
(163) Id., at 831. もっとも、これを逆からみると、法律による条約の実施措置が必要となるけれども、条約が立法事項になんらかの規律を及ぼすこと自体は排除していないということはできよう。
(164) Id., at 763, 813.
(165) Id., at 799ff.
(166) Hathaway 2008, *supra* note 10, at 1342-1343. 立法事項の限界性について、Vagts, *supra* note 15, at 1447-148 も参照。

的で、効果的（effective）で、能率的（efficient）で、確実性がある（reliable）ものだとして、条約との代替性を主張する⁽¹⁶⁷⁾。もっとも、1条の立法事項の範囲内で事後承認行政協定が優先するという立場まで採用しているかは判然としない。条約権限の限界づけについて不明確であるというのは前述の通りであるし、そこがユーとの最大の相違点であるということができよう。つまり、消極的な規定手法ながら、1条の立法事項については少なくとも自動執行性を有する形では条約によって処理できないという枠組をユーは提示しているのである。そして、この点を捉える限りでは、ユーの方がハサウェイよりも議会寄りの立場をとることは興味深い⁽¹⁶⁸⁾。

また、ハサウェイは条約専属領域の確定にあたり、単に連邦主義の要請というだけではなく、通常立法とは異なった国益の向上に関する事項がこれにあたるとする。もっとも、網羅的な検討をさしあたっては控え、これまでの慣行に着目して、領土の割譲・犯罪人引渡し・外国人の権利剥奪の3点を挙げ、若干の説明を加えるにとどまる⁽¹⁶⁹⁾。この点に関しては、ユーも、実務上の扱いを追認するにとどまり⁽¹⁷⁰⁾、条約専属領域の積極的な特定が不十分であるという、ハサウェイと同様の問題を抱えている。他方で、議会の立法権限の侵害防止という消極的な側面においては、ユーは明確な定義づけに成功しているといえよう。

問題は、ユーの境界画定が適切かということである。ユーがいう⁽¹⁷¹⁾ように、条約の成立には、民主的正統性の劣る上院のみが関与し、またその少数派にある種の拒否権が与えられ、大統領の拒否を覆す手段が議会に与えられていない。このような性格を有する、条約によって立法事項が規律され、議会制定法が排除されるというのは、本書の基本的な立場からも、また事後承認行政協定の民主的正統性を強調するハサウェイの基本的な立場からも由々

---

(167) Hathaway 2008, *id.*, at 1355.
(168) もっとも、立法事項の範囲の理解が異なっており、ユーはハサウェイよりも狭い立法事項の枠内での議会権限の排他性を主張しているにすぎないという点には注意が必要である。
(169) Hathaway 2008, *supra* note 10, at 1344-1349.
(170) なお、ハサウェイとユーが揃って、実務上の慣行として、条約締結権力の専権事項とする、犯罪人の引渡について、ルワンダ国際刑事裁判所との行政協定とその国内実施法律に基づいて行った例がある。Ntakirutimana v. Reno, 184 F.3d 419, 424-427 (5th Cir. 1999) は、「引渡権限は、条約または法律による根拠づけを欠く場合には執行府に認められない」と判示した、Valentino v. United States, 299 U.S. 5, 9 (1936) を引用して、これを合憲としている。
(171) Yoo L.a.T., *supra* note 10, at 816-820.

しき問題である。それならば、事後承認行政協定が優先するとみることがハサウェイの見解からも妥当であるというべきであろう。ハサウェイは、慣行上の問題として、多くの領域において条約と議会関与行政協定双方の利用が看取されるのであって、ユーの見解は実務に合致しないという批判をしている(172)が、ハサウェイの理論的立場からいってこの批判がどこまで妥当なものといいうるかは疑わしい。

　残された問題として、条約の専権事項の積極的確定があるが、さしあたっては以下のように考えることになるのではなかろうか。上院のみが関与する条約条項の趣旨は、州の利益保護であるということがよく指摘される(173)。一方で、それだけにとどまることなく、議会の一院を関与させることによる民主的正統性の塡補機能も制憲時に想定されていたとの指摘もある(174)。後者の指摘が正しいとしても、現在はより民主的正統性に富んだ事後承認行政協定というものが定着している以上、民主的な正統化の問題では事後承認行政協定に道を譲らざるをえず(175)、条約がもつ固有の意義は、やはり州の利益の保護にあるというべきであろう。もっとも、通常の連邦立法においても州の利益は問題になっており、だからこそ上院が立法府の一翼を担う議院として立法に関与するのである。したがって、条約によって専属的に担われるものというのは、「3分の1プラス1」に拒否権を与えるに足るだけの、州の重大な利益にかかわる事項に限定されるということになろう。具体的な内容についてここで検討することは必ずしも本書に求められることではないので控えるが、以上のような大まかな基準を設定することは可能である。

　こうして、条約によってのみ処理できる州の重大な利益にかかわる一定の事項が存在するものの、立法事項に該当する場合については、事後承認行政協定が条約に優先すると解する(176)のが相当ということになる(177)。

---

(172) Hathaway 2008, *supra* note 10, at 1270-1271.
(173) *e.g., id.*, at 1281ff.. *See also*, BRADLEY, *supra* note 25, at 32 n. 8 [沿革的に南部諸州と北部諸州との利害対立が背景の一つとなっていることにも言及する]; Paul, *supra* note 75, at 734 [制憲時に過半数ではなく、特別多数とされた理由について述べる].
(174) Yoo Globalism, *supra* note 103, at 2074.
(175) もっとも、ユーは 2011 年に発表した論稿で、憲法がまた民主的正統性が何を望んでいるかにかかわらず、条約と議会関与行政協定が実務上併存する以上、外交政策上それらをどう使い分けていくかという観点からの検討を行っている点には注意しなくてはならない。*See*, J. Yoo, *Rational Treaties: Article II, Congressional-Executive Agreements, and International Bargaining*, 97 CORNELL L. REV. 1, 25 (2011).
(176) なお、ユーは外交政策上の条約と議会関与行政協定の棲み分けについては、憲法の条文上の規

(2) 対外権限の配分をめぐる基本的な議論　　問題点を指摘する際に触れたように、基本的に Youngstown 判決に従って判断する旨示唆しているものの、ハサウェイの想定する対外権限配分の構想は必ずしも明確ではない。そこで、その内容を探り、また最終的にハサウェイの議論を評価するためにも、判例や学説一般における、対外権限の配分をめぐる基本的な議論を確認しておくことにしよう。

(i) 判　　例　　対外権限の配分をめぐる著名な判例として挙げられるのが、1936 年の United States v. Curtiss-Wright Export Corporation 判決[178]である。

この事件は、当時グランチャコで生じていた武力紛争に関与している諸国への武器・軍用品の売却をめぐって、それが和平に貢献することなどが認められる場合に、武器の売却等を禁止する権限を大統領に認め、その禁止に対する違反者に刑罰を科すことができるとする両院共同決議（joint resolution）の合憲性が争われたものである。

判決は、第 1 に権限を根拠づける構造が異なるなどとして国内事項と対外事項との区別の必要性を説く[179]。すなわち、国内の場合には州との権限配分の関係で連邦政府は、憲法上列挙された権限および列挙事項の実施にあたって必要かつ適切な書かれざる権限を行使できるにすぎない。しかし、対外事項については、州に対外的な権限は認められていないため国内事項のような制約は生じない。つまり、憲法上明記された権限がなくとも、連邦政府の「対外的主権」を根拠に権限が認められるというのである[180]。

そして、このようにして認められた対外権限が連邦政府内部で如何に配分されるのかという問題に移る。ここで判決は、大統領だけが国の代表として口をきき、耳を傾けることができるとし、上院の助言と承認を受ける必要はあったとしても、交渉をできるのは大統領だけだという[181]。また、外交に

定ぶりや民主的正統性を脇に置けば、条約と議会関与行政協定の機能と国際合意の性質の適合性によるという結論をとっている。See, id., at 43-44. このように本書は、「条約」の限界についてのユーの議論を参照してハサウェイの議論に一定の修正を施すものであり、結論を含めてユーの議論を全体的に是とするものではない。

(177)　以上の議論には批判的な立場ではあるが、この問題に関しては、樋口範雄『アメリカ憲法』（弘文堂、2011 年）106-107 頁も参照。
(178)　*Curtiss-Wright*, 299 U.S. 304.
(179)　*Curtiss-Wright*, 299 U.S. at 315.
(180)　*Curtiss-Wright*, 299 U.S. at 316-318.
(181)　*Curtiss-Wright*, 299 U.S. at 319.

おける機密保持の必要性と迅速性の重要性も指摘する(182)。このような事情から、もちろん関連する憲法規定には拘束されるものの、国際関係の分野において大統領の権限行使については議会の行動は必要とされない。したがって、大統領には国内事項では認められないような、広い範囲で議会制定法の制約を逃れることができるという(183)。一方で、議会の立法による授権ないし委任がなされる場面であっても、対外事項における大統領の情報収集能力の大きさには留意しなくてはならず、国内事項と同様の規律を及ぼすのではなく、立法権限の違法な委任と考えるべきではないとする(184)。

以上の点をまとめておくと、「対外主権」から書かれざる対外権限を是認し、それを連邦政府へと帰属させた上で、さらに連邦政府内部で、原則的に大統領に配分するという流れが確認できる。そして、この広い大統領の権限を背景として、議会による権限委任に対する強い制約は生じないということも認められる。加えて、この判決が、後述する委任禁止法理の適用による2件の違憲判決の翌年に出されたものであるという点も見逃してはならない。

以上の検討からは、ハサウェイも認める(185)ように、判例は、対外権限の配分をめぐって、原則的に大統領に権限が配分されるとし、国内事項のような議会等による制約のモデルは妥当しないものと捉えていると解するのが素直であるように思われる(186)。

しかし、問題はそこまで簡単なものではない。対外的な事項に密接な関係をもちながらも、大統領に対して厳しい判断を下した判決が他方で存在するのである。それは、先に触れたように、ハサウェイも言及していたが、アメリカ憲法判例におけるもっとも重要な判決の一つといっても過言ではないYoungstown 判決(187)である。以下ではまず、Youngstown 判決の概要を確認した上で、Curtiss-Wright 判決との関係について検討することにしよう。

朝鮮戦争の最中に、鉄鋼の供給を確保するため、労使紛争に伴う全国規模

---

(182) *Curtiss-Wright,* 299 U.S. at 319.
(183) *Curtiss-Wright,* 299 U.S. at 321.
(184) *Curtiss-Wright,* 299 U.S. at 322.
(185) Hathaway 2009, *supra* note 15, at 206.
(186) *See also,* HENKIN, *supra* note 12, at 45.
(187) *Youngstown,* 343 U.S. 579. 邦語でも多くの紹介があるが、最近の詳細な検討として、駒村圭吾「危機・憲法・政治の"Zone of Twilight"」奥平康弘=樋口陽一編『危機の憲法学』(弘文堂、2013年) 143頁以下を挙げておく。

での製鉄業のストライキを避けるべく、トルーマン大統領が議会制定法上の根拠をもたずに、商務長官に大半の製鉄所の接収と操業を命じる大統領令を発布した。ソーヤー（C.W. Sawyer）商務長官はこれに従って製鉄所を接収し、製鉄所の経営者に操業を命じる命令を発布した。大統領は以上の点を即座に議会に報告したが、議会は特段対応をとらなかった。一方で、製鉄所の経営者たちはこの命令の差止めを求めて提訴し、その中で、上述の大統領令の合憲性が争われた。以上が、Youngstown事件の事案の概要である。

　ブラック（H. Black）判事の筆になる法廷意見は、大統領の権限は、議会制定法か憲法自体から導かれる必要があるとした上で、政府側も認めているように議会制定法による接収の要件を本件においては満たしておらず、さらに以前に議会が労使紛争の解決に接収という手段をとることを拒絶していることも指摘する[188]。その上で、国軍の最高司令官（Commander in Chief）としての権限による基礎づけの可能性を検討するものの、最高司令官権限は、労使紛争によって生産が止まらないようにすべく、私的財産の所有を奪うような究極的な権限までも含むものではないとして、これを否定している[189]。

　もっとも、この判決には、法廷意見以上に判例・学説によって先例としてのちに引用され、重要な意義をもつことになる、ジャクソン判事の同意意見が付されている[190]。続いてそのジャクソン同意意見について検討を加えてみることにしよう。周知の通り、ジャクソン判事はここで、大統領の権限行使について三つの類型分けを行って分析を施している[191]。

　つまり、第1に、大統領が明示的あるいは黙示的な議会の授権に従う場合には、大統領の権限は最大となり、大統領の固有権限に加えて議会が委任することのできる全ての権限も有することになる。第2に、議会の授権の承認も拒絶もない場合には、大統領は自身の固有権限のみを行使することができる。もっとも大統領と議会が共同の権限をもち、あるいは権限の配分が不明確な「不明瞭な領域（a zone of twilight）」が存在する。そしてそのような領域においては、抽象的な法理論ではなく、事象の不可避性やその時々の様々

---

(188)　*Youngstown*, 343 U.S. at 586.
(189)　*Youngstown*, 343 U.S. at 587.
(190)　したがって、以下にいう「Youngstown判決の判断構造」といった言い回しについては、ジャクソン同意意見の枠組を指すものとして利用する。
(191)　*Youngstown*, 343 U.S. at 636-638 (Jackson, J., Concurring).

な事情に依存して判断することになる。最後に、第3の類型として、明示的あるいは黙示的な議会の意思と両立しない措置をとる場合を挙げ、この場合に大統領の権限は最も小さくなり、固有の憲法上の権限から議会の憲法上の権限を差し引いたものを用いることができるという。このような整理を施した上で、ジャクソン判事は、本件は第3の類型に該当するとし、政府側が主張する執行権への内包、最高司令官権限への内包、法律の誠実な執行の一つとして緊急事態への対処が挙げられこれに含まれるなどといった、権限の根拠づけをいずれも否定する(192)。

　以上が、二つの判例の概要であるが、これら二つの判決はどのような関係にあり、判例上の対外権限配分の考え方とは結局いかなるものなのであろうか。まずは、二つの判決の関係性について検討してみることにしよう。

　そもそも、二つの判決がともに対外権限について扱ったものであるということができるのか、まずはこの点から考えてみる必要がある。実際ヘンキンは、確かに大統領は対外権限が問題となっている事件であると主張したが、Youngstown 判決は当該事件をあくまで国内問題として処理しているという(193)。しかし、Youngstown 判決でジャクソン判事自身が Curtiss-Wright 判決との関係性について論じ、当該判決は対外事項の領域で議会の委任がある場合の判決であるところ、本件のような議会の権限を欠く対外事項の場合にとって先例とはならない旨明記している(194)。他にも、米台断交をめぐる、既出の Goldwater 判決におけるレンキスト同意意見(195)や、先に単独行政協定についての説明に際して触れたアメリカ・イラン間の請求権処理等をめぐる Dames & Moore 判決(196)も両判決を対外事項に関する判決と捉えて両者の関係性・両立性について論じているのである。また、学説上もむしろこの二つの判決をいずれも対外事項をめぐる判決としてその関係性を論じるものが多い(197)。

　問題はその関係性を如何に考えるかである。両判決の整合的な結合を断念する見解も少なからずみられるようである(198)が、判例・学説は様々な説明

---

(192) *Youngstown,* 343 U.S. at 640ff. (Jackson, J., Concurring).
(193) HENKIN, *supra* note 12, at 378 n. 24.
(194) *Youngstown,* 343 U.S. at 635-636 n. 2 (Jackson, J., Concurring).
(195) *Goldwater,* 444 U.S. at 1003ff. (Rehnquist, J., Concurring).
(196) *Dames & Moore,* 453 U.S. at 661ff. ちなみに当該法廷意見はレンキスト判事が執筆した。
(197) *e.g.* H.H. KOH, THE NATIONAL SECURITY CONSTITUTION 135 (1990).

の試みを行っている。

　まず、すでに触れた Youngstown 判決におけるジャクソン同意意見自体が述べた区別の試みは、Curtiss-Wright 判決を大統領に対する議会による委任（delegation）がある場合に委任が認められる程度について判示したものにすぎないとして、同判決の射程を狭く解するというものである。しかし、以下で触れるように、Dames & Moore 判決や Medellín 判決といった連邦最高裁レベルでの判決も Curtiss-Wright 判決の射程を委任の場合に限らないと考えており[199]、学説もそのような捉え方をするものが多い[200]という点で、少なくとも判例の枠組理解としては誤っているといわざるをえない面がある[201]。

　次に、Goldwater 判決におけるレンキスト同意意見による整理を参照しながら検討してみよう。レンキスト同意意見は、連邦議会議員による提訴にかかる Goldwater 事件の事案が、Youngstown 事件のように私人が工場の接収に対する救済を求めた事件とは異なり、Curtiss-Wright 事件に似て、完全に合衆国外での対外事項に関する事件であるとして、その政治性を強調することによって、司法判断適合性を否定している[202]。Curtiss-Wright 事件があくまで、大統領令への違反についての刑事事件であったことから、司法判断適合性が否定されなかったと考えられることとあわせて考慮すると次のようなことがいえよう。つまり、国内事項へのかかわり合いの強弱により、国内への影響が弱い場合には Curtiss-Wright 判決の枠組が、国内事項に重大な影響を及ぼす場合には Youngstown 判決の枠組が適用されるのである[203]。実際にこのような見解に立つと思われる下級審裁判例も表れている[204]。

　また、これに類似しつつ、より明瞭な区別を提示しうる見解として、私人の権利に関係する場合については Youngstown 判決の枠組が妥当するが、

---

(198) *See*, R.E. Brownell, *The Coexistence of United States v. Curtiss-Wright and Youngstown Sheet & Tube v. Sawyer in National Security Jurisprudence*, 16 J. L. & Pol. 1, 93-98 (2000).
(199) *Dames & Moore*, 453 U.S. at 669; *Medellín*, 552 U.S. at 524ff..
(200) Restatement 3rd, *supra* note 6, at § 1 Reporters' Note 3; Koh, *supra* note 197, at 108.
(201) Brownell, *supra* note 198, at 72-78.
(202) *Goldwater*, 444 U.S. at 1003-1005 (Rehnquist, J., concurring).
(203) *e.g.* E. Keynes, Undeclared War 87 (1991); A.M. Schlesinger, The Imperial Presidency 143-144 (1973). *See also*, Brownell, *supra* note 198, at 85-86.
(204) *e.g.* Atlee v. Laird, 347 F. Supp. 689, 701-702 (E.D. Pa. 1972); Ramirez de Arellao v. Weinberger, 745 F.2d 1500, 1549 (D.C. Cir. 1984) (Tamm, J., dissenting).

それ以外の場合には Curtiss-Wright 判決の枠組が妥当するという見解が考えられるところである(205)。実際、Youngstown 判決の枠組を前提に、大統領の単独行動に否定的な判断を下した諸判決(206)は私人の権利に関係しているとブラウネル（R. Brownell）は指摘する(207)。

もっとも以上二つの見解については、定義づけ次第で、国内事項への重大な影響や私人の権利への関連性というものはいくらでも操作可能であり、基準としてどこまで有用なのかという批判が可能であろう。Curtiss-Wright 事件における武器輸出禁止が通商規制という面で、国内事項、ひいては私人の権利に関連しないとなぜいえないのかは判然としないのである。さらに、連邦最高裁のレベルで判例として採用されていないという点も問題点として指摘される(208)。

続いて、Dames & Moore 判決についてその内容を検討してみることにしよう。事案について簡潔に紹介しておくと、Dames & Moore 事件では、在テヘラン米国大使館占拠事件における人質の解放のために締結された、単独行政協定やその国内実施のための命令が問題となった。この協定等は、アメリカ国内におけるアメリカ国民によるイランを被告とする訴訟手続を停止し、すでに出された全ての差押えや判決を無効にし、請求は全てイラン・アメリカ請求委員会の仲裁手続に委ねる旨規定しており、その有効性が争われた。

法廷意見は、冒頭 Curtiss-Wright 判決が対外事項における大統領権限の完全性・排他性を強調した点を引用しつつも、同時に Youngstown 判決のジャクソン同意意見を引き、そこでは「完全かつ排他的な大統領権限」の是認ではなく、執行府の事実上制限されない権限の主張を退ける判断がなされていることを指摘する(209)。そして Youngstown 判決のジャクソン同意意見の枠組を明示的に採用して判断し(210)、最後に、大統領の完全かつ排他的な

---

(205) *See*, Brownell, *supra* note 198, at 89.
(206) *e.g.* Kent v. Dulles, 357 U.S. 116 (1958); United States v. New York Times, 403 U.S. 713 (1971). *See especially*, *Kent*, 357 U.S. at 128-129; *New York Times*, 403 U.S. at 718-720 (Blackmann, J., concurring); 403 U.S. 713, at 741-742 (Marshall, J., concurring).
(207) Brownell, *supra* note 198, at 89.
(208) *Id.*, at 89.
(209) *Dames & Moore*, 453 U.S. at 661-662.
(210) *Dames & Moore*, 453 U.S. at 669. なお、Dames & Moore 判決は、連邦最高裁が明示的に法廷意見のレベルでジャクソン同意意見の 3 類型を採用した判決である。*See, e.g.*, M.J. Turner, *Fade to Black: The Formalization of Jackson's Youngstown Taxonomy by Hamdan and Medellin*, 58 AM. U. L. REV. 665, 670 n. 37 (2009).

権限といったものを認めた判決では断じてないと言明し、単独行政協定の有効性を認めた判断の射程が狭いことを強調した[211]。この点をみると、Dames & Moore 判決が、Curtiss-Wright 判決は Youngstown 判決によって事実上変更されたものと理解して、Youngstown 判決の思考枠組の中で独自に判断したと理解できよう。

もっとも、Dames & Moore 判決に対しては、抽象的な判断枠組としては Youngstown 判決にリップサービスを与え、それにそった判断をするかのような言及をしておきながら、その実質は Curtiss-Wright 判決の思考方法を採用しているという指摘もある[212]。もう少し詳しく説明すると、国民の請求権を放棄してしまうというある種の収用のケースでありながら、議会制定法によって財産権の凍結等の権限が大統領に認められていたことをもってその放棄を収用とは考えないなどというように、修正5条さえも大統領の固有権限に基づく措置が凌駕しうる例を提供するもので、大統領権限を広く認めるものにほかならないというのである[213]。このような指摘を前提とした上で、単独行政協定について説明するに際して前述したように 2006 年の Garamendi 判決によって、国民の対外的請求権の処理につきより一層大統領に大きな権限が認められたこと[214]もさらにあわせて考えれば、現在の判例法理の理解として、Dames & Moore 判決による Curtiss-Wright 定式の放棄と Youngstown 定式への移行という筋書きは困難かもしれない。

しかし、Curtiss-Wright 判決と Youngstown 判決が接合不可能であるというわけではない。ブラウネルは、2000 年に Curtiss-Wight 判決に表れた対外事項と国内事項を分離し異なった取り扱いをするという枠組と、Youngstown 判決における大統領権限制約の枠組を組み合わせて考えることの必要性、可能性を説いていた。ブラウネルは、その考え方を自ら Ideal Critique などと呼び、自説の独自性を強調し、従来の判例や学説による上でも触れたようないくつかの説明では不十分であるとした。しかしながら、すでに触れた Dames & Moore 判決と、ブラウネル論文以後に現れた連邦最高裁判決を

---

(211) *Dames & Moore*, 453 U.S. at 688.
(212) Brownell, *supra* note 198, at 69.
(213) *Id.*, at 69.
(214) Clark, *supra* note 26, at 1612; Denning & Ramsey, *supra* note 24, at 923-924. なお、両論文ともに、Dames & Moore 判決も大統領権限を広く認める傾向にあるものだとしつつも、射程を限定しようとする姿勢があることを指摘し、そのような限定もない Garamendi 判決を強く批判する。

読み合わせてみると、連邦最高裁の説明枠組の中では、その当否はさておいても両者の接合がなされているといえるのではないかと思われる。

以下では、この判例の説明枠組を簡潔に説明した上で、ブラウネル論文との相違などについて、簡単に検討を行ってみる。前述のように、Dames & Moore 判決は、Curtiss-Wright 判決の「完全かつ排他的な大統領権限」という枠組を否定し、Youngstown 判決の判断枠組にそって判断を行った。その一方で内容上は、大統領寄りの判断がなされているという指摘があるというのもすでに述べた通りである。

しかし、これはブラウネルのいうように、Youngstown 判決に対して面従腹背の鵺のような判決であるという理解は妥当ではないだろう。むしろ、ブラウネルが Ideal Critique と呼ぶ彼の議論との相違がほとんどない枠組が判例となったという方が妥当であるように思われるのである。つまり、大統領の対外事項における権限の特殊性も考慮しつつ、しかしそれは絶対的・排他的なものではなく、憲法および議会による制限を受け、Youngstown 判決におけるジャクソン同意意見の 3 類型という判断枠組にかかるというものである。

このことは、近時の三つの連邦最高裁判決を参照することによっても確認される。すなわち、まず連邦最高裁は 2003 年の Garamendi 判決において、他の判決[215]に加えて、なんとジャクソン同意意見の Curtiss-Wright 判決との区別を論じた脚注を引用し、外交における大統領権限の特殊性を指摘している[216]。その一方で、Youngstown 判決のジャクソン 3 類型を明示的に利用するということはしないものの、ジャクソン 3 類型が判断の前提となっていることを示唆する記述を行っている[217]。さらに、国民の対外的請求権の処理をめぐる事項が歴史的に大統領の固有権限であるとされてきたことを強調する点[218]は、Youngstown 判決の枠組の中で、固有権限の存在を検討しているとみることもできよう。次に、2008 年の Medellín 判決においても、Curtiss-Wright 判決は挙げないものの、Garamendi 判決も引用した First

---

(215) Chicago & Southern Air Lines, Inc. v. Waterman S.S. Corp., 333 U.S. 103, 109 (1948); First National City Bank v. Banco Nacional de Cuba, 406 U.S. 759, 766 (1972); Sale v. Haitian Centers Council, Inc., 509 U.S. 155, 188 (1993).
(216) *Garamendi,* 539 U.S. at 414-415.
(217) *Garamendi,* 539 U.S. at 427.
(218) *Garamendi,* 539 U.S. at 415-416.

National City Bank v. Banco Nacional de Cuba 判決(219)や上述の Garamendi 判決を引用して、大統領が憲法上対外事項に関して「特殊な性質」、「主導的な役割」を有していることを認めている。しかし、その直後に、そのような大統領の対外権限の特殊性から、大統領権限が議会か憲法自体に基づくものでなければならないという Youngstown 判決法廷意見に示された原則から逃れることはできないと言明し、ジャクソン３類型に基づく検討(220)を行っているのである(221)。

最後に、2015 年の Zivotofsky v. Kerry 判決を参照する。当該判決では、本人の希望があれば、エルサレムで生まれた者について、出生地をイスラエルとパスポートに記載することを認める法律が問題となった。それにもかかわらず、エルサレムに対するイスラエルの主権を認めない従来の執行府の方針に反するとして、国務長官がイスラエルとの記載を拒否したのである。この判決においても、ケネディ（A. Kennedy）判事の筆になる法廷意見は、ジャクソン３類型における第３類型に該当し、議会の明確な意思に反する行為として、大統領の専権事項への該当性が要求される範疇に入ることが求められると、まず確認した(222)。その上で、特定の領域への主権の有無を含む、外国に対する承認権限の帰属が合衆国憲法上明記されていないけれども、憲法２条３節において、外国使節の接受が大統領権限とされているところ、制憲時において外国使節の接受は、外国の承認の意義を含むと考えられていたこと、さらに、憲法２条２項において、条約締結権限や（自国の）外交使節の任命権限が大統領に与えられていることをも補足的な手掛かりとして、外国の承認権限を大統領権限と認めた(223)。その上で、外国の承認が、従来の判例において大統領の対外権限を基礎づけてきた、「国家が一つの声で行う

---

(219) *First Nat. City Bank*, 406 U.S. at 766.
(220) これに関して、Medellín 判決はジャクソン同意意見の原文を引用しているものの（552 U.S. at 524）、判決が Dames & Moore 判決を引用する形で、「a zone of twilight」における大統領権限の是認のためには議会による歴史的な容認が必要であるとしため、結局第２類型は、第１類型における黙示の授権に収れんされ、ジャクソン３類型は、形式主義的二分法へと変化したと指摘するものとして、Turner, *supra* note 210, at 685ff. がある。関連して Medellín 判決によるジャクソン３類型の改変をめぐっては、第２類型について「議会による認可あるいは否認のいずれもない行為」を「議会の『同意』」が必要とされる行為へと狭めたとする、青柳・前掲註（25）42 頁も参照。
(221) *Medellín*, 552 U.S. at 524ff. その判断のあり方が形式的なものとなったという指摘については、青柳・同上 42-43 頁；I. Wuerth, *Medellín: The New, New Formalism?*, 13 LEWIS & CLARK L. REV. 1, 9 (2009); Turner, *supra* note 210, at 670 を参照。
(222) Zivotofsky v. Kerry, 135 S. Ct. 2076, 2084 (2015).
(223) *Zivotofsky*, 135 S. Ct. at 2084-2086.

べきこと(224)」に該当すること、これまでの先例をみても、承認については、大統領が単独で行ってきたことを援用して、排他的権限への該当性を認めている(225)。ジャクソン3類型への言及はもとより、ここからは、対外事項という大きな括りではなく、その中でも外国の承認という個別の権限について、憲法の条文や実務上の先例、そして判例といったもの(226)から、大統領の排他的権限への帰属を丁寧に基礎づけようとする姿勢がうかがえる(227)。

(224) これは、Curtiss-Wright 判決に由来する表現である。このような表現を用いていること、Curtiss-Wright 判決同様、執行府の排他的権限を認めたと理解されてきた、Pink 判決や Belmont 判決も引用していることを理由に、この判決を Curtiss-Wright 判決に引きつけて読む論者もいる。See, e.g., J. Goldsmith, Zivotofsky II as Precedent in the Exective Branch, 129 HARV. L. REV. 112, 129-130 (2015)［Zivotofsky 判決を、Youngstown 判決のジャクソン3類型を引きつつ、その第3類型を骨抜きにし、Curtiss-Wright 型の思考を潜り込ませていると評価する］; also J. Galbraith, Zivotofsky v. Kerry and the Balance of Power, 109 AM. J. INT'L L. UNBOUND 16, 19-20 (2015)。ただし、本文でもすぐのちに述べるように、Curtiss-Wright 判決のように、ここでは対外事項全般の話をしているのではなく、あくまで外国の承認に関する権限に焦点を当てていることに注目すべきである。See, I. Wuerth, International Decisions: Recognition of States－"Reception Clause" of the U.S. Constitution－Presidential Authority－Status of Jerusalem－International Law as Part of U.S. Foregin Relations Law, 109 AM. J. INT'L L. 636, 641 (2015); C.M. McLachlan, Speaking with One Voice on the Recognition of States, 109 AM. J. INT'L L. UNBOUND 61, 66 (2015).
(225) Zivotofsky, 135 S. Ct. at 2086-2088.
(226) 先例の重要性とその限界の観点から本判決を分析したものとして、C.A. Bradley, Historical Gloss, the Recognition Power, and the Judicial Review, 109 AM. J. INT'L L. UNBOUND 2 (2015) がある。さらに、言及される先例の内容理解が妥当ではないことや、反例の存在などを指摘し、詳細な検討を見せかけつつ、結局、執行府の権限を緩やかに認める判決であるという指摘もあることに注意しておかなければならない。See, Goldsmith, supra note 224, at 119-120 & 122-123.
(227) See, Wuerth, supra note 224, at 641. もっとも、反対意見も含めて、問題となった法律が大統領の承認権限を害するものであるかという点については批判も多い。See, Wuerth, id., at 637-638. なお、権力分立をめぐる形式主義と機能主義の観点から、Zivotofsky 判決を分析する論者も多く、そこではロバーツ・コートにおける対外事項に関する形式主義傾向に反する機能主義的判決であるという評価が一般的である。See, Galbraith, id., at 20; Goldsmith, supra note 224, at 130; P.J. Spiro, Normalizing Foreign Relations law after Zivotofsky II, 109 AM. J. INT'L L. UNBOUND 22, 24-25 (2015)［ロバーツ（J. Roberts）首席判事の形式主義とケネディ判事の機能主義の対立という観点から分析しており興味深い］。また、機能主義を執行府優位なものと理解し、形式主義を議会優位と捉える傾向も見受けられる（むしろ一般的といってもよいかもしれない）。確かに、機能面を強調すると執行府の専権性に結びつきやすいため、このような理解も理由がないわけではない。しかし、形式主義・機能主義の問題と、執行府優位・議会優位の問題は一致するものではない（see, H.G. Cohen, Formalism and Distrust: Foreign Affairs Law in the Roberts Court, 83 GEO. WASH. L. REV. 380, 394-397 (2015)）し、コーエンのいうように、形式主義と機能主義の対立点が、憲法機関への信頼の有無によるものであり、形式主義の採用が執行府のみならず議会に対する不信を意味する（see, Cohen, id., at 435-439）のであれば、本書で焦点を当てている執行府・議会間の権限配分問題とはまた別の問題ということになろう。さらに、Zivotofsky 判決の文脈に即していえば、J.D. Mortenson, Zivotofsky: The Difference between Inherent and Exclusive Presidential Power, 109 AM. J. INT'L L. UNBOUND 45, 49 (2015) が、Zivotofsky 判決が機能にも着目したことを認めつつ、同判決が結論において執行府寄りの判決であるが、分析構造や全体的な論調は議会寄りであると指摘している点が注目される。

なお、形式主義と機能主義の定義づけも一定ではないし、また具体的な判決をいずれに整理するかは多分に相対的である。例えば、ロバーツ・コートとなって連邦最高裁判例の形式主義への転換を見

ブラウネルの論文が2000年のものであり、Garamendi、Medellín、さらにはZivotofskyに至る判例の展開を知ることができなかったということを差し引いても、ブラウネルがDames & Moore判決を否定的に解してしまったのは、以下のような理由によるものであると推測される。すなわち、判例の整合的整理を検討の目的としながらも、結局のところDames & Moore判決が、大統領に有利な判決を下した（少なくともブラウネルにはそう映った）ことで、判決外在的な評価を含めてしまったからである。あるいは、Youngstown判決のジャクソン3類型それ自体は、中立的な判断枠組であるはずのところ、この枠組自体に必要以上にpro-Congressなものを読み取ってしまったがゆえに、それを利用しつつ大統領寄りな判断をしてしまった（と感じられる）ことが、Youngstown判決と整合しないことを意味すると解してしまったためであろう。そうすると、ブラウネルはやや派手な独り相撲をとってしまったということになるのではないだろうか。

　少し長くなったが、ここで改めて判例における対外権限の配分に関する枠組を確認しておくと、対外事項をめぐる大統領の優位を認めつつも、それは無制限のものではなく、議会による承認の有無に応じてその広狭が決定されるというものである。

　つまり、第1にCurtiss-Wright判決は、大統領の対外事項における権限を完全かつ排他的なものとする限りにおいては意義を失い、対外事項は特殊性を有し大統領に基本的な優位が認められるという限度でのみ今なお妥当していると考えられる。そもそも、主権性の強調は州との関係で連邦への帰属を理由づけ、連邦主義に基づく制約を受けないことをいうため(228)のものであったし、当該事案の処理として完全性・排他性までいう必要はなかった(229)ことからしても、Curtiss-Wright判決の判例法理にこのような修正を施すことが許されないとはいえないだろう。

　また、Curtiss-Wright判決が憲法上の明示的な規律の存在を否定しつつも、対外主権性・国家性から対外事項の処理をする権限を導いた点については、

出す、前述のスピロの議論もあれば、冷戦終結後の四半世紀にわたる断続的な傾向であるとする、シタラマンとウルトの議論（G. Sitaraman & I. Wuerth, *The Normalization of Foreign Relations Law*, 128 HARV. L. REV. 1897, 1901-1902 (2015)）もある。

(228)　*See, Curtiss-Wright,* 299 U.S. at 316.
(229)　傍論であるにもかかわらず、判例がそれを多く引用してきたと批判する文脈であるが、これが傍論（dicta）であると強調するものとして、Goldsmith, *supra* note 224, at 129を参照。

その後の判決においても、歴史的な対外的統一性の要求とそれに対応する先例などを理由に、条文上不明瞭であることを認めながらも合衆国憲法2条の執行権の大統領への付与の中に対外事項の処理権限を読み込んだ、Gramendi 判決[230]によって踏襲され、定着していると考えられる。

最後に、その一方で、対外的な事項をめぐっても Youngstown 判決におけるジャクソン3類型が妥当[231]し、大統領・議会の固有の権限が前提となっているのに加えて、両者が競合的に規律を及ぼす「不明瞭な領域（a zone of twilight）」の存在も予定されているのである[232]。

　　(ii) 学　　説　　続いて、学説における対外権限の配分をめぐる基本的な枠組を確認してみることにしよう。アメリカ合衆国憲法も、明瞭な形で対外権限の配分を示しておらず、学説も多様なものが存在している。

プラカシュ（S.B. Prakash）とラムゼー（M.D. Ramsey）は学説の傾向を大きく三つに整理している。すなわち、①大統領を対外権限の配分において中心に据えるもの、②議会を中心に据えるもの、そして③大統領と議会のいずれが優位するかについては語らず、憲法は様々な個別権限を大統領および議会に配分しているが、対外権限の配分には空白が多く残されているというものである[233]。

彼らによると、①の見解とは、前述の Curtiss-Wright 判決がその好例として挙げられるのであるが、憲法を超えた「国家性」のようなものから大統領の大きな権限を導くもので、対外的に国を代表し対外的な交渉を担う大統領による対外権限保持の歴史や必要性、便宜性を説くものである[234]。次に、②の見解は、イリィ（J.H. Ely）に代表される見解であり、大統領による対外交渉の必要性を認めつつも、制憲者の意図として外交に関する基本政策の決

---

(230) *Gramendi*, 539 U.S. at 414.
(231) 前掲註 (220) で触れた、ジャクソン3類型が実質的に2類型に改変されたとするターナーも、（彼はあくまで2類型に置き換えられたものを想定しているが）ジャクソンの分類は特に外交および戦争権限という立法府と執行府の権限の棲み分けが明確でない分野において特に有用だとする（Turner, *supra* note 210, at 692）。
(232) 形式主義と機能主義の対立構造で対外権限についての判例を整理し、議論を戦わせる、前述したような近時の論争は、本文に述べたような対外事項に関する権限配分構造を前提として、その判断方法をめぐってのものであると理解できるのではないだろうか。
(233) S.B. Prakash & M.D. Ramsey, *The Executive Power over Foreign Affairs*, 111 YALE L.J. 231, 238-243 (2001).
(234) *Id.*, at 238-240. *See also*, 299 U.S. 304, at 318; H. J. Powell, *The President's Authority over Foreign Affairs: An Executive Branch Perspective*, 67 GEO. WASH. L. REV. 527, 545-549 (1999).

定を議会に委ねているという⁽²³⁵⁾。少なくとも、表面的な文言からは議会への対外権限の基本的な配分を読み取ることは困難であり、「隠された意図ないし規定」といったものを根拠に据えるものであると、プラカシュとラムゼーはいう⁽²³⁶⁾。最後に③の見解は、先に論じたようなもので、憲法の規定はあまりに簡潔であり憲法上言及されていない権限が多く⁽²³⁷⁾、これまで本来は配分されていない権限を、議会も大統領も主張し利用してきたのだなどというものである⁽²³⁸⁾。加えてパウエル（H. J. Powell）は、①大統領を中心に据える見解をとる論者ではあるが、③の見解よろしく、憲法による権限配分は一般的なものではなく、個別権限の配分をしているにとどまるものであり、大統領の優位を前提とはしつつも、大統領と議会の間でのプラグマティックな権限の競合を憲法は導入しているのだという⁽²³⁹⁾。

　以上のように議論状況を把握した上で、プラカシュとラムゼーは、いずれの見解も安易に憲法の文言外に根拠を求める議論をしており、従来の権限の所在をめぐる争いの解決にあたって十分に説得的な理由づけを与えることができていないと批判する⁽²⁴⁰⁾。そしてこのような検討を踏まえた上でプラカシュとラムゼーは、制憲期における「執行権」の意義からして、合衆国憲法2条1節1項1文の「執行権」には明確な形で対外権限が含まれているといえ、デフォルト・ルールとしては対外権限が大統領に配分されるが、一定の範囲内で議会の対外権限が認められるという自説を展開している。

　その内容を少し詳しくいえば、以下の4点にまとめられる。つまり、①制憲期の「執行権（the executive Power）」の意義として、対外権限も含むものである。したがって、合衆国憲法2条1節1項1文に基づいて大統領に原則的な対外権限が付与されている。②大統領の対外権限は無制約に認められるのではなく、例えば議会への宣戦権限の配分のような、対外権限の特別な配分によって制約を受ける⁽²⁴¹⁾。③議会は特別に配分された固有権限（主に、合衆国憲法1条列挙事由⁽²⁴²⁾）に加えて、大統領の対外権限行使を支援するた

---

(235) Prakash & Ramsey, *id.*, at 240-241; J.H. ELY, ON CONSTITUTIONAL GROUND 149 (1996).
(236) Prakash & Ramsey, *id.*, at 241.
(237) *e.g.* E.S. CORWIN, THE PRESIDENT 1787-1984 202 (1984); HENKIN, *supra* note 12, at 13-14, 31.
(238) Prakash & Ramsey, *supra* note 233, at 242-243.
(239) Powell, *supra* note 234, at 547-548; Prakash & Ramsey, *id.*, at 247.
(240) Prakash & Ramsey, *id.*, at 251.
(241) 宣戦は18世紀当時には国王の大権の一つと考えられており、その意味では執行権の一つに数えられるべきこととなる。他方で合衆国憲法ではその1条8節11項によって議会の権限とされている。
(242) 具体的には、宣戦のほか、外国との通商（8節3項）、公海上の海賊行為および重罪、ならびに

めの派生的権限を有する。しかし、一般的かつ独立した権限というものが認められるのではない。④大統領の対外権限は、対外的なものであるといっても、執行権という観点からは、制憲時の執行権に含まれたものを超えては認められないというものである⁽²⁴³⁾。

　プラカシュとラムゼーによれば、この見解の最大の利点は、対外権限の配分に関して憲法上の欠缺がないということになり、国家性などという超憲法的な法源を求めることなく、対外権限をめぐる憲法上の枠組を語ることができるようになるということである⁽²⁴⁴⁾。

　また、この立論の核は、①「執行権」の歴史的な用法に基づく意義づけであり、これを基礎づけるために、ロックやモンテスキュー、そしてブラックストーンといった論者および、それを受けたワシントン、ジェイ、ジェファーソン、ハミルトン、マディソン等の建国期の政治家の用語法を援用している⁽²⁴⁵⁾。もっともこの議論についてはブラッドリー（C.A. Bradley）とフラーティー（M.S. Flaherty）による緻密な歴史的検討に基づく反論がなされている⁽²⁴⁶⁾。その批判に対して逐一検討することは筆者の能力を超えるものであり差し控えるが、プラカシュとラムゼーも述べるように、歴史的文献の中で完全に一貫した用語法や論理構成が展開されるということはありえないことである。加えてブラッドリーとフラーティーが、批判において、制憲過程において英国王のもつ外交大権に匹敵する対外権限を執行府に与えないようにする努力が行われていたという事実を主に強調するのであるが、それが「執行権」という語が制憲期において原則として対外権限も含むものであるということを否定することにはならないと思われる。なぜならば、むしろそのように包括的な語義を有していたからこそ、制約をかけていく必要があったとみることができるからである。

　　　 国際法に違反する犯罪の規定および処罰（8節10項）が代表的な例となる。
(243)　Prakash & Ramsey, *supra* note 233, at 235. 前述の Zivotofsky 判決におけるトーマス判事の一部同意・一部反対意見は、プラカシュとラムゼーのこの論文に依拠した立論を行っていることが注目される。*See, Zivotofsky*, 135 S. Ct. at 2096ff.（Thomas, J., concurring in part and dissenting in part）.
(244)　*Id*., at 262-265. 関連して、超憲法的な対外権限の基礎づけを、Curtiss-Wright 判決を執筆したサザーランド（G. Sutherland）判事が主導した歴史に鑑みれば、むしろ一時的・例外的な考え方であるとするものとして、Sitaraman & Wuerth, *supra* note 227, at 1917 を参照。
(245)　Prakash & Ramsey, *id*., at 234, 265ff.
(246)　C.A. Bradley & M.S. Flaherty, *Executive Power Essentialism and Foreign Affairs*, 102 Mich. L. Rev. 545 (2004).

次に、③・④の点についてもいくつか敷衍しておこう。まず、③にいう派生的権限とは何かが必ずしも明瞭とは言い難い。これは、憲法1条8節各号の固有の立法権限に加えて、議会は自らではなく大統領が設定した対外政策実現のための立法も憲法1条8節18号の「必要かつ適切」条項を根拠に行うことができるということである。通常のように、大統領に対抗的なものなのではなく逆に協力・支援する立法も可能であるという意味で、「派生的」と呼んでいるのである。プラカシュとラムゼーは、議会自体が対外政策を決定しそのために立法することも可能であるとしており(247)、その意味では対外政策について議会と大統領が競合的に権限行使をできる領域がありうることを示唆しているといえよう。

続いて、④は18世紀の「執行権」の意義をベースにして対外権限の大統領への原則的な帰属を説くものである以上、そこで意味した権限、より具体的には当時の英国王の対外権限を越えては対外権限の大統領への帰属を導けないというものである(248)。英国王の権限にさらに制限をかける方向で制憲期の議論が展開していたことも考えあわせるならば妥当な議論であるということができよう。

以上が議論の概要であるとして、最後に簡潔に評価をしておこう。すでに触れたように、プラカシュとラムゼーの以上のような議論に対しては、ブラッドリーとフラーティーによる鋭い批判が加えられている。ブラッドリーとフラーティーによる批判とは、そのエッセンスを抜き出せば、プラカシュとラムゼーの議論を「執行本質主義（exective power essentialism）」と呼んで、大統領の対外権限の拡大を目論むものであると批判する(249)。

もっとも、この批判は当を得たものであるとは思われない。なぜならば、プラカシュとラムゼーの議論は、反議会・親大統領というように具体的な権限配分のあり方について一定の立場を示す議論というよりも、議論の出発点としての「執行権」の制憲当時の意義を確定することを第1の目的とし整理枠組を示す議論である(250)し、権限の性質づけが、誰がその権限を担うかに

---

(247) Prakash & Ramsey, *supra* note 233, at 256 n. 10.
(248) *Id.*, at 254-255.
(249) Bradley & Flaherty, *supra* note 246, at 546-548.
(250) *cf.* S.B. Prakash & M.D. Ramsey, *Foreign Affairs and the Jeffersonian Executive: A Defense*, 89 MINN. L. REV. 1591, 1609 (2005).

直結するものではない[251]からである。そこで示される整理枠組というのは、デフォルト・ルールとしての大統領への対外権限の帰属および大統領・議会のそれぞれの固有的対外権限の存在、ならびに、両者の競合領域の存在というものであり、これは(i)で示した判例の考え方や多くの対外事項について扱った基本的な教科書類にもみられるオーソドックスなものである[252]。そして、従来は、憲法上対外権限についての規律が不十分であるとの前提に立って、明瞭とは言い難い形でこのような議論が基礎づけられていたところ、憲法上「執行権」の大統領への付与を通じて対外権限も原則大統領に分配されたということでわかりやすい説明を与えたものであるということができる。こういった点に注目するならば、むしろ積極的に評価されるべきであろう。

　ここで、前出のZivotofsky判決において、トーマス（C. Thomas）裁判官の一部同意・一部反対意見がプラカシュとラムゼーの見解を採用した一方で、法廷意見においてはこれが採用されなかった点について述べておきたい。法廷意見は、その審査の厳密さについては批判もあるものの、執行権の中に外国の承認を含む対外権限が含まれるのが原則であるという立場を採用せず、合衆国憲法2条の規定ぶりや判例に加えて執行府・議会の先例を参照することによって、外国の承認について、大統領の排他的権限に含まれることを論証したのであった。これは、プラカシュとラムゼーの見解よりも、執行府・大統領に対して厳格な立場であると理解することも可能であるが、他方で、如何にもプラグマティックな手法であって、個別の権限について（少なくとも表面上は）丁寧に論じようとする態度は本書の立場からも積極的に評価できるが、基本的な権限配分構造が明確にならないという問題を指摘できよう。

　議会権限の広狭は、立法事項という議会の固有権限の範囲を広く捉えるか狭く捉えるかということであって、デフォルト・ルールを大統領に帰属するように設定したことのみから生じるものではない。グローバル化に対応して、立法事項に関係する国際的規範形成が増加したというのであれば、立法権限が外国との通商以外にも対外事項と関係する場面が増えていることを強調して立法事項への該当を論じればよいのである[253]。また、純粋な意味での議

---

(251) *Id.*, at 1613-1618.
(252) *See, e.g.*, HENKIN, *supra* note 12, at 86-88; L.H. TRIBE, AMERICAN CONSTITUTIONAL LAW 637-643 (3rd ed., 2000); ROTUNDA & NOWAK, *supra* note 28, at 773-790.
(253) 先にも述べたが、機能主義と形式主義の対立は、この判断方法をめぐる対立と理解することが

会の権限の問題ではないが、プラカシュとラムゼーが大統領単独によることを肯定的に捉える「条約の終了」の場合にしても、条約締結と表裏一体であるなどとして上院の関与を基礎づける可能性が閉ざされているわけではない。

　　(iii) 評　　価　　以上が、対外権限の配分をめぐる判例・学説による整理の概観である。ここでの検討からは、対外権限に関する大統領ないし執行府の優位や原則的な権限保持が認められている一方、議会の対外事項に関する固有権限保持の是認、すなわち対外的領域にも立法事項の規律は及ぶのが是認されていることも看取される。加えて、大統領と議会が競合的に権限を行使しうる領域の存在も認められている。議会による関与の強化を論じるのであれば、個別事項の性質を丁寧に論じて、立法事項ないし議会が関与すべき事項であるということを基礎づける必要があろう。

　そうすると、ハサウェイが、大統領が対外的な唯一の機関であることと内容決定の権限の配分は別であるとしている(254)のは、基本的に妥当な言明である。

(3) 委任禁止法理の現状──行政手続の議会民主政論における位置づけ　　ハサウェイは、前述の通り、行政手続による民主的アカウンタビリティーの確保と、議会による事前授権の強化を主張している。もっとも、前者と後者の関係は必ずしも明確ではない。また、後者は議会民主政において本来的には要求されるべき、「委任禁止法理（Nondelegation Doctrine）」と方向性を共有するものである。前者と後者の関係を尋ね、その守備範囲を確定する作業というものは、議会民主政における行政手続の位置づけを明らかにすることにつながろう。そして、これは、ひいては委任禁止法理の内容とその限界を知ることにもなる。ただし、ハサウェイが直接的に問題とする事前授権の強化は、対外事項にかかわるものであって、原則として国内の問題を念頭に置いている委任禁止法理が、そのままの形で妥当するかどうかはわからないのも確かである。ここでは、ハサウェイ説の最終的な評価を行う前提として、対外事項への発展可能性はひとまず措いて、委任禁止法理の意義と限界について検討し、その中で行政手続の議会民主政論における位置づけについても検討を及ぼすこととし、対外事項への発展可能性については項目を改めて論じる。

　　できよう。
　(254)　Hathaway 2009, *supra* note 15, at 208.

(i) **判　例**　合衆国憲法上、立法権の委任についての定めはない。立法権の委任を原則として禁止し、一定の場合に限ってそれを許すという、いわゆる委任禁止法理は、判例上形成されてきたものである。以下では、簡潔な俯瞰にとどめる(255)が、委任禁止法理をめぐる判例の形成や内容、変遷について確認しておくことにしよう。

合衆国憲法1条1節は、連邦議会に「全ての」立法権が帰属すると規定する。これを受けて、原則として立法権は議会によって行使されなくてはならず、委任は原則禁止であると解された。また、本来の立法権は国民の手にあるはずであり、それが議会に委任されているものである(256)以上、議会がさらに執行府等に立法権限を委任することは、コモン・ロー上再委任が原則禁止されていること(257)からしても、本来許されないとも考えられた(258)。これを連邦最高裁は、合衆国憲法によって定められた統治システムの完全性とその維持のために不可欠であるがゆえに、一般に他の機関に、連邦議会が立法権を委任することはできないという形で表明した(259)。

とはいえ、社会構造の複雑化などにも伴い、立法者による立法独占という言説は維持可能なものではなくなる。そこで、判例も委任を全面的に禁止するのではなく、一定の範囲内で委任を許容することになる。1928年に連邦最高裁は、立法の行為によって行政官や機関に自らが従うべき「明瞭な基準 (intelligible principle)」が定められていれば、禁じられた立法権の委任にならないと判示したのである(260)。

---

(255)　委任禁止法理の沿革・内容等に関する詳細な検討を行った邦語文献として、駒村圭吾「アメリカ合衆国における『立法権委任禁止法理』の展開(一)・(二・完)」法研67巻3号(1994年) 25頁以下・4号(1994年) 35頁以下がある。他に、比較的近時にアメリカにおける委任立法をめぐる諸問題を扱ったものとして高良鉄美「合衆国における委任立法(上)・(下)」九法46号(1983年) 1頁以下・47号(1984年) 213頁以下もある。さらに、委任禁止法理に関する最新の邦語文献として、弥永真生「商事法における会計基準の受容(13)」筑波51号(2011年) 29頁以下も参照。
(256)　この思考は、ロックの考え (J. LOCKE, TWO TREATISES OF GOVERNMENT 356 [§ 134] (P. Laslett ed., Student ed., 1988) [J. ロック(加藤節訳)『完訳　統治二論』(岩波書店、2010年) 452-453頁以下]) に由来するとされる。もっとも、エリック・ポズナーとヴァミュールは、ロックは制定法のなんらかの形での授権があれば、立法府以外の制定する法は正当な法であると考えていたとして、このような見解に反対する。See, E.A. Posner & A. Vermeule, Interring the Nondelegation Doctrine, 69 U. CHI. L. REV. 1721, 1727-1728 (2002).
(257)　See, Shankland v. Washington, 30 U.S. 390, 395 (1831).
(258)　See, e.g., P.W. Duff & H.E. Whiteside, Delegata Potestas Non Potest Delagari: A Maxim of American Constitutional Law, 14 CORNELL L.Q. 168, 174-176 (1928).
(259)　Field v. Clark, 143 U.S. 649, 692 (1892).
(260)　J.W. Hampton, Jr. & Co. v. United States, 276 U.S. 394, 409 (1928).

実は、それまで立法権を過剰に委任したとして違憲判断が下されることはなかったのだが、ついに 1935 年に許容される立法権の委任の枠組が確定された上、2 件の違憲判決が出されることになった。この 2 件の判決はともに、いわゆるニューディール立法の一つである、全米産業復興法（the National Industrial Recovery Act; NIRA）の規定を違憲としたものであるが、本質的な立法権の放棄は許されず、本質的な立法権の放棄ではないとされるための基準として、①受任者の実現すべき政策の明確化、②受任権限の行使についての基準が示されることの 2 点が挙げられた(261)。

　もっとも、その後、委任禁止法理違反によって連邦最高裁によって連邦法律が違憲とされたことはなく、委任禁止法理には「死亡宣告」もされてきた(262)。しかし、委任禁止法理は今日に至るまで明示的に廃棄されたこともなければ、依然として最高裁判決において有効な法理であることを前提とする言及がなされている(263)。ただし、委任禁止法理に言及しながら、広い委任を解釈によって狭めて法律を救うという手法も多くとられていることも指摘されている(264)。

　さらに、次に紹介する、1970 年代以降の学説における利益集団の深く関与する政治スタイルへの批判の高まりとも呼応して、1980 年代には個別意見のレベルで、委任禁止法理の重要性とその適用が主張されるようになっていた(265)。そこでの主張というのは、基本的（fundamental）な政策決定という「困難な選択（hard choice）」を行うことが立法権の本質であり、それは議会によって担われなければならないというものである。また、のちに連邦最高裁判事に就任することとなるスカリア（A. Scalia）もレンキスト判事による個別意見に賛同の意を示し、その考え方は司法の権限を拡大するというようなものではなく、行政機関の判断を実際上ルーティンで是認しているだ

---

(261) Panama Refining Co. v. Ryan, 293 U.S. 388, 415 (1935); A.L.A. Schechter Poultry Corporation v. United States, 295 U.S. 495, 529-530 (1935).
(262) Federal Power Company v. New England Power Company, 415 U.S. 345, 352-353 (1974) (Marshall, J., concurring); J.H. ELY, DEMOCRACY AND DISTRUST 132-133 (1980) [J.H. イリィ（佐藤幸治＝松井茂記訳）『民主主義と司法審査』（成文堂、1990 年）208-209 頁］.
(263) *e.g.* Whiteman v. American Truckers Association, Inc., 531 U.S. 457, 474 (2001).
(264) R.J. PIERCE, 1 ADMINISTRATIVE LAW TREATISE 106 (5th ed., 2010). *See also*, *Kent*, 357 U.S. 116.
(265) Industrial Union Dept. v. American Petrol. Inst., 448 U.S. 607, 687-688 (Rehnquist, J., concurring, 1980). *See also*, American Textile Manufactures Institute v. Donovan, 452 U.S. 490, 546-547 (Rehnquist, J., joined by Burger, C.J., dissenting, 1981).

けの現状に対してむしろ制約を与えるものであるなどと述べている(266)。しかし、その後も上述の通り委任禁止法理に言及またはこれを前提とする判決はみられるものの、このような基本政策決定を議会の専決事項とする考え方は、最高裁の法廷意見の受け入れるところとはなっていない(267)。

もっとも、例えば Loving v. United States 判決においては、最高司令官条項の援用により委任禁止法理の要求を緩和し合憲の判断を導いているが、権力分立は恣意と圧政の阻止のためだけでなく、執行府を実効的で帰責可能（accountable）なものにするために権力の配分を行っているというように、のちに述べる委任禁止賛成論に通じるような言及を行った点(268)などは注目されるところである(269)。

なお、これに関連して、上下両院による可決と、大統領による承認を経た発効という法律の制定枠組を重視し、一院あるいは一院の委員会等へのいわゆる議会拒否権の付与(270)、大統領の事項別拒否権（line-item veto）の付与(271)といったものを、合衆国憲法がその1条7節において規定するのとは異なる手続による立法を許すものであるという判断が蓄積されている(272)。これは、委任禁止法理と表面上は関係しないともいえる(273)が、立法権限の議会独占をめぐる議論として示唆深いものがある。

---

(266) A. Scalia, *A Note on the Benzene Case*, 4 REGULATION: AEI J. ON GOV'T. & SOC'Y. 25, 28 (1980). この他、連邦最高裁判事就任後にスカリアが個別意見において委任禁止法理の重要性を説いたものとして、例えば Mistretta v. United States, 488 U.S. 361, 415 (Scalia, J., dissenting 1989); Peretz v. United States, 501 U.S. 923, 956 (Scalia, J., dissenting, 1991) も参照。
(267) PIERCE, *supra* note 264, at 109.
(268) Loving v. United States, 517 U.S. 748, 757-758 (1996).
(269) もっとも、PIERCE, *supra* note 264, at 109 は、この判決も含めて近時の最高裁判決は委任禁止法理に否定的であると評価し、これらの事件においてレンキスト判事までも多数意見に参加していることを指摘している。
(270) *Chadha*, 462 U.S. 919.
(271) Clinton v. City of New York, 524 U.S. 417 (1998).
(272) *See also*, L.S. Bressman, *Beyond Accountability: Arbitrariness and Legitimacy in the Administrative State*, 78 N.Y.U. L. REV. 461, 519-527 (2003).
(273) もっとも、Clinton v. City of New York 判決のスカリア反対意見は、当該事件を委任禁止法理への抵触が問題となるケースとした上で、合憲な委任であるとしている。*See*, 524 U.S. at 465-469 (Scalia, J., jointed with O'Conner, J., & Breyer, J., dissenting, 1998). M.B. Rappaport, *The Selective Nondelegation Doctrine and the Line Item Veto*, 76 TUL. L. REV. 265 (2001) も、スカリア判事と同じく、この事件における争点を、本来委任禁止法理の問題である（*id.*, at 290-303）として、当該判決を委任禁止法理の棺に釘を打ち込むものであると評価している（*id.*, at 268）。また、上下両院と大統領の関与という形式的な基準での処理は、委任禁止法理に立ち入り明瞭な委任の有無の判断という複雑な問題を回避するための方策であると評価するものとして、L.S. Bressman, *Schechter Poultry at the Millennium: A Delegation Doctrine for the Administrative State*, 109 YALE L.J. 1399, 1410 (2000) も参照。

(ii) 学　　説　　(i) では、判例について非常に簡潔に確認したが、以下では 1970 年代以降の委任禁止法理の再評価以来の学説における議論状況を確認してみることにしよう[(274)]。

　連邦最高裁がニューディールの軍門に下って以降、すなわち判例が委任禁止法理を事実上封印してから、学説もこれに呼応する形で、官僚機構の科学的知識・専門知への信頼や多元主義的民主政観から、委任禁止法理への注目を怠ってきた[(275)]。もっとも、1970 年代以降の反利益団体的色彩を帯びた多元主義的民主政観への反対論[(276)]の高まりの中で、学説上の委任禁止法理への回帰が 1980 年以降みられるようになった[(277)]。

　ここまでの説明からも推測されるように、委任禁止法理の活用を主張する見解を支える根本的な発想は、支持母体への利益誘導へと集中し、政策決定という本来の任務を怠り責任を逃れている議会の姿を非民主的であるとし、議会に権限とそれに伴う責任を取り戻そうというものである[(278)]。そこでは、国民の代表の集合体である議会において、目にみえる形で基本的な政策決定が行われるべきであるという議論が展開されている。この見解の面白い点は、議会への信頼ゆえに議会に大きな権限を認めるというよりは、議会（厳密には議員）への不信ゆえに明確な形で責任を負わせようという[(279)]発想の逆説

---

(274) 1980 年代末までの学説状況を詳細に検討した論稿として、駒村圭吾「アメリカ合衆国における立法権委任をめぐる議論の一動向」法政論究 9 号（1991 年）33 頁以下がある。

(275) *See, e.g.*, Bressman, *supra* note 272, at 470-475. *See also*, R. Stewart, *Administrative Law in the Twenty-first Century*, 78 N.Y.U. L. REV. 437, 440-443 (2003).

(276) 嚆矢として、T.J. LOWI, THE END OF LIBERALISM (1969)［T.J. ロウィ（村松岐夫監訳）『自由主義の終焉』（木鐸社、1981 年）］が挙げられる。

(277) 嚆矢として、ELY, *supra* note 262 ［イリィ・前掲註 (262)］が一般的に挙げられる。前述の Industrial Union Dept. v. American Petrol. Inst. 判決におけるレンキスト同意意見も、このイリィの論稿を引用している。*See,* 448 U.S. at 686 (Rehnquist, J., concurring). もっとも、以前に類似の議論がなかったわけではなく、我が国においても、夙にイリィの著作の刊行に先立つ 1978 年（執筆時）の段階において佐藤幸治は、S. BARBER, THE CONSTITUTIONAL AND THE DELEGATION OF CONGRESSIONAL POWER (1975) を引用し、政策的選択肢について選択決定する責任を国会が憲法上放棄を禁じられた「本質的行為」であるとされている（佐藤幸治「アメリカ合衆国における『法の支配』の一断面」覚道豊治ほか編『現代における「法の支配」』（法律文化社、1979 年）40-41 頁）。

(278) 既出のロウィは、1986 年のシンポジウムをもとにした論稿で、（独立のものも含む）行政機関と利益団体の結合した利益団体リベラリズムの進展、議会政治から大統領政治（結局は行政機関が実際上の処理）への転換、法的規制から経済的評価への変化、APA 等による手続化の進展によりかえってロビー活動を活性化させた、などといった状況を指摘していた。*See,* T.J. Lowi, *Two Roads to Serfdom: Liberalism, Conservatism and Adminitrative Power*, 36 AM. U. L. REV. 295, 299-309 (1987).

(279) D. Schoenbrod, *Separation of Powers and the Powers That Be: the Constitutional Purposes of the Delegation*, 36 AM. U. L. REV. 355, 370 (1987).

的なところにある。ドイツの本質性理論との関係については、のちに少し詳しく論じるつもりではあるが、この発想はドイツの本質性理論に類似するところがあるといってよいだろう[280]。そして、委任禁止法理の復活ないし活性化を主張する見解に共通する、キーワードとでもいうべき言葉は、「アカウンタビリティー」である。ここでいうアカウンタビリティーとは、定期的な選挙によって選出され、また十分な成果を挙げられなかったならば、次の選挙で有権者から代表としての地位を奪われるという形で責任を負わされることになるという意味での、国民との間の帰責関係が意図されている[281]。つまり、以上をまとめると国民との間に帰責関係にある議員の集合体である議会によって基本的な政策決定が行われることによって民主政を担保しようというのが、委任禁止法理賛成論の基礎づけのあらましである。

　もちろん以上のような見解に、問題や反対論がないということはない。最も大きな批判はやはり、委任を限界づける有効な基準が存在しないということであろう。そして、これと並んでよく指摘されるのが、現実問題として個別事項まで議会が決定することは困難であり、議会の能力の面でも効率性の面でも問題があるというものである。語弊を恐れず、簡潔にまとめてしまうと、①裁判上の判断基準としての妥当性、裏を返すと裁判所の能力の限界論と、②議会自体の処理能力の限界論、この二つに整理することができる。しかし、ここで留意しなければならないのが、委任禁止法理賛成論のもつ、少なくとも本来は議会が自身で責任をもって重要な決定をするべきだという基本的な考え方や、反利益団体、民主的アカウンタビリティーの回復といった基礎づけについては、委任禁止法理の復活ないし活性化に否定的な見解においても基本的に共有されているということである[282]。

---

(280)　ドイツの本質性理論と筆者によるその評価については、第2章II 3 (2) を参照。特に、ドイツの本質性理論が、議会の責任を明確化するものであるという点について、前掲註 (169) を参照。

(281)　*e.g.* M.H. REDISH, THE CONSTITUTION AS POLITICAL STRUCTURE 154-155 (1995). また、これに関連して、*id.,* at 142-143 & 149 は、本文のような意味での「アカウンタビリティー」の他に、機関間の抑制も憲法において要求される基本的な民主政の構造であるとして、上下両院による採決と大統領の承認という手続の重要性を説く。なお、Hathaway 2009, *supra* note 15, at 216 は、議会・大統領の部門間競合も民主的アカウンタビリティーの一内容として整理している。このようなハサウェイの見解は、機関間の相互作用を重視するという点では、レーディシュの議論との親和性を指摘できるが、用語法の違いに注意しなくてはならない。なお、「アカウンタビリティー」の語の意義については、のちにやや詳しく触れる。

(282)　*e.g.* K.C. DAVIS, ADMINISTRATIVE LAW TREATISE 206 (2nd ed., 1978); R.J. Pierce, *Political Accountability and Delegated Power: A Response to Professor Lowi,* 36 AM. U. L. REV. 391, 392 (1987). *See also,* R.B. Stewart, *The Reformation of American Administrative Law,* 88 HARV. L. REV. 1667,

もっとも、先に註(256)で少し触れたように、エリック・ポズナー（E.A. Posner）とヴァミュール（A. Vermeule）は、ロックを通常とは異なった読み方をし、議会による授権さえあればその内容にかかわらず、他の機関による立法は可能である(283)、つまり議会による立法権の独占というのは、議会で議員以外が投票に加わることができないということに尽きるという議論を展開する(284)。これは、議会が一定の基本的事項について決定しなければならないという発想を否定するものであるといえよう。また、公的・私的両方の生活様式において通常行われている委任がなぜ立法においてのみ禁じられなければならないのかといった問いの立て方をしている(285)。そして、利益団体の関与の問題性には留意しているものの、効率性の面からも民主的なアカウンタビリティーの面からも委任禁止を基礎づける理由は見出されないというのである。この見解に対する詳細な反論は、アレキサンダー（L. Alexander）とプラカシュによってなされており、詳しくはその参照を請うが、アレキサンダーやプラカシュが指摘するように、全ての立法権を議会に帰属させた憲法の文言などとの整合性が説得的とは言い難い(286)こと、ポズナーとヴァミュールは全権委任法のようなものまで許すわけではない(287)といいつつ、自らの基準を示していないといった点で、採用することが困難な見解といわざるをえない(288)。

　そこで以下では、上記三つの基本的な問題点を共有した上で、まずは、①裁判所の能力限界論、②議会の能力限界論の内容とその妥当性の２点を検討する。その後続いて、主に委任禁止法理に否定的な見解が提唱する、委任禁止法理の他の対応策について検討を進めていくことにしよう。

　①裁判所の能力限界論というのは、単なる実際上の能力の限界に加えて規範的な意味での限界を含んだ議論である。つまり、委任禁止法理というもの

　　　1670-1671 & 1676-1687 (1975).
(283)　Posner & Vermeule, *supra* note 256, at 1723.
(284)　L. Alexander & S. Prakash, *Reports of the Nondelegation Doctrine's Death Are Greatly Exaggerarted*, 70 U. CHI. L. REV. 1297, 1300 (2003).
(285)　Posner & Vermeule, *supra* note 256, at 1744-1745.
(286)　Alexander & Prakash, *supra* note 284, at 1302-1303.
(287)　Posner & Vermeule, *supra* note 256, at 1742-1743.
(288)　また、熟議の場としての議会論など、理論としての民主政は理解できるとしても実証性に欠き、議会の性質自体に懐疑的な立場をとらざるをえないという立場（*id.*, at 1752-1754）も、にわかには受け入れ難い見解である。しかし、このような見解は、議会民主政を是とする議論をするにあたって、冷静かつ慎重な判断を促す重要な契機を含んでいるとはいえよう。

は裁判上の判断基準なのであるが、基本的な政策決定などといってもその範囲を確定することは困難であり、結局は何が基本的かを司法が判断するということになってしまう。そうするとこれは、事実的な能力を超すことになる[289]と同時に、規範的な面で、基本的な民主政観にそぐわないといわれることになるのである[290]。これに対して、委任禁止法理賛成論者の側も基準の提示を試みてはいる。例えば、シェーンブロット（D. Schoenbrod）はルールないし規則を定める法と目標設定型の法を区別した上で後者の規範内容の確定は解釈ではなく法制定であって議会以外が担うことはできないという[291]。他方、ローソン（G. Lawson）は、シェーンブロットのいうような質的差ではなく、裁量の「量」の差であるとして、判例からは重要な目的とより関心の薄い事項という基準が読み取れるなどという[292]。しかし、以上の説明が明瞭な基準を提示しているとは言い難く、ローソンも認めるように汎用性のある基準の提示は不可能であって、賛成説も結局は基本的な判断の方向性を示しておくにとどめ、後は個別具体的な検討をするしかないことを示唆している[293]。

次に、②議会の能力限界論についてである。複雑化した現代国家において、議会において詳細な決定を求めることは、多大なストレスを、議会ひいては国家に与えることになり、機能不全を生むだけであるという批判がなされている。中央集権的な決定を図ることは結局、委任禁止法理賛成論が防止すべきと主張するところの無責任を生むことになるともされる[294]。これに対しては、賛成論の側も、非常に詳細な点についてまで決定させることを要求しているのではなくて、この懸念は杞憂だという[295]。

このようにみると、結局ここでの問題も、議会自身で決定すべき範囲の基準設定次第であって、これを明確にする必要性に帰着してしまうのではない

---

(289) Stewart, *supra* note 282, at 1697.
(290) Pierce, *supra* note 282, at 395; R.B. Stewart, *Beyond Delegation Doctrine,* 36 AM. U. L. REV. 323, 326 (1987).
(291) D. Schoenbrod, *The Delegation Doctrine: Could the Court Give it Substance?,* 83 MICHI. L. REV. 1223, 1252-1260 (1985); Schoenbrod, *supra* note 279, at 360-364 (1987).
(292) G. Lawson, *Delegation and Original Meaning,* 88 VA. L. REV. 327, 367, 376-377 (2002).
(293) Lawson, *id.,* at 377-378; REDISH, *supra* note 281, at 155.
(294) Pierce, *supra* note 282, at 405; Stewart, *supra* note 290, at 330-331. *See also,* Stewart, *supra* note 282, at 1697.
(295) ELY, *supra* note 262, at 133 [イリィ・前掲註（262）209-210頁].

か。他方で、議会自身で決定すべき範囲を、従来のものよりも狭く設定してしまうのならば、それを委任禁止法理と呼ぶべきなのか、似て非なる新たなルールなのかといった問題も出てこよう。しかし、このような問題については、定義の問題にすぎないともいえる[296]。さらには、賛成論も幾分か議会自身による決定が要求される範囲を狭めるなど限定的なものへと移りつつある以上、代替的ないし補充的な方策についても検討する必要が出てくるというものである。

代替的ないし補充的な方策として、まず議会内での処理ということにはなるが、委員会の活用といったものが選択肢として上がってこよう。しかし、委任禁止法理に賛同する見解であれ、また批判的な見解であれ、委員会に対する評価は高いものではない。つまり、公聴会や聴聞会を除き、原則的に審議が非公開とされる委員会[297]は、公衆の目につきにくく、党派に支配される恐れが強い。このように、委員会こそが利益団体の巣窟であるという批判がなされているのである[298]。

次に、議会の他に国民に（事実上）直接選出されている大統領の民主的アカウンタビリティーによる、アカウンタビリティー確保の可能性がある[299]。もっとも、これに対しては、次のような反論が古くからなされている。つまり、立法に関連する以外の事項も担う大統領について、立法政策を理由に、選挙において責任をとらせるという意味でのアカウンタビリティーを充足させることは不可能である[300]。他には、大統領が担うといっても結局は行政機関等へ実際上の権限が移るだけであるといったものもある[301]。

このような批判を踏まえつつ、連邦最高裁判事就任前のケーガン（E. Kagan）は、大統領による行政機関のコントロール[302]強化が望ましい方策

---

(296) 基本的な思考を共有している限り、現実に対応する形での変形は、委任禁止法理の発展と解してよいと筆者は考えている。
(297) J's MANUAL, supra note 5, at § 319. See also, id., at § 708.
(298) e.g. C.R. Sunstein, Nondelegation Canons, 67 U. CHI. L. REV. 315, 325 (2000); Stewart, supra note 290, at 332.
(299) この点については、Chevron v. Natural Resources Defense Council, 467 U.S. 837, 865-866 (1984) も参照。
(300) D. SCHOENBROD, POWER WITHOUT RESPONSIBILITY 105-106 (1993).
(301) Lowi, supra note 278, at 299.
(302) 具体的には、非公式の覚書等ではなく、正式な命令による行政機関への指示、行政管理予算局を通じた政策決定への審査、行政官の任命権限の積極的活用が挙げられる。大統領ないし執行府の行政に対するコントロールについては、PIERCE, supra note 264, at 114-116, 662-668（特に政策決定の審査について）等を参照。また、レーガン政権からクリントン政権までの大統領コントロールの強化に

であるとする⁽³⁰³⁾。というのも、まず、公開性が担保されていることを前提として、大統領は独任制であることから可視的で、公衆によってその動静が確認可能であり評価もしやすい。したがって、大統領によるコントロールは、透明性の高いものとなるのである⁽³⁰⁴⁾。次に、アカウンタビリティーの面からも、地域的・政策的な基盤ではなく、全国民一般からの選出を受けた唯一の公職者であり、国家の統合を担う大統領を通じた民主的なアカウンタビリティーの充足が可能となる⁽³⁰⁵⁾。さらに、統一的な司令塔としての大統領と忠実にその指示をこなす官僚機構という構造の中で、技術的な価値、コスト面での効率性、合理的な優先づけというものを手に入れられる。加えて、行政におけるある種のダイナミズムやエネルギーをも得られるという意味で、効率性も向上するという⁽³⁰⁶⁾。

　一方で、ケーガンの主張に対しては、ブレスマン（L.S. Bressman）が、その妥当性を一定程度認めつつも、以下のような点から、大統領のコントロールは不十分であるとの再反論を提示している⁽³⁰⁷⁾。つまり、まず、ケーガンの見解は、大統領にとって、責任やコントロールを明確にするインセンティブがないところに明確性を求めるなど、大統領の能力を超える過剰な要求をしている。また大統領コントロールによって得られるのはせいぜい透明性であり、それだけでは執行府の決定に正統性を付与することができず、他の方法による補充を必要とするというのである。

　以上の点について検討すると、まず、ある意味で国民との最大のつながりがある大統領による民主的アカウンタビリティーの確保は、従来もっと真剣な検討がなされてしかるべきものであったし、合議体たる議会⁽³⁰⁸⁾とは違った機動性が利点となる場面もあろう。しかし、逆にまた、独任制ゆえの能力の限界もあり、これもまたケーガンも理解していること⁽³⁰⁹⁾だが、結局官僚

ついて、E. Kagan, *Presidential Administration*, 114 HARV. L. REV. 2245, 2272-2319 (2001) を参照。
(303)　Kagan, *id.,* at 2319-2363.
(304)　*Id.,* at 2332, 2337.
(305)　*Id.,* at 2334-2335.
(306)　*Id.,* at 2339-2340.
(307)　Bressman, *supra* note 272, at 503-515.
(308)　合議体であることに由来する議会による監督の限界、さらには議会制定法による監督の場合、法律の制定過程に大統領の関与があることに由来する限界について、Kagan, *supra* note 302, at 2347-2348 を参照。
(309)　もっとも、*id.,* at 2338-2339 は、大統領直属スタッフの官僚的性格の問題性を指摘しつつも、階層構造の中で、大統領のコントロールが基本的に及ぶものと考えている。

機構に依存せざるをえない場面のあることは否定できない。さらに、基本的な権力分立構想と整合的なのかが問題ともなってくる。これについてケーガンは、基本的な権力分立構想の要求として、大統領が立法権限を行使するには議会の委任が必要であるとした上で、その基本構造には変更は加えられていないという(310)。ケーガンは議会によるコントロールとの並行性を強調しており(311)、大統領のコントロール強化については大統領と行政機関との関係で論じているのである。そして、大統領への直接の権限付与については厳格な委任禁止の原則が適用されるべきだともしている(312)。そうすると、大統領によるコントロール可能性に関する彼女の見立ては少し楽観的にすぎる面もないわけではないが、ケーガンも、少なくとも大統領のコントロールだけで足りるとはみておらず、またそうみるのは妥当とはいえないだろう(313)。つまり、他の選択肢との併用という、より広い構想の中で大統領の位置づけを探っていく必要があるだろう。その意味で、真の問題点は大統領のコントロールにどこまでの重きを置くか、どこまで有用なものと信頼できるかという程度問題であるのかもしれない(314)。

　3番目に、行政手続の活用を説く議論がある。このような議論を展開する、比較的初期の論者として位置づけることのできるデイヴィス（K.C. Davis）は、利益団体リベラリズムの時代において、行政基準の利用および明確化によって利益誘導型の恣意性を帯びた判断を排除する必要があると述べてい

---

(310) *Id.,* at 2319-2320.
(311) *Id.,* at 2347.
(312) *Id.,* at 2367-2369 において、ケーガンは議会が国民の多様な立場を反映し熟議を可能とすることは、独任制の大統領には求められないことであり、またこの熟議の確保こそ委任禁止法理の核心であると説いている。
(313) 民主的アカウンタビリティーを根拠に、大統領コントロールへの一極集中を説く見解に対して、議会によるコントロールとの競合とそれに伴う議会との対話、大統領のコントロールを緩めることによってむしろ生じることとなる行政機関内部での対話を通じた、多様な民意の反映こそが望ましいという批判（P.M. Schane, *Political Accountability in a System of Check and Balance,* 48 ARK. L. REV. 161 (1995)）が存在するが、本文のように理解する限りでは、ケーガンの議論には、この批判がそのままあたるものではないといえよう。
(314) なお、大統領コントロールの強化論は、独立行政委員会の許容性の問題につながる側面をもっている（*See,* PIERCE, *supra* note 264, at 115-117）が、この点については本書では立ち入らないことにする。アメリカにおける独立機関の問題を取り扱った邦語文献としては、駒村圭吾『権力分立の諸相　アメリカにおける独立機関問題と抑制・均衡の法理』（南窓社、1999年）がなんといっても参照されなければならない。なお、「独立性」があくまで相対的なものであることは指摘されているし（*e.g.* PIERCE, *id.,* at 115）、駒村が「国語的」な意味からは離れるものの近時の実務とも整合的と評価し、また自身も支持する、「（議会・大統領の）統制権競合型」の「独立性」であれば、大統領コントロールの強化と十分に接合可能であると思われる。この点については、駒村・同上93-102頁を参照。

た[315]。ただし、デイヴィスがこのように述べるのは、議会による基本的な政策決定の必要性も視野に入れるがそれも恣意の排除の一環としてであり[316]、恣意性の排除で民主的なアカウンタビリティーの補充が可能かは、大いに疑問が残る[317]。

この点、ブレスマンは、恣意性の排除に加えて、民主的なアカウンタビリティーの確保も重要であるとした上で、双方を補充しうるものとして、拘束的な行政基準の設定に加えて、ノーティス・アンド・コメント手続の有用性を説く。つまり、ブレスマンは、影響を受ける関係者の制限なき参加が可能であるし、それにも伴って関連する情報を広く収集することができ、結果として生じる政策に対する見通しもつきやすくなるといったメリットがあるとする。そして、正式な聴聞手続のような場合にはむしろ個別当事者の権利保護に傾き、個別事案の処理に資する一方でそれに特化したものになってしまうが、上記のようなノーティス・アンド・コメント手続の性質は、一般的な性格をもつ決定をするのに必要かつ十分な手続であるなどというのである[318]。対話や情報の収集を通じて、決定の恣意性が排除されるとともに、公衆の広い参加という点にアカウンタビリティーの契機をみているものと考えられる。なお、これについてはブレスマンも十分に認識している[319]が、行政手続の拡充論に対しては、効率性の観点において、行政手続の立法手続に対する優位を失うことになってしまい、行きすぎには十分注意しなければならないとするものがあること[320]も確認しておく必要性がある。また、最後に、行政手続の活用を主張する見解も、他の手法との混合を排除しているわけではなく、ここでも包括的な構想について考えてみる必要がある。

以上の検討を通じて、様々な手法を組み合わせつつ、包括的な構想をする必要があるということが確認された。そこで、そのような構想を示すいくつかの見解を最後に紹介し、若干の検討を加えることにしよう。

まずピアース（R.J. Pierce）は——シンポジウムでの報告であり詳細な点

---

(315) DAVIS, *supra* note 282, at 203, 207-208.
(316) *See, e.g., id.,* at 210.
(317) この点については、佐藤・前掲註（277）31頁および佐藤幸治『日本国憲法論』（成文堂、2011年）436頁註13も参照。
(318) Bressman, *supra* note 272, at 541-544.
(319) *Id.,* at 545.
(320) Stewart, *supra* note 290, at 334.

を描ききってはいないものの——大要以下のような構想を提示している。すなわち、連邦による介入を段階的に減少させ、連邦政府の負担を軽減する必要性があることを前提としつつ、連邦政府が規律を行うにあたって、議会が法律により基本的な政策枠組を設定し、その枠組の中で、議会による枠組設定では不十分な点について、独自に民主的アカウンタビリティーを有する大統領が補充し、さらに大統領による行政機関のコントロールも強化するという(321)。

これに関連して、議会によるべき基本的決定の内容を比較的詳細に検討した興味深いものとして、サンスティン（C.R. Sunstein）の論稿が存在する。厳密なルールとしての印象が強い「Nondelegation Doctrine」から大まかな思考枠組「Nondelegation Canon」への移行を説いた(322)この論稿で、サンスティンは、合衆国憲法は細部にわたるまで議会が決定を行うべきことを要求していないし、また議会の能力および委任・授権のあり方を審査する司法府の能力の観点から望ましい結果が得られるようなものではないとする(323)。また、民主的なアカウンタビリティーの面から考えて、大統領にもその契機が認められることも、議会による詳細決定が必ずしも要求されない理由として挙げている(324)。そして、二院制による構成を含めた意味で多様性を有する議会において関係者に公正な情報の提供を行い、官僚等に規律を与え、ひいては事実上の権力や私益にとらわれることを防止するという本来の目的を達成するには、一定の重要な決定については官僚によってではなく、明示的に議会を通じた決定が必要であるとすることで足りるというのである(325)。

こうしてサンスティンは、具体的に議会が明示的に決定しなければならない事項として、判例を参照しつつ例示的に以下のようなものを挙げている。つまり、①憲法上の権利の制限など憲法上センシティヴな事項、②例えば連邦法の国外への適用などといった合衆国の主権にかかわる事項、③部分的・個別的な利益を実現させる場合の以上3点である(326)。最後の点について敷

---

(321) Pierce, *supra* note 282, at 417-418.
(322) 藤谷武史「『より良き立法』の制度論的基礎・序説」新世代法政策学研究7号（2010年）160-161頁註35を参照。
(323) Sunstein, *supra* note 298, at 317-328.
(324) *Id.*, at 323-324.
(325) *Id.*, at 316.
(326) *Id.*, at 331-335. 邦語文献では、駒村・前掲註（255）(二)50-52頁が、サンスティン論文に先立

衍すると、部分的・個別的な利益を実現するためには、水面下での妥協ではなく、目にみえる形で、社会一般がコミットする形での合意形成が不可欠であるというのである[327]。そして、サンスティンはこのように限定をするならば、司法府の能力を超えることなく、裁判上の基準としても問題がない点にも言及している[328]。

　ピアースとサンスティンの議論は、根本的な利益集団リベラリズムへの懐疑、議会や裁判所の能力の限界の認識と、大統領の民主的性格の積極的評価という面で基本的な一致がみられ、双方を接合することが不可能ではない。そして、この接合が許されるならば、全体的な構想としては、サンスティンのいうような三つの事項については議会の明示的な決定が必要であるが、その他の場面では、議会による基本的な政策決定の枠内によることを基本としつつ、議会では十分に決定できなかった面を、大統領が独自の民主的アカウンタビリティーを発揮して決定し、または行政機関のコントロールという形で補充するといったものとなろう。もっとも、この構想も行政手続についての視点が抜けているなど完全なものではない。では、行政手続の強化もこの構想に接合可能であろうか。

　ブレスマンのいうところでは、憲法レベルでの議会・行政関係の問題と行政法レベルでの行政手続の問題は車の両輪である[329]。もしブレスマンのいう通りならば、この構想に、行政基準の設定とノーティス・アンド・コメントという行政手続の実施も付け加えることができるし、ピアースとサンスティンも特段行政手続の付加可能性を排除してはいないだろう。また、ブレスマンとの見解の相違は、前述の通りであるが、ケーガンも実は、ノーティス・アンド・コメントの現実の機能不全を指摘しながら、大統領コントロールの強化によって機能不全も緩和されると説き、上述の大統領コントロール論と行政手続の接合を認めている[330]。つまり、ケーガンは議会による行政機関の権限の大枠の設定とその枠内での大統領による透明性の高いコントロール、さらには行政手続による公衆からのコントロールという全体像を示し

　　　つ1994年の段階で同様な指摘を行っている。
(327)　Sunstein, *id.*, at 334-335.
(328)　*Id.*, at 337-338.
(329)　Bressman, *supra* note 272, at 556.
(330)　Kagan, *supra* note 302, at 2361.

ているということができる[331]。

　以上より、厳密な境界設定等については争いがあるものの、学説の現時点での到達点としては、議会による核心的な決定確保と民主的性格を有する大統領の積極的役割の是認、さらには行政手続による補充という基本的な枠組が措定されているといえる[332]。

　（iii）評　　価　　以上、縷々検討してきたが、ここまでの検討を簡潔にまとめた上で、少し評価を加えておこう。現代社会が複雑化する一方、利益団体政治の問題点が認識されるようになった時代背景の中で、アメリカにおける議会民主政の基本構想の議論は大きく揺れている。

　裁判の場面においては、その対処として一部で委任禁止法理を復活させる動きがみられたが、結局判例が大きく変動するまでには至らず、現在も流動的な状況ではあるが、少なくとも議論が活気を失った状況にあるといってよいだろう。

　学説はというと、これもまた一筋縄にはいかないが、議論の集積の中で、議会による詳細な規律一辺倒というのは困難であり、議会に基本的な政策決定や憲法上の権利をめぐる規律権限を確保しつつ[333]、大統領というもう一つの民主的アクターへの注目が正面から論じられるようになっている。加えて、そこでは行政手続も補充的な手段として認識される。

　もっとも、行政手続が補充的な手続となることについては、いくつか敷衍しておくべきことがある。まず、上述のように、恣意性を排除し、公衆に参加の機会を与え、よって透明性を向上させるということにおいてアカウンタビリティーを向上させるという説明がなされている。そして、このような効用をもちうる可能性については、アメリカにおいて異論は出されていないように思われる。ただし、例えばノーティス・アンド・コメント手続について、公衆参加や関連する情報の提供といっても、結局は利害関係のある利益集団

---

(331)　cf. Id., at 2384-2385.
(332)　なお、駒村・前掲註（274）54頁は、行政手続等による補充を主張する議論を委任禁止法理の「撤廃論」としているが、本書では、委任禁止法理の発展形態として捉えている。また、同論文は、議会に政策形成にかかわる責任を一元的に帰属させる一方で、権限を多元化することを認める議論を展開する（55頁以下）が、これは、本文で筆者が描写した委任禁止法理の現代的発展像と整合的なものであると考えている。
(333)　この点について、我が国では、前述の佐藤・前掲註（277）40-41頁に加えて、駒村・前掲註（255）(二)58-60頁が、議会のアイデンティティにかかわる性質であるなどとして、日本国憲法における「実質的意味の立法」概念への取り込みを主張している。

が関与するだけで、利益集団に有利な情報の提供に限定されてしまうのではないかという実際的な観点からの批判がある。その批判は、裁判所が強調しがちな後の裁判を合理化する役割さえも、そのような状況の中では十分に果たされないというのである(334)。

さらに、より根本的な問題として、委任禁止法理をめぐる文脈において、「アカウンタビリティー」がアメリカ公法学における最大公約数的な用法として、定期的な選挙による選出と次の選挙における責任追及可能性による帰責構造を意味していると解される(335)ところ、公衆参加がそれとどう関係するのかの説明がないままアカウンタビリティーという語が用いられているという問題があるように思われる(336)。もっとも、関係者に決定への関与が与えられることで、決定がその者に帰属する構造が認められ、それをアカウンタビリティーと呼び、選挙制度を通じたアカウンタビリティーはその一種にすぎないというならば、説明がつかないということはない(337)。アカウンタビリティーという語の多義性、文脈依存性が指摘される(338)が、ハサウェイ

(334) Kagan, supra note 302, at 2358-2363. もっとも、ケーガンは、大統領が規則制定過程にも関与することを通じて、規則制定をめぐる行政手続が活性化し、理論的に行政手続に期待されているアカウンタビリティーの向上等に資するということを強調する文脈で述べていることに留意しなくてはならない。

(335) アカウンタビリティーの意義をこのように理解するならば、行政学の足立忠夫を引用して吉田栄司が主張する「責任」の分類においては、accountability（弁明的責任）よりも、むしろ responsibility（応答的責任）に該当することになろう。参照、吉田栄司『憲法的責任追及制論I』（関西大学出版部、2010年）36頁。

(336) これに対して、我が国のパブリック・コメント等をめぐる議論においては、ある決定に至った理由を合理的に説明するという意味での「説明責任」の語が多用され、（少なくとも現行法上の）パブリック・コメントは「民主化」よりもこの「説明責任」に資するものであるという論調が目立つ（例えば、豊島明子「パブリック・コメントの意義と課題」室井力編『住民参加のシステム改革』（日本評論社、2003年）189-190頁、角松・前掲註 (134) 307頁）。

(337) なお、これに関連して、ドイツにおける民主的正統化に関する理論において、利害関係人の参加が「民主的」な正統化の契機になるかについて否定的である点については、毛利透『統治構造の憲法論』（岩波書店、2014年）333-336頁、E. Schmidt-Aßmann, Das allgemeine Verwaltungsrecht als Ordnungsidee, 2. Aufl., 2004, S. 104 (Rn. 106) [E. シュミット－アスマン（太田匡彦ほか訳）『行政法理論の基礎と課題』（東京大学出版会、2006年）105頁］等の文献を参照。Siehe auch Möllers (Anm. 1), S. 48ff.

(338) E. Rubin, *The Myth of Accountability and the Anti-administrative Impulse*, 103 MICH. L. REV. 2073, 2073 (2005). *See also*, R.D. BEHN, RETHINKING DEMOCRATIC ACCOUNTABILITY 3 (2001). アカウンタビリティーをめぐっては、近年特に公私協働に関連して議論が盛んに行われており、そこでは、階層構造に支えられた上から下への公的ないし民主的アカウンタビリティーから、市場等における説明とサンクションの相互作用等、「私的アカウンタビリティー」等も含めた、双方向・多方向のアカウンタビリティーへの発展も説かれている（*e.g.* BEHN, *id.,* at 196ff; C. Scott, *Accountability in the Regulatory State,* 27 J. L. & Soc. 38 (2000)）。アカウンタビリティーについては、大林啓吾『アメリカ憲法と執行特権』（成文堂、2008年）208-210頁、237-238頁も参照。

の部門間のやり取りを民主的アカウンタビリティーと呼ぶ、少なくともこの文脈においては特異な用語法(339)ともあわせて検討すべき点が残されている。

　ここでの問題点をより明確にするために、行政手続を経た市民参加と民主的正統化の関係をめぐる問題について、別稿で検討したドイツ法の観点からなにがしかの示唆が与えられないかについても検討しておきたい。すでに註(337)で触れたように、ドイツの憲法学は行政手続等を通じた市民参加を民主的正統化の契機とみることには否定的である(340)。1999年の段階で、そこに行政の階層構造による民主的正統化(341)を重視し墨守しようとする憲法学と効率性等の観点からの柔軟化を模索する行政法学との間の根本的な不一致を見出していたメラースは、相互理解の可能性と必要性を指摘し、階層構造によらない行政の民主的正統化の道を開く可能性を示唆していた(342)。そして、メラースは、行政手続を通じた透明性の向上について、以下のように説明し、民主的正統化の機能をもつ余地を認める。

　つまり、メラースのいう民主的正統化(343)を担う、法によって制度化された集団的な自己決定プロセスは、個人の自己決定と集団的自己決定を接続し

---

(339) *See,* Hathaway 2009, *supra* note 15, at 216. もっとも、彼女も大統領のアカウンタビリティーを論じるにあたって、大統領選挙における争点化を問題としており、「最大公約数」的なアカウンタビリティーの意義は共有しているものと思われる。*See, id.,* at 224. なお、筆者が2012年3月8日に行ったインタビューにおいて、ハサウェイのいう民主的アカウンタビリティーの定義とは何かを直接彼女に問うたが、これに対する明確な返答は得られなかった。

(340) Nationとしての同質性を有する「国民」による選挙を出発点とし、「議会→執行府→行政」という一連の民主的正統化の連鎖を強調する見解として、E.-W. Böckenförde, Demokratie als Verfassungsprinzip, in: HStR V, 3. Aufl., 2004, § 24, Rn. 10-34 や E.-W. ベッケンフェルデ（初宿正典編訳）『現代国家と憲法・自由・民主制』（風行社、1999年）213頁以下（高田篤訳「国家形態及び統治形態としての民主制原理」）［特に 215-222頁］がある。ベッケンフェルデの所論等については、毛利・前掲註(337) 313頁以下［特に、320-323頁］［初出、2002年］も参照。

(341) 行政の階層構造を通じた民主的正統化に関連して、アカウンタビリティー論において、伝統的・公的・民主的なアカウンタビリティーを形成する重要な要素として、官僚機構の階層構造を指摘するもの（*e.g.* BEHN, *supra* note 338, at 35-37; Rubin, *supra* note 338, at 2120ff.. 特に、後者は、階層構造に基づく上意下達こそ真のアカウンタビリティーという）が多い点は、注目に値する。

(342) *C. Möllers,* Braucht das öffentliche Recht einen neuen Methoden und Richtungsstreit?, Verwaltungsarchiv Bd. 90, 1999, S. 187f. u. 206f..

(343) メラースに従えば、正統性（Legitimität）とは、マックス・ヴェーバーがいうように、被治者による事実的な支配承認ないし、支配の貫徹可能性であるところ、法学において取り扱う正統化（Legitimation）とは、法外の意思形成を法上の構成要件にのせることを通じて正統性を得るべく、正当化をするための関係をいう（Möllers（Anm. 1), S. 33-35）。民主的正統化の最低限の要素として彼は、民主的応答性（Verantwortlichkeit）、民主的一般性、民主的平等性の三つが要求されるとする（ebd., S. 48-56）。このうち、民主的応答性が、アメリカでいうところのアカウンタビリティーに近い内容をもち、主に選挙を通じた法内在的な帰責構造を要求する。なお、このように、アメリカでいうアカウンタビリティーに、ドイツでは「応答性（Verantwortlichkeit）」の語があてられていることも、前掲註（335）における評価を裏付けていよう。

法秩序に情報の提供をもたらし、社会に適合した決定を可能にする仕組みとしての側面を有しており、決定の公開性はこれと同様に決定の民主的正統化に寄与しうるものなのである[344]。

また、これに加えて理性的な熟議というものも、その前提として各個人の自己決定を促すとともに、熟議の民主主義の理論が関係者全員の平等な関与可能性が認められることを前提とする限りで、民主的な一般性や平等を備えた集団的自己決定にもつながるという[345]。もっとも、メラースによれば、公開性や十分に根拠をもって基礎づけられていることといった要素は、階層構造的に、法的に制度化された自己決定の形式を補充するものではあっても、それにとって代わるものではなく、民主的正統化の根源は原則的に選挙に求められなくてはならない[346]。このようなメラースの議論を援用すれば、行政手続による公開性・透明性の確保は、あくまで選挙を出発点とする階層構造による正統化が基礎として存在していることを前提とした補充的な形においてではあるが、正統化の契機とみることができよう[347]。実際、メラースはドイツの国内の文脈では委任立法の文脈で行政手続による「補充」にはかなり否定的な見解をとる[348]。他方で、内閣制度の欠如により執行府のトップに水平的調整機能が欠けること、大統領と議会が、正統化にあたって、並列的・競合的な関係にあることから、議院内閣制の場合に比して執行府の応答性が欠け、透明性の向上へとつながる公開性の役割が大きいとして、行政の階層構造が弱いアメリカについては、行政手続による「補充」の余地を残している[349]。もっとも、「補充」の許容あるいは要求される範囲等については必ずしも明らかではなく[350]、メラースの見解そのものの基礎的検討を

---

[344] Ebd., S. 59f..

[345] Ebd., S. 60-62.

[346] Ebd., S. 63.

[347] 1997 年の共著論文で、メラースは、アメリカにおける、参加・手続による行政の正統化モデルは、議会の決定をそのまま実行に移すものとしての行政像と専門家としての独自の正統性を有する行政像のポスト多元主義的な妥協に、タウンミーティングの追憶を加えたものであって、「透明性」「明瞭性」といったキーワードによる限定的な正統化機能があるのみであると述べていた。Siehe U.R. Haltern, F.C. Mayer u. C.R. Möllers, Wesentlichkeitstheorie und Gerichtbarkeit, Die Verwaltung Bd. 30, 1997, S. 60ff. v.a. S. 57.

[348] Möllers (Anm. 1), S. 196f..

[349] Ebd., S. 197.

[350] なお、筆者は、2013 年 2 月 13 日にこの点についてメラースに直接質問した。アメリカ公法学における「democratic accountability」の定義の不明瞭性について自身もいらだちを覚える旨語っていたが、「補充」の程度や限界については明瞭な返答を得られなかった。

含めて残された問題は少なくない(351)。

　最後に、多くの判例や学説の検討を通じて見受けられたのが、委任禁止法理を論じる際に、本来は議会と執行府の間の権限配分の問題であるはずのところ、必ずといってよいほど、裁判所におけるその判断可能性の問題も一緒に論じられているということである。アメリカにおいては仕方のないことなのかもしれない(352)が、裁判規範としての基準と、議会・大統領にとってのある種の行為規範を形成する、大統領と議会の権限配分基準を分ける可能性について検討してみる余地もあるのではないだろうか。

(4) 委任禁止法理等の対外事項における展開可能性　(3)では、いわゆる委任禁止法理や行政手続の位置づけについて概観した。ハサウェイは前述のように、委任禁止法理や行政手続を通じた規律を国際的な規範形成に関しても妥当させ、民主的アカウンタビリティーを確保・向上させるべきであるという議論を展開しているところである。一方で、委任禁止法理や行政手続による規律は、いうまでもなく、国内での立法事項を念頭に置いたものであって、対外事項・国際関係のかかわる場面においてはそのままの形では妥当しないということが指摘される。そこで、(2)で描き出された対外事項の性質をめぐる基本的な議論をふまえて、議会と執行府との権限配分のあり方が、本書で問題としている国際的規範形成をめぐる場面に、(3)で示した基本的な政治的枠組がどの程度妥当するものなのかを確認してみなければならないだろう。

　　(i) 導入——国際的権限移譲という問題　2000年代に入ってから、アメリカにおいても国際機関等への国家の権限の移譲をめぐる問題が比較的活発に論じられるようになっている。これは、いわゆる「国際的権限移譲(353) (international delegation)」の問題であり、そこでは複数の国家による、国際的

---

(351)　以上の議論に関連して、野田崇「市民参加の『民主化機能』」法と政治60巻3号（2009年）1頁以下〔住民参加の機能を情報収集機能、権利保護機能、民主化機能に分類した上で、シュミット－アスマンの所論等の検討を経て、民主化機能固有の部分を「討論」に見出す興味深い見解を示している〕も参照。
(352)　この点については、佐藤・前掲註（277）36-37頁も参照。
(353)　青柳幸一は、international delegation に「国際的委任」の訳語をあてている（青柳・前掲註(25) 1頁）。しかし、「委任」という語が従来の「委任立法」論などとの連関を強く意識させる傾向があるところ、国際的な場面ではより広く様々な種類の権限を一般的な形で譲り渡してしまう傾向からか、一般的に「国際機構への権限移譲」といった用語法がみられるため、本書では「国際的権限移譲」という訳語を用いる。

な実体による様々な政策決定や行動の権限の是認をめぐる様々な問題が取り扱われている(354)。国際的権限移譲が真に問題のあるものなのであるか、如何に把握すべきかといった、根本的・基礎的議論(355)のほか、現在アメリカ憲法学において最もよく論じられているのは、おそらく国際的な裁判システムによる判断の国内への影響である(356)。既出の Medellín 事件はその好例であり、国際裁判の判決が国内法上拘束力をもつのか、如何にしてもちうるのかという問題にかかわるものであった。もっとも、本書がここで問題としているのは、国際的な場面において、(3)で検討した国内立法に関する規律が（どの程度まで）妥当するかである。そこで、以下では、委任禁止法理ないしその変形物が国際的権限移譲の場面においても妥当するのかという問題をめぐる議論を主に検討することにしよう。

　なお検討を行う前に、ここでの検討の位置づけについて、少し注意しておかなければならない。ハサウェイは、(2)で紹介した議論において、国際的実体に権限が移転することに焦点を当てた議論を展開するのではなく、大統領単独による国際的問題の処理に焦点を当てた議論の仕方をしている。国際的実体（international entity）(357)への権限の移転の可否と議会・大統領間の権限配分という二つの問いの立て方は、ある意味では次元を異にしているともいえる。しかし、憲法上国際的実体にであれ、議会がどこまで、またどのような態様によれば権限の移譲を許されるのか確定するということは、国際的権限移譲の決定において要求される議会関与の範囲確定でもあり、執行府単

---

(354) ここでの定義は、C.A. Bradley & J.G. Kelly, *The Concept of International Delegation*, 71 LAW & CONTEMP. PROBS. 1, 3 (2008) を参考にした。国際的権限移譲に関する諸問題の分類・概観についても同論文を参照。

(355) 例えば、D. Golove, *The New Confederalism: Treaty Delegations of Legslative, Exective, and judicial Authority*, 55 STAN. L. REV. 1697 (2003) は、国際機構が州の Confederation としてのアメリカ合衆国がさらに発展的に形成する新しい Confederation であるとして肯定的に捉える議論を展開する。しかし、総論的な議論にとどまり、新たな Confederation 形成が憲法上禁じられるものではないとしてもどの範囲で可能なのか等の問題には未解答である。また、N.S. Siegel, *International Delegations and the Value of Federalism*, 71 LAW & CONTEMP. PROBS. 93 (2008) も、国際的権限移譲は連邦の権限を奪うという点で連邦主義にそうものであるという議論を展開するが、その限界等具体的な場面については論じていない。なお、国際的権限移譲が連邦主義に資するものであるという点については、E. T. Swaine, *The Constitutionality of International Delegations*, 104 COLUM. L. REV. 1492, 1568ff. & 1613 (2004) も同様の見解を述べている。

(356) *cf.* BRADLEY & GOLDSMITH, *supra* note 7, at 480-485. この点に関する議論の概要については、さしあたり BRADLEY, *supra* note 25, at 109ff. を参照。

(357) 国際法上の国際機構に限定されない、行政機関のネットワークなどを含めた、国際的な制度・枠組一般を指す。

独では不可能な活動範囲を示すものである。この意味で、対外事項に関する議会と執行府の間における権限配分の問題と、国際的権限移譲の問題は接合可能であると考えられる。ハサウェイも、国際的権限移譲の問題について論じた論稿において、現在も基本的に国際的実体の決定・行動による拘束への国家による同意が求められているので、国家主権との抵触という点については実際大きな問題はないが、問題は国内立法の権限があるものの支持・同意が必ずしも要求されていないことにこそあるとしており[358]、上記のような接合と親和的な立場にあるといってよい。

　(ⅱ) **裁判例**　国際的権限移譲と委任禁止法理との関係をめぐって、判例といえるだけの連邦最高裁レベルの判決は存在していない[359]。

　関連する下級審裁判例としてよく引用されるのが、NRDC v. EPA 判決[360]である。この事件は、オゾン層を破壊する物質に関するモントリオール議定書の実施措置の一環で米国環境保全局（Environmental Protection Agency; EPA）が制定した規則の有効性が問題となった[361]。より具体的にいうと、この規則の制定に先立ち、上記議定書の 1997 年改正により設定された先進国の臭化メチル削減義務の履行のために、締約国の年次会合でなされた決定を受けて、アメリカの大気清浄化法（the Clean Air Act）が改正された。この改正大気清浄化法により、連邦議会は、EPA に臭化メチルの削減に関する規則を制定する権限を与えた[362]。2004 年の締約国会合で具体的に決定された臭化メチルの削減枠の取り決めを踏まえて、この権限に基づいて定められたのが、本件で問題となった規則である[363]。

　原告である環境保護団体は、当該規則が、議定書を改正する締約国間の決定や、その決定を規律内容として取り込んでいるはずの大気清浄化法の許容する範囲を超えて臭化メチル削減義務の例外を規定したものであり違法だと

---

(358)　O.A. Hathaway, *International Delegation and State Sovereignty*, 71 LAW & CONTEMP. PROBS. 115, 122-127 (2008).
(359)　*Note: International Delegation as Ordinary Delegation*, 125 HARV. L. REV. 1042, 1044-1045 (2012) [*hereinafter* Harv. Note].
(360)　NRDC v. EPA, 464 F.3d 1 (D.C. Cir. 2006).
(361)　この事件で問題となったのは、ドイツにおいて「二次法」への統制の問題、あるいは、それと隣接し区別が困難な「条約の継続発展」の問題と呼ばれるもの（第 2 章Ⅱ **3** (3)(ⅱ)参照）と類似の問題でもある。*cf.* BRADLEY, *supra* note 25, at 128ff..
(362)　*NRDC*, 464 F.3d at 2.
(363)　*NRDC*, 464 F.3d at 5.

主張した⁽³⁶⁴⁾。

　これに対して、裁判所は原告側の主張を採用するならば、憲法の規定によらない条約改正を許すことになり、合衆国憲法2条違反という重大な問題を引き起こすことになるとした。その上で、締約国の年次会合における決定を、司法判断適合性を有する国法（law）としてしまえば、委任禁止原理に反するとも指摘し、当該決定が国法であることを否定した⁽³⁶⁵⁾。

　さらに、大気清浄化法やモントリオール議定書が立法権限を締約国の年次会合に委ねたと解釈するよりは、国際政治上のコミットメントを生じさせたにすぎないと解釈する方がずっと説得的だとした⁽³⁶⁶⁾。裁判所は、こうすることによって、締約国間決定に対する違反を通じた大気清浄化法違反の事実はないという結論を導いたのである⁽³⁶⁷⁾。

　法律の解釈によって、立法権限の委任がないか、妥当な範囲に収まっていると処理するのは、前述のように国内の委任禁止法理の文脈において裁判所がよく用いる技法⁽³⁶⁸⁾だが、国際的な権限移譲が問題となる場合も裁判所はこれを利用したということになる⁽³⁶⁹⁾。

　先にも述べたことであるが、それに加えて、裁判所は自動執行性（self-execution）を否定する可能性も示唆している⁽³⁷⁰⁾。つまり、国際的な規範の国内における適用可能性を否定することによって抵触問題をそもそも回避してしまおうというのである⁽³⁷¹⁾。

　　(iii)　学　　説　　(ii)で紹介した裁判例同様、学説上も、自動執行性を否定することで、国際的な決定等の直接的な国内での効力発生を否定でき、

---

(364)　*NRDC,* 464 F.3d at 7.
(365)　*NRDC,* 464 F.3d at 8.
(366)　*NRDC,* 464 F.3d at 9.
(367)　*NRDC,* 464 F.3d at 10.
(368)　*See,* Swaine, *supra* note 355, at 1552.
(369)　Bradley & Goldsmith, *supra* note 7, at 486.
(370)　なお、判決自体は、明示的に「自動執行性」（これについては第2部で詳論する）を否定したわけではないが、「国内において裁判で執行可能な法」ではないとしており、国内効力と自動執行性を混合した表現ぶりではあるが、自動執行性を否定していると読むことは可能である。この点については、Bradley, *supra* note 25, at 136 も同趣旨である。国際法上の法的拘束力、国内効力、国内における直接適用可能性という問題は、理論的には峻別されるべき問題であるが、実際上具体的問題をいずれに位置づけるかについては、判断に困難を伴うことも多いといえよう。
(371)　この他、国連安全保障理事会の決議の自動執行性を否定したものとして、Diggs v. Richardson, 555 F.2d 848 (D.C. Cir. 1976) がある。また、Medellin 判決は、裁判作用に関する国際的権限移譲の問題に関して、自動執行性によって処理したと捉えることも可能である。

国内における委任禁止法理の機能不全などにてらしたとき、議会に適切な関与の余地を与える意味でも、有効な手段であるとする見解がみられる(372)。

また同様の見解として、直接的な検討対象は慣習国際法とするものではあるが、民主主義の観点から原則的に国内の通常立法による国際法の実施措置を要求する見解もみられる(373)。「条約の自動執行性」という問題設定で語られることが多いが、自動執行性ないし直接適用可能性という問題は、特段条約に限定されるものではなく(374)、議会の事前関与が困難な国際的規範についても対応可能な手段であるという点(375)は、この見解の強みである。そして、自動執行性ないし直接適用可能性を否定したところで国際法平面における効力には影響がないという点を、自説を防御する文脈で用いる(376)。しかし、国際法平面の効力は依然として残るということは、事実上の拘束力を生ぜしめる契機となりうる。さらに、「間接適用」という形で援用される可能性(377)を考えると、かえって国際的な規範による国内での事項の規律に隠れ蓑を与えてしまうだけではないのかという疑問も生じる(378)。加えて、自動執行性の基準をめぐる議論が錯綜していることも問題の一つとして挙げられよう(379)。この問題については、一層の検討を要するが、少なくとも、自動執行性だけを国際的権限移譲の解決手段と考えるべきではない。

さて、自動執行性に着目する見解に類似するものとして、国内実施法に着目する見解もみられるところである(380)。また、国際的な規範はあくまで「合衆国の法」ではなく、「合衆国に対する法」であり、「合衆国の法」とな

---

(372) C.A. Bradley, *International Delegations, the structural Constitution, and Non-self-Execution*, 55 STAN. L. REV. 1557, 1595-1596 (2003). もっとも、ブラッドリーは、BRADLEY, *supra* note 25, at 137 では、自動執行性による処理の有用性を説きつつも、いわゆる二次法等によって条約が実質的に修正されてしまう場合には、その修正が自動執行性を欠くというだけでは、問題が解消されないという。

(373) J.O. McGinnis & I. Somin, *Should International Law Be Part of Our Law?*, 59 STAN. L. REV. 1175 (2007).

(374) 岩澤雄司『条約の国内適用可能性』(有斐閣、1985年) 30頁。*See also, Medellín,* 552 U.S. at 520-523.

(375) *cf.* Bradley, *supra* note 372, at 1589, 1591-1592.

(376) *Id.*, at 1589.

(377) 非自動執行条約(国際合意)の間接適用が多くみられることについては、R. Crootof, *Judicious Influence: Non-Self-Executing Treaties and Charming Betsy Canon*, 120 YALE L. REV. 1784, 1796-1806 (2011) を参照。国際法の間接適用に関しては、第2部第4章参照。

(378) *See also,* Swaine, *supra* note 355, at 1552-1554.

(379) *Id.*, at 1553. 自動執行性をめぐるアメリカにおける議論の状況については、第2部第3章Ⅰを参照。

(380) K. Daugirdas, *International Delegations and Administrative Law*, 66 MD. L. REV. 707 (2007).

るためには議会等による実施措置が必要であり、やや楽観的ながらその限りで権力分立原則との抵触問題はさほど大きなものとはならないとするヘンキンの見解(381)もこれに近似する見解として挙げることができる。

　もっとも、ドーガーダス（K. Daugirdas）は、前述の NRDC v. EPA 判決が、議会に条約の実施というものに真剣に取り組む必要はないという誤ったメッセージを送ったものであると批判する(382)。というのも、国際的実体は議会の下部組織でもなければ行政機関でもなく、議会の命令に留意する義務もない存在であるのに、明確な規律内容の支持を要求する（従来の）委任禁止法理を国際的権限移譲に適用するというのはそもそも間違いで、手続のきっかけとなる規定や事後に内容を取り込むための規定こそが重要であるから、特に後者の国内実施法の充実こそが問題であるとドーガーダスは考えているためである(383)。彼が具体例として、国内実施法が条約に基づく規則制定についてノーティス・アンド・コメント手続を定め(384)たり、規制内容については規律をしないものの規制の期間に関する規律を定め(385)たりといった例を挙げ、充実した実施法のあり方として参照している点(386)も注目される。

　このほか、国内の文脈で触れた、委任禁止法理の「蘇生」を説く、American Textile Manufactures Institute v. Donovan 判決のレンキスト同意意見ですら、Curtiss-Wright 判決を引用し、対外事項への適用に否定的立場をとる(387)。それゆえ、Curtiss-Wright 判決の判示内容(388)がなお生きており、対外事項に委任禁止法理は適用されない可能性も指摘されている(389)。

　以上が、対外的な場面の特殊性などを理由として、国際的権限移譲について委任禁止法理の適用の場面ではないとするか、その適用を否定する見解で

---

(381) Henkin, *supra* note 12, at 264.
(382) Daugirdas, *supra* note 380, at 719-720.
(383) *Id.*, at 727-730, 737-739.
(384) *e.g.* 21 U.S.C. § 811(d)(2)。これは、薬物濫用規制の一環として、条約の枠内における禁止薬物指定の手続について定めたものである。
(385) *See*, 19 U.S.C. § 3912。これは、ダイアモンドの適正な国際取引のための国際枠組である、キンバレー・プロセスへの参加および運用を定めた法律（*id.*, §§3901-3913）の一部である。なお、期間の規定というのは、会計検査院長による2年以内での効果等に関する報告の提出と、それに基づく修正の可能性を担保したものである。
(386) Daugirdas, *supra* note 380, at 721-724.
(387) *American Petrol. Inst.*, 448 U.S. at 684.
(388) 外交に委任禁止法理のような制限はかけるべきではないとする。*See*, *Curtiss-Wright*, 299 U.S. at 322.
(389) *See*, Swaine, *supra* note 355, at 1546-1548.

ある。これに対して委任禁止法理の適用を主張する見解も存在する(390)。以下では、最後にその見解について検討をしてみることにしよう。

クー (J.G. Ku)(391)は、国際的権限移譲の問題を本格的に扱う嚆矢ともいうべき論稿(392)を 2000 年に発表した。そこでは、最初に、国民国家のみを主体とし、国家の自主的な受け入れを拘束力の源泉に据えた、契約的性質を帯びた条約と慣行をベースに生じる一般国際法によって構成される「伝統的国際法 (Traditional International Law)」からの国際法の変化を指摘する。すなわち、多様な性格を有する国際機構がアクターとして登場し、慣行の蓄積によるよりも多数国間の立法的性格を有する条約によってルール形成が行われ、そこでは個人の権利や活動に着目がされる、「新しい国際法 (New International Law)」への変化である。こうして、「新しい国際法」では、国際機構における多数決を通じたルール形成による個人への直接的な規制がなされることになると指摘する(393)。またこれを国内の観点からみれば、条約締結権・立法権・執行権・司法権といった権限の移譲を意味するという(394)。

その上で、国際機構への権限の移譲は、従来の国内における非連邦アクター(395)への委任ないし権限移譲とパラレルな問題であるとした上で、非連邦アクターの場合にも委任禁止法理が妥当するとしつつもほとんど機能してこ

---

(390) のちに詳しく紹介するクーの所論のほか、例えば J.C. Yoo, *The New Sovereignty and the Old Constitution*, 15 CONST. COMMENT. 87, 96ff., 115 (1998) は、化学兵器禁止条約の実施法律をめぐる議論の中で、この条約において設置された化学兵器禁止機関の査察権限を認める問題について、合衆国憲法2条2節2項の大統領の任命権限からくる制約や委任禁止法理が問題となることを前提とした議論を展開している。

(391) クーのグローバル化と合衆国憲法に関する一般的な見解については、ユーとの共著になる、J. Ku & J. Yoo, *Globalization and Structure*, 53 WM. & MARY L. REV. 431 (2011) [国際的権限移譲の問題にも触れ、ユーもこの現象が戦間期の全米化 (nationalization) と基本的にパラレルであるとして、連邦主義と権力分立という合衆国憲法の基本的な構造の中で処理されていく問題だという] を参照。

(392) J.G. Ku, *The Delegation of Federal Power to International Organizations: New Problems with Old Solutions*, 85 MINN. L. REV. 71 (2000).

(393) *Id.*, at 79-88.

(394) *Id.*, at 113.

(395) 非連邦アクターへの委任全般については、H.J. Krent, *Fragmenting the Unitary Executive: Congressional Delegations of Administrative Authority Outside the Federal Government*, 85 NW. U. L. REV. 62 (1990) [州への委任については連邦主義の観点から正当化が比較的容易とする一方、私人への委任については執行府による監督可能性や市民の参加が共和主義の伝統と合致する可能性を指摘しつつも、権力分立との抵触問題は完全に払しょくできないとする] を参照。私人への委任についての問題は、他の多くの教科書類でも言及があり (*see, e.g.*, TRIBE, *supra* note 252, at 991-993)、いわゆる公私協働の問題もこれに関連し、前掲註 (338) で触れたようなアカウンタビリティー概念の再構成の試みもここでの議論につながっている。また、Pierce, *supra* note 282, at 414 はできるだけ非連邦アクターへ権限を割り振り、連邦議会の負担を軽減する必要を説く。なお、私人への委任に言及する邦語文献として、弥永・前掲註 (255) 32 頁以下も参照。

なかったので、国際的権限移譲に関しても事実上放任ということになってしまうのではないかという(396)。

しかし、議論はここから反転し、政治的アカウンタビリティーと正統化の観点から検討を加え、逆の結論を導く。すなわち、まず定期的な選挙でアクターが選出される上、成果が不十分な場合には次の選挙で責任をとり交代を迫られるという意味での政治的アカウンタビリティーに関して、国内の非連邦アクターである州や私人には、州独自の政治的アカウンタビリティーや執行府による監督を通じた政治的アカウンタビリティーへの接続が存在しているところ、国際機構の場合には執行府の監視を受ける立場にはない。そのため、権限移譲の場面でその内容を厳格に検討する必要が生じるという(397)。また、正統性に関して、ダール（R. Dahl)(398)を引いて、被治者が、制度や指導者等が構造・手続等の面で正しさや道徳的善といった特性を有するものと信じそれに拘束されていることと、まず定義した。その上で独自の正統性が脆弱な国際機構は、個々の国家からの正統性の移譲に依存せざるをえず、そのため国際的権限移譲を厳密に審査しなくてはならないとする(399)。

こうして、クーが最終的に提示する解答は、司法審査の強化である(400)。ここでは、個人の権利が関係する場合には、対外事項にかかわっていても司法が積極的に関与すべきであるとするヘンキンの所論などを引きながら、政治過程のレフリーとしての裁判所が憲法に適合的な処理を求めることで、国際機構の正統性向上に資するものだというのである。さらに、クーが問題としている「新しい国際法」は、国家間の政治的問題というよりは個人の権利義務など人権章典をはじめとする憲法の個別条項にかかわる問題であり、その意味でも司法審査に馴染みやすいものだとしている。

このクーの議論について、いくつか気が付いた点を挙げておこう。まず、

---

(396) Ku, *supra* note 392, at 117-120.
(397) *Id.*, at 121-126.
(398) R.A. DAHL & B. STINERBRICKNER, MODERN POLITICAL ANALYSIS 60 (6th ed., 2003). ちなみにこの定義は、メラースがマックス・ヴェーバーを引用して定義づけた (*siehe Möllers* (Anm. 1), S. 33f.)、支配についての事実的な承認および支配の貫徹可能性としての「正統性 (Legitimatät)」と同じものであるといってよいだろう。
(399) Ku, *supra* note 392, at 126-130. このような、国際的権限移譲の場合には司法審査が厳格化するとの見解に対して、政治部門の問題処理能力を重視し、国内の場合と同程度の厳格さで委任禁止法理を適用すべきだとする見解として、Harv. Note, *supra* note 359 がある。
(400) Ku, *id.*, at 135-144.

結論だけをみた場合、国内の委任禁止法理をめぐる議論における、サンスティンの「Nondelegation Canon」などがいう枠組[401]に非常に類似しているということができよう。国内の場合と対外事項がかかわる場合では、問題の処理は変わってくるといわれるところであるが、個別的な当てはめのレベルではともかく、基本的な枠組としては、特に裁判所の能力の問題までをも視野に入れて裁判上の基準として考えると、結局同じようなところに落ち着くことになってしまうようである。

次に、クーは司法審査の強化を解決策として提示しているが、クーの議論展開からすると、必ずしも司法審査に結合させられなくてはならないものではない。実は、政治的アカウンタビリティーや正統性の観点から国際的権限移譲の厳格な規制が要求されるとする、クーの理論構成は、ドイツの国内レベルでは行政のヒエラルキー構造を乱すものとして行政による規範定立への市民の参加を否定的に解し[402]つつも、官庁間の国際的協働ネットワークの文脈において、規範定立への市民参加を民主的正統化の契機として肯定的に捉えるメラースの議論[403]とよく似ている。クーやメラースの議論は、ハサウェイの主張する行政手続アプローチ、すなわちノーティス・アンド・コメント手続の活用論の根拠づけに利用することも不可能ではない。もっとも、これについて結論を出すためには、ノーティス・アンド・コメント手続ないし市民参加が真に民主的正統化に資するのかという、解答を留保した問題に答えなければならない[404]ことは、いうまでもない。

最後に、上で紹介した、国際的権限移譲の場面における委任禁止法理の活用に否定的な見解との接合可能性である。委任禁止法理に否定的な見解は、対外的な場面における権限移譲段階での規律の充実が困難であるとして、移譲後の国内での執行の場面における規律手法を説くものであったということができる。一方で、クーは、「新しい国際法」の性質にてらし、政治的な外交問題よりも憲法の個別条項の解釈問題に焦点が当てられるとして、人権事

---

(401) ちなみに、サンスティンは、「Nondelegation Canon」が対外事項についても妥当することを前提とした議論を展開している。See, E.A. Posner & C.R. Sunstein, *Chevronizing Foreign Relations Law*, 116 YALE L.J. 1170, 1196-1197 & 1210-1212 (2007).
(402) Möllers (Anm. 1), S. 196f.. また、前述の通り、メラースはアメリカにおいては、行政手続の整備に一定の意義を見出す余地を認める。Siehe ebd., S. 197.
(403) Möllers (Anm. 142), S. 385.
(404) メラースも、ebd., S. 385 では、参加と民主的正統化の関係についてあまり触れない。

項などに限定した形での規律を説いている。そうすると、クーの所論が正当な限りにおいて移譲段階への規律は可能であろうし、クーの議論が移譲後の執行の場面での規律を排除するものであるとも思われない。そして、クーのいう「新しい国際法」の登場こそ、本書が一番の問題の端緒として理解しているものである。

　　(iv) まとめ　　以上縷々検討を加えてきたが、さしあたり以下のようにいうことができよう。委任禁止法理は一定の修正は必要ではあるが、修正が加えられた限りにおいて国際的権限移譲にも適用されるし、またそれが要求もされる。そして、その修正といっても、委任禁止法理自体、前述の通り国内においても伝統的なそれからの修正が図られているところであって、国際的権限移譲のための修正と国内平面での修正は結論的に大きく隔たってはいない。また、委任禁止法理の適用以外にも、自動執行性を厳格に考えることで執行・実施レベルでの議会関与の強化を促す可能性もあるし、権限移譲の場面および執行・実施のレベルの両方で行政手続を通じた市民参加を導入する余地もある。

3　小括——ハサウェイの見解の妥当性

　以上の検討を踏まえると、ハサウェイの見解の基本的なライン、つまり必要的立法事項についての立法、すなわち事後承認行政協定による処理の必要性と、ノーティス・アンド・コメント手続による事前行政協定や単独行政協定への統制は、現在のアメリカにおける議論枠組の中で受け入れ可能なものになっているということができる。また必要的立法事項とは、合衆国憲法1条8節各項列挙の事項と憲法上の権利に関連するような事項で、そのうち基本的な決定については議会自らの判断が必要ということになる。効率性を維持しつつ、この決定の留保を実現する方策として、ハサウェイが好意的に引用するファスト・トラック手続は大きな意味をもってくるだろう。

　次にハサウェイの見解では、大統領の権限制約が主題となっていることから致し方ない面はあるが、行政機関単位での協定締結の場合には、大統領によるコントロールの強化を考える余地も完全に否定されるものではなかろう。

　最後に、行政手続の利用も、国内レベルの議論としてはその正当化に問題が残るところであったが、国際的な場面においてはむしろ望ましいものという余地すらある。

以上より、ハサウェイの議論は、基本的に妥当であると評価できる[405]。

III　中間総括

以上の検討の結果を、最後にまとめておくと以下の通りである。

1．従来国内における立法事項とされてきた問題が、国際的な枠組の中で国際的規範によって処理されるようになった近時にあって、国内議会による統制は現状としてかなり小さなものとなっている。

2．これについては、条約や事後承認行政協定による承認の強化および、事前の授権の強化や行政手続の導入による適正化がハサウェイによって主張された。その内容は、現在の議会民主政の構想やその枠組の対外的場面への拡張可能性に関する議論状況にてらして基本的には是認されるものである。

3．もっとも、ハサウェイの議論には条約と事後承認行政協定の関係性を不明瞭にしているところがあることも否めないが、彼女によれば、州の重大な利益にかかわる事項に限定して条約が用いられるべきで、むしろ事後承認行政協定を基本的に利用すべきである。

4．また、事後の承認であれ、事前の授権であれ、議会が決定すべき点というのは、合衆国憲法1条8節に列挙される立法事項や憲法上の人権などをめぐる重要事項についての基本的な決定である。

5．さらに、行政手続の活用論についても、少なくとも国際的な規範形成に関する限りにおいては妥当なものと評価できる。

これら5点について確認した上で、最後に1点付け加えておくと、ハサウェイは議会強化アプローチと行政手続アプローチについて峻別して考える傾向がある。しかし、以下のように考えると両モデルの融合も考慮の射程に収まってくる。すなわち、議会に情報を提供した後、広く公衆に公開するという、行政手続アプローチで挙げられた情報の早期提供という手法が、条約や

---

(405) もっとも、議会関与拡大アプローチにおいて、事後承認行政協定によることが求められる範囲として、①条約の継続期間や②上下両院の一定数の議員の要求によっても確定されるとする点は、①継続期間がそこまで重要な要素となるのか、②議員が要求すればよいとするならば不当な執行府の権限への介入となりかねないという点で、疑問である。

事後承認行政協定の場合にも、上院あるいは議会全体への交渉段階での早期の情報提供という形で応用される可能性があるのではないか。また、その際、場合によっては、ノーティス・アンド・コメント手続の併用も考えうるところである[406]。

---

(406) これに関連して、ハサウェイが議会関与拡大アプローチの一つの方法として援用するファスト・トラック手続というのは、確かに事後承認協定の手続様式ということができるだろう。しかし、前述の通り、事前に一定の報告が議会になされた上で交渉が進められ、最終的な事後的承認については審議権が制約されるというのだから、事前授権行政協定に類似した側面をもっているということもできる。こうして、ファスト・トラックは、事後承認協定と事前授権協定の中間的な位置に存在するものとして、多様なコントロールの可能性を広げる役割を果たしうる。

第4章
ドイツ・アメリカの議会関与論の比較と我が国におけるその展望

I 独米の比較

　前章では、アメリカにおける国際合意の締結と議会の関与をめぐる現状、およびそれに対する議論を簡単に通覧したのであるが、そこから得られたものをここで簡潔にまとめた上で、第2章で検討・紹介したドイツにおける議論と比較しておくことにしよう。

　まず、第1にアメリカ合衆国憲法の構造上の問題によるところが大きいのであろうが、国際合意の形成に関して、国際的平面における合意自体の形成という、いわば「外交」に該当する場面から、それを国内法平面において効力あらしめる場面、これを条約の場合には「承認」、その他の場合には「立法」として分離させて捉える傾向が強いように見受けられる[1]。換言すれば、議会が関与する場面を、立法ないしはそれに準ずるものとして峻別する傾向が強くみられるということである。そうして、これは議会における修正権の有無という問題が正面からは問題とされていないということにもつながるのである。これに対して第2章において検討したドイツでの議論は、法律とい

---

[1] この点については、*R.A. Lorz*, Interorganrespekt im Verfassungsrecht, 2001, S. 290ff. も指摘している。なお、ロルツは、条約に関する限りドイツにおいてこういった区別はなく、条約法律に一元化されているという（ebd., S. 298）。他方で、ロルツは、アメリカにおいては外交・実施の分離も一因となって、条約締結自体に対する議会の関与が限定され大統領優位のシステムになっていることも示唆している（ebd., S. 310）。しかし、それは外交と立法ないし国内実施との分離・非分離以上に、大統領制の採用に起因するところが大きいだろう。また、ドイツにおいても外交と実施の2側面があることについてロルツも否定していないし、二つの側面の存在に留保することは重要であるといえよう。また、筆者はロルツとは異なり、ドイツの条約法律が条約文自体を参考資料のように添付する一方で、条約法律自体の条文をもち、前文や付帯決議を付すこともできるという点に、条約形成という外交とその国内実施の分離を見出すことはできると考えている。

う形式をとりつつも、条約への承認を合意形成の一部分、すなわち外交の一部分と捉える傾向が強く、外交作用と立法作用の混在する中での議論の混乱が生じていたように思われる。もっとも、国際法と国内法を厳密な意味で二元論的に捉えることが現実にてらして必ずしも適切とは言い難い。また、ここで見出された差異も、多分に相対的なものであるということは否定できないだろう。しかし、総じてドイツに似た傾向を示す我が国の議論にとって、外交と立法を分離して考えることは、新たな視点を与えるという意味でなにがしか得るものがあるように思われる。実際、外交と立法の分離から得られる具体的効果としては、条文自体への修正がかなわないとしても、国際合意を承認する段階において、修正に準ずるような影響力行使を議会が行う場を確保することが可能になることが挙げられる。こうすることによって、留保や条件といったものの付加を義務的な形で執行府に課すことが可能になると考えられよう。

　第2に、国際合意形成への事前の議会関与という視点が見出されるということである。もっとも現状としては、事前の関与は非常に抽象的なものにとどまっており、我が国においても組織規範としての権限付与がなされているのであってそれと変わらない程度のものにすぎないようである。それでも、国際合意の形成に対して事前に議会が関与するという視点は我が国においては欠如しているし、ドイツにおける事前関与論とも関連して、十分に考慮に値するものである。

　第3に、前章では、法律ではなく決議による拘束的な決定を容認する[(2)]こ

---

(2)　なお、決議の利用をめぐっては、ドイツでは拘束力のある議会決議の問題が連邦軍の海外派兵をめぐって議論されたわけであるが、いみじくもアメリカにおいても、米軍の出動についての議会の関与について定めた、1973年の戦争権限決議（War Powers Resolution. これは、法律と制定手続が同一である両院共同決議（joint resolution）の形式で制定されたため、戦争権限法とも呼ばれる）が存在する。この戦争権限決議は、敵対行為等への米軍投入につき、大統領に議会との協議等を要求し、宣戦なき敵対行為への米軍投入の場合に一定の要件の下、両院合同決議（concurrent resolution）によって米軍の撤退をも義務づけると規定する。しかし、これをめぐっては、撤退を義務づける両院合同決議について定める5節(c)が Chadha 判決にてらして違憲であるという意見が強い。See, e.g., J.A. Baker III, W. Christopher et al., National War Powers Commission Report 23 (2008); R.D. Rotunda & J.E. Nowak, Treatise on Constitutional Law 866 (4th ed., 2007). 戦争権限決議の内容紹介も含めて、邦語文献では廣瀬淳子「アメリカ戦争権限法の改革提案」外法239号（2009年）181頁以下等を参照。違憲論に対して、撤退を義務づける両院合同決議は大統領の執行権限のコントロールであって立法権行使ではないから Chadha 判決が禁じた立法手続の回避には該当しないとする見解として、B.C. Rushkoff, A Defense of the War Powers Resolution, 93 Yale L.J. 1330, 1349-1350 (1984) も参照。なお、アメリカにおいて法的拘束力のない決議による執行府への影響力行使を説くものとして、L. Henkin, Foreign Affairs and the US Constitution 81 (2nd ed., 1996) がある。なお、戦争権限決議

とで、機動力のある議会の本質的決定を確保する可能性について触れ、それに伴ってそれとは反対に法律制定手続の枠内でその手続の簡略化を模索する可能性もあると論じた。また、同じく冒頭では、アメリカの議論を参照する理由として、国際的規範に対する多様なコントロール手法の存在を挙げたわけであるが、その一例をなすものとして、ファスト・トラックという法律制定手続を簡略化する手法が存在することを紹介した。これは簡略化された法律制定手続の実例として大いに参考に値するものであるといえよう。アメリカにおいても適用範囲が限定されているものではあるが、前述のようにハサウェイはこれを一般化する可能性を否定する理由は特段ないという。この点、確かに、ファスト・トラックないしTPAという手続は、外国との通商の規律が連邦議会の権限に属する（合衆国憲法1条8節3項）のに対して、外国との交渉権限は大統領に属する（同2条2節2項参照[(3)]）という憲法の構造の下で、両者を折り合いづけるために生まれた知恵であるという性格が強い[(4)]。しかし、すでに結論づけたように、事後承認行政協定が通商事項を含めた、連邦議会の管轄事項に関する限りで締結可能であるならば、連邦議会の権限と大統領の対外交渉権限との調整の必要性・妥当性は、通商協定以外の場合にも同様に当てはまるといえるのではないだろうか[(5)]。例えば、通商協定以外へのファスト・トラックの拡大を論じたキャリアー（M.A. Carrier）は、ファスト・トラックを憲法上の権限配分をめぐる規範的な問題ではなく、大統領・連邦議会の双方がそこから離脱することが可能な、議会の手続規律の問題にすぎないとした[(6)]上で、相手国の信頼を得るために議会の支持の存在

　一般に関する邦語文献として、富井幸雄『海外派兵と議会』（成文堂、2013年）342頁以下がある。
(3)　厳密にいえば、交渉権限の所在について憲法の当該条項は直接述べておらず、交渉権限の大統領への帰属を述べるのは、前章で既出のCurtiss-Wright判決（299 U.S. 304, 319）である。
(4)　*See*, J.F. Hornbeck & W.H. Cooper, *Trade Promotion Authority (TPA) and the Role of Congress in Trade Policy*, CRS Report for Congress RL33743, 5 (2015), https://www.fas.org/sgp/crs/misc/RL33743.pdf.
(5)　議会承認協定の枠を超えて、合衆国憲法2条の条約締結手続へのファスト・トラック類似の手続の導入を部分的ながらも主張するものとして、R.A. Lehmann, *Note: Reinterpreting Advice and Consent*, 98 Yale L.J. 885 (1989) がある。
(6)　M.A. Carrier, *All Aboard the Congressional Fast Track: From Trade to Beyond*, 29 Geo. Wash. J. Int'l L. & Econ. 687, 716 & 735 (1996). ちなみに、連邦議会自体がファスト・トラックの手続を各議院の議事規則制定権（合衆国憲法1条5節2項）に基礎づけている（19 U.S.C. § 2119 (a)）。なお、この点につき、J. Linarelli, *International Trade Relations and Separation of Powers under the United States Constitution*, 13 Dick. J. Int'l L. 203, 225 (1995) は、多くの見解が条文を根拠に議事規則制定権の枠内であるとしていることは、トートロジーにすぎず、実質的理由づけを欠いていると批判する。
　また、議事規則一般が往々にして各議院によって破られているという点については、E.W. Sim, *De-*

を示すという大統領にとっての利点[7]と、大統領へのコントロールの事実的要請や圧力団体からの解放可能性など議会にとっての利点[8]という二つの観点から、ファスト・トラックが通商のほか、軍縮、外国支援、環境、戦争権限等の分野に有用かを検討している[9]。これは、事実的な効率等の観点からの適合性の問題はあるにしても、憲法上の規範的な限界は、ファスト・トラック手続の拡大についてはないと考えているとみてよいだろう。もっとも、この点に関連して、各議院の議事規則制定権を、議事の経過や内容を各議院の支配に委ね、他の議院や特に大統領に対抗させるという、権力分立の観点から重要な意義をもつ議院自律権と捉え、法律による議事規則制定であるファスト・トラック手続の導入の合憲性に疑問を投げかける見解[10]もあることに注意が必要である。ただし、この見解自体も指摘するように、各議院単独でファスト・トラック手続を排する議事規則制定ができるとされている限りにおいて、自律権の完全な放棄ではなく違憲とまではいえず[11]、また実際上の必要性に鑑みた時、むしろ巧みな手法であるといえよう[12]。

このように考えると、我が国の条約承認手続一般にファスト・トラック類似の手続を導入することも、導入の仕方については議院自律権との関係で我が国においても配慮が必要とはなろう[13]が、十分可能であるといえよう。

---

railing the Fast-Track for International Trade Agreements, 5 FLA. INT'L L.J. 471, 517-518 (1990) を参照。
(7) Carrier, *id.*, at 717-719.
(8) *Id.*, at 719-720.
(9) なお、ファスト・トラックがロビー活動という間接的・非公式な公衆参加を不可能にする点については、キャリアーと同様の見解をとりつつ、ロビー活動等を含めた公衆（この公衆には利益団体も含まれる）の参加による通商交渉の正統化を主張するものとして、B.J. Schoenborn, *Public Participation in Trade Negotiations*, 4 MINN. J. GLOBAL TRADE 103 (1995) がある。ここにも、行政手続による民主的正統化の可否をめぐる問題が生じているといえよう。
(10) A-A. P. Bruhl, *Using Statutes to Set Legislative Rules*, 19 J. L. & POL. 345, 383ff. (2003).
(11) *Id.*, at 412-413.
(12) ファスト・トラック手続の適用範囲拡大については、P.B. Stephan, *International Governance and American Democracy*, 1 CHI. J. INT'L L. 237, 252 (2000) も参照。このステファン論文に対して、J.R. Paul, *Is Global Governance Safe for Democracy?*, 1 CHI. J. INT'L L. 263, 268-269 (2000) は、議会の支持が得られない場合には、大統領は単独行政協定に逃れればよいのであって、ファスト・トラック手続は、議会の関与を確保するというよりは、審議が迅速化されるという、大統領にとっての利点のみが働く手法にすぎないと批判する。しかし、本書のように一定の場合には議会関与行政協定（特に事後承認行政協定）の利用が規範的に要求されるとするのであれば、このような批判を免れえよう。
(13) この点については、議院手続準則決定権を議院自律権の中核に据えつつ、法律制定における衆議院の優越や所管国務大臣の署名および内閣総理大臣の連署の存在に留意して、国会法が議院手続準則を多く規定していることを捉えて、各議院、特に参議院の自律権を侵害するものとして国会法を原則違憲とする、大石眞『憲法秩序への展望』（有斐閣、2008年）172-176頁［初出、1998年］が参照されなければならない。

さらに、一定の実質を備えた「条約」についての効果的なコントロールの可能性という点からしても、ファスト・トラックの仕組みは大いに参考になるものを含んでいる。というのも、ファスト・トラックは、交渉後の議会関与についてはかなりの程度軽量化[14]し、実効性・迅速性の充足を実現しつつも、議会が交渉開始前から関与し、交渉中も情報提供、さらには代表の交渉参加という形で関与するものであり、点ではなく線あるいは面によるコントロールの実例といえるからである[15]。

　第4に、行政手続の活用に触れた点につき述べたい。多様なコントロール手法を有する、アメリカの議論を参照したのには、一定の実質的重要性を有する「条約」についてはともかく、それ以外の国際的な規範形成の民主的正統性をどう確保していくべきかについてのヒントがそこにあるのではないかという思惑もあった。では、この点についてアメリカの議論から得るものはあったのだろうか。これについては、一定の解答を得ることができたといってよい。というのも、ハサウェイの見解においては、議会関与の限界を認め、議会関与拡大モデルに加えて、行政手続モデルが提示されていたが、行政手続モデルは、「条約」以外へのコントロールないしは民主的正統性の確保のあり方を示すものだからである。そして、アメリカにおける一般的な議会民主政論や対外問題の処理についての考え方にてらしても、その妥当性は支持されうるものであった。もっとも、意見公募手続ないしパブリック・コメントといった、行政手続がどこまで民主的正統化の問題と結びつくものかは、ドイツの理論も参照しつつ若干検討したものの、アメリカの議論からは必ずしも明らかとはならなかったことは認めなくてはならない。

　第5に、アメリカにおける基本的な議会民主政の構想とその対外事項への適用・応用可能性についても検討した。この検討を通じて、憲法上の人権など重大な事項について基本的な決定は議会に留保されなくてはならないが、その一方で大統領の民主的重要性にも着目して、大統領による決定や行政機関に対するコントロールも重視する構想が明らかになった。ここには、ドイ

---

(14)　なお、軽量化というのは、主に協定の署名後に当てはまり、交渉開始前、交渉中も含めた場合、議会の関与はむしろ増えているという点については、第3章1 2 (3)(iii)ですでに述べた通りである。
(15)　ファスト・トラックが、事前・事後両方の議会関与であることを強調するものとして、H.H. Koh, *Congressional Controls on Presidential Trade Policymaking after I.N.S. v. Chadha*, 18 N.Y.U. J. INT'L L. & POL. 1191, 1211-1212 (1986) や Carrier, *supra* note 6, at 696-697 などがある。

ツにおける本質性理論にも通じる点があるように感じられる。これを敷衍すると、以下の通りである。

　すなわち、第3章で論じたように、ドイツのいわゆる「本質性理論」が、その名前からすると非常にセマンティックな本質論を展開しているようにみえるものの、その実は、個別具体的な事案の中で、各機関の機能に適合的であるか否かを問うものであり、その限りでプラグマティックな議論であった[16]。そして、アメリカにおいても、列挙された立法事項は存在するが、1条8節18項の必要かつ適切条項のような一般的規定も知っており、議会による決定の程度の観点からも、個別具体的な事情に基づいて立法事項該当性を論じるしかない[17]。さらに、議会が決定すべき範囲についての一般抽象レベルでの基準も、単純化してしまえば、「重要な決定は議会がする」というものであり互いに類似しているのである[18]。加えて、「裁判規範」としての委任禁止法理という傾向が強いことを指摘し、政治部門にとっての「行為規範」としての委任禁止法理との分離可能性にも言及した。裁判規範としての問題性の指摘は、ドイツの本質性理論についても強く、この点も共通する問題点として捉えることができよう[19]。アメリカの検討において指摘した大統領コントロールの強化も、原則的には議会による基本的決定の枠内における、行政機関へのコントロールの強化をいうものである。そうすると、あ

---

[16] 第2章II3(2)参照。
[17] この検討は、議会の機能への適合性も参照して行われる。もっとも、ドイツの議院内閣制における議会とアメリカの大統領制における議会では、議会や執行府のもつ「機能」が異なってくることはいうまでもない。
[18] もっとも、藤谷武史「特集にあたって」新世代法政策学研究7号（2010年）80-81頁は、ドイツにおける立法者への信頼の高さと、アメリカにおける立法者の位置づけの相対化（本書では、描き出すことができなかったが、アメリカにおいて費用便益分析等の経済学的な検討の導入も盛んに論じられているところである）という相違点を強調している。根本的な法体系理解にかかわる問題であるために安易な解答の提示は避けるべきだが、本文における指摘と整合させて説明しようとすれば、ドイツの議論が、重要な決定の国家独占を基本的に前提とするものであるのに対して、アメリカでの議論が、国家が重要な決定をするとしたら議会によってその本質的部分がなされなければならないというものであると解する可能性がある。これはあくまで仮説的可能性の指摘であり、今後独米公法学の比較研究を深化させることでこの問いに答えたいと考えている。
[19] サンスティンは、厳密なルールとしての委任禁止法理を否定する文脈で、本質性理論を採用するドイツの連邦憲法裁判所の混乱を指摘していた。See, C.R. Sunstein, *Nondelegation Canons*, 67 U. CHI. L. REV. 315, 327-328 (2000). また他方で、アメリカにおける議論を参考に、ドイツの本質性理論が議会・行政関係を念頭に構築されてきたものであるとの認識の下、ドイツにおいても裁判所の機能や位置づけに着目して本質性理論というものを捉えなおす必要性を説くものとして、*U.R. Haltern, F.C. Mayer u. C.R. Möllers,* Wesentlichkeitstheorie und Gerichtbarkeit, Die Verwaltung Bd. 30 (1997), S. 60ff. v.a. S. 74 も参照。

る意味では「国民による選挙→議会→執行府→行政機関」という一連の民主的正統性の連鎖を、行政組織の階層構造における指揮監督を通じてさらに伝達するという、ドイツ的な意味での行政の民主的正統化を、国民に直接選出される大統領にも接続して強化する見解と捉えることもできる。

以上のように、グローバル化の問題にとどまらない、国内民主政の基本構造のあり方についても一定の知見を得ることができたわけである。

最後に、あまり深く検討できなかったが、条約等の自動執行性を否定することで、国際的規範の国内化への議会関与の契機となる可能性が示唆されたことも注目に値する。

II 我が国における展望

以上の議論から得られた成果を我が国についてみると、どのような示唆が与えられるであろうか。Iでの検討を踏まえつつ、簡潔ではあるが、以下我が国への示唆についてまとめておくことにしよう。

まず、前提問題として、グローバル化・国際化の時代にあって、国際的規範形成への議会関与の強化というものを通じて、規範の民主的正統性を担保しようという、ドイツやアメリカにおける議論傾向は、総論として肯定的に受け入れるべきであるし、そこから受ける示唆には重要なものがある。

次に、具体的な議論に入ると、第1に、一定の内容と形式を伴い、我が国においては条約承認手続の対象となるような国際的合意[20]に対する議会コントロールの手法として、アメリカのファスト・トラック手続が注目される。

すなわち、承認手続における議会の関与を簡素化[21]しつつも、交渉段階

---

(20) 行政官庁間の合意のようなものを排除し、内容面では、法律事項、財政事項、政治的な重要事項のいずれかを定めるものであって、形式面では、批准が要求されるようなものを想定している。なお、我が国において国会による承認が必要となる条約については、第1章Iを参照。

(21) 議会関与の簡素化の手法として、第2章では、法的拘束力を有する議会の決議の活用をドイツの議論を参照して検討したが、そこでも述べたように、ドイツの連邦参議院が、それを第二院と呼ぶべきかどうかはともかくとして、特殊な性格を有するため、ドイツにおいては連邦議会のみの決議の可能性を考えればよかったのであるが、我が国においては、「議決」ないし「承認」（我が国における「決議」は委員会単位や一院単独で行うものを指す）も、衆参両院において基本的に法律と同じ審議手順を経なければならない。その意味で、法律制定手続を簡略化したアメリカのファスト・トラックの方が我が国においては参照する価値が高いのである。なお、法的拘束力を有しない決議を活用した、交渉段階からの議会関与として、前章註(3)で紹介したような、TPP交渉をめぐる衆議院での動きが注目される。

から、執行府から議会に対する情報提供と、それに対する議会による応答を認めるなど多様な関与を認めるものでもある。ファスト・トラック手続は、外交における迅速性の要請と、議会の線的・面的な関与・コントロールの要請、この双方にそうものとして有益なのである。よって、ファスト・トラック同様の手続が我が国においても導入されるべきであると考えられる(22)。

　第2に、従来の「条約」概念では把握することの困難な、行政機関の国際的ネットワークなどにおいて形成される国際的規範に対する民主的正統性確保の手法として、行政手続の利用を本書では紹介した。そこで具体的に検討されたノーティス・アンド・コメント手続、我が国でいう意見公募手続は、我が国においても実定法上の制度であり、このような制度導入の素地は十分にあるということができよう(23)。

　ここで、行政手続が参照されたのは、議会による関与・統制の限界から、議会外のシステムによる統制の可能性を検討する必要性があってのことであり、国際的規範の扱いにとどまらない、国内民主政における基本的政治体制の構想についても言及した。そこで描かれたのは、①重要な基本的決定は議会が行うこと、それに加えて行政機関に対しては、(事実上の)直接選挙によって選出されることを背景とする強い民主的正統性を根拠に②大統領のコントロールが、議会によるコントロールと競合する形で行われること、さらには、③行政手続を利用し、行政レベルで直接に民主的正統性を調達するという3点である。

　このうち、①重要な基本的決定は議会が担うべきだという発想は、ドイツにおける本質性理論の考え方とも重なるものであり、その考え方は、実はアメリカにおける考え方とも一致するものであった。我が国への示唆がどのようなものとなるかは、結局はドイツにおける本質性理論や、アメリカにおける委任禁止法理の日本への適用可能性の問題へとすり替わることになろ

---

(22) Y. Iwasawa, *The Relationship between International Law and National Law: Japanese Experiences*, 64 BRIT. Y.B. INT'L L. 333, 338-339 (1993) は、我が国におけるファスト・トラック手続の導入の必要性を否定する。ただし、これは、日本が議院内閣制を採用しているため、執行府と立法府の間の緊張が小さいことから、特殊な手続手法により審議の迅速化を図る必要が見出せないことを理由としており、さらにここで念頭に置かれているのは、いわゆる55年体制である (*see, id.,* at 335)。衆参ねじれ現象がむしろ常態となる可能性も指摘される昨今において、岩澤のこの議論がなお妥当するかは大いに疑問がある。
(23) 例えば、実際にバーゼル規則等の国内実施措置に際しては、金融庁がパブリック・コメントを募集している (例えば、http://www.fsa.go.jp/news/21/ginkou/20100630-3.html を参照)。

う(24)。この点については、さしあたり日本国憲法41条の「国権の最高機関」に条文上の根拠を見出すことが可能ではないだろうか(25)。

②大統領コントロールの問題については、議院内閣制を採用する我が国において、直接参考になるものではない。しかしながら、衆議院議員総選挙に首相選出選挙の性格が強くなってきている現在において、一定の示唆を与えてくれる可能性はある。もう少し具体的にいえば、「政治」用語としての、「政治主導」あるいは「官邸主導」といったものに、理論的裏付けを与えるものとなりうる。勿論、憲法論として、「国民内閣制論」や「執政権説」をめぐってすでに論じられたところとかなりの部分において重複しうることは注意しておかなければならない。しかし、理論的な問題はともかく1990年代以降の政治制度改革が、(旧)民主党政権の失敗により政治的現実においては歩みを止め、今後の方向性が不透明になってきている今、理論的省察を行う必要性は高い。さらに、この文脈においては今まで少なくとも自覚的には取り入れられていなかった、民主的正統性や民主的アカウンタビリティーという観点を加味することは有意義とはいえないだろうか。

③行政手続の活用については、我が国においても一部で導入が図られているところであるが、民主的正統性という面からは、その機能についてなお理論的に判然としないところがあることは、前述の通りである。

最後に、国際協定の締結という「外交」と、国内実施としての立法を、分離して考えることについて検討してみよう。日本における条約承認については、条約本文は参考資料として添付され、議案は「何々の条約を承認する件」であるとするのが実務上の扱いであった。前者の条約本文があくまで添付資料となるという点では、アメリカ(そしておそらくはドイツ)と同様の分離をみてとることができないわけではない。しかし、両国と決定的に異なっ

---

(24) この点に関連して、夙に芦部信喜『憲法と議会政』(東京大学出版会、1971年) 209頁、211頁(「条約の締結と国会の承認権」)[初出、1958年]が、国会の条約承認の真の意義を執行府の行為に対する単なる民主的統制にとどまらず、「国会自体が高度に政治的な行為に真の決定を下すこと」に見出していたことが注目される。

(25) この点については、土井真一「『国権の最高機関』論の再検討」論叢148巻5=6号 (2001年) 327頁、329頁を参照。なお、筆者は、41条後段における国会の「唯一の立法機関」としての位置づけは、本質的事項の一コロラリーとして、実質的意味の法律の制定について、個別の規律を設けたものと整理できるのではないかと考えている。なお、なぜとりたてて、「立法」権限には特別の規定があるのかについては、従来「立法権限」にとりわけ焦点を当てて論じられてきたことによるという説明はできよう。また、このように考えることで、国会による本質的決定が必ずしも形式的な法律による必要はないとする可能性も開けてくるのではないか。

ているのは、条約承認において独自の条文(26)等を設けることができないということである。現在の実務上の扱いが、すなわち憲法上の要求であるということにはならないであろうが、問題は法律ではなく、「承認」という形式がとられている我が国においてこれが可能かである。この点に関して、「承認」の法的形式については、日本国憲法上明らかになっておらず、議決方法が、法律に関して59条1項において定められているのとは異なって規定されていない点で、基本的に法律の手続が適用される「法律」の一種と考えられているとみることができないわけではない(27)。

この点について、予算の議決形式をめぐる、小嶋和司(28)や大石眞(29)の議論も参考となろう。もっとも、予算と条約の相違点として、①明治憲法下において条約締結に対する議会の関与は存在しなかったこと、②日本国憲法7条1号では予算と異なり天皇による公布の対象に条約が含まれていることが指摘できる。この相違点について若干コメントしておけば、①については、明治憲法下において特別な国法の形式として扱われた予算と比べたとき、条約についてはそれ以上に特別な国法の形式とみる必要はないということになろう。②については、「条約」と「条約の承認」を分離して考えればよく、条約が公布されるのみならず、「条約の承認」の部分も法律として公布されることが本来は予定されているのだという説明もできよう。

また、「法律」という形式と認められたところで、実際ドイツにおいても法律という形式がとられていながら、通常の国内法律とは異なった扱いがなされているように、審議・議決のあり方について特別な扱い(30)が排除されるわけではないのであって、憲法上法律の様式が指定されているかどうかということ自体に意義があるとは言い難い(31)。そうすると、ドイツ・アメリ

---

(26) この条文において、条約の留保や解釈宣言を義務的な形で付すことが考えられる。
(27) 藤井俊夫「違憲審査の対象」樋口陽一編『講座・憲法学第6巻 権力の分立(2)』(日本評論社、1995年) 104-105頁は、違憲審査の対象となるかを検討する文脈において、憲法81条の「法律」が条約を含むとするために、予算の承認と並んで法律案の議決の特例とみる可能性を示唆する。なお、樋口陽一ほか『注解法律学全集3 憲法Ⅳ』(青林書院、2004年) 108頁が、同じく条約の違憲審査の対象該当性をめぐって、「法形式として法律と条約とは明らかに異なるものである」として、憲法81条の「法律」に条約を含むことはできないとする。
(28) 小嶋和司『憲法と財政制度』(有斐閣、1988年) 254頁以下〔「財政」〕〔初出、1965年〕。
(29) 大石眞『憲法講義Ⅰ〔第3版〕』(有斐閣、2014年) 293-295頁。
(30) 日本国憲法でいうと、予算同様、通常の法律とは衆議院の優越のあり方が違っていることも最も大きな相違点の一つといえよう。
(31) すなわち、「条約承認」という特別な形式であるから条文を付せないとするのが問題なだけであって、実のところ、「法律」であると無理にいう必要もないわけである。

カ⁽³²⁾に近い扱いは可能であろう。また、そうすることによって国会が留保や条件の付加を内閣に対して義務的に求める方法を見出すことは、逆に求められているということもできるのではないか⁽³³⁾。

また、外交と国内実施措置をできるだけ分離して考えるということは、国内実施措置についてまで外交における相手国の存在といった説明で、国会の権限を排除する方向に安易に結論づけていたことの見直しにもつながる。日本国憲法においては、73条2号によって明示的に「外交」の処理は内閣に委ねられているのだからといった議論も、憲法73条2号の「外交」を、国内実施措置を省いたものと考えることで排除できるだろう。しかも、憲法73条2号の文言は、「外交関係を処理すること〔圏点、引用者付加〕」となっているし、同条3号も「条約を締結すること」について語るにとどまるのであって、この解釈に適合的であるように思われる⁽³⁴⁾。

ただし、原則的には参議院の関与が予定されていても、場合によっては参議院の関与がなくとも成立しうる⁽³⁵⁾条約承認に立法としての側面を認めることの可否⁽³⁶⁾については、我が国における二院制の趣旨・意義にもてらしながら慎重に検討する必要があろう。

III　今後の課題

IIで述べた我が国における展望も雑駁な論点の指摘にとどまっているが、最後に、第1部では十分に扱いきれなかった今後の課題を2点にまとめておきたい。

---

(32) なお、アメリカにおいて、「条約」については、上院単独決議という形式によって条件づけがなされていることにも注意が必要である。
(33) これに関連して、我が国において条約承認の場合に審議・承認の対象となるのは、「条約の締結」であり、条約の条文は、参考・附属資料にすぎないことを問題視し、日本語訳文の修正や留保等の条件を内閣に義務的な形で課す可能性について述べるものとして、川﨑政司「立法の多元化と国会の役割・あり方」浦田一郎＝只野雅人編『議会の役割と憲法原理』（信山社、2008年）236頁、238-239頁がある。さらに参照、大石眞『統治機構の憲法構想』（法律文化社、2016年）199-200頁［初出、1999年］。
(34) もっとも、実務上、我が国における実施法律の規律はすでに緻密に行われている。この点について、宍戸常寿ほか編『憲法学のゆくえ』（日本評論社、2016年）368-369頁［初出、2015年］も参照。
(35) いわゆる「自然承認」である。日本国憲法60条2項後段・61条を参照。
(36) この点については、浦田一郎「外交と国会」法時63巻5号（1991年）89-90頁も参照。

1　行政法的アプローチの深化

　本書では、主要な論題に設定した、国際的規範への国内議会による民主的正統化のほか、意見公募手続に代表される行政手続による正統化可能性についても言及した。もっとも、純粋な国内民主政のレベルにおいても行政手続の民主的正統化機能については判然としないことが確認された。この点について、ドイツの議論、特にメラースの所論を参考にして一応の説明を試みたが、メラースの見解自体の検討も含めて、なお解明すべき点は多い。

　さらに、国際的規範の形成にかかる場面における国内レベルでの行政手続の有用性については、我が国は勿論のこと、アメリカ、さらにはドイツにおいても十分に議論がなされていないところであり、真剣に取り組んでみるべき問題であると考えている。

　ただ、その一方で、国際機構内部などのレベルについては、ニューヨーク大学を拠点として行われているアメリカのグローバル行政法（Global Administrative Law）プロジェクト[37]や、ドイツの国際行政法（Internationales Verwaltungsrecht）の研究[38]による、行政法的なアプローチによるグローバル化への対応の模索が進展している。このような状況に目を向けたとき、グローバル化と民主政の問題を今後論じるのであれば、国内議会の役割論等もさることながら、むしろ行政手続の活用論に主軸を置いた研究が求められているともいえよう[39]。もっとも、グローバル行政法をめぐる研究は、我が国でも行政法学を中心に盛んになってきており、さしあたりはこれらの議論を

---

(37)　さしあたっては、グローバル行政法プロジェクトのホームページ（http://iilj.org/GAL/）を参照。シンポジウム等の成果は、Journal Symposium, *The Emergence of Global Administrative Law*, 68 LAW & CONTEMP. PROBS. 1 (B. Kingsbury, N. Krisch, R.B. Stewart & J. Weiner eds., 2005); Journal Symposium, 37 N.Y.U. J. INT'L L. POL. 663 (2005); Journal Symposium, 17 EUR. J. INT'L L. 1 (2006); Journal Symposium, *Global Administrative Law in Operations of International Organisations*, 6 INT'L ORG. L. REV. 315 (L.B. de Chazournes, L. Casini & B. Kingsbury eds., 2009) 等で発表されている。グローバル行政法について紹介する邦語文献として、藤谷武史「多元的システムにおける行政法学」新世代法政策学研究6号（2010年）141頁以下を参照。

(38)　Siehe z.B. *C. Möllers, A. Voßkuhle u. C. Walter* (Hrsg.), Internationales Verwaltungsrecht, 2007; *C.D. Classen u. G. Biaggini*, Die Entwicklung eines Internationalen Verwaltungsrechts als Aufgabe der Rechtswissenschaft, VVDStRL 67, 2008, S. 365ff.. また、関連してグローバル化の時代における行政法学の課題について論じたものとして、斎藤誠「グローバル化と行政法」磯部力ほか編『行政法の新構想I』（有斐閣、2011年）339頁以下も参照。

(39)　ただし、これは安易な民主的正統化の追求の放棄や、国民国家・国内議会の切り捨てに走ってよいということは意味していない。「補完」的な手法の意義・限界を見つめることにより、かえって、国家や国内議会の意義を再確認することもできよう。この点については、林知更「日本憲法学はEU憲法論から何を学べるか」比雑71号（2010年）102頁を参照。

見守ることにしたい(40)。

2　司法権ないし裁判所への着目

　さらに、本書は議会・執行府間関係に焦点を当て、あえて司法権・裁判所の位置づけについて議論を控えてきた面もあるが、それに真剣に取り組む必要があるということである。

　1で挙げた行政法的アプローチという検討課題は、国外・国際レベルにおける課題、あるいは視点拡大の必要性にも関するものである。他方で、ここでの司法権・裁判所の位置づけに関する問題は、国内での意見公募手続の利用可能性の問題と同様、本書で扱った国内レベルでの民主政構想についての検討の深化を意味する。

　本質性理論や委任禁止法理に対する批判の場面などで、裁判規範としての有用性・妥当性の問題が問題となっていることについて言及し、裁判規範としての委任禁止法理ないし本質性理論と行為規範としてのそれらの分離可能性についても触れた。さらには、アメリカにおける国際的権限移譲をめぐる議論を紹介した際には、国際的規範の自動執行性の処理が議会立法を促すこと等を通じて、民主的正統性の確保に役立つ可能性を示唆したところである(41)。このように、国際的規範の形成や適用に対する司法権・裁判所の関与のあり方も十分検討すべきである(42)。

---

(40)　我が国におけるグローバル行政法と関連する研究成果としては、ここまでに挙げたもののほか、原田大樹『公共制度設計の基礎理論』(弘文堂、2014年)8頁以下[初出、2010-2012年]、95頁以下[初出、2012年]、藤谷武史「市場のグローバル化と国家の制御能力」新世代法政策学研究18号(2012年)267頁以下、横溝大「行政法と抵触法」自研89巻1号(2013年)、興津征雄「グローバル行政法とアカウンタビリティ」浅野有紀ほか編『グローバル化と公法・私法関係の再編』(弘文堂、2015年)47頁以下などがある。

(41)　形成主体や拘束力の有無・強弱といった点で様々な国際的規範が誕生している現代においては、国家側にとっての唯一の切り札となる可能性もある。また、古典的な国際法規範でありながら、本書では十分に検討を加えることのできなかった慣習国際法に関しても、自動執行性は、国家の使える数少ない「カード」の一つであるといえよう。慣習国際法と民主的正統性の問題については、J.O. McGinnis & I. Somin, *Should International Law Be Part of Our Law?*, 59 STAN. L. REV. 1175, in particular at 1202ff. (2007) などを参照。その一方で、問題を先送りし潜在化させるだけかもしれないということは、すでに指摘した通りである。

(42)　例えば、国内の文脈における、行政による規範定立の司法審査をめぐる Chevron 判決 (Chevron v. Natural Resources Defense Council, 467 U.S. 837 (1984)) を参考に、対外事項をめぐる裁判所と執行府の関係を説くものとして、E.A. Posner & C.R. Sunstein, *Chevronizing Foreign Relations Law*, 116 YALE L.J. 1170 (2007) がある。*See also*, D. Jinks & N.K. Katyal, *Disregarding Foreign Relations Law*, 116 YALE L.J. 1230 (2007)。

特に自動執行性の問題については、そもそも各国における権力分立の問題である(43)として、憲法学は国際法学からすでに30年以上前に「宿題」を出されている。そろそろこの宿題に取り組むべき時期に来ているといえよう。この課題については、続く第2部において扱うことにしたい。

（43）　岩澤雄司『条約の国内適用可能性』（有斐閣、1985年）323頁。See also, Y. Iwasawa, *Domestic Application of International Law*, 378 Recueil des cours de l'Académie de droit international de la Haye 9, 156 & 177 (2016). 国際公法と国内公法との自動執行性に関する対話可能性については、原田・前掲註（40）24-25頁も参照。岩澤研究を承けて、憲法学においてこの問題に取り組むべきことを夙に指摘するものとして、浦田賢治「戦後理論史における憲法と条約」憲法問題2号（1991年）18頁。

第2部 グローバル化時代における国内裁判所

第1章　問題の所在——国内裁判所のプレゼンス
第2章　我が国における国際法の国内適用
第3章　アメリカにおける国際法の国内適用
第4章　ドイツ連邦共和国基本法における
　　　　国際法親和性原則
第5章　アメリカ・ドイツにおける国際法の国内
　　　　適用論の比較と日本国憲法 98 条 2 項の
　　　　意義の再考
補　論　国境を越える裁判所の「対話」と
　　　　民主主義

第1章
問題の所在──国内裁判所のプレゼンス

　第1部では、法形成の国際化・グローバル化に対して、法規範の民主的正統性を確保すべく、超国家的・国際的な法規範が国内法平面へと取り込まれる際に、国内における法制定の主たる機関である国内議会を積極的に関与させる方策を検討してきた。そこでは、条約の承認という場面が主な舞台になったが、国内議会による「承認」を観念できない国際的な法規範も多い[1]。また、承認手続においても、法規範の内容の決定はおろか、修正もできず、国内における立法と同視することには困難な側面も少なくない[2]。

　こうして、国内法平面への国際的法規範の流入による、法の民主的正統性の低下を防ぐための、最後の番人として浮上するのが、最終的に法適用を行う国内裁判所である。中でも「番人」の「武器」となりうるのが、第1部でも示唆したように、自動執行性あるいは直接適用可能性といわれる概念である[3]。すなわち、法規範の形成や国内への取り込みの時点で対処できなくとも、規範が適用される時点（あるいは、場合によっては、適用後にそれの有効性を審査する段階）において、民主的正統性を含めた、国内憲法上の要求の充足を審査し、それを満たさないものについては、適用を排除するという方策が浮上する[4]。他方で、この「自動執行性」とは、その定義・用語法につ

---

[1] 序章註(20)参照。
[2] Siehe z.B. *C. Möllers*, Gewaltengliederung, 2005, S. 371f.. 我が国における、国会の条約修正権については、第1部第1章参照。
[3] J. Ku & J. Yoo, Taming Globalization 87-88 (2012); C.A. Bradley, *International Delegations, the Structural Constitution, and Non-self-Execution*, 55 Stan. L. Rev. 1557, 1595-1596 (2003). *See also*, C.A. Bradley, International Law in the U.S. Legal System 136 (2nd ed., 2015). また、法形成の場面に国内議会が関与できないことなどを理由に、アメリカにおいて慣習国際法の自動執行性を原則的に認めるべきでないとするものとして、J.O. McGinnis & I. Somin, *Should International Law Be Part of Our Law?*, 59 Stan. L. Rev. 1175 (2007) を参照。
[4] なお、石川健治「『国際憲法』再論」ジュリ1387号（2009年）28頁註17は、「日本の裁判所が、法律に比して民主的正統性の希薄な『条約』について、その直接適用に消極的なのは、議会に代わる

いても、必ずしも一致をみず、混乱した概念であるとの指摘[5]も存在するところである。また、国際法上の概念であり、その内容・基準も国際法の問題であると理解されることも多い[6]。しかし、自動執行性について精緻な概念整理を行った有力な見解は、自動執行性を国際的規範が国内法上の効力を有すること[7]を前提とした上で、裁判所や行政官庁がそれを直接適用して具体的な判断・措置を行うことができるかという問題であると捉える[8]。そして、この自動執行性とは、結局、各国国内法における、権力分立等をめぐる問題であると指摘している[9]。また、国内法と国際法に加えて、例えば一部で欧州法など地域的な法秩序も形成されるなど、多元化・多層化する法秩序において、自動執行性の問題は、ある国の国内法平面へと、他の層を成す法秩序の規範がどう取り込まれるかを調整する場を形成するのだという指摘もある[10]。さらに、自動執行性という概念の生まれ故郷である、アメリカ合衆

　ゲートキーパーとしての役割を過剰に意識しているからではなかろうか」と指摘している。
(5)　United States v. Postal, 589 F.2d 862, 876 (5th Cir. 1979). 岩澤雄司『条約の国内適用可能性』（有斐閣、1985年）4頁も参照。
(6)　国内法上の基準を否定するものではないが、国際法平面において、個人への権利・義務の付与など、国内において条約が直接適用されることが想定されていたかどうかを主観的要件として問うのが、むしろ一般的な見解である。この点については、山本草二『国際法〔新版〕』（有斐閣、1994年）105頁等を参照。また、ドイツにおいては、国際法平面において、個人への権利・義務を付与することが意図されているなど、国内において直接適用可能な条約のみが、国内法に変型されうるとする見解が、少なくともかつては通説とされていた。Siehe R. Geiger, Grundgesetz und Völkerrecht mit Europarecht, 4. Aufl., 2009, S. 158f.
(7)　岩澤も、通説と同様、国内法上の効力を有することについては、日本国憲法98条2項により基礎づけられるとの見解に立つ。この点については、岩澤雄司「第4章　国際法と国内法の関係」小寺彰ほか編『講義国際法〔第2版〕』（有斐閣、2010年）121頁。
(8)　さらに、個人に請求権を付与する等、主体性を認めるものであるか否かも自動執行性の問題として論じられることが多いが、この問題は別の問題として区別すべきであるともいう（岩澤・前掲註(5) 291-292頁）。
(9)　岩澤・同上321頁以下。Y. Iwasawa, *Domestic Application of International Law*, 378 Recueil des cours de l'Académie de droit international de la Haye 9, 156 (2016).
(10)　A. von Bogdandy, *Pluralism, Direct Effect, and the Ultimate Say: On the Relationship between International and Domestic Constitutional Law*, 6 Int'l J. Const. L. 397, 402-404 (2008). この点に関連して、慣習国際法の国内での適用に関する文脈に限定されるが、国内裁判所の任務を、適用可能な国際法規の存否、そこにいかなる効力を認めるべきかにつき、その国固有の憲法体制と歴史的・文化的・政治的背景にてらして独自に判断することに求める、村瀬信也「国内裁判所における慣習国際法の適用」広部和也＝田中忠編集代表『国際法と国内法』（勁草書房、1991年）150頁も参照。
　また、従来盛んに論じられた、国際法と国内法の関係をめぐる、一元論・二元論の対立を含めて、法体系相互の関係性について基礎理論的な考察を行う準備は、筆者にはできていない。法の多元化・多層化の時代における法体系相互の関係性をめぐる基礎理論については、近藤圭介『「純粋法学」のなかの欧州統合(一)・(二)・完』論叢166巻3号（2009年）133頁以下・5号（2010年）122頁以下および、同「法体系の境界をめぐって(一)～(三)・完」論叢172巻2号（2012年）38頁以下・1号（2013年）26頁以下・173巻2号（2013年）44頁以下を参照。

国においては、伝統的に自動執行性が国内憲法の問題であると理解される傾向が強いともいわれる[11]。そうすると、国内法平面における法規範の民主的正統性等を担保する方策としての自動執行性の問題を、国内憲法の問題として捉え、その望ましいあり方について模索することは、重要なことであり、また、憲法学に求められているものと考えられる[12]。

ところで、自動執行性ないし直接適用可能性が否定された場合も、国際法規範の規範内容が、国内法の解釈に影響するという形で間接的に適用される、あるいは、国内法が国際法に適合的に解釈される、場合によってはされなければならないという言説がある[13]。国内議会による国際的法規範の国内への取り込みの承認が十全に行われていないと判断される（すなわち、自動執行性ないし直接適用可能性を欠く）場合にも、国内効力自体は国際的規範に認められるのであれば[14]、とりわけ下位法の解釈にあたって、国際的法規範が参照されることは、民主的正統性の要請と、国際共益の実現や国内法秩序内部からの要請としての国際協調との調整として妥当性を有することは確かである。しかし、間接的な適用にすぎない、参照にすぎないといった言葉を用いることで、実際には、国際法規範が国内裁判所限りの判断によって、無制約に国内法秩序へと流入することを許してしまうことになれば、大きな問題となろう[15]。こうして、間接適用ないし国際法適合的解釈というものも、各国の国内法秩序の基本構造の決定としての主権の問題とともに、下位のレベルでその決定を国内の憲法機関の間でどのように分担するかという、権力分立の問題にもかかわっているのである。そうすると、自動執行性ないし直

---

(11) 岩澤・前掲註（5）206頁。See also, Iwasawa, supra note 9, at 63.
(12) 第1部第4章註（43）参照。これに対して、自動執行性ないし自動執行力という概念の導入により、国際法の訴訟での適用に必要以上の障害を生じさせることを理由に、自動執行性概念の解消を主張するものとして、阿部浩己『国際人権の地平』（現代人文社、2003年）99頁（「国際人権法と日本の国際法制」）がある。同旨、齊藤正彰『国法体系における憲法と条約』（信山社、2002年）14-17頁。
(13) この「言説」そのものではないが、例えば、浅田正彦編『国際法〔第3版〕』（東信堂、2016年）27-28頁［浅田正彦執筆部分］などを参照。なお、間接適用ないし国際法適合的解釈の許容性と義務の問題を明確に分けてとりわけ後者の範囲確定に注意を促すものとして、酒井啓亘ほか『国際法』（有斐閣、2011年）403-405頁［濵本正太郎執筆部分］がある。
(14) もっとも、のちに述べるように、間接適用の対象は、当該国家にとって法的拘束力を有するものに限定されないとするのが有力であり、国内効力の存在を理由にできるだけ広い国際法規範の考慮を求める場合、これをむしろ直接適用として整理する論者もある。この点については、申惠丰『国際人権法〔第2版〕』（信山社、2016年）507頁以下などを参照。
(15) 「間接適用においては、国内法を解釈するという建前の下で、裁判官はかえって大胆に国際法に依拠することがある」という、岩澤の指摘（岩澤・前掲註（7）117頁）を参照。

接適用可能性の問題のみならず、間接適用あるいは国際法適合的解釈についても、権力分立をはじめとして憲法学的な見地から検討を及ぼすことが重要だろう。

　第2部では以上のような認識の下、まずは、我が国における国際法の国内適用をめぐる議論を確認した（第2章）上で、アメリカ合衆国における同様の議論（第3章）、最後に、ドイツにおける国際法の国内適用に深くかかわる、国際法親和性原則（第4章）について、紹介・検討する。その上で、独米両国の比較を経て、最後に改めて我が国への示唆を得る（第5章）。

第2章
我が国における国際法の国内適用

　前章末尾で予告した通り、本章では外国における議論を検討する前提として、国際法の国内適用、すなわち、直接適用あるいは自動執行性（Ⅰ）と、間接適用あるいは国内法の国際法適合的解釈（Ⅱ）をめぐる、我が国従来の議論を整理する。

Ⅰ　直接適用あるいは自動執行性

　まずは、国際的規範の直接適用あるいは自動執行性をめぐる、我が国における判例・学説の議論状況を確認する作業に取りかかることにする。なお、先に述べたように、ここでの関心は、条約に限定されない、国際的規範一般の自動執行性に向けられるものである。しかしながら、参照する判例・学説が主に想定しているのが「条約」であるという制約[1]や、議論の拡散による混乱を避ける必要性から、どうしても条約の自動執行性を中心とした検討となってしまう[2]ことを、まず断っておかなければならない。

---

(1) なお、国立大学法人のイラン人研究生の入学不許可決定を安保理決議によって基礎づけられるかが争点となった、東京地判平成23年12月19日判タ1380号93頁も、安保理決議の自動執行性を正面から扱うものではないが、その拘束力や規定内容の明確性といった点も問題になっているといえる（青木節子「判批」『平成24年度重要判例解説』（有斐閣、2013年）286頁参照）、自動執行性に関連する問題を扱っているとの評価も不可能ではない。

(2) 慣習国際法の国内適用に関連する邦語文献として、岩澤雄司「アメリカ裁判所における国際人権訴訟の展開(1)・(2·完)」国際87巻2号（1988年）48頁以下・5号（1988年）1頁以下［関連して、Y. Iwasawa, *Domestic Application of International Law*, 378 RECUEIL DES COURS DE L'ACADÉMIE DE DROIT INTERNATIONAL DE LA HAYE 9, 200-204 (2016)］、横山真紀「慣習国際法の国内適用と司法的法形成」中大院29号（1999年）63頁以下、同「『Erie法理』再考」新報108巻7＝8号（2002年）183頁以下［以下、横山（2002）］、同「国際的な人権保障と裁判所」中大院32号（2002年）1頁以下、松田浩道「憲法秩序における国際規範：実施権限の比較法的考察(1)」国家129巻5＝6号（2016年）80頁以下などがある。また、関連する問題を扱うものとして、宮川成雄「アメリカの国際人権訴訟と国際慣習法」同法63巻5号（2011年）2291頁以下も参照。

1 判例・裁判例

(1) 総　　説　我が国の裁判所は、自動執行性について問題とすることなく、国際法規範に国内効力が認められると、当然のようにそれを具体的事件に適用し判断してきたと指摘される[3]。その具体的な例として、旧植民地住民の日本国籍剥奪をサンフランシスコ講和条約の解釈により導いたこと[4]や、砂川事件判決[5]や沖縄代理署名訴訟判決[6]において自動執行性が問題とされることなく、日米安全保障条約の憲法適合性が論じられたことなどが挙げられている[7]。

もっとも、1979年に我が国が二つの国際人権規約を批准したことに伴う、国際人権法を援用した訴訟の展開や岩澤雄司の自動執行性をめぐる一連の研究などを承けて、1980年代後半からは、このような傾向には変化が見受けられることも確かである[8]。

しかし、少なくとも、最高裁判所の先例に限定すれば、正面から「自動執行性」という問題を設定して、それに取り組んだものは未だ存在しない[9]。最近の西松建設中国人強制労働事件の最高裁判決[10]の例をみても、日中共同声明による請求権の放棄が、自動執行性という問題が提起されないまま、中国国民の個人請求権の放棄をも意味するものであることが示されるなど、このような傾向がなお確認される。

このように、我が国の判例による自動執行性の扱いは、十分な発展をみせ

---

[3] 岩澤雄司『条約の国内適用可能性』(有斐閣、1985年) 33頁以下。
[4] 最大判昭和36年4月5日民集15巻4号657頁。この判決については、岩澤・同上34頁以下等を参照。
[5] 最大判昭和34年12月16日刑集13巻13号3225頁。
[6] 最大判平成8年8月28日民集50巻7号1952頁。
[7] 長谷部恭男『憲法〔第6版〕』(新世社、2014年) 437-438頁。なお、この指摘の当否については、疑問がないわけではない。あわせて後掲註(91)も参照。逆に、特段自動執行性を論じることなく、法律の条約適合性を論じたものとして、日星租税条約に関する、最判平成21年10月29日民集63巻8号1881頁も参照。また、松田・前掲註 (2) 104-103頁は、個人の請求権が問題となる場合を除き、自動執行性を問題としないのが我が国の判例法理とする。
[8] Y. Iwasawa, *The Relationship between International Law and National Law: Japanese Experiences*, 64 BRIT. Y.B. INT'L L. 333, 350 (1993).
[9] もっとも、既出の砂川事件判決において、奥野健一裁判官・高橋潔裁判官の意見、小谷勝裁判官の意見という、個別意見レベルでは、条約が自動執行性を有することが憲法適合性審査の前提となると指摘されている。
　また、国際法違反が上告理由とされていないことが、最高裁が条約等の自動執行性について明確な判断を下していない原因の一つをなしている可能性もあるのではないだろうか。
[10] 最判平成19年4月27日民集61巻3号1188頁。この判決の内容については、第1部第1章註(50)に引用の文献を参照。

ているとは言い難い状況にある。しかし、前述のように、下級審裁判例においては、自動執行性をめぐる一定の先例が集積されているところである。さらに、下級審での議論の展開を承けて、最高裁の先例の中にも、「自動執行性[11]」という問題整理をしていなくとも、実質的にこれを処理しているものがみられる[12]。そこで、以下では、下級審の裁判例を中心に、実質的に自動執行性の問題を扱っていると評価できる、最高裁の先例もこれに加えながら、我が国の裁判所による自動執行性の処理についてまとめておくことにしたい。

(2) 自動執行性概念の理解　自動執行性の概念は多義的であり、そこには少なからぬ混乱も認められる。特に、問題となっているのが、(i)国内法上当該規範が効力をもつかという点、(ii)個人の請求権を基礎づけるものかという点の2点との区別の問題である。この点について岩澤は、先にも触れた通り、概念の整理等のため、国内効力や個人の請求権の問題とは区別する必要性を強調し、ひいては、これらとは区別された意味における「自動執行性」を「直接適用可能性」ないしは「国内適用可能性」という用語に置き換える

---

(11) なお、下級審裁判例の中には、自動執行という用語のほか、国内適用可能性（例えば、東京高判平成5年3月5日判時1466号40頁）、直接適用可能性（例えば、東京地判平成15年4月24日判時1823号61頁）、自力執行性（例えば、大阪高判平成20年11月27日判時2044号86頁）、自動執行力（例えば、大阪高判平成11年10月15日判時1718号30頁）といった用語も見受けられる。

(12) この判決については、のちに改めて検討するが、塩見訴訟判決（最判平成元年3月2日判タ741号87頁）は、「自動執行性」という語を用いてはいないものの、社会権規約9条への違反を理由とする、憲法98条2項違反の主張を、社会権規約9条が漸進的実現を目指すもので、「個人に対して即時に具体的権利を付与すべきことを定めたもの」ではないとして退けている。なお、社会権規約の自動執行性を否定する文脈で、塩見訴訟上告審判決を引用する裁判例として、例えば、京都地判平成19年2月23日判時1993号104頁や大阪高判平成17年10月27日裁判所ウェブサイトがある。また、先に紹介した西松建設中国人強制労働事件判決や、昭和56年の公務員法違反事件判決（最判昭和56年10月22日刑集35巻7号696頁）［自由権規約違反の主張が上告理由に該当しないとした上で、括弧書で自由権規約違反がないことのみを指摘する。もっとも、当該括弧書部分は判決要旨の一つに挙げられている］について、調査官解説（前者について、宮坂昌利「判解」最判解民事篇平成19年度(上)433頁、後者について、金築誠志「判解」最判解刑事篇昭和56年度254-255頁［自動執行性の要件の設定は行わず、自由権規約や社会権規約の一般的性格を挙げて、前者については自動執行性を認める見解が有力であることを指摘］）のレベルでは、自動執行性の問題が意識されていることには、注意が必要である。後者の調査官解説については、薬師寺公夫「国際法学から見た自由権規約の国内実施」芹田健太郎ほか編『講座国際人権法1　国際人権法と憲法』（信山社、2006年）71-74頁も参照。なお、自由権規約が自動執行性を有すると判断した先例として昭和56年判決を引用する裁判例には、広島高判平成11年4月28日高等裁判所刑事裁判速報集（平11）136頁や福岡高判平成19年9月7日判例集未登載［LEX/DB文献番号28135459］がある。ただし、最判昭和58年11月25日訟月30巻5号826頁は、人民の自決権について規定した、自由権規約と社会権規約の共通1条が「条約締結国の目標ないし指導原則として抽象的に規定したにとどまるもの」であるとして、原判決についてこの規定への違反を問うことはできないとしている点に注意が必要である。この判決については、Y. IWASAWA, INTERNATIONAL LAW, HUMAN RIGHTS, AND JAPANESE LAW 53 (1998)も参照。

べきであると主張する⁽¹³⁾。そこで、我が国の裁判例が、自動執行性についてどのように概念整理を行っているか、国内効力や個人の請求権との関係を中心に確認しておく。

　(i) 国内効力との関係　　(1)で述べたように、旧来我が国の裁判所は、条約等に国内効力が認められた場合には、自動執行性を云々することなく、解釈・適用する作業を行う傾向にあった。このような処理は、自動執行性という概念が欠如していたという可能性をも示唆する。しかし、ある意味で、これは国内効力と自動執行性を混同していたと解する可能性もある。すでに註(12)で述べたように、近時の最高裁判決である西松建設中国人強制労働事件判決も、国内効力と自動執行性を明確に区別しない書きぶりになっていることが、浅田正彦によって指摘されている⁽¹⁴⁾。さらに、塩見訴訟最高裁判決も、経済的、社会的及び文化的権利に関する国際規約（社会権規約）9条を「締約国において……積極的に社会保障政策を推進すべき政治的責任を負うことを宣明したものであって、個人に対し即時に具体的権利を付与すべきことを定めたものではない」とする⁽¹⁵⁾。果たして、これが国内効力として、またその前提として国際法平面においてもそもそも法的拘束力をもたないものと理解しているのか、「自動執行性」という語は用いないものの、実質的にこれを否定していると解すべきなのかは判然としない⁽¹⁶⁾。その点において、狭い意味での自動執行性と国内効力との区別はここでも明確ではないということができよう。

　なお、最高裁判決で自動執行性の問題が論じられた最初期のものにあたる砂川事件判決の個別意見では、奥野・高橋意見、小谷意見のいずれも、自動執行性を有する条約のみが国内効力を有するという見解を採用している。

　また、下級審裁判例では、徳島接見妨害⁽¹⁷⁾国賠訴訟事件判決が、自動執

---

(13)　岩澤・前掲註(3) 3頁以下参照。
(14)　浅田正彦「判批」民商139巻6号（2009年）55頁以下。
(15)　最判平成元年3月2日判タ741号87頁。
(16)　この他、例えば、有名な小樽公衆浴場事件第一審判決も、人種差別撤廃条約2条によって、小樽市が「人種差別を禁止し終了させる義務を負うとしても、それは政治的責務にとどまり、個々の市民との間で、条例を制定することによって具体的な人種差別を禁止し終了させることが一義的に明確に義務づけられるものではない」としている（札幌地判平成14年11月11日判時1806号84頁）。「政治的責任」や「政治的責務」を負うに「とどまる」というのを、「法的な義務」はないとの意味に理解するのは、一つの読み方であろう。ただし、これに続く、「具体的な権利」や「一義的に明確」な義務を生じさせないといった文言からは、抽象的な権利の存在や客観法としての法的効果を認めているようにも解する余地がある。なお、同様の問題は、日本国憲法25条をめぐる、プログラム規定説が客観法としての国の拘束を認めるものか否かに関しても問えよう。

行性を国内効力の前提であるという意味で、両者を一体化して捉えることを明示している(18)。

　他方で、国内効力と自動執行性を明確に区別して論じる裁判例も存在する。例えば、シベリア抑留にあった者が日本政府に補償を請求した、シベリア抑留補償請求訴訟の控訴審判決は、慣習国際法の存否によって国内効力の存否が決定されるとともに、これとは別に、国内において直接適用が可能か否かの問題が存在するという(19)。これは、用語法からしても、岩澤論文の強い影響がうかがえるものであり(20)、注目に値する。この他にも、オランダ人捕虜の戦後補償請求訴訟の第一審判決も、憲法 98 条 2 項に基づく国内効力の取得とは別に、国内の裁判所における適用可能性の問題が存在すると指摘する(21)。加えて、イギリス人捕虜の損害賠償請求訴訟の控訴審判決も、国内効力と国内適用可能性の問題を区別している(22)。ただし、この判決は、我が国において国際法規範が一般的受容により、国際法上の成立とともに国内効力を獲得することを自動執行性と呼んでおり(23)、自動執行性と国内法への受容の問題が混同されているとともに、自動執行性と国内適用可能性との間の概念整理に特殊性が見出されることに注意しなくてはならない。

　(ii) **個人の請求権との関係**　　自動執行性と個人の請求権との関係を、我が国の裁判例がどのように理解しているかについては、必ずしも明確ではない。もっとも、「戦後補償」問題に関する諸々の裁判例においては、個人の請求権が問題となっており、この問題を検討するにあたって、多くの題材を提供してくれている。

　戦後補償訴訟において、当事者は、ヘーグ陸戦条約 3 条などの条約やそれと同内容の慣習国際法、あるいはその他の慣習国際法の自動執行性について

---

(17) なお、この徳島地裁判決以前の接見妨害に関する他の下級審裁判例においては、被告である国側が自由権規約全体あるいはその 14 条 3 項の自動執行性を否定する主張を行う一方、裁判所は、自動執行性について明示的に判断することなく、その権利内容を問い、条約への抵触・違反がないと判断するものが多数であった。そのような裁判例として、例えば、福岡高判平成 6 年 2 月 21 日判タ 874 号 141 頁、札幌高判平成 5 年 5 月 19 日判時 1462 号 107 頁や仙台高判平成 5 年 4 月 14 日判時 1463 号 70 頁などがある。
(18) 徳島地判平成 8 年 3 月 15 日判時 1597 号 115 頁。
(19) 東京高判平成 5 年 3 月 5 日判時 1466 号 40 頁。なお、この訴訟の上告審判決（最判平成 9 年 3 月 13 日判タ 946 号 70 頁）は、自国民捕虜補償原則がそもそも慣習国際法として成立しておらず、自動執行性について検討する必要はないとして判断を行っていない。
(20) Iwasawa, *supra* note 8, at 50. *See also*, IWASAWA, *supra* note 12, at 46.
(21) 東京地判平成 10 年 11 月 30 日判タ 991 号 262 頁。
(22) 東京高判平成 14 年 3 月 27 日判時 1802 号 76 頁。
(23) 東京高判平成 14 年 3 月 27 日判時 1802 号 76 頁。

主張を展開しているが、諸判決は、基本的に自動執行性については触れることなく、個人に損害賠償請求権を付与する国際法が成立していたかを問い、それを否定している(24)。ただし、そもそも国際法のレベルにおいて、国際法の解釈問題として個人の損害賠償請求権が存在することがここでは否定されているのであって、自動執行性を論じる余地はない旨明示する裁判例もみられる(25)。ここからは、（国際法上直接に権利義務の享有主体となるという意味での）個人の国際法主体性と自動執行性を我が国の裁判例が基本的には分けて考えていることをうかがい知れる(26)ものの、個人の請求権までも基礎づけていて初めて自動執行性が認められると考えているかは不明である。

　もっとも、いわゆる従軍慰安婦に関する東京地裁判決(27)は、国内効力を有する条約への違反は国内法上も違法と評価されうるところであり、「国家賠償法や民法上の損害賠償請求権の発生原因の一つである違法性を基礎付ける」可能性を指摘している。国内における条約違反の判断を条約の直接適用というのであれば、この判示が自動執行性ないし直接適用可能性と請求権を区別していると理解できよう(28)。

　他方で、国際法レベルでの個人への請求権付与ないし国際法主体性付与を認める要件を厳格に解してしまう(29)と、自動執行性や国内法上請求権を基礎づけるものか否かという問題が結局ここで論じ尽くされてしまうこととなりかねない。その場合には、三つの概念の整理は一層困難となろう(30)。

(24) 主なものとして、東京高判平成13年10月11日判タ1072号88頁、東京高判平成12年12月6日判時1744号48頁、東京地判平成15年4月24日判時1823号61頁、東京地判平成14年3月29日判時1804号50頁、東京地判平成13年5月30日判タ1138号167頁、東京地判平成10年10月9日判時1683号57頁などが挙げられる。
(25) 東京地判平成15年4月24日判時1823号61頁。
(26) 直接個人に被害回復請求権を国際法が付与したといえるには、「国際規範が直ちに利用することができる具体的な権利実現方法を定めるものでなくともよいが、少なくとも国際規範において権利の実現手段を確保することを国家に義務づけるなど……個人の請求が権利として国家を拘束するものであることが明らかでなければならない」として、個人の国際法主体性と自動執行性ないし直接適用可能性を区別しているとより明確に解される裁判例（東京高判平成12年12月6日判時1744号48頁）も存在する。他方で、この判決とは必然的に矛盾するわけではないものの、国際法主体性が認められるにあたっては、被害回復のための「手続規定」の「明示」を要求するものとして、広島地判平成11年3月25日訟月47巻4号1677頁がある。
(27) 東京地判平成14年3月29日判時1804号50頁。
(28) もっとも、この判決が本来は国際法レベルにおける解釈として請求権の付与があるか否かを論じていることには注意が必要である。
(29) 例えば、札幌地判平成16年3月23日訟月50巻12号3357頁、広島地判平成14年7月9日判タ1110号253頁、東京地判平成8年11月22日訟月44巻4号507頁などを参照。
(30) さらには、広島高判平成17年1月19日判時1903号23頁のように、「条約がそのままの形で国

(iii) まとめ　我が国の裁判例は、自動執行性概念の理解として、まず、一部の例外は存在するが、国内効力と自動執行性の問題を必ずしも明確に分離していないということができる。また、個人の請求権との関係に関連して、国際法上個人に権利の享有が認められているかという問題と、自動執行性が区別して扱われている一方で、自動執行性と国内法上の請求権の有無の区別については、裁判例の理解が判然としないことも確認された。

(3) 自動執行性の判断基準論　自動執行性ないし、国内適用可能性の基準を明示して、そこに具体的な国際法規範を当てはめて検討する裁判例は、多くない。例えば、のちに述べるように人権規約をめぐる裁判例においては、特段理由を示すことなく、市民的及び政治的権利に関する国際規約（自由権規約）については自動執行性を有するとするもの[31]や、反対に社会権規約については、その目標達成の漸進性を理由に自動執行性を否定するもの[32]など、単に結論のみを述べるものや、基準を明確にしないまま、いわば当てはめのみを述べるものものが多い。また、人権条約以外でも、関税と貿易に関する一般協定（GATT）の自動執行性を否定したとされる[33]、西陣織ネクタイ訴訟第一審判決[34]も、基準を定立するどころか自動執行性という語すら使うことなく、締約国間における、協議や対抗措置による違反是正が予定されていることを理由として、日本国内における立法行為を無効にするものではないとした。この裁判例も、当てはめのみを述べるものの一つに数えることができよう。なお、夙に自動執行性の問題に言及した砂川事件判決の個別意見に至っては、奥野・高橋意見、小谷意見のいずれも、条約そのものが国内法規として国民を拘束する場合には違憲審査の対象となるという点を述べるにとどまる。

内法として受容されるためには、それが国家間の権利義務ではなく、個人の権利義務について定めたものであって、権利義務の発生要件、効果、手続等が条約に明確、詳細に定められており、さらにこれに補完、具体化する法令を必要とせずに国内における裁判規範として執行可能なものであることと、締約国がこれを直接国内裁判所で執行可能なものとする意思を有することが必要である」として、個人の国際法主体性、自動執行性、請求権に加えて、国内効力までもが混同された表現をとる判決も存在する。

(31)　東京高判平成5年2月3日東高刑時報44巻1-12号11頁、大阪高判平成6年10月28日判時1513号71頁。前述の徳島地判平成8年3月15日判時1597号115頁は、自由権規約の性格や規定形式には若干言及するが、自動執行性の基準の定立はみられない。
(32)　最判平成元年3月2日判タ741号87頁、大阪地判平成17年5月25日判時1898号75頁。
(33)　例えば、中川淳司「国内裁判所による国際法適用の限界」国際100巻2号（2001年）104頁。
(34)　京都地判昭和59年6月29日判タ530号265頁。

他方で、比較的詳細な基準を定立し、そこへの当てはめを行う裁判例(35)も、戦後補償訴訟をめぐるものの中にいくつか存在している。その具体例である、註(35)に掲げた三つの裁判例は、いずれも、①個人の権利義務を直接規律しようという当事国の意思の存在と、②規律されるべき個人の権利義務内容が国際法規範に明確に定められていることの二つの要件を求めており、そのような要件は、学説上、自動執行性の主観的要件（①）および客観的要件（②）と呼ばれるもの(36)に対応している。

また、シベリア抑留補償請求訴訟控訴審判決(37)においては、慣習国際法の自動執行性が問題とされたものの、一般に条約について求められるのと同様の要件を課している点が注目される。加えて、残りの二つの裁判例(38)では、客観的要件としての明確性が要求される理由として、権力分立と法的安定性の観点を挙げている点が特に注目に値する。

最後に、この三つの裁判例は、いずれも、国内効力と自動執行性ないし国内適用可能性を明確に区別している裁判例でもあることも指摘しておきたい。

（4）個別条約をめぐる判断（各論）　　（2）・（3）では、国際法規範全般について、自動執行性の概念の理解や判断基準論をめぐる裁判例の趨勢を概観した。ここでは、視点を変えて、条約の種類ごとにその自動執行性がどう扱われているかについて裁判例の傾向等を確認しておこう。

　　（i）**人権条約**　　まず、性質上個人の権利義務にかかわり、訴訟において当事者に援用されることが多く、我が国においても、先例が一定程度蓄積している人権条約、とりわけ自由権規約と社会権規約の二つの国際人権規約(39)の自動執行性について、裁判例の展開を概観しておく。

一般的な傾向として、自由権規約については我が国においても自動執行性が認められることが多くなっているが、社会権規約については、漸進的達成義務や国内立法者の立法裁量の存在等を理由として、自動執行性を否定する

---

(35) 例えば、東京高判平成 5 年 3 月 5 日判時 1466 号 40 頁、東京地判平成 10 年 11 月 30 日判タ 991 号 262 頁、東京高判平成 14 年 3 月 27 日判時 1802 号 76 頁。
(36) 例えば、参照、山本草二『国際法〔新版〕』（有斐閣、1994 年）105-106 頁。
(37) 東京高判平成 5 年 3 月 5 日判時 1466 号 40 頁。
(38) 東京地判平成 10 年 11 月 30 日判タ 991 号 262 頁、東京高判平成 14 年 3 月 27 日判時 1802 号 76 頁。
(39) なお、両人権規約に加えて、女子差別撤廃条約や児童の権利条約などのほか、人権条約と呼ぶのは語弊があるものの、ILO 諸条約についても、我が国の裁判例においてその自動執行性ないし裁判規範性が争われることがしばしばある。

のが通常であると指摘される(40)。

　自由権規約について、その自動執行性を認めた例としては、指紋押捺拒否事件控訴審判決(41)や自由権規約14条3項(f)の刑事裁判における無料通訳規定をめぐる東京高裁判決(42)など数多くの先例が認められる。もっとも、先に述べたようにこれらの先例は、大半が自動執行性の基準を明示することなく、結論のみ、あるいは、せいぜい当てはめのみを述べたものであることに留意しておく必要がある。しかも、個別規定について検討を行わず、自由権規約を全体として一括で自動執行性を有すると解する傾向が強いことも指摘しておかねばならない(43)。なお、近時、自動執行性について比較的詳細に検討を行うものの、自由権規約の自動執行性は締約国の判断に委ねられるとする自由権規約人権委員会の見解を参照しつつ、日本国憲法が自動執行性について規定を設けていないことを理由として、自由権規約全体の自動執行性を否定する裁判例も登場した(44)。これについては、憲法によって自動執行性に関する規定が設けられることを求めるものと解するべきではなく、人権委員会の見解の趣旨を誤解するものと批判することができよう。

　一方、社会権規約については、これも上述した通り、我が国の裁判例においては、社会権規約全体として自動執行性が否定されることが多い(45)。このような裁判例の傾向については、社会権規約の規定であっても、自由権的側面を有するもの、特に平等保障のような場面では、即時の実施が可能であり、かつ義務づけられることとなり、少なくとも、社会権規約を全体として自動執行性を有しないものとして一括処理してしまうことには学説上強い批

---

(40) 例えば、薬師寺公夫「日本における人権条約の解釈適用」ジュリ1387号（2009年）53頁。
(41) 大阪高判平成6年10月28日判時1513号71頁。
(42) 東京高判平成5年2月3日東高刑時報44巻1-12号11頁。
(43) 例えば、堀越事件の第一審判決（東京地判平成18年6月29日刑集66巻12号1627頁以下に引用）などを参照。例外的に、個別の条項ごとに、その性質・内容にてらした慎重な検討が必要であると指摘するものとして、大阪高判平成11年10月15日判時1718号30頁がある。また、自由権規約の問題を扱ってはいないが、「同一価値労働同一賃金の原則」という特定の「観点」からみて、自動執行性を有するかどうかを検討した、京都市女性協会事件の第一審判決（京都地判平成20年7月9日労判973号52頁）・控訴審判決（大阪高判平成21年7月16日労判1001号77頁）がある。これらは、条文の意味内容の解釈との境界線は微妙ながらも、同じ条文でも主張内容にあわせて自動執行性の有無が変わりうることを示唆しているとも考えられ、注目に値する。
(44) 大阪高判平成20年11月27日判時2044号86頁。
(45) See also, IWASAWA, supra note 12, at 56. 前掲註(32)に挙げた先例およびそれに対応する本文も参照。なお、関連する最高裁判決である、塩見訴訟上告審判決は、あくまで、社会権規約9条に限定した形で論じている。

判がある(46)。この点に関連して、一旦社会保障立法がなされた場合に、その内容・適用が平等であることを要求するというかなり限定された範囲(47)ではあるものの、社会権規約2条2項に自動執行性と裁判規範性を認める裁判例(48)が登場したことは、上記のような学説の批判と通じるものがあり(49)、注目される。

(ii) GATT/WTO法　国際人権条約以外に、GATT/WTO法の自動執行性が問題とされることも多い。これについては、いくつか関連する下級審裁判例が存在するので、簡単に確認しておくことにする。もっとも、いずれの裁判例も自動執行性の問題を設定するものではなく、学説上その意味するところを推測して議論されているというのが実情である。

中でも、最も有名な裁判例は、すでに触れた、1984年の西陣織ネクタイ事件第一審判決(50)である。この判決は、1947年GATT 17条1項(a)の規定内容を解釈しながら、GATT条項の違反は、締約国間の協議や対抗措置により是正されるものであるとして、「それ以上の法的効力を有するもの」ではないとした。これについては、繰り返しになるが、自動執行性の問題が明示的に言及されていないのは確かであるが、そもそも国内効力も否定しているのではないかなど、必ずしも判然としないところが多い。判示内容に解釈を加えて規定内容を明らかにしようとしている点で、法的効力自体は否定していないが、それに基づいて立法行為等の違法無効を主張できるまでの「法

---

(46) 例えば、申惠丰『人権条約の現代的展開』(信山社、2009年) 211頁以下〔特に、216-218頁。初出、2007年〕。
(47) 社会権規約の差別禁止規定の直接適用可能性については、申惠丰『国際人権法〔第2版〕』(信山社、2016年) 515頁以下などを参照。
(48) 大阪地判平成17年5月25日判時1898号75頁、福岡地判平成22年5月19日判例集未登載〔LEX/DB文献番号25473447〕。
　なお、これらの裁判例とは逆に、社会権規約2条2項は政治的責任を示したものにすぎないとした上で、社会権規約に関連する事項については、平等原則を規定した自由権規約26条についてもその限りで裁判規範性を失うなどとするものとして、大阪高判平成17年10月27日裁判所ウェブサイトがある。
(49) 福岡地判平成22年5月19日判例集未登載〔LEX/DB文献番号25473447〕は、社会権規約9条について、同規約2条1項にてらして裁判規範性を否定しつつ、同条2項については裁判規範性を認め、このような判断相互に矛盾はないとしている。さらに、大阪地判平成19年10月30日判例集未登載〔LEX/DB文献番号28140498〕も、同規約11条1項が具体的権利を付与するものではないとしつつ、一旦整備された社会保障制度の後退禁止 (これについては、申・前掲註(47) 521頁以下などを参照) を規範内容とする限りにおいての同規約2条1項や、同4条については、具体的権利付与の有無を論じずに条文の解釈に移る。
(50) 京都地判昭和59年6月29日判タ530号265頁。

的効力」は否定したと捉えて、自動執行性ないし直接適用可能性を否定したと理解するのが一般的である(51)。

この判決以前には、条約中に関税に関する特別の規定がある場合には当該規定によることを定めた関税法3条を介して、被告人がその条約上の特別規定であると主張するところの1947年GATT8条3項によって排除されるべき関税法違反の処罰が、同協定同条同項に違反するかが争われた、1961年の神戸宝石密輸事件判決(52)が存在した。この判決に関して、条約中関税に関する特別な規定がある場合には、それが適用されるという関税法3条は、確認規定にすぎないのであるから、自動執行性ないしは直接適用可能性の具備を前提として処理したものであるとの評価もされている(53)。ただし、自動執行性の問題がこの当時我が国において必ずしも十分に認識されていたとはいえないこと、判決はあくまで関税法3条を介在させていること、関税法3条が確認規定にすぎないと解するかどうかについては異論もありうることにてらせば、このような判断には慎重であるべきではないか。

WTO成立後も明示的に自動執行性の問題を取り扱った事案はないようであるが、手続却下処分等取消請求控訴事件の知財高裁判決(54)は、TRIPS協定（知的所有権の貿易関連の側面に関する協定）の違反の有無を当然のように判断しており、小林友彦はこれを直接適用の例とする(55)。

このほか、NTT東西の接続約款改定がGATS（サービス貿易一般協定）の附属書4に付された「参照文書」に違反するかが争われた事件では、判決は「参照文書」への違反を否定した(56)。これが意味するところについても明らかではなく、違反を否定しているのだから直接適用可能性を肯定していると

---

(51) 例えば、中川・前掲註(33)104頁のほか、清水章雄「ガット・ルールによる営業の自由及び財産権行使の自由の保障」小樽商科大学経済摩擦研究会『国際経済摩擦と我が国の産業政策』(1987年)43頁や、Y. Iwasawa, *Constitutional Problems Involved in Implementing the Uruguay Round in Japan, in* IMPLEMENTING THE URUGUAY ROUND 137, 152-153 (J.H. Jackson & A.O. Sykes, eds., 1997)、そして、IWASAWA, *supra* note 12, at 70 がある。なお、M. Matsushita, INTERNATIONAL TRADE AND COMPETITION LAW IN JAPAN 35 & 37-38 (1993) は、抵触する国内法（法律）の効力を排除する効力をもたない、ないし、条約上の対抗措置を受ける以上の効力をGATT違反はもたないとの記述をしており、自動執行性よりも国内効力の問題として捉えているように解される。

(52) 神戸地判昭和36年5月30日下刑集3巻5=6号519頁。

(53) 東史彦「日本におけるWTO協定の直接適用可能性」亜大43巻2号(2009年)119-120頁。*See also,* Iwasawa, *supra* note 51, at 151; IWASAWA, *supra* note 12, at 67-68.

(54) 知財高判平成23年4月28日裁判所ウェブサイト。

(55) 小林友彦「条約の国内実施をめぐる現代的課題」新世代法政学研究20号(2013年)356頁。

(56) 東京地判平成17年4月22日裁判所ウェブサイト。

も解しうるし、西陣織ネクタイ訴訟第一審判決との比較により、直接適用可能性を否定したものと解する見解(57)も存在する。

以上を簡潔にまとめておくと、少なくともGATT/WTO法の自動執行性を明示的に認める裁判例は存在せず、否定的な裁判例こそ存在するものの、せいぜい肯定的に解しうる裁判例があるというにとどまる。また、以上のような次第であるから、あくまで管見の限りではあるが、この分野で自動執行性の基準について提示した裁判例は存在しない。

(5) 小　括　ここまで、自動執行性をめぐる我が国の判例・裁判例の状況について概観してきた。

ここで、重複を恐れず、以上の検討の内容を簡潔に確認しておくことにしよう。すなわち、我が国において、自動執行性について明確な判断を示した最高裁判例は存在せず、裁判例についても十分な概念整理や基準設定を行っているものは、少数にとどまる。もっとも、その少数の裁判例は共通して、概念整理の面では、国内効力と自動執行性ないし国内適用可能性を分離し、判断基準としては、当事国の意思という主観的要件と、個人の権利義務設定の明確性という客観的要件の2要件を挙げていることは注目に値する。さらに、そのうち二つの裁判例が、客観的要件の基礎づけとして権力分立および法的安定性を挙げていることも重要である。

次に、条約の種別に着目すると、その理由づけはともかく、自由権規約については自動執行性が概ね認められている反面、社会権規約については条約全体として自動執行性が否定される傾向にあること、GATT/WTO法に関しては、自動執行性が否定される傾向も指摘されるが、自動執行性という問題設定を裁判例が行っていないこともあり、必ずしも判然としないといった点が確認された。

2　学　説

1では、我が国における判例・裁判例が自動執行性の問題をどう扱ってきたかを検討したが、続いて本節では、我が国における学説の議論状況を確認しておく。

(1) 国際法学　学説の議論状況を検討するにあたって、事柄の性質上、

---

(57)　東・前掲註 (53) 134頁。

まずはなんといっても、国際法学における議論状況[58]をみておかなければならないだろう。

アメリカにおいて、18世紀末にその萌芽が認められ、19世紀に登場した、自動執行性（self-execution）という概念は、1950年代初頭にカリフォルニア州で争われた藤井事件[59]を契機として、アメリカ、さらには、世界的に衆目を集めるところとなった。このような議論の活性化を承けて、我が国でも、自動執行性の問題が紹介されるようになり[60]、1960年にはこれを初めて本格的に扱った研究[61]が登場した。

『憲法と条約』と題された研究において高野雄一は、戦後各国において、議会関与の強化を通じて条約締結手続が民主化されたことにより、議会による条約の承認手続が執行府の対外的な条約締結を認めるものであるにとどまらず、国内法上、法を定立する効果も有しているのではないかという関心を通奏低音として、条約の国内法秩序における効力・地位について論じた[62]。そのような関心の下、高野は、国家はなんらかのその選ぶ方法で対内的に条約を実施しなくてはならないという意味での、「国内効力」はあらゆる条約に生じるが、この他に、国内関係の直接の規律、特に国民の法律関係・権利義務の直接の規律を内容としている場合にどのように執行されるかも、「国内効力」として論じられるべきである[63]といい、また、これこそが本来の国内効力だとする[64]。そして、「条約の内容が、そのままの形で国内的に適用される性質のもの」あるいは、「条約の規定が内容的に国内の法律と等しくそのまま国民の法律関係、権利義務関係として直接に適用しうる性質のも

---

(58) 国際法実務家の視点からの概説として、小松一郎（外務省国際法局関係者有志補訂）『実践国際法〔第2版〕』（信山社、2015年）287-288頁［自動執行性の定義をめぐって、「実務の立場からせんじつめれば、『国内の裁判所が権利義務関係についての争いの裁定に当たって、裁判の準則として国内法を媒介することなく条約の規定に直接依拠することができるもの』を自動執行力のある条約として取り扱っている」とする］や、谷内正太郎「国際法規の国内的実施」広部和也＝田中忠編集代表『国際法と国内法』（勁草書房、1991年）109頁以下［特に113頁以下］［自動執行性か否かの基準が不明確であること、実務上「念には念をいれ」国内立法が整備される傾向があることなどが指摘されている］などを参照。
(59) この事件については、第3章で詳論する。
(60) 高柳賢三「違憲の審査(3・完)」ジュリ157号（1958年）49頁以下。最初期の邦語文献として、州法と条約との関係を論じるために藤井事件を紹介する中で自動執行性に触れるものとして、畝村繁「条約と国内法との効力に関するアメリカの実行」甲南論集4集（1954年）98頁もある。
(61) 高野雄一『憲法と条約』（東京大学出版会、1960年）特に91頁以下。
(62) 同上4頁以下。
(63) 同上95頁。
(64) 同上100頁参照。

の」という意味での、「セルフ・エグゼキューティング」な条約について初めて、本来的意味での国内効力の問題が生じるとした(65)。このような分析から、セルフ・エグゼキューティングと呼ばれるものには、二つの側面があり、①国際法上ないしは条約そのものの問題として、個人の権利義務関係を直接規律するものであるかという問題と、②国内法秩序において、①のような条約による直接の規律が効力を認められるかという問題があるという(66)。その上で、①を（狭い意味での）セルフ・エグゼキューティング、②を（本来的意味での）国内効力の問題として区別したのである。この点について、さらに詳しく説明すると、まず、①のセルフ・エグゼキューティングの内容として、高野はダンツィヒ裁判所の管轄権に関する、常設国際司法裁判所の勧告的意見(67)を引いて、そのままで直接的に個人の権利義務を設定し、国内裁判所で執行しうる確定的規則を、条約当事国の意思として採用しているかの問題であるとする(68)。他方で、②の国内効力の問題としては、国際法上の条約の成立要件となる承認手続の他に、国内立法を要するか否かといった、国際法の国内法への取り込みの問題や、国法上の序列において条約がどの地位を占めるのかの問題を論じ、これは結局、国内法上ないし憲法上の問題に帰着するとしている(69)。

以上のような説明は、用語法にやや複雑なところがあり、混乱を招く恐れも否定できない。さらに、一般的受容や変型などに関する国内法への国際法の取り込みの議論と国内法上の序列の問題が同じ②「国内効力」の問題で論じられていたり、①（狭義の）セルフ・エグゼキューティングの問題がのちに論じられる主観的要件ないし国際法上の要件にのみ限定されており、客観的要件ないし国内法上の要件と呼ばれる問題が論じられていなかったりと、今日時代が下ってからみたときには難点も多く指摘できる。しかし、本国アメリカにおいても議論が錯綜している自動執行性という問題について、我が国において初めて本格的に取り組んだものでありながら、なんらかの形での条約の実施を国内法上も国家機関が負うという意味での「国内効力」と、条

---

(65) 同上 100 頁。
(66) 同上 103 頁。
(67) Jurisdiction of the Courts of Danzig, Advisory Opinion, 1928 P.C.I.J. (ser. B) No. 15 (Mar. 3).
(68) 高野・前掲註 (61) 103-104 頁。
(69) 同上 109-110 頁。

約そのものの性質としての、すなわち国際法レベルでの性質としての自動執行性、さらに国内法体系における条約の位置づけという問題を、区別し抽出している点は、後の学説による整理につながるものであり、卓見といえる。

その後、広部和也による、アメリカにおける議論についての判例分析を中心とした紹介・検討[70]などを経て、我が国において自動執行性の問題を論じるにあたっては避けて通ることのできない、岩澤の『条約の国内適用可能性』[71]が、1985年に上梓された。岩澤による研究は、我が国[72]における自動執行性研究の到達点ともいえるものであって、それを要約して示すことは困難であるが、ここでは、主に最近の教科書等において岩澤が概説しているところによりながら、そのエッセンスを紹介しておこう。

岩澤は、自動執行性ないし、self-executing という概念の混乱を指摘した上で、アメリカ合衆国をはじめとする各国における判例・学説に加えて、欧州法における直接適用可能性の議論をめぐる判例・学説を丹念に検討した結果として、以下のような概念整理を行った。

まず、自動執行性ないし self-executing という概念は、国内効力との混同がみられることなどから混乱を招くとして、国際法が国内においてそれ以上の措置なく適用されうるかという問題（これを直接適用可能性[73]と呼ぶ）であることを明確にすべく、国内適用可能性（国内における直接適用可能性）という概念で捉えるべきだという[74]。

---

(70) 広部和也「アメリカ合衆国における self-executing 条約の概念」Neue Forschung 2号（1965年）13頁以下、同「アメリカ合衆国裁判所における国際連合憲章の適用」埼玉大学紀要（教養学部）3巻（1967年）61頁以下。また、同「国際法における国内裁判所についての一考察」国際75巻2号（1976年）137頁以下では、国際公益の進展に伴い、国際法の国内実施の重要性が増し、その執行機関としての国内裁判所の役割について論じる中で、条約の自動執行性の問題についても触れている（特に、171頁以下）。

(71) 岩澤・前掲註(3)。

(72) もっとも、岩澤の研究成果の影響は、我が国にとどまるものではない。実際、アメリカ合衆国における self-execution 概念についての英語論文（Y. Iwasawa, *The Doctrine of Self-executing Treaties in the United States: A Critical Analysis*, 26 VA. J. INT'L L. 627 (1986)) も著しており、この論文は、アメリカ本国でも多く引用されている。さらに、岩澤・前掲註(3)を基盤に据えつつ、その後の判例・学説の展開を踏まえ、条約以外の国際法規範の国内適用の問題も含めて網羅的に扱う英語文献（ハーグアカデミーにおける講義の講義録）として、Iwasawa, *supra* note 2 が2016年に刊行された。

(73) 直接適用可能性という用語について、欧州法上の概念との混同の恐れがあると否定的な、小寺彰『パラダイム国際法』（有斐閣、2004年）56頁を参照。この批判への再反論や、錯綜した用語法の整理については、酒井啓亘ほか『国際法』（有斐閣、2011年）386-387頁 Column 4-8［濵本正太郎執筆部分］参照。

(74) 岩澤・前掲註(3) 114-115頁。以下に論じる点も含めて、岩澤雄司「憲法と国際法」法教370号（2011年）30-31頁も参照。

この点を敷衍すると、以下の通りである。すなわち、自動執行性という言葉が、アメリカの判例の言い回しなどから、「なんらの立法の必要なしに」国内で法としての効力をもつものだといわれることが多いのだが、批准・公布によりそれ以上の立法措置なく国内効力をもつとされる、一般的受容ないし自動的受容の場合に、これと自動執行性が混同されやすい。しかし、一般的受容の方式を採用する場合にあっても、条約の規定内容がそのままの形で国内に適用可能かという問題は残る。さらに、逆に、憲法により、批准・公布により国内効力を有しているとされている場合に、そのままの形での適用が不可能であるからといって、国内効力がないとするのも矛盾を抱えることになる。そうすると、ある国際法の国内効力を前提として、それがそのままの形で国内に適用可能かという、「国内適用可能性」を国内効力とは別に論じるべきであるというのである(75)。
　さらなる概念の整理として、岩澤は、直接適用がされる場面で問題となることの多い個人の権利義務創設が、自動執行性と同じものとして論じられる傾向があるものの、場面ごとに適用のあり方は異なり、個人の権利義務の創設はその一形態であって、「国内適用可能性」ないし「直接適用可能性」の概念には含めるべきではないとする(76)。
　以上のような概念整理を踏まえて、岩澤は国内適用可能性の判断基準にも言及する(77)。そこでは、基準を主観的基準と客観的基準に分類した上で、主観的基準として、条約当事国の意思と国内立法者の意思の二つの観点が検討されるという。もっとも、条約当事国の意思については、各国内での具体的な実施方法に関して条約当事国は無関心であることが一般的であり、無理に当事国の意思を想定したところで擬制にすぎず、これを要求すべきではないという(78)。こうして、むしろ国内立法者の意思が尊重されるべきであるというのである。他方、客観的基準については、規範の明確性と国際法が扱う事項の問題の二つを挙げている。まず、明確性の問題について、岩澤はこ

---

(75) なお、岩澤は、日本国憲法においては、98条2項により国際法の国内効力が認められるとの立場を採用していると解される。参照、岩澤・前掲註 (3) 120-121頁。
(76) 岩澤・同上115頁。*See also*, Iwasawa, *supra* note 2, at 144-149.
(77) 岩澤・同上115-116頁。*See also*, Iwasawa, *id.*, at 157ff.
(78) これに対して、標準的な学説とされる、山本・前掲註 (36) 105頁は、概念整理自体は岩澤と同様のものを採用するが、「締約国の意思」を「主観的要件」として要求する立場を守っている。この点をめぐっては、国内実施のあり方を国際法が決定することを禁止はされていないとして、国際法上の性質決定を確認する場面として捉える可能性を指摘する、小寺・前掲註 (73) 60-61頁も参照。

れを権力分立の観点から要求されるもので、国内適用可能性の主要な基準となるという。つまり、法の定立は立法府の本来的な任務であり、曖昧不明確な法を執行府、行政機関あるいは司法府がその限りで適用してしまうのは、立法府の権限を害し、権力分立の枠組に反することになるのだという。他方、規律事項の問題については、財政民主主義や罪刑法定主義といった各国の憲法上の要請により、狭義の法律（議会制定法）によることが必要とされる事項については、国際法の国内適用可能性が排除されるとする(79)。このようにみてくると、いずれの基準も結局は、各国の憲法体制の内部における国内法上の問題がかかわっていることがわかる。こうして、岩澤は、国内適用可能性は、当事国の意思という国際法の問題ではなく、国内効力や国内的序列のように国内法が決定する問題であるという立場を明らかにするのである(80)。

筆者としては、さしあたり以上の整理・説明は明瞭かつ適切なものであって、以下では、原則として用語法等、これに従うべきものと考える。もっとも、このように岩澤による明晰な分析・概念整理が行われてもなお、学説上の概念理解は一致したものではないことには注意が必要であり、とりわけ国内法への取り込みが如何に行われるかという問題(81)等、国内効力の問題(82)と必ずしも分離されていない場合が多くみられる。

(2) **憲法学**　従来、我が国の憲法学が国際法に関して払ってきた関心は、①国際法と国内法の関係の問題にも関連させつつ国際法が国内法上効力をもつのかという点、②国内法上の効力が認められるとして、国際法ないしそれに由来する規範、特に条約が国内法秩序上どのような地位に置かれるかという点、さらに③後者の問題と密接に結びつく形で、条約が違憲審査の対象と

---

(79) これも、憲法が具体的に定めた権限配分の遵守という意味で、権力分立の問題をなすとも考えられる。

(80) 岩澤雄司「第4章　国際法と国内法の関係」小寺彰ほか編『講義国際法〔第2版〕』（有斐閣、2010年）115頁。

(81) 例えば、「変型」の要否の問題として論じるものとして、やや古いが田畑茂二郎『国際法新講上』（東信堂、1990年）57頁がある。また、「一般的受容」の方式をとる場合にのみ、自動執行性の問題が生じるとするものとして、杉原高嶺『国際法学講義〔第2版〕』（有斐閣、2013年）118-119頁、浅田正彦編『国際法〔第3版〕』（東信堂、2016年）27頁〔浅田正彦執筆部分〕などがある。

(82) 他方、岩澤論文を引用しつつ、国内効力（validity）と直接適用可能性（direct appicability）の区別の必要性を力説するものとして、申・前掲註（47）504-506頁がある。なお、この論者は、直接適用可能性について、個人への権利義務の付与に限定せず、条約適合性の判断を行う場合も広く直接適用と解すべきだとする（同上481頁以下など）。

なるかという点の、以上3点(83)に集中してきた(84)。

近時では、上記のような裁判例や国際法学における議論の集積・展開に伴い、憲法の教科書のレベルでも、自動執行性の問題について言及するものが多くなっている(85)。

もっとも、従来議論されてきた国内効力の問題の一内容として自動執行性に触れるのが一般的で、自動執行性の意義について詳説するものは少ない(86)。ましてや、自動執行性が認められる基準について詳しく説明したものはほぼ皆無である(87)。

概念整理という点では、今述べた通り、国内効力の問題と自動執行性の問題が後者の問題が前者の問題の一部をなすという形で混同しているもの(88)が多く、その場合、自動執行性があるもののみが国内効力を有するといった説明がなされている(89)。例外的に、樋口陽一(90)は、日本国憲法98条2項によって基礎づけられる国内効力と、そのままの形で国内法として適用可能(self-executing)かどうかという問題は、「別のことがらである」とし、自動

---

(83) 第1部第1章で触れたように、この他に、条約の承認手続に関連して、それが必要とされる「条約」の範囲や、国会の修正権の有無などをめぐって議論がなされてきた。

(84) なお、このことは、憲法学者の筆になる、『憲法と国際社会』と題される論文集において、「憲法と国際法」という章目に収められた論文で扱われているのが、上記①〜③の論点であることにも端的に表れているということができよう。藤井俊夫『憲法と国際社会〔第2版〕』(成文堂、2005年) 189頁参照。

(85) これに対して、例外的に、古くから条約の自動執行性について触れていたものとして、林修三「条約の国内法上の効力について」法教 (第1期) 7号 (1963年) 34頁以下、橋本公亘「条約の国内法的効力」ジュリ300号 (1964年) 66-67頁がある。

(86) 例外的なものとして、浦田賢治「戦後理論史における憲法と条約」憲法問題2号 (1991年) 18頁があるが、これも憲法学的見地からの検討の必要性を指摘するにとどまっている。

(87) 貴重な例外として、櫨山茂樹「国内裁判所における人権条約の適用(3)」早研106号 (2003年) 286頁以下がある。当該論文は、基準論に関しては、規定の明確性を国際法上の基準に関する問題と位置づける点で独特な立場であるということができるし、国内法上の基準については、司法による自制も含めた「司法判断適合性」の問題になるとしている。それ以上の具体的基準については多くを語らないが、注目すべき先行研究である。

(88) 例えば、松井茂記『日本国憲法〔第3版〕』(有斐閣、2007年) 65頁、小嶋和司『憲法概説』(信山社、2004年) 140頁などを参照。さらに、一般的受容の形式による「受容」も必要としない条約を「自動執行的条約」であると定義する特殊な見解として、阪本昌成『憲法理論Ⅰ〔補訂第3版〕』(成文堂、2000年) 94頁がある。

(89) 以下の本文で例外として掲げる、樋口や佐藤の教科書のほか、野中俊彦ほか『憲法Ⅱ〔第5版〕』(有斐閣、2012年) 425頁〔野中俊彦執筆部分〕も、国内効力と、国内に「通用」し、あるいは「適用」されることを指す、「セルフ・エグゼキューティング」という概念を、国内効力から分離しているように解釈しうる。さらに、明示的に国内効力と自動執行性を分離するものとして、川﨑政司「立法の多元化と国会の役割・あり方」浦田一郎＝只野雅人編『議会の役割と憲法原理』(信山社、2008年) 228頁がある。

(90) 樋口陽一『憲法〔第3版〕』(創文社、2007年) 102頁。

執行性を有しない国際法規範であっても、「裁判所が、下位の国内法規範の効力を否定する基準として国際法をいわば消極的に適用する可能性は、ありうる」とまでいう⁽⁹¹⁾。また、佐藤幸治は、「98条2項の趣旨からみて、条約は別段の立法措置を要することなく国家機関及び国民を拘束するものと解すべきである」とした上で、「実際、自動執行的条約（self-executing treaty）は、特別の立法措置を講ずることなしにそのまま国内法的効力をもつものとして扱われてきている。もっとも、自動執行的でない条約については、それを実施するために必要な国内法的措置は講じられなければならない〔引用削除、引用者〕」としている⁽⁹²⁾。ここでは確かに、自動執行的である場合に、「そのまま国内法的効力をもつ」という表現には、自動執行性と国内効力の混同をうかがうことが不可能ではないなど、用語法に若干の混乱はみられる。しかし、98条2項により、条約に国家機関および国民が拘束されるとされていることや、人権条約の国内実施をめぐる別の箇所で、自動執行性の問題にもかかわらず、人権条約に基づく救済の欠如が「98条2項を介して憲法上許されない事態なのだ〔強調削除、引用者〕」としており⁽⁹³⁾、佐藤は、国内法的効力と自動執行性を分けて考えていると解せよう⁽⁹⁴⁾。

　もっとも、憲法学者の国際法規範の自動執行性ないし国内適用可能性に対する関心は、これにとどまるものではない。先述の、従来憲法学が関心を向けてきた3点に加えて、1990年代以降の近時においては、人権条約の国内適用をめぐる問題に憲法学も目を向けるようになってきている⁽⁹⁵⁾。また、人権条約の国内適用の問題を扱う一環で、自動執行性や国内適用可能性の問題を正面から扱うものではなくとも、これに関連する問題を扱っている論稿が一定数見受けられる⁽⁹⁶⁾。

---

(91) 関連して、下位の規範との関係性か上位の憲法との関係性かという差異はあるが、自動執行性を違憲審査の前提と考える長谷部恭男の見解（長谷部・前掲註(7) 424頁）との差異が注目される。
　なお、下位に位置づけられる国内法規範の条約適合性を判断することも直接適用と呼ぶべきであると強く主張するものとして、申・前掲註(47) 505-506頁も参照。
(92) 佐藤幸治『日本国憲法論』（成文堂、2011年）88頁。
(93) 同上120頁。
(94) さらに、佐藤は、同上88頁の本書筆者が削除した引用部分において、岩澤の著作（岩澤・前掲註(3)）を引用している。
(95) 例えば、佐藤幸治「憲法秩序と国際人権」芹田健太郎ほか編『講座国際人権法1　国際人権法と憲法』（信山社、2006年）27頁以下［初出、2005年］など。教科書レベルでは、大石眞『憲法講義II〔第2版〕』（有斐閣、2012年）16-17頁（あわせて、同『統治機構の憲法構想』（法律文化社、2016年）12頁も参照）など。
(96) 例えば、芹田健太郎ほか編『講座国際人権法1　国際人権法と憲法』（信山社、2006年）や同ほ

例えば、憲法研究者のうち、国際法規範の国法体系における位置づけについて最も精力的に論じている齊藤正彰は、第1章註(12)でも触れたように、岩澤によって国内法にも共通し条約固有の問題ではないとされる一方で、その意味するところが不明瞭とも指摘される「self-executing」を、条約の国内適用の場面で憲法学においてわざわざ導入する必要はないとする。しかしながら、これは、国法体系において、国内法とは異なる次元の法を如何に取り入れ、適用していくかという問題自体を否定してはいない。実際、条約が国法秩序に受け入れられるということが国内法上どのような意味をもつのかということ(97)や、それとの関連で、条約の「直接適用」の意義を探ったり(98)、憲法上「法律（国会制定法）」による規律が求められている一定の事項を条約が処理することの意義を論じたり(99)している。もっとも、これらは、問題点の指摘や類型分けにとどまっている面は否定できないが、先行研究としての重要性を否定することはできない。

　これに関連して、国際法学を中心とした国際人権法の国内適用を積極的に推進しようとする論調に対して批判的に応答する高橋和之の議論(100)も、重要である。この議論は、条約その他の国際法規範の自動執行性について論じるものではないが、条約が国内法上効力を有するということの意義について、改めて熟慮する契機となるものである。条約上あるいは国際法上の人権規範の主体および客体等は、国内法上特に憲法上のそれらとは全く異なるものであり、峻別すべきであるという高橋の見解に対しては、古色蒼然たる国際法・国内法峻別論に立つものであるなどの強い批判(101)もあるところであるが、国際法規範と国内法規範の基本的な構造の違いを安易に無視すべきではなく、結論として峻別すべきかはともかく、自覚的に論じなければならないということを気づかせてくれる。さらに、高橋は、国内における制定手続のあり方を根拠に、特に参議院の賛成を欠くまま承認された条約について、法律に劣位させるか、自動執行性を否定すべきであるという主張(102)も行って

　　　か編『講座国際人権法3　国際人権法の国内的実施』（信山社、2011年）所収の諸論文を参照。
(97)　齊藤正彰『憲法と国際規律』（信山社、2012年）99-107頁［初出、2011年］。
(98)　齊藤・同上108-111頁。
(99)　齊藤・同上63頁以下［初出、2006年］。
(100)　高橋和之「国際人権の論理と国内人権の論理」ジュリ1244号（2003年）69頁以下［以下、高橋（ジュリ）］、同「国際人権論の基本構造」国際人権17号（2006年）51頁以下。
(101)　大沼保昭「人権の国内的保障と国際的保障」国際人権17号（2006年）58頁。
(102)　高橋（ジュリ）・前掲註(100) 81頁。

おり、国内効力、国内法における効力順位、自動執行性をどう整理するかという点で、本書にとっても検討すべき課題を投げかけている。

以上のような高橋による「問題提起」を契機として、棟居快行(103)は、条約が国内法的効力をもつということの意義について、憲法25条の法的性質や裁判規範性をめぐる議論とも対比させつつ、「法的権利発生説(104)」、「法的立法義務発生説(105)」、「客観法発生説(106)」の三つの考え方を提示する。このような整理は、国内効力と自動執行性の問題をある意味で混同した形で論じているということができる(107)し、憲法25条と対比しつつも、そこにおいて看取される、法的意義・効果の相対的な把握という視点が、少なくとも、論稿の文面からはうかがえない。また、なぜ立法義務に限定するのかなど、難点を指摘しうる。しかしながら、今指摘したような難点に留意して、客観法発生の意味を国内法的効力の意義と考え、それ以上の義務については自動執行性ないし国内適用可能性の問題と整理すれば、特にこれまであまり論じられることのなかった、憲法98条2項により生じる「国内法的効力」の意義について説明する重要なものであるという点で、棟居のこの議論の重要性を理解できる。

以上のように、我が国において、憲法学者による自動執行性に関連する諸議論は、主に国際人権法を直接の検討対象としてなされていることが確認される。この点について若干のコメントをしておくと、問題となっている人権法は、権力分立や民主主義との関係で特殊な考慮が必要な場面であり、またイデオロギッシュな対立が生じやすい場面でもある。それゆえ、一般的な理論を構築するには必ずしも向かない領域を中心に、自動執行性が論じられるという「不幸」が生じているのではないかと思われる。このような人権の特殊性(108)というのは、他の次元における法を国内法秩序の中で、特定の憲法

---

(103) 棟居快行「国内裁判所における国際人権の適用をめぐって」芹田健太郎ほか編『講座国際人権3 国際人権法の国内的実施』(信山社、2011年) 29頁以下。
(104) 国内法への取り込みによって、「主体が国民で国が名宛人である、対国家的権利」に自動変換されるという考え方をいう(棟居・同上38頁)。
(105) 国内法上は、あくまで国際法上の約束を実現すべく、国会が一定の法律の制定・改廃の作為義務を負い、その作為義務が国内法上も法的義務とされるという考え方をいう(棟居・同上39頁)。
(106) 一定の法律の制定・改廃の作為義務の存在から、その作為義務によって制定されるべき内容をもつ不文の客観法が成立するという考え方をいう(棟居・同上39頁)。
(107) この点については、あくまで人権条約を検討対象としていることから、規定内容は明確であるという前提に立っているためだという説明は可能かもしれない。
(108) もっとも、人権の特殊性、人権条約の特殊性ゆえに、自動執行性ないし国内適用可能性が問題

秩序の中でどのように受容していくかという、自動執行性の問題を論じる上では、一旦切り離して考えるべき問題ではないのだろうか。一般理論を構築・整理した上で、改めて考慮すべき特殊事情と考えるべきではないのかと思われる。

　その意味では、人権条約、特に安全と人権という特殊な問題を題材としているものの、江島晶子の一連の研究(109)は、筆者の立場からみて適切なものであると解される。なぜならば、人権条約の国内適用の問題（具体的には欧州人権条約のイギリスの国内裁判所による適用）を議会と裁判所の権限配分の観点からも検討し、統治機構全体の中での裁判所の原理的位置づけ・役割・機能から、国際人権法の国内実施に対する国内裁判所の消極性を驚くべきことではないとしつつ(110)、イギリスにおける実例を分析し、裁判所としては踏み込めるところまで踏み込むという態度を読み取る(111)江島の研究は、人権保障にのみかかわるのではなく、統治機構のあり方を視野に入れた、アプローチの仕方においてはバランスのとれたものだからである。本書は、前述の通り、国際的規範の自動執行性ないし国内適用可能性について、概念を整理し、一般的な理論の構築を模索するものであるが、この作業においても、このような具体例の検討は、参考になるだろう。

　(3) 行政法学　　公法学のもう一つの核をなす行政法学も、自動執行性ないし国内適用可能性という問題に大きな関心をもっているとは言い難い。

　教科書レベルでは、「行政法の法源」といった項目において条約についても言及がなされる。しかし、そこでの説明は、憲法98条2項を引用して、単に条約も国内効力を有するのであり、行政法の法源となりうると述べるにとどまるもの(112)や、自動執行性をもつ条約のみが国内効力を有するような書きぶり(113)で、国内効力や自動執行性ないし国内適用可能性を如何に定義

となりやすいという面があることは否定できない。この点については、建石真公子「日本国憲法における『法律に対する条約優位』と『人権』条約の適用」坂元茂樹＝薬師寺公夫編『普遍的国際社会への法の挑戦』（信山社、2013年）235頁以下［236頁では、人権条約のもつ「イデオロギー性」についても言及している］などを参照。

(109)　以下に引用するもののほか、江島晶子「『安全と自由』の議論における裁判所の役割」法律論叢81巻2＝3号（2009年）61頁以下、同「『テロとの戦い』と人権保障」長谷部恭男編『講座人権論の再定位3　人権の射程』（2010年）113頁以下など。

(110)　江島晶子「統治機構の人権保障の再構築」明治ロー7号（2010年）40頁。

(111)　江島晶子「国際人権条約を介した議会と裁判所の新たな関係」法律論叢79巻4＝5号（2007年）102頁。

(112)　芝池義一『行政法総論講義〔第4版補訂版〕』（有斐閣、2006年）11頁。

づけ、関係づけているのか必ずしも判然としないものとなっている。

　もっとも、行政法学が条約の自動執行性ないし国内適用可能性の問題について全く留意していないということではない[114]。

　成田頼明は、1990年の段階で、国際化と行政法の問題に関連して、岩澤の論文について、「国内公法学の立場からはきわめて興味深い所説」であり、「国内法学者に新たな課題を投げかけたものというべきであ」るとした[115]。さらに、岩澤の議論を承けて、法治主義に基づく我が国の国内法秩序の中で、法律の留保原則に従って、条約上の規範の実施にあたり、国内立法が要求される場合があるのだというように、条約の自動執行性の問題を整理し直している[116]。

　また、最近ドイツやアメリカ、さらにはイタリアなどにおいて世界的に盛んになっている「グローバル行政法」ないし「国際行政法」の議論に関心を寄せる論者によって、伝統的な抵触法としての国際行政法にも再度視線が注がれているところである[117]が、その論者のうちの一人が、「国際法規範を国内の権力分立構造からみてどの機関がどのように実現するのが適当かという問題の立て方を行う方が、国際公法・国内公法の双方からのアプローチがしやすい」と指摘している[118]。ここでは、ある意味で、国際法学、憲法学、行政法学、さらには国際私法学の結節点としての自動執行性ないし国内適用可能性を論じうることが示されているといってよいだろう。ただし、最後に留意しておかなければならないのは、いずれも行政法学固有の立場からの基準設定作業のようなものは未だ行われていない——いわば、問題提起にとど

---

[113]　塩野宏『行政法Ⅰ〔第6版〕』（有斐閣、2015年）62頁、宇賀克也『行政法概説Ⅰ〔第5版〕』（有斐閣、2013年）5頁。原田尚彦『行政法要論〔全訂第7版補訂版〕』（学陽書房、2011年）32頁は、憲法98条2項により、条約は公布を通じて国内法に転換するとしつつも、「自力執行性のある」場合に、「行政上の法源となる」という。

[114]　以下に掲げるもののほか、加藤聡「条約と行政法規」藤山雅行編『新・裁判実務大系25巻　行政争訟』（青林書院、2004年）35頁以下［特に、40-42頁および44-47頁］は、条約の自動執行性の問題について触れ、拷問禁止条約3条1項という具体的な条項について、自動執行性を検討している。なお、同論文は、自動執行性を国内効力の前提条件とする見解をとっている（同上41-42頁）。

[115]　成田頼明「国際化と行政法の課題」同ほか編『行政法の諸問題　下』（有斐閣、1990年）85-86頁。

[116]　同上87頁。

[117]　斎藤誠「グローバル化と行政法」磯部力ほか編『行政法の新構想Ⅰ』（有斐閣、2011年）339頁以下［特に343頁以下］、原田大樹『公共制度設計の基礎理論』（弘文堂、2014年）95頁以下［特に100頁以下］。

[118]　原田・同上24-25頁。

まっている——ということである。

(4) 税法学　税法学においては、教科書のレベルで条約の自動執行性の問題が論じられることはほぼない[119]が、比較的古くから租税条約の自動執行性ないし国内適用可能性の問題が論じられてきた[120]。これは、租税条約による租税関係の規律と、憲法上の原則でもある、租税法律主義との関係をめぐって、両者をどう調整するのかが問題となってきたためである。

中でも、谷口勢津夫による租税条約をめぐるモノグラフィー[121]は、自動執行性ないし国内適用可能性の問題に正面から取り組んだ、重厚な研究の成果であり、大いに参照されるべきものである。この著作において、谷口は、岩澤によって示された、条約の国内効力や自動執行性ないし国内適用可能性といった基本概念の整理・枠組をベースにしながら、ドイツのフォーゲル（K. Vogel）の所論にも着目しつつ[122]、租税条約の国内効力・国内適用可能性について大要以下のように整理する[123]。すなわち、憲法98条2項により、条約を通じて内閣が租税関係について規律する可能性が開かれ、租税関係を規律する条約であっても、国内効力を得る[124]。しかしながら、条約の承認手続と法律の制定手続には、衆議院の優越のあり方や修正の可否など相違点が存在し、条約の承認手続の方が簡略なものとなっている。このような点にてらしたとき、租税法律主義は、課税制限規定についてはともかく、条約の規定が課税の根拠となることについては許容していないという。そのため、課税根拠規定は、一般的に自動執行性ないし国内適用可能性を否定されるのである[125]。しかし、前述の通り、租税条約も国内効力は有し、また国際法平面においては、相手国との間に課税約束が成立しているのであるから、国権の最高機関であり、憲法の枠内で国政全般について総合調整をなすべき国会[126]が、課税の根拠となる規定を法律によって設けるという意味での調

---

(119) もっとも、国際租税法の教科書である、増井良啓＝宮崎裕子『国際租税法〔第3版〕』（東京大学出版会、2015年）28頁は、後掲註(121)の谷口論文を引用して、この問題について論じる。
(120) 植松守雄ほか「緊急座談会　移転価格税制の問題点をさぐる(上)」国際税務5号（1985年）29-33頁、小松芳明「トランスファー・プライシングに対する税法上の規制について」亜大21巻1号（1986年）6頁以下、金子宏「移転価格税制の法理論的検討」樋口陽一＝高橋和之編『現代立憲主義の展開　下』（有斐閣、1993年）439頁以下〔特に、445頁以下〕など。
(121) 谷口勢津夫『租税条約論』（清文社、1999年）。
(122) この点については、同上77頁以下参照。
(123) 同上28頁以下および64頁以下を参照。
(124) 同上28-29頁、31頁。
(125) 同上32頁、80頁。

整義務を負うとしており⁽¹²⁷⁾、注目される。

　本書はこの谷口説を直接の検討の対象とするものではなく、安易な評価は避けるべきであろうが、岩澤の研究を総論に位置づけるのであれば、租税条約を題材とした各論ないし展開編と呼ぶことができる研究であるとともに、統治構造の基本構想にもかかわる内容を含んでおり、憲法学としても正面から検討すべき問題を提示していると評価できる。

(5) 刑事法学　グローバル化に伴い、警察・刑事関係を規律する条約が多く締結されるようになってきている⁽¹²⁸⁾。刑事法学も実体刑法のグローバル化・国際化に対応して様々な議論が展開されている⁽¹²⁹⁾。このような議論に関連して、条約の自動執行性に着目する本書の視点から注目されるのは、刑事関係を規律する条約と罪刑法定主義との関連性をめぐる問題である。というのも、国際法学における自動執行性に関する議論では、罪刑法定主義の要請から、条約に処罰規定を設けても、自動執行性が否定されるということが指摘されることが多いからである。加えて、先にみた行政法学における議論においても、自動執行性に関連する問題として指摘された、法律による行政の原則・法律の留保原則や、税法学において問題とされた租税法律主義の問題とも、罪刑法定主義は類似しまた密接に関連する問題である。

　もっとも、国際法学をはじめとする他の法分野においても罪刑法定主義と条約の問題が論じられることは、これまでほとんどなかった⁽¹³⁰⁾。刑法学においても、一般の教科書のレベルにおいては、罪刑法定主義、とりわけ法律主義について、慣習法や命令、そして条例による処罰規定の規律について論じられるのみで、条約との関係で罪刑法定主義がどのように働くかについては論じられることは、ほぼ皆無である⁽¹³¹⁾といってもよい。

---

(126)　ここで、谷口は、「国権の最高機関」の意味に関する、佐藤幸治の総合調整機関説（佐藤・前掲註 (92) 431 頁参照）を採用する（谷口・同上 32 頁）。
(127)　谷口・同上 32 頁、81 頁。
(128)　例えば、三浦守「国際化時代における刑事立法の動向と課題」刑法 43 巻 2 号（2004 年）297 頁以下を参照。
(129)　さしあたり、後掲註(132)ないし(134)の諸論稿を参照。
(130)　齊藤・前掲註 (97) 63-66 頁［初出、2009 年］など参照。もっとも、理由を明示しないが、例外的に、罪刑法定主義における、「法」ないし「法律」から「条約」が排除されると明記する憲法学説として、内野正幸「条約・法律・行政立法」高見勝利ほか編『日本国憲法解釈の再検討』（有斐閣、2004 年）438 頁がある。
(131)　例えば、団藤重光『刑法綱要総論〔第 3 版〕』（創文社、1991 年）47-51 頁、山口厚『刑法総論

個別の研究においても、この問題を正面から論じたものは管見の限りでは見当たらない。もっとも、髙山佳奈子は、国際刑事裁判所（ICC）等による超国家的刑罰権の実現に伴う問題点として、「民主主義と自由主義とを体現する罪刑法定主義」が「国内法の場合に比べて弱い形でしか実現できない」ことを指摘する(132)。さらに、ドイツの状況を紹介する文脈ではあるが、井田良は、国際化（ドイツにおいてはこれに加えて、またこれに重なる形で欧州化も含まれる）が、実体刑法の機能低下の一因となり、「消えゆく法治国家」という現象を生じさせていることを指摘する(133)。この他にも、松宮孝明は、刑事実体法の国際化ないしグローバル化に伴う問題点を検討する論稿において、「条約上の義務」が隠れ蓑になって国内における民主的手続に則った理性的な立法論議が回避される恐れについても言及しており(134)、筆者の根本的な問題意識に通じるものを含んでいる(135)。

　以上のように、自動執行性ないし国内適用可能性をめぐる議論は、刑事法学において盛んであるとは言い難い状況にある。もっとも、国際的に形成される法規範の国内への導入にあたり、民主政原理や法治国原理が保障されるよう調整すべき問題が生じるという点については、刑事法学者にも一定程度共有されているといえるのではないか。

　(6) 小　　括　　以上、我が国における学説上の議論状況を概観してきた。こうしてみると、国際法学においてはともかく、憲法学をはじめとして、条約の自動執行性ないし国内適用可能性をめぐる議論は我が国において十分な蓄積をみているとは言い難い(136)。しかし、国際法学の議論においては、国

〔第 2 版〕』（有斐閣、2007 年）10-13 頁、山中敬一『刑法総論〔第 2 版〕』（成文堂、2008 年）67-69 頁、井田良『講義刑法学・総論』（有斐閣、2008 年）33-35 頁、西田典之『刑法総論〔第 2 版〕』（弘文堂、2010 年）45-48 頁、大谷實『刑法講義総論〔新版第 4 版〕』（成文堂、2012 年）56-57 頁などを参照。もっとも、このような扱いは、条約と罪刑法定主義の関係への無関心の表れとしてではなく、条約による処罰規定の創出が当然否定されるものとして理解しているためだと解する余地もある。

(132) 髙山佳奈子「国際刑法の展開」山口厚＝中谷和弘編『融ける境超える法 2　安全保障と国際犯罪』（東京大学出版会、2005 年）13 頁。

(133) 井田良「最近における刑事立法の活性化とその評価」刑法 43 巻 2 号（2004 年）269-270 頁、279-280 頁。

(134) 松宮孝明「実体刑法とその『国際化』——またはグローバリゼーション——に伴う諸問題」法時 75 巻 2 号（2003 年）28 頁。

(135) なお、同論文からは、国内法整備が条約ごとに異なっていることも示されており、条約締結の前後において各国がとりうる措置について、一定の裁量の幅があることもうかがわれる。

(136) 本文で概観した法分野のほか、商法学においては、国際的な商取引が国際条約の対象となることがあること、手形・小切手法という商法の主要分野の一角をなす法が、条約を国内実施した法律によって規定されていることなどから、教科書レベルでも条約の自動執行性についての言及がみられる

内適用可能性の問題が権力分立の問題であるとの指摘がされ、そのような理解もかなり受け入れられるようになっていることからして、憲法学がこの問題を正面から受け止める必要性は高いといえよう。

3 まとめ

　以上が我が国における自動執行性をめぐる議論状況の概要である。一部の裁判例においても、国際法学説においても、自動執行性ないし国内適用可能性が実は権力分立等国内法の問題であるとの指摘がなされているにもかかわらず、憲法学以下、国内実定法学による検討が十分にはなされていないことをまず指摘することができる。また、国際法学説も含めて、自動執行性ないし国内適用可能性の概念整理に不十分な点、混乱を生じさせるような点があるということも確認される。

　このような確認事項は、権力分立など憲法学の観点から自動執行性ないし国内適用可能性の検討、概念整理を行うべき必要性を強く感じさせる。次章以降では、自動執行性概念発祥の地であり、2008年の連邦最高裁判決によって、自動執行性をめぐる議論が再活性化した。アメリカにおける議論をはじめ、他国との比較も加えながら、この問題を再検討する。

II　国際法適合的解釈ないし間接適用

　我が国における、国際法の間接適用ないし国際法適合的解釈をめぐる議論の歴史は決して古いものではない。国際法の「間接適用」の語を初めて使用し、主題化したのは、岩澤雄司であるとされ、「間接適用」の語を用いずに、岩澤がこれを考察対象としているものでも、1985年の『条約の国内適用可能性』[137]に遡るにとどまる[138]。それでも、近時の国際法教科書においては、

（例えば、森本滋編『商法総則講義〔第3版〕』（成文堂、2007年）15頁〔小林量執筆部分〕、鴻常夫『商法総則〔全訂第4版〕』（弘文堂、1988年）53頁〔岩澤・前掲註（3）を引用〕など）。このほか、グローバル化との関係性でいえば、国家法とは離れたところで形成される、lex mercatoria の位置づけが、商法が国境にとらわれない商慣習法にその淵源をもつことにも関連して、商法学の議論の対象となっている（この点については、H.P. マルチュケ＝村上淳一編『グローバル化と法』（信山社、2006年）第4部83頁以下所収の論文等を参照）。
　さらに、条約の法源性という観点からは、国際私法や知的財産法、労働法等においても一定の議論がある。

(137)　岩澤・前掲註(3)。
(138)　以上の点について、参照、寺谷広司「『間接適用』論再考」坂元茂樹編『国際立法の最前線』

国際法の間接適用ないし国際法適合的解釈についての言及を見出すことができるようになっており(139)、一定の定着を認めることができる(140)。

　だからといって、間接適用ないし国際法適合的解釈の問題について議論が尽くされたわけではない。本書においても、ここまで「間接適用ないし国際法適合的解釈」という、幅をもたせた表現を用いてきた点にも如実に表れているように、その概念理解については必ずしも一定していないとも指摘されている(141)。例えば、呼称に関連していえば、濱本正太郎は、間接適用ないし国際法適合的解釈という事象一般が、厳密な意味の「適用」とは言い難いとして、より古くから用いられてきた間接適用という用語ではなく、むしろ国際法適合的解釈の語を用いる(142)。このように、我が国において、国際法の間接適用ないし国際法適合的解釈について論じるべきことは多い。

　また、他方で、ヘイト・スピーチ(143)が大きな問題となった京都初等朝鮮学校襲撃事件をめぐる京都地裁・大阪高裁の判決などをきっかけとして、憲法学からも、国際法──といっても、主に国際人権条約であるが──の間接適用ないし国内法の国際法適合的解釈への注目が集まっている(144)。さらに、

　（有信堂、2009年）166頁。なお、岩澤の最新文献における間接適用論については、Iwasawa, *supra* note 2, at 192ff. を参照。
(139)　例えば、柳原正治ほか編『プラクティス国際法講義〔第2版〕』（信山社、2013年）65頁［高田映執筆部分］、岩澤・前掲註(80) 116-117頁、122-123頁、酒井ほか・前掲註(73) 403-405頁、浅田編・前掲註(14) 27-28頁など。
(140)　他方、これが憲法の教科書となると、言及するものは限定されており、言及するものについても、人権保障の国際化の項目で、主として国際人権条約に限定されるが、間接適用の問題に触れるという形をとるにとどまっている。例えば、佐藤・前掲註(92) 119-120頁、大石・前掲註(95) 17頁などが言及を行うものにあたる。これに対して、よく参照される教科書類でも、芦部信喜［高橋和之補訂］『憲法〔第6版〕』（岩波書店、2015年）79頁は、様々な国際人権条約を紹介するにとどまっているし、野中俊彦ほか『憲法Ⅰ〔第5版〕』（有斐閣、2012年）207頁［中村睦男執筆部分］は、国籍法違憲判決における、自由権規約および児童の権利条約への言及に対して「注目」を行うにとどまる。
　さらに、他の法分野について同じく教科書レベルに限ってみれば、前述の通り自動執行性ないし直接適用可能性の問題については一定の言及がみられるものの、間接適用ないし国際法適合解釈についてはほぼ言及がないといってよい状況にある。
(141)　例えば、寺谷・前掲註(138) 169頁を参照。
(142)　酒井ほか・前掲註(73) 403-404頁。間接適用という用語がなお有力に使用されており、国際法適合的解釈という用語が一般化するに至っていないこと、これまでの先行研究に言及する場合にはそこでの用語法を尊重すべきことなどから、さしあたり「間接適用」の語を優先的に使用し、最終的には本書としての用語法に対する立場も示すつもりである。
(143)　ヘイト・スピーチをめぐる議論の実体部分について本書では立ち入らない。この点については、枚挙に暇がないが、曽我部真裕ほか「ヘイトスピーチと表現の自由」論ジュリ14号（2015年）152頁以下や、毛利透「ヘイトスピーチの法的規制について」論叢176巻2＝3号（2014年）210頁以下、渡邊康行「『たたかう民主制』論の現在」石川健治編『学問／政治／憲法』（岩波書店、2014年）174頁以下などを参照。

国籍法違憲判決⁽¹⁴⁵⁾や非嫡出子相続分差別違憲決定⁽¹⁴⁶⁾といった、近時の最高裁の最重要判例が揃って、法律の違憲性判断にあたり国際人権条約に言及したことも、憲法学から国際法の間接適用ないし国際法適合的解釈への注目を集める要因となっている⁽¹⁴⁷⁾。以上のような点からも、憲法研究者である筆者がこの問題に取り組む意義は、十分にあるということができよう。

以上のような次第であるので、本章では以下、裁判例や従来の学説を取り上げ、我が国における議論の到達点を確認する作業を行うことにしたい。

1 裁判例

（1）下級審による国際人権条約の「間接適用」　民事訴訟においても刑事訴訟においても、現行法上、条約違反が上告理由となっていないこと⁽¹⁴⁸⁾にも関連して、最高裁において、条約が直接的な適用対象となることにとどまらず、なんらかの言及がなされることも、稀であると指摘されてきた⁽¹⁴⁹⁾。そのため、従来、「間接適用」の実例が指摘されてきたのは、下級審における事案であり、さらに、それは、国際人権条約が関連するものに限定されてきた。そこで、まずは、網羅的なものではないが、この従来にいわゆる国際

---

(144) あくまで判例評釈ながら、これらの裁判例を契機とする、憲法研究者による論稿として、梶原健佑「判批」山口経済学雑誌62巻4号（2013年）321頁以下、上村都「判批」『平成25年度重要判例解説』（有斐閣、2014年）26頁以下、那須祐治「判批」『新・判例解説 Watch vol. 14』（日本評論社、2014年）15頁以下、中村英樹「判批」北九州市立大学法政論集42巻1号（2014年）77頁以下［以上は、第一審判決のみを題材とする］、守谷賢輔「判批」福法60巻1号（2015年）103頁などがあるが、これらはいずれも、人種差別撤廃条約の間接適用ないし条約適合的解釈の問題に言及する。
(145) 最大判平成20年6月4日民集62巻6号1367頁。
(146) 最大決平成25年9月4日民集67巻6号1320頁。
(147) この二つの最高裁の判断にとりわけ強い関心を示すのが、江島晶子 (see, e.g., A. Ejima, Emerging Transjudicial Dialogue on Human Rights in Japan, 14 MEIJI L. SCH. R. 139 (2014). 邦語による簡潔な言及として、江島晶子「憲法と条約」法教405号（2014年）47頁も参照）と山元一（例えば、参照、山元一「『憲法的思惟』vs.『トランスナショナル人権法源論』」法時87巻4号（2015年）74頁以下）である。さらに参照、竹下守夫「非嫡出子相続分違憲大法廷決定と司法の国際化」法の支配175号（2014年）4頁。
(148) 民事訴訟法312条、あわせて同318条。刑事訴訟法405条。
(149) 国際人権法に限定した形での、主として「直接の適用」を念頭に置いていると思われる文脈ではあるが、例えば、伊藤正己「国際人権法と裁判所」芹田健太郎ほか編『講座国際人権法1 国際人権法と憲法』（信山社、2006年）10-13頁や米沢広一「国際社会と人権」樋口陽一編『講座憲法学2 主権と国際社会』（日本評論社、1994年）184-185頁［我が国の国内裁判所一般における国際法援用の消極性に言及］などを参照。あわせて参照、宍戸常寿ほか編『憲法学のゆくえ』（日本評論社、2016年）342-343頁［初出、2015年］。ただし、宍戸も指摘するように、特段、自動執行性の問題等を論じることなく、（平成12年法律第97号改正前の）租税特別措置法の日星租税条約への適合性が論じられた、最判平成21年10月29日民集63巻8号1881頁が存在することなどには注意する必要がある。

人権条約の「間接適用」の先例について振り返っておこう(150)。

　(i) 国家行為の統制における「間接適用」　① 二風谷ダム事件　下級審における国際人権条約の間接適用の先例のうち、最初期のものに位置づけられてきたのが、平成 9 年の二風谷ダム事件札幌地裁判決(151)である。これは、アイヌ民族にとっての聖地(152)にダムが建設されるにあたって、建設大臣（当時）が行った事業認定および、それに基づく収用裁決の違法性が争われた事案である。判決は、事業認定にあたって、土地収用法 20 条 3 項所定の要件の充足判断について、建設大臣に裁量があることを認めた。他方で、判決は、アイヌ民族を自由権規約 27 条にいう少数民族であることを認めた上で、自由権規約 27 条の規定を我が国が誠実に遵守する義務を負うことを指摘し、少数民族たるアイヌ民族固有の文化を享受する権利が憲法 13 条を通じて認められることにも言及した。その上で、建設大臣は、事業計画の達成によって得られる利益がこれによって失われる利益に優越するかどうかを判断するにあたって必要となるべき、アイヌ民族の文化等への影響を考慮することもなく、また影響をできるだけ小さくするような対策を講じることもないまま安易な判断を行ったとして、事業計画の違法を認定した(153)。

　この判決については、「間接適用」論をリードする岩澤が、事業認定の違法性を基礎づける決定的な根拠が自由権規約 27 条に規定された少数民族の文化享有権を十分に尊重しなかったことに求められることを理由として、むしろ直接適用の例であるという指摘をしている(154)。概念定義の問題の詳細については後の学説の検討において言及するとして、やはり形式的にみれば、直接的な適用法規はあくまで土地収用法であり、その解釈にあたって、憲法 13 条とあわせる形で(155)自由権規約 27 条が考慮されているのであり、その

---

(150) ここで紹介・検討対象とするのは、従来間接適用ないし国際法適合的解釈の実例としてよく挙げられてきたものに限られ、網羅的な検討はできていない。
(151) 札幌地判平成 9 年 3 月 27 日判時 1598 号 33 頁。
(152) 本書では、少数民族の問題等実体面には立ち入らない。事件の背景等については、例えば、保屋野初子「二風谷ダム訴訟」法セミ 47 巻 3 号（2002 年）77 頁以下などを参照。
(153) 収用裁決への違法性の承継を認めつつ、収用裁決の取消しについては、事情判決（行訴法 31 条）により否定され、請求棄却。
(154) 岩澤雄司「二風谷ダム判決の国際法上の意義」国際人権 9 号（1998 年）56 頁。
(155) 当該判決が、憲法 13 条と自由権規約 27 条の関係をどのように考えているのかについては、必ずしも明確ではない。一方で、競合関係の整理に言及するところがないことにはやや疑問も残らないではないが、並列する二つの関連法文と考えているとも考えることもできる。他方で、自由権規約 27 条の権利が、憲法 13 条の権利としても承認される旨を述べているようにも理解できなくはない。また、いずれと解した場合も憲法問題回避原則との関係も問題としうる。

意味では「間接」的な適用ということが可能であり、むしろ、学説においても――一定の留保は付されつつも――間接適用の先例として整理されるのが一般的である(156)。そして、この構造は、学校教育法上の学校長の裁量権行使について、憲法20条による信教の自由の保障を考慮して統制を加えた、いわゆる神戸高専剣道実技拒否事件の最高裁判決(157)とまさに重なるものである。この神戸高専事件の最高裁判決を行政裁量統制型の憲法適合的解釈の例と整理する宍戸常寿(158)に倣い、二風谷ダム事件判決を行政裁量統制型の条約適合的解釈と呼ぶことが可能であるように思われる(159)。

② **在留特別許可不許可事件福岡高裁判決**　　行政統制型の条約適合的解釈に分類しうる先例としては、他に、難民認定法上の在留特別許可をめぐる、福岡高判平成17年3月7日判タ1234号73頁がある。この判決は、在留特別許可の判断について法務大臣の広範な裁量を認めつつ、憲法98条2項および憲法99条を介して、国際人権条約（具体的には、自由権規約や児童の権利条約を引用）の精神やその趣旨を重要な要素として考慮する義務を導いている。そして、過去の日本国政府の施策の不当性などに加えて、自由権規約に基づく家族関係の保護要請を論拠として、不許可処分を違法とした。なお、この判決の原審判決である、福岡地判平成15年3月31日判タ1234号82頁も、原告の請求を棄却したが、法務大臣の裁量権の逸脱・濫用の有無を判断するにあたり、自由権規約や児童の権利条約を考慮すること自体は、「あり

---

(156) 例えば、今井直「判批」山本草二ほか編『国際法判例百選〔初版〕』（有斐閣、2001年）99頁、寺谷・前掲註(138) 170頁や申・前掲註(47) 529-530頁参照。いずれとみるべきか判然としないとしつつ、権利保障の観点からはそれほど重要ではないと述べるものとして、中村英樹「少数民族の文化享有権」法政64巻4号（1998年）841頁、845頁註18。前註における二つ目の見解に立てば、土地収用法上の裁量統制に直接用いられているのは、憲法13条であるということにもなりうるので、さらに、「間接」度が高まるように思われる。
(157) 最判平成8年3月8日民集50巻3号469頁。
(158) 宍戸常寿「合憲・違憲の裁判の方法」戸松秀典＝野坂泰司編『憲法訴訟の現状分析』（有斐閣、2012年）71頁［以下、宍戸（戸松＝野坂編）］。あわせて、同「裁量論と人権論」公法71号（2009年）100頁以下［以下、宍戸（公法）］、拙稿「『憲法適合的解釈』をめぐる覚書」帝京29巻2号（2015年）277頁以下も参照。
(159) なお、本判決は、現在では最高裁判例においても一定程度定着したといわれる（やや懐疑的な分析も含めて、例えば高木光『行政法』（有斐閣、2015年）494頁。あわせて、宍戸（公法）・同上104-105頁も参照）、行政裁量の判断過程統制の手法を用いた、いわゆる日光太郎杉事件控訴審判決（東京高判昭和48年7月13日判時710号23頁）に続く先駆的な裁判例として注目されるものである。この点に関する、本判決についての解説として、山下竜一「判批」淡路剛久ほか編『環境法判例百選〔第2版〕』（有斐閣、2011年）201頁、大貫裕之「判批」『平成9年度重要判例解説』（有斐閣、1998年）49-50頁、山村恒年「判批」判自178号（1998年）111-112頁などを参照。

得る」としていた。

③ **徳島接見制限事件** さらに、国家行為の統制について人権条約を間接適用した例としては、実は二風谷ダム事件判決に前後するものであるが、現在にいうところの刑事施設収容者の民事事件の代理人弁護士との接見時間の制限の違法性が争われた事件の第一審判決[160]および控訴審判決[161]を挙げることができる。

このうち、第一審判決は、自由権規約の自動執行性（判決は「直接的効力」という）までも認めた上で、条約に違反する限りにおいて、監獄法（当時）や監獄法施行規則（当時）の規定が無効となるとまで述べており、限りなく、直接適用に接近した判断も含んでいるが、監獄法・同法施行規則が自由権規約14条1項の趣旨に則って解釈されなければならないとしており、条約適合的解釈の義務が認められている点が重要である。また、この点は、宍戸のいう憲法適合的解釈では、行政裁量統制型の他に、法律等の規定の意義を明らかにするものという類型が設定されている[162]が、これに相当する条約適合解釈を求めたものであると整理することもできるのではないだろうか。ただし、監獄法・同法施行規則の具体的な解釈においては、最終的には自由権規約14条1項を援用し、民事事件の訴訟代理人との接見を原則許可しなければならないとしているものの、元来親族以外の者との接見の許可については刑務所長に裁量があること自体は認めているので、裁量統制型との距離も遠くはない。控訴審判決も、第一審判決のうち、自動執行性を認めた部分や自由権規約に違反する部分が無効となる可能性を指摘した部分を削除したが、監獄法および同法施行規則の関連条項は自由権規約14条1項の趣旨に則って解釈されなければならないと、適合的解釈の義務の設定を維持し、監獄法および同法施行規則の解釈内容についても基本的に維持した[163]。

また、この二つの判決はいずれも、自由権規約14条1項の規範内容を解

---

(160) 徳島地判平成8年3月15日判時1597号115頁。
(161) 高松高判平成9年11月25日判時1653号117頁。
(162) 宍戸（戸松＝野坂編）・前掲註（158）69-70頁。
(163) 第一審・控訴審ともに、30分に限定した接見許可を違法とし、国家賠償請求も認容した。これに対して、上告審は、国際人権条約に言及することなく、違法性を否定し、請求を棄却した。なお、同日同小法廷の類似事件（当該事件の原審は、請求棄却の判断）についての判決も基本的には同様の見解を示しているが、理由を特に示すものではないものの、自由権規約14条1項への違反も否定している。この判決の評釈として、片山嚴「判批」ひろば54巻2号（2001年）54頁以下［判決に賛同］、只野雅人「判批」判評509号（2001年）23頁以下［判決に懐疑的］などを参照。

釈するにあたって、欧州人権条約や国連総会にて採決された被拘禁者保護原則という、我が国を拘束しない条約や、それ自体として法的拘束力をもたない文書を参照している点でも注目される。

(ii) 私人間の紛争に対する「間接適用」　ここまでは、国家行為に対する司法審査にあたって、国際人権法の間接適用が問題となったケースを紹介してきたが、私人間の紛争について国際人権法を間接適用する例も、先に触れた、朝鮮学校襲撃事件についての第一審・控訴審判決も含めて一定数の集積がある。以下では、私人間の紛争への「間接適用」事案を紹介していくことにしよう。

① 浜松宝石店入店拒否事件　私人間の紛争への「間接適用」の最初期の先例として知られる[164]のが、浜松宝石店入店拒否事件の静岡地裁浜松支部判決[165]である。これは、外国人の入店を拒絶する旨の張り紙をした上で、来店中の原告がブラジル人とわかると退去を求めた、被告宝石店の行為についての、不法行為に基づく損害賠償請求事件である。判決は、条約と国内法の関係や条約と憲法の優劣関係などについて一般論を展開したのち、人種差別撤廃条約を憲法には劣位するが、国内法としての効力を有する規範であるとし、自動執行性も認めた上[166]で、「不法行為の要件の解釈基準として作用するもの」であるとした。ただし、その先は、基本的人権の性格や概念の歴史について、主として新書の類を引用して抽象論を展開するほか、本件における事実を羅列した上で、「原告の感情を逆なでするものであった」と認定するにとどまり、人種差別撤廃条約の具体的な解釈論はおろか、民法709

---

[164] 村上正直「判批」国際人権11号（2000年）82頁、阿部浩己「判批」ジュリ1188号（2000年）92頁。なお、これに先んじる、在日韓国人であることを理由としたマンションの賃貸借契約の締結拒否をめぐる大阪地判平成5年6月18日判タ844号183頁では、原告側は国際人権規約への違反を主張したが、裁判所は私人相互間に直接作用することを否定し、間接的な作用自体は排除しないものの、その後の不法行為責任の成否の検討にあたって、人権条約への言及はなかった。また、ゴルフクラブが、在日韓国人に対して日本国籍を有しないことを理由にゴルフクラブの法人会員の登録者への変更を承認しなかった事件についての東京地判平成7年3月23日判タ874号298頁では、憲法14条の「間接適用」が問題になったにとどまり、人権条約については論じていない。同種の事件に対する、同様の判示として、東京高判平成14年1月23日判時1773号34頁も参照。
[165] 静岡地浜松支判平成11年10月12日判タ1045号216頁。
[166] 判決は、「そしてまた、何らの立法措置を必要としない外務省の見解を前提とすれば」としており、日本語としても趣旨不明なものを含んでいるが、裁判所としては、外務省の見解を前提として、人種差別撤廃条約の国内での適用になんらの立法措置を必要としないということになる、すなわち、自動執行性ないし直接適用可能性が認められると考えるという趣旨と善解することが可能であろう。ただし、その場合も、それが本文に引用したような、不法行為の要件認定において解釈基準となることにどうつながるのか、不明確である。

条の法解釈論も展開されておらず、かなり特異な判決である。すなわち、この判決から、私人間の紛争解決に人権条約の規律がどのような影響を与えるのかといったことを読み取ることは困難であるといわざるをえない[167]。

　　② 小樽公衆浴場外国人入店拒否事件　　メディア等でも大きく取り上げられた事件で、私人間の紛争への人権条約の間接適用を本格的に扱った例として注目されるのが、公衆浴場における外国人の入店拒否が問題となった、小樽公衆浴場事件である。第一審判決[168]は、憲法と並び自由権規約や人種差別撤廃条約が、私人相互の間の関係を直接規律するものではないとしつつ、「私人の行為によって他の私人の基本的な自由や平等が具体的に侵害され又はそのおそれがあり、かつ、それが社会的に許容しうる限度を超えていると評価されるときは、私的自治に対する一般的制限規定である民法1条、90条や不法行為に関する諸規定等により、私人による個人の基本的な自由や平等に対する侵害を無効ないし違法として私人の利益を保護すべきであ」り、自由権規約や「人種差別撤廃条約は、前記のような私法の諸規定の解釈にあたっての基準の1つとなりうる」としている。そして、被告（公衆浴場経営者[169]）の入浴拒否行為が人種差別撤廃条約2条1項に定義される人種差別に該当することを指摘し、私人間においても撤廃されるべき人種差別にあたることを認定した。その上で、被告の営業の自由の保障も視野に入れて検討し、「不合理な差別であって、社会的に許容しうる限度を超えているものといえるから、違法であって不法行為にあたる」とし、被告の不法行為責任を認めた。控訴審判決[170]も、以上の点については、第一審判決を引用しており、最高裁も、いわゆる三行判決で、上告棄却、上告不受理の判断を示している[171]。この第一審・控訴審判決は、憲法の人権規定の私人間適用についての、オーソドックスな間接適用説をなぞった思考様式を採っていると指摘

---

(167)　参照、村上・前掲註 (164) 82頁、阿部・前掲註 (164) 92頁、梶原・前掲註 (144) 119-120頁、中村・前掲註 (144) 87頁。
(168)　札幌地判平成14年11月11日判時1806号84頁。不法行為法学の観点からの数少ない検討として、大村敦志『不法行為判例に学ぶ』（有斐閣、2011年）195頁以下がある。
(169)　本事件では、小樽市に対する国家賠償請求も併合されており、地方自治体の人種差別撤廃条約上の義務の有無・性質に関する議論が展開されているが、本書では立ち入らない。この点については、金子大「私人による人権侵害と国家の責任についての覚書」新報120巻9＝10号（2014年）111頁以下などを参照。
(170)　札幌高判平成16年9月16日判例集未登載［LEX/DB 文献番号 25421353］。
(171)　最決平成17年4月7日判例集未登載［LEX/DB 文献番号 25421354］。

することができる(172)。また、人種差別撤廃条約2条1項の文言への該当性を検討していることを明示こそしないが、先に述べたように、人種差別撤廃条約2条1項にいう人種差別の定義への該当性を検討しており、かなり具体的な援用を行っているものとして注目を集めたことも故のないことではない(173)。なお、ここでは、解釈基準となりうることが説かれるにとどまり、解釈基準として用いる義務の存在は認めていないところに留意しておかなければならない。

　　③　京都初等朝鮮学校襲撃事件　　続いて、最近の注目を集めた事件である、「在特会」等による京都初等朝鮮学校襲撃事件をめぐる民事訴訟の第一審・控訴審判決(174)も、私人間の紛争に人権条約、具体的には人種差別撤廃条約の「間接適用」を行った例である。

　第一審判決は、まず、我が国が締結した条約は、批准・公布をした場合に、それを具体化する立法を必要とする場合でない限り、国法の一形式として法律に優位する国内効力を有するとした(175)。その上で、人種差別撤廃条約の1条1項、2条1項、6条の内容を引用し、6条は締約国の国内裁判所を直接の名宛人として直接義務を与える規定であり、その結果として、我が国の裁判所は、法律を人種差別撤廃条約の定めに適合するように解釈する責務を負うという。他方で、「三権分立原則」からの逸脱の危険性にも言及しつつ、人種差別撤廃条約行為が行われたというだけで民法709条の不法行為責任の発生を認めることはできず、具体的な損害の発生が認定されて初めて、民法709条に基づく損害賠償責任が生じるとしている。そうでありながら、具体的な損害であるところの無形損害の認定・算定については、人種差別行為に対する効果的な保護および救済措置となるような額を定めなければならいという形で、ここでも人種差別撤廃条約が参照されるべきことに言及する。そ

---

(172) 例えば参照、佐藤美由紀「公衆浴場における外国人差別と市の責任をめぐる事件」自研80巻7号（2004年）144頁。実際に、判決は憲法14条と並立的に自由権規約や人種差別撤廃条約に言及している。
(173) ただし、賠償額算定などにどのように人種差別撤廃条約が影響しているのか不明確であると指摘するものとして、守谷・前掲註（144）124頁。
(174) 京都地判平成25年10月7日判時2208号74頁（第一審）、大阪高判平成26年7月8日判時2232号34頁（控訴審）。なお、最高裁における上告審（最決平成26年12月9日判例集未登載［LEX/DB文献番号25505638］）は、いわゆる三行判決で、上告棄却、上告不受理の判断を示している。これらの判決については、以下に引用するもののほか、申・前掲註（47）481頁以下なども参照。
(175) この点は、自動執行性ないし直接適用可能性と国内効力を混同している点で問題のあるところでもあるが、本節の主題からはそれるので、ここでは立ち入らない。

して、具体的な事案に対する判断において、被告らの行為が人種差別撤廃条約1条1項所定の人種差別行為に該当することを認定し、これをもって、民法709条の所定の不法行為に該当することを基礎づけているし、人種差別行為であることを根拠に、無形損害の算定の加重を根拠づけた[176]。この判決の特徴は、国内裁判所による救済を規定している人種差別撤廃条約6条の特殊な規定ぶりに依拠するところが大きいが、人種差別撤廃条約への条約適合的解釈を日本の国内裁判所にとって義務的なものとした点に何よりも求められる[177]。さらに、この点とも関連するが、条約適合的な解釈を行うことが、政治部門とは別の、裁判所としての役割であることが自覚され、権力分立への言及も含んでいるところも、画期的であるといえよう[178]。

続いて、控訴審判決についてみてみることにしよう。控訴審判決では、第一審判決において注目すべき点であるとした、条約適合的解釈の義務性の言及が、裁判所への直接的な義務を発生させるものであるとの性格づけもろとも削除されている。そして、これに代える形で、「私人相互の関係を直接規律するものではなく、私人相互の関係に適用又は類推適用されるものでもないから、その趣旨は、民法709条等の個別の規定の解釈適用を通じて、他の憲法原理や私的自治の原則との調和を図りながら実現されるべきものであると解される」という、従来の人権規定の私人間適用における間接適用型の表現が挿入されている。そして、第一審では、人種差別撤廃条約を単体で検討し、憲法への言及がなかった[179]のに対して、憲法13条や14条と並立的に民法709条の権利侵害要件を基礎づける役割を与えられている。語弊を恐れずにいえば、小樽公衆浴場事件判決への「先祖返り」を果たしたとも評価できる[180]。また、第一審の表現が、損害額の算定をめぐる論点については、

---

[176] 国連人種差別撤廃委員会での日本政府の国家報告における見解が引用されており、条約監視機関の意見・見解の参照という面でも注目される。この点に言及するものとして、寺谷広司「判批」『平成25年度重要判例解説』(有斐閣、2014年) 293頁。

[177] この点に注目するものとして、梶原・前掲註 (144) 118頁、120-121頁、守谷・前掲註 (144) 125頁、藤本晃嗣「判批」『新・判例解説 Watch vol. 15』(日本評論社、2014年) 337頁、齋藤民徒「判批」国際人権25号 (2014年) 113頁、寺谷・同上。ただし、寺谷は、裁判所が「直接」にこの責務を負うとした趣旨が不明確だと批判する。

[178] ただし、権力分立 (判決文においては三権分立) に言及している部分は、適合的に解釈される民法709条によって設定された要件を満たさないような場合に、不法行為責任の発生を否定するものであり、ある意味では当然のことを述べているにすぎない。権力分立への言及に批判的なニュアンスを含むが、この点に着目するものとして、寺谷・同上がある。

[179] この点に着目するものとして、中村・前掲註 (144) 89頁、那須・前掲註 (144) 17頁、藤本・前掲註 (177) 337頁、寺谷・同上。

人種差別行為への該当性が責任の加重という形で、現実に生じていない損害を賠償させるものとの誤解を与えかねないと配慮したのか、不法行為損害賠償の目的が現実的な損害の塡補であることを強調し、民法上の不法行為による無形損害の大きさの判断で加味されるにすぎないことを指摘するものに差し替えられている。この他は、国籍による差別であって、人種差別に該当しないとの被告の主張に対応して、民族的出身に基づく区別または排除であることから、人種差別撤廃条約1条1項にいう人種差別行為に該当する旨が補充されるなどの変更を除いて、第一審判決の説示が維持されている[181]。条約適合的解釈の義務を認めた、第一審判決の画期的な点を否定したところは、先にも述べたように、この控訴審判決の特徴ということができようが、直接に適用されているのがあくまで民法709条であることが強調された上で、709条解釈のどの部分に条約が影響するかも明示され、理解しやすい判示となった点は、積極的に評価できよう[182]。

④ **性別変更者のゴルフクラブ入会拒否事件**　最後に、最近の裁判例として、性同一性障害による性別変更を理由にゴルフクラブへの入会等を拒絶したことについて、憲法14条や自由権規約26条の間接適用によって不法行為責任の発生を認めた、静岡地裁浜松支部判決[183]とその控訴審判決[184]がある。第一審判決は、自由権規約26条を憲法14条1項と並んで、「不法行為上の違法性を検討するに当たっての基準の一つとなる」としており、オーソドックスな間接適用の類型と整理できる。ただし、自由権規約の具体的な解釈論が展開されることはなく、私法上の公序の導出も、性同一性障害者の性別の特例に関する法律や障害者差別解消法を直接的な手掛かりとしており、具体的な事案の検討を行って、最後に、憲法14条1項および自由権規約26条の規定の趣旨にてらし、社会的に許容しうる限界を超えるものとして違法であると結論づけたにとどまる[185]。その意味では、形式的には人権条約にも言及するものの、人権条約は事案の解決に実質的にはさほど意義をもたな

---

(180)　参照、守谷・前掲註（144）126頁。
(181)　したがって、権力分立への言及の部分は控訴審判決においても残されている。
(182)　関連して、守谷・前掲註（144）127頁は、第一審判決の条約適合的解釈義務の導出の論理に不十分な点があったといわざるをえないとし、控訴審判決の論理構成に、このような難点を回避する意味を見出している。
(183)　静岡地浜松支判平成26年9月8日判時2243号67頁。
(184)　東京高判平成27年7月1日判例集未登載［LEX/DB文献番号25540642］。
(185)　則武立樹「判批」国際人権26号（2015年）119頁も参照。

い、リップ・サービスであったということができるかもしれない(186)。なお、控訴審判決は、控訴を棄却し、原判決を維持しており、自由権規約の適用に関する部分について、実質的な変更は加えられていない。

　　　(iii) まとめ　　以上の検討の内容を簡潔に振り返っておくことにしよう。まず、国際人権法の間接適用の例といわれてきた先例の中には、近時にいう憲法適合的解釈、その中でも行政裁量統制型や法規定の明確化型の憲法適合的解釈に類似する、国際人権法を行政統制に用いる類型と、憲法の人権規定の私人間適用に対応する、人権条約の私人間適用の類型に大きく分類できる(187)。ただし、いずれの場合も、一部の例外を除いて、国際人権条約が単独で参照されるのではなく、13条や14条といった規定を中心とした憲法規定と並列で援用されており、しかも、憲法規定との相互関係は必ずしも明確ではない。とりわけ、私人間適用類型の場合にはその傾向が強いのであるが、国際人権条約の規定内容の解釈論が詳しく展開されることもまた稀であることも相まって、結局、国際人権条約が事件の解決にどのような影響を与えているのか明確でないことが多く、悪くいえば、リップ・サービスの域を出ないものも少なくない(188)。他方、日本が当事国ではない条約や条約監視機関の意見・見解など、法的な拘束力を有しない文書についてまで参照を行って、詳細に検討するものも行政統制の類型では多く、「間接適用」の対象の問題も含めて興味深い題材を提供している。

(2) 最高裁による違憲審査における国際人権法への言及　　先に述べたように、我が国の裁判所一般にその傾向が強いが、わけても最高裁は、国際法の適用に消極的であるといわれてきた。しかし、近年になって、国籍法違憲判決や非嫡出子相続分差別違憲決定といった重要判例が人権条約に明示的に言

---

(186)　文脈は異なるが、憲法解釈で十分であり、本事案において自由権規約を援用する意義はあまりなかったとする、君塚正臣「判批」判評678号（2015年）147頁も参照。

(187)　もっとも、いわゆる人権規定の私人間効力ないし私人間適用の問題は、結局合憲解釈の問題に解消されるという見解（君塚正臣『憲法の私人間効力論』（悠々社、2008年）258頁以下［初出、2001年］）に従えば、この区別には大きな意味はないということもできよう。とはいえ、規範の名宛人ないし方向性を考えることは重要であり（この点については、宍戸常寿「私人間効力論の現在と未来」長谷部恭男編『講座人権論の再定位3　人権の射程』（法律文化社、2010年）38-39頁、46頁などを参照）、広く合憲解釈あるいは憲法適合的解釈という概念にまとめられるとしても、行政統制の場合と私人間の紛争解決の処理における考慮の場合とを分ける必要はあるように思われる。

(188)　ただし、憲法の人権規定の私人間への「間接適用」の場合も、「人権規定の趣旨を及ぼす」ということの意義が不明確であり、実際どのように影響するのかブラック・ボックスであることは否定できず、人権条約の私人間適用に特有の問題ではない。

及し、とりわけ後者においては、条約実施監視機関の意見などにも触れたことが大きな注目を集めたこともすでに述べた通りである[189]。そこでは人権条約の間接適用がなされたという見方が大半であるが、ここでは、その実態について、改めて虚心坦懐に見直すとともに、家族関係をめぐる違憲訴訟として、上記二つの判例のある種の延長線上にも位置づけることが可能な、平成27年12月16日の二つの最高裁判決についても検討し、国際人権法への言及というものが定着しているのかについて確認してみることにする。

(i) **国籍法違憲判決**[190]　日本国民である父をもつ生後認知子について、準正によらなければ、届出による日本国籍の取得を認めていなかった、国籍法旧3条1項の規定の憲法14条への適合性が争われた事案である。最高裁は、生後認知子に届出による国籍取得を認めるにあたり、その子と我が国社会との密接な結びつきを求める立法目的自体には合理的な根拠があるとした上で、立法当時の状況下においては、父母の法律上の婚姻により我が国との密接な結びつきの存在を示すものとみることには相当な理由があったとして、合理的関連性が存在したことを認めた。しかし、その後の社会的な状況等が変化したとし、父母の法律上の婚姻によって初めて子に日本国籍を与えるに足りるだけの我が国との密接な結びつきが認められるとすることは、家族生活の実態に適合するものではないとした。それに加えて、最高裁は、諸外国においては、非嫡出子に対する差別的取り扱いを解消する方向にあることとともに、「我が国が批准した市民的及び政治的権利に関する国際規約及び児童の権利に関する条約にも、児童が出生によっていかなる差別も受けないとする趣旨の規定が存する」ことに言及し、諸外国における、国籍法3条1項制定後の同様の規定の改正にも触れて、このような「我が国を取り巻く国内的、国際的な社会環境等の変化に照らしてみると、」準正を国籍付与要件と

---

(189) 前掲註(147)および対応する本文を参照。もっとも、個別意見のレベルでは、非嫡出子の相続分差別に関する平成7年合憲決定（最大決平成7年7月5日民集49巻7号1789頁）の中島敏次郎裁判官他の反対意見において、自由権規約26条と児童の権利条約2条1項の規定が引用されている。なお、下級審においては、夙に、同問題について違憲判断を示した、東京高決平成5年6月23日高民集46巻2号43頁が、憲法14条1項への適合性を判断するにあたり、自由権規約24条1項と当時未批准の児童の権利条約2条1項を援用している。加えて、平成7年合憲決定以降、後述の平成25年違憲決定までの間の小法廷決定における反対意見や補足意見などにおいて、条約監視機関の意見・見解も含めて、国際人権条約への言及が多くなされてきたことについて、山元一「ジェンダー領域における国際人権法と国内裁判」芹田健太郎ほか編『講座国際人権法3　国際人権法の国内的実施』（信山社、2011年）387頁を参照。

(190) 最大判平成20年6月4日民集62巻6号1367頁。

することについて、立法目的との合理的関連性を見出すことがもはや難しいとしたのである。こうして、差別的取り扱いの著しさといったものにも言及した上で、国籍法旧3条1項の規定を憲法14条1項に違反するものであるとしたのである。

　ここに紹介したもののうち、「我が国が批准した市民的及び政治的権利に関する国際規約及び児童の権利に関する条約にも、児童が出生によっていかなる差別も受けないとする趣旨の規定が存する」という部分が、多くの論者によって国際人権法の「間接適用」ないし「条約適合的解釈」がなされたものと考えられているのである[191]。しかし、判決における言及というのは、名前を出している自由権規約や児童の権利条約の関連条項の具体的内容はおろか、条文番号すら指摘しないものであり、言葉の定義次第とはいうものの、「間接適用」ないし「条約適合的解釈」と呼ぶには甚だ心許ないものである[192]。むしろ、この言及は、国内外の社会状況の変化の一環[193]として言及されているものとみるべきであって、一種の立法事実の摘示とみる方が適切であるように思われる[194]。また、先にみてきた下級審裁判例との対比でいえば、憲法規定を介して法律以下の法令の解釈に影響を与えていたものもないわけではないので、微妙なところではあるが、法律の適用において参照されるのではなく、憲法14条1項の解釈をめぐって言及されている点に特

---

(191) 例えば、主要なものとして、岩澤・前掲註(80) 122頁、酒井ほか・前掲註(73) 405頁などを挙げることができる。
(192) ただし、先に(1)でみた下級審裁判例における「間接適用」の場合も、条文の規範内容について十分言及・検討しないものも少なからずあったのであり、その意味では、このような特徴をもって、本判決を「間接適用」と区別するのは問題がないわけではなかろう。
　　なお、泉徳治裁判官の補足意見は、国籍法旧3条1項が違憲であることの帰結・救済手段として、原告に日本国籍を付与することを自由権規約24条3項や児童の権利条約7条1項の趣旨にも適合すると述べているし、調査官解説（森英明「判解」最判解民事篇平成20年度293頁）は自由権規約委員会と児童の権利委員会の懸念にも言及する。以上の点について、齊藤・前掲註(97) 94頁、96頁もあわせて参照。
(193) もっとも、児童の権利条約はともかく、自由権規約は、1966年に採択され、1984年の国籍法3条1項制定に先んじて、我が国についても署名(1978年)、批准、公布、発効（以上について1979年）がなされている。
　　また、条約への言及以外のものを含む、状況の変更論の批判的検討については、拙稿「判批」論叢168巻1号(2010年) 113頁以下およびそこに引用した諸論稿を参照。さらに、国際法ではなく、外国法の参照について主題化したものだが、山本龍彦「憲法訴訟における外国法参照の作法」小谷順子ほか編『現代アメリカの司法と憲法』(尚学社、2013年) 333頁以下も参照。
(194) 国籍法違憲判決について、調査官解説（森英明「判解」曹時62巻7号(2010年) 1987-1988頁[森・前掲註(192) 296-297頁に再掲]）を引きつつ、拙稿・同上123頁註42で同趣旨の見解を述べた。さらに、宍戸ほか編・前掲註(149) 344頁も同様の指摘をしている。

徴があると指摘できる。

　(ii) **非嫡出子相続分差別違憲決定**(195)　　今更紹介するまでもないほどのものであるが、民法旧900条4号但書において、非嫡出子の法定相続分が嫡出子のそれの半分とされていたことの憲法14条1項への適合性が争われたものである。最高裁は、①昭和22年民法改正以来の婚姻・家族形態に関する国民意識の多様化、②本件規定の立法に影響を与えた諸外国の立法に大きな変化が生じていること、③自由権規約・児童の権利条約の我が国の批准と関連条約監視機関からの懸念の表明、法改正の勧告等が繰り返されてきたこと、④上記②・③を受けた他の日本法における法改正、⑤法定相続分差別への問題意識の比較的古くからの存在、⑥最高裁自体における当該規定を違憲とする少数意見の拡大といった、多数の事情を総合的に(196)考慮し、平成7年には同一の規定を合憲とする判断を示していたにもかかわらず、遅くとも平成13年7月当時において(197)、当該規定は憲法14条1項に違反しているとしたのである。

　上記③の部分が、主に本書に関連する部分であるが、ここでも、具体的な条約の条文を指摘したり、規範内容について言及したりといったことをしていない。しかし、国籍法違憲判決よりも一歩踏み込んで、条約監視機関の意見・見解に言及した点が注目される(198)。ただし、前述の通り、多様な考慮要素の一つとされ、しかもそれが総合考慮される(199)というのであるから、

---

(195)　最大決平成25年9月4日民集67巻6号1320頁。
(196)　法廷意見は、どれか一つだけで違憲性を基礎づけるものではないという。
(197)　この時期設定をめぐる問題については、高井裕之「判批」長谷部恭男ほか編『憲法判例百選Ⅰ〔第6版〕』（有斐閣、2013年）63頁や、本山敦「判批」金判1430号（2013年）10頁。
(198)　*See, e.g.,* Iwasawa, *supra* note 2, at 235. ただし、平成12年6月時点での合憲判断を維持しつつ、平成13年7月時点における違憲性を基礎づけるので、この間の事情の変化としては、厳格な意味では条約の批准は排除されることになろうし、この間に出された条約監視機関の意見・見解も限定されよう。条約監視機関からの意見・見解の時期については、二宮周平「婚外子相続分差別を違憲とした最高裁大法廷決定に学ぶ」戸籍703号（2013年）8頁などを参照。
(199)　関連して、目的・手段審査という形を採用していない点について議論があるが、ここでは立ち入らない。この点については、担当調査官による、伊藤正晴「判解」ジュリ1460号（2014年）90頁および同「判解」曹時68巻1号（2016年）306頁、蟻川恒正「婚外子法定相続分最高裁違憲決定を読む」法教397号（2013年）105頁以下、高橋和之ほか「座談会　非嫡出子相続分違憲最高裁大法廷決定の多角的検討」法の支配175号（2014年）13頁［榊原富士子発言］などを参照。なお、本文で後掲の平成27年再婚禁止期間違憲判決の桜井龍子裁判官他の補足意見では、平成25年決定が総合考慮の手法をとったことについて、平成7年決定における基本的な審査枠組の提示を前提として、個別の事情の変化の提示に努めたものであるとする理解が示されている。
　　また、本件決定において実際に行われた総合考慮についても、学説上評価は高くない。この点については、飯田稔「判批」亜大49巻1号（2014年）68頁とそこに引用される諸論稿を参照。

規定の規範内容や条約監視機関の意見・見解の具体的内容に立ち入っていないという点も手伝って、国際人権法が結論にどう影響しているかは不明瞭であるといわざるをえない[(200)]。この意味でも、他の総合考慮事項との対比からも、本件における国際人権法の引用も、あくまで立法事実としての参照とみた方が妥当ではないだろうか[(201)]。

(iii) 再婚禁止期間違憲判決（①判決）[(202)]・夫婦同姓違憲訴訟判決（②判決）[(203)]

どちらの判決も、憲法14条に限定されない憲法条項が争点となっている判決であり、これまでにみた二つの判決と単純に連続させることは困難であるが、社会状況の変化などについても考慮した、家族関係の平等問題を争点とする判決である。そこで、①・②のこの二つの判決において、国際人権法がどのように扱われているかは、最高裁における国際人権法参照の定着度をみる格好の素材を提供してくれるといえよう。

少なくとも、原告団によって上告理由書や上告受理申立書等が公開されている[(204)]、②判決においては、女子差別撤廃条約の問題が当事者から提示されているにもかかわらず、結論からいってしまうと、①・②のいずれの判決においても、法廷意見においては、国際人権法についての言及はない[(205)]。もっとも、①判決においては、その法廷意見が、ドイツ・フランスの2か国における具体的立法例が挙げられるとともに、一般論として諸外国における変化が指摘されており、外国法への言及・参照は行われている。

他方、いずれの判決においても、規定を違憲とし、国家賠償責任も認める

---

(200) 同趣旨を述べるものとして参照、山崎友也「判批」金沢56巻2号（2014年）181頁。他方で、本件違憲判断にとって、国際的な事情の変化が決定的であった（「一番後押しした」）とするものとして、泉徳治「婚外子相続分差別規定の違憲決定と『個人の尊厳』」世界849号（2013年）232-233頁。
　なお、条約監視機関からの意見表明を受けた我が国の対応にも言及しており、単に条約機関の指摘があったというだけではなく、我が国における受容も考慮にあたって一つのポイントとなっている可能性も否定できない。
(201) なんといっても、「重要と思われる事実〔圏点、引用者付加〕」の「変遷」の一つとして検討されている。さらに、参照、蟻川恒正「婚外子相続分最高裁違憲決定を書く(2)」法教400号（2014年）133頁および、山崎・同上185-186頁。これらの見立てに対して批判的なものとして、さらに参照、山元・前掲註（147）75-76頁。
(202) 最大判平成27年12月16日民集69巻8号2427頁。
(203) 最大判平成27年12月16日民集69巻8号2586頁。この判決については、申・前掲註（47）481頁以下なども参照。
(204) 別姓訴訟を支える会ウェブサイト（http://www.asahi-net.or.jp/~dv3m-ymsk/saibannews.html）より入手可能。
(205) ②判決では、女子差別撤廃条約に関連する憲法98条2項違反の主張について、その実質は単なる法令違反をいうものであるとして、上告理由への該当性を否定している。

べきとの立場をとった山浦善樹裁判官の反対意見は、国際人権法について言及を行っている。すなわち、まず、①判決においては、自由権規約委員会および女子差別撤廃委員会といった条約監視機関からの条約違反の指摘の存在、再婚禁止規定廃止の要請・勧告が繰り返しなされてきたことが指摘されており、「再婚禁止期間の制度が憲法24条2項に規定する夫婦及び家族に関する男女平等の理念に反していることを基礎づけることとなる社会状況の変化を示す重要な事実」の一つとしている。次に、②判決においても、外国法の状況への言及とともに女子差別撤廃委員会からの度重なる懸念の表明と規定の廃止要請の存在を指摘している。そして、この指摘も一つの要素として、国会にとって、憲法違反が明白になっていたことを基礎づけ、国家賠償請求の認容という結論に結びつけるのである。山浦裁判官の言及・参照手法は、基本的に非嫡出子相続分違憲決定のそれを踏襲したものであると評価できよう。

以上のような、最高裁の処理をどうみるかであるが、もちろん、事案が異なるということや当事者の争い方の問題もあろうが、同じように人権条約の条約監視機関からの否定的な意見の提示を受けている場合でも、違憲判断を行う場合にはそれに言及し、合憲判断をする場合には言及しないというのは、ご都合主義的なつまみ食いの印象を拭えない。

(iv) まとめ　　以上の検討内容を簡潔に振り返っておくことにしよう。人権条約をめぐる主張に冷淡であるとされてきた最高裁が、法令違憲の判断を下した最重要な判例において2件立て続けに人権条約に言及し、その一つでは、条約監視機関の意見・見解にまで言及したというのは確かに特筆すべきことである。しかし、最高裁の判断を細かく検討すると、その言及ないし参照の内容というものは、国籍法違憲判決においては、条文番号を挙げることもなく、児童の平等に関する規定が存在することを指摘しただけである。また、非嫡出子相続分違憲決定においても、具体的な条文解釈には踏み込んでおらず、参照の密度はいずれにしても高いものとは到底いえない。加えて、国籍法違憲判決にしても、非嫡出子相続分違憲決定にしても、人権条約が参照されたのは、立法当初から違憲性の瑕疵を帯びたことを避け、社会状況や国民の意識といった「事実」が変遷したことで違憲となったことを論証する上で、その「事実」の一つとして参照されたというのが正確なようである(206)。この点については、のちにやや詳しく検討することにしたいが、

---

(206)　ただし、立法事実としての参照に重要な意義を見出そうとするものとして、作花知志「国内裁

「適用」という言葉をあてない方が妥当ではないかといえそうであるし、先にみたような憲法適合的解釈に準ずる条約適合的解釈とでも呼びうる類型とも区別することが必要ではないかという印象を受ける。

さらに、同じく条約監視機関から意見・見解が示されていた事件であっても、最新の再婚禁止期間違憲判決においては、法廷意見において条約監視機関の意見・見解はおろか、人権条約についての言及もなされていない。合憲判断を下した夫婦同姓規定の違憲訴訟の判決では、条約に関する上告理由を実質的な法令違反の主張として退ける、従来の人権条約に対する「冷淡さ」への先祖返りともいいうる論法を採用している。こうしてみると、上記のように、なおその意義に不明瞭なところの残る参照や言及にあっても、なお最高裁において定着したかすら疑わしいというのが──慎重に過ぎるとの誹りも受けうるところだが──現状認識としては正しいのではないだろうか。

（3）小　括　ここまでやや立ち入って、下級審・最高裁双方の国際法の「間接適用」ないし「国際法適合的解釈」の例とされる裁判例について紹介・検討してきた。

この紹介・検討を通じて、まずは、憲法解釈にあたって国際法が参照される場合と、直接適用されるのは法律以下の国内法であり、その際に、国際法が考慮される場合の、大きく二つの種類に分類できることが確認された。そして、後者の場合には、国家行為の統制が法律を通じて行われる場合に、国際法が用いられる場合と、私人間の紛争についてあくまで民法をはじめとする私法による処理が行われるところ、国際法規定の趣旨が及ぼされる、「私人間適用型」のものがあることも指摘した。また、いずれについても、裁判例によって、国際法の参照の密度は区々なところがあり、「間接適用」ないし「国際法適合的解釈」の内実にはなお不明確なところが多いことも確認された。以上のような点は、間接適用ないし国際法適合的解釈の概念定義を細かく行う必要性を感じさせるものである。

また、従来間接適用ないし国際法適合的解釈の例とされてきた、上記の裁判例はいずれも国際人権条約が問題となっているものであり、国内における適用が問題とされる国際法の領域がなお限定的であるといえるかもしれないが、素朴な疑問として国際人権条約以外の間接適用ないし国際法適合的解釈

判所における人権条約と個人通報制度」国際人権23号（2012年）57頁参照。

について論じる余地はないのだろうか。

続く **2** では、以上のような点に留意しつつ、国際法の間接適用ないし国際法適合的解釈についての、我が国における議論状況を確認し、その到達点と問題点を明らかにし、比較法における問題意識の形成の一助とする。

2 学説と検討

国際法の間接適用ないし国際法適合的解釈という概念自体は、先に述べたように教科書レベルでもそれなりに定着してきているのであるが、包括的あるいは踏み込んだ研究は実は、決して多くはない。そして、裁判例の紹介・検討を通じて雑多な問題が国際法の間接適用という言葉の下に包含されている点を指摘したところであるが、学説も一般にはきちんと分類をすることなく、同一概念の下に様々なものを扱っている[207]。

(1) 憲法の国際法適合的解釈？ 例えば、国際法の間接適用概念を初めて用いたとされる岩澤雄司は、確かに参照されるにあたっての「権威」が異なってくることは当然であるとするものの、間接適用を行う対象として、当該国家を法的に拘束する法規範に限定する必要はないという[208]。また、通説に従えば、条約や慣習国際法といった国際法規範が憲法より下位に位置づけられるが、法律よりは上位に位置づけられる[209]、国内法における序列関係にてらしたとき、本来区別して論じられるべき、憲法解釈における国際法の考慮・参照と法律解釈における国際法の考慮・参照が、間接適用ないし国際法適合的解釈の文脈において特段区別されずに論じられることも多々ある[210]。しかも、先の法的拘束力の有無の問題にも関連するが、憲法優位説に立てば、憲法解釈に下位法たる（国内法としての）国際法規範が参照・考

---

[207] そもそも裁判例が間接適用なり国際法適合的解釈という言葉を用いているわけではなく、学説が裁判例を整理する上で、間接適用ないし国際法適合的解釈の先例として整理しているのであるから、この対応関係は当然といえば当然である。

[208] 岩澤・前掲註 (80) 117頁。ただし、自らの主張として規範的にそうあるべきであるとするのではなく、実際の参照のあり方を記述的に述べたものとも読むことは不可能ではない。

[209] 例えば、芦部・前掲註 (140) 13頁。

[210] 例えば、岩澤・前掲註 (80) 116-117頁、酒井ほか・前掲註 (73) 405頁、申・前掲註 (47) 527頁などを参照。これに対して、詳細な類型論を展開し、細やかな検討の必要性を解きつつも、全てを包括するものとしての「間接適用」概念を維持し、法的拘束力をもたない文書の参照も積極的に間接適用に含めようとするものとして、寺谷・前掲註 (138)を参照。この寺谷の議論に対する批判的な応答として、齊藤・前掲註 (97) 80頁註 (28)も参照。ただし、寺谷も「間接適用」という用語法への批判に「好意的」であるともしている点（寺谷・同上206頁）に注意しておく必要があろう。

慮されることはそれ自体その正当性を論じなければならないはずである(211)。

この最後の点については、本書でもこれまで重ねて触れてきた(212)ように、近時、国籍法違憲判決や非嫡出子相続分差別違憲決定が人権条約に明示的に言及し、とりわけ後者においては、条約実施監視機関の意見などにも触れたことにも触発される形で、山元一が「トランスナショナル人権法源論」を展開していること(213)が注目される。とりわけ、「法源」という語の用い方に厳密さを欠くのではないかという点を中心に、鋭い批判があり(214)、筆者も基本的にこの批判を妥当なものと考えているのであるが、ここで若干の検討を加えておきたい。簡略化しすぎているきらいもあるが、端的にいえば、「トランスナショナル人権法源論(215)」とは、モーラン（M. Moran）やウォルドロン（J. Waldron）の議論に示唆を受けて展開されるもので、各国に共通する規範にある種の自然法を見出し、ある国家にとって、狭い意味での法的拘束力があるか否かということにとらわれず、人権法規範を、国境を越えて求めていこうとする議論である。しかし、人権概念が本来国境を抱えるものではないということは確かながら、実際には、その保障が少なくとも国家単位で行われる体制がなお維持されている。グローバル化に際して、憲法ないし国家が開かれた構造をもつことが重要になってきているとはいえ、どこが開かれるべきかという基本決定は各国家に委ねられるべきである。さらに、ある外国法なり国際的規範なりが人権に関するというだけで、ある種の自然法の一部をなしているということが可能なのか、その認識・判断を行うのは誰なのかという問題が残る(216)ように思われる。その意味では、トランスナショナルな形で人権規範に目を向ける必要があるという出発点の提示にすぎないのであって、問題はここからなのではないだろうか。そう考えると、外来法の参照なり、間接適用なりが問題となる場面においては、国内の裁判所限りでその受容を行ってよいのかという、国内における権力分立の問題(217)

---

(211) 憲法学からこの点を強調するものとして、内野正幸「条約・法律・行政立法」高見勝利ほか編『日本国憲法解釈の再検討』(有斐閣、2004 年) 426-430 頁。
(212) 前掲註(147)および対応する本文を参照。
(213) 山元・前掲註 (147) 76-78 頁、山元一「憲法解釈における国際人権規範の役割」国際人権 22 号 (2011 年) 37 頁以下、山元一「グローバル化社会と人権法源論の展開」小谷順子ほか編『現代アメリカの司法と憲法』(尚学社、2013 年) 349 頁以下。
(214) 宍戸ほか編・前掲註 (149) 378-383 頁 [初出、2015 年]。
(215) なお、その名称に現れている通り、これはあくまで人権法に限定された議論ではある。
(216) この点について、山本・前掲註 (193) 333 頁以下も参照。

が顕在化し、その意味では、すでに政治部門による受容の決定が存在するかという意味で、法的拘束力の有無は大きな指標として働きうるように思われるのである。そうすると、それ自体拘束力をもたない条約監視機関の意見・見解や我が国にとって拘束力のない国際法の考慮は、外国法の参照と基本的には同じように扱われるべき(218)であり、法的拘束力のある国際法規範が国内法の解釈にどのような影響を及ぼすかという問題の一環としての間接適用ないし国際法適合的解釈の問題とは切り離して論じるべき問題であるように思われる(219)。そして、国内的序列に関しての通説である、国際法に対する憲法優位説を前提にすれば、上位法の解釈にあたって下位法が拘束力を発揮することはありえないはず(220)であり、憲法の国際法適合的解釈と呼ばれる議論は、外国法の参照の問題に限りなく接近することとなる(221)。

　この点に関連して、憲法解釈における国際法適合的解釈を正当化、さらには義務化する議論があり、それについても参照しておくことにしよう。このような議論を展開する代表的な論者が、齊藤正彰である。齊藤は、ドイツにおける国際法親和性原則（der Grundsatz der Völkerrechtsfreundlichkeit(222)）

---

(217) 広い意味での「間接適用」の主体が、裁判所に限定されるものではなく、「間接適用」を考えるにあたり国内における権力分立にも留意する必要性を説くものとして、寺谷・前掲註(138) 185頁、200-203頁がある。

(218) もっとも、法的拘束力のある国際法規範の解釈にあたって参照が許される、あるいは参照されなければならない題材かということが、ウィーン条約法条約31条、32条、ないしそれらに法典化されている慣習国際法にてらして別途論じられることがあり、我が国の裁判例においてもこの問題が扱われている。例えば、最高裁レベルで、既出の日星租税条約事件判決が、日星租税条約のモデルとなっている、OECD租税モデル条約のOECD作成のコメンタリーを参照しうるかを問題とし、これを肯定した。関連して、我が国が当事国である条約の条約監視機関の意見・見解であるが、その意見・見解にそもそも国際法上も法的拘束力はないという場合と、日本が当事国ではない条約およびその条約監視機関の意見・見解であり、日本にとって法的拘束力がない場合を分けるべきことを強調する見解として、齊藤正彰『国法体系における憲法と条約』（信山社、2002年）431-432頁がある。

　なお、裁判例において、条約監視機関への国家報告における日本政府の発言等が言及された例があったが、これは、条約監視機関の意見・見解の効力の問題というよりは、条約解釈についての政府見解への敬譲の問題やその反面として、首尾一貫した態度を執行府や行政機関に求めるものとして理解することができるのではないだろうか。

(219) 筆者は、これをさしあたり「参照」と呼べばよいと思っている。外国法・国際法の参照については、アメリカを中心に盛んに議論がなされており、それらを参考にして、狭い意味での国際法適合的解釈の問題とは別に考察すべき問題であろう。なお、この問題については、第2部補論のほか、最新のものとして、手塚崇聡「国内裁判所における外国法・外国判例の参照」国際人権26号（2015年）78頁以下、松田浩道「憲法秩序における国際規範：実施権限の比較法的考察(2)」国家129巻7=8号（2016年）78頁以下がある。さらなる文献については、上記の手塚・松田論文を参照。

(220) 棟居快行「第三者効力論の新展開」芹田健太郎ほか編『講座国際人権法1　国際人権法と憲法』（信山社、2006年）262頁［初出、2003年］を参照。

(221) 参照、内野・前掲註(211) 427-428頁。

(222) 齊藤自身は、Völkerrechtsfreundlichkeitに、国際法調和性という訳語をあてている（齊藤・前

から示唆を受け、「日本国が締結した条約及び確立された国際法規は、これを誠実に遵守することを必要とする」と定める憲法98条2項によって、裁判所は憲法解釈にあたっても国際人権条約を顧慮する義務を負っているというのである(223)。もっとも、憲法98条2項を根拠にするのならば、顧慮の対象がなぜ国際人権条約に限定されるのか明確ではない(224)。また、齊藤は憲法99条の憲法尊重擁護義務も引き合いに出して、憲法の規定に矛盾するのではない限りにおいての顧慮を求める(225)のであるが、このような限定は妥当である反面、誰がどのように判断するのかという問題も含む広い意味での範囲画定の問題が付随的に生じることになろう。

以上のような問題に一定の解答を与えうるのが、佐藤幸治の議論であり、齊藤ものちにこれを援用している(226)。佐藤は、憲法98条2項に加えて憲法11条を援用することによって、すなわち、憲法11条が「国民は、すべての基本的人権の享有を妨げられない」と規定していることに鑑みて、未来に開かれた課題である基本的人権の保障を、国際人権条約をも通じて補充することが司法の責務になるのだというのである(227)。他方で、「各人は自己の生の作者である」ということを内実とする「基幹的な人格的自律権」を根幹

掲註（218）350頁註（86）を参照）。ただし、本書では、以下の次第で「国際法親和性」の訳語を採用する。まず、上記の他に、従来用いられた「国際法上の協調」や「国際法協調性」という語に、齊藤のいうように国際法側に協調の動きがあるかのような語感が強く現れるという点には首肯することができる。また、齊藤の挙げる理由とは若干異なるが、国際法友好性という直訳調の語が、調整作業を含むVölkerrechtsfreundlichkeitのニュアンスを十分に捉えきれず、単に「仲の良い」状態を指すような印象を受ける。さらに、齊藤の採用する「調和」という語は、「すでにまとまった状態」を指す印象が強いこと（例えば、新村出編『広辞苑〔第6版〕』（岩波書店、2008年）1838頁は、「うまくよくつり合い、全体がととのっていること」と定義する）ことからすると、国際法がバランスのとれた状況にあることを指しているような印象を受ける。そこで、（国内法の）国際法への親近性と、国際法への接近という動きを伴う意味内容を表しうる語（微妙なところだが、「親しみ結びつくこと」という広辞苑の定義（同上1470頁）は、状態というよりは動作を伴うニュアンスが出ているように思われる）として、「親和性」が妥当と判断したためである。

(223) 齊藤・同上402頁。
(224) 内野・前掲註（211）429-430頁。なお、齊藤・同上436頁は、自身の主張は条約の性質によって国法上の位置づけが変わりうるというものであり、国際人権条約と二国間条約への対応とが、常に同一である必要はないというが、この場合になぜ同一でないのか、なぜ国際人権条約のみが特別なのかについての説明はなされていなかった。
(225) 齊藤・同上402頁。
(226) 齊藤・前掲註（97）105-106頁。
(227) 佐藤・前掲註（95）39頁。他方、寺谷は、憲法98条2項の条文自体は曖昧で、憲法解釈における国際法適合的解釈の義務を導くには不十分であるとした（寺谷・前掲註（138）186-187頁）上で、国際法上の国際法遵守義務やそこから導かれる国際法上の「合致の推定」（すなわち、国際法に抵触しそうな国内法についてできるだけそうならないように解釈する原則）による、司法の責務の導出を論じる。この点については、寺谷・同上188-189頁を参照。

となす、「基本的人権」を保障しているのが日本国憲法であるとの立場に立つ(228)佐藤は、必ずしも人間を原則的に自律したものとは捉えていないとの指摘もある(229)国際人権法の参照にあたっては、慎重な検討を必要とすると考えているし、「事の順序」としては、まずは立法府による国際人権の受け入れ作業が行われるべきことも認めている(230)。なお、このような考え方を前提とするならば、二風谷ダム事件判決が自由権規約 27 条の規範内容を明らかにした上で、少数民族の権利を憲法 13 条によって保障される権利に該当するかを論じている点は、法律の適用について参照するにあたっては必ずしも要求されないはずではあるが、日本国憲法における基本的人権概念に合致する権利であるかを確認したと解する余地があろう。

　以上のような説明によって、かなりの程度、憲法解釈における国際人権法の顧慮の必要性については、理論的な基礎づけができているようには思われる(231)。しかし、これは、通常の上位法にてらした解釈とは異なるものであり、論者自身「顧慮」の程度に限定を認めているように、やはり、「参照」の場合との距離は大きくないのではないだろうか(232)。さらに、司法府に責務が生じることがある程度論証されてはいても、立法府と司法府の権限の境界線が如何に引かれるかも、必ずしも明らかではない。

(2) 法律以下の国内法への間接適用ないし国際法適合的解釈　　次に、下級審における国際法の間接適用ないし国際法適合的解釈の裁判例を参照した際に、国家行為の統制として憲法適合的解釈に準ずる類型と、私人間の紛争解決に用いられる、私人間適用型の存在があることを指摘した。この点に関連する、棟居快行からの鋭い分析があるのでここで紹介しておくことにしよう。棟居の指摘のうち、ここで特に取り上げたいのは、規範の方向性の問題である。棟居によれば、私人間の問題ではなく、国家・市民間の問題であっても、

---

(228)　佐藤・前掲註 (92) 120-121 頁。
(229)　佐藤は、ヘンキンの指摘 (L. ヘンキン (小川水尾訳／江橋崇監修)『人権の時代』(有信堂高文社、1996 年) 137 頁) を引用する。
(230)　佐藤・前掲註 (95) 38 頁。それに続く形で、立法による対処が不十分である場合には、司法的救済が期待されることになるとし、先述の「司法の責務」論に至るのである。関連して、「国際義務に最初に対応すべきなのは立法機関にほかならないが、最終的な法的解釈は司法機関が行う。条約適合的解釈義務はこの狭間にある」という、寺谷・前掲註 (138) 194 頁もあわせて参照。
(231)　この他、人権条約については日本国憲法の最高法規性の実質的基礎である人権保障と一致するものであり、憲法と等位にあり、優越関係は個別・具体的な検討に委ねられるとする、青柳幸一「憲法と条約」法教 141 号 (1992 年) 47 頁もある。
(232)　この点について、松本和彦「憲法上の権利と国際人権」国際人権 22 号 (2011 年) 58 頁を参照。

憲法規定の私人間適用の問題と同様の規範の方向性のズレの問題が生じている(233)。すなわち、あくまで国際法に根拠をもつ国際人権は、国家が他国（場合によっては国際機関）に対して自国民の権利保護の義務を負うものであり(234)、厳密には市民がその規範の名宛人ではない。したがって、国家相互間の規範に込められた「価値」を抽出し、国家・市民間の権利に意味充填をする必要性が本来は生じているのである(235)。そして、私人間の紛争への「適用」となれば、憲法上の自己決定権の尊重の表れである私的自治の保護という問題にも配慮することが求められる、さらに困難な意味充填作業を必要とする作業であるということになる(236)。そして、棟居も、国際人権の国内における本来的な義務の担い手は立法府であるとし、「間接適用」の問題の核心は、立法不作為を裁判所がどこまで補充してもよいかということだという。国際人権法に関する限り、本来の規範の方向性が国家間のものに限定されるとするのには異論も大いにありうるところだろう(237)が、国際法上の権利・義務の本来的な性質を考えた場合には、正鵠を射た指摘であるといえよう。国際法適合的解釈型と私人間適用型を区別する必要性がここからも裏付けられるとともに、さらに大きな問題として、従来の見解には、規範の方向性という意識が必ずしも十分とはいえなかったところ(238)であり、間接適用ないし国際法適合的解釈の問題というのが、規範の方向性の問題と、議会・裁判所間を中心とする権力分立の問題の複合問題であることを、今後十

---

(233) 棟居・前掲註（220）263頁。
(234) 高橋（ジュリ）・前掲註（100）75頁が、国際人権が私人間のものを含め国際人権を実現することを対外的に約束しているというのは、義務内容の認識が合致しているのかは微妙なところではあるが、国際法上の義務を負うのが「包括的な国家」であり、その実施機関等の割り振りは国内問題であるという言明もあわせて考えれば、私人間の適用も国際法上は他国に対して義務として負っているが、国際人権はそれを超えて、国内で私人が裁判所に私人間での保障請求ができるかという問題については何も述べるものではないという趣旨に理解することが可能で、棟居との相違はほとんどないといえよう。棟居・前掲註（103）32頁以下もあわせて参照。
(235) もっとも、国際人権法、とりわけ自由権規定の場合、規定のあり方は個人に権利を保障するような形をとっているので、市民の対国家の権利を導くことは一般的に行われているということができよう。また、これは、同値というわけではないが、自由権規約について自動執行性が基本的に認められているという現象とも重なる。
(236) 棟居・前掲註（220）263頁以下。
(237) 例えば、参照、大沼保昭「人権の国内的保障と国際的保障」国際人権17号（2006年）58頁。
(238) 規範の方向性を真剣に考えると、国際法の国内法への受容によって国内効力が生じるといっても、対他国の権利義務が国内法上客観法といえども成立しうるかどうかは疑問も生じうる。すでに述べたように、国際法の受容のあり方についての、ドイツにおける変型理論と実施理論の争いはこの問題にかかわるものであったというべきで、その意味では、ドイツの学説はこの問題に自覚的であった。この点に関して、棟居・前掲註（103）39頁以下もあわせて参照。

分に意識していく必要がある。

(3)「直接適用」と「間接適用」　ところで、厳密な意味で、規範の方向性の問題を捉えた場合には、国際法規範はある意味で、全ては本来の方向性とは異なる「間接適用」がなされているのだということになりかねない。もちろん、一定の場合に国際法規範が個人に権利義務の主体性を認めることはありうるので、個人に人権を付与するような文言をもつ人権条約上の規定には「直接適用」を認める余地はあるだろう。さらに、国家機関を拘束する客観的法への変換は比較的容易であるので、国内法への受容の際にその変換がなされているのだと考えれば、国家行為の統制に国際法規範を用いる場合は、直接適用ということができるかもしれない。しかし、この場合は、逆に、国内法への受容以上の措置なく行政庁ないし裁判所の判断の根拠として用いられるという、岩澤流の自動執行性ないし直接適用可能性の定義[239]からしても、「直接適用」なのであり、今まで「間接適用」といわれてきた領域の多くが直接適用の問題であったということになりかねない。以上の問題は、二風谷ダム事件判決を、直接適用とみるか間接適用とみるかという問題とも関連するわけであるが、「間接適用」という、直接適用と相互排他的な対概念を思わせる用語を用いることに問題があるのではないだろうか[240]。国家行為の統制に用いられる場合というのは、憲法適合的解釈（の一類型）に準ずるものであるといい、国際法適合的解釈と呼ぶ可能性を示唆したところであるが、憲法適合的解釈の問題の際に、憲法の効果が直接か間接かという問題設定はされていない。この場合、むしろ直接の効果の発揮がなされていると考えられていると思われる。これに倣う意味でも、国家行為統制の国際法適合的解釈の類型は、直接適用の一種であり、間接適用という語を与えるべきではないのではないだろうか[241]。なお、私人間適用型の場合は、憲法規定の場合に倣ってなお間接適用と呼ぶことができるが、問題の焦点は、直接適用可能性の問題とは関係がないところにあるというべきで、国際法の私人間適用の問題と呼ぶか、私人間適用と憲法ないし国際法適合的解釈の問題が類

---

(239) 岩澤・前掲註(80) 114頁。
(240) 本書とは少し異なる問題関心も控えているが、直接適用・間接適用二分論について鋭く批判する論稿として、松田・前掲註(2) 112頁以下がある。
(241) 中川丈久「総括コメント―行政法から見た自由権規約の国内実施」国際人権23号（2012年）68頁も参照。

似性をもつことからする(242)と、私法への国際法適合的解釈と呼ぶのが妥当であろう。

(4) 議論の対象領域　最後に、ここまでの検討を通じて感じられるのが、我が国における国際法の間接適用ないし国際法適合的解釈の問題というのが、実際上条約の問題に限定されており、わけても国際人権条約を念頭に置いた議論であるということである。例外的に寺谷広司は、慣習国際法の参照について言及している(243)し、人権分野以外への展開可能性についても示唆する(244)のであるが、とりわけ人権法という分野特有の磁場が、日本における議論の特徴を規定するとともに限界を設けていないかということを(245)、十分に認識しておく必要があろう。

3　まとめ

　本節における検討内容を簡潔に振り返っておくことにしよう。本節では、我が国における国際法の間接適用ないし国際法適合的解釈に関する裁判例を、それをめぐる学説を参照しつつ、分析を加えてきた。

　そこでまず看取されたのは、これまで、間接適用や国際法適合的解釈という概念の下に多種多様な問題が押し込められてきたということであった。そして、本書では、憲法解釈にあたって国際法を考慮するものについては、基本的に参照と呼んで、法的な拘束力を前提とした考慮とは別問題として切り分ける可能性を指摘した。なお、一定の場合には憲法解釈にあたっての国際法の考慮義務を引き出す可能性があることにも言及したが、考慮にあたっては、日本国憲法の基本的価値設定との整合性が問われるべきである。したがって、考慮義務といってもかなり緩やかなものであり、我が国には拘束力をもたない条約等や外国法の参照とかなり近いものであることを指摘した。

　次に指摘したのは、法律以下の下位法への国際法の間接適用ないし国際法適合的解釈の場合には、法規範の方向性というものに十分注意しなければな

---

(242)　規範の方向性の問題を考えると基本的には別問題として分けた方がよいように思われるが、棟居のいうように、国際法規範全般が規範の方向性の問題を抱えていることからすると、とりわけ国際法適合的解釈と私人間適用の区別は相対化するともいえよう。
(243)　寺谷・前掲註 (138) 173-174 頁。
(244)　寺谷・同上 206 頁。
(245)　本書では、自動執行性ないし直接適用可能性に関する文脈で同様の指摘をしている。あわせて、寺谷・同上も参照。

らないということであった。そして、このような「方向性」の問題にも注意すると、間接適用という用語が必ずしも適切なものとはいえず、広く国際法適合的解釈という概念の下に、国家行為統制型と私法への国際法適合的解釈という2類型を含ませるか、国際法適合的解釈と国際法の私人間適用という二つの問題に整理するべきであるという指摘も行った。

さらに、国際法適合的解釈や国際法の私人間適用の問題を考える際には、裁判所がそれを行うことの意義を、権力分立論の中で考える必要性があることも確認した。また、最後には、我が国のこれまでの議論が国際人権条約を念頭に置くものに偏っていたとし、それが我が国における議論を特徴づけるとともに、制約づけているのではないかという懸念もある。少し議論の先取りになってしまうが、例えば、アメリカでは、外国法・国際法の参照とは切り離された形(246)で、国際法適合的解釈の問題を権力分立論からのアプローチで論じる議論が多くみられるとともに、議論は人権法に限定されない広がりをみせている。もちろん、彼我の間にある様々な制度の差異などに十分留意する必要性はあるが、ここまでみてきた日本における実務や議論の状況を踏まえた上で、次章以下で、アメリカやドイツにおける国際法適合的解釈を

---

(246) この点、樋山茂樹「国内裁判所における人権条約の適用(4)」早研107号（2003年）314頁は、次章Ⅱ1で紹介する、アメリカにおける国際法適合的解釈についてのCharming Betsy Canonが、憲法規定の国際法適合的解釈をも求める準則であるという。しかし、そこで引用されている文献は、そのような旨を論じるものではない。すなわち、R.G. Steinhardt, *The Role of International Law as a Canon of Domestic Statutory Construction*, 43 VAND. L. REV. 1103, 1181-1182 (1990) は、法的拘束力を欠く「ソフトロー」であっても参照がなされている旨を述べるものである。また、C.A. Bradley, *The Charming Betsy Canon and Separation of Powers*, 86 GEO. L.J. 479, 502-504 (1998) にしても、憲法規定の解釈に慣習国際法を参照するという主張がCharming Betsy Canonの適用方法の一種ということを示唆するものの、このような理解にブラッドリー自身が距離を置いているし、そこで引用される見解というのも、J. Fitzpatrick, *The Relevance of Customary International Norms to the Death Penalty in the United States*, 25 GA. J. INT'L & COMP. L. 165, 179-180 (1995-96) を例外として、基本的には、Charming Betsy Canonを援用して慣習国際法を憲法解釈において参照すべきだと主張しているわけではない。また、ブラッドリーは、連邦最高裁は、慣習国際法の考慮・参照にあたってCharming Betsy Canonを明示的に援用していない旨指摘している。See, Bradley, *id.*, at 504 n. 126. さらに、樋山が修正8条の解釈にあたり、Charming Betsy Canonを援用したとする、Cunard S.S. Co. v. Melon判決におけるサザーランド反対意見（Cunard S.S. Co. v. Melon, 262 U.S. 100, 132-133 [Sutherland, J., dissenting, 1923]）については、これは修正8条ではなく、修正18条に関する事件であり、直接的には禁酒法の外国船への適用を否定するものである。その後の議論においても、憲法解釈に国際法を参照することの意義を説く文脈でCharming Betsy Canonに言及するものはあるものの、それはあくまでCharming Betsy Canonが本来は制定法（statute）解釈の問題に関するものであり、憲法解釈の問題とは別であるということを前提としている。例えば、「憲法的（constitutional）Charming Betsy」という語を用いて、「本来」のCharming Betsyとの区別を示唆する、R.P. Alford, *Foreign Relations as a Matter of Interpretation*, 67 OHIO ST. L.J. 1339, 1342-1343 (2006) などを参照。

めぐる議論状況についてみていくことにしたい。

III　中間総括

　本章では、我が国における国際法の国内適用について、従来の用語にいう、直接適用、ついで間接適用の順にその実務上の扱いや学説の議論状況をみてきた。直接適用にかかわる場面では、自動執行性をめぐる概念整理が我が国において十分にできていないところがあること、国内の憲法問題、とりわけ権力分立の問題として十分に把握されていないことが確認された。

　他方、従来の用語法にいうところの国際法の間接適用については、国際法の国内法に対する多様な影響の形態がこの間接適用という用語の中に取り込まれていることを指摘した。そこで特に重要であると指摘したのは、問題となる国際法と国内法とが、国内法秩序においてどのような序列関係にあるのかに留意した議論を展開することの必要性である。

　以上のような検討を踏まえて、次章以下では、アメリカとドイツにおける議論を参照していくことになるが、そこでは、権力分立をはじめとする憲法上の基本原則と国際法の遵守・国内適用との調整を如何に行うかという点について両国ではどのように意識して議論がなされているかに特に留意したい。もっとも、とりわけドイツにおいてそうであるように、国際法の遵守自体が憲法上の基本原則となっている場合もあり、憲法上の基本原則相互の調整という意味で優れて国内憲法の問題として処理される可能性もある。我が国においても、日本国憲法が国際協調主義を採用しているといわれており、そもそもその国際協調主義が何なのか、どのような内容をもつものなのかといった点を含めて再考する機会が、米独の議論を参照することによって得られる可能性もある。

第3章
アメリカにおける国際法の国内適用

I　アメリカにおける「自動執行性」概念の展開

　前章では、まず、我が国における自動執行性ないし直接適用可能性をめぐる議論状況を概観したが、本節ではそれを踏まえつつ、「self-executing」という概念の発祥の地であるアメリカ合衆国における議論を、近時のものを中心として紹介・検討していくことにする。もっとも、このような作業については、岩澤雄司による重厚な先行研究が存在しており、屋上屋を重ねる必要はないのではないかという指摘があるとすれば、首肯せざるをえないだろう。しかしながら、アメリカにおける議論に関していえば、2008年の連邦最高裁のMedellin判決[1]等により、自動執行性に注目が集まり、活発な議論がなされたところである。その意味では、最近の判例・学説の動向を押さえておくことにも、なにがしか価値を見出すことができる。さらに、憲法学の観点から、岩澤の議論を確認する作業にも意義が見出せよう[2]。

1　沿　革

　最新の議論について紹介・検討する前に、その理解を容易なものとするためにも、まずは簡潔に、アメリカにおけるself-executing概念やそれをめぐる議論の沿革を紹介しておこう。

　(1) 萌芽——Ware v. Hylton　この事件の判決[3]には、self-executingと

---
[1]　Medellin v. Texas, 552 U.S. 491 (2008).
[2]　なお、先に述べたように、本書の関心は、条約に限定されない、国際的規範一般の自動執行性に向けられるものであるが、諸般の理由から条約を中心とした検討となることについては、前章註(1)と(2)および対応する本文を参照。
[3]　Ware v. Hylton, 3 U.S. (3 Dall.) 199 (1796).

いう概念は登場していないが、その萌芽ともいえる、「executed」な条約規定と「executory」な条約規定の区別に言及がなされたものであり、重要な先例である。

この事件は、独立前にヴァージニア植民地住民とイギリス国民との間でなされた貸金契約に基づく、貸金返還請求事件である。原告であるイギリス国民は、独立後、債務者である被告に対して、貸金の返還を求めたのであるが、被告側は、独立戦争中にヴァージニア邦で制定された法律に基づき、貸金を供託したため債務はすでに弁済されたと主張した。これに対して、原告側は、パリ条約（イギリスとの平和条約）4条により、供託の効果は否定され、弁済は認められないと反論した。

パリ条約4条は、「双方の債権者は、……債権の回収についていかなる法的な妨害も受けない」と規定していたところ、法廷意見は、債権者は債権の回収について司法裁判所に訴えるよりほかないのであるから、相手方が、訴えが禁じられているなどといった主張をしてきた場合には、それを封じる形で、立法等を待つまでもなく、裁判所が条約に基づいて判断することができる場合にあたるとした[4]。

これに対して、イレデル（J. Iredell）判事の反対意見は、原告側の代理人が論じた、条約の規定における「executed」な規定と「executory」な規定の区別という考え方[5]を採用し、パリ条約4条は後者の「executory」な規定であり、その目的とするところは、中でも、立法権によってのみ達成可能であるとした。ここにいう、「executed」な規定とは、その性質上、さらなる措置を必要としないものをいい、独立の承認や河川航行権の承認などがこれに該当するとした。他方で、「executory」な規定とは、第1には立法による、第2には執行による、第3には司法による実施行為が必要とされる規定をいうとしている[6]。

こうしてみると、法廷意見・イレデル反対意見の双方から、条約の規定には、裁判所によって直接適用可能な条項と、立法府等による措置を必要とする条項が存在することを前提とされていることがうかがえ、後の self-executing 概念へとつながる萌芽をここに認めることができる。

---

(4) *Ware*, 3 U.S. at 244.
(5) この区別は、元来契約法上の概念であるとされる。
(6) *Ware*, 3 U.S. at 272 (Iredell, J., dissenting).

なお、「executed」と「executory」との間の区別が、「self-executing」と「non self-executing」との区別につながっているとされることがあるが、これら二つの区別には相違点が存在することには注意が必要である。というのも、「executed」な規定とは、そもそもさらなる履行の余地がない規定をいうのであり、「executory」な規定の中に、さらなる下位分類として、のちにいう「self-executing」と「non self-executing」との区別が存在しているように考えられるからである。すなわち、立法府はともかく、執行府や裁判所による執行が予定される場合も「executory」な規定に含まれるのであり、執行府や裁判所によって直接適用可能なものもここに含まれうるということである。さらにいえば、パリ条約4条が「executory」な規定のうち、特に立法府によってのみ執行されうる規定であると、イレデル判事が判断したと理解すべきことになる(7)。

(2) リーディング・ケース――Foster判決　「self-executing」という用語そのものは登場しないものの、self-executingの概念を示した、リーディング・ケースとして引用される(8)のが、1829年のFoster v. Neilson事件である(9)。この事件では、土地所有権をめぐり原告がスペイン王による土地の譲与（grant）を権原とする所有権の取得に基づいて、土地の明け渡しを請求したところ、被告は、当該土地の含まれる領域は、譲与が行われる前に、スペインからフランスに割譲され、その後再度アメリカに割譲されたものであるから、当該譲与は無効であるなどと主張して争った。連邦最高裁は、自国の立法府がこれまで、当該地域がスペインからフランスを経てアメリカに割譲されたとの前提で処理してきたので、これに従うよりほかはないとしつつも、アメリカとスペインの間で締結された1819年のフロリダ買収条約8条により、両国間に帰属に関する争いがあった地域でのスペイン王による譲与については、その効力がアメリカにおいても認められることとなる旨取り決

---

(7) 以上の概念整理につき、D.V. Sloss, *Executing Foster v. Neilson: The Two-Step Approach to Analyzing Self-Executing Treaties*, 53 HARV. INT'L L.J. 136, 144-145 (2012) [*hereinafter* Sloss (Harv.)] も同趣旨の主張をする。さらに、スロスは、イレデル意見に、国際法上の規定内容の性質決定と権力分立の観点からの国内法上の審査の2段階アプローチが見出されるという。なお、スロスの所論については、のちに詳述する。

(8) のちに紹介・検討する、Medellin判決においても、self-executing概念に関するリーディングケースとして引用されている。*Medellín*, 552 U.S. at 505-506.

(9) Foster v. Neilson, 27 U.S. (2 Pet.) 253 (1829).

められた可能性にも触れる。しかし、そのような処理をするためには、立法措置がとられることが必要であり、条約そのものが裁判所における準則とはならないという判断をした[10]。このような判断を示すにあたり、マーシャル（J. Marshall）首席判事執筆の法廷意見は、以下のように述べた[11]。

　　条約はその本質において、二国家間の契約であり、立法行為ではない。条約は、特にその実施が国家の内部においてなされるものである限り、達成されるべき目標にそれ自体として影響を与えるものではなく、条約の当事国各々の主権によって実施に移されるものである。
　　合衆国においては、異なった原理が成立している。我々の憲法は、条約が国の法であると宣言している。したがって、いかなる立法の手当もなくそれ自体として機能する場合には常に、司法裁判所において立法府によるところの法律と同等のものとして扱われなくてはならない。しかし、規定の文言が約定を含んでいたり、当事国の一方が特定の行為を行うことになっていたり、条約自体が、司法部門ではなく政治部門に向けられている場合には、裁判所における準則となる前に、立法府がその約定を実施しなくてはならない。

　以上の判示において重要なのは、明示はされないものの合衆国憲法6条2項の最高法規条項により、条約が法律と同様の効力をもちうることが示されているということと、その一方で、にもかかわらず、条約の履行が一義的に政治部門に向けられている場合には、裁判準則としての機能を果たしえないとされたことが重要である[12]。そして、特に、立法の要否が区別の基準として挙げられている点が、のちに self-executing の定義問題において立法の要否について語られることにつながるものとして注目される。
　具体的な事案の処理としては、フロリダ買収条約8条の「1818年1月24日以前に、国王陛下……によってなされた譲与は、陛下の支配の下にとどまっていたならば、その譲与が有効であったのと同様の範囲において、土地の

---

(10) *Foster*, 27 U.S. at 307-316.
(11) *Foster*, 27 U.S. at 314.
(12) 後の The Head Money Cases, 112 U.S. 580, 598-599 (1884) は、条約は第一義的には国家間の契約だが、市民に個別の権利を授与する等、国内法と同様の性質を有し、国内裁判所において私人間に適用可能な規定をもつものが存在することを指摘している。また、同判決は、憲法は最高法規条項によって（ここでも6条2項を明示はしないが、文言を引用する形で、Foster v. Neilson よりも明確にこの点を示唆する）、連邦議会によって制定された他の法と同じ類型の下に、そのような規定を置いていると、同趣旨の判示をしている。

占有者に対して追認され、確認される（shall be ratified and confirmed）」という文言、特に「shall be ratified and confirmed」という文言が、立法による実施措置を予定するものであるとして、立法による手当の対象とされていないに時期なされた譲与である本件譲与は、裁判所によって有効なものと認めることはできないと判示した(13)。

なお、同条約の同条項については、4年後に、同じマーシャル首席判事の筆による法廷意見が、スペイン語正文も参照することにより、そのまま立法による措置を待たずに効力が認められるものとするものであったとして、判例が変更されている(14)。

(3) 議論の活性化——藤井事件　その後(15)、self-executing 概念に世界的な関心を集めるきっかけになったといわれている(16)のが、1950 年代初頭にカリフォルニア州で争われた藤井事件である。この事件は、市民権取得資格を欠く外国人（当時、この資格を欠くのは日本人のみとなっていた）の土地所有を制限したカリフォルニア州の外国人土地法に基づき、所有していた土地を没収された日本人藤井整(17)が、当該措置は国連憲章に違反するなどとして提起した訴訟である。控訴審(18)では国連憲章違反が認定されたが、上告審(19)では国連憲章の自動執行性は否定された。以下では、まず控訴審、続いて上告審の順に、この判決についてその概要を紹介し、若干の検討を加えておくことにしよう。

第1に指摘しておくべきは、控訴審判決では、自動執行性について、明確に言及がされているわけではないということである。判決は、合衆国憲法6条2項を引いて、アメリカによって批准された国連憲章は国の最高法規にな

---

(13) *Foster*, 27 U.S. at 314-316.
(14) United States v. Percheman, 32 U.S. (7 Pet.) 51, 88-89 (1833).
(15) アメリカにおいては、この間、禁酒法時代の 1924 年に酒類の密輸を防止するためにイギリスなどとの間に締結された禁酒条約の自動執行性をめぐり、下級審判決の結論が分かれたほか、学説上も議論が行われた。See, e.g., E.D. Dickinson, *Are the Liquor Treaties Self-executing*, 20 AM. J. INT'L L. 444 (1926); L. Henry, *When is a Treaty Self-executing*, 27 MICH. L. REV. 776, 783-785 (1929).
(16) 岩澤雄司『条約の国内適用可能性』（有斐閣、1985 年）159 頁。*See also*, Y. Iwasawa, *Domestic Application of International Law*, 378 RECUEIL DES COURS DE L'ACADÉMIE DE DROIT INTERNATIONAL DE LA HAYE 9, 28-29 (2016).
(17) 藤井は、1903 年のアメリカ渡航以降、1911 年から 1913 年にかけて日本に一時帰国していたものの、再入国後は継続的にアメリカに在住していた。*See*, Fujii v. State of California, 217 P.2d 481, 482 (1950).
(18) *Fujii*, 217 P.2d. 481.
(19) Fujii v. State of California, 38 Cal. 2d 718 (1952).

っているということを議論の出発点とする。そして、国の最高法規として州法に優越することになる国連憲章を解釈すべく、その条文や条文の規定内容の保障のあり方、加盟国によってとられている立場を検討するという。そこで、判決は、国連憲章の前文や1条が基本的人権と人間の尊厳の保障、人民の同権に留意し、その目的等にしていることに言及した上で、2条で憲章上の義務の誠実な履行を確認しているとする。さらに、56条において加盟国がその目的とするところを達成するために共同および個別の行動をとることを制約している、55条が「人種、性、言語又は宗教による差別のないすべての者のための人権及び基本的自由の普遍的な尊重及び遵守」を国連が促進すべき事項に挙げていることを指摘する。加えて、判決は、国連憲章批准への同意を求める際に、大統領が上院に向け行った演説も引用した上で、国連と憲章の目的やねらいを具体化し強調するものとして、1948年に国連総会で採択された世界人権宣言にも言及する。こうして、本件で問題となった外国人土地法が世界人権宣言17条と両立せず、国連憲章の文言・精神に反するのは明らかであり、よって、外国人土地法は無効であると判示した[20]。

　以上のような判示は、国連憲章の条文の内容の羅列のような印象も与え、不明瞭な点を残すところであるが、ライト（Q. Wright）は、この判決について以下のように説明する。まず、自動執行性について言及がない点に関連して、条約が自動執行性を有しない（non-self-executing）場合でも、連邦政府の機関には、条約内容を実施すべき義務が課されており、その遵守は、州法に優位するのだという。つまり、自動執行性は、連邦・州関係の問題ではなく、連邦政府の機関相互の問題を扱うのであり、政治問題の法理として論じられるのと同じことであるというのである[21]。もっとも、それでもそもそも国際法上法的義務を規律したものかどうかは、国内実施の問題とは別に問うべきであるとして、さらなる検討を行い、国連憲章56条は、国際法上の法的義務として、加盟国が「個別に」55条cにおいて目標とされた平等保護の義務を負うことを定めているのだという解釈を行う。そして、判決が憲章や人権宣言を検討した部分は、これと同様の解釈を示したものだと説明する[22]。なお、この解釈は、連邦最高裁のOyama判決[23]における、4人の判

---

(20) 以上の点について、Fujii, 217 P.2d. at 485-488 を参照。
(21) 以上の点について、Q. Wright, *National Courts and Human Rights——The Fujii Case*, 45 AM. J. INT'L L. 62, 63-64 (1951).

事[24]にも共有されているとし、さらに学者の多数もこの立場を受け入れていると指摘する[25]。そして、世界人権宣言について考慮したこと[26]についても、ある条約の解釈適用にあたって、同種の条約に関する先例を参照するのと同じことであり、問題がないという[27]。このほか、ライトは、主張の仕方によって、条約が裁判所にとって自動執行的なものかどうかが変わるとの相対的把握も示唆し、社会給付や刑事処罰などは立法措置を待たなければならないものの、人権を侵害する法の適用を拒むことは裁判所にも可能であるとして、当該控訴審判決の判断を支持している[28]。

　判決の意味するところがライトの説明する通りのものであるかはともかく、ライトによる整理は、後の検討にあたって、重要な視点を含んでいる。すなわち、自動執行的でない条約であっても、国内法上国家機関を拘束する効力を有するのだという指摘や、自動執行性の判断が当事者の主張の仕方、あるいは裁判所による適用の仕方次第で異なりうるという、相対的把握に言及している点は、前章で紹介した岩澤の概念整理にもてらして考えると、自動執行性の概念を整理する上で有意義なものだからである。

---

(22) *Id.*, at 69-71.
(23) Oyama v. California, 332 U.S. 633 (1948). この事件では、日本国籍を有する父親の出資の下、アメリカ国籍を有する息子を名義人として購入した土地が、カリフォルニア州外国人土地法に基づき没収されたが、連邦最高裁は同じくアメリカ国籍を有する未成年がその親の国籍によって別異取り扱いを受けることとなるのは、合衆国憲法修正 14 条に反するものであり、その原因となっている外国人土地法を違憲と判断した。
(24) ダグラス (W.O. Douglas) 判事の賛同するブラック同意意見および、ラットレッジ (W.B. Rutledge) 判事の賛成するマーフィー (F. Murphy) 判事の同意意見は、合衆国が (1948 年を基準として) 近年、人種、性、言語または宗教による差別のない人権および基本的自由の普遍的な尊重および遵守を促進すべき、国連との協力を制約したことから、外国人土地法による日本人差別は許されないなどとした。*See, Oyama*, 332 U.S. at 649-650 (Black, J., with whom Douglas, J. agrees, concurring); 332 U.S. at 673 (Murphy, J., with whom Rutledge, J. joins, concurring).
(25) Wright, *supra* note 21, at 71.
(26) この点について、ライトとは反対に、世界人権宣言採択時の国連大使エレノア・ルーズヴェルト (E. Roosevelt) の発言まで引用して、同人権宣言が条約でもなければ制定法でもなく、法的拘束力をもたないことを強調するものとして、M.O. Hudson, *Editorial Comment: Charter Provisions on Human Rights in American Law,* 44 AM. J. INT'L L. 543, 546-547 (1950) がある。
(27) *Id.*, at 75.
(28) *Id.*, at 77-78. なお、他の論者の評価としては、O. Schachter, *The Charter and the Constitution: The Human Rights Provisions in American Law,* 4 VAND. L. REV. 643, 652f. & 657 (1951) も、憲章 56 条についてはその文言や起草過程にてらして、国際法上拘束力のある規定であるとともに、国内法上もその裁判規範性を否定する必要性はないなどとして、基本的に本判決を支持する。その他、Hudson, *supra* note 26, at 543ff. は、国連憲章の人権関連規定がいずれも国連の目的や、その機関の権限について触れるもので、加盟国を拘束しあるいは拘束するような規範形成を許すものではないことなどを強調し、当該判決を批判する。

続いて、上告審判決について、紹介・検討する。上告審は、先に紹介したFoster事件の判示を援用しつつ、合衆国憲法は条約を国の最高法規と規定するが、条約の規定が自動執行的でない限りは、それと一致しない州法に自動的に優位するものではないという[29]。自動執行性の判断について、Foster事件等を引用しつつ、裁判所は規定の文言に現れた当事国の意図をみなくてはならず、規定が不明確ならば、執行を取り巻く状況も考慮対象となりうるとした[30]。

　以上の基準への具体的事案の当てはめにおいて、カリフォルニア州最高裁は、国連憲章前文および1条が、国際機構としての国連の一般的な目的・目標を規定しているだけのものであり、自動執行性を有しないのは明らかであるとした。さらに、憲章55条および56条の規定ぶり[31]も、通常自動執行的だとされる場合のものとは異なり、これらの条文が自動執行性を有しないのも明らかであるという。自動執行性が認められるには、憲章104条のように、実施法なくして効力が認められるよう意図したことが文言に明確に現れている必要があるとも付け加えている。以上のような検討から、判決は、以上で検討した国連憲章の各条文は、道徳的なコミットメントを示しているにすぎないと結論づけた[32]。

　ここで、特に控訴審判決（や、さらにいえば、それについてのライトの理解）との対比で重要となってくるのが、自動執行性を有することが、条約が州法に優越する前提条件であるとした点である。また、自動執行性が認められない場合を、結論的に「道徳的コミットメント」の表明にすぎないとしたわけであるが、これは、そもそも国際法レベルにおいても法的拘束力を否定しているとも解釈しうるのであって、ライトがそもそも国際法レベルにおいても法的義務を課すものであるかを国内における自動執行性とは区別して論じて

---

(29)　*Fujii*, 38 Cal. 2d at 721.
(30)　*Fujii*, 38 Cal. 2d at 721-722.
(31)　なお、憲章56条の意義について、ケルゼンも、総会や経済社会理事会の決議の拘束性を定めたものかということを主たる検討対象とする文脈ながら、その主たる問題に否定的な回答を与えつつ、結局は、経済的・社会的な協力を効果的なものとするために適切と考える、集団的あるいは個別的な行動をとらなければならないという意味であると理解し、これを「真の義務 true obligation」ではないとした（H. KELSEN, THE LAW OF THE UNITED NATIONS 99-100 (1st ed., 1951)）。このケルゼンの言及は、憲章55条・56条の自動執行性の検討にあたって引用されることがよくある。*See, e.g.*, Schachter, *supra* note 28, at 647.
(32)　*Fujii*, 38 Cal. 2d at 722-724. なお、判決は、合衆国憲法修正14条への違反を認定し、請求を認容した。*See, Fujii*, 38 Cal. 2d at 738.

いる点(33)と対照的である。以上の点は、自動執行性の概念整理の面でも重要なものである。

　以上が、藤井事件の概要であるが、この事件、特に控訴審判決が州法の国連憲章違反を認定したことは、ジェノサイド条約をはじめとする、当時国連において進められていた各種人権条約の制定とも関連して、南部の保守政治家に危機感を与えることとなった。そのような反応の一つとして重要なのは、「ブリッカー修正(34)」である。これは、条約締結に関する合衆国憲法の条文を改正し、あらゆる国際合意は、上下両院の過半数の賛成を経た法律によって承認されなくてはならないとすることによって、人権条約の批准を妨害しようとの意図によるものであった。ブリッカー修正は、最終的には失敗に帰したが、この動きを封じるために、アイゼンハワー政権は、ジェノサイド条約について批准を控え、拘束的な人権条約の起草作業からも距離を置く旨の表明(35)を余儀なくされ、わずか一票差での修正否決(36)という薄氷を渡ることとなったのである(37)。

　(4) その後の展開　　(3)で触れたように、ブリッカー修正をめぐる妥協を経て、自動執行性が最も問題となりやすい、人権条約へのアメリカの加入が行われないこととなった。このことにより、自動執行性をめぐる議論は、判例においても学説においてもあまり活発に行われることはなくなる(38)。

---

(33) Wright, *supra* note 21, at 69.
(34) ブリッカー修正について紹介する邦語文献として、伊藤正己「条約締結権に関するアメリカ憲法修正の動き」国家67巻1＝2号（1953年）71頁以下および、久保田きぬ子「ブリッカー修正」国家68巻11＝12号（1955年）96頁以下がある。特に、久保田論文は、以下に述べる、政治的背景についても詳細に紹介した上で検討している。
(35) *See*, D. TANANBAUM, THE BRICKER AMENDMENT CONTROVERSY 199 (1988).
(36) *See, id.*, at 179-181. なお、投票結果が60対31となり、3分の2に1票足りず、上院において可決されることができなかったのは、ジョージア州選出の（南部）民主党上院議員ジョージ（W. George）の提案にかかるものである。ブリッカー（J. Bricker）上院議員自身提案の修正案については、上院において過半数の賛成も得られず、否決されている（*id.*, at 168）。
(37) 以上の点について、宮川成雄「自由権規約とアメリカ法」同法48巻3号（1996年）823-824頁も参照。
(38) もっとも、1970年代には、南西アフリカないしナミビアへの「居座り」に対する南アフリカ制裁についての安保理決議のアメリカ国内における効果が、下級審裁判例において扱われ議論を呼ぶなど、全く議論がなされていなかったわけではない。この下級審裁判例について簡潔に紹介しておくと以下の通りである。すなわち、まず、Diggs v. Schultz, 470 F.2d 461 (D.C. Cir., 1972) では、安保理決議232と抵触する法律改正の有効性について判断がなされ、裁判所は、自動執行性の問題を正面から論じないが、条約上の義務への違背をあえて行うか否かの判断は連邦議会にのみ許された権限であり、裁判所はそれに反する判断を下せないとの立場を示した。*See*, E.F. Feo, *Self-execution of United Nations Security Council Resolutions under United States Law*, 24 U.C.L.A. L. REV. 387, 407 (1976). このような処理を政治問題の法理で説明する可能性については、S.M. Reid, *Congressional Power to*

しかし、1970年代後半のカーター政権による「人権外交」の展開を経て、1980年代以降人権条約の批准が開始され、自動執行性の議論が再び関心を集めるようになった[39]。さらに、1990年代末には、ウィーン領事関係条約36条に定められる領事通報権がアメリカ国内において遵守されていないために、主に中南米諸国との間で対立が生じ、ついにICJに提訴されるに至った[40]。この問題の行き着く先に、のちに詳述するMedellín事件が存在するわけであるが、このような紛争の発生に伴い、自動執行性の問題への関心はさらに高いものとなり、2000年前後から多くの論稿が発表されている。2では、この2000年前後の比較的新しい諸見解について紹介し、アメリカ合衆国における self-executing 概念をめぐる最新の議論状況を探る。

2 近時の学説

(1) 1987年対外関係法第3リステイトメント 最近のアメリカにおける議論を参照するにあたり、厳密な意味ではそこに入らないものであるが、アメリカ法律協会編『対外関係法第3リステイトメント[41]』(以下、単にリス

Abrogate the Domestic Effect of a United Nations Treaties Commitment, 13 COLUM. J. INT'L L. 155, 168-169 (1974). なお、このような説明では、法律制定後に成立した決議には有効な理由づけとはならないなどと、判決を批判するものとして、S.J. Killworth, *Recent Decisions*, 14 VA. J. INT'L L. 185, 191-194 (1973) も参照。

他方、Diggs v. Richardson, 555 F.2d 848 (D.C. Cir., 1976) は、自動執行性の判断は条約解釈の問題であり、文言に表れた条約当事国の意図に裁判所は目を向けるべきであり、文言が明確でない場合はその他の執行を取り巻く諸事情を考慮すべきとした上で、The Head Money Cases 連邦最高裁判決や藤井事件カリフォルニア最高裁判決等を引用しつつ、市民個人の権利に言及するものではなく、執行府に一定の措置を求めるものとして、安保理決議301の自動執行性を否定している (*Diggs*, 555 F.2d at 851)。同様に、個人の権利を導出できないことを理由に自動執行性がないとした、この事件の第一審判決 (Diggs v. Dent, No. 74-1292 (D.D.C. May 14, 1975), 14 I.L.M. 797, 804) も参照。

(39) 宮川・前掲註 (37) 822頁以下参照。

(40) 最初に、1998年にパラグアイ政府が、自国民が領事関係条約36条に定められた、領事通報権を行使できないまま死刑判決を受けたとして、アメリカを相手取り、ICJに提訴した。死刑執行を停止するよう命ずる仮保全措置命令がICJにより出された (Vienna Convention on Consular Relations (Para. v. U.S.), Provisional Measures, 1998 I.C.J. 248 (Apr. 9)) ものの、これを無視して死刑が執行されたため、パラグアイは本案判決を待たずに訴えを取り下げた (Vienna Convention on Consular Relations (Para. v. U.S.), Order of Nov. 10 1998, 1998 I.C.J. 426 (Nov. 10))。続いて、1999年にはドイツが同様の訴えを提起したが、またも仮保全措置命令 (LaGrand (Ger. v. U.S.), Provisional Measures, 1999 I.C.J. 9 (Mar. 3)) にもかかわらず、ここでも死刑が執行された。この事件においては、本案判決も下され、仮保全措置命令に拘束力があることとともに、アメリカの条約違反、再発防止義務の存在が認定された (LaGrand 事件；LaGrand (Ger. v. U.S.), 2001 I.C.J. 466, ¶¶ 96-108 & 123 (June 27))。さらに、2003年には、メキシコが同様の訴訟を提起し、刑が執行される前の事件については、再検討すべき旨の本案判決まで下されるに至った (Avena 事件；Avena and Other Mexican Nationals (Mex. v. U.S.), 2004 I.C.J. 12, ¶¶ 144-152 (Mar. 31))。なお、この Avena 事件の国内における執行をめぐって争われたのが、後述する Medellín 事件である。

テイトメントということがある）が、self-executing概念についてどのように説明しているかを確認しておきたい。

　まず、概念整理の面から紹介・検討しておこう。このリステイトメントは、条文形式にまとめられ、それぞれに、コメントと報告者の註釈（Reporters' Note）が付される形態をとっているが、合衆国の法としての国際法と国際協定（International Law and Agreement as Law of the United States）と題された§111の(3)では、非自動執行的（non-self-executing）とされない限り、合衆国の裁判所は、国際協定に効力を認めなくてはならないという書きぶりになっている(42)。ここで、あえて合衆国の「裁判所は」としていることからは、国内効力の問題と自動執行性の問題を区別している、つまり、国内効力は認められるが、裁判所において適用可能な規範ではないにとどまるとの立場をとっていると読むのが素直であるように思われる(43)。このことは、報告者の註釈において、自動執行的であろうとなかろうと、当事国を拘束し、自動執行的でないなら、適切な形で実施措置をとる義務を負うとの言及がみられることからも、うかがうことができる。もっとも、これでは、国際法上このような義務を負うのみで、国内法上の効果はないという立場である可能性は否定できない。しかし、主任報告者（Chief Reporter）を担当したヘンキンは、のちに出版された、自身の単著において、条約が自動執行的なものであろうとなかろうと、「国の最高法規」であると明示し、Foster事件におけるマーシャル判事も「（最高）裁判所にとっての準則」ではないといっているにすぎないとまで述べている(44)。

---

(41)　現在、第4リステイトメントへの改訂作業が進展中であり、条約に関する部分は、討議用草案（Discussion Draft）の作成がされ、2015年の年次会合での議論を経て、一部については、試案（Tentative Draft）の公表に至っている。もっとも、自動執行性に関する部分については討議用草案の修正作業中で、試案の公表に至っていない。改訂作業開始に至る経緯と、討議用草案に対する総論的批判について、L.N. Sadat, *The Proposed Restatement (Fourth) of the Foregn Relations Law of the United States: Treaties—Some Serious Procedural and Substantive Concerns*, 2015 B.Y.U. L. Rev. 1673 (2016) 参照。

(42)　Am. L. Inst., Restatement of the Law Third, The Foreign Relations Law of the United States § 111 (3) (Student ed., 1990) [*hereinafter* Restatement 3rd].

(43)　第4リステイトメントの討議用草案では、ある条約の規定が自動執行的であれば、司法によって直接に適用が可能であって、非自動執行的であれば、既存の、あるいは新たに制定される法を通じた司法による適用により当該規定が実現されるか、執行府、行政機関、その他裁判所外の行為を通じて実現されると規定されており、この方向性が明確化されている。*See*, Am. L. Inst., Restatement of the Law Fourth, The Foreign Relations Law of the United States Discussion Draft §106 (1) (2015). 同書の報告者注釈においても、国内効力をもつことが示唆されている。*See, id.*, at 46-47 (Reporters' Note 6).

(44)　L. Henkin, Foreign Affairs and the US Constitution 203 (2nd ed., 1996).

このほか、概念整理に関して、リステイトメントは、そのコメントにおいて、(ア)条約が自動執行的であるか否かは、私人の権利や救済を基礎づけるか否かという問題から区別しなくてはならないとしている点(45)が重要である。その他にも、(イ)ある条約・協定の内部で規定により、自動執行性を有するものとそうでないものがあるということに言及している点も注目される(46)。

次に、自動執行性を判断する基準についてもリステイトメントは触れている。具体的には、§111 (4)において、以下のような場合に条約は自動執行性を有しない（non-self-executing）とされる。すなわち、①条約上明示的に実施法律の制定なくして国内法として効果をもたないとしている場合（§111 (4)(a)）、②上院が批准に承認を与えるに際して、あるいは連邦議会が決議によって実施法律を要求する場合（§111 (4)(b)）、そして③憲法上実施法律が要求される場合（§111 (4)(c)）の三つの場合である(47)。

この三つの場合それぞれについて若干敷衍しておくと、まず、①について、コメントおよび報告者の註釈において、自動執行性の判断については合衆国の判断が重要であり、他国において自動執行的であるかどうかは、アメリカの判断を拘束するものではないとされている点に注意しなくてはならない(48)。すなわち、§111 (4)(a)は、いわゆる国際法上の基準ないし国際法上自動執行的かどうかが決定されていることを重視する記述のように見受けられるが、コメント等の記述とあわせて考えるならば、これは、条約レベルにおける自動執行性の排除が、アメリカの立法者ないし条約締結権者によって認識され、受け入れられているかどうかを判断するための基準となっていると読むべきように思われるのである。なお、この点に関連して、報告者の註釈では、議会の措置が必要とされるのにそれがなされない場合には、国際法違反となるので、執行部門が立法の実施を要求されていなかったり、議会がそのような立法を行っていなかったりするような場合には、国際法違反の状態に陥るのを避けるためにも、自動執行性を有すると推定されるべきであるともしている(49)。§111 (4)が「非自動執行的」な場合を列挙する形をとってい

---

(45) RESTATEMENT 3RD, *supra* note 42, § 111 Cmt. h.
(46) *Id.*.
(47) *Id.*, § 111 (4).
(48) *Id.*, § 111 Cmt. h; Reporters' Note 5. この考え方は、第4リステイトメント討議用草案でも引き継がれ（*see*, AM. L. INST., *supra* note 43, at 37-38 [§ 106 Reporters' Note 2]）、§106 (2)でアメリカの条約締結権者の意図や理解が明示的に考慮要素となっている。

る点とあわせて考えると、リステイトメント、条約の自動執行性を原則とし、非自動執行的な場合を例外とする枠組を採用していると考える方が素直な読解といえよう。

さらに、①について参照したコメント・註釈(50)は、②の決議等に示された国内の立法者ないし条約締結権者の意思に従うという意味で、②にも関連するものと考えられる。また、そもそも②で触れられているような場合、すなわち上院や連邦議会が実施法律を求める場合に自動執行性が否定されるということの趣旨は、いわゆる非自動執行的宣言、つまり、当該国際協定の自動執行性を否定する宣言について、その有効性については学説において争いのあるところであるが、これを肯定するものであると解される(51)。

最後に、③についてであるが、条約によっても、合衆国憲法上、連邦議会の排他的権限の範囲内にあるとされている事項について有効に規律することはできないということを示している(52)。少し敷衍すると、ここで想定されているのは、1）支出を伴うような場合には、法律によって経費の充当が行われなければならないということ、2）条約や国際協定によって合衆国が戦争状態に入ることはできず、一定の行為を行ったものを処罰することが協定上の義務になっていても、当該行為を犯罪化し、処罰が可能となるよう、立法がなされなければならないということ、さらには、3）新たな租税や関税を課すことを通じて、歳入を徴収する場合(53)などには、法律によることが必要となるということである(54)。これらは、それぞれ、順に合衆国憲法の1条9節7項、1条8節11項、1条8節10項にかかわるものであり、最後は、1条7節1項の歳入徴収に関する法律案の下院先議の規定にかかわるものであるが、これはその前提として下院の関与が憲法上必要とされていると解さ

---

(49) RESTATEMENT 3RD, *id.*, § 111 Reporters' Note 5.
(50) *Id.*, § 111 Cmt. h; Reporters' Note 5.
(51) AM. L. INST., *supra* note 43, §106⑵は上院の宣言に言及しており、この立場を明確にする。*See also, id.,* at 40-44 [§ 106 Reporters' Note 4]は、この立場を明確にする。
(52) AM. L. INST., *id.*, §106⑶でも維持されている。
(53) この点に関して、通常の見解は、このリステイトメントと同様、新たな課税の場合のみが問題になるとするが、租税について条約によって処理すること自体が否定される、つまり、租税条約については須らく、自動執行性ないし国内効力（いずれを問題としているかは文面上必ずしも判然としない）が否定されるとの見解を採るものとして、R.M. Kysar, *On the Constitutionality of Tax Treaties*, 38 YALE J. INT'L L. 1 (2013) がある。
(54) RESTATEMENT 3RD, *supra* note 42, § 111 Cmt. i.

れていることによる⁽⁵⁵⁾。なお、これとは逆に、条約上の義務を国内実施することは、合衆国憲法1条8節18項の「必要かつ適切」条項を通じて、連邦議会の立法権限を基礎づけるというのが判例⁽⁵⁶⁾である。

　以上の通り、リステイトメントは必ずしも明らかではないところを含みつつも、自動執行性を、国内効力や個人の請求権・出訴権といったものとは区別しつつ、自動執行性を原則とするような形で、例外的に自動執行性が否定されるには、反対の意思が明示される必要があるという立場を示しているとまとめることができる⁽⁵⁷⁾。

　(2) トランスナショナリスト——ヴァスケス　それでは、いよいよ最近の学説の状況を検討していくことにしよう。ここで、最初に紹介するのは、国際法による規律の拡大に肯定的な立場をとり、トランスナショナリスト（transnationalist）あるいは、インターナショナリスト（internationalist）と呼ばれる論者の見解である。中でも、これまで自動執行性についてまとまった著作⁽⁵⁸⁾を生み出してきた、ヴァスケス（C.M. Vázquez）の見解を中心に紹介することにする。

　ヴァスケスは、これこそがトランスナショナリストに数えられる所以なのであるが、まず、合衆国憲法6条2項の最高法規条項とその制定に至る経緯を理由に、条約は原則として自動執行的であると解されなくてはならないとする。その上で、自動執行性が否定される場合とはどのような場合なのかを、先例や学説によってそれまで「非自動執行性（non-self-execution）」という言葉で語られてきた事象を分析することを通して論じている。以下では、この

---

(55)　*Id.*, § 111 Reporters' Note 6.
(56)　Missouri v. Holland, 251 U.S. 416, 433 (1920). この事件では、渡り鳥の保護について立法を行った場合には、州際通商条項を通じて連邦の立法事項に含まれることはないとされたのに対して、同様の立法をカナダとの条約の実施という形をとれば、連邦議会の正当な立法権限の範囲内となるとした。
(57)　第4リステイトメント討議用草案は、その報告者註釈で、基本的に第3リステイトメントを承継していることを強調している。ただし、例外的に、第3リステイトメントの報告者註釈が、上院の宣言が付されておらず、実施法律が制定されていない場合に自動執行性が推定されるとしていたことについては批判する。以上について、Am. L. Inst., *supra* note 43, at 46 (§106 Reporters' Note7) を参照。
　　また、第4リステイトメント討議用草案の、自動執行性に関連する新規性としては、のちに紹介する、2008年のMedellín連邦最高裁判決の反映が挙げられる。
(58)　*e.g.* C.M. Vázquez, *Treaty-based Rights and Remedies of Individuals*, 92 Colum. L. Rev. 1082 (1992); C.M. Vázquez, *The Four Doctrines of Self-executing Treaties*, 89 Am. J. Int'l L. 697 (1995) [*hereinafter* Vázquez (1995)]; C.M. Vázquez, *Laughing at Treaties*, 99 Colum. L. Rev. 2154 (1999) [*hereinafter* Vázquez (1999)]; C.M. Vázquez, *Treaties as Law of the Land: the Supremacy Clause and the Judicial Enforcement of Treaties*, 122 Harv. L. Rev. 599 (2008) [*hereinafter* Vázquez (2008)].

2点について順にその内容をもう少し詳しく紹介・検討していこう。

まず、合衆国憲法6条2項を根拠として、自動執行性が推定される理由について述べる。この議論において、出発点となるのは、北アメリカ植民地がイギリスから独立を果たした当時、イギリス法上、条約はコモン・ロー裁判所によって適用可能な国内法であるとは考えられておらず、いわば全ての条約が自動執行的ではないと考えられていた（とヴァスケスが理解している）ということである。独立後の連合規約時代のアメリカにおいても、大陸会議（Congress）が連合の条約締結権をもっていたものの、その執行は各邦に委ねられ、中央によって執行が確保できない体制が採られた。このため、特にイギリスとの平和条約の執行をめぐって、独立直後のアメリカは、外交上大きな困難を抱えることとなる。この問題を解消することは、合衆国憲法を制定し、アメリカ合衆国を創設するきっかけとなった。このような経緯で制定された、1787年の合衆国憲法は、制定時の紆余曲折を経つつも、連邦法と条約が自動的に国内的に法的効力をもち、裁判所に直接その効果を認めるべく命じるニュージャージー案をベースとして、その6条2項に条約を憲法および連邦の制定法に並んで、「国の最高法規（the supreme Law of the Land）」と位置づけた。このような合衆国憲法、特にその6条2項の制定過程は、この条項が、条約を、原則として立法を待たずして裁判所において適用可能なものと解すべきことを物語っているのだという[59]。そして、このような制定時の考え方は、特に最初期の判例でも確認されているとする。例えば、先に紹介した、Foster事件[60]においても、合衆国憲法6条2項によりイギリスにおける伝統とは異なる道を選び取ったことが強調されるとともに、国内立法により処理される必要がない場合には、そのまま国内の法律と同様、裁判所において適用可能であることが強調されているという[61]。

続いて、例外的に自動執行性が否定される場合について、ヴァスケスが分析した内容について紹介することにしよう。この点について、ヴァスケスは、非自動執行的とされてきた場合について、①条約当事国やアメリカの条約締結権者の意図によって司法による執行が不可能となる場合、②司法的な判断ではなく、政治部門の判断が必要とされる場合、③憲法上の制約にかかる場

---

[59]　Vázquez（1995）, *id.*, at 699-700. *See also*, Vázquez（1999）, *id.*, at 2158-2168.
[60]　*Foster*, 27 U.S. 253.
[61]　Vázquez（2008）, *supra* note 58, at 619-620.

合、④個人に出訴権（right of action）が国内法上用意されていない場合の以上四つに分類・整理することができるという(62)。

　これらについて、順に説明していくと、まず、①についてであるが、ここでもヴァスケスは、Foster 判決に注目する。すなわち、同判決が個人の権利や義務が立法によって処理されることが意図されている場合には自動執行性を有しないとした(63)ことによって、その後の学説や下級審判決が、条約に表れた意図によって、自動執行性が排除されるという旨の判示であると理解したための議論であるという。しかし、ヴァスケスによれば、Foster 判決は国内の立法者による処理の予定が否定されないということに主眼を置いていたのであり、むしろ、のちに述べるような権力分立の観点からの要請に関する判示だと読むべきである。そして、意図の明示も要求してはいない(64)。そして、条約当事国にとって、各国において条約が国内においてどのように実施されるかは興味がないか、あるとしても大きなものではないのだから、意図を重視することは詮無きことだと批判的に評価する(65)。さらに、リステイトメントをいい例として、国内の立法者ないし条約締結権者の意図ないし意思を重視する傾向については、合衆国憲法 6 条 2 項は条約が自動執行的であることを原則だとしているのに、国内機関にその原則を勝手に操作する自由を与えてしまいかねないものであり、慎重でなければならない

---

(62)　Vázquez (1995), *supra* note 58, at 696-697 & 700ff. *See also,* Vázquez (2008), *id.,* at 629-632.
　　C.M. Vázquez, *Four Problems with the Draft Restatement's Treatment of Treaty Self-Execution*, 2015 B.Y.U. L. Rev. 1748, 1750-1751 (2016) [*hereinafter* Vázquez (2016)] は、第 4 リステイトメントの討議用草案が明示的にではないものの、非自動執行的な場合が何類型かに分かれることを認めているとしつつ、②の司法判断適合性を①意図の問題と混同していると批判する。

(63)　*Foster*, 27 U.S. at 314.

(64)　Vázquez (1995), *supra* note 58, at 703. なお、ヴァスケスによれば、Percheman 判決（*Percheman*, 32 U.S. (7 Pet.) 51 [本書でも Foster 判決に関連して先に触れた（前掲註 (14) および対応する本文参照）]）は、自動執行性を排除する意図の明記を要求していると解釈されるべきであるという（Vázquez (1995), *id.,* at 704）。

(65)　Vázquez (2008), *supra* note 58, at 636-637 [後述する Medellín 判決のブライヤー反対意見（ソーター、ギンズバーグ両判事が同調）が、ルイス・キャロルのナンセンス・ポエムに登場する、架空の動物「snark」探しに喩えて批判する点（*Medellín,* 552 U.S. at 549 [Breyer, J., dissenting]）を好意的に引用している]。
　　さらに、第 4 リステイトメント討議用草案が国内の条約締結権者の意図を重視することに関連して、意図は問われるにしても、第一義的には条約当事国のそれが問われるべきであり、しかも、条約が何を規律してるのかを決定する上で考慮されるべきだとする、Vázquez (2016), *supra* note 62, at 1798-1799 も参照。また、この論文でヴァスケスは、意図を問題とする場合には、自動執行性が否定されるべき例外を検討する場合であるが、自動執行的であるとの推定が働くべきであると主張する（*id.,* at 1799）。

と特に批判する(66)。加えて、意図を判断するにしても、当事国によってはあらゆる条約に国内実施法律が要求される場合もあるのであり、「必要な措置をとる」というような表現があるからといって、それがすなわち、自動執行性が原則とされるアメリカにおいても、立法その他の措置が必要とされると解釈されるべきとは限らず、自動執行性を否定するのには慎重な判断を要するとしている点(67)も注目される。

次に、②司法的な判断ではなく、政治部門の判断が必要とされる場合についてであるが、これは国内憲法の要請、とりわけ権力分立の観点に由来するものであり、通常は司法判断適合性と呼ばれている、特段条約に限定されない一般的な問題だという(68)。具体的には、勧告・要望にとどまるのではなく義務を課しているものであることが要求されたり、規定内容が明確であることであったり、政治部門に開かれた領域であるから司法的判断を否定すべきであるというような考慮がここに含まれるが、いずれも国内法上の問題であり、特に後二者は政治問題の法理として論じられている議論と共通するものであるとしている(69)。さらに、ヴァスケスは、このように国内の憲法規定や制定法規定にも共通の問題であるにもかかわらず、それらの規範についてはむしろ例外的な検討事情として処理されているところ、近時の下級審裁判例においては、条約については法としての効果が認められるための「入口」要件とされている傾向があるとして批判も加えている(70)。

続いて、③憲法上の制約にかかる場合についてである。条約の自動執行性が憲法上の制約によって否定されるというものであり、憲法の権利章典によ

---

(66) Vázquez (1995), *supra* note 58, at 706. もっとも、条約が非自動執行的なものであるとの宣言を上院が付すことについては、ヴァスケス自身も、条約に対する留保ないし解釈宣言として国際法上許容されるものであれば、特に多数国間条約などの場合に、アメリカが国内における執行のあり方について交渉の場面で意見表明し、ひいては条約上明記するのに困難が伴うような場合には、むしろ有用なものであるとしている。See, Vázquez (2008), *id.*, at 685-694. しかし、このような説明を行っても、結論はともかく、国際法上許容されるということが、国内憲法との抵触の正当化になるのかについて、疑問なしとはしない。この点、ヘンキンも非自動執行性宣言と合衆国憲法6条2項の精神との矛盾・抵触の可能性を指摘するものの、国内実施立法が整備されるまで批准手続が停止されるべきだとの主張を大統領に対して行いうることを指摘するにとどまり、十分な説明を行っていない。See, HENKIN, *supra* note 44, at 202.

(67) Vázquez (1995), *id.*, at 709-710.
(68) *Id.*, at 711.
(69) *Id.*.
(70) *Id.*, at 714-715. このような指摘は、我が国における阿部浩己や齊藤正彰の立場と共通するものがあるといえよう。これについては、前掲註(12)参照。

る制約が条約締結権限を制約している場合に加えて、条約締結権限ではなく立法権限による規律が必要な事項を扱っている場合に自動執行性が否定されるというものがこの類型に分類されるという。後者については、より具体的に、リステイトメントで挙げられた、公金の支出や刑罰の設定、歳入の徴収といったものが指摘されている。ヴァスケスはこれについても②の場合と同様、国内憲法上の問題であるとし、特に条約上の意図とは区別されるべきことを強調する(71)。

最後に、④個人に出訴権が国内法上用意されてない場合について、ヴァスケスはこれを自動執行性の問題として処理すべきではないという。これについては、国内法上法律でどのような救済手段等が用意されているかという問題であって、条約自体の性質その他の如何が問われるものではないのである。そして、国内法上、出訴権が基礎づけられない場合に限り、条約自体がそのような権利を規定しているかが問われうるわけであるが、それとて、条約が裁判所においてそのまま適用可能かどうかという自動執行性の問題とは区別されるべき問題なのである(72)。最後の部分は、トートロジーになっている感を否めないものの、先に紹介したリステイトメントも、出訴権その他救済のための権利が個人に付与されているかどうかという問題と自動執行性が区別されるべきだとしている(73)ことと共通しているといえよう。さらには、我が国において岩澤も個人の請求権が付与されているかどうかとは別問題とすべきだとしていること(74)とも共通点を見出すことができる。

以上紹介してきたヴァスケスの見解についてまとめておくと、まず、トランスナショナリストと呼ばれる所以であるが、合衆国憲法の制定過程を根拠に、その6条2項は条約が原則的に自動執行性を有することを要求しているとし、自動執行性の推定を主張する。さらに、例外的に自動執行性が否定されるのがいかなる場合かという点についての分析に際して、トランスナショナリストとは呼ばれながら、ここでは、その判断が国内憲法に基づくものであることが強調されていることが注目される。もっとも、この点については、

---

(71) 以上の点につき、*id.*, at 718-719.
(72) *Id.*, at 720-721.
(73) RESTATEMENT 3RD, *supra* note 42, § 111 Cmt. g & h.
(74) 岩澤雄司「第4章　国際法と国内法の関係」小寺彰ほか編『講義国際法〔第2版〕』(有斐閣、2010年) 115頁。

自動執行性の問題として処理されてきたものは、条約と国内法規に共通な問題であり、条約について特段自動執行性という問題が論じられるべきではないという意味で「自動執行性概念」に否定的な見解の表明と解することができるし、国内の立法者・条約締結権者の意図に注目する見解に対して批判的な態度をとる場面では、他の当事国との間での合意の存在を重視していたのであり、トランスナショナリストとしての面目は躍如されている。

(3) ナショナリスト──ユー　(2)で紹介したトランスナショナリストに対して、国際法規範による、特に国内事項の規律を嫌う立場をとる論者は、ナショナリスト（nationalist）と呼ばれることがある。ここでは、ナショナリストの代表格と目される、ユーの所論を紹介し、検討を加える。

結論から端的に述べてしまうと、ユーは条約の自動執行性について、アメリカ合衆国憲法は、原則これを否定しているという。その理由とするところは、大要以下の通りである。つまり、アメリカの法体系は、イギリス法以来の条約締結ないし外交と立法の峻別というものを引き継いでおり、条約によって立法に代わるような国内法の定立を行うことは許されない[75]。このような枠組は、憲法制定会議[76]のみならず各邦による合衆国憲法批准における議論に至るまでの制憲過程を丹念に追うことによって確認される[77]。も

---

[75] J. Yoo, *Globalism and the Constitution: Treaties, Non-Self-Execution, and the original understanding*, 99 COLUM. L. REV. 1955, 2092-2093 (1999) [*hereinafter* Yoo Globalism]; J. Yoo, *Law as Treaties?: The Constitutionality of Congressional-Executive Agreements*, 99 MICH. L. REV. 757, 773ff., 831 (2001) [*hereinafter* Yoo L.a.T.].

[76] なお、A.E. Evans, *Self-executing Treaties in the United States of America*, 30 BRIT. Y.B. INT'L L. 178, 180-181 (1953) は、憲法制定会議で下院が条約締結に関与しないことに反発があったことを捉えて、条約の自動執行性に反対する根拠となりうると1953年時点で指摘している。

[77] 100頁以上にわたる、歴史的展開についての議論を要約するのは容易ではなく、誤謬を含んでしまうことを恐れるところであるが、その概要を説明すると、以下の如くである。すなわち、独立戦争時に至るまで、18世紀の政治思想家の構想も含めてイギリス法では、条約締結を含む外交は執行権の対象として、議会によって担われるべき立法とは峻別されてきた。このような両者の区別は、合衆国憲法の制定過程および、諸邦におけるその批准過程を通じて維持され、特に条約締結権の非民主的性格が再三指摘され、認識されてきた。特に、批准過程におけるフェデラリストとアンチフェデラリストの対立では、アンチフェデラリストの主要な批判対象となった。その反論として、フェデラリストは、統一的外交の必要性を説く一方で、条約締結と立法の区別についても力説しており、非民主的な性格を有する条約締結権はあくまで執行の機能であり、立法とは同視されない旨のコンセンサスが成立していた。このような峻別は、憲法が成立した後の判決にも表れており、Foster判決等でも、まず条約が立法とは異なるという点が確認された上で議論が展開されているという。ユーの歴史理解に対する批判として、M.S. Flaherty, *History Right?: Historical Scholarship, Original Understanding, and Treaties as "Supreme Law of the Land"*, 99 COLUM. L. REV. 2095 (1999) があり、この論文では、外交と立法の峻別というイギリス法の伝統からの離脱を図る努力の結果が、合衆国憲法6条2項であることが強調される。

っとも、ユーも全ての条約に一切自動執行性が認められないというのではない。立法権限が条約締結権限[78]によって侵害されるのを防止することに主眼があるので、議会の権限が及ばない事項について、条約自体が明瞭に自動執行性を有する旨を示している場合には、例外的にその条約に自動執行性が認められるという[79]。

このように考えると、合衆国憲法6条2項の最高法規条項を根拠に条約の自動執行性を原則的なものとして位置づけるトランスナショナリストの見解との関係性が問題となってくる。これについてユーは、トランスナショナリストによる制憲過程の援用がずさんなものであるとして批判する[80]。加えて、合衆国憲法6条2項ないし合衆国憲法全体が連合規約時代における外交の行き詰まりを原因として制定されたものであるという点は認める[81]。しかし、最高法規条項は、条約を含めた列挙規範が直接適用可能な法である限りにおいて州法に優位することを定めているにすぎず[82]、「どう優位するのか」については一切語っておらず、列挙された諸規範が裁判所において自動的に執行可能であることなどを要求するものではない[83]。彼は、この点について、最高法規条項は権力分立の条項ではなく、連邦制の条文にすぎないと指摘する[84]。また、非自動執行的とされた条約の位置づけについては、

(78) ユーは、条約締結権限をあくまで執行権に分類し、上院の関与も大統領のある種の外交顧問としての関与であり、立法府による関与、ましては条約締結手続の立法機能化を意味するものなどではなく、上院は条約締結に関する限りでは執行機関としての機能を担っているにすぎないという（Yoo Globalism, *supra* note 75, at 1966）。

(79) J. Yoo, *Treaties and Public Lawmaking: A Textual and Structural Defense of Non-self-execution*, 99 COLUM. L. REV. 2218, 2223-2224 (1999) [*hereinafter* Yoo (Rejoinder)].

(80) Yoo Globalism, *supra* note 75, at 1983-1985. ここで、ユーは、ヴァスケスが憲法制定会議のみを引用し、各邦における批准手続に目を向けていないことを批判している（*id.*, at 1984）。この点について、ヴァスケスは、Vázquez (1999), *supra* note 58, at 2161-2173 において、批准段階で、ユーがいうように、アンチ・フェデラリストによる条約の非民主的性格を批判するキャンペーンに対して、フェデラリストも条約と法律の峻別を強調し批判をかわしたというような、条約と法律の分離に関する合意が存在したのか自体疑わしいし、あったとしてもいくつかの邦における合意がなぜ合衆国憲法の意味を拘束的に変更させるのかと反論している。このようにみてみると、ここでの対立は、批准時の状況をどうみるのか以上に、結局原則をどちらに据えるのかという議論になってしまっているように見受けられる。

(81) Yoo (Rejoinder), *supra* note 79, at 2223. *See also*, Yoo Globalism, *id.*, at 2009-2024.

(82) なお、邦語文献では、広部和也「アメリカ合衆国における self-executing 条約の概念」Neue Forschung 2号（1965年）26頁は、合衆国憲法6条2項の意味を同様に理解している。第4リステイトメントの試案（AM. L. INST., RESTATEMENT OF THE LAW FOURTH, THE FOREIGN RELATIONS LAW OF THE UNITED STATES TENTATIVE DRAFT NO. 1 §108 (2016)）では、自動執行条約のみが州法に優位するという立場が採用されている。

(83) Yoo (Rejoinder), *supra* note 79, at 2249-2250.

国内効力はあり議会に立法義務が生じるなどといってしまえば、制憲者たちがその再現を避けることに最も腐心した、(独立戦争時の)英国王でさえ有していない権限を、条約締結権者である大統領に与えてしまうこととなり不適切であるなどとして、国内効力自体の有無についてもこれに否定的である[85]。すなわち、国内効力と自動執行性の問題を分離せずに、後者を前者の前提として捉える立場を採用しているのである。

さらに、ユーは上記のような歴史的な展開を根拠にした議論に加えて、以上のように解することがもつ、現代的な意義・機能についても言及している。すなわち、まず、グローバル化の中で国際的な規範形成が進み、従来は国内事項とされてきた内容が条約によって規律されるようになってきているのだが、外交のために形成された条約締結権限によって、議会が担うべき立法権限が簒奪されるのを防ぐことは、ますます民主的なセーフガードとしての意味が大きくなるのだという[86]。加えて、国内における権力分立という面からは、裁判所を外交というその機能に適合的ではない任務にかかわることから解放してやるという重要な意義をも有しているのだという[87]。すなわち、条約が非自動執行的だということが意味するのは、裁判所が外交という機能に適合的でない事項にかかわることを回避し、専門家であるところの政治部門における熟議に委ねることを意味するということである[88]。そして、このような考えは、例外的に自動執行性を認める場合に、それが明示されていることを要求することにもかかわる。というのも、政治部門における熟議の

---

(84) *Id.*, なお、ユーは、6条2項という条文配置からも、ここで改めて権限配分を規定するのは奇妙で、連邦制に関する条文と読むべきだという (*id.*, at 2250-2251)。

(85) *See,* Yoo Globalism, *supra* note 75, at 2052.
他方で、Yoo (Rejoinder), *id.*, at 2249 では、最高法規条項により、条約には裁判所の外での国内的効果 (domestic effect) が生まれうるとしており、判然としないところが残る。しかし、そこには、「執行府や立法府には条約を破る自由はまだ残されているだろうけれども」との留保が付されており、さらにこれに補足する註では、裁判所での適用可能性を欠く憲法あるいは連邦の制定法の規定は、条約とは異なり、他の機関に執行義務は転じていても拘束力が弱まるものではないとしているので、自動執行性を欠く条約については、国内効力を否定しているとみるのが妥当だろう (Yoo (Rejoinder), *id.*, at 2249 n. 119)。また、2012年11月5日に、筆者が行ったインタビューにおいて、自動執行性を欠く条約であっても、国内法上ある種の客観法的効果があるとみてもよいのではないかと質問したところ、そのように考える可能性も否定しないが、それを法的拘束力があると呼ぶことには違和感があるとの回答を得た。もっとも、この回答が、前述の裁判所で適用できない憲法・制定法規定の位置づけをめぐる記述と整合的ではない点には注意が必要である。

(86) Yoo Globalism, *id.*, at 2092-2094. *See also,* J. Ku & J. Yoo, Taming Globalization 107 (2012).

(87) Ku & Yoo, *id.*, at 108.

(88) *Id.*, at 205-206 & 208.

結果としての判断が明示されることで、裁判所の負担が軽減され、立法権限を侵害されるようなものではないという範囲内においては、政治部門の一角をなす条約締結権者がその熟議の担い手となることも認められるからである(89)。

以上のようなユーの見解は、リステイトメントやヴァスケスの議論とは異なって、自動執行性の基準について詳細な検討を行うものではない。しかし、国内憲法上の権力分立構造を保護すべく、条約締結手続と立法手続の相違に注目し、民主主義の観点から展開される、以上のような議論は、概ね本書筆者の関心・問題意識と重なるところが多く、興味深い見解である。もっとも、憲法制定に関する歴史的な経過(90)をめぐるトランスナショナリストとの対立については、筆者の能力の限界から、判断を下しかねるというのが正直なところである(91)。また、非自動執行的な条約について国内効力も否定する点については、やや疑問が残らないではない。この点について敷衍すると、自動執行性を有するもののみを合衆国憲法6条2項にいう「条約」と解するのは、「全ての条約」という同条同項の文言にそぐわないきらいがあるし、その存在意義が著しく減じられるように考えられるためである。国内効力は認めて、立法等による実施手続を行う義務が国家機関に生じるとしても、その実施方法については国内の憲法機関にそれなりに裁量が認められ、国際協調の必要性と国内の民主的統治構造の保護の要請との間で調和を図ることは可能なのではないだろうか。さらにいえば、議会の権限外の事項に限るとはいえ、条約締結権者が明確に自動執行性を認めれば、ある種の国内法としての条約が定立されることを認めている点とも平仄が合わないのではないかという疑問も生じる。

もっとも、以上のような疑問点にもかかわらず、国内効力と自動執行性を分離すべきことを強調する文脈において、仮に国内効力の表れとして立法義

---

(89) See, id., at 108, 205-206 & 208.
(90) この点については、さしあたり、C.R. DRAHOZAL, THE SUPREMACY CLAUSE 3-70 (2004) を参照。
(91) 一応の評価としては、条約と立法を峻別してきた点を、統一的外交の重要性に引きつけて批判的に捉え、国内での自動執行性の是認も含めてこれを打破したものと6条2項を理解するトランスナショナリストの議論には、自動執行性の是認に至る点でやや論理の飛躍があり、そこが資料によって裏付けられているとも言い難いことは否めない。また、統一的な外交の必要性はあるとはいっても、立法権限との峻別は民主政の観点から必要であって、その調整を如何に考えるかに腐心しているユーの議論とはかみ合っていないようにも思われる。また、印象論を語るべきではないかもしれないが、いずれの見解も、結論を前提とした資料の選別・読み込みをしている印象が拭えないところがある。

務等を認めても、その実施内容については国内の立法者に裁量があると主張される場合に、その裁量が本当にどの程度あるのかといった点を、立法のもつ意味などにてらして、慎重に考えていく必要があるのだということを教えてくれる議論だということは指摘しておく必要はあろう。

(4) 折衷的見解　以上のような、トランスナショナリストとナショナリストの対立に対して、これら二つの対立する立場がいうのとは異なって、自動執行性が原則であれ、逆に非自動執行性が原則であれ、デフォルト・ルールが憲法上決定されているわけではないなどとする[92]、中間的な見解に立つ論者も数多く存在している。以下では、その中でも、現在アメリカにおける対外関係法の泰斗といってもよい地位にあり、現在進行中のリステイトメント改訂作業において新たな主任報告者に任ぜられた、ブラッドリーの所論（(i)）と、自動執行性やその判断基準について精緻で理論的な整理を提示している、スロス（D.V. Sloss）の所論（(ii)）を中心に紹介・検討する。

　(i) ブラッドリー──推定ルールの否定　すでに述べたように、一定の論者は、合衆国憲法が自動執行性について、肯定的なものであれ、否定的なものであれ一般的な推定ルールを置いているという見解を否定する。そのような論者の一人が、ブラッドリー[93]であるが、彼は、ヴァスケスが、合衆国憲法6条2項を条約の自動執行性を原則的なものとして推定させる条項であるとする点を批判する。ブラッドリーによれば、最高法規条項に条約とともに

---

(92)　特に、トランスナショナリストが、合衆国憲法6条2項によって条約の自動執行性を原則づける点に対して批判的であり、最高法規条項は条約の国内効力を基礎づけるにとどまるとする見解が、のちに詳述するものも含めて多い。See, e.g., C. Nelson, *The Treaty Power and Self-Execution*, 42 Va. J. Int'l L . 801, 805 (2002); E.A. Young, *Treaties as "Part of Our Law"*, 88 Tex. L. Rev. 91, 111-113 (2009); D.H. Moore, *Law (makers) of the Land: The Doctrine of Treaty Non-self-execution*, 122 Harv. L. Rev. 32, 33-36 (2009) [hereinafter Moore (Harv.)]; D.H. Moore, *Do U.S. Courts Discriminate against Treaties?: Equivalence, Duality and Non-self-execution*, 110 Colum. L. Rev. 2228, 2249 (2010) [hereinafter Moore (Colum.)].

　　また、このような見解は、合衆国憲法6条2項をめぐる立場としては、中間派というよりも、ナショナリストに近い立場をとっているようにも思われる。しかし、国内効力を認める点において、少なくともユーとは異なる立場に立っているといえるし、ナショナリストとは異なり、非自動執行的であることが原則であるとまでいうものは、管見の限りではない。このほか、裁判所における条約の適用の問題は、結局、司法の政治部門への敬譲の問題であり、政府の機構構造の問題であるとするものとして、T. Wu, *Treaties' Domains*, 93 Va. L. Rev. 571 (2007) がある。

(93)　ブラッドリーの見解については、以下に引用のもののほか、C.A. Bradley, International Law in the U.S. Legal System 41ff. (2nd ed., 2015) も参照。ブラッドリーは、第4リステイトメントの編集の中心的人物であり、以下に紹介するブラッドリーの見解が多分に第4リステイトメントの討議用草案に反映されている。

列挙される、憲法および連邦の制定法も、全てが司法によって直ちに適用可能なわけではなく、国の最高法規に据えることと司法による適用可能性は別の問題だという(94)。すなわち、最高法規条項は、司法による適用可能性については何も語らないのである(95)。その上で、自動執行性を認めることだけが条約の遵守の方法ではないという点にも言及する(96)。むしろ、条約との関係で、最高法規条項の核心は、合衆国の条約締結権者、すなわち大統領と上院が望むのであれば、条約を締結することによって、それと抵触する州法を排せるというところにある(97)。さらに、ユーの憲法制定時に関する議論については、その真実性について判断を留保しつつ、少なくとも Medellín 事件以前の下級審裁判例は、比較的自動執行性を肯定してきたのであり、先例とは必ずしも合致しないという(98)。こうして、ブラッドリーは一般的推定ルールの存在を否定しており、自動執行性については、原則として事案ごとに判断することになるとの立場をとっているものと思われる(99)。

それでは、次に問題になるのが、事案によるとはいえ、自動執行性の有無はどのように判断されるのかである。この点に関して、まずブラッドリーは、しばしば考慮要素に挙げられる、自動執行性を付与するか否かについての「意図」の取り扱いについて以下のように論じる。すなわち、国家は他国における国内執行のあり方に原則的に興味がないので、国際法レベルにおける他の当事国を含めた集合的な意図を探っても意味はない。むしろ、意図はアメリカ国内の条約締結権者について検討される(100)。では、なぜ国内の条約締結権者の意図は考慮されることになるのか。この点について、ブラッドリ

---

(94) C.A. Bradley, *Self-execution and Treaty Duality*, 2008 SUP. CT. REV. 131, 141 (2009).

(95) *Id.*. したがって、条約が非自動執行的であるとの宣言が承認時に上院によって付されることがあるが、このような宣言は、裁判所における適用可能性を排除するものにすぎないのであるから、最高法規条項との抵触問題は生じないという (*id.*, at 148)。

(96) *Id.*, at 143.

(97) *Id.*. なお、ブラッドリーは、自動執行性を欠く条約について、それは司法上適用可能な権利を欠くだけであるとの立場をとっている (BRADLEY, *supra* note 93, at 44) ので、国内効力は最高法規条項によって裏付けられるという立場かと思われる。

(98) *Id.*, at 135.

(99) ブラッドリーは、少なくとも後述する Medellín 判決については、自動執行性の推定も非自動執行性の推定もすることなく、「treaty by treaty」に判断する立場をとったものと捉えており、また、それを否定的には評価していない。*See*, C.A. Bradley, *Agora: Medellín, Intent, Presumptions, and Non-Self-Executing Treaties*, 102 AM. J. INT'L L. 540, 541 & 546-547 (2008).

(100) Bradley, *supra* note 94, at 149-150. さらに、ブラッドリーは、Foster 判決以来、条約の文言に意図の存在を求めるのも、文言に表れていれば当然、国内の条約締結権者もそれを認識した上で批准しているはずであり、そこに条約締結権者の意図も読み込めるためだともいう (*id.*, at 155)。

一曰く、合衆国憲法2条は、条約の相手方の存在とその相手方との合意による問題解決の必要性を前提としつつ、特殊な法の定立形態を認めたもので、その枠内では、条約締結権者が自由な内容形成ができる。そうすると、国内での適用の仕方を含めてその規定内容を知るためには、条約締結権者の意図を知ることが必要となるし、国内条約締結権者の意図を探ることは、立法権限を害するというような議論は成り立たなくなる。そして、このように考えることで非自動執行的宣言も憲法上許容されるのである(101)。

次に、自動執行性を判断する上で一般的に注意すべき、条約という規範の性質についても言及している。これは、条約は同じく最高法規条項に列挙されている規範、とりわけ連邦の制定法と同様に扱われるべきことを、合衆国憲法6条2項は要求しているのだという、ヴァスケスの主張を否定する文脈でなされている指摘なのだが、条約と連邦の制定法は、同じ最高法規といえども、制定される過程や機能は全く異なるため、互換性を欠き、司法により執行可能な範囲も異なるのだと強調する(102)。そして、ここでは、「(国家間の)契約 contract」と「法 law」のアマルガムであるところの条約が、特に民主的正統性の強度において、議会制定法とは全く異なるものであり(103)、条約の規定内容が、民主的正統性を有する議会制定法たる法律によって規律されるべきものに接近してきている現在、自動執行的だという判断には慎重であるべき要請が強くなる(104)ということを指摘している(105)。

以上が、ブラッドリーの議論の概要である。ここでは、最高法規条項が自動執行性を裏付けることが強く否定されるとともに、自動執行性について、主に裁判所における直接の適用可能性と捉えられている。そして、自動執行性の判断基準は、憲法上の国家機関の権限配分への適合性の問題(106)として考えられていることがうかがえる。

　　(ii) スロス ── 判断枠組の精緻化　　続いて、スロスの見解をみていこう。スロスは、自動執行性について、2段階で判断されるというテーゼを打ち立

---

(101) 以上の点について、*id.*, at 151-152 を参照。
(102) *Id.*, at 157ff.
(103) *Id.*, at 159-160.
(104) *Id.*, at 162-163.
(105) 判断の一般的方向性を指摘するものにはとどまるものの、このように解する限りでは、ナショナリスト寄りの見解と位置づけることは可能であろう。
(106) 「自動執行性の問題＝権力分立の問題」のような定式化は行わないものの、BRADLEY, *supra* note 93, at 49-51 においては、両者の関連性が十分に認識されている。

る[107]。スロスは、この2段階でのアプローチをWare事件のイレデル判事の反対意見からFoster・Precheman両判決、ジェイ条約[108]の国内実施をめぐる議会での議論といったものにその淵源を見出すことのできる、歴史的にも確立した枠組であるというが、その概要は次の通りである[109]。

　ここでいう2段階というのは、第1段階として、国際法レベルにおいて、条約がどのような規定内容をもっているかということを問うた上で、第2段階では、国内法上の問題、特に権力分立構造の中で、裁判所において直接に適用可能か否かを問うという構成要素からなるものである[110]。なお、スロスによれば、自動執行性ないし裁判所による執行可能性の問題というのは、厳密にいえば、第2段階、つまり国内法、さらにいえば権力分立の問題に限定されるのであり、第1段階はその前提として、条約の規範内容を確認する作業にとどまる[111]ものであるという。このような整理をする中で、「意図」の探求を行うことも、従来の見解とは異なった意味をもってくることになる。すなわち、スロスは、特に条約当事国の集合的な「意図」を自動執行性の基準とすることには否定的である[112]が、国際法のレベルで当事国がどのような内容の権利義務関係を設定したのかを解釈する上で、またその限りにおいては、当事国の意図が問題となりうる[113]という[114]。他方、国内の条約締

(107)　すぐのちに述べるように、国際法としての解釈と国内法における司法判断適合性等の判断という2段階に分けた考察をスロスは提唱するのであるが、同様の見解を、実は藤井事件控訴審判決の評釈において、すでにシャクター（O. Schachter）が採用していたことが注目される。See, Schachter, supra note 28, at 646.

(108)　フランス革命戦争をめぐる両国の関係や通商、独立戦争以前のアメリカ国民の対英債務の処理などについて、1794年に米英間で締結された条約である。正式名称は、「英国王陛下とアメリカ合衆国の間の友好、通商、航海に関する条約（The Treaty of Amity, Commerce, and Navigation, Between His Britannic Majesty and The United States of America）」というが、ジョン・ジェイ（J. Jay）を特使として派遣して締結されたため、アメリカでは「Jay Treaty」と通称される。

(109)　See, D.V. Sloss, Non-Self-Executing Treaties: Exposing a Constitutional Fallacy, 36 U.C. DAVIS L. REV. 1 (2002) [hereinafter Sloss (Davis)]; Sloss (Harv.), supra note 7.
　ただし、D.L. Sloss, Taming Madison's Monster: How to Fix Self-Execution Doctrine, 2015 B.Y.U. L. REV. 1691, 1703-1721 (2016) では、初期の判例において2段階の判断構造がとられていたところ、1段階の判断へと徐々に移り、現在では、議会・執行府関係、連邦・州関係、政治部門・司法関係といった三つの切り口があるところ、政治部門・司法関係、その中でもとりわけ司法判断適合性に的を絞った1段階の判断となっていることを批判的に描き出す。See also, id., at 1745 Appendix.

(110)　Sloss (Harv.), id., at 138.

(111)　See, id., at 139-141. 第1段階は、さらに①そもそも条約が国際法上、法的な権利・義務を規定しているのかを問う作業と、それを前提として、②条約の権利・義務関係の内容を明らかにする作業の2段階に細分化される。See, Sloss (Davis), supra note 109, at 81.

(112)　Sloss (Harv.), id., at 137-138.

(113)　なお、慣習国際法の法典化規定であるともされる（see, e.g., Territorial Dispute (Libyan Arab Jamahiriya/Chad), 1994 I.C.J. 6, ¶ 41 (Feb. 3)）、条約法条約31条は、その1項において、「趣旨及び

結権者の意図は、第2段階で、国内法上の処理の問題として問われうる。

こうして、狭義の自動執行性の問題は、国内法上の処理としての裁判所における執行可能性の問題になるわけである[(115)]が、これを論じる前提として、スロスは、合衆国憲法6条2項によって自動的に条約は国内法へと転換され、国家機関を拘束する第一次的法（primary law）を形成することになるという[(116)]。しかし、第一次的法と、裁判所において個人がそれを援用して救済を受けられるかどうかということを規律する救済法（remedy law）の問題は別であり、自動執行性ないし裁判所による執行可能性の問題は、まさにこの後者の救済法の問題にかかわるという[(117)]。このように、最高法規条項によって、第一次的法としての国内法的効果を付与された条約は、同条項によって、「国の最高法規」として州法への優越も手に入れ、原則として州の公務員を拘束するとされる[(118)]。

もっとも、合衆国憲法自体が定める連邦制構造などの規定によって、国内効力の付与が妨げられることはありうるという[(119)]。この点に関して注意しなくてはならないのは、スロスは、連邦制や個人の権利そして連邦議会の排他的権限などといった憲法上の制約によっても、合衆国憲法6条2項による、

目的」にてらした条約解釈を求めている。
(114) Sloss (Davis), *supra* note 109, at 81. なお、意図が特に問題とされるのは、前掲註(111)の②の場合であるという。
(115) なお、裁判所による執行可能性として論じられるべき問題は、一般的な司法の機能論であり、歴史的に、特定の手続において特定の当事者による主張が裁判所によって執行可能かという問題を表す語として用いられてきた、「self-execution」とは区別すべきだとしている点には注意が必要である。*See*, Sloss (Harv.), *supra* note 7, at 171. もっとも、出訴権等については自動執行性と別の問題であると解するのが、近時においてはむしろ多数の見解であることには注意しなくてはならず、このような用語法・区別の妥当性・必要性については、疑問が残らないわけではない。
(116) *Id.*, at 166; Sloss (Davis), *supra* note 109, at 46-48 & 50. このように、トランスナショナリストの見解を除くアメリカの学説としては、国内効力の付与について最高法規条項がもつ意義について、比較的踏み込んで明瞭な記述を行っている。このためか、D.H. Moore, *Medellin, the Alien Tort Statute, and the Domestic Status of International Law*, 50 VA. J. INT'L L. 485, 489-490 (2010) では、自動執行性の推定を行う論者として、ヴァスケスと並べて整理されている。しかし、スロスは、自動執行性の問題と、国内効力の問題を明確に分けて論じており、このような整理は正確ではない。また、逆の見方をすれば、このような誤解には、アメリカの学説における国内効力と自動執行性ないし直接適用可能性の概念の未分離を見出すことができるように思われる。
(117) Sloss (Davis), *supra* note 109, at 10-11. なお、スロスは、自身の第一次的法と救済法の区別を、岩澤の英語論文（Y. Iwasawa, *The Doctrine of Self-executing Treaties in the United States: A Critical Analysis*, 26 VA. J. INT'L L. 627 (1986)）を引いて、岩澤のいう国内効力と直接適用可能性の区別に一致するものだと説明している。*See, id.*, at 11 n. 40.
(118) Sloss (Harv.), *supra* note 7, at 167.
(119) *Id.*, at 166.

国内効力の付与ないし国内法への自動的転換は妨げられるとしている点[120]である。ここでは、他の多くの見解が自動執行性の問題と国内効力の問題を必ずしも分けていないという点もあるだろうが、原則として自動執行性の問題として扱っている、「憲法上の制約」というカテゴリーをそもそも国内効力付与の場面の問題としている点に、スロスの独自性がうかがえる。

さらに、州の公務員への拘束という意味での最高法規条項は例外を許さない準則（hard rule）ではなく、条約締結権者が覆すこともできる[121]。もっとも、このような効果を得るためには、基本的に法による必要があり、条約の条文や留保という形で、批准の議決において明示しなくてはならない[122]。

続いて、いよいよ最狭義の自動執行性、すなわち司法による執行可能性についての見解を紹介・検討することにしよう。ここで、スロスは、先にも触れたところではあるが、司法による執行可能性の問題を、単純に文言がどうなっているかという問題ではなく、主に権力分立にかかわる規範的問題であると捉えている[123]。すなわち、国内において効力をもつ、一次的な法の存在を前提として、その法の国内における執行が、裁判所によって担われるべきか、政治部門[124]においてなされるべきかという問題になるというのである[125]。スロスは、具体的な判断基準については多くを語らないものの、従来の議論を参照して、①規定内容が不明確な場合、これと類似するが、②適用の前にさらなる実施措置が想定されている（executory）ような場合、そし

---

(120) Sloss (Davis), *supra* note 109, at 48-49. スロスは、合衆国憲法6条2項の「合衆国の権限に従って締結された（条約）」という文言に、そもそも国内効力が否定される可能性を読み込んでいる。

(121) Sloss (Harv.), *supra* note 7, at 168. あくまでスロスの述べるところをそのまま紹介しているのであり、筆者が積極的にこれを支持するものではない。このように主張する理由として、スロスは、(ア)機能面からは、国際機関への権限移譲を柔軟に制御するために必要であること、(イ)形式的な説明という面では、大統領による、法の誠実な執行への留意を定めた合衆国憲法2条3節の規定にもかかわらず、執行府外の公務員に特定の法の実施を委ねることが許容されていることからの類推を理由にこれを根拠づける（*id.*, at 168 n. 189）が、説明に成功しているとは言い難いだろう。

(122) Sloss (Harv.), *supra* note 7, at 170. これは、非自動執行的宣言の許容性の問題ともかかわるが、スロスは、当該条約が、非自動執行的であると宣言しただけでは、州の公務員の拘束については直接述べていないので、条約による州の拘束を排除するという意味で、最高法規条項の推定を排除するものではないという。また、条約の条文の国内効力を一切排除してしまうような宣言も許されず、連邦の立法を待って初めて州の公務員を拘束するというような条件づけが可能となるのがせいぜいであるとする（*id.*, at 168-169）。

(123) *See, id.*, at 138-139.

(124) スロス自身がここで主に念頭に置いているのは、立法府である。

(125) スロスは、このような権力分立的な考慮は、Foster 判決、さらには、Ware 事件のイレデル判事の反対意見以来、一貫して見受けられるものであるとする。なお、この点については、Moore (Harv.), *supra* note 92, at 38-40 & 43 なども同趣旨の指摘を行っている。

て、③条約の規定ぶりとして国家間の水平的権利義務関係を規定しており、国家と国民・私人との間の垂直的関係を規定していない場合には、司法による執行可能性を欠くことになるという[126]。さらに、条約締結権者は、司法による執行可能性を排除することもできるとして、その限りで、条約締結権者の「意図」も問題としうるというのがスロスの見解である[127]。もっとも、国内における一次的な法の存在までが裏付けられるにあたっては、むしろ裁判所による執行可能性は推定されるべきであり、これを排除するためには、明示的な意図の表示が必要となるという[128]。この他、一次的な法が存在する以上、それを援用して特に刑事裁判の本案において防御することは、デュー・プロセス条項により保障されているとして、そのような意味での司法における執行可能性までを排除するような宣言その他は、憲法上の制約により許されないという[129]。

以上が、スロスの議論の概要である。細かい点については、必ずしも判然としないところや、疑問の余地のあるところもあるが、スロス自身も述べるように複雑な自動執行性の問題を順序立てて整理したものであり、優れた議論であるように思われる。ここでは、最狭義の自動執行性ないし、司法による執行可能性が国内法上の問題、とりわけ権力分立の問題だとされた点が、これまでに紹介した見解とも共通するものとしてまず注目される。それに加えて、国際法レベルの問題として、条約の内容確認を行う必要性についても指摘する点に独自性があり、この点に留意しておく必要がある。

　　　(iii)　まとめ　　以上、(i)・(ii)では、折衷的見解に位置づけられるべき見解を、ブラッドリー・スロスの二人の論者に代表させて紹介・検討してきた。「折衷的見解」という分類に伴う一般的な問題として、論者相互での見解の差も見逃せないところではあるが、大まかな共通点として、合衆国憲法6条2項の最高法規条項は、条約の国内効力、とりわけ国家機関や州への拘束を基礎づけるものにとどまり、トランスナショナリストのいうように、条

---

(126)　Sloss (Davis), *supra* note 109, at 82, *see also*, 25-29. もっとも、理論的には別物とはいえ、国際法レベルでの条約解釈の問題と実際上は重なる部分が多いとも指摘している。*See, id.*, at 82-83.
(127)　*Id.*, at 83.
(128)　*Id.*. 規定ぶりから権力分立的観点により司法による執行可能性が否定されるような場合は除いて、批准時の宣言付与などによるならば、執行可能性を否定することまで明示する必要があるとの趣旨と解されるが、そうでなければ、前掲註(116)で触れた、スロスをナショナリストに引きつけて理解するムーア（D.H. Moore）の指摘は、引用箇所の妥当性はともかく、当を得たものだということになろう。
(129)　Sloss (Harv.), *supra* note 7, at 171-174.

約の自動執行性までを基礎づけるものとは解してはいないことがまず挙げられる。他方で、かといって、憲法構造から条約の非自動執行性が原則づけられるとまではいえないとして、(国内効力については、ナショナリストの立場について前述のように不明な点は残るが、)ナショナリストのように、最高法規条項が非自動執行的な条約を除いた形での規定だというような主張もするわけではない。自動執行性とは区別される国内効力がどのようなものかは、スロスが特に州との関係でこれを詳細に論じており、合衆国憲法6条2項の規定内容をこれまでにない形で精緻化したものといえよう。

　また、「意図」特に、条約当事国間で国際的に形成されるそれを重視する姿勢については、折衷的見解に限定されるものではない(130)が、その重視に否定的な立場をとることで共通している。この点でも、スロスが理論的に整理をしており、当事国の集合的意図は条約内容の解釈において問題となりうるにすぎず、国内の条約締結権者の意図が、自動執行性の問題の核となる、司法による執行可能性の判断では問題となると整理されたのが注目される。

　なお、ブラッドリーが、自動執行性の問題は、条約ごとの判断に委ねられるものであり、一般的な推定ルールの存在を否定しつつも、条約の規律内容の現代的変化に注目して、自動執行性の判断が慎重にならざるをえないという点を指摘しているのに対して、スロスは条約の規律内容の変更といったことにはあまり意を用いず、国内における司法による執行性が問題とされる段階に至っては自動執行性が推定され、国内の条約締結権者による反対の意図の明示がなされなければならないという、一見トランスナショナリストにも近い見解を提示していることには注意しておく必要がある。もっとも、スロスは、連邦議会の立法権限等との抵触の場面を国内効力付与の例外を構成する事項として位置づける——この点では、むしろナショナリストに類似する——ので、両者の見解に、特に結論においては、差がないかもしれない。し

---

(130)　「意図」とりわけ、条約当事国の集合的な意図を重視することへの批判は、現在においては、虚像への攻撃にすぎないのではないかという印象さえも受ける。もっとも、例えば、1920年代の議論などでは、主たる検討事項としての条約当事国の集合的意図が自然に語られている。*See*, Henry, *supra* note 15, at 785; Dickinson, *supra* note 15, at 452. また、前掲註(38)で触れたように、70年代に安保理決議の自動執行性が問題となった際にも、条約当事国の集合的「意図」の検討が問題になっていた。ただし、如何に意図しようが憲法上の制約に抵触する場合には自動執行性は否定されるなどと、「意図」のみが決定的な基準になるものではないとして、藤井事件のカリフォルニア最高裁判決を直接の批判対象としつつ、意図重視の姿勢に批判を加えるものとして、J.P. Bianchi, *Note: Security Council Resolutions in United States Courts,* 50 IND. L.J. 83, 102-103 (1974) がある。

かしながら、概念整理の仕方が論者によっても区々であることの証左であるともいえ、注意が必要である。

次の(5)では、以上のような論者による相違にも注意しつつ、トランスナショナリストやナショナリストを含む近時の学説の共通点・相違点を整理し、若干の考察を加える。

(5) 小　括　ここまでアメリカにおいて対外関係法について論じる際にまず参照される、リステイトメントの説くところを含めて、2000年前後以来の近時の議論について概観してきた。

この概観を通じて、まず感じられるのは、すでに岩澤が1985年段階で指摘していた[131]ことであるが、アメリカにおいて、自動執行性ないしself-executionの問題というのが、全部ではないにしてもその主要な部分において、国内法上の問題、特に権力分立の問題として理解されているということである。self-executionという問題が、アメリカの国内判例において生まれ、展開されてきた概念であるということが勿論大きく影響しているであろうが、岩澤が指摘するのと同様に、近時においても、アメリカにおける議論は、主にアメリカの初期の判例や制憲過程の解釈をめぐって対立しているのであって、ダンツィヒ事件の勧告的意見をはじめとする国際判例が引用されることは皆無といってよい。これは、アメリカにおいて、「トランスナショナリスト」や「インターナショナリスト」などと呼ばれる論者においても共通している。さらに、国際法レベルにおける条約当事国間に形成された集合的意図というものを、自動執行性の判断において考慮することは、同じくトランスナショナリストも含めて[132]、広く否定的に捉えられている。加えて、意図を重視していると批判されるリステイトメントでさえ、重視されるのはアメリカの条約締結権者の意図であり、他国がある条約に自動執行性を認めていることをその条約のアメリカにおける自動執行性判断に拘束的な影響を与えるものではないなどとしている[133]。

次に、権力分立の問題だという一定の共通理解が認められるとして、その

---

(131)　岩澤・前掲註(16) 206頁以下を参照。See also, Iwasawa, supra note 16, at 63.
(132)　もっとも、自動執行性を肯定するような意図の明示を求めることへの批判という性格が強いということには注意しなくてはならない（see, Vázquez (2008), supra note 58, at 637）が、国際法レベルにおいて各当事国には他の当事国による履行手段に興味がないことなどを理由に、国際法レベルでの意図というものが擬制にすぎないことを指摘している（id., at 633ff.）のは確かである。
(133)　RESTATEMENT 3RD, supra note 42, §111 cmt. h.

中でどのような見解の対立が存在しているかについて改めて確認しておこう。すでにみたように、学説における対立が最も激しいのは、合衆国憲法6条2項の最高法規条項の意味内容(134)をめぐってである。一方で、トランスナショナリストがこの条文を根拠に合衆国において条約が原則として自動執行性を有することが要請されるという(135)ところ、ナショナリストや折衷的見解に立つ論者からは、こぞってこれに対する反対が表明されている。他方、ナショナリストは憲法制定過程などを根拠に、逆に自動執行性が認められないのが原則だという(136)のであった。しかし、この対立は少し距離を置いて冷静に考えてみると、実はそれぞれの論者の主張には一見して感じ取られるほどの相違がないということもできる。この点を敷衍しておくと、トランスナショナリストであっても、条約が須らく自動執行性を認められるとはしておらず、特に連邦議会の排他的権限であるところの立法事項を規律内容とするような場合には、自動執行性は認められないとしている(137)。これに対して、ナショナリストの議論の主眼は、条約締結権限による立法権限の簒奪を防止することにあり、連邦議会の権限の及ばない場面については、比較的緩やかに条約締結権限による規律を容認するような立場を採用している(138)。このように、条約締結権限による立法権限の簒奪を防止すべきことは、折衷的見解(139)も含め共有されている(140)。したがって、結局は、国際協調ないし連邦レベルでの統一的外交という要請を強調することによって、自動執行性まで認めるべきであると考えるか、立法権限の保守を重視し、自動執行性を原則的に否定する必要があると考え、自動執行性が否定される場合には国内効力まで否定すべきだとまで考えるかという、基本的出発点をどこに据えるかという価値観選択の問題にすぎない(141)という指摘が可能である。この意味

(134) この問題については、A. グラスハウザー（宮川成雄＝原口佳誠訳）「条約は権力の分立した連邦制のもとでいかにして『最高性』をもちうるか」早比43巻2号（2009年）212頁以下を参照。
(135) *e.g.* Vázquez (1995), *supra* note 58, at 697-700.
(136) *See*, Yoo Globalism, *supra* note 75.
(137) *e.g.* Vázquez (1995), *supra* note 58, at 718-719.
(138) *e.g.* Yoo (Rejoinder), *supra* note 79, at 2220.
(139) *e.g.* Bradley, *supra* note 94, at 157-164.
(140) この点については、夙に1907年の国務長官アデー（A.A. Adee）の書簡では、歳入の徴収に関する事項については、立法が必要とされることが、1924年の段階で国務長官ヒューズ（C.E. Hughes）の書簡においては、犯罪を定義したり、刑事管轄権を基礎づけたりする場合には、文面上自動執行的であるとしても、立法を必要とするなどといった言及がみられる。*See*, G.H. HACKWORTH, 5 DIGEST OF INTERNATIONAL LAW 177-180 (1943).
(141) 勿論、これは、この基本的立場ないし価値観のいずれを採用すべきか、合衆国憲法が採用して

において、折衷的な見解を採用する論者によって、トランスナショナリストとナショナリストの対立が、推定ルールの争いである[142]とか、程度問題にすぎないと指摘されている[143]ものも、妥当な指摘として理解することができよう。

続いて、具体的な議論という点に立ち入ってもう少し確認しておくことにしよう。この点に関して、自動執行性をめぐる様々な議論の見取り図・配置図あるいは概念整理として最も精緻なのはやはりスロスであり、スロスの整理に準拠しつつ、アメリカにおける議論を振り返り、その問題点・対立点を整理しておきたい。

スロスは前述の通り、国内法における問題としての自動執行性を論じる前提として、国際法レベルでの規範内容の解釈の問題を設定している。そして、他の論者によって批判される条約当事国間の集合的意図の参照の余地をこの場面に認める[144]。もっとも、他の当事国内における具体的な実施の方法については興味がほとんどないというのは確かであろうから、意図が考慮されるといっても、自動執行性を認めるか否かというものよりも、権利義務の実体的内容、主体、客体などを確認する点で参照されることとなろう。

次に問題になるのが、条約に国内効力が認められるのかということである。多くの論者は、合衆国憲法6条2項において、とりわけ州法への優越という意味での国内効力が条約に付与されていると構成する[145]。この点に関連して、トランスナショナリストは、このような国内効力にとどまらず、6条2項によって、条約が原則として自動執行性を有することが要求されているという[146]。対して、ナショナリストは、憲法上原則的に自動執行性を認められない条約のうち例外的にそれが認められるものについて、その限りで国内効力を認めているのが6条2項であるにとどまるという[147]。さらにスロスは、合衆国憲法6条2項により、国家機関の拘束や州の公務員の拘束という形での国内効力は原則として認められるといいつつ、連邦議会の立法権限の

いるのかがそれ自体非常に重要な問題であることを否定する趣旨ではない。
(142) Young, *supra* note 92, at 123.
(143) Moore, *supra* note 116, at 487-488.
(144) Sloss (Davis), *supra* note 109, at 81.
(145) *See, e.g.*, Bradley, *supra* note 94, at 147; Moore (Harv.), *supra* note 92, at 33-36; Nelson, *supra* note 92, at 805.
(146) *See*, Vázquez (1995), *supra* note 58, at 697-700.
(147) *See*, Yoo (Rejoinder), *supra* note 79, at 2251.

保障等、合衆国憲法上の権力分立の要求により、その国内効力が否定されることがあるという(148)。こういった憲法上の制約の問題は、国内効力よりも狭義の自動執行性の問題として、論じられることが多い(149)。ところで、トランスナショナリストが原則自動執行性を否定するのは、主に、連邦議会の排他的権限が侵害されるのを恐れてのことなのである(150)から、自動執行性を有しない条約については国内効力を認めないということは、結局、憲法上の権力分立の要請により条約の国内効力が否定される場合があるということになり、この限りにおいて実はスロスとトランスナショナリストないしユーとの間に有意な差はないといってよい。この点、概念整理という面では、（狭義の）自動執行性と国内効力という別の側面をもった概念を混同させてしまうべきではなく、スロスの説くところの方が優れているように思われる。

では、トランスナショナリストのいうように、合衆国憲法6条2項が国内効力を基礎づけるのみならず、自動執行性まで基礎づけるかという点が次に問題となる。これについては、多くの学説によってすでに論難されているように、統一的な外交の必要性に裏付けられて制定された条項であるという点をもって、憲法と連邦の制定法というそれら自体に優劣があり性質も異なる法と並列に国の最高法規に位置づけられているからといって、憲法や連邦の制定法と同様の扱いが要求されていると読むのには無理があるし、憲法や連邦の制定法自体、裁判所における直接執行性をこの条項によって要求されているとは言い難いことなどから、トランスナショナリストの主張にはやはり無理があるというべきではないだろうか。最後に残るのは、憲法上の制約を国内効力の問題と捉えるべきか、（狭義の）自動執行性の問題と位置づけるか、いずれが妥当かということである。この点については、立法事項に関係する事柄を条約締結権限限りで、立法による詳細化を待たなければならないとはいえ、一応連邦議会を含めた国家機関を拘束するような法を定立することを許してよいと考えるかどうかという問題に転換することになろう。アメリカのように、条約締結権者が立法者とは大きく異なっている場合には、国内効力を認めてしまうことにも慎重であるべきだと考えるのであれば、国内

---

(148) See, Sloss (Harv.), *supra* note 7, at 166-171.
(149) *e.g.* RESTATEMENT 3RD, *supra* note 42, § 111 cmt. i & Reporters' Note 6; Vázquez (1995), *supra* note 58, at 718-719. See also, Bradley *supra* note 94, at 157ff.
(150) See, *e.g.*, Yoo (Rejoinder), *supra* note 79, at 2219 & 2240-2243.

効力の問題に位置づけるべきであるし、6条2項に我が国にいわゆる国際協調主義やドイツにおける国際法親和性原則のようなものを見出すというのであれば、せいぜい自動執行性を否定できるにとどまるということになろう。

　続く問題としてスロスが整理するのが、司法による執行可能性である。これは、最狭義の自動執行性といってもよい問題だが、条約の文言の明確性や権利義務の名宛人が確認され、裁判所による直接執行可能かが問題となるとされる。先ほど指摘した、憲法上の制約として論じられている問題が、条約締結権者としての執行府と立法府との権限配分の問題であったのに対して、ここでは、裁判所の機能への適合性が問題とされており、裁判所と立法府ないし執行府との間の権限配分が問われているのである。この段階においては、条約締結権者の意図の位置づけも問題になってくる。すなわち、条約という法を定立した条約締結権者が国内におけるどのような執行を予定していたのかが検討されうる。スロスは、この段階に至っては、自動執行性がむしろ推定され、条約締結権者が明示的に自動執行性を排除していない限りは、これを否定できないという。スロスのいうように、立法など連邦議会の排他的権限事項に該当しないことが、司法による執行可能性の前段階に位置づけられる国内効力の問題であるとするのならば、このような考え方も十分納得できなくはない。これに加えて、特に、条約上の権利義務の名宛人ないし方向性（国家間という意味での水平方向なのか、国家と個人という意味での垂直方向なのか）という面も問う[151]というのであれば、国際法上の解釈のレベルにおける条約の内容の解釈にも関連してくるもの、あくまで国家間での水平的約束として成立する条約が国内関係も規律していると解するに際して、どの程度厳格にみる必要があるかという問題が生じてくるように思われる。これを厳格に考えすぎてしまうと、前述のような条約の原則的な性格から国内において適用されるような条項は、ほとんどなくなってしまう。他方で、特にアメリカにおいて、権利や義務の方向性の転換という問題があまり真剣に捉えられていない印象を受ける。理論的に、ある程度は綿密に考える必要はあるのではないだろうか[152]。

---

(151) Sloss (Davis), *supra* note 109, at 27-29 & 82.
(152) 国内法への取り込みに伴う国際法規範の名宛人の変更についての説明方法が争われた、ドイツにおける、変型理論と実施理論との論争は、まさにこの論点を正面から受け止めた（受け止めすぎたといってもよいかもしれないが）議論であったように思われる。ドイツにおける変型理論・実施理論

この他、個別の当事者（となるべき者）に、出訴権が認められるか、条約に基づく請求を行うことの可能な訴訟形態が用意されているかという問題が、自動執行性と関連する問題として残されているが、この点については、すでにみてきたように、自動執行性の問題とは分けて考えるべきだというのが、現在ではむしろ共通認識になっているといってよい(153)。

　以上、スロスの整理にそう形でアメリカにおける議論のまとめと問題点の整理を行ってきたが、最後に指摘しておかなければならないのは、上述したアメリカにおける議論は基本的に(154)合衆国憲法2条の「条約（Treaty）」に関するものであって、事後的な議会の承認を経るものも含めた行政協定については議論されていないということである。議会関与行政協定——特に事後承認行政協定を想定していると思われる——については、当然自動執行性が認められるといったような見解が一般的なのである(155)。この点については、

については、さしあたり、第1部第2章Ⅰ2(2)を参照。なお、変型理論が国際法と国内法を峻別しすぎており主権国家概念に強くとらわれた見解であるなどといった批判は、古くからなされているところである。例えば、田畑茂二郎「国際法の国内法への『変型』理論批判」田岡良一編『法理学及国際法論集』（有斐閣、1949年）343頁以下。しかし、国際法と国内法がそれぞれ想定する基本的な規律対象が異なるのは確かで、その違いを前提としてどう調整するかは、規律内容の接近が認められるからこそ問題になるということができ、ドイツにおける論争の重要性は否定できない。なお、人権条約の問題に限定されるが、「名宛人」の問題に真剣に取り組む論考として、松田浩道「『人権条約上の権利』の名宛人関係とその法的効果」国際人権22号（2011年）123頁以下がある。

(153)　*See*, RESTATEMENT 3RD, *supra* note 42, § 111 cmt. g & h; Vázquez (1995), *supra* note 58, at 719-722; BRADLEY, *supra* note 93, at 49; Sloss (Davis), *supra* note 109, at 83.

(154)　なお、リステイトメントは、「国際協定 International Agreement」という、「条約 Treaty」や「行政協定 Executive Agreement」といった下位概念を包含する上位概念（RESTATEMENT 3RD, *id.*, § 303）を用いて、国際協定の自動執行性の議論をしている点（*id.*, at § 111 (4)）が特徴的である。*See also*, RESTATEMENT 3RD, *id.*, at § 111 cmt. h.

(155)　例えば、ユーは、本書筆者が2012年11月5日に行ったインタビューにおいて、議会関与行政協定についても、司法による執行可能性などの問題について語る余地はありうるが、それは通常の国内法の司法判断適合性（justiciability）の問題と同様に考えればよいのであって、自動執行性（self-execution）の問題として論じる必要はないと述べた。また、本書で紹介した論者以外でも、ハサウェイは、条約と事後承認行政協定の関係性をめぐる論文（O.A. Hathaway, *Treaties' End: The Past, Present, and Future of International Lawmaking in the United States*, 117 YALE L.J. 1236, 1322 (2008)）において、事後承認行政協定を利用した場合には自動執行性の問題もなくなるなどと指摘している。
　なお、事後承認行政協定であるWTO協定では、協定の承認を行った法律において、協定に関して私人に出訴権を認めないとともに、執行府の作為・不作為の違法を争えないことが規定されている（Section 102(c)(1), Uruguay Round Agreements, 19 U.S.C. § 3512(c)(1)）ことをもって、協定の直接適用可能性が否定されているとの指摘がある（平覚「WTO関連協定の直接適用可能性」国経法5号（1996年）20頁、中川淳司「国内裁判所による国際法適用の限界」国際100巻2号（2001年）115頁）。これについては、こういった特段の規定をもたない限り自動執行性を有するとの意識の表れとも解することができる。ただし、出訴権と自動執行性を別の問題として理解するのが近時においてはむしろ通常であるならば、少なくとも出訴権の点については、そもそも自動執行性とはかかわりのない規定ということになろう。また、主張制限を自動執行性の問題と解するか否かについても、自動執行性概

むしろ事後承認行政協定に近い条約承認手続が憲法上予定されている我が国において、アメリカの議論を参照する際には注意しなくてはならない。

3　2008年 Medellín 判決

すでに述べたように、連邦最高裁は、2008年の Medellín 判決[156]において、自動執行性をめぐる判断を行い、国内外から注目を浴びた。2で述べた学説状況も踏まえながら、Medellín 判決について紹介・検討していくことにしよう。

(1) 事案の概要　メキシコ国民メデリン（J.E. Medellín）は、1993年6月に14歳と16歳の少女に対する集団強姦と殺人を行ったとして逮捕され、領事関係条約36条に基づく領事通報権・面接権の告知のないまま訴追され、1997年5月テキサス刑事上訴裁判所で死刑判決が確定した。

判決確定後、領事関係条約上の権利に関する手続上の瑕疵を理由とする、人身保護令状請求の係属中に、ICJ においてメキシコがアメリカを相手取って提起した領事関係条約違反に関する訴訟（メデリンの事案も違反事案の一つ）について、領事関係条約36条違反を認めアメリカに各事件の再審査・再検討を求める判決（Avena 判決）が下された[157]。この ICJ 判決を承けて、G.W. ブッシュ大統領は各州当局に Avena 判決の履行を求める覚書を出した。

もっとも、Avena 判決や大統領覚書を根拠としたテキサスにおける人身保護請求は、手続上の瑕疵の主張が適切な時期になされていなかったとして、権利濫用を理由に認められず、改めて、連邦最高裁が裁量上訴を認めたのが本件である[158]。

本件における争点は、①ICJ 判決が合衆国の裁判所において自動執行性を有し、裁判所がこれに拘束されるか、②大統領の覚書によって、当初の手続において援用可能であった防御手段の援用を怠った場合、後に人身保護請求においてそれを主張することは許されないとする「手続的懈怠」の法理にかかわらず、州裁判所が再審査を求められるかの2点である[159]。

念の捉え方次第では否定的な解答を出すことにもなる可能性がある。
(156)　*Medellín*, 552 U.S. 491.
(157)　Avena and Other Mexican Nationals (Mex. v. U.S.), 2004 I.C.J. 12 (Mar. 31).
(158)　以上の経緯については、*Medellín*, 552 U.S. at 500-504 を参照。
(159)　本書では、①の争点に焦点を当て、争点②については、必要最小限の言及にとどめることを、予め断っておく。

(2) 判　　旨　　ロバーツ（J. Roberts）首席判事が執筆し、スカリア・ケネディ・トーマス・アリート（S. Alito）の各判事が同調した法廷意見は、領事関係条約選択議定書、国連憲章94条、ICJ規程の各条項から、ICJ判決が国内裁判所において直接執行可能（自動執行的）かを検討したが、大要以下のような論理構成を採用した。

まず、自動執行性の法的性質をめぐっては、条約には自動執行的か否かというNeilson判決以来の分類が存在するとした上で、自動執行性の意義は複雑だが、連邦法としての国内効力（domestic effect as federal law）を有することを意味し、非自動執行的とは、国内において適用可能（domestically enforceable）ではないことを意味すると述べた[160]。また、すでに紹介した対外関係リステイトメントを引用して、自動執行性と個人に出訴権などがあるかどうかの問題を区別すべきことについても言及する[161]。

次に、自動執行性の判断基準をめぐってであるが、（自動執行性の有無を判断する）条約解釈の出発点は文言であり、交渉や起草の過程、署名国の批准後の理解についても参照するとした[162]。法廷意見によれば、このように文言に注目するのは、Foster判決以来のものであり、反対意見のいう複合的な要因を検討するアプローチは判断を不明瞭なものとし、結局は裁判所の判断にかからしめることとなるので、裁判所による条約を通じた立法を許すことになる点で妥当ではない[163]。

以上のような判断枠組を前提として[164]、具体的な判断をどのように行ったかについて、続いてみていくことにしよう。まず、領事関係条約の選択議定書については、ICJの管轄権の受諾にすぎず、そこから派生する判決の効

なお、このMedellín判決は、アメリカにおいては、自動執行性の問題に関する判例として扱われるのが一般であるが、国際裁判所の判決の国内における効力の問題と構成することも可能である。実際、次章IVでも触れるように、ドイツでは直接適用可能性の問題とは別問題として捉えられる傾向が強い。また、Iwasawa, *supra* note 16, at 213ff. も条約とは切り離された判決の直接適用可能性の問題として論じている。

(160) *Medellín*, 552 U.S. at 505 n. 2.
(161) *Medellín*, 552 U.S. at 506 n. 3.
(162) *Medellín*, 552 U.S. at 506-507.
(163) *Medellín*, 552 U.S. at 514-516. なお、この文脈において、法廷意見は、ある条約が場合によっては執行可能で、場合によっては執行可能ではないという事態を否定的に評価している点にも注意が必要である。
(164) なお、直前に紹介した文言に着目すべきか、複合的なファクターを参照すべきかという点については、判決では、本件における結論を一旦出した上で、補足的に反対意見の立論を否定する文脈で論じている。

果やその執行について語るものではなく、ICJ の判決の国内における自動執行性を基礎づけないと読むのが自然だという(165)。

こうして ICJ 判決の履行の問題は、領事関係条約の選択議定書よりもむしろ ICJ 判決の執行について定めた国連憲章 94 条の問題だとして、法廷意見は国連憲章 94 条をめぐる議論に移る。ここで、法廷意見によれば、国連憲章 94 条 1 項の「undertake to comply」という文言は、shall や must といった文言を用いていないことからも、国連加盟国における政治部門を通じた将来的な関与を予定しているといえる(166)。また同条 2 項は、最終的な履行確保を安全保障理事会に委ねている。これは、判決の履行確保を司法ではなく外交に委ねたものであり、国内の裁判所で直接執行可能ではないことを示唆していると解される(167)。この点に関連して、批准時に、上院は合衆国が安全保障理事会において拒否権を発動し履行強制を拒絶できることに留意していたことも指摘する(168)。

最後に、ICJ 規程も以上の判断を裏付けていると法廷意見は指摘する。すなわち、ICJ 規程 34 条は、裁判の当事者を国家に限定しており、同規程 59 条は判決の拘束力は当事者にのみ及ぶと規定することから、メデリン個人に直接判決の効力が及ぶものでもないという(169)。さらに、ICJ 自身も、自らの判決が国内において自動的に執行されるとはみていないことも付け加えられている(170)。こうして、法廷意見は、ICJ の Avena 判決の合衆国内における自動執行性を否定した(171)のである。さらに法廷意見は、批准後の署名国の理解を参照しても、ICJ 判決が国内において直接適用可能としている判決はないという点についても補充的に言及する(172)とともに、判決が国内において執行可能かは、外国によって決定されることではなく、大統領や上院が文言上自動執行性を意図したと解されるかによって(173)、裁判所自身、最終

---

(165) *Medellín,* 552 U.S. at 507-508.
(166) *Medellín,* 552 U.S. at 508.
(167) *Medellín,* 552 U.S. at 509.
(168) *Medellín,* 552 U.S. at 509-510.
(169) *Medellín,* 552 U.S. at 511. 関連して、メデリン側が、Avena 事件においてメデリン他のメキシコ国民も ICJ の訴訟当事者であるとの主張をしていたことに対して、複数の ICJ 判決を引いて否定する。*See, Medellín,* 552 U.S. at 512.
(170) *Medellín,* 552 U.S. at 513 n. 9.
(171) *Medellín,* 552 U.S. at 513-514.
(172) *Medellín,* 552 U.S. at 516-517.
(173) この点に関連して、法廷意見は、別の箇所で、条約の解釈にあたっては執行府による解釈が尊

的には連邦最高裁が決定することだという点を重ねて強調した(174)。

このような法廷意見に対して、ブライヤー（S. Breyer）判事が執筆し、ソーター（D. Souter）・ギンスバーグ（R.B. Ginsburg）両判事が同調した、反対意見が付された(175)。この反対意見は、合衆国憲法6条2項が、さらなる立法なしでそれ自体として実施（operate）されうるものであれば、法律と同じものとして扱わなくてはならないとの規範内容をもつものであるとして(176)、Foster判決を引用するなど、最高法規条項制定の経緯や判例上の自動執行性概念の成立過程に注目している(177)。

また、自動執行性の判断をめぐっては、法廷意見は文言にとらわれすぎていると批判し、複合的ファクターの検討の必要性を強調した(178)。曰く、先例は、自動執行条約が珍しいものではないことを示しており、特定の規定が自動執行的か否かについて魔法の答えをもっているわけではないが、条約の文言に明瞭に表れていることを求める法廷意見がおかしいことは示してくれている(179)。また、国ごとに国内実施の仕組みも違い、文言上そのような明示的な表現がなされることは考え難く、文言上明示的に自動執行性を認めたことを要求するなどというのは、「snark(180)」を探すに等しいと考えるのがせいぜいで、それ以上の意味をもつものではない(181)。さらに、先例は、実際的で文脈に適した基準も示してくれている。すなわち、そこで考慮されているファクターとは、①条約規定の主題は何か、②裁判官が適用できるほどの基準をすでに規定しているか、そうではなくて、③直接の適用が、従来裁判所に与えられてきた権限以上の行動の根拠を提供し、裁判所と他の部門との憲法上望ましくない対立を生じさせるものとなってはいないか、といった点である(182)。

以上のような判断枠組を前提として、本件における検討では、(i)文言は拘

重されるべきことにも言及している。*See, Medellín,* 552 U.S. at 513 n. 9.
(174) *Medellín,* 552 U.S. at 519.
(175) *Medellín,* 552 U.S. at 538ff. (Breyer, J., dissenting).
(176) *Medellín,* 552 U.S. at 538 (Breyer, J., dissenting).
(177) *See, Medellín,* 552 U.S. at 541-546 (Breyer, J., dissenting).
(178) *Medellín,* 552 U.S. at 541 & 549 (Breyer, J., dissenting).
(179) *Medellín,* 552 U.S. at 546 (Breyer, J., dissenting).
(180) snarkについては、前掲註(65)を参照。
(181) *Medellín,* 552 U.S. at 549 (Breyer, J., dissenting).
(182) *Medellín,* 552 U.S. at 549-551 (Breyer, J., dissenting).

束的であり、これ以上に明示的な文言は無理であったこと(183)、(ii)今回問題になっているのは、それ自体が自動執行的な領事関係条約 36 条であること(184)、(iii)紛争解決において管轄権を認めるということは、その結果として生じる判断を終局的かつ拘束的なものと理解していると考えるのが論理的な帰結であること(185)、(iv)類似する 70 の条約が存在していることに伴う、自動執行性を否定した場合にそこに与える影響と政治的混乱の可能性(186)、(v)確定判決の再審査は裁判所にこそ向いた義務内容であること、(vi)ICJ 判決を国内において執行することが別に他部門との対立を引き起こすものではないこと、(vii)大統領も議会も司法による直接の執行に対して懸念を示しておらず、逆に大統領も当該 ICJ 判決の執行に積極的であることといった諸点を指摘(187)し、Avena 判決は、アメリカ国内において自動執行的だというべきであるとした(188)。

この他、本判決には、最高法規条項の文言や沿革、最高裁の先例に基づき、自動執行性が否定的に推定されるものではなく、また領事関係条約 36 条自体が自動執行性を有するとの反対意見の見解には賛成するが、関係諸条約が

---

(183) この点に関して、ブライヤー判事は、法廷意見が「shall comply」や「must comply」ではなく、「undertake to comply」としていることから、即時的な執行が求められるものではないとした点については、英語の辞書や国連憲章の(Avena 判決の相手国であるメキシコの公用語でもある)スペイン語正文(なお、ここでは、先述の Percheman 事件もスペイン語正文が援用された先例として引かれる)を参照して、「undertake to comply」でも執行すべき現在の義務を示すものであると反論する(Medellín, 552 U.S. at 553 [Breyer, J., dissenting])。
　また、仮に、「undertake to comply」が曖昧な文言であるとの同意意見におけるスティーブンス判事の主張を受け入れたとしても、合衆国が結んだ国際合意の帰趨が、一州の手に委ねられることになってしまい、政治部門による将来の手当が必要となると読むことがスティーブンス判事のいうような「最善の読み方」とはいえないとした(Medellín, 552 U.S. at 554 [Breyer, J., dissenting])。さらに、国連憲章批准時の上院における審議も原則的には ICJ 判決が履行されるべきことを前提とした議論であり、特段考慮されるべき内容を有していないとも指摘している(Medellín, 552 U.S. at 554-555 [Breyer, J., dissenting])。こうして、最高法規条項を適合的に解釈する限りにおいて、少なくとも一定の判決については国内裁判所において ICJ 判決は執行可能だと解するべきであるとしたのである(Medellín, 552 U.S. at 556 [Breyer, J., dissenting])。
(184) この点に関連して、Sanchez-Llamas v. Oregon, 548 U.S. 331, 343 (2006) は、領事関係条約 36 条が個人に権利を付与するものかについては検討せずとも結論が出るとして議論していない。この判決については、林美香「判批」米法 2007-1 号 (2007 年) 144 頁以下も参照。
(185) ここで、反対意見は、外交的保護権行使の場面では、実際上個人の請求が訴訟の対象となっているとして、ICJ 判決の個人への拘束力についても認められるとしている点(Medellín, 552 U.S. at 558-559 [Breyer, J., dissenting])が、国際法上の外交的保護権の性質論の観点からは注目される。
(186) この点について、法廷意見は、自動執行性は条約ごとに判断されるべきであり、他の類似条約に直接影響を及ぼすものではないなどと反論する。See, Medellín, 552 U.S. at 520ff..
(187) Medellín, 552 U.S. at 551ff. (Breyer, J., dissenting).
(188) Medellín, 552 U.S. at 562 (Breyer, J., dissenting).

Avena 判決を執行すべく、連邦最高裁に権限を与えているとすることはできない[189]として、結論において法廷意見に同意する[190]、スティーブンス判事の同意意見も付されている[191]。

(3) 評　価　　以上が、本判決の概要であるが、先に述べた学説上の対立点と対照させながら、その立場を簡潔に分析・評価しておこう。

まず、学説上最も対立の激しかった、条約の自動執行性を原則と捉えるか、例外的に捉えるかという点について検討する。Medellín 事件法廷意見については、条約が自動執行性を有しないことを原則とする判断を下したとして、それを批判的に指摘する見解[192]も多くみられるところである。しかしながら、自動執行性が原則として推定されるというような立場に立っていないことは明らかではあるが、自動執行性を有しないということを原則としているとまでいえるかについては、疑問なしとしない。のちに触れる反対意見が指摘するように、自動執行性を明示的に認める文言の存在を要求しているというよりも、条約上の文言の「自然な意味」はどのようなものかを探求している[193]のであって、自動執行性、非自動執行性のいずれも原則とはされていないと解するのが妥当ではないか[194]。

また、ブライヤー反対意見についても、最高法規条項を引用し、憲法制定過程を援用するなど、ヴァスケスの議論にも親和的な論理展開をみせる[195]

---

(189) 他の条約のような国内法への取り込みを要求する条項を欠き、自動執行性を排除する宣言等も存在しないが、「undertakes to comply」は、文言解釈として政治部門の判断を介することを要求しているとした（*Medellín*, 552 U.S. at 533-535 [Stevens, J., concurring]）。

(190) もっとも、ICJ 判決を履行しないことによって損なわれる国益の大きさと、州当局が強いられる「手続的懈怠」法理の修正という不利益の小ささから、テキサス州は Avena 判決を履行すべきだとは指摘する。*See, Medellín*, 552 U.S. at 536-537 (Stevens, J., concurring).

(191) *Medellín*, 552 U.S. at 533ff. (Stevens, J., concurring).

(192) 例えば、Vázquez (2008), *supra* note 58, at 652-654 や Iwasawa, *supra* note 16, at 66-67、グラスハウザー・前掲註（134）217 頁を参照。また、むしろ個人の出訴権の面に目を向けた文脈ではあるが、O.A. Hathaway, S. McElroy & S.A. Solow, *International Law at Home: Enforcing Treaties in U.S. Courts*, 37 YALE J. INT'L L. 1, 70-71 (2012) も参照。また、ユーは、条約に自動執行性を認めることは憲法の基本構造に反することであるから、明示されない限り、自動執行性は認められないという意味で、「Clear Statement Rule」を採用したと理解してこれを肯定的に評価する。*See,* KU & YOO, *supra* note 86, at 108. さらに、Medellín 判決が非自動執行性の推定を示したと理解した下級審判決として、ESAB Group, Inc. v. Zurich Ins. PLC, 685 F.3d 376, 387 (4th Cir. 2012).

また関連して、Medellín 判決後、自動執行的であることを述べる上院の宣言が付される例がみられるようになったことについて、AM. L. INST., *supra* note 43, at 42［§ 106 Reporters' Note 4］を参照。

(193) *See, e.g., Medellín*, 552 U.S. at 507.

(194) *See,* Bradley, *supra* note 94, at 168-169; AM. L. INST., *supra* note 43, at 40［§ 106 Reporters' Note 3］.

(195) *Medellín*, 552 U.S. at 541ff. (Breyer, J., dissenting).

が、自動執行性についての否定的推定を覆すにとどまり、自動執行性を原則としているわけではない(196)。また、法廷意見に対する批判も、自動執行性が認められるためには、文言上自動執行性を有することが明示されていることを要求しているとの理解に基づくものであり、この理解を前提としても、原則・例外の設定と必ずしも直結するものではない。さらに、法廷意見は、反対意見のこの批判に答えており、明白性を要求している点については特に反論していないが、これよりも根本的な場面において、すなわち、文言への着目が妥当であり、伝統的な判例のアプローチであることを強調することにより反論している(197)。このことからも、法廷意見は、文言上明示されていることを要求しているというよりも、解釈の出発点はなんといっても文言であることを強調するものであると解する方が素直であるように思われる(198)。

　この点に関連するのが、自動執行性判断の方法に関する、法廷意見と反対意見との対立である。重ねて述べてきたように、法廷意見は、自動執行性の判断の出発点は文言であるとし、反対意見の採用する複合的なファクターについて総合的に検討するアプローチを、法的安定性を欠く、司法による判断の押しつけにつながるとして否定する(199)。対する反対意見は、前述のように、判断における三つのポイント(200)を提示した上で、七つにわたる事情(201)を指摘して、自動執行性を肯定する判断を行った。そして、法廷意見が文言を重視する点について、これは自動執行性が文言に明示されることを要求するものであるとして批判するのである。この点は、本判決において、法廷意見と反対意見が最も鋭く対立する場面であるように見受けられる。

　しかしながら、どちらの意見も相手の見解を実際以上に極端なものとして捉えているように筆者には思われる。すなわち、法廷意見も文言が出発点だとはしつつも、対外的な交渉の経緯や国内における批准等の国際法の取り込

---

(196) *Medellín*, 552 U.S. at 546 (Breyer, J., dissenting) は、判例法も単純な魔法の答えを与えていないとしており、以降多様なファクターを総合的に判断する手順に入っており、自動執行性を推定するというような言及はみられない。
(197) *Medellín*, 552 U.S. at 514.
(198) もっとも、文言解釈の問題として処理しているものの、法廷意見は、自動執行性を認めるにあたり、明確にそれが表れていることに重きを置きすぎているきらいがあると指摘するものとして、D. J. Bederman, *Agora: Medellín, Medellín's New Paradigm for Treaty Interpretation*, 102 AM. J. INT'L L. 529, 533 (2008) がある。
(199) 前掲註(162)ないし(163)および対応する本文参照。
(200) 前掲註(182)および対応する本文参照。
(201) 前掲註(183)ないし(187)および対応する本文参照。

みの経緯について考慮することについては、明示的にこれを認めているのである(202)。そして、法廷意見自体が、文言上自動執行性を有することが明示されることを少なくとも文面上は要求していない。他方、法廷意見による反対意見批判にもかかわらず、文言を出発点としても、反対意見が挙げるようなポイントを検討することは、否定されないだろう。さらに、反対意見が具体的に検討する七つの事情についても、その顧慮が法廷意見から否定されているというよりは、その評価が法廷意見と反対意見で異なるものとなっているという方が妥当なのではないか(203)。こうしてみると、両者の相違は、ブラッドリー(204)がいうように、評価の相違あるいは「当てはめ」の相違にとどまる、との評価が妥当ではないだろうか。このように考えると、反対意見は、考慮要素を具体的に提示しているという点では後の判断にとって有用ではあるが、結局は判断の集積を待たなければ、考慮要素の過度の硬直性を招く危険もはらんでいる。

次に検討するのは、自動執行性と国内効力との関係性を判決がどのように捉えているかである。すなわち、自動執行性を欠く場合、国内効力もないと解するのか、司法による執行可能性や司法判断適合性を欠くにとどまると解しているのかというのがここでの問題である(205)。この点についても、最高裁の立場は決して明確ではないというのが実際である。すなわち、国内効力までも否定されると解するのが素直な説明がされている箇所(206)がみられ、国内効力までも否定されるとの見解を採用していると解すべきであるともいえる反面、司法による執行可能性であるとか司法判断適合性のみが否定され、

---

(202) 前掲註(162)および対応する本文参照。
(203) Medellín 判決の法廷意見の解釈に直接つながるものではないが、自動執行性について判断する際には、文言に表れた、自動執行性に関する条約当事国の「意図」を考慮しなければならないとする下級審裁判例にあっても、文言が明瞭でない場合には、条約の執行をめぐる状況を考慮しなくてはならないとしている点（*see, Diggs*, 555 F.2d at 851）が示唆に富む。
(204) Bradley, *supra* note 99, at 542-543.
(205) なお、スロスは、連邦制による制限もなく、州を拘束する国内効力を排除できないので、国内効力を否定したと判決を解釈するならば、最高法規条項に抵触するし、司法による執行可能性を否定したのであれば、デュー・プロセス条項違反を構成すると、本判決を批判する。*See*, Sloss (Harv.), *supra* note 7, at 184-185.
(206) 例えば、「当裁判所〔訳注：連邦最高裁〕は、長きにわたって、自動的に国内法としての効果を有する条約と、国際法上の義務を構成するものの、それ自体としては拘束的な連邦法としての機能をもたない条約との区別があることを認めてきた」という（*Medellín*, 552 U.S. at 504）。*See also,* Bradley, *supra* note 94, at 173. Iwasawa, *supra* note 16, at 56 や、松田浩道「憲法秩序における国際規範：実施権限の比較法的考察(2)」国家 129 巻 7＝8 号（2016 年）91-90 頁は、この言及を重視する。

国内効力については有していると解される表現が用いられる箇所(207)も併存しているのである(208)。

なお、自動執行性の意義という面に関しては、多くの学説と同様、出訴権とは区別すべきことについて、法廷意見が言及していることを改めて確認しておくべきだろう(209)。

最後に、自動執行性の判断は国際法の問題か国内法の問題かという点に関する判決の立場を検討しておくことにする。この点、法廷意見は、すでに触れたことではあるが、確かに、起草過程や他国の批准後の実行にも着目することを認めている(210)。しかしながら、自動執行性の判断において、一義的には大統領と上院の理解に焦点を当てており、最終的には国内法上の問題として連邦最高裁が決定すべき事項であるとまでいっている(211)。

他方、反対意見も、法廷意見が文言を重視することを批判する文脈において、当事国には執行のあり方には無関心であることを理由に、自動執行性について定めた文言を求めることは、架空の動物「snark」探しにほかならないと指摘した(212)。そして、この言及は、学説によって、「当事国の意図」を重視することへの批判の文脈において好意的に引用されている(213)。さら

---

(207) 「しかしながら、全ての国際法が合衆国において適用可能で拘束的な連邦法を自動的に構成するわけではない。ここで我々が直面している問題は、Avena 判決が、州裁判所や連邦裁判所においてそれら自身の判決のように、執行を強制するような、国内における自動的法的効果を有するかである」というくだり（*Medellín*, 552 U.S. at 504）や、「当該国際協定は、それゆえ、国内裁判所における直接の執行を通じて、ICJ 判決を実施する基礎を提供するものではない」というくだり（*Medellín*, 552 U.S. at 514）は、自動執行性の欠如に限定しているように読める。See also, Bradley, *id.*, at 17; AM. L. INST., *supra* note 43, at 44-46 [§ 106 Reporters' Note 6]。
(208) 双方の箇所が近接していることからも、最高裁がこの点にあまり意を用いていないのではないかということがうかがえる。
(209) *Medellín*, 552 U.S. at 506 n. 3. なお、この点に関する否定的評価については、Hathaway, McElroy & Solow, *supra* note 192 を参照。
(210) 前掲註(162)および対応する本文参照。
(211) *See, Medellín*, 552 U.S. at 509-510, 514 & 519.
(212) 前掲註(180)ないし(181)および対応する本文参照。
(213) Bradley, *supra* note 94, at 178; Vázquez (2008), *supra* note 58, at 636-637. なお、反対意見を引用していないが、本判決を意図アプローチに基づく判断だとして、その判断過程の不明瞭性を批判するものとして、Sloss (Harv.), *supra* note 7, at 162-163 も参照。

また、文言を重視することないし判断の出発点に据えることと、「意図」探求がオーバーラップして語られることがあるのは、自動執行性に関する条約当事国の意図を文言から推察することを求めた裁判例（例えば、安保理決議の自動執行性に関する、*Diggs*, 555 F.2d at 851）が存在することにもよると思われるが、条約の自動執行性に限らず成文法の性質等を論じるにあたり、議論の出発点となるべきは文言であり、文言を重視し、出発点とすることと、意図の探求は別問題として区別されるべきことは留意しておかねばなるまい。

に、反対意見は、自動執行性を判断する場合に、考慮すべきポイントとして、裁判所にこれまで与えられてきたのとは異なる任務を与えることにならないか[214]という、統治構造ないし権力分立の観点からの検討事項を掲げており、国内の権力分立にかかわる問題であるとの認識がここからもうかがえる。

こうして、この問題については、法廷意見・反対意見の双方ともに、自動執行性の判断を主に国内法上の問題であると解していると結論づけられる。

(4) 小　括　以上、連邦最高裁の 2008 年 Medellin 判決について確認した。条約そのものではなく、ある条約をめぐる ICJ 判決の自動執行性が問題となったものであるが、久々に連邦最高裁において自動執行性が正面から扱われた判決であり、学説上の注目も大きく、実際重要な判決ということは否定できない。しかしながら、すでにみたように、それぞれの立場から、肯定的にあるいは否定的に解釈・引用することはなされているものの、学説上争いのある点について、明確な回答を提示した判決とはいえないというのが実際である。

学説による評価も踏まえつつ、この判決が示したと明確にいえる点を、繰り返しをいとわず、ここで改めてまとめると、以下のような諸点となろう。

すなわち、まず、少なくとも、合衆国憲法上、条約に自動執行性が認められることが原則であるとの推定ルールは採用しておらず、この点では、トランスナショナリストとは見解を異にする。他方で、非自動執行性を原則としているかについては疑問が残るが、学説の多くは、自動執行性を認めるのに厳格な態度を法廷意見の中にみている。

次に、アメリカにおける学説にも一貫してみられるところだが、国際法レベルの事情を考慮することは否定しないものの、国内憲法上の問題、政治部門と裁判所との関係性にかかわる問題として自動執行性を捉えている。

さらに、自動執行性の法的性質については国内効力とみるのか、裁判所による執行可能性ないし司法判断適合性の問題と解しているのかについては、各々に解しうる表現が混在し、むしろ最高裁はこの点にあまり意を用いていないことがうかがわれる。

最後に、個人の出訴権の問題と自動執行性の問題を分離する点についても、リステイトメント[215]以下多くの学説との一致がみられる。

---

(214)　*Medellin*, 552 U.S. at 550 (Breyer, J., dissenting).

4　まとめ

　ここまで、本節ではアメリカにおける自動執行性をめぐる議論について歴史的な沿革から、近時の学説・判例に至るまで確認してきた。この作業を通じて、この問題については、断続的ながらも 200 年以上にわたって議論が続いてきたが、今なお明確に概念整理ができていないところも多く残っていることを知ることができた。特に、最近の連邦最高裁の Medellín 判決も、学説上の争いに一定の答えを出すような性格のものではなかったという点についても、重複を恐れず繰り返しておきたい。

　アメリカにおける議論を通じて特徴的なのは、やはりなんといっても、岩澤も夙に指摘していたことではあるが、自動執行性の問題が国内憲法の問題であると解されていることであろう。とりわけ、権力分立に関する規範的な問題であると理解される傾向が強いということである。これは、学説においてもそうであるし、Medellín 判決においても、法廷意見・反対意見の双方ともに、このような立場を採用していることもすでに述べた通りである。

　次に、近時の学説上、見解に最も大きな対立があるのが、条約が自動執行性を有することを原則と考えるべきか、また逆に自動執行性を有しないのを原則とみるべきか、さらには、原則・例外を設定するべきではないのかという点である。もっとも、ここでの対立、特に、原則をどちらに据えるべきかという両極にある見解の対立は、合衆国憲法制定が統一的外交実現を一つの目標として制定されたことを重視し、国際法遵守の要請を強く受け止めるのか、条約の成立のあり方、とりわけ国内における手順の特徴に着目して、民主的正統性の観点から国際法の効力・効果に一定の枠づけをしようとするのかという、基本的スタンスの相違に帰着するのだということが確認された。Medellín 判決についても、法廷意見・反対意見の双方が、原則・例外を設定する立場をとっていないと解され、法廷意見と反対意見の対立も結局は基本的なスタンスの相違に起因するというのが筆者の見立てであった。

　次に、本節の冒頭でも触れたが、アメリカにおいて自動執行性の意味内容が必ずしも概念整理されていない面があるということも、本節で確認された事項である。ここでいう概念整理には、特に国内効力との異同をどう考える

---

(215)　第 4 リステイトメント討議用草案は、Medellín 判決も引きつつ、この見解を維持する。*See,* AM. L. INST., *supra* note 43, at 28 [§106 Cmt.].

のかというものが当てはまる。この点について、Medellín 判決も曖昧な言い方をしており、必ずしも意を用いていないのではないかというのが、本節での評価である。学説上は、国内効力との区別を説くものも一定数あるものの、両者を混同するものやその立場がはっきりしないものが多い(216)。もっとも、学説の中には、自動執行性という概念の下では、様々な性格を有する問題が混同して論じられているとして、意識的にこれらを整理・区別しようという見解がみられるのも確かであり、本節ではそのような見解を紹介してきた(217)。この問題に関して、自動執行性と個人に出訴権が認められるか否かは別問題だという点については、近時学説上広い合意が得られているということができ、また Medellín 判決もその旨明記した(218)。この他に、本節が概念整理という観点から議論の余地があるとしたのは、自動執行性が排除される一類型として整理されることの多い、連邦議会の排他的権限事項への該当を、むしろ国内効力の問題として理解すべきかどうかという点である。この点についても、結局は民主的正統性の問題を重視し、条約と法律の成立手続の相違を重大なものと捉えるか、国際協調を重要視するかという基本的スタンスの相違ではないかというのが、ここでの暫定的な結論である。

最後に、アメリカにおける自動執行性概念の紹介を締め括るにあたり、アメリカにおける「条約」が比較法的にみて、特殊な成立手続を経るものであるという点に注意する必要性を指摘しておきたい。現在、我が国におけるのと同様に、多くの国において議会が法律を通じてあるいは法律類似の手続によって条約の承認を行い、それを経て執行府によって条約の批准がなされる(219)。他方で、アメリカにおいては、上院のみが大統領の条約締結に助言と承認を与えることができ、承認にあたっては、その3分の2以上の賛成を必要とするという形が採用されているという特殊性に注目しなくてはならな

---

(216) See, BRADLEY, supra note 93, at 44.
(217) 例えば、最も精緻な概念整理を行おうとしているものとして紹介したのが、本節 2 (4) (ii) で詳しく紹介・検討した、スロスの議論である。下級審裁判例などを含めた概括的俯瞰として、Iwasawa, supra note 16, at 57-も参照。
(218) Medellín, 552 U.S. at 506 n. 3.
(219) 古くはなるが、高野雄一『憲法と条約』(東京大学出版会、1960 年) では、第二次大戦後、各国憲法において条約承認手続が民主化され、法律制定手続に近似するものとなったことから、条約の成立が国内法上も法定立として把握可能かということがテーマとなっていた。この点については、特に高野・同上 4-5 頁および 94 頁参照。なお、例えば、ドイツにおける条約締結手続については、第 1 部第 2 章 I を参照。各国における議会関与のあり方一般については、酒井啓亘ほか『国際法』(有斐閣、2011 年) 114-115 頁等を参照。

い。そして、アメリカにおける自動執行性の議論は、基本的に、このような合衆国憲法上の「条約」のみを想定してなされている。

　以上のように、アメリカにおける学説や判例が、国際機構への権限移譲といった文脈にも配慮しつつ、国内の民主政ないし、権力分立構造を如何に保っていくことができるかという観点から、条約の自動執行性の問題に取り組んでいることが我が国に示唆するものは大である。我が国の憲法学も、国際規範の自動執行性という問題を憲法学が扱うべき問題であると認識して、正面から受け止める必要があるといえる。

　もっとも、自動執行性を国内憲法の問題として意識すべきだというのは、議論の出発点を再確認したにすぎない。問題は、むしろその先、つまり、国内憲法の問題だとして具体的にどのように、自動執行性という問題を憲法学が把握すべきかということである。しかしながら、その起点ともいえる、自動執行性概念の整理という点において、アメリカの議論が必ずしも成功していない、高く見積もってもその途上にあるということも本節において確認された事項であった。この概念整理の問題において、最も曖昧になっているのが、国内効力との異同ないしは関係性の問題である。合衆国憲法6条2項によって国内効力が認められるという言及が多くみられる一方、同条同項とは別問題として自動執行性を措定しつつも、自動執行性が認められない場合には、国内効力も否定されるような叙述も多くみられるのが、アメリカの議論の現状であるといってよい。

　実は、この点について、筆者は、アメリカよりもむしろドイツないしドイツ語圏の法学の方が我が国において参考にすべきものを提示してくれているのではないかと考えている。それは、端的にいってしまえば、ドイツ法学の理論的整理の精密さのゆえである。すでに、国際法のレベルでの権利・義務関係の方向性と国内法レベルで適用が問題となる際のそれが原則としては異なってしまうのであり、その調整を如何に説明づけるかに心血を注いできたのが、ドイツにおける変型理論や実施理論といった議論であったということについては触れた。これに加えて、ドイツにおいては、主観的権利と客観的法という概念が存在しており、国内効力と自動執行性ないし直接適用可能性の区別を、これを利用することによって行っているのである。このことを逆の視点からみれば、アメリカにおいて国内効力と自動執行性が究極的には混交してしまうのは、裁判において利用できない権利を法と呼ぶ、あるいはそ

こに法としての効力を認めることに対するアメリカ法学の抵抗感(220)のせいではないか(221)。主観的権利と客観的法の区別を知っている我が国(222)において自動執行性の概念整理をする際、むしろドイツなどにおける議論を参照すべきなのかもしれない。

　もう一つ、アメリカにおける議論を我が国において参照するにあたって留意すべき点あるいは、限界として浮上するのが、アメリカにおける「条約」というのが、少なくとも日本における「条約」とは、かなりの程度相違する特殊な国内成立手続を経て定立される法規範であるということである。すでに述べたように、アメリカにおける議論は、合衆国憲法2条にいう（狭義の）条約のみを、原則として対象としている。そして、我が国憲法における国会承認手続を経る「条約」にむしろ類似した性質を有する議会関与行政協定については、深く論じるまでもなく自動執行的であるという意識が強い。このようなアメリカにおける認識を前提とすれば、予算と同様の国内成立手続が採用されており、条約承認が厳密な意味では法律とは異なる形式によって行われているとはいえ、日本における（国会承認）条約は、全て自動執行性を有すると解すべきことになってしまいかねない。

　それでは、なぜ、日本で自動執行性を論じてきたのだろうか。少なくとも、アメリカの議論をそのまま引き写すような議論をしてきてよかったのだろうか。例えば、本書では、自動執行性を否定すべきか、国内効力の問題とすべきかについて含みを残したところであるが、アメリカにおける、法律事項について規律する条約は自動執行的ではないという議論が、憲法上の事項的制約がある場合という形で一般化され、日本においても罪刑法定主義や租税法律主義がこれに該当すると考えられてきた(223)。しかし、翻って考えてみると、国会の承認を必要とする「条約」の範囲論において、法律事項や財政事項といった国会の権限に関する事項を扱う場合にこれが必要とされるという、政府見解およびそれを引用する学説(224)と、法律事項の自動執行性を否定す

---

(220) 例えば、ユーとのインタビューにおける返答について、前掲註(85)を参照。
(221) 「アメリカにおける法の概念」が「裁判所によって強制されるべき法」であるということと、self-executing な条約のみが国の法とされることとが「本質的に結びつく」とする、広部・前掲註(82) 26-27 頁も参照。
(222) 例えば、前章I2 で紹介した棟居快行の議論には、条約締結に伴う客観法発生説など、ドイツ的発想が端的に表れている。
(223) 刑罰法規について、例えば、田畑茂二郎『国際法新講 上』（東信堂、1990 年）58 頁。さらに、岩澤・前掲註 (16) 84-87 頁、Iwasawa, *supra* note 16, at 178 なども参照。

る上記の見解との間に整合性はあるのだろうか。アメリカにおいては、上院のみが条約承認手続に関与し、むしろ国民全体を代表する下院の関与がないままに成立する条約によって、連邦議会の権限が行使されることの問題性が、法律事項についての自動執行性あるいは国内効力排除を基礎づけていたはずである。そうすると、国会が法律と類似の手続で承認を行う我が国において、法律事項であれ、自動執行性の問題は生じないことにはならないか。

しかしながら、我が国とは異なり、まさに条約法律という「法律」で条約を承認するドイツでも自動執行性の問題は論じられている。これはどのように考えるべきなのであろうか。この点、フォーゲル[225]は、自動執行性の操作により議会の実質的審議を確保する可能性を指摘していた。すなわち、条約法律の場合、「法律」ではあっても、議会が条約本文について修正できないことなど、通常の「法律」に比して、議会における審議が不十分であることなどから、通常の「法律」と分けて考える必要性を認識し、委任立法の問題とパラレルに、法律の留保の観点から自動執行性の基準設定を行う可能性を指摘するのである[226]。このような発想は、高橋和之が、自動承認等、法律よりも簡略化された手続を経て承認された条約について、その自動執行性を否定する可能性を指摘すること[227]に似る。こうして、自動執行性について考えるには、国会による条約承認の法性質論からも改めて考える必要性を指摘でき[228]、この点からも、アメリカよりも我が国に条約の承認手続が類似するドイツ等の議論[229]を参照して、議論を進める必要性が確認され

---

(224) 国会承認が必要とされる「条約」の範囲については、第1部第1章Iで論じた。
(225) *K. Vogel*, Gesetzesvorbehalt, Parlamentsvorbehalt und völkerrechtliche Verträge, FS Lerche, 1993, S. 95ff. すでに触れたように、我が国において、この見解を紹介するものとして、谷口勢津夫『租税条約論』(清文社、1999年) 77頁以下がある。
(226) *Vogel*, ebd., S. 102.
(227) 高橋和之「国際人権の論理と国内人権の論理」ジュリ1244号 (2003年) 81頁。
(228) もちろん、すぐのちに扱うことになる、客観的要件としての「明確性」の判断において、刑事法や税法については、国内憲法上高い明確性が求められるため、類型的に自動執行性が認められにくいという意味に理解し、また憲法上特に法定が求められている事項について自動執行性が否定される議論と理解することも不可能ではなく、ドイツにおいて刑罰規定について国内適用可能性を否定する場合の説明はこのようなものである (*siehe Hillgrunber*, Art. 25, in: *B. Schmidt-Bleibtreu, H. Hofmann u. A. Hopfauf* (Hrsg.), Grundgesetz Kommentar, 13. Aufl., Rn. 21, 2014; *O. Rojahn*, Art. 25, in: *I. von Münch u. P. Kunig* (Hrsg.), Grundgesetz Kommentar Bd. 1, 6. Aufl., 2012, Rn. 29. ただし、いずれも慣習国際法が念頭に置かれていることについては注意が必要である)。しかし、そのように考えたとしても、条約承認が必要とされる範囲を考える場合にも、規律密度も含めて議会の関与の要否が問われるとするならば、議会承認の対象論と自動執行性の議論との関係性を整理する必要がある。
(229) ドイツ以外にも、条約上の社会権規定の「直接適用可能性」にかかわるものに限定されるもの

る(230)。

II　アメリカにおける国内法の国際法適合的解釈

　本節では、間接適用ないし国際法適合的解釈に関する、アメリカの議論を紹介する。第2章ではすでに、我が国における間接適用ないし国際法適合的解釈をめぐる従来の議論を鳥瞰した。そこでは、間接適用という用語が必ずしも妥当ではないこと、上位法たる憲法の解釈における国際法の参照は、国際法適合的解釈とは別の問題として考察すべきことを論じた。以下では、そこで概念整理した意味での狭義の国際法適合的解釈に該当するアメリカ法上の概念、Charming Betsy Canon について紹介し、若干の検討を加える。

1　沿　革

　(1) Charming Betsy 判決　　Charming Betsy Canon の名前の由来となったのが、1804 年の連邦最高裁の Murray v. Charming Betsy 判決(231)である。ここでは、まず、この判決について紹介しよう。事件の概要から説明すると、もともと合衆国領内に居住する合衆国市民によって所有されていた、スクーナー帆船ジェーン号は、1800 年 4 月以降にデンマーク領セント・トーマス島に居住するジャレッド・シャッタクに売却され、名称も Charming Betsy 号と改められた。Charming Betsy 号は、航行中フランスの私掠船に拿捕され、捕獲物としてフランスの属領ガドゥループへと曳航中、マーレイ船長率いる米国軍艦の一団に再拿捕された。ところで、フランス革命戦争が勃発していた当時、革命フランスとアメリカは宣戦なき準戦争状態にあった。そのような状況の中で、連邦議会は、対仏通商停止法(232)を 1800 年 2 月に

　　の、ベルギー・フランスをはじめとする、多くの大陸法国の判例について詳細に検討した邦語文献として、申惠丰『国際人権法〔第2版〕』（信山社、2016年）521頁以下がある。
(230)　裁判所における直接適用の可否という条約の国内実施の一側面にのみ焦点を当てるのではなく、立法機関や行政機関はどのような役割を果たすべきなのかについても広く目を向ける必要性を強調するものとして、小森光夫「条約の国内的効力と国内立法」村瀬信也=奥脇直也編『国家管轄権』（勁草書房、1998年）541頁以下（特に546頁）がある。条約の承認や条約法律がいかなる意味をもつのかという点も、広く国内立法の機能にかかわる問題だと解するのであれば、小森の指摘はここでの指摘と重なるものがあるといってよいだろう。
(231)　Murray v. Charming Betsy, 6 U.S. (2 Cranch) 64 (1804).
(232)　An Act further to suspend the commercial intercourse between the United States and France, and the dependencies thereof

成立させており、そこでは、全ての合衆国に居住する者あるいは合衆国市民によるフランスおよびその属領との一切の通商行為が禁止されていた。マーレイ船長は、積荷を売却した上で、Charming Betsy 号をフィラデルフィアまで曳航し、この対仏通商停止法違反の廉で裁判手続を開始した。しかし、シャッタクは独立前のアメリカ植民地に生まれたが、両親とともに幼少期にセント・トーマス島に移住しており、遅くとも、1789 年あるいは 1790 年ごろからは同島に居住していたことが証明されていた。そして、1797 年にはデンマーク王に対する忠誠を宣誓していたため、デンマーク領事は、船舶も積荷もデンマーク臣民のものであると主張した。フィラデルフィア地方裁判所は、Charming Betsy 号の押収を違法とし、船舶の保存と貨物の賠償を命じた。これに対して不服が申し立てられ、巡回裁判所によって原命令が支持されたものの、当事者双方の上告により連邦最高裁に係属したのである[233]。

マーシャル首席判事が執筆した法廷意見（全会一致）は、まず、対仏通商停止法によって、Charming Betsy 号の没収を基礎づけられるかを検討した。そして、その冒頭、マーシャル判事は、明示的な文言で、あるいは、黙示のものであってもよいが、その場合十分に明白かつ不可避なものとして、禁止の意図が示されていない限りは、営利目的の事業として、中立国民への売却を目的とした船舶の建造を禁止することはできないとした。それに加えて、連邦議会による立法は、他のなんらか可能な解釈が可能である限り、諸国民の法 (law of nations)[234]に違反するように解釈されてはならず、すなわち、この国において理解されているところの国際法によって許されているものを越えて、中立国民の権利を侵害したり、中立国民の通商に影響を与えたりすることは許されないと述べたのである[235]。

この後半部分が、のちに Charming Betsy Canon として引用されるもの[236]であり、ここでの主たる検討対象となる。しかし、この Charming

---

(233) *Charming Betsy*, 6 U.S. at 115-117.
(234) ローマ法の *ius gentium* に相当する概念であり、国家間の関係のみの規律を念頭に置く、国際公法としての国際法 (international law) とは概念に差があるところであるが、さしあたり、国際法と読み替える。Law of nations の意義については、例えば、H.H. KOH, TRANSNATIONAL LITIGATION IN UNITED STATES COURTS 26-27 (2008) などを参照。
(235) *Charming Betsy*, 6 U.S. at 118.
(236) なお、学説において指摘されることも多くなく、本判決でも引用されていないが、フランスに拿捕された中立国ハンブルク籍船舶の再拿捕に関する救済費用の負担が問題となった、本判決に 3 年先立つ Talbot v. Seeman 判決において、「もし回避可能であれば、合衆国の法は、各国に共通な原理

Betsy Canon が本判決の具体的な事案の処理において、どのような意義を発揮したのかは明確ではない⁽²³⁷⁾。というのも、ここでは、抵触が問題となる国際法の内容が明確にされないまま⁽²³⁸⁾、拿捕当時に Charming Betsy 号の所有者が合衆国市民でもなければ合衆国の保護下にもなかったことを認定し、対仏通商停止法への違反を否定したのであった。確かに、中立国民の権利保障が問題となっていることが、先に引用した部分において示唆されているのであるが、中立法の具体的内容は論じられていない。拿捕当時に、合衆国市民や合衆国に居住する者の所有に属することが要求されるとしている点は、ある意味では、通常の解釈手法によって導かれるものである。さらに、本件で決定的なのは、シャッタクのデンマークへの帰化の認定である⁽²³⁹⁾。これは国籍法の解釈問題であるといえるし、国籍の決定は国際的な事項だということは可能であり、国際公法と国際私法が必ずしも明瞭に分離されていなかった当時の law of nations の意義⁽²⁴⁰⁾にてらしてみれば、国籍に関する法はこれに包含されるということはいえるかもしれないが、この点は明確にされているわけではなく、国籍法への違反が問われているわけでもなければ、中立法が関係していないことはいうまでもない。

　なお、法廷意見では明示されていないが、このような国際法への違反を極力回避しようとする判示の背景には、制定法はコモン・ローを排除することができるが、コモン・ローへの抵触を認め、コモン・ローの排除を行うことは極力排除すべきであるとのイギリス法以来の解釈原則があるのではないかと指摘されている⁽²⁴¹⁾。

　(2) Charming Betsy Canon の受容と定着　　(1)でみたように、Charming Betsy 判決自体は、その起源や正当性についてほとんど述べるところがなく、事案の解決にとって、国際法がどのように影響するのかも必ずしも明

や用法、あるいは、各国法における一般的法理を破るように解釈されてはならない」と述べ、救済費用を船舶の所有者に負担させないのが、国際法にてらして一般的であると判示していた。See, Talbot v. Seeman, 5 U.S. (1 Cranch) 1, 43 (1801).
(237) See also, BRADLEY, supra note 93, at 16.
(238) これに比して、Talbot 判決の方が、前掲註(236)でも触れたように、救済費用負担の一般的なあり方に触れており、国際法の内容への言及がなされているということができる。
(239) 以上について、Charming Betsy, 6 U.S. at 118-121 を参照。
(240) See, e.g., KOH, supra note 234, at 27.
(241) C.A. Bradley, The Charming Betsy Canon and Separation of Powers, 86 GEO. L.J. 479, 488 (1998). 邦語文献では、酒井ほか・前掲註(219) 405頁。

らかではなかった。これが逆説的に思い思いの理解を可能として、かえって論者の支持を得やすかったのではないかと指摘する者もある[242]くらいだが、今日、この法理自体は広く受け入れられている。

　もっとも、長きにわたって本格的に援用されることはなく[243]、1950年代になってようやく本格的に援用されだしたのだと指摘される[244]。この「本格的援用」の皮切りとなったとされるのが、1953年の Lauritzen v. Larsen 判決[245]や 1957年の Benz v. Compania Naviers Hidalgo, S.A. 判決[246]である。前者は、デンマーク人船員とデンマーク人船主との間の、ハバナ湾での船員の負傷に関する事件にアメリカの海事不法行為法（Jones Act）が適用されるかが問題となった事件であり、後者は、アメリカの領水内に停泊中のリベリア籍船舶内において、パナマ法人とドイツ人・イギリス人を中心とした外国人船員との間に生じた労働紛争への、アメリカの労使関係法（Labor Management Relations Act of 1947）の適用の可否が争われた事件である。これらはいずれも、米国国内法の域外適用が問題になった事案であり、前者では、Charming Betsy 判決における、「連邦議会による立法は、他のなんらか可能な解釈が可能である限り、諸国民の法に違反するように解釈されてはならない」という説示を引用した上で、国際法上のルールとして、主権国家は、自身の領域外にある他の主権国家の国民や権利を尊重する必要があるとして、なんらか他の解釈が可能である限りは、立法はアメリカの主権の及ぶ範囲を超えて外国人についてその行動に対して適用されると解釈されてはならないとした[247]。後者においては、Charming Betsy 判決は直接引用されていないのであるが、「国際関係という細心の注意を必要とする（delicate）問題に我々（連邦最高裁）が介入するためには、連邦議会の積極的な介入の意図が明確に示されていなければならない[248]」としており、これは、Charming

---

(242) *See*, Note, *The Charming Betsy Canon, Separation of Powers, and Customary International Law*, 121 HARV. L. REV. 1215, 1215 (2008).
(243) 19世紀における Charming Betsy 判決の引用のされ方については、F.C. Leiner, *The Charming Betsy and the Marshall Court*, 45 AM. J. LEGAL HIST. 1, 19 (2001) などを参照。そこでは、驚くべきことに、海事事故の損害額算定の先例として引用されることもしばしばであったことなどが指摘される。
(244) R.P. Alford, *Foreign Relations as a Matter of Interpretation*, 67 OHIO ST. L.J. 1339, 1352 (2006).
(245) Lauritzen v. Larsen, 345 U.S. 571 (1953).
(246) Benz v. Compania Naviers Hidalgo, S.A., 353 U.S. 138 (1957).
(247) *Lauritzen*, 345 U.S. at 578.
(248) *Benz*, 353 U.S. at 147.

Betsy Canon を援用したものと理解されている⁽²⁴⁹⁾。さらに、Benz 判決の 6 年後に出された、MuCulloch v. Sociedad Nacional 判決も外国籍船舶の外国人船員の海事従事について労使関係法の適用を否定したが、ここでは、国際法上のルールとして旗国主義が船舶内部の問題については一般的に妥当していることを指摘した上で、Charming Betsy 判決の件の説示を引用し、最終的には Benz 判決に従って、「国際関係という細心の注意を必要とする問題に我々が介入するためには、連邦議会の積極的な介入の意図が明確に示されていなければならない」と判示したのであった⁽²⁵⁰⁾。これによって、Benz 判決と Charming Betsy 判決が接合されたということもできよう。

　以上のように、「本格的援用」が始まった当初の判決はいずれも、米国法の域外適用や海事法が問題となった事案であった。しかし、1980 年代になると、Charming Betsy Canon が適用される領域は大きく拡大したのだと指摘されている⁽²⁵¹⁾。この適用領域拡大の画期とされるのが、Weinberger v. Rossi 判決⁽²⁵²⁾である。この事件は、フィリピンの米軍基地において、フィリピンとの単独行政協定⁽²⁵³⁾（本件協定）に基づく、フィリピン人の優先的雇用がアメリカの労働差別禁止法に違反するかが争われた事件である。労働差別禁止法には、条約に特段の定めがある場合の適用除外が規定されていたのであるが、そこにいう「条約」が合衆国憲法 2 条にいう、すなわち、締結にあたり上院の 3 分の 2 以上の賛成による助言と承認を要する条約に限定されるのか、換言すれば、単独行政協定たる本件協定がここにいう条約から排除されるのかが問題となった。レンキスト判事（首席判事就任前）執筆の法廷意見は、Charming Betsy 判決の件の説示を引用した上で、MuCulloch 判決も引いて、適用除外条項の「条約」を合衆国憲法 2 条上の条約に限定されると読むためには、合衆国の国際的義務を破る明確な意図が、なんらかの積極的表現によって示されていなければならないと判示した⁽²⁵⁴⁾。そして、連邦議会による立法過程を参照し、行政協定を締結する大統領権限を限定する

---

(249) *See, e.g.*, Alford, *supra* note 244, at 1354.
(250) MuCulloch v. Sociedad Nacional, 372 U.S. 10, 21-22 (1963).
(251) *See, e.g.*, R. Crootof, *Judicious Influence: Non-Self-Executing Treaties and the Charming Betsy Canon*, 120 Yale L.J. 1784, 1794 (2011); R.G. Steinhardt, *The Role of International Law as a Canon of Domestic Statutory Construction*, 43 Vand. L. Rev. 1103, 1152ff. (1990).
(252) Weinberger v. Rossi, 456 U.S. 25 (1982).
(253) 第 1 部第 3 章 I で紹介したように、議会の関与なく、大統領限りで締結する国際合意を指す。
(254) *Weinberger*, 456 U.S. at 32.

意図はなかったと解されるなどとして、本件協定による適用除外を是認したのであった⁽²⁵⁵⁾。この Weinberger 判決は、労働法に関連する事案という意味では、MuCulloch 判決などとの連続性を認めることが可能である。しかし、これは、米国法の域外適用を否定するために Charming Betsy Canon が適用されたものではなく、実体的な⁽²⁵⁶⁾米国国内法の文言解釈にあたって、国際法規範を害することがないよう援用されたものであり、従来の判決とはかなり趣を異にする。さらに、配慮した対象が単独行政協定であったという点は、配慮・参照の対象となる範囲の観点からも注目されるものである。

　適用領域拡大に関する、最近の注目すべき展開として、武力紛争法の参照である。アフガン戦争における武力行使等の授権を行った両院共同決議（AUMF）によってアメリカ市民の身柄拘束権限を基礎づけることが可能かどうか争われた、Hamdi v. Rumsfeld 判決において、オコナー（S. O'Connor）判事執筆の相対多数意見は、Charming Betsy Canon に言及していないが、長期にわたって存在してきた戦争法上の原則に基づいて、拘束権限が認められないとしており⁽²⁵⁷⁾、これを実質的に Charming Betsy Canon の適用とみる見解⁽²⁵⁸⁾や、Charming Betsy Canon を援用することによってこの事件をうまく処理することが可能であると説くもの⁽²⁵⁹⁾があり、注目される⁽²⁶⁰⁾。

　Weinberger 判決については、単独行政協定が問題となったこともあり、議会と裁判所の関係のみならず、執行府ないし行政機関の権限についても考慮されている点を重視する見解もある⁽²⁶¹⁾。確かに、適用領域が拡大し、下級審判決においては、経済法分野における Charming Betsy Canon の適用例

---

(255) *Weinberger*, 456 U.S. at 33.
(256) その意味では、実体的な労働法分野への領域拡大を認めることができるわけである。*See*, Steinhardt, *supra* note 251, at 1154.
(257) Hamdi v. Rumsfeld, 542 U.S. 507, 521-522 (O'Connor, J., plurality opinion, 2004). なお、ここでは、ジュネーブ第三条約（捕虜条約）やハーグ条約などの諸規定が指示され、戦闘状態が終了した場合には身柄拘束の権限がないことが、戦争法上の原則であるとしている。なお、同じく AUMF による授権の範囲が問題となった、Hamadan v. Rumsfeld, 548 U.S. 557 (2006)〔外国人敵性戦闘員のグアンタナモ刑務所収容が問題となった〕では、法廷意見で、より直接的にジュネーブ条約共通3条違反を認定している。
(258) Alford, *supra* note 244, at 1367.
(259) I.B. Wuerth, *Authorizations for the Use of Force, International Law, and the Charming Betsy Canon*, 46 B.C. L. Rev. 293, 330ff. (2005).
(260) 否定的な見解として、C.A. Bradley, *The Federal Judicial Power and the International Legal Order*, 2006 Sup. Ct. Rev. 59, 84-85 (2007).
(261) Alford, *supra* note 244, at 1355-1356.

がみられるようになった⁽²⁶²⁾が、そこでは、行政機関によって定立された規範と国際経済法の抵触問題が主題化することもしばしばであり、裁判例⁽²⁶³⁾においても学説上も、Charming Betsy Canon と Chevron Doctrine⁽²⁶⁴⁾のいずれが優先するのかといった問題が盛んに論じられるに至っている⁽²⁶⁵⁾。

また、Lauritzen 判決では未だこの観点は十分に現れていないのであるが、Benz 判決以降、判例が議会の意図に着目をしていることを指摘することができる。シュタインハート（R.G. Steinhardt）は、この点に着目して、権力分立の観点が Charming Betsy Canon の性格づけにおいて意識されるようになってきたという⁽²⁶⁶⁾。そして、彼は、この点を、弱小新興国アメリカの商業的利益を確保すべく他国との紛争を回避せんがために国際法規範を重視した⁽²⁶⁷⁾、19 世紀初頭の元来の Charming Betsy Canon と、1950 年代以降の現代型 Charming Betsy Canon を分かつものであると指摘し、Weinberger 判決をその到達点に位置づけるのである⁽²⁶⁸⁾。この点に関連して、違憲判断回避の先例として著名な N.L.R.B. v. Catholic Bishop of Chicago 判決⁽²⁶⁹⁾が、違

---

(262) *See, e.g., Footwear Distributors and Retailers of America v. United States*, 852 F. Supp. 1078 (Ct. Int'l Trade 1994); *Warren Corporation v. E.P.A.*, 159 F.3d 616, 624 (D.C. Cir. 1998).

(263) *See, e.g., Footwear Distributors*, 852 F. Supp. at 1091. *See also, DeBartolo Corp. v. Florida Gulf Coast Building & Construction Trades Council*, 485 U.S. 568, 574-575 (1988) [Charming Betsy 判決に淵源をもつとされる違憲判断回避原則が Chevron Doctrine に優位しており、Footwear Distributors 判決が、Charming Betsy Canon が Chevron Doctrine を破る根拠となるとする]。他方、Chevron Step 2 における行政機関の解釈の合理性を基礎づけるために、Charming Betsy Canon を援用し、WTO 法上のアンチダンピングの規律を考慮したものとして、*Warren*, 159 F.3d at 624 がある。*See also,* K. Daugirdas, *International Delegations and Administrative Law*, 66 MD. L. REV. 707, 748-749 (2007). さらなる学説や先例については、**2** で詳述する。

(264) *Chevron v. N.R.D.C.*, 467 U.S. 837 (1984) において示された、行政立法の司法審査に関する判断枠組である。行政立法の根拠となっている制定法に曖昧さがあるかを判断 (Step 1) し、①曖昧でない場合には、行政立法がその範囲内に収まっているものかを裁判所が判断するが、②曖昧である場合、解釈権限が第一次的には行政機関に与えられているものと解して、裁判所は、行政立法に示された行政による制定法解釈が合理的なものかどうかを判断するにとどめる (Step 2) という。詳細については、R.J. PIERCE, JR., 1 ADMINISTRATIVE LAW TREATISE §3 (5th ed., 2010) などを参照。あわせて、Administrative Law Review の Chevron 判決の 30 周年特集として、*Chevron v. NRDC: A Thirtieth Anniversary Commemoration*, 66 ADMIN. L. REV. 235 (2014) もある。最新の邦語文献として、渕圭吾「Chevron Step Zero とはなにか」学習院 50 巻 1 号（2014 年）173 頁以下があり、他の邦語文献については渕論文を参照。

(265) この問題については、続く **2 (2)** において後述する。

(266) Steinhardt, *supra* note 251, at 1354-1355.

(267) *See also*, Leiner, *supra* note 243, at 17-18.

(268) *See*, Steinhardt, *supra* note 251, at 1352 & 1355-1357.

(269) *N.L.R.B. v. Catholic Bishop of Chicago*, 440 U.S. 490, 500 (1979). この事件は、教会系学校における労働紛争が連邦労働関係局（N.L.R.B.）による労使紛争処理の管轄に属するかが問題となったものであり、連邦最高裁は、管轄を認めることが修正 1 条で認められた信教の自由を害する疑いを生じさ

憲判断回避法理の淵源として Charming Betsy 判決を挙げる(270)とともに、MuCulloch 判決も権力分立に関する先例として引用している。このことは、Charming Betsy Canon の広い受容を裏付けるものであるとともに、判例における Charming Betsy Canon の性格理解をうかがわせるものであるといえよう。

　Charming Betsy Canon の受容ないし定着の表れとしては、対外関係法リステイトメントにもこの Canon への言及がみられることが指摘できる。もっとも、Charming Betsy 判決の文言そのままに再録されているのではなく、また、1965 年刊行の第 2 リステイトメントと 1987 年刊行の第 3 リステイトメントでも表現が異なっている。すなわち、第 2 リステイトメントにおいては、「合衆国の国内法が、国際法（international law）に合致するようにも、国際法と抵触するようにも解釈可能な場合には、合衆国の裁判所は国際法と合致するように解釈することになる」という表現が用いられていた(271)のに対し、第 3 リステイトメントでは「十分に可能な場合には（where fairly possible）、合衆国の制定法は国際法（international law）あるいは合衆国の国際協定に抵触しないように解釈されるべきである」というものになっている(272)のである。ここでは、いずれの場合も、判決の原文の「諸国民の法（law of nations）」が「国際法（international law）」に置き換えられているほか、判決における「他のなんらか可能な解釈が可能である限り（if any other possible construction remains）」という限定が、第 3 リステイトメントでは、「十分に可能な場合には（where fairly possible）」に置き換えられている。

　順序が前後するが、まず、第 3 リステイトメントにおける表現は、第 2 リ

せるため、連邦議会の意図として教会系学校における紛争にも管轄を認めることが明確になっていることを要するとした。なお、管見の限りにおいて、連邦最高裁において、違憲判断回避の解釈原則（the doctrine of constitutional doubt という用語を与えるものとして、Almendarez-Torres v. United States, 523 U.S. 224, 237 (1998)）について述べた最も古い判決は、「No court ought, unless the terms of an act rendered it unavoidable, to give a construction to it which should involve a violation, however unintentional, of the constitution.」とした、Parsons v. Bedford, 28 U.S. 433, 448-449 (1830) である。ただし、そこでは上記の引用のように解釈すべき根拠は述べられておらず、Charming Betsy 判決も引用されていない。

(270)　同趣旨の指摘をするものとして、例えば、*DeBartolo*, 485 U.S. at 575 がある。なお、Note, *supra* note 242, at 1216 は、この判決が Charming Betsy Canon を 'beyond debate' としたというが、これはむしろ、違憲判断回避の法理についての言及であると思われる。

(271)　AM. L. INST. RESTATEMENT OF THE LAW (SECOND) FOREIGN RELATIONS LAW OF THE UNITED STATES 9 §3 (3) (1965).

(272)　RESTATEMENT 3RD, *supra* note 42, §114.

ステイトメントの場合よりも、判決の表現により近くなったものの、他の解釈が可能であったとしても解釈として無理のある場合を排除しうる点[273]で、国際法適合的解釈がなされる範囲をより限定していると理解できる。このような限定は、Ashwander v. TVA 判決[274]のブランダイス同意意見におけるいわゆるブランダイス第 7 原則から表現を借用したためであるとされ[275]、先にも触れた違憲判断回避原則ないし憲法判断回避原則と Charming Betsy Canon を同根と捉える見方の定着がうかがえる[276]。

次に、第 2 リステイトメントと第 3 リステイトメントの表現の変化になんらかの意義を見出せるかについて、第 2 リステイトメントが国際法に違反する解釈の回避にとどめる趣旨を比較的強く読み取りうるのに対して、第 3 リステイトメントの場合は、相対的に、米国法を国際法に適合的な方向へ積極的に解釈しようとする趣旨を読み取れなくはない。ブラッドリーも、一定の裁判官や研究者によって、国際法違反を単に防止するのみならず、積極的に米国法を国際法に適合させようとする動きがあることを指摘して、そのような時代の流れが反映されている可能性を示唆する[277]。

広い受容という点に関連して興味深いのが、外国法・国際法の参照については辛辣な批判を浴びせる[278]、連邦最高裁のスカリア判事が、Charming Betsy Canon については肯定的な態度を示していることである[279]。ブラッドリーは、自らの Charming Betsy Canon の理解[280]に引きつけつつ、連邦議会に国際法に従うのか、あえて違反するのかについて決定権を与える理論であることから、スカリアも支持するのではないかと推測する[281]。ただし、

---

(273) なお、ブラッドリーは、United States v. Yunis, 924 F.2d 1086, 1091 (D.C. Cir. 1991) などの一定数の裁判例は、Charming Betsy 判決の「可能な（possible）」という文言を、「合理的な（reasonable）」とほぼ同意に読み替えていると指摘する。See, BRADLEY, supra note 93, at 16 n. 88 and accompanying text.

(274) Ashwander v. TVA, 297 U.S. 288, 348 (Brandeis, J., concurring, 1936). これについては、さしあたり、拙稿「『憲法適合的解釈』をめぐる覚書」帝京 29 巻 2 号（2015 年）286-287 頁註 17 を参照。

(275) RESTATEMENT 3RD, supra note 42, at 63 (Reporters' Note 2). See also, Bradley, supra note 241, at 491. 櫻山茂樹「国内裁判所における人権条約の適用(5)」早研 107 号（2003 年）200 頁もこの点を紹介している。

(276) 櫻山・同上も参照。ただし、AM. L. INST., supra note 82, at 24-25 (§109 Reporters' Note 1) は、TVA 判決からの引用を認めつつ、憲法の最高法規性を根拠とする違憲判断回避の法理との差異を強調している。

(277) Bradley, supra note 241, at 491.

(278) See, Roper v. Simons, 543 U.S. 607, 628 (Scalia, J., dissenting, 2005). 本書第 2 部補論も参照。

(279) See, Hartford Fire Insurance Co. v. California, 509 U.S. 764, 815-817 (Scalia, J., dissenting, 1993).

(280) この点については 2 (1)(i)を参照。

スカリアが Charming Betsy Canon を援用するのは、主として、管轄権の域外適用を否定する文脈であり[282]、積極的に、国内制定法の実体的解釈について国際法を援用しようという文脈ではないことに注意しておく必要はあるように思われる。これに関連して、コロンビア特別区連邦巡回裁判所のカヴァノー（B. Kavanaugh）判事[283]は、Charming Betsy Canon に懐疑的であり、連邦議会による積極的な国内への受容を欠く慣習国際法や、非自動執行条約については Charming Betsy Canon の適用を否定するとともに[284]、また、彼が Charming Betsy Canon は域外適用の範囲を超えて適用されるものではないと主張する[285]点が注目される[286]。

最後に、近時の展開としては、国際法違反となる国内法の適用を妨げるという形で援用されるのではなく、国際法が許すような形で国内法の適用を行うべきであるという用いられ方が一部で主張されるに至っていることが指摘できる[287]。具体的には、国際法上の強行規範（*ius cogens*）[288]違反の行為については、外国国家の行為であっても、主権免除をすることは許されないのが国際法上のルールであるなどとして、外国主権免除法（FSIA）は、そのような行為に主権免除を与えないように解釈されなければならないという主張である[289]。ただし、そもそも強行規範違反の行為に主権免除が適用されないというルールが国際法上成立していること自体、ICJ において受け入れられていない[290]し、アメリカの下級審裁判例[291]においても、上記のよう

---

(281) 2014年9月12日に筆者が行った、インタビューに対する返答である。
(282) See, Hartford, 509 U.S. at 815-817.
(283) かつて、連邦最高裁でケネディ判事のロー・クラークを務め、2003年から判事就任までは、G. W. ブッシュ政権において大統領補佐官を務めた人物で、将来の共和党の最高裁判事候補ともいわれている。See, J. Toobin, *The Supreme Court Farm Team*, THE NEW YORKER (Mar. 17, 2014), http://www.newyorker.com/news/daily-comment/the-supreme-court-farm-team.
(284) The Fund for Animals v. Kempthorne, 472 F.3d 872, 879 (D.C. Cir, Kavanaugh, J., concurring, 2006); Al-Bihani v. Obama, 619 F.3d 1, 11 (D.C. Cir, Kavanaugh, J., concurring, 2010).
(285) *Al-Bihani*, 619 F.3d at 41-42.
(286) Charming Betsy Canon により参照されるべき国際的規範の範囲の問題については後述する。なお、カヴァノー意見の存在については、前述のインタビューの際にブラッドリーから教示を受けた。
(287) See, BRADLEY, *supra* note 93, at 17.
(288) これについては、さしあたり、酒井ほか・前掲註（219）301-303頁［濱本正太郎執筆部分］などを参照。
(289) See, *id.*.
(290) Judicial Immunities of the State (Ger. v. It.), Judgment, 2012 I.C.J. 99, 142 ¶ 97 (Feb. 3, 2012).
(291) See, e.g., Sampson v. Federal Republic of Germany, 250 F.3d 1145 (7th Cir. 2001). *See also*, BRADLEY, *supra* note 93, at 17.

な主張は否定されている。

(3) 小　括　　以上、Charming Betsy Canon について、そもそもそれが示された（とされる）、Charming Betsy 判決の概要と、その後の主として判例による受容と定着といった形で、沿革をやや立ち入って確認してきた。

ここまでの作業を通じて、Charming Betsy Canon が現在においては広く受容され、一般的には定着していることが理解できるだろう。しかし、これが Charming Betsy Canon についてもはや議論の余地がないということを意味するものでないこともまた、我々には明らかである。すなわち、ここまでみた中だけでも、Chevron Doctrine との優劣関係や参照されるべき国際規範の範囲、国際法の参照というものがどの程度の強度をもった要請なのか、すなわち、違反の回避にとどまるのか、それとも積極的に国際法への適合を求めるものなのか、といった諸点について、なお論じられるべきものが残されていることが示唆されていた。ある意味当然のことながら、こういった諸問題についてどう答えていくかということに関しては、そもそも Charming Betsy Canon をどのような根拠論・正当化論によって性格づけるかに大きく依存する。そして、実際にアメリカにおいては、根拠論・正当化論が盛んに行われてきたところであり、結論を先取りすれば、権力分立論との関係で論じられることが多い。そこで、次の **2** では、アメリカにおける Charming Betsy Canon の根拠論・正当化論の確認・検討を通じて、Charming Betsy Canon をめぐる諸問題について若干の考察を加えていくことにしたい。

2　権力分立の理論としての Charming Betsy Canon？

(1) 基本的性質理解　　(i) ブラッドリーの議論　　Charming Betsy Canon の理論的根拠づけについて論ずるにあたって、避けて通れないのが、――本書でもすでに何度か引用した――ブラッドリーの「The *Charming Betsy* Canon and Separation of Powers: Rethinking the Interpretive Role of International Law」論文[292]である。この論文は、Charming Betsy Canon をめぐる理論的な検討がまだ十分になされていなかった[293]、1998 年に発表さ

---

(292)　Bradley, *supra* note 241.
(293)　*See, id.*, at 483 n. 18 and accompanying text. ブラッドリーも挙げる、例外的な先行研究として、Steinhardt, *supra* note 251 と、J. Turley, *Dualistic Values in the Age of International Legisprudence*, 44 HASTINGS L.J. 185 (1993) がある。

れたものであり、表題の通り、Charming Betsy Canon を権力分立の観点から根拠づけるものである。そして、今日では、Charming Betsy Canon を語るにあたっての出発点となっている。そこで、本書においても、ブラッドリーの議論を再確認するところから始めることにしたい(294)。

　ブラッドリーは、まず、従来の裁判例の多くが、Charming Betsy Canon を立法者の意図（intent）によって基礎づけてきたと指摘する(295)。すなわち、国際法の違反は他国を害し外交関係を合衆国にとって困難なものとする可能性があるので、連邦議会は総じて国際法に違反しないように願うものであるとの想定から、国際法に反するような制定法解釈を可能な限り避けることを求めてきたのだといい、これを立法者意図論（legislative intent conception）と呼ぶ(296)。ブラッドリーはこれに対して、最近の論者(297)や判事の中には、国際法違反を回避するにとどまらず、Charming Betsy Canon を援用して、国内法を積極的に国際法に適合するように解釈しようとする者が一定数みられることを指摘する。これがもともと Charming Betsy Canon が求めていた、国際法違反の回避からは乖離したものであるとしつつも、国際協調論（internationalist conception）と呼び、新しい潮流として、Charming Betsy Canon の根拠論ないし性質論(298)の一翼に位置づける(299)。

　しかし、そこからブラッドリーは、Charming Betsy 判決以来の国際法の性質や裁判所の機能をめぐる、捉え方や社会情勢が大きく変わったことを挙げ、立法者意図論が現代では成り立たないこと(300)、また、現在の状況にて

---

(294)　邦語によるブラッドリー論文の紹介として、櫨山・前掲註（275）203頁以下がある。
(295)　ブラッドリーは、直接 Charming Betsy Canon に言及するものではないことを認めつつ、立法者の意図を重視し、国際条約への違背を回避した先例として、Cher Heong v. United States, 112 U.S. 536 (1884) を引用している。See, Bradley, supra note 241, at 496. See also, J.J. PAUST, INTERNATIONAL LAW AS LAW OF THE UNITED STATES 99 & 125 n. 3 (2003) [他の関連判例・裁判所について近時のものを含めて紹介している]。
(296)　Bradley, id., at 495-496.
(297)　ブラッドリーは、この中に、シュタインハートを位置づける。See, id., at 498.
(298)　なお、櫨山・前掲註（275）203頁は、立法者意思論、ブラッドリーの所論、国際協調論の三つ（ちなみに櫨山は、順に立法府意思説・権力分立説・国際主義説という語をあてている）を理論的な根拠づけの議論として性格づけている。しかし、前二者については根拠論としての性格が強いものの、国際協調論は、Charming Betsy Canon の要求内容にかかわるものであって、根拠について述べるものではないという印象を受ける。その意味で、本書は「根拠論ないし性格論」としている。実際、ブラッドリー自身も、立法者意思論と国際協調論を、「two common conceptions of the role of the Charming Betsy Canon」とし、問題関心がずれていることも同時に指摘している。See, Bradley, id., at 495.
(299)　Bradley, id., at 497-504.
(300)　ただし、ブラッドリーが作成の中心的メンバーとなっている、第4リステイトメントは、あく

らしたときに、国際協調論も、それが良いかどうかは別にして、政治部門の態度に合致しないという⁽³⁰¹⁾。そして、その折衷的説明づけとして、権力分立による根拠づけ論を展開するのである。

我々の関心からは、早速権力分立による根拠づけ論の中身に興味が湧くところではあるが、権力分立根拠論をよく理解するためにも、ブラッドリーが指摘する Charming Betsy Canon 採用以来の「変化」を敷衍して説明しておくことにしよう。この変化として、大きく3点が指摘される。

まず、1点目は、ポスト・リアリズム法学の時代にあって、解釈ルールとしての Canon を用いた、客観的な立法者意思の発見・実現というものを語れなくなったこと、それによって、裁判所による法解釈が結局は裁判所による価値判断であるということになり、立法者の意図がそのように推定されるというのみではなく、規範的に根拠づける必要が生じたということである⁽³⁰²⁾。この意味で、ある意味牧歌的な立法者意図論は採用できなくなっており、背後の価値判断を提示する必要が生じているというのである。さらに、立法者意図の推定の根拠として、他国との関係悪化への懸念が挙げられるのは上述の通りであるが、Charming Betsy 事件当時に弱小国であったアメリカは、現在では超大国になっており、国際法違反に伴うリスクが低減していることも、立法者意図論のマイナス要素として挙げられている⁽³⁰³⁾。2点目は、国際法、とりわけ慣習国際法の性質ないし性格の変化である。つまり、Charming Betsy Canon が採用された当時の「law of nations」概念が自然法の性質をもつものであり⁽³⁰⁴⁾、国内の実定法に優位するものであるという観念が存在していたのに対し、その後、法実証主義が台頭し、慣習国際法も含めて、国家の意思に基づいて形成される実定法であると考えられるようにな

まで従来の判例のまとめという形をとりつつも、立法者意図の推定を根拠とする。*See*, AM. L. INST., *supra* note 82, at 24 (§109 Reporters' Note 1).
(301) *Id.*, at 523.
(302) *Id.*, at 507-508. なお、ブラッドリーは、このような裁判観の変化は、解釈原則（canon of construction）への疑義に結びついたのであるとする。もっとも、このような疑義に対しては、裁判所の制度的能力に着目して、一定の判断については裁判所が積極的な価値判断をするのではなく、議会に明確な意思決定を求める、明確な意思表明のルール（clear statement rules）として、解釈原則を再構成する見解が台頭してきたことを指摘し、実際に連邦最高裁においても明確な意思表明のルールが多用されていることにも言及している。
(303) *Id.*, at 519. *See also*, *supra* note 267-268 and accompanying text.
(304) *See also*, *e.g.*, J. Lobel, *The Limits of Constitutional Power: Conflicts Between Foreign Policy and International Law*, 71 VA. L. REV. 1071 (1985).

った(305)。さらには、多数国間条約の慣習国際法化という現象も多くみられるようになり、多数国間条約に政治部門があえて参加しない判断をしている場合や、参加してもその国内への影響力を制限しようとしている国際法規範への違反の回避や適合的な国内法解釈が求められることになる。これは、立法者の意図の推定が一般的には想定できなくなっていることを示しているし、国際法への積極的な適合を志向することは、国内的に大きな問題を抱えかねない(306)。3点目は、2点目とも関連するが、Erie 判決(307)の登場である。ブラッドリーによれば、Erie 判決において、連邦一般コモン・ロー（federal general common law）概念が否定され、コモン・ローと自然法の分離がなされるとともに、法の発見者から法定立者への裁判所の性格づけの変化が確定したのだという(308)。これによっても、裁判所によって法の定立がどこまで許されるのかという問題が発生するとともに、根拠づけが要請されるようになったわけである(309)。

こうして、いよいよ、権力分立根拠論が開陳される。そこでは、立法者意図論のように、勝手に立法者の意図を推定するのではなく、ましてや、政治部門の一般的態度に反して、裁判所限りで国際法への積極的な適合を強行するという挙に出るわけでもなく、法律によって国際法を破ろうと思えば破れることを前提として、いつどのように合衆国が国際法を破るかということは、機能的な面でいっても、形式的な権力分立論からいっても、政治部門こそが決定すべきであるというのである。つまり、国際法に違反したくないというような立法者の意図を想定するのではなく、連邦議会が国際法に違反するという意思決定を明確にしておらず、曖昧さが残る場合には、裁判所限りで国

---

(305) Bradley, *supra* note 241, at 509-513.
(306) *Id.*, at 520-523.
(307) Erie Railroad v. Tompkins, 304 U.S. 64 (1938). ブラッドリーの Erie 判決理解については、C.A. Bradley & J.L. Goldsmith, *Customary International Law as Federal Common Law*, 110 HARV. L. REV. 815 (1997) [*hereinafter* Bradley & Goldsmith (Harv.)]; C.A. Bradley & J.L. Goldsmith, *The Current Illegimacy of International Human Rights Litigation*, 66 FORDHAM L. REV. 319 (1997); C.A. Bradley, J.L. Goldsmith & D.H. Moore, Sosa, *Customary International Law, and the Continuing Relevance of Erie*, 120 HARV. L. REV. 869 (2007) などを参照。もっとも、ブラッドリーの Erie 判決には批判も多い。ここでは、代表例として、H.H. Koh, *Commentary, Is International Law Really State Law?*, 111 HARV. L. REV. 1824 (1998) を挙げておく。また、関連する邦語文献としては、横山真紀「『Erie 法理』再考」新報108巻7＝8号（2002年）183頁以下、松田浩道「憲法秩序における国際規範：実施権限の比較法的考察(1)」国家129巻5＝6号（2016年）80-74頁などがある。
(308) Bradley, *supra* note 241, at 514-515.
(309) *Id.*, at 523-524.

際法違反の決断を下すのではなく、国際法違反を回避するように解釈しておくべきだというのが、Charming Betsy Canon の意義だという(310)。

　ブラッドリーは、周到にも、ありうる批判に対する応答も行っている(311)。そのありうる批判ないし権力分立根拠論の難点というのは、第 1 に、国際的事項について裁判所が判断することになるので、政治問題の法理のような権力分立の派生原理に抵触し、権力分立論それ自体を崩すことにならないかというものである。そして、第 2 に、政治部門への敬譲にみえて、結局裁判所が一定の対外政策決定を行うことを許し、自己矛盾に陥るのではないかというものである。

　前者について、ブラッドリーは、国際法の解釈が須らく政治問題であることは従来否定されており(312)、政治問題の法理もその援用が限定されてきていること、ここでの Charming Betsy Canon の理解は法律が曖昧な場合に国際法違反を回避するという要求にすぎないことを挙げて反論する(313)。

　次に、後者についてであるが、上記二つの難点は、相互に重なるところもあるので、反論も重なるところもあるが、国際法の内容を判断するのと、合衆国にとって適切な対外政策を判断するのはあくまで別物であること、国際法に積極的意義を与えようとするのではなく、国際法への抵触を消極的に回避するにすぎないこと、適用の場面は立法が曖昧な場合に限定されること、部門間の潜在的な対立はそもそも政治部門が優位するという基本的ルールで緩和されていることを挙げている(314)。もっとも、ブラッドリーは、これで問題が全て解消していないことに自覚的であり、結局はバランシングの問題であるという(315)。

　そして、いくら超大国であれ、行きすぎた国際法違反はリスクを伴うので、Charming Betsy Canon がリスク回避の枠組として機能しうること、政治部

---

(310)　Id., at 526. これに続いて、ブラッドリーは、違憲判断回避原則と同根であることを前出の Catholic Bishop 判決にも言及しつつ指摘したり、国家行為の法理（act of state doctrine）を国際法からの要請としてではなく、国内憲法上の権力分立の問題として整理した、Banco Nacional de Cuba v. Sabbatino, 376 U.S. 398, 476（1964）を援用したりしている。後者について、邦語文献では樋口範雄『アメリカ渉外裁判法』（弘文堂、2015 年）309-314 頁などを参照。

(311)　Bradley, id., at 529ff..

(312)　See, Baker v. Carr, 369 U.S. 186, 211（1962）. 最近のものとして、Zivotofsky v. Clinton, 132 S. Ct. 1421, 1427-1428（2012）なども参照。

(313)　Bradley, supra note 241, at 529-530.

(314)　Id., at 531-532.

(315)　Id., at 532.

門も国際法をむやみに破ろうとはしないので、立法者の意図にそう結果になる可能性は高いこと、Charming Betsy Canon 自体が長く知られてきたものであり、あくまで補充的な理由づけとはいえ、その背景には政治部門による受容もあるとうかがえることなどを指摘している[316]。

ただし、最後には、一般的に Charming Betsy Canon の適用にあたって注意すべきこととして、①国際法の内容を判断するにあたっては、国際法の意味内容に関する政治部門の理解を優先すること、②違反しているとされる国際法の意味内容について、丁寧に証拠づけること、③積極的に国際法に適合させる国際協調論を採用すべきではないことの3点を挙げ、裁判所を戒めるようなスタンスをとっている[317]。

以上が、ブラッドリーの議論の概要である。先にも述べたように、ブラッドリーの議論は、現在 Charming Betsy Canon について論じる上で出発点であるが、むしろそれゆえに批判も浴びている。そこで、以下では、ここに紹介したブラッドリーの議論をどう評価するべきかについて、立法者の意図の意義をどう考えるべきか、ブラッドリーが批判する「国際協調論」との差異はいかなるものか、ブラッドリーの見解について加えられている、国内民主政をより強調する、ブラッドリー以上に反国際協調の立場をとる論者からの批判との対比もしながら、検討していくことにしたい。

　(ⅱ) 立法者の意図の意義　ここで論じたいのは、「立法者意図論」を権力分立根拠論と対比させることの妥当性である。現代において、牧歌的な立法者意図の想定が困難となってしまったことは、ブラッドリーの指摘する通りであろう。しかし、これがある種の「神話」であり、現実の隠蔽の役割を果たすにすぎないとしても、現在においても、なんらかの立法者の意図を想定すること自体は、法学において一般に行われている[318]。ブラッドリー自身、実際に紹介した論文の末尾において、「政治部門も国際法をむやみに破ろうとはしないので、立法者の意図にそう結果になる可能性は高い」などと論じていることについては先に述べた[319]。そして、権力分立を基礎におい

---

[316]　*Id.*, at 532-533.
[317]　*Id.*, at 533.
[318]　前掲註(302)で触れた明確な意思表明のルールは、現代における立法者意図参照の代表ということができよう。そして、ブラッドリーもこれに好意的ですらある。判例については、Paust, *supra* note 295, 125 n. 3 なども参照。
[319]　前掲註(316)および対応する本文を参照。

て考えた場合に、政治部門、とりわけ議会の意図に注目することは、否定されるべきことではなく、むしろ望ましいことであるともいえる。先ほどの、論文末尾の言及にも表れているところであるが、明確な意思表明のルールが、立法に明確な意図・意見の表明を促すものとして、権力分立の観点に即した解釈原則であると示唆していることからも、ブラッドリーも立法者の意図を考慮すること自体には積極的といえるのである。そうすると、ブラッドリーの立法者意図論批判というのは、結局、立法者の意図を国際法違反を望まないというように一般的に想定することについて十分な根拠が示されていないという点にあるといえよう。

なお、国際協調論と立法者意図論が対立する見解であるかという点についても、それは否定的に答えるべきであるように思われる。すなわち、国際協調論の焦点は、Charming Betsy Canon の根拠論に関係ないとはいわないが、むしろ、国際法違反を回避するにとどまらず、国内法解釈を積極的に国際法に適合させることにあるというべきであって、立法者意図をどう想定するかという問題とは別次元の問題を取り扱っているといえるからである(320)。立法者意図の推定にあたって、国際協調の必要性を実質的根拠として援用することも可能であるし、逆に立法者意図として、積極的な国際法への適合の要求を経験的に導けるのであれば、国際協調論を基礎づけることもできよう。実際に、国際協調論者として位置づけられる(321)コー（H.H. Koh）(322)も、従来の判決の分析という形ではありながらも、Charming Betsy Canon を立法者の意図に重きを置くものとして整理していることを示唆する(323)。

---

(320) 「国際協調論者（Internationalist）」というのは自称ではなく、そこに分類される論者の間に具体的な学派形成のようなものはないし、ブラッドリーによって貼られた一種の「レッテル」である。ブラッドリー自身、立法者意思論と国際協調論を全面的に対立するものとは考えておらず、焦点を当てている場面が異なるともしている。See, Bradley, supra note 241, at 495. 彼による国際協調論の括り出しにあたっては、国際法違反の回避にとどまらず、積極的な適合解釈を志向するかによっている。See, Bradley, id., at 498. したがって、本文で指摘したような特徴は、当然といえば当然である。See also, J.F. Coyle, Incorporative Statutes and the Borrowed Treaty Rule, 50 VA. J. INT'L L. 655, 708-710 (2010). さらに、前掲註(298)で述べたことも参照。

(321) Coyle, id., at 708.

(322) Bradley, supra note 241, at 499 n. 101. See also, H.H. Koh, Why Do Nations Obey International Law?, 106 YALE L.J. 2599, 2657 (1997).

(323) KOH, supra note 234, at 250. ブラッドリーは、彼が別の場所で国際協調論の一種として整理する、J. Fitzpatrick, The Relevance of Customary International Norms to the Death Penalty in the United States, 25 GA. J. INT'L & COMP. L. 165, 179 (1995-96) の言葉をわざわざ引用して、立法者意図論の内容を説明している。See, Bradley, id., at 495-496.

以上は、すでに明確な事項の単なる確認にすぎないかもしれないが、見解への命名をめぐって、ややミスリーディングなところもあるので、指摘しておいた次第である。

　　(iii)「国際協調論」との差異　　続いて、ブラッドリーが強く批判する国際協調論と彼が提唱する権力分立根拠論の差異を検証し、ブラッドリーの所論を明確にして、その検討を深めたいと思う。

　まず1点目として取り上げたいのが、国際協調論が権力分立を配慮していない見解なのかということである。これは、(ii)において言及した、立法者意図論と国際協調論、権力分立論との排他性の有無の問題と多分に重なるところがあるのであるが、国際協調論を根拠論とは性格づけづらい。さらに、国際法規範の考慮の仕方によって定義づけられたものであるという点は先にも触れた通りである。そもそも国際協調論が権力分立を意識していないということは、権力分立根拠論と国際協調論の関係が立法者意図論と国際協調論の関係以上に対立的に論じられているとしても、予め想定されているものではない。そして、結論から述べてしまえば、国際協調論も権力分立についてはかなりの程度考慮に入れているということができる。もちろん、これも註(320)で触れたように、明確な学派形成がなされているわけではないので、国際協調論といっても区々であり、統一的な立場を論じることはできないが、ブラッドリーが国際協調論の代表的論者として位置づけ、Charming Betsy Canon の全体像についてまとまった論述を行っている、シュタインハートの論文に拠りながら説明していくことにしよう。

　シュタインハートは、本書にいう「積極的な国際法への適合解釈」のことを、「国内制定法解釈における国際法の実質的利用 (the substantive use of international law in domestic statutory interpretation)」と呼んで、これを Charming Betsy Canon の要請内容として理解する[(324)]。そして、このように理解されるところの Charming Betsy Canon の根拠として、国内の政治的・経済的事項の実体的側面を国際的な法システムが多く規定するようになってきたことを挙げつつ[(325)]、これに対するありうる批判を検討する。

　そこで扱われるありうる批判とは、①反多数決主義に陥るのではないかと

---

(324) Steinhardt, *supra* note 251, at 1135ff..
(325) *See, id.,* at 1197.

いう批判、②司法機関としての賢慮に欠き、政治問題の法理との整合性がとれないのではないかという批判、③ヘルメノイティクの技術についての批判(326)の３点である(327)。とりわけ、①・②の点は、広い意味での権力分立論にかかわる問題である。確かに、シュタインハートは、Charming Betsy Canon の根拠を権力分立に求めているわけではない。しかし、シュタインハートは、権力分立論上の問題点には自覚的であり、それに対して応答を行っている。そして、最終的には、Charming Betsy Canon を、明確な意思表明のルールの特殊な類型であり、議会によるあえての国際法排除が可能であることを前提とした、国際的規範との調整のための反証可能な推定ルールにすぎないと性格づけられることを踏まえて(328)、諸批判の懸念はあたらないと説明するのである(329)。このような議論の流れは、むしろブラッドリーのそれと驚くほど類似する(330)。

権力分立の観点から、国際法違反という重要な決定は、裁判所ではなく、議会に明示的になさしめるべきであるというブラッドリーの議論は、それだけを聞けば、なるほどと思わせるところも大きい。しかし、国際法という外来法源に従うという積極的な意思決定が明示的に議会によってなされていない場合に、なぜ国際法への違反がないと推定されなければならないかという問題の立て方をすれば、権力分立の観点から、逆のデフォルト・ルール設定をすることは可能ではないのか。それならば、権力分立が背後にあるというだけでは回答になっておらず、ブラッドリーの議論にもその背景に国際法をむやみに破るべきではないという規範的判断があるということになるのでは

---

(326) Charming Betsy Canon もその一種に分類しうる、解釈理論ないしヘルメノイティクの解釈技術の導入によって、解釈という建前の下、裁判所による制約なき法創造を許すことにならないかという批判である。しかし、このような見立てについて、シュタインハートは、法を硬直的なものとして想定しすぎで、およそ法を考えられなくなる可能性を指摘し、反論する。See, id., at 1194-1196.
(327) Id., at 1183.
(328) See, id., at 1163-1164 & 1196.
(329) Id., at 1185-1194.
(330) シュタインハート論文の方が先行しているので、むしろ、ブラッドリー論文の方が類似しているというべきかもしれない。なお、本文では述べていないが、シュタインハートが解釈原則 (doctrine of construction) へのリアリストからの批判と、公共的価値 (public value) の表れとして新たに解釈原則を基礎づける可能性について丁寧に論じている点にも、ブラッドリー論文 (Bradley, supra note 241, at 507-509) との類似性を見出すことができる。See, Steinhardt, id., at 1125-1134. 公共的価値と解釈方法論一般については、やや古いが、W.N. Eskridge, Public Value in Statutory Interpretation, 137 U. PENN. L. REV. 1007 (1989) [Charming Betsy Canon や違憲判断回避原則については 1020-1028 頁で言及] を参照。

ないか。結局、国際法への積極的な適合を求める国際協調論と、国際法違反の回避にとどめる権力分立論の差異は、国内における権力分立の要請、国際協調の要請にそれぞれどう重点を配分するかという点に関する判断の差異にすぎないというべきであろう。

　こうして、「権力分立根拠論」と「国際協調論」の対立の問題は、国内憲法上の権力分立の要請と、国際協調の要請の調整として、いずれの見解が妥当かという問題に落ち着くことになる。国際協調論が積極的な国際法への適合を求めることの根拠は、一般的に旧来の国内管轄事項について国際的規律が増加しており、国内事項と国際事項を峻別して考えるのではなく、両者を調和させていかなければならないというものである(331)。しかし、事実として、国際的規範が国内事項に関する規律をもつようになってきたというだけでは、なぜそれを尊重しなければならないのかということを基礎づけないというべきである。これは、むしろ国際的規範による国内領域への侵入と捉えて、ある種の防衛措置を講じる必要があるという議論を産む、逆の可能性もあるのではないか。そして、国際法は基本的にどの国内機関が国際法上の義務を履行するかには興味はないはずであり、国内事項について国際法が規律するようになってきたからといって、政治部門を差し置いて、一足飛びに裁判所がそれに対応しなくてはならないということは導けないはずである(332)。

　この点、ブラッドリーは、裁判所が積極的な国際法への適合的解釈を行うことは、国際法の遵守の問題を政治部門に留保するのではなく、この問題を

---

(331) *See, e.g.,* Steinhardt, *id.,* at 1197; PAUST, *supra* note 295, at 99.
(332) この点に関連して、国際法と国内法の関係について二元論を採用することによって、国内における立法を担う議会によって国際法規範の取り込みがなされることが重要であることとなり、マディソン型の合衆国憲法の民主政観にも合致しているとしつつ、議会にせよ、執行府にせよ、利益追求 (rent-seeking) にとりつかれた現状にあっては、利益追求から逃れられている国際法を、一元論によって議会の積極的決定を経ずとも自然と国内法平面に取り込まれていると考えて、国内制定法と同等であるところの国際法を、コモン・ローと同じように扱って、適用していけばよいのであって、Charming Betsy Canon は、脱・解釈原則化 (decanonization) されるべきだとするものとして、Turley, *supra* note 293 がある。なお、シュタインハートも一元論・二元論と Charming Betsy Canon の関係について述べ、二元論的に理解すれば、権力分立を守る予防的な法理と理解されることとなるとし、さらには、連邦最高裁の判例も、Charming Betsy Canon を二元論的に理解しているなどという。*See,* Steinhardt, *id.,* at 1129-1130.

　ターリー (J. Turley) の見解は、他の見解と異なり、国内における決定権者として、議会よりも裁判所を重視する見解と位置づけることが可能で、その意味では注目される。もっとも、この見解は、国際法の国内法秩序への編入ないし受容の問題を、一元論・二元論の問題と混同している点に難点があるほか、国際法を部分利益の追求から自由であると考える点も首肯し難く、外来法源の流入にあまりに無防備な見解であって、賛同できない。

政治過程から引き離し、「憲法化」することにほかならないとして、合衆国における従来の基本的な権力分立構造からの逸脱を指摘するわけである(333)。しかし、先に述べたように、ブラッドリーも一定の範囲で国際法を尊重する必要性は認めているといわざるをえない。にもかかわらず、その尊重の要請から導かれるのが、違反の回避にとどめておけばよい、あるいはとどめておくことが求められるという点については積極的に論じられていない。

　これに関連して、ブラッドリー同様に Charming Betsy Canon の基本的な性格づけを権力分立論に結びつけつつ、より精緻な議論を展開するものとして、コイル（J.F. Coyle）の論稿(334)がある。コイルはまず、法律（statute）を条約実施法律と非条約実施法律に二分する。ここに、条約実施法律とは、コイルによれば、①明示的に条約を国内実施することを目的とする法律、②当該法律の文言が条約の文言を引き写しにするか、あるいは丁寧になぞったものである法律、③そうでなくとも、特定の条約規定に効果をもたせることを明らかに意図している法律を指すと定義される(335)。

　そして、この条約実施法律の場合には、「条約借用ルール（the borrowed treaty rule）」が適用される。すなわち、まず、条約の文言が明確であれば、連邦議会が異なった結果を意図していたことが十分に説得性のある証拠をもって証明されない限り、実施法律を法律が文言等を借用してきた条約に適合的に解釈することが求められる。次に、もし条約の文言が曖昧であれば、必要に応じて、条約の規律内容の曖昧さを解消すべく慣行として用いられてきた特殊な解釈原則に則って条約実施法律の解釈を行うべきだという(336)。

　これに対して、非条約実施法律の場合は、従来通り、Charming Betsy Canon の守備領域ということになる。そして、先例における Charming Betsy Canon のもともとの定式は、違反回避を求めるにすぎない。また、実施法律と異なり、積極的な立法者の意図を想定できず、せいぜい潜在的な抵触可能性に気づいていて初めて、国際法への適合を立法者が望んだかもしれないといえるにとどまる(337)。また、立法者の意図に明白な違いがあるにもかか

---

(333)　Bradley, *supra* note 260, at 85.
(334)　Coyle, *supra* note 320.
(335)　*Id.*, at 664–665.
(336)　*Id.*, at 680.
(337)　*Id.*, at 712.

わらず、同様の扱いをしなければならないのは直感にも反する[338]。このことは、条約実施法律なのかという点を含め内容の曖昧な法律を裁判所限りで条約実施法律に変えてしまうことを可能にしてしまうことにもつながり、政治部門による判断を貶めることとなりかねない[339]。以上のような理由を挙げて、国際協調論のいうように、国際法に適合的に解釈することが最初から求められるものではないという。

　コイルは、その上で、解釈による国際法違反の回避といっても、①国内制定法を限定解釈すること、②国際法を限定的に解釈すること、③必ずしも国際法に適合させることは求められないが、国内制定法について抵触を回避するような代替的解釈を採用すること、逆に④国際法について抵触を回避するような代替的解釈を採用することがあり、最後の手段として、⑤制定法を国際法に積極的に適合させる解釈があるという[340]。そして、まずは、真に抵触があるのかを見極め、仮にあったとしても、限定解釈、代替的解釈を順に試み、最終的に、権力分立原則に十分な配慮をした上で初めて、積極的な適合的解釈を施すことが可能となるという[341]。場合によっては、積極的な適合的解釈が、非条約実施法律にも認められる可能性が留保されている点は注目に値するところであるが、基本線としては、語弊を恐れずいえば、条約実施法律については国際協調論的発想を適用し、非条約実施法律については、ブラッドリーの主張と基本的には同じ枠組を採用すると整理できよう。

　コイルの議論は、条約実施法律か非条約実施法律かという、自身が設定した区別が無意味になることを理由に挙げる点などを例として、非条約実施法律について原則的に違反回避にとどまる理由を積極的に説明できているか、なお疑問が残らないわけではない。それでも国際法との関係での立法目的という法律の性質に着目し、国際法を考慮する程度に段階をつける発想は、他の論者の見解にはみられない精緻なものであり、説得的な議論になっていると評価できよう。

　　(ⅳ) 国内民主政重視の見解からの批判　　権力分立論によってCharming Betsy Canonを基礎づけ、国際法への積極的な適合を志向することは、基本

---

(338)　Id., at 711.
(339)　Id., at 713.
(340)　Id., at 714.
(341)　Id., at 715.

的な国内統治構造に反するとして、国際協調論に対して強い批判を浴びせるブラッドリーであるが、権力分立論ないし国内統治構造のあり方に着目して、ブラッドリーの立論が国際法を優位に扱いすぎだと批判する見解(342)も現れている。そして、このことは、(iii)でも述べたように、ブラッドリーが自身の求める国際法の考慮の程度を、権力分立論によって積極的に根拠づけられていないきらいがあるということを裏付けているとみることもできよう。そこで、以下では、この批判を紹介・検討することを通じて、さらに検討を深めることにしたい。

　Harvard Law Review の匿名 Note による批判は、ブラッドリーの議論が理由として挙げるところは基本的には妥当なのである(343)が、まさにブラッドリーが挙げるその根拠によって、ブラッドリーの議論が掘り崩されることになるのだという。当該 Note による批判は、次の3点にまとめられる。すなわち、①違憲判断回避原則(344)と Charming Betsy Canon の間に存在する相違点から、前者においては可能である正当化は後者には働かない、② Charming Betsy Canon の適用によって、慣習国際法形成に対する議会を通じたアメリカの国家としての態度決定・表明を妨げる、③国内立法に伴うコストと外交に与える影響のコストの衡量が十分に行われているのか疑わしいという3点である(345)。

　ブラッドリーのいう権力分立根拠論に対する三つの批判について、それぞれもう少し具体的に紹介していくことにしよう。

　①違憲判断回避原則と Charming Betsy Canon との対比について、Note は、大要次のように述べる(346)。すなわち、憲法が制定法に優位するものであるのに対して、国際法は制定法と同位であると考えられており、憲法は最終的には制定法を排除する可能性を有しているが、国際法は、本来前法・後法関係に基づいて、場合によっては制定法により排除される可能性さえある。Charming Betsy Canon はそのような制定法と国際法との原則的な関係性に

---

(342)　Note, *supra* note 242.
(343)　*Id.*, at 1231.
(344)　原文では、「憲法判断回避原則（constitutional avoidance）」の語が用いられているが、ここで主に想定されているのは、本書でいうところの違憲判断回避原則であると解されるので、以下、ここでは違憲判断回避原則と記すことにする。なお、アメリカにおいて憲法判断回避原則と違憲判断回避原則の区別が十分になされていない点について、拙稿・前掲註 (274) 286-287 頁註 17 などを参照。
(345)　Note, *supra* note 242, at 1220.
(346)　*Id.*, at 1221ff.

反して、国際法にある意味特権を与えるものであり、その正当性に疑問があるという。というのも、制定法に表れた立法者の判断を排除する、準憲法的な「半影（penumbra）」を裁判所が作り出していると評価されるためである。そして、ここでは、リチャード・ポズナー（R.A. Posner）が違憲判断回避原則により、裁判所が作り出す準憲法的半影に立法が従うことが求められることとなり、裁判所による憲法創造という許されざる結果を生むことを指摘していたこと(347)が引かれている。もっとも、Note 自体、違憲判断回避原則が立法府と司法府の対立を回避する効果をもつとのビッケル（A.M. Bickel）の指摘(348)や、司法による立法の無効化がもつ反民主的性格を緩和しつつ、憲法本来の輪郭線に立法を近づける意義を強調するサンスティンの指摘(349)を紹介することによって、ポズナーの主張自体に疑義がないわけではないと留保を付している(350)。しかし、憲法と異なり、制定法の上位法ではない国際法の場合、司法府による制定法の改変問題あるいは準憲法的半影創造の問題は大きなものになると指摘するのである(351)。

　違憲判断の回避が、実質的な立法になるのではないかという問題は、我が国を含めてすでに多く論じられている問題であるが、本来上位法ではない国際法の場合になぜ国際法違反の回避が要請されるのかという疑問は、裁判所の権限論との関係で違憲判断回避原則以上に大きな問題を招くというのは確かである。実際に、先にも引かれていたように、違憲判断回避原則については、明確な意思表明のルール(352)の一種としてこれを擁護するサンスティンも、Charming Betsy Canon と違憲判断回避原則を明確に区別しており、Chevron Doctrine も違憲判断回避原則による制約は受けるべきであるが、Charming Betsy Canon の制約は受けない、としている点(353)が着目されよう(354)。

---

(347) R.A. Posner, *Statutory Interpretation-in the Classroom and in the Courtroom*, 50 U. Ch. L. Rev. 800, 816 (1983).
(348) A.M. Bickel, The Least Dangerous Branch 181 (2nd ed., 1986) を引用する。
(349) ここでは、C.R. Sunstein, *Law and Administration After Chevron*, 90 Colum. L. Rev. 2071, 2112 (1990) が引用される。*See also*, C.R. Sunstein, *Nondelegation Canons*, 67 U. Chi. L. Rev. 315 (2000).
(350) Note, *supra* note 242, at 1222.
(351) *Id.*, at 1223.
(352) 明確な意思表明のルール全般にわたって、「準憲法」を生み出す、憲法創造の役割を果たし、反多数決主義に陥る危険をもつ、司法の謙抑の皮を被った司法積極主義である旨指摘するものとして、W.N. Eskridge & P.P. Frickey, *Quasi-Constitutional Law: Clear Statement Rules as Constitutional Lawmaking*, 45 Vand. L. Rev. 593 (1992) も参照。
(353) *See*, E.A. Posner & C.R. Sunstein, *Chevronizing Foreign Relations Law*, 116 Yale L.J. 1170, 1196-1200 & 1210-1211 (2007). なお、この論文の共著者である Posner は Eric Posner であり、先に

次に、②慣習国際法形成への議会関与の排除の問題に移ろう。ここでは、まずブラッドリーと同様に[355]、慣習国際法が当初の自然法的性格を失い、時代が下るに従って、実定法としての性格をもつようになったことが指摘される[356]。加えて、慣習国際法の性格の変化として、これもブラッドリーが触れていた[357]けれども、元来国内事項とされてきた事項も慣習国際法によって規律されるようになったことに言及する[358]。このような慣習国際法の性質の変化は、国内議会による立法が、慣習国際法の形成に寄与する国家実行としての性格を帯びることを意味する。そうであるにもかかわらず、Charming Betsy Canon により国内議会による慣習国際法受容を推定してしまったのでは、議会が立法によって国際法の内容について意思表明する機会を奪うことになるのだというのである[359]。さらに、事実として機会を奪うという問題があるというのみならず、それは規範的にも認められないという。すなわち、国際法の内容決定という重要事項は、議会によって担われるべきであり、ブラッドリー自身が拠り所とする権力分立原則に反する結果となるし、場合によっては、対外政策を裁判所が決定する結果になりかねない[360]。

最後に、③コストの衡量の問題についてである。Note によれば、ブラッドリーは、国際法を破る立法者の意図を誤って判断するコストと国際法に不用意に反してしまうコストの衡量で後者を重視している[361]。しかし、国際

憲法判断回避原則批判で引用した Richard Posner の息子ではあるが、別人である。ただし、サンスティンが憲法判断回避原則もその一つと整理し、支持する民主政促進解釈に、E. Posner が懐疑的な点については、拙稿「新技術と捜査活動規制(2・完)」岡法 65 巻 2 号（2015 年）467 頁註 328 でも述べた通りである。

(354) なお、ブラッドリーも、サンスティンが指摘するような、違憲判断回避原則と Charming Betsy Canon の相違点については自覚的である点については、後掲註(399)ないし(400)および対応する本文を参照。
(355) Bradley, *supra* note 241, at 509-511.
(356) Note, *supra* note 242, at 1224-1225.
(357) Bradley, *supra* note 241, at 512. ただし、ブラッドリーは、「law of nations」概念における、国際公法・国際私法の未分離を指摘し、それが一旦、国家間関係の規律に純化された上で、第二次大戦後に、再び、国家・個人間関係の問題が国際法の対象となったことを指摘している点で、「国家間関係→個人の問題への拡張」という単線で描く、Harvard Law Review の Note とは異なっている。
(358) Note, *supra* note 242, at 1226.
(359) *Id.*, at 1227.
(360) *Id.*, at 1229.
(361) *Id.*, at 1230. *See also*, Bradley, *supra* note 241, at 531-532. ブラッドリーは、補足的に、最終的にはコストのバランスの問題にならざるをえないとして論じているのであり、コストの均衡の問題を前面に出すのには疑問がないわけではない。しかし、とりわけ、国際協調論との対比で、ブラッドリーが国際法遵守の意義に重きを置いていないような印象を与えかねないところ、実際、国際法を一定範囲で重視する規範的判断を行っていることを明確化する意味はあるように思われる。

法違反が対外関係に与える悪影響というものは決して大きいものではなく、ブラッドリーはこのコストを過大視してしまっていると批判するのである[362]。とりわけ、国内事項に関する国際法、国際人権法がその代表例といえるが、一般的に国家は他国における人権保障に関心は大きくなかったし、Charming Betsy Canon は元来、国家間のみを規律するものと考えられていた時代に誕生したものであり、国内事項に関する場合は適用される前提を欠くという主張を展開する[363]。

以上のような批判を通じて、Note は、Charming Betsy Canon は明確な意思表明[364]のルールの一種として用いるのではなく、他のありうる解釈方法を施した上で補充的に行われるべきこと[365]、特に人権に関する慣習国際法への Charming Betsy Canon の適用を控えるべきこと[366]、そして、慣習国際法については、いかなる種類のものであっても Charming Betsy Canon の適用をすべきでないこと[367]の以上 3 点を結論として示す。

ところで、慣習国際法を Charming Betsy Canon の適用対象から外すという点については、先に少し触れたコロンビア特別区連邦巡回裁判所のカヴァノー判事が同じ主張をしている[368]。その根拠づけは、Harvard Law Review の Note とは異なっているのであるが、カヴァノー判事によれば、Erie 判決以来慣習国際法は、アメリカ合衆国の法とは認められない[369]のであり、立法府たる連邦議会による積極的な取り込みが認められない限りは、これを国内の制定法解釈において考慮することは許されないのだという[370]。この

---

[362] Note, *id.*.
[363] *Id.*, at 1231.
[364] ここでは、「clear statement」ではなく、「plain statement」の語が与えられている。
[365] Note, *supra* note 242, at 1232-1233.
[366] ここでは、コストの衡量の問題が大きな理由として挙げられる。*See*, Note, *id.*, at 1234-1235.
[367] ここでは、慣習国際法の性質と議会による意見表明の確保の必要性が大きな理由として挙げられる。*See*, *id.*, at 1235-1236.
[368] *Al-Bihani*, 619 F.3d 1, 9ff. (Kavanaugh, J., concurring). *See also*, H.G. Cohen, *Formalism and Distrust: Foreign Affairs Law in the Roberts Court*, 83 GEO. WASH. L. REV. 380, 442-443 (2015).
[369] この点、ブラッドリーは、Erie 判決によって、慣習国際法が連邦法としての地位を失うこととなったと解するが、国内効力自体は否定していないと解しており、Charming Betsy Canon を慣習国際法について適用することは妨げられないとする。*See*, Bradley & Goldsmith (Harv.), *supra* note 307, at 872. 当該論文では、連邦法として認められるには、立法府たる連邦議会によって積極的な受容・実施がなされる必要があることが権力分立の観点から強調されるのであるが、そこには、むしろカヴァノー判事の立論との親近性がうかがわれ、慣習国際法への Charming Betsy Canon の適用の許容とのつながりは必ずしもわかりやすいものではない。なお、ブラッドリーの Erie 判決理解には、強い批判も存在することなどについては、前掲註(307)を参照。
[370] *Al-Bihani*, 619 F.3d at 33 (Kavanaugh, J., concurring).

論法は非自動執行条約にも拡大され、非自動執行条約にはアメリカにおける国内効力もないとする(371)、このカヴァノー判事は、慣習国際法の場合と同様に、国内制定法の解釈にあたり参照されることはありえないという立場を採用するのである(372)。このように考える背景には、権力分立を採用する憲法体制の下で、合衆国が国際法に拘束されるか、またされるとして如何にして拘束されるのかを決定するのは、裁判所ではなく、政治部門なのであり、政治部門が積極的に国際法の受容・実施を決定していない以上、裁判所は自身の判断で国際法を取り込み、実施するような動きをしないことが、司法の謙抑の原則や権力分立の原則から求められるとの発想がある(373)。このような発想は、同じく権力分立を根拠としつつ、まさにブラッドリーとは逆のデフォルト・ルールを設定したものであると評価することができよう。その意味で、やはり、なぜ、国際法違反を原則的には排除するという形でデフォルト・ルールを設定できるのかという点について、きちんと根拠づけることが必要とされているのである。この点、国際法違反が重要な決定であるというだけでは、やはり十分な根拠づけとはなっていないということなのではないだろうか。

　(ⅴ) 若干の検討　　ここまで、ブラッドリーによるCharming Betsy Canonの根拠づけあるいは性格づけの議論を紹介し、Charming Betsy Canonの要求内容をブラッドリーよりも踏み込んで、積極的な国際法への適合解釈を求める見解と対比した上で、そして、ブラッドリーよりも抑制的な国際法参照を主張する見解も紹介した。

　以上のような検討から、いずれの見解も実は、権力分立を考慮して議論がなされていることが確認された。その一方で、ブラッドリーのように、権力分立というだけでは、Charming Betsy Canonを十分に根拠づけることは困難な面があるし、適用における実践的な面でも、慎重な適用が行われないと、

---

(371) この点、非自動執行条約について、国内効力も否定されるのか、国内効力自体は否定されないのかは、アメリカにおいては議論が定まっていないが、概念整理という意味では、合衆国憲法6条2項によって、条約について国内効力は認められ、自動執行性の問題は、特定の主張方法にてらして、裁判所や行政機関において当該国際法規範のみに基づいて事案の処理を行うことが可能かという問題であるとした方が妥当であるという点については、すでに述べた通りである。*See also,* BRADLEY, *supra* note 93, at 44.

(372) *Al-Bihani,* 619 F.3d at 32-33 (Kavanaugh, J., concurring). *See also, The Fund for Animals,* 472 F.3d at 879 (Kavanaugh, J., concurring).

(373) *See, Al-Bihani,* 619 F.3d at 11-12 (Kavanaugh, J., concurring).

かえって、権力分立論が志向する価値そのものを害することになりかねないということを、とりわけ国際法参照を抑制的に考える見解の紹介を通じて、知ることができた。ある国内法が違反しているかどうかが問われる国際法の内容も、裁判所の解釈にかかるわけであるから、一定の枠づけをしないと、(iv)で紹介したHarvard Law ReviewのNoteが指摘するように、裁判所による準憲法の定立になりかねない。そのため、ここでは、憲法と国際法との性質の違いに留意しつつ、従来の違憲判断回避原則などをめぐって積み重ねられた議論が参照されることとなる。この点に関して、条約内容を積極的に国内に取り込み、実施しようとする趣旨で設けられた立法か否かによって国際法の考慮の程度を区別するコイルの議論は、実施する対象を条約に限定する必要はないが、立法者の判断を十分に加味した、基本的には(374)妥当な基準であるといえるだろう。また、逆に考慮される国際法の性質によって、考慮の程度が異なる可能性もあろう(375)。

これに関連して、ここまで政治部門と議会あるいは立法者をある意味で互換的に用いてきたきらいがあるが、もう一つの政治部門である執行府の判断をどう加味するかという応用問題も存在する。対外事項については、従来執行府の専権事項であるともいわれてきた(376)ところであり、国際法解釈については、執行府の見解を尊重する立場が判例においても採用されてきた(377)。

---

(374) ここで「基本的には」と限定を付したのは、国際法の実施法律かどうかの判断自体、一つの論点となりえ、裁判所による恣意的判断を生む可能性は否定できないためである。

(375) 国際法上の強行規範（*ius cogens*）への該当性はここで考慮する余地がある。

(376) この点については、第1部第3章Ⅱ2(2)(i)を参照。ただし、最近の連邦最高裁判決では、あくまで個別の事項が、憲法の条文や歴史的先例によって、執行府の権限範囲に入っているか、その中でも専権的事項に該当するかを丁寧にみる傾向が強い。*See*, Zivotofsky v. Kerry, 135 S. Ct. 2076 (2015). なお、Zivotofsky v. Kerry判決のトーマス一部同意・一部反対意見は、第1部第3章Ⅱ2(2)(ii)で好意的に引用した、S.B. Prakash & M.D. Ramsey, *The Executive Power over Foreign Affairs*, 111 YALE L.J. 231, 238-243 (2001) に依拠して、対外事項が「執行権」の範疇に含まれることを原則とした議論を展開している。*See, Zivotofsky*, 135 S. Ct. at 2096ff. (Thomas, J., concurring in part and dissenting in part) ［それでも、個別に先例を検討している点には注意］。筆者が先に、プラカシュとラムゼーの議論を好意的に引用したのは、対外事項を大統領の下に委ねる理論的根拠が明瞭であることが主な理由であるが、その点は差し置いても、Zivotofsky判決の法廷意見の方が、大統領の権限への帰属をより丁寧にみているということができ、対外事項の議会統制について、判例の方がかなり踏み込んだと捉える可能性がある。

(377) RESTATEMENT 3RD, *supra* note 42, § 326 (2). *See also, e.g.*, Sumitomo Shoji America v. Avagliano, 457 U.S. 176, 184-185 (1982); C.A. Bradley, *Chevron Deference and Foreign Affairs*, 86 VA. L. REV. 649, 701ff. (2000) ［Chevron敬譲の一種に位置づけうることを示唆する］。

また、ブラッドリーは、Charming Betsy Canonの適用に際しても、国際法の内容の決定にあたって、政治部門の理解が優先されるべきことを指摘している。*See*, Bradley, *supra* note 241, at 533. 同趣旨の主張をCharming Betsy判決が、「この国において理解されるところの国際法（the law of nations

これは、裁判所の制度的能力などに着目した、権力分立の観点からの要求ということもできよう。しかし、他方で、従来国内の立法事項とされてきたものが国際法によって規律されるようになってきたことに鑑みれば、国際法の内容の解釈についても執行府の判断を優先するのなら、執行府による立法権限の侵奪という意味で、権力分立原則に反する可能性もある(378)。この点については、国際法、あるいはそのスープラナショナルなレベルでの解釈と、国内の執行府や行政機関の国内制定法の解釈ないし国際法解釈が抵触する場合に、国内裁判所がいずれの見解を優先するのかという問題とも関連づけられながら、最近議論が盛んになされている(379)。そこで、この問題については項目を分けて、次の(2)で取り上げることにしたい。

　国際法の内容解釈に伴う裁判所の判断の統制に議論を戻せば、これに関する問題として、この他に、内容がどうしても不明確となる慣習国際法については、Charming Betsy Canon の適用について慎重とならざるをえない場面があるのは否めない。その意味では、国内の制定法の意義が曖昧な場合に限って Charming Betsy Canon が適用される、補充的にのみ Charming Betsy Canon が適用されるという主張は、とりわけ慣習国際法を適用対象とする場合の議論として再構成すれば、妥当な議論と解されるのではないだろうか。ただし、もちろんアメリカ国内における議論でも決着がついているわけではないが、慣習国際法(380)や非自動執行条約(381)について、やはり国内効力が否定されるわけではないと考えるべきであって、Harvard Law Review の Note（ただし、前者のみ）やカヴァノー判事がいうように、これらを適用対象から一律に排除する議論には疑問を感じざるをえない。

　なお、慣習国際法についていえば、立法条約の慣習法化や慣習法の法典化の進展により、慣習国際法といっても実際には条約の内容が考慮される場面

---

as understood in this country)」への違反を回避するよう説いていること（*Charming Betsy*, 6 U.S. at 118）に着目して導く見解として、E.T. Swaine, *The Local Law of Global Antitrust*, 43 WM. & MARY L. REV. 627, 717 (2001) がある。
(378)　*See*, D. Jinks & N.K. Katyal, *Disregarding Foreign Relations Law*, 116 YALE L.J. 1230, 1234 (2007).
(379)　前掲註(263)ないし(265)および対応する本文も参照。
(380)　慣習国際法については、国内効力を認めないものは少数といってもよいかと思われるが、自動執行性をもたない国際法の国内効力を否定するのであれば、非自動執行条約の国内効力の問題に接近する。また、慣習国際法は法典化や条約の慣習国際法化が語られる場面を除けば、「原理」的性格をもつものであることが多いのであって、自動執行性をもちうる場面は限定されるのではないだろうか。
(381)　前掲註(371)参照。

も多い。その場合、当該条約に政治部門があえて参加しないという意見を表明しているのであれば、慣習国際法に関する「一貫した反対国の理論」を援用してそもそも合衆国への拘束を否定したり[382]、場合によってはその応用として既存の慣習法からの離脱を認めたり[383]、事後的な離脱は困難である[384]としても、議会の明確な反対意思の表明を認めて、Charming Betsy Canonの適用を否定するという道をとることは十分に可能というべきであって、裁判所による議会の意思の潜脱を封じることもできるだろう。

また、仮に慣習国際法や非自動執行条約について国内効力がないとしても、国際法上、アメリカを拘束することは確かであり[385]、その違反を回避する努力を裁判所が行うことは、その範囲や程度はともかく、否定されない[386]

---

[382] 「一貫した反対国の理論」とは、慣習国際法の成立について、全国家の実行・法的信念がなくとも慣習法は成立しうるが、当該慣習法規範形成過程の当初から当該慣習法規範に拘束されない意思を一貫して明確に表明する国家は当該慣習法規範成立後もそれに拘束されないという理論である。ICJのノルウェー漁業事件判決(Fisheries Case (U.K. v. Nor.), 1951 I.C.J. 116, 131 (Dec. 18))によってこの主張が採用されているともいわれるが、一貫して反対していた国家の主張を明示あるいは黙示に受け入れていた他国が、当該反対国に対して慣習法の成立を援用できないとの見解を示したにすぎないという見解も有力であり、このようにICJ判決の理解も含めて、批判は多い。アメリカの国内裁判例で傍論ながらこの理論を認めるものとして、Sidermann de Blake v. Argentina, 965 F.2d 699, 715 (9th Cir. 1992)がある。「一貫した反対国の理論」をめぐる詳細な点は、酒井ほか・前掲註(219) 150-151頁〔濱本正太郎執筆部分・上記の定義もこれに拠った〕や柴田明穂「『一貫した反対国』の法理再考」岡法46巻2号(1997年)355頁以下などを参照。

[383] 一貫した反対国の理論を条約における留保制度とパラレルなものと考えた上で、慣習国際法と条約の性質の接近や、離脱を認めておいた方がかえって遵守を確保できる等の理由も挙げて、条約における脱退制度に対応する仕組みとして、明示的な意思表明によって慣習国際法の拘束を逃れる可能性を模索するものとして、C.A. Bradley & M. Gulati, *Withdraw from International Custom*, 120 YALE L.J. 202 (2010) [*hereinafter* Bradley & Gulati (Yale)]. *See also*, C.A. Bradley & M. Gulati, *Customary International Law and Withdrawal Rights in an Age of Treaties*, 21 DUKE J. COMP. & INT'L L. 1 (2010) [*hereinafter* Bradley & Gulati (Duke)] がある。

[384] ブラッドリーやグラーティ自体、離脱を認めうる領域が限定されるとしたり (*see*, Bradley & Gulati (Yale), *id.*, at 273-275)、離脱についてのルールもそこに含まれることになる慣習国際法についての二次規則一般がなお形成途上であることなどを指摘したり (*see*, Bradley & Gulati (Duke), *id.*, at 14-16) しており、一旦成立した慣習国際法からは離脱できないというテーゼの見直し作業を提唱しているにとどまる点に留意しなければならない。

[385] 政治部門の判断により、国際法に違反する行動をとること自体は米国憲法上許され、国際法上国家責任を負うにすぎないといえるとしても、国家責任の解除にあたっては、国際上の違法行為によって生じた結果を除去することが求められるとなる(国家責任条文35条参照)と、当該国内法の撤廃など国内法上の行為の効力を否定することが本来的に求められることとなり、国家責任の解除が実際上無理になることも考えられうる。2016年9月1日の筆者によるインタビューにおいてドイツのプローエルス (A. Proelß) は、国内法を国際法違反の正当化に援用できないことは確かだが、国内で権限を有する機関が是正措置を行わない場合に原状回復が不可能な場合として金銭賠償等が許される可能性があるとの見解を示していた。

[386] 合衆国が国際的な協調の恩恵を受け、多国間で行う事業の中で信頼されるパートナーとしての地位を手に入れられるのなら、その裁判所は、国内立法を国際法を反しないように解釈すべきだと述べるものとして、Vimar Seguros y Reseguros, S.A. v. M/V Sky Reefer, Her Engines, 515 U.S. 528, 539

のではないか⁽³⁸⁷⁾。もちろん、裁判所が Charming Betsy Canon を適用して、議会による意思表明を封じ込めてしまうという Harvard Law Review の Note の懸念が現実のものとなる可能性はゼロではない。しかし、国際法に否定的な意見表明を、法律の文言に書き込む形をとって、議会が明示的・積極的な形で行うことは、例えば、ブラッドリーの議論では、要求こそされ、否定されていないのである。

このほか、国内効力の有無に関連して、法的拘束力のないいわゆるソフトローについて、Charming Betsy Canon の参照対象となるのかという問題は確かに生じうる。これについて、ソフトローとして主に論じられるのは、条約実施機関の文書⁽³⁸⁸⁾が多く、その場合は結局、違反が回避されるべき、国際法の意味決定、すなわち解釈においてどこまで参照されるべきかという問題であって、直接的には Charming Betsy Canon の問題ではないと整理できるように思われる⁽³⁸⁹⁾。また、国際的な行政ネットワークによって形成された規則類⁽³⁹⁰⁾であれば、基本的に Charming Betsy Canon の基礎づけが妥当せず、適用が否定されることとなるといえそうであるし、成立にあたってのアメリカの関与のあり方、アメリカにおいてどのような機関がその成立に携わったかなどによって、考慮の可能性・程度が論じられることになるのではないだろうか。

(1995) も参照。また、この判決は、Charming Betsy Canon 適用に関する制約として、国際法違反を回避するためであれ、他国における当該国際法の理解から乖離することはできないという制約を設けている点(*id.*, at 537) も注目される。

(387) Erie 判決の理解などをめぐって、慣習国際法の国内での意義に慎重な立場をとることと、Charming Betsy Canon の慣習国際法への適用を否定しない立場をとることの整合性について、インタビューで尋ねた際に、ブラッドリーは、自分は国内効力自体を否定しているわけではないとした上で、補足的にこのような趣旨の説明もしていた。

(388) アメリカにおいて、WTO の紛争解決手続におけるパネル報告の拘束性が問題になることも多いが、少なくともアメリカの判例にてらしたとき、ICJ 判決について、十分に尊重に値するが条約解釈について拘束はしない (*Sanchez-Llamas*, 548 U.S. at 353) とし、また自動執行性を否定している (*Medellín*, 552 U.S. at 513-514) ことにてらせば、パネル報告の場合もこれと同様に考えることになるのではないか。*See*, M.J. Alves, *Reflections on the Current State of Play*, 17 TUL. J. INT'L & COMP. L. 299, 348 (2009). WTO 紛争解決手続におけるパネル報告がそれ自体として米国裁判所の国内法解釈を拘束するものではない点を指摘する下級審裁判例として、例えば、Corus Staal v. Department of Commerce, 395 F.3d 1343, 1348 (Fed. Cir., 2005) [*hereinafter* Corus Staal II] がある。

(389) ただし、先に触れた、条約実施機関等のトランスナショナルな、しかし拘束力が必ずしも伴わない解釈と、国内の執行府や行政機関の解釈の抵触をどう処理するかという問題につながる場合があり、そのような問題については、Chevron Doctrine と Charming Betsy Canon の優劣問題という問題設定でよく議論されており、(2) で取り上げる。

(390) さしあたり、序章註(4)などを参照。

（vi）まとめ　　以上の検討から得られたものを簡潔にまとめておくと、以下のようなものとなろう。

　国際法上合衆国を拘束する国際法については、その違反は国際法平面において国家責任を生ぜしめ、一定の負担を被ることに鑑みれば、国内の制定法について、可能な範囲で国際法に違反しないような解釈を採用すべきということを基礎づけうる。しかし、そのような負担を政治部門があえて受け入れて国際法に反するような立法を行うことは合衆国憲法上否定されるものではなく、政治部門のこのような権限を侵害することのないよう、裁判所は国際法違反を回避するような解釈を施すに際しては、権力分立の観点に留意する必要がある。その際、国際法の積極的な受容の意図をもった制定法の解釈にあたっては、国際法の違反を回避するのみならず、積極的な国際法への適合解釈を志向すべきであるし、逆に、政治部門が容易にその成立・存在を意識し難い慣習国際法が問題となっている場合には、国際法違反を回避する解釈であっても、慎重な態度で行う必要が生じる。

　また、国際法への違反を回避する場合であれ、積極的に国内法の意味内容のそこへの適合を図る場合であれ、国際法の内容を決定するのは裁判所ということになるので、国際法の内容決定が恣意的なものとならないよう慎重に行う必要があるし、そこでは、政治部門による国際法の意味内容理解への敬譲が求められる場合もある。最後の点に関しては、これもすでに述べたように、執行府ないし行政機関の国際法・制定法理解をどう捉えるかという応用問題が潜んでおり、この問題については、項目を改めて、続く(2)で論じる。

(2) 応用問題——議会・行政機関・裁判所の三面関係　　**(i) 論点整理——二つの問題**　　先に触れたように、執行府あるいは行政機関による法律解釈が、行政の規則の形で現れている場合に、行政による解釈に敬譲を与える Chevron Doctrine が判例上示されている。関連して、行政解釈の内容と国際法が抵触する場合、Charming Betsy Canon との関係でいずれが優先されるのかという問題が論じられる。Chevron Doctrine は、議会と行政機関との関係に注目しつつ、両者の権限の境界画定を裁判所がどこまで踏み込んで行えるのかという点に着目して示された判断枠組である。他方、Charming Betsy Canon については、ここまでみてきたように、これを権力分立原則に基礎を置くものと解する見解や、そこまで至らなくとも、権力分立に留意した分

析・理解が重要であるという見解が有力に主張されており、本書も基本的にこれらの見解について好意的に紹介・検討してきた。そうすると、Chevron Doctrine と Charming Betsy Canon の関係を論じるということには、議会と裁判所の問題に加えて、議会と執行府あるいは行政機関との関係、そして執行府あるいは行政機関と裁判所の関係にかかわる問題が現れており、優れて権力分立の問題を構成している。そうであるならば、Charming Betsy Canon の性質を論じる上で重要な意義をもつのはもちろん、対外問題における国内の権力分立という本書の根本的な問題関心にも深くかかわる問題であり、是非とも検討しておく必要がある。

さらに、関連する問題として、執行府・行政機関の国際法解釈に対する司法審査の可能性やその範囲に関する議論も近時盛んになっている。確かに、法律の行政解釈と国際法の行政解釈は別の問題であるという意味では、先に挙げた、Chevron Doctrine と Charming Betsy Canon の優劣問題にかかわる議論とは、厳密には区別して論じなければならない問題である。しかし、国際法の内容を国内実施する法律と国際合意[391]との差異は――とりわけ事後承認行政協定[392]についてはそうであるが――、相対的なものである[393]。さらに、国際法の行政解釈が規則の形をとって現れ、国際機関等における国際法解釈と抵触する際に、いずれを優先するかという問題は、Chevron Doctrine と Charming Betsy Canon の優劣関係の問題と基本的には相似形をなす[394]といってよい。そこで、行政の法律解釈の場合との相違点にも留意しつつ、行政の国際法解釈と司法審査の問題についても検討したい。

(ii) **執行府・行政機関の法律解釈と国際法の対立**　それでは、早速、執行

---

(391) ここでは、国際法にいう広い意味での条約、すなわち国家間の合意を国際合意と呼び、アメリカ憲法学にいう、合衆国憲法2条上の条約、それ以外の国際協定を包含するものとして用いる。アメリカにおける国際合意の種類やその性質など一般については、第1部第3章Iを参照。

(392) 国際合意の内容形成後に、法律の形で国際合意の承認と実施方法等の規律を行うもの。

(393) 逆の意味では、行政の法律解釈と一括りにするのではなく、ここでも、国際法実施法律と非国際法実施法律の区別に着目して、国際法実施法律の行政解釈と司法審査の問題については、むしろ、国際法の行政解釈と司法審査の問題に近づけて論じるべきということができるかもしれない。この点、のちにみるように、行政の法律解釈と国際法の対立が実際によく問題になっているのは、アンチダンピングの実施にかかわる国内法の行政解釈であり、その法律自体は GATT・WTO の成立前から存在するものではあるが、当然のことながら、GATT・WTO 法に対応した改正を経ており、ある種の国際法実施法律と評価可能なものであるので、二つの問題の区別は実際にあるのか問題となりうるところである。

(394) 行政の法律解釈と「国際法」が抵触するという場合、その「国際法」とは、国際機関で示された国際法解釈が想定される場合も少なくない。

府・行政機関の法律解釈と国際法の対立あるいは、Chevron Doctrine と Charming Betsy Canon の優劣問題から検討を進めていくことにしよう。この問題は先にも少し触れたように、主として、国際経済法の領域で、行政の規則と GATT をはじめとする国際法(395)、多くの場合は、WTO の紛争解決手続(396)の中でのパネルや上級委員会の報告との抵触がある場合にどう処理すべきかという形で論じられてきた。

　この点、すでに述べたように、違憲判断回避原則は Chevron Doctrine に優位すると判断した、連邦最高裁の DeBartolo 判決が存在する(397)。そこでは、違憲判断回避原則の淵源が Charming Betsy 判決に求められており、これを Charming Betsy Canon の Chevron Doctrine への優先を説いたものと理解する可能性はないわけではなく、実際にそのような判断をした判決もある(398)。しかし、学説上、このような DeBartolo 判決の読み方は否定されるのがむしろ一般的であるといってもよい。そこで学説が指摘するのは、以下のような違憲判断回避原則と Charming Betsy Canon との間の違いである。すなわち、憲法は法律に優位するものであり憲法を援用した裁判所による立法への干渉は、それ自体問題はないわけではないが、一応は是認され、裁判所による立法の読み替えに陥る危険性を有する違憲判断回避原則も、違憲無効という判断が立法に与える影響を緩和し、立法による明示的な意思表明を促すものとして肯定的に評価することが可能である。これに対して、国際法の場合、アメリカにおいては法律と同位の法にすぎないと考えられており、国際法を用いた法律への介入は原則として是認されないはずである。その意味で Charming Betsy Canon はその正当性について違憲判断回避原則より丁寧に根拠づける必要があり、両者を同日に論じることはできない(399)。そして、DeBartolo 判決自体、Charming Betsy Canon の Chevron Doctrine への

---

(395) とりわけ裁判例の集積がみられるのは、WTO 法の中でもアンチダンピング協定にかかわるものである。
(396) これについては、さしあたり、中川淳司ほか『国際経済法〔第 2 版〕』(有斐閣、2012 年) 67 頁以下などを参照。
(397) *DeBartolo*, 485 U.S. at 574-574.
(398) *Footwear Distributors*, 852 F. Supp. at 1091.
(399) *See, e.g.,* Alves, *supra* note 388, at 318-319; Posner & Sunstein, *supra* note 353, at 1211; Bradley, *supra* note 377, at 687. ただし、Charming Betsy Canon と違憲判断回避原則の同根性を指摘する、Bradley, *supra* note 241, at 526 に注意。他方、違憲判断回避原則と Charming Betsy Canon との近似性を指摘する見解として、D. Cole, *The Idea of Humanity: Human Rights and Immigrations'Rights*, 37 COLUM. HUM. RTS. L. REV. 627, 646-647 (2006) も参照。

優位を直接述べるものではなく、あくまで違憲判断回避原則が、19世紀初頭のマーシャル首席判事が執筆したCharming Betsy判決にその淵源を求めることもできるものであるということでその重要性を補足的に述べたものにすぎないと解すべきことになる(400)。DeBartolo判決自体の妥当性に疑問を投げかけるものもないわけではないが、多くの学説はこのようにして、DeBartolo判決がこの問題について結論を与えてくれるものではないという判断を示すのである。

　それではどのように考えればよいのであろうか。この点、学説においては、いずれかが他方に一般的に優位し、その適用を排除するという考え方をとるのではなく、両者の調整を模索し、真の意味での抵触を否定もしくは限定する見解がみられる。一つの処理の仕方としては、行政の規則がChevron Doctrineの適用されるための前提条件を満たしていないとして、そもそもCharming Betsy Canonとの抵触そのものを回避する可能性を模索することも考えられないわけではない（Chevron Step 0(401)と位置づけられる）(402)。次に、Chevron Step 1における議会の意図の検出にあたって、関連する国際法を考慮し、場合によっては、これによって議会の意図が明確となったとして、行政解釈の採用を否定する可能性が指摘される(403)。そして、最後にChevron Step 2の合理性判断において、国際法適合性を加味するという手段がある(404)。最終的に、行政解釈を裁判所が是認するところまでをChevron Doctrineあるいは Chevron敬譲と呼ぶのであれば、ここに述べた三つの処理方法は、少なくとも一定の場合には、国際法による行政解釈排除につながるという意味で、両者の調整手法とはいえないかもしれないが、あくまでChevron判決の示した判断枠組の中に、Charming Betsy Canonに由来する国際法違

---

(400)　See, Alves, id., at 319. なお、ブラッドリーがCharming Betsy Canonと違憲判断回避原則を同根であるとしつつ、Chevron Doctrineとの関係で同じように考えることはできないとしている点も、同根であることが全ての場合に同じ扱いを求めることにはならないので、これと同種の意図によるものと善解することは可能である。

(401)　渕・前掲註（264）参照。

(402)　全面的にChevron Doctrineを排除はしないが、規則制定に際して採られた手続の性質により敬譲の程度が異なる旨を述べるり、J.A. Restani & I. Bloom, *Interpreting International Trade Statutes: Is Charming Betsy Sinking?*, 24 FORDHAM INT'L L.J. 1533, 1539-1540 & 1544-1545 (2001); Federal Mogul v. United States, 63 F.3d 1572, 1579 (1995) などを参照。

(403)　A.O. Canizares, *Is Charming Betsy Losing Her Charm? Interpreting U.S. Trade Agreements and the Chevron Doctrine*, 20 EMORY INT'L L. REV. 591, 608 (2006).

(404)　*Id.*, at 608-609.

反の回避の要請を盛り込んだという意味では、両者の抵触を回避し、調和的な処理を図る試みと評価することができよう。

連邦最高裁判決においても、難民申請者の送還について、難民議定書の内容を国内の難民立法の立法過程の中に読み込み、立法者の意図が明確であるとして、Chevron Doctrine の適用を排除したものがある[405]。WTO 法をめぐる下級審裁判例[406]の中では、議会の意図や目的を確定するにあたっては、伝統的な解釈手法（traditional tools of statutory construction）に従うとし、Charming Betsy Canon がここにいう伝統的な解釈手法に該当すると明記するわけではないが、それを示唆するものとして、合衆国国際通商裁判所（United States Court of International Trade）の Hyundai v. United States 判決[407]があり、これは、Step 1 への国際法の盛り込みの例として整理することができるように思われる[408]。

Step 2 において、Charming Betsy Canon を考慮した例としては、大気汚染防止法の行政解釈にあたって、大気の清潔性以外の要素を考慮することを許容するために、Charming Betsy 判決に言及して WTO の判断を援用した、コロンビア特別区連邦巡回裁判所の Warren Corporation v. E.P.A. 判決がある[409]。その他、Chevron Step 2 にいう合理性の判断において、アンチダンピング協定違反によって行政解釈の不合理性が基礎づけられるという当事者の主張を否定することなく引用し、結局は協定違反を否定することにより商務省の解釈を支持する判決[410]は、典型例ということができよう。また、Chevron Doctrine も Charming Betsy Canon による制約を受けるという表現

---

(405) INS v. Cardoza-Fonseca, 480 U.S. 421, 436-447 (1987). なお、このように国際法の内容を立法過程に盛り込むには、本件のように条約実施法律であることが必要であるといえよう。もっとも、逆にいえば、国際法実施法律の場合には、Chevron Step 1 で国際法の内容を読み込む手法が、Chevron Doctrine と Charming Betsy Canon を調和的に融合する、有力な手段として浮上するといえよう。

(406) Step 1 の問題としての処理に限らず、WTO 法関連の下級審裁判例を概観するものとして、A. Davies, *Connecting or Compartmentalizing the WTO and United States Legal System? The Role of the Charming Betsy Canon*, 10 J. INT'L ECON. L. 117, 123ff. (2007) などを参照。

(407) Hyundai v. United States, 53 F. Supp. 2d 1334, 1337-1338 & 1343-1344 (1999).

(408) ただし、DeBartolo 判決を引用している（*Hyundai*, 53 F. Supp. 2d at 1344）という点では、一律 Chevron Doctrine 排除の立場を採用した判決と読む余地がないわけではないが、あくまで冒頭において Chevron Doctrine の判断枠組について論じている（*id.*, at 1337-1338）のであって、本文のように理解することが妥当であると思われる。

(409) *Warren Corporation*, 159 F.3d 616 at 624.

(410) Corus Staal v. Department of Commerce, 259 F. Supp. 2d 1253, 1261ff. (2003) [*hereinafter* Corus Staal I].

を用いるにとどまり、Step 1 の判断なのか Step 2 の判断なのか明確ではないところがあるものの、国際法違反の意図が明確でない限り、国際法違反を回避するような解釈が行政解釈に反してなされる可能性を示唆するもの(411)も、Step 2 の合理性判断に国際法違反性を考慮したと評価できないわけではない(412)。さらに、「法律の文言は一見すると、アンチダンピング協定に違反するようにもみえるが、なお不明確なところがある」として、法律によって国際法を破ることが可能であると強調しすぎるあまり(413)、国際法をむやみに軽視するべきではないと述べて、国際法への違反を回避する解釈を試みたものとして、Unisor v. United States 事件の合衆国国際通商裁判所 2002 年判決(414)がある。これも、Step 2 での国際法違反回避の考慮とみる余地がないわけではない(415)。

オーヴス（M.J. Alves）は、近時の判決の一般的傾向として、法律が曖昧でなければ国際法を参照せず、仮に曖昧であっても、パネル報告などの直接の拘束力を欠く文書は参照しないとして、政治部門への敬譲の度合いを強めていると説く(416)。確かに、WTO のパネル報告などが、アメリカの国内法解釈において拘束力を欠くことを指摘する判決(417)は多い。しかし、このような指摘は以前から国際法を重視する裁判例においてもなされていたものであり(418)、国際法違反の回避の重要性を説く裁判例においても、前提とされているといえる。そして、管見の限りではあるが、時代が下るにつれてむしろ目立つのは、行政の解釈が法律にも反していなければ、そもそも国際法にも反していないのであるから、Chevron Doctrine と Charming Betsy Canon の抵触問題はそもそも生じないという立場に立つ裁判例である(419)。そこで

---

(411) *Federal Mogul*, 63 F.3d at 1581.
(412) 行政への裁量が Charming Betsy Canon によって制約されるという論じ方を強調すれば、Charming Betsy Canon による Chevron Doctrine の排除と読めないわけではない。
(413) この点に関して、議会による国際法からの逸脱自体可能であり、国際法違反にどのように対処するかは裁判所ではなく議会の仕事であるとするものとして、Suramerica v. United States, 966 F.2d 660, 668 (2005) や *Corus Staal II*, 395 F.3d at 1348 がある。
(414) Unisor v. United States, 26 C.I.T. 767, 777ff. (2002) [*hereinafter* Unisor I].
(415) ただし、ここでも上記の Hyundai 判決や DeBartolo 判決が引用されている点には注意が必要である（*Unisor I*, 26 C.I.T. at 776）。
(416) Alves, *supra* note 388, at 352.
(417) *See, e.g.*, Timken v. United States, 240 F. Supp. 2d 1228, 1239 (Ct. Int'l Trade 2002) [*hereinafter* Timken I]; *Corus Staal I*, 259 F. Supp. 2d at 1264; Timken v. United States, 354 F.3d 1334, 1344 (Fed. Cir. 2004) [*hereinafter* Timken II]; *Corus Staal II*, 395 F.3d at 1348.
(418) *See, e.g., Footwear Distributors*, 852 F. Supp. at 1093; *Hyundai*, 53 F. Supp. 2d at 1343.

は結局、国際法やWTOパネル報告の解釈論が展開されており、抵触問題を回避するために、拘束力を否定しつつも、事案の区別などが試みられており、実質的に先例として機能しているようにさえ見受けられる[(420)]。

以上のような検討からは、議会による国際法からの逸脱可能性を前提とし、そして、議会の明確な意思という枠を被せられながらも、裁判所よりも民主的な存在であり、政治的判断に長けている執行府ないし行政機関に解釈の名の下に実質的な決定権が与えられていることも是認し、それでいて不必要な国際法違反も避けようという、裁判所の努力が垣間見られたように思われる。とはいっても、立法の意図や国際法の規範内容、さらには執行府や行政機関の定立した規則の内容というものは、一義的に定まるものではなく、そこは裁判所の判断次第という面が大きいことを忘れてはならない。このように考えると究極的には、裁判所における「解釈」にどれだけの規律を与えることができるかという古くからの根本的問題に行き着くことになってしまいかねない。それでもなにがしかの考慮要素を提示しようとすれば、立法者の意図の判断にあたって、国際法をどれだけ考慮できるかは、問題となっている法律と国際法との関係、例えば、国際法実施法律か否かというのは大きな基準となるということができよう。そして、「国際法解釈」に対する制約としては、あくまで法律の解釈の発現形態という建前であっても、その法律が国際法となんらかのかかわりがある場合には、実際上は執行府や行政機関の定立したルールに表れる国際法解釈をどこまで尊重するかという問題ともつながる[(421)]。そのように考えると、これは続く (iii) で検討する問題に限りなく近づいていくということになろう。

(iii) 執行府・行政機関の国際法解釈と司法審査　ここで扱う問題は、アメリカ国内において、執行府あるいは行政機関が、規則の定立などを含める形で示した国際法の解釈について、国内の裁判所が審査することができるのか、できるとしてどの程度、どの範囲に及ぶのかという問題である。これは、一義的には、執行府と裁判所の権限配分の問題である。しかし、問題となる「国際法」が合衆国憲法2条の条約であれば、アメリカにおける効力発生の

---

(419)　*See, e.g.,* Unisor v. United States, 342 F. Supp. 2d 1267, 1279 (Ct. Int'l Trade 2004); *Timken I*, 240 F. Supp. 2d at 1240.
(420)　*See, e.g., Timken II*, 354 F.3d at 1344.
(421)　*cf.* Davies, *supra* note 406, at 149.

ために上院の3分の2の賛成を必要とし、事後承認行政協定であれば、連邦議会の両院の過半数の賛成を必要とするのであって、その過程で示された議会の意思との関係で、当該国際法解釈が許容されるものかという問題が生じうる。また、成立ないし発効にあたって議会の関与が必要とされない、慣習国際法や単独行政協定(422)などの国際法についても、その規律事項が議会の権限に含まれる場合などには、それを執行府あるいは行政機関限りで成立または運用することが、議会・執行府間の関係において許容されるのかという問題を伴う。要するに、執行府・行政機関の国際法解釈と司法審査という問題は、三権の権限が交錯する権力分立の応用問題を構成するのである。

先に少し触れたところではあるが、この問題についてブラッドリーは、従来から判例などにおいて認められてきた、対外事項に関する執行府・行政機関の判断への裁判所の敬譲について、Chevron Doctrine の観点から説明することを試みている(423)。

まずブラッドリーは、対外事項における執行府の優位について、単一機関 (sole organ) として外国に対峙する大統領像を強調する Curtiss-Wright 判決(424)型の正当化は、国内事項と対外事項の峻別は必ずしも容易ではないし、憲法も大統領にのみ対外権限を付与しているわけではなく、そこに描かれた大統領像には疑義も大きいことを指摘する。他方で、「法の支配」を強調し、執行府のフリーハンドの否定を声高に主張する見解にしても、粗い議論であるとして、個別問題ごとに、執行府の優位性を基礎づけられるかを検討する必要性を説くのである(425)。ブラッドリーは、執行府の優位を基礎づけるツールの一つとして、裁判所の執行府・行政機関への敬譲の一形態である、Chevron Doctrine に着目する(426)。

---

(422) 単独行政協定についても、第1部第3章Ⅰ参照。なお、そこでも述べたように、議会が成立に関与する国際協定であっても、国際合意の内容形成前に大統領に連邦議会が締結権限を授権する事前授権行政協定は、その条約自体の成立への連邦議会の関与は小さく、その性格はむしろ単独行政協定に接近する。ただし、本文での問題に関していえば、事前の大まかな授権にとどまるとはいえ、議会による授権自体は存在する。そのため、議会の授権の枠内にとどまっているかという意味では、合衆国憲法2条の条約や、事後承認行政協定に類似した問題が論じられるべきことになろう。
(423) Bradley, *supra* note 377, at 651 & 702.
(424) United States v. Curtiss-Wright Export Corporation, 299 U.S. 304 (1936).
(425) Bradley, *supra* note 377, at 664-667.
(426) ブラッドリーが Chevron Doctrine の紹介を行ったのちに、Chevron 型基礎づけの利点として、Chevron Doctrine の広範な受容、法律による枠づけという制約原理の存在などを挙げ、従来の両極端な見方に対して、現実的で穏当な見方を提示するものであると評価している。*See, id.*, at 673-675.

こうしてブラッドリーは、Chevron Doctrine の検討に移る。彼は、Chevron 判決が挙げる Chevron Doctrine の根拠を、曖昧な立法の解釈は法解釈よりも立法に似るのであり、そこでは、裁判所に比して、立法機関により近く、より強い民主的アカウンタビリティーをもつ行政機関の判断を裁判所が優先すべきだからであると整理する[427]。しかし、それでは立法機関でない行政機関に立法作用を許すものであり、権力分立原則との緊張関係に陥るといい、結局はあくまでフィクションなのであるが、曖昧な立法に行政機関への立法の委任を読み取るものと解することになるという[428]。そして、これは明確な意思表明のルールの一種と整理することも可能であると指摘している[429]。こうして、ブラッドリーによれば、Chevron Doctrine の適用の前提として、議会による立法の委任を想定しうること、すなわち、前提として議会の委任が可能な領域において、なんらかの議会の行為が先行し、その範囲内で行政機関による法解釈が存在することが要求されることになる[430]。

　以上のような考え方を前提にすると、国際法の実施に関する法律についていえば、Chevron Doctrine によって、その法律が曖昧な限りにおいて、行政機関への敬譲が基礎づけられうる。さらに、合衆国憲法 2 条にいう条約についても、上院の関与が認められ、条約の規定内容が曖昧であれば、条約の承認時点における執行府・行政機関への立法の委任を想定できるということになる[431]。これに対して、議会の関与なく成立する慣習国際法や対外事項に関する国内のコモン・ローの解釈をめぐる問題においては、Chevron 型の敬譲を行う基礎を欠くことになる[432]。そして後者については、個別に執行府や行政機関の独自権限による基礎づけや機能適合性を個別に丁寧に説明することが要求される。

　以上のようなブラッドリーの Chevron Doctrine への着目に示唆を受けて[433]、対外事項全般について、裁判所による執行府・行政機関への Chevron

---

(427) *Id.*, at 669.
(428) *Id.*, at 670-671.
(429) *Id.*, at 672.
(430) *See, id.*, at 677 & 680.
(431) *Id.*, at 702.
(432) *Id.*, at 707 & 716.
(433) 彼ら自身、ブラッドリーの議論に多くを負っていることを認めているが、ブラッドリーが Chevron Doctrine 本来の枠づけを守り、問題となっている法源ごとに同様の状況が存在するかを細かく確認したが、自分たちは Chevron Doctrine を基礎づける実質的な機能に着目し、応用しようと

型の敬譲の拡大を説くのが、ポズナーとサンスティンである(434)。彼らがいうには、対外事項に関する問題については、Charming Betsy Canon などの国際礼譲（international comity）を求める法理もあれば、逆にアメリカの利益を優先し礼譲を排除するような法理も存在する。しかし、そのいずれも、現実の損益の状況を丁寧に把握した上でのものではなく、国際法を破ることや守ることの帰結をひどく単純化した見積もりに基づいている(435)。結局、これは、対外事項について裁判所に十分な判断能力がないことの裏返しなのであって(436)、この点についてはむしろ、執行府あるいは行政機関にこそ一日の長がある。すなわち、行政法分野における Chevron Doctrine は、当該事項について行政機関がもつ制度的能力と民主的なアカウンタビリティーによって基礎づけられるわけである(437)が、対外事項についても、同じことが当てはまり、法律が明示的にそれを禁じていない場合に、その判断に合理性が認められる限りにおいて、国際法からの離脱を行政機関限りで決定することが許されるというのである(438)。他方で、ポズナーとサンスティンは、ブラッドリー同様、Chevron Doctrine をある種のフィクションを伴う委任の想定と考えている(439)のであるが、あえて合憲性に疑義を生じさせるような決定は議会によってなされなければならないとして、合憲性が疑わしい帰結を招く解釈は、委任の範囲外に位置づけるという意味での、違憲判断回避原則による制限が課されることも指摘している(440)。

以上のポズナーとサンスティンの議論は、彼らに限ったことではないが、反対論への批判の割には、漠然と執行府・行政機関の優位を論じるにとどまっているきらいがないわけでもない。実際、ブラッドリーが粗い議論として嫌った、大統領が対外的には合衆国を代表する単一機関であることを強調する見解を肯定的に引いていたりするのである(441)。また、制定法の存在する

するものであると差異を見出している。*See,* Posner & Sunstein, *supra* note 353, at 1177 n. 14.
(434) ただし、彼らの主たる関心は、国際法の行政解釈よりも国内制定法の行政解釈に置かれており、その意味では、むしろ(ii)の議論に関係する点には注意が必要である。
(435) *Id.,* at 1182-1192.
(436) *Id.,* at 1192.
(437) *Id.,* at 1202.
(438) *See, id.,* at 1204-1207.
(439) *Id.,* at 1194.
(440) *Id.,* at 1196, 1223 & 1228. *See also,* C. Sunstein, *Nondelegation Canons,* 67 U. CHI. L. REV. 315, 331-335 (2000). なお、サンスティンがここで制約原理として挙げる、Nondelegation Canon については、第1部第3章Ⅱ **2 (3)**(ii)も参照。

場合に限定した議論であるという意味では、ブラッドリーよりも射程の狭い議論であるといわざるをえない。

　ポズナーとサンスティンの議論に対して、執行府・行政機関にあまりにフリーハンドな権限を与えるものであるとして、鋭い批判を浴びせるのが、ジンクス（D. Jinks）とカティアル（N.K. Katyal）である[(442)]。彼らは、奇しくも、「法の支配」という言葉を使って、ポズナーとサンスティンの議論はその法の支配を害するものであるという。そして、執行府・行政機関による対外事項の処理には議会による制約に従うべき領域が存在し、その領域については、議会の課した制約の枠内にとどまっているか裁判所によって審査可能となる。ジンクスとカティアルのいう議会による制約に服すべき範囲とは、①合衆国憲法6条2項にいう国の最高法規である条約や連邦法律が存在している場面が該当し、逆にいえば、慣習国際法や非自動執行条約[(443)]については、執行府・行政機関の判断が優先されてよいという[(444)]。次に、②執行府の外で形成された法には、執行府・行政機関の判断は拘束されるとし、これは単独行政協定による拘束を否定する結果を伴う[(445)]。最後に、③執行府の権限行使を規律するような法の解釈について執行府の解釈に敬譲を示す必要はないといい、これは逆にいえば、執行府の排他的権限領域においては敬譲を働かせるべきだということになる[(446)]。

　安易な機能論で、執行府にフリーハンドな権限を与えることは避けるべきであり、制約を受けるべき領域を確定しようとすること自体は妥当なことである。しかし、ポズナーとサンスティンに対する批判としてみた場合に、①から③の敬譲が働かない場面の画定が果たしてかみ合った議論になっているのか疑問がある。まず注意しておかねばならないのは、先に紹介した通り、彼らも議会の明確な意思表明や、憲法上の疑義を生じさせる解釈の否定といった制約原理を導入していること[(447)]である。さらに、法律なり条約なりが存在する場合にその意味内容が不明確であれば、執行府の解釈に敬譲を与え

---

(441)　Posner & Sunstein, *id.*, at 1202.
(442)　Jinks & Katyal, *supra* note 378.
(443)　ジンクスとカティアルは、非自動執行条約は、国の最高法規に該当しないという立場を前提としているということになるが、すでにみてきたようにこの見方は自明ではない。
(444)　Jinks & Katyal, *supra* note 378, at 1239.
(445)　*Id.*, at 1243.
(446)　*Id.*, at 1244.
(447)　前掲註(440)および対応する本文参照。

るという議論に対して、条約や法律に執行府も拘束されると指摘することが批判として成立しているのかという問題があるように思われる。すなわち、議会の拘束の内容がはっきりしない場合に、拘束されるのだといったところで、何に拘束されるかがわからず、拘束の内容を裁判所がどのように導出すればよいのだろうか。国際的な礼譲にかかわる解釈原則と執行府・行政機関の解釈が抵触した場合に、何を優先するかという点に限るならば[448]、前者を優先する原理として働きうるが、基本的には、法律や国際法の内容が不明瞭な場合に、執行府・行政機関の解釈を無視して、裁判所が独自に判断すべきというのであれば、その先どうすればよいのかがみえない。その意味では、出発点に帰っただけの議論になってはいないかという疑問を禁じえない。また、②についていえば、問題なのは、執行府の外部で形成されたかという事実的な点ではなく、執行府単独で形成されたことが許容されるのかではないのか。そして、そこでは③の場合と並んで、憲法上の執行府の権限なり機能なりにてらして審査されることが重要であり、そして、その審査枠組を提示することこそが学説に求められているはずである。

　もっとも、ジンクスとカティアルも、自分たちとポズナーやサンスティンとの差異は、執行府ないし行政機関の解釈についての評価が異なり、議会の意図の解釈について、裁判所が行うのが原則と考えるか、執行府・行政機関が行うのが原則と考えるかという、デフォルト・ルール設定の争いであると自覚している[449]。そして、ポズナーとサンスティンの評価を批判することになるのだが、そこでの批判には説得的なものも含まれている。具体的には、ジンクスとカティアルは Chevron Doctrine の根拠として、ポズナーとサンスティンが挙げる民主的アカウンタビリティーと専門性のほか、民主的アカウンタビリティーを基礎づけるものとして密接に関係はするのであるが、行政立法手続などが用意されることによって熟議の機会が確保されていることを挙げ、これを特に重視する[450]。であるにもかかわらず、対外事項については、そういった熟議の機会が確保されていないので、Chevron Doctrine を適用する基礎を欠くというのである[451]。また、裁判所の制度的能力に対

---

(448) 　ポズナーとサンスティンがこのような問題設定を、（少なくとも一部では）行っているのは確かではある。*See*, Posner & Sunstein, *supra* note 353, at 1198 & 1203.
(449) 　Jinks & Katyal, *supra* note 378, at 1252-1253.
(450) 　*Id.*, at 1246-1247.

する批判も、ポズナーとサンスティンの議論を大きく支えているが、いわゆる対テロ戦争などを念頭に置いて、危機の状況下にあっては、むしろ政治から距離を置いて憲法機関として唯一長期的なスパンで物事を考えられる裁判所の制度的な利点を指摘している(452)。さらには、執行府・行政機関の専門性についても、ある種のフィクションである面が否めないところもあり、真に専門家による熟慮に基づくものなのか個別に吟味する必要性を説く(453)。

以上のようなジンクスとカティアルの議論は、安易に執行府・行政機関の制度的能力や専門性を強調するのではなく、丁寧な判断を要すること、条約や法律が執行府・行政機関に判断を委ねていると解されるほどに真に曖昧なものかを丁寧に論じてから、執行府・行政機関の判断に裁判所は敬譲を払うべきだという議論として整理することが可能であろう。

ここまで、三者の見解の検討を通じていえることは、大山鳴動して鼠一匹という感もぬぐえないところではあるが、制度的な能力の面などから、裁判所は国際法解釈を含む対外事項の判断について、執行府・行政機関の解釈・判断を尊重し、敬譲を与えるべき場面があることは否定できないものの、その責務として、議会の判断を解釈する努力を容易に放棄すべきではないし、真に敬譲を払うべき場面なのかを丁寧に検討する必要がある、ということである。裁判所が解釈の名の下に、対外政策の実質的決定を行うことは避けるべき事態であるが、解釈作業に対する検証可能性を確保する意味でも、丁寧に敬譲を払うべき場面なのか否かといった点を論じさせる必要があるのではないか。このことは、議会に対して、重要な決定を行うのであれば、それを明示すべく促していくことも重要だということともパラレルなのではないか。

(ⅳ) まとめ　　(2)における検討内容をまずは、簡単におさらいしておこう。(ⅰ)での論点整理を受けて、(ⅱ)では、執行府・行政機関の法律解釈と国際法の対立、さらにいえば、Charming Betsy Canon と Chevron Doctrine の関係について検討した。そこでは、裁判例において、両者を対立させるのではなく極力その調和が図られてきたことをその具体例にも触れつつみた。そして、それは一種の賢慮であるとしても、国際法の内容についても、議会の立法の内容、それを受けた執行府・行政機関の解釈についても、結局

---

(451)　Id., at 1249.
(452)　Id., at 1264.
(453)　Id., at 1281-1282.

裁判所の判断にかかるところ、裁判所の解釈への枠づけが必要ではないかという結論に達した。

他方、(iii) では、主たる焦点は、執行府・行政機関の国際法解釈と司法審査に置きつつも、すでに述べたように、(ii) と (iii) で論じた問題は、論理的には区別して論じられるべきものであるが、相互の区別は相対的なもので、密接につながっている問題であり、理論的な面に焦点を当てて、裁判所の判断の限界を、議会の権限・能力も加味しつつ、主として執行府・行政機関の能力との関係でどう説明づけるかという問題に触れることとなった。そして、大雑把な印象論で裁判所や執行府・行政機関の能力を論じるのではなく、丁寧に司法による敬譲の根拠となる事情が存在するのかを検討する必要があり、先に出てきた裁判所の統制という意味では、裁判所は事後的検証を可能とするため、その検討をきちんと提示する必要があるのではないかと結論づけた。

結局、解釈方法論という古くからの問題に帰着するのではないか、そして果たしてそこに答えはあるのかというのが、現時点での率直な実感である。

(3) 小　括　本項では、アメリカにおける Charming Betsy Canon をめぐる理論的問題について検討を続けてきた。そこでまず看取されたのは、権力分立によって Charming Betsy Canon を基礎づけようと試みたブラッドリーに限らず、アメリカにおいては、Charming Betsy Canon が優れて権力分立にかかわる問題であることが意識されているということである。

もっとも、検討を経て得られた結論は、権力分立論のみで Charming Betsy Canon を理解することは困難であり、国内における権力分立構造と国際法平面における国際法への拘束とその違反から生じる不利益との勘案の問題として理解されるということである。敷衍すれば、議会による国内法秩序における国際法規範の排除が可能であることを前提に、国際法違反の不利益を踏まえて、それだけの重要な決定は議会によって明示的になされるべきであり、そのような意図が明示的に示されない以上、国内の法律は国際法に違反しないように解釈されることになるのである。ただし、議会の意思を重視するという観点から、国際法を積極的に受容するような法律にあっては、単に国際法違反を回避するのみならず、受容対象の当該国際法への積極的な適合を図る解釈を施すことが求められることになるし、議会の受容意思が希薄あるいは欠如する国際法については、国際法違反の回避も慎重になされなければな

らない。このように、問題となっている国際法や国内の制定法の性質に細やかな注意を図ることが重要だということも、ここでの検討によって得られた成果である。

また、権力分立の観点からいえば、議会と裁判所の関係のみならず、執行府・行政機関を含めた三面関係で、Charming Betsy Canon にアプローチする必要があることについても言及し、Charming Betsy Canon と Chevron Doctrine の関係、対外事項における Chevron Doctrine の意義についても検討したのであった。ここでも結局は、問題となっている事柄や法規範の性質・内容に着目して丁寧な議論を行っていく必要性が確認されるとともに、裁判所の解釈次第となってしまわないように、究極的には解釈方法論の再構築が必要となりうることを指摘した。

続いて、我が国における議論との対比をしておきたい。日本の議論の特徴は何といっても、議論の対象がほぼ国際人権条約に限定されているということである。人権法特有の磁場の危険性については、第 2 章 II 2 (4) などでも指摘したところではあるが、人権の特殊性とは一線を画した一般論を構築する必要性を意識しなければならない。この点、アメリカにおいては、Charming Betsy Canon が人権と全く無関係に論じられているとはいわないが、沿革からしても人権法とは関係のないところから生じてきた解釈原則である。また、憲法の人権規定の解釈において Charming Betsy Canon を援用しようとする見解がないわけではないが、これもすでに述べたように、憲法規定の解釈における国際法の考慮は、Charming Betsy Canon とは厳密には別の問題として取り扱われている。

次に、問題の性質理解という点では、我が国においても、棟居快行や寺谷広司など一部の論者は自覚的である[454]が、国際法の間接適用ないし国内法の国際法適合的解釈に関する従来の議論の中で、権力分立の問題に対する意識は決して高くなかった[455]。これに対して、アメリカにおける議論が優れて権力分立論を意識した議論を展開していることは再三にわたって指摘した

---

(454) さらに、原田大樹『行政法学と主要参照領域』(東京大学出版会、2015年) 198-202 頁と藤谷武史「第 8 章 グローバル化と『社会保障』」浅野有紀ほか編『グローバル化と公法・私法関係の再編』(弘文堂、2015年) 216 頁も参照。

(455) ただし、京都初等朝鮮学校襲撃事件民事訴訟第一審判決・控訴審判決はこの点について自覚的である。

通りである。加えて、その権力分立論の中身として、議会と裁判所の間の権限配分問題のみならず、そこに執行府・行政機関を含めた三面関係が論じられていたところも、重要な点として指摘しておかなければならない。

加えて、権力分立の問題にもある意味で関連している点として、指摘しておかなければならないのが、アメリカでは、国際法は国内法秩序の中で、連邦の憲法より下位であるが、連邦の法律と同等の位置に位置づけられており、連邦議会の意思によって、国際法が排除されることが議論の前提となっていた点である(456)。他方、日本において、一部の論者を除き、国際法は少なくとも法律よりは上位にあると考えられており、これに従えば、法律によって条約を廃することは基本的に想定できない。ただし、日本国憲法98条2項を根拠にした国際法の法律への優位は説得的ではないところもあり、逆に序列関係によらずに国際法を尊重する術をアメリカの議論が示唆してくれているともいえる。第2章では、国内法秩序における序列関係に注目して概念整理をしたが、この点、再考の余地もあろう。

最後に、「国際法適合解釈」の中身に関する問題として、アメリカにおいては、Charming Betsy Canon が、国際法への違反の回避を要求するにとどまるか、積極的に国際法の内容に適合的に国内法を解釈することを求めるものなのかという点が意識的に論じられていた。そして、そこでは、後者の立場が近時有力化しつつあるものの、基本的には前者の意味に理解されていたこと、後者のように解することには強い反発の存在することが確認され、本節でも、国際法を積極的に受容する法律の場合はともかく、それ以外には、前者の範囲で理解すべきであると結論づけた。対して我が国においては、この区別自体があまり自覚されていないというのが実情であるように見受けられるし、無意識のうちに、むしろ後者のように積極的な国際法への適合を求めるものとなっているように思われる(457)。

---

(456) See, e.g., RESTATEMENT 3RD, supra note 42, § 115 (1)(a).
(457) 管見の限りでは、「国際法違反を回避する」というような言葉遣いはみられないように思われる。また、とりわけ近時にみられる、「国際法適合的解釈」という用語法にも表れているということができるかもしれないが、このネーミングに重きを置くのであれば、Charming Betsy Canon をアメリカにおける国際法適合的解釈と呼ぶことは、ミスリーディングということになりかねない。なお、国際法に積極的に適合させる場合も、違反の回避の一種であるということはでき、両者の相違が相対的であるという点にも留意しておかなければならない。See, Coyle, supra note 320, at 714-715.

III　中間総括

　本章では、アメリカにおける自動執行性概念と Charming Betsy Canon について検討を行ってきた。いずれの問題についても、アメリカにおいては権力分立の問題として把握されていることが特徴的である。もっとも、自動執行性をめぐってはとりわけ国内効力との関係性について十分整理されていないし、その判断基準についても十分に示すことができていないのは確かである。他方で、Charming Betsy Canon については、アメリカにおいては、国際法規範と同位と解される連邦法律や、それ以下の法規範との関係を主として念頭に置いて議論がされていることを踏まえつつ、国際協調の要請を権力分立構造の中で如何に調整するのかという思考枠組について、基本的なものを示せたのではないかと思う。これは、前章で筆者が指摘した、国際法の間接適用ないし、国内法の国際法適合的解釈の多義性と細分化の必要性を裏付けるものであると同時に、アメリカにおける議論の守備範囲が日本における問題関心より狭いことを示しているともいえる。

　以上のような問題点に関連して、まず、Iのまとめに際して、自動執行性の概念整理についてドイツの議論を参照することの有用性を示唆した。また、Iの末尾でも少し言及したが、ドイツにおいては、基本法上の基本原則として、国際法親和性原則が存在するとされており、広い意味では、国際法の直接適用の問題も包摂するような形で、国際法の国内適用、あるいは国内法への影響のあり方が、この国際法親和性原則との関連において論じられている。そうすると、ドイツ連邦共和国基本法における国際法親和性原則について検討するという形をとって、ドイツにおける国際法の国内適用のあり方を分析することは大変有意義なことであり、次章ではその作業を行うことにしたい。

第4章
ドイツ連邦共和国基本法における国際法親和性原則

　ドイツ連邦共和国基本法は、国際法親和性原則[(1)]という、ドイツ法の国際法に対する基本的な立場を示した原則を有しているとされる。例えば、ドイツにおける国内法の国際法適合的解釈は、国際法親和的解釈（Völkerrechtsfreundliche Auslegung）と呼ばれ、国際法親和性原則からの要求であると整理される。以下では、広く基本法における国際法親和性原則について紹介・検討し、ドイツにおける国際法等外来法に対する基本的立場を確認した上で、ドイツにおける国際法規範の適用をめぐる諸相を描出したい。

　基本法が国際法親和的な性質をもつということについては、現在では、判例[(2)]においても学説においても争いがないところであるといわれる。その一方で、本格的に理論的な検討がなされてきたかというと、この問いかけには、2009年の段階でドイツにおいても否定的な回答がなされている[(3)]。それでも、その後、2013年には、博士論文（Dissertation）をもとにした、国際法親和性・欧州法親和性を題材とするモノグラフィーが上梓されている[(4)]。さらに、基本法の下における「開かれた立憲国家」を題材とするシンポジウムが2009年に開催され、翌年にはその書籍化が行われた[(5)]。このような状況は、一方で国際法親和性原則が当たり前のものとして受容されていることを象徴するとともに、その内容の理論的分析はなおフロンティアとして残され

---

(1) これについて、日本国憲法の解釈論への発展可能性を含めて、概括的に紹介する邦語文献として、齊藤正彰「憲法の国際法調和性と多層的立憲主義」北星論集52巻2号（2013年）303頁以下がある。
(2) 領事関係条約に関する2006年の連邦憲法裁判所第二法廷第一部会決定において、「基本法の国際法親和性原則（der Grundsatz der Völkerrechtsfreundlichkeit des Grundgesetz）」という用語が明確に登場し、憲法上の原則の一つとして承認された。BVerfG, 2 BvR 2115/01 vom 19. 9. 2006, NJW 2007, S. 500 Rn. 43.
(3) M. Payandeh, Völkerrechtsfreundlichkeit als Verfassungsprinzip, JöR n.F. Bd. 57, 2009, S. 465.
(4) D. Knop, Völker-und Europarechtsfreundlichkeit als Verfassungsgrundsätze, 2013.
(5) T. Giegerich (Hrsg.), Der „offene Verfassungsstaat" des Grundgesetzes nach 60 Jahren, 2010.

ており、ドイツでもその開拓が進みつつあることを意味している。そこで本書では、ドイツにおける近時の理論的検討の追試を出発点として、国際法親和性原則についてその内容を明らかにしていくことにする。

なお、先に、「開かれた立憲国家」という概念について、国際法親和性との関連性について断りもなく言及したが、ドイツ連邦共和国の「開かれた国家」性（offene Staatlichkeit）というのは、異論もあるものの、基本法の国際法親和性とほぼ同義のものとして用いられてきたものである[6]。「開かれた国家」性という概念の方が時代的には先行しているところであり、また、開かれた国家にせよ、国際法親和性にせよ時代状況によってその意義や主眼とするところに変遷があるようである。本書では、開かれた国家と国際法親和性の異同の問題も含めて、国際法親和原則概念の沿革から、まずは紹介・検討していくことにしよう。

I 沿 革

1 基本法制定時における「開かれた国家」性

「開かれた国家」性というものは、第二次大戦後の基本法の起草過程において、SPDの有力政治家カルロ・シュミット（Carlo Schmid）を主たる擁護者として提示された[7]、新たな概念であるとされる。この「開かれた国家」性とは、従来の国民国家の閉じられた性格に対する対抗概念として登場し、その背景には、二つの大戦を通じた国際的孤立に対する反省が大きいといわれるのが一般である[8]。しかし、それだけではない、政治的な積極的意義も込められているのだという指摘がある。すなわち、従来の「閉じられた国家」にとって不可欠な主権を占領国によって奪われ、あまつさえ、分断状態に置かれたドイツにとって、「閉じられた国家」にしがみつくことはもう望みようがない。そのような状況下で新たに誕生しつつあるドイツ連邦共和国

---

(6) Siehe z.B. *Knop* (Anm. 4), S. 3. Aber vgl. *C. Tomuschat*, Staatsrechtliche Entscheidung für die internationalle Offenheit, in: *J. Isensee u. P. Kirchhof* (Hrsg.), HStR Bd. XI, 3. Aufl., 2013, § 226, Rn. 9.

(7) *T. Rensmann*, Die Genese des „offenen Verfassungsstaats" 1948/49, in: *T. Giegerich* (Hrsg.), Der „offene Verfassungsstaat" des Grundgesetzes nach 60 Jahren, 2010, S. 42. *Siehe auch C. Schmid*, 2. Sitzung des Plenums (8. 9. 1948), *Deutscher Bundestag u. Bundesarchiv* (Hrsg.), Der Parlamentarische Rat 1948-1949 Akten und Protokolle Bd. 9, 1996, S. 40f..

(8) Siehe z.B. *Tomuschat* (Anm. 6), Rn. 3.

が活路を見出せるのは、主権の相対化を伴う、欧州統合へのコミットなのであり、また他方で、無力なドイツ人民は国際法に訴えることによって、占領からの解放を求めることが可能となるのであった(9)。

ただし、このように「開かれた国家」性の新規性ばかりを強調すること、実践的・政治的な意義のみを指摘することは必ずしも妥当ではないと指摘されていることにも留意しておかなければならない。つまり、ヴァイマル憲法以前からの「源流」を見落としてはならないという指摘と、人間の尊厳という基本的価値へのコミットとの連続性という、「開かれた国家」性のもつ、規範的意味合いを忘れてはならないという指摘の二つが存在しているのである(10)。この二つの指摘について、順に簡潔に触れておくことにしよう。

順番は前後するが、その内容がより簡潔な後者の指摘から触れておくことにしたい。人間の尊厳が基本法における基本的な価値として承認されたことは周知の通りであるが、1949年の基本法制定に先立ち、1945年に発足した国際連合も、その設立条約である国際連合憲章の前文において人間の尊厳および価値へのコミットを表明しており、人間の尊厳が国際法秩序の中枢に置かれたことを意味している。基本法制定者はこのような国際社会の動向も認識しながら、基本法1条を制定したのであり、「開かれた国家」性による、国際法への「帰依」は、人間の尊厳への「帰依」とも軌を一つにするものだと理解できるというのである。このことは、国際法親和性原則の問題がドイツにおいてかなりの程度、欧州人権規約との関係で論じられていることへの示唆を得られなくもない。

次に、ヴァイマル憲法以前(11)からの「源流」の指摘についてであるが、これは、「一般に承認された国際法規は、ドイツの国法の拘束力ある構成部分として通用する」と規定するヴァイマル憲法4条の背景に、ヴァイマル憲法の父フーゴー・プロイス（H. Preuß）による、アメリカ合衆国憲法6条2項を踏まえた、「開かれた国家」性の導入をみるのである(12)。もっとも、レ

---

(9) *Rensmann*（Anm. 7), S. 40.
(10) ここで紹介するレンスマンの指摘（*Rensmann*, ebd., S. 44ff. u. 55ff.）は、主に、のちに紹介するフォーゲルによる「開かれた国家」性の定式化に対する批判として提示されている。
(11) 1848年のパウル教会憲法においても、アメリカ合衆国憲法からの示唆を受けて、対外関係に関する75条ないし78条の4か条の条文が用意されていることを指摘し、ここに基本法の開かれた立憲国家の源流を見出すものとして、V. *Röben*, Die Genese des „offenen Verfassungsstaats" ―Rückblick auf 1919 und 1871―, in: T. *Giegerich* (Hrsg.), Der „offene Verfassungsstaat" des Grundgesetzes nach 60 Jahren, 2010, S. 61f. がある。

ンスマン (T. Rensmann) によれば、これは一般国際法をドイツ国法に取り込む意図をもって規定されたものであったのであるが、ヴァイマル憲法下において有力であったトリーペルの二元論に従って、連邦レベルでの個別の承認を経た国際法規範のみが国内法への変型を認められるという意味に解釈された(13)。さらに、基本法の起草過程において、カルロ・シュミットも、基本法25条(となる条文)や「開かれた国家」性が伝統からの離脱を表すものであることを強調したのである(14)。それでも、カルロ・シュミットが展開した「開かれた国家」性の内容は、ヴァイマル憲法の原義に立ち戻るものであったという(15)。カルロ・シュミットによる「開かれた国家」性導入の試み、あるいはヴァイマル憲法の原義への立ち返りの試みは、のちに基本法のコンメンタールの編者としても名を知られることになる国法学者であり、キリスト教民主同盟(CDU)の政治家でもあったフォン・マンゴルト (H. von Mangoldt) による強い反発を当初受けることになった。フォン・マンゴルトは、国際法を「異物 (Fremdkörper)」と捉えて、その制限なき国法秩序への導入は法治国原理に反するものであると主張したのである(16)。これに対し、カルロ・シュミットは、国際法の一般的諸原則 (die allgemeinen Regeln des

---

(12) *Rensmann* (Anm. 7), S. 44f. 確かに、*H. Preuß*, Reich und Länder, 1928, S. 82 で、プロイスは、合衆国憲法6条にヴァイマル憲法4条(の原案)を擬える制憲議会における自らの言及を引用している。

ただし、レーベンは、19世紀にはすでに国際機関は誕生していたにもかかわらず、ヴァイマル憲法は、国際機関への権限移譲についての規律を欠いており、結局のところ「開かれた」憲法状況であったとは言い難い面を指摘する。*Röben*, ebd., S. 63f。*Knop* (Anm. 4), S. 18 も国際機関への権限移譲の条項がヴァイマル憲法には欠けていることを指摘しつつ、ヴァイマル憲法や1871年のドイツ帝国憲法にも国際的協働を視野に入れた規定が存在したことを指摘している。

(13) *Rensmann*, ebd., S. 45f. プロイスの「原義」については、*Preuß*, ebd., S. 83 も参照。カルロ・シュミットの、本文で指摘した内容に適合的なヴァイマル憲法4条の通説的解釈の認識を示すものとして、*C. Schmid*, 12. Sitzung des Grundsatzausschusses (15. 10. 1948), *Deutscher Bundestag u. Bundesarchiv* (Hrsg.), Der Parlamentarische Rat 1948-1949 Akten und Protokolle Bd. 5/I, 1993, S. 317 も参照。もっとも、ヴァイマル憲法4条の制定以前から、できるだけ国際法違反を回避する国内法解釈(後述する国際法適合的解釈)の手法がとられてきたことを指摘するものとして、*G.A. Walz*, Völkerrecht und Staatliches Recht, 1933, S. 342 や *H. Mosler*, Das Völkerrecht in der Praxis der deutschen Gerichte, 1957, S. 56 もある。また、ヴァイマル期のものであるが、国内のアヘン取締法の解釈にあたり、国際条約の規律を参照した実例として、RGSt 62, 369 も参照。

(14) *Rensmann*, ebd., S. 46; *Schmid* (Anm. 7), S. 40f; *Verfassungskonvent auf Herrenchiemsee*, Bericht des Unterausschusses I, in: *Deutscher Bundestag u. Bundesarchiv* (Hrsg.), Der Parlamentarische Rat 1948-1949 Akten und Protokolle Bd. 2, 1981, S. 206 Anm. 61.

(15) *Rensmann*, ebd..

(16) *H. von Mangoldt*, 27. Sitzung des Hauptausschusses (15. 12. 1948), JöR n.F. Bd. 1, 1951, S. 233; *Rensmann*, ebd., S. 47.

Völkerrechts)[17]とは、文明国に共通の基準であり、とりわけ人権の保障をその内容とするとして、異質性を否定するとともに、国内法秩序におけるその実践的な意義の高さや、諸外国では、立法者による「変型」なくして国内効力を認められていることを指摘した[18]。このような議論を経て、議会評議会においては、国際法の一般的諸原則を国法秩序の中で憲法のレベルに位置づけるべきだという機運が高まり、フォン・マンゴルト自身、国際法の一般的諸原則を連邦憲法の構成要素とする草案を CDU 会派に提示し、CDU が議会評議会に提案した条文案は、憲法改正権者であっても国際法の一般的諸規則を乗り越えられないという意味をもつのだと説明されたという[19]。ヴァイマル憲法の場合よろしく、基本法のこのような「原義」が基本法成立後の判例や学説によって受け入れられていないことについては、のちに紹介することになるが、レンスマンによれば、以上が基本法制定時における「開かれた国家」性理解である。

　ここまでの内容を振り返っておけば、二つの大戦、とりわけ第三帝国の国際法軽視と国際的孤立に対する反省が、「開かれた国家」性の大きな基盤であることは確かであった。しかし、国際社会復帰への足掛かり[20]と、分断国家の新たな存在意義の創出という、したたかな政治的思惑も存在していたことが確認された。それとともに、大戦への反省を強調した場合、この「開かれた国家」性には、歴史的な断絶を見出しがちであるが、ヴァイマル憲法以前からの連続性も否定できないことも知ることができた。ただし、実務上葬り去られていたヴァイマル憲法の原義への回帰という意味で、基本法制定

(17)　基本法 25 条に出てくる用語であるが、連邦憲法裁判所の判例（z.B. BVerfGE 23, 288 [317]）において、慣習国際法と法の一般原則を指すとの理解が定着していることのほか、この用語をめぐる問題については、さしあたり、*Tomuschat*（Anm. 6）, Rn. 14-17 などを参照。
(18)　*C. Schmid*, 5. Sitzung des Hauptausschusses (18. 11. 1948), JöR n.F. Bd. 1, S. 232; *Rensmann*, ebd., S. 48; *Tomuschat*, ebd., Rn. 14.. Siehe auch *Verfassungskonvent auf Herrenchiemsee*（Anm. 14）, S. 206 Anm. 61; *Schmid*（Anm. 13）, S. 317f.. このような議論は、「開かれた国家」性ないし国際法親和性原則を人間の尊厳に結びつけて考える先の指摘にも親和的であるし、少なくとも、基本法制定当初において、現在の基本法 25 条にいう「国際法の一般的諸原則」として、主に人権規定が想定されていたことを示すものであるということができよう。
(19)　*H. von Mangoldt*, 48. Sitzung des Hauptausschusses (9. 2. 1949), JöR n.F. Bd. 1, S. 232; *Rensmann*, ebd., S. 49f..
(20)　基本法 24 条ないし 26 条に対内的な啓蒙的効果を見出すとともに、対外的な素性の証明、いわば、国際社会への入場券と表現した（siehe *Rensmann*, ebd., S. 43）、議会評議会におけるフリッツ・エバーハルトの発言（*F. Eberhardt*, 12. Sitzung des Grundsatzausschusse (15. 10. 1948), *Deutscher Bundestag u. Bundesarchiv*（Hrsg.）, Der Parlamentarische Rat 1948-1949 Akten und Protokolle Bd. 5/I, 1993, S. 316) が印象的である。

が転換点となったことは強調されてよく、従来の言説もあながち間違いとは言い切れない。また、基本法制定当初、開かれた国家のコミットメントの対象である国際法、とりわけ基本法25条にいう国際法の一般的諸原則の内容として、人権法が想定されていたということも、重要である。

2　学説による理論化──フォーゲルとブレックマン

「開かれた国家」性に初めて理論的に取り組んだのが、フォーゲルであった。のちに、国際税法学の第一人者とも呼ばれることになる彼は、1964年、ハンブルク大学の私講師時代の処女講義をまとめた著書[21]において、基本法における「開かれた国家」性について、以下のような議論を展開している。

冒頭で基本法24条1項を引いたフォーゲルは、高権の移譲という概念の新規性を説き、基本法25条をめぐってなされる学説などともあわせてみたとき、従来の国法学ではもはや説明ができないものになっていると指摘する[22]。そして、このような基本法の規定が置かれた直接のきっかけは、政治的・文化的・経済的な孤立や20世紀前半の自国中心主義に対する応答であるという現在でも広く受け入れられている[23]見解を明示したのち、国家観の歴史的変遷に話題を移す。19世紀から「コスモポリタン」な思想が登場していたことに触れつつも、フォーゲルは、フィヒテ（J.G. Fichte）が提示した「閉じられた商業国家（Geschlossenen Handelsstaat）」概念[24]に注目し、これがその後の実際の国家観を基礎づけたとする。フォーゲルの要約では、この閉じられた商業国家というのは、国家のみがその執行府を通じて対外交易を行い、できるだけそれも制限するという構想であり、そこでは、国家は、他国との関係は希薄で、自立した存在であることが想定されている[25]。しかし、第二次大戦以降「閉じられた商業国家」への志向は薄れ、

---

(21) K. Vogel, Die Verfassungsentscheidung des Grundgesetzes für eine internationale Zusammenarbeit, 1964.
(22) Ebd., S. 10.
(23) 先に引用したトムシャットの国法学ハンドブックの記載（siehe Anm. 6）も、フォーゲルを引用している。
(24) J. Fichte, Der geschloßne Handelsstaat, 1800 [J.G. フィヒテ（神山伸弘ほか訳）「閉鎖商業国家」R. ラウトほか編『フィヒテ全集　第16巻』（哲書房、2013年）5頁以下（以下、フィヒテ邦訳）].
(25) Vogel (Anm. 21), S. 21. フィヒテの「閉じられた商業国家」論は、近代主権国家概念という法的な「閉じられた国家」を近代国家の理念型とするのであれば、近代国家は経済的にも「閉じられた」存在であることを必要とする（Fichte, ebd., S. 2 [フィヒテ邦訳・同上7頁]）とし、自足的な国民経済の成立までの過程や「閉じられた商業国家」の理念型を思考実験的に論じるものである。ここでは、

むしろその逆に、政治的・経済的な相互交渉が強まっている[26]。こうして、国際的な共同体が意識されるようになるといった形で、国家観そのものが変化してきたのだという[27]。そして、フィヒテの閉じられた国家と対照をなし、国際的共同体への帰属を目標に据えた国家観こそが、「開かれた国家」構想なのである[28]。

以上のような国家観の変遷の中で、ある国家は、自らの存在形態についての基本的決定として、閉じられた国家へのコミットメントか、国際的な共同体に参加する開かれた国家へのコミットメントかの選択を求められることになる。フォーゲルによれば、基本法においてこの選択を行ったのが24条であり、そこでは、開かれた国家へのコミットが表明されているという[29]。

フォーゲルによれば、同様の理は基本法25条にも当てはまる[30]。基本法25条は、文言上、従来の一元論とも二元論とも親和的に解釈することができる。しかし、国際法の一般的諸原則という概念はこれまでにみられなかったものであり、しかも、それが個人に直接権利・義務を付与する可能性を示しているのは、国際法を国家間の法と捉える従来の考え方から一歩離れたものであり、一元論・二元論の争いを超えた、新たな国内法・国際法の交錯がありうることを示唆しているのだというのである[31]。そして、理由は明らかにされないが、一般的諸原則は、序列において基本法と同位に位置づけられるという[32]。こう考えることにより、中核的な憲法上の原則や基本法に

重商主義に基づく植民地進出や戦争について批判的な立場が明らかにされており、国家を閉じることによって、国際平和が導かれると説く（*Fichte*, ebd., S. 67 [フィヒテ邦訳・同上 86 頁]）。なお、国際平和への志向性を開かれた国家や国際法親和性の重要な内容として挙げる傾向があるが、閉じられた商業国家論は、そういう意味では平和を志向する議論であり、平和の実現プロセスの構想は全く異なるものの、平和志向という点では開かれた国家構想と対立するものではないことに注意しておく必要がある。また、開かれた国家の仇役を演じさせられている閉じられた商業国家であるが、仇たりうるのは第二次大戦後の状況下でのことであり、フィヒテが論じた1800年の、とりわけ当時の「ドイツ」の状況に目を向けて評価する必要がある。「閉じられた商業国家」論については、さしあたり、神山伸弘「『閉鎖的商業国家』解説」ラウトほか編・前掲註（24）499 頁以下およびそこに挙げられる文献を参照。

(26) *Vogel*, ebd., S. 15.
(27) Ebd., S. 24.
(28) Ebd., S. 33 u. 35.
(29) Ebd., S. 35f.
(30) フォーゲルは、基本法26条の侵略戦争の禁止条項にも言及し、これも「開かれた国家」性を表す条文の一つに据える。*Siehe* ebd., S. 41f.
(31) Ebd., S. 39.
(32) Ebd.

おける基本的な決定は、国際法上の規範に常に優位させることができるし、他方で、国際法の一般的諸規則を通じて、下位の法規範の規定によって基本法の憲法秩序が修正される余地も残すことができるのである(33)。

また、前者の問題とも関連するが、民主主義の観点からも問題が生じる余地があるし、混乱を招く危険もあることから、むやみに憲法改正による改変禁止事項を認めるべきでなく、「開かれた国家」性の決定を基本法79条3項の列挙事項に準じて改正禁止事項とするべきではないという(34)。加えて、フォーゲルは、「開かれた国家」性の決定は立法者に形成余地を広く与えるものであり、基本法は閉じられた国家への回帰は許さないものの、「開かれた国家」の具体的な実現は立法者に委ねられているとしている(35)。

以上のようなフォーゲルの議論は、結局、国家観の変遷という大きな議論に根拠を求めており、基本法24条1項のどこをどう読み込むことによって「開かれた国家」へのコミットメント表明なのかがはっきりと示されていなかったり、国法秩序において国際法の一般的諸原則が基本法と同位になる根拠も示されなかったりと、むしろ結論の言いっぱなしではないかと思われるところも多いことは確かである。

この点、根拠や規範内容についてのちにもう少し踏み込んで説明を試みたのが、ブレックマン（A. Bleckmann）である(36)。1979年の論文において、ブレックマンは、自身が「開かれた国家」性原則あるいは、国際法親和性原則の内容として当該論文において述べるところは、実定法として現に妥当していることを主張するものではないと前置きをした上で、フォーゲルの示した方向性を基本的に受け入れ、その拡張を図るという(37)。もっとも、ブレックマンも79年論文の段階では、根拠についてはフォーゲルが示した以上のことは語らず、規範内容として示される個々のルールの基礎づけを欠いている。それを踏まえた上で、79年論文でブレックマンが規範内容とするところを簡潔に紹介しておくことにしよう。

---

(33) Ebd., S. 40f..
(34) Ebd., S. 43f..
(35) Ebd., S. 47f. u. 50f..
(36) 厳密には、ブレックマンは、「開かれた国家」性ではなく、国際法親和性の語を使用するが、両者を基本的には互換性のあるものとして扱っており（*siehe A. Bleckmann*, Die Völkerrechtsfreundlichkeit der deutschen Rechtsordnung, DÖV 1979, S. 317）、ここで言及する。
(37) Ebd., S. 309f..

ブレックマンは、まずは、基本法の「開かれた国家」性原則あるいは国際法親和性原則の下で、19世紀においては法秩序への該当性についても、ややもすれば否定的に解されていた国際法を法秩序として認め（とりわけ基本法25条）、ドイツのそれへの拘束が規範化されているという。そこでは、現に妥当する国際法への拘束とともに、ある意味ではその一種になるが、国際紛争の司法的解決へのコミットメントを示した基本法24条3項を援用して、国際裁判の先例への拘束、加えて、国際法の発展に寄与する義務も生じる(38)。また、国際法を憲法に適合的に解釈することについては、その解釈結果は、国際法上相手方に対抗できるものではなく、国際法上正当と認められる必要があり、各国の判断余地の範囲内で認められるにすぎない(39)。

　次に彼は、国際法の法秩序としての承認に加えて、国内法の国際法との一致を確保することも要求されていると主張する。具体的には、ドイツ法の国際法適合的解釈（völkerrechtskonforme Auslegung）、国際法と国内法の関係に関するルールの国際法親和的解釈（völkerrechtsfreundliche Auslegung）、解釈原則としてではない直接的な効果として、国際法の国内法への変型規範として機能する可能性を示唆した上で、①国際機関の決議や国際判決の国内効力の是認、②後の連邦法律による条約への優位の否定の二つを導く可能性、さらには、国内憲法上の原則に反している場合もそれを破棄するのではなく相手国との交渉義務を生じさせるにとどめることが挙げられている(40)。ドイツ法の国際法適合的解釈と、国際法と国内法の関係に関するルールの国際法親和的解釈についてもう少し敷衍しておくと、前者は憲法適合的解釈に準ずるものであり(41)、明示・黙示の国際法への適合要請がなくとも、国際法の内容に矛盾しないように全ての国内法は解釈されなければならないという(42)。これに対して、後者は、国内法への変換であるとか、国法秩序内部における序列づけ、国内における国際法の直接適用可能性という場面におい

---

(38) Ebd., S. 310f..
(39) Ebd., S. 311f..
(40) Ebd., S. 313ff..
(41) ただし、憲法適合的解釈の根拠が憲法を頂点とする法体系の統一性を根拠にしており（*siehe K. Larenz u. C.-W. Canaris*, Methodenlehre der Rechtswissenschaft, 3. Aufl., 1995, S. 160; *R. Wank*, Die Auslegung von Gesetzen, 6. Aufl., 2015, S. 59ff.）、特に、基本法を含めた全ドイツ法について、憲法適合的解釈に準ずる意味での国際法適合的解釈を求めようとするなら、国際法の憲法への優位も説く必要があろう。
(42) *Bleckmann*（Anm. 36), S. 312f..

て、国際法の国内における貫徹に資するような立場を採用すべきだというのであり、特別の変型行為を不要と解したり、国際法を少なくとも憲法と同位に位置づけたりと、権力分立原則から否定される裁判所による法創造とならない限度で[43]積極的に直接適用を認めるべきだといった帰結が導かれる[44]。

その他、国際法共同体の一般的利益の保護も、「開かれた国家」性ないし国際法親和性原則の規範内容であるとして、ここでは一般条項の解釈や裁量統制の場面において国際法益の保護を考慮することが示唆されるが、国際法適合的解釈との差異は不明瞭である[45]。

約18年の時を隔てて、ブレックマンは1996年に改めて国際法親和性原則に関する論文を公表している。そこで、彼は、1996年当時でもなお、判例や学説において国際法親和性原則の内容が明確になっていないことを指摘しつつ、ここでも、現行実定法の内容を述べるものではなく、彼が考える、あるべき内容を述べると断った上で論述を進める。もっとも、当然といえば当然ながら、新たに規範内容として挙げられるものはほとんどない。79年論文との違いとしては、基本法26条にも言及し、これは他国との協働義務も含むものであるとしてはいるが、結局その具体化は困難であるとしている[46]。他に、規範内容の詳細化という意味で有意な差異としては、ドイツの国内裁判所がドイツ国外であるとか対外的な場面におけるドイツの国家機関の国際法違反の審査が可能であることの強調[47]、基本法24条3項に関して、ICJの強制管轄権受諾宣言において留保を付すことが禁じられているという解釈が示されていること[48]、国際法の一般的諸原則と条約の国法体系における序列について分離して考えるべきでないことが明確に述べられ、さらには国際機関の決議や国際判例も同列に扱っていること[49]が指摘できる。

---

(43) ただし、これ自体が流動的な性格をもちうるもので、判断に多くの困難を抱えているし、国際法親和性原則などとの関係で変わりうるのではないかと思われる。
(44) *Bleckmann* (Anm. 36), S. 313.
(45) もっとも、国際法適合的解釈の場面においては、国際法規範の条文ないし具体的な規範内容が想定されているところ、この場合は、より抽象的な国際法益の考慮にとどまっているという線引きは不可能ではないが、その差は相対的なものにすぎないのではないか。
(46) A. Bleckmann, Der Grundsatz der Völkerrechtsfreundlichkeit der deutschen Rechtsordnung, DÖV 1996, S. 144.
(47) Ebd., S. 143.
(48) Ebd., S. 144f.
(49) Ebd., S. 141ff.. もっともここでブレックマンは、国際法を憲法レベルであると認めたとしても、憲法上の原則への違反を認めるわけではないとする点に注意されたい。

むしろ、96年論文の重要性は、以上に述べたような内容をもつ国際法親和性原則の根拠について触れていることに見出される。つまり、国際社会における国家間関係の緊密化、国境をまたぐ交流の進展により、国際法がこれまでのように、文字通りの国家間の問題を規律する法ではなくなり、国際法益の実現に向けて協力するためのルール、「協力の国際法[50]」へと変貌を遂げたことを指摘しているのである。このような国際法の性質変換は、具体的実施方法の決定については各国に裁量を認めるものの、国際法を各国国内法平面において貫徹する必要性を生むのであり、ドイツにおいてその必要性を認め、義務として受け入れたのが、基本法の国際法親和性原則であるというのである[51]。国際法の性質の変化という「大きな議論」から本当に、ここの規範内容として述べられることが論理必然に導かれるのかは、大いに疑問もあり、議論の粗さあるいは飛躍を感じないわけではない。それでも、国際法親和性原則ないし「開かれた国家」性原則にとって、従来に比べて明確な根拠を提示したと評価できよう。

3　判例における受容と発展——再統一まで

　以上のように、基本法の制定過程で生まれた、「開かれた国家」性ないし国際法親和性の原則は、学説による理論化も進んだが、早い段階から連邦憲法裁判所その他の判例の採用するところともなった。その出発点は、時間的に、ブレックマンはもとより、フォーゲルによる理論化よりも遡るが、判例における受容をここで振り返っておこう。

　判例では当初から、「開かれた国家」性ではなく、「国際法親和性」という語が用いられたのであるが、連邦憲法裁判所の判例において初めて「国際法親和性」という用語への言及があったのが、1957年の政教協定判決[52]である。この判決の対象となった事件において、学制について定めたニーダーザクセン州法律と1933年に教皇とドイツライヒとの間で締結された政教協定（Konkordat）との抵触が問題となった。連邦憲法裁判所は、「基本法25条に

---

(50) 邦語文献では、酒井啓亘ほか『国際法』(有斐閣、2011年) 32-33頁［寺谷広司執筆部分］などを参照。ブレックマン自身による「協力の国際法」の説明として、A. Bleckmann, Völkerrecht, 2001, S. 237ff. がある。
(51) *Bleckmann* (Anm. 46), S. 139f.. なお、国際法親和性原則の直接の根拠条文は、基本法の、25条、59条、100条2項の3か条に求められている。Siehe ebd., S. 141.
(52) BVerfGE 6, 309.

表れた、基本法の国際法親和性」という表現を用いており(53)、早速、国際法親和性を基本法の性格として位置づけるとともに、それが基本法25条の条文の中に表れていることも認める。もっとも、そこでは、国際法親和性が「現に存在する国際法上の条約を、それに対応する法に立法者を拘束することによって維持することまでも求めるものではない」とも述べ(54)、制限を課そうとしている点を見逃してはならない。そして、国際法親和性原則の内容にもかかわることであるが、基本法25条は、国際法の一般的諸原則に憲法には劣位するが法律には優位する国法体系上の序列を与えつつ、条約にはそのような地位を与えていないことが強調されている(55)。また、二元論的特徴が強く出るこの判決は、連邦憲法裁判所の国際法への懐疑（Völkerrechtsskepsis）をも示していると、学説上指摘するものもある(56)。

　国際法への懐疑の問題との関連で注目されるのは、1955年のパリ協定判決(57)である。パリ協定判決では、1954年のザール問題について取り決めたパリ協定に関する条約法律(58)の基本法適合性が問題となった。判決において、連邦憲法裁判所は、極端な解釈を採用することによって条約（ないし条約法律）を違憲とするべきではなく、むしろ、連邦共和国の政治機関は条約の締結にあたって基本法に一致しない拘束を受ける意図がないのが通常であり、むしろ条約締結にあたり、基本法適合性の審査を行った上で憲法に適合的な解釈・適用を心がけるはずだという。こうして、条約の解釈は国際法上の解釈規則に従うとしつつも、解釈が開かれたものである限り、基本法に適合的な解釈の選択肢を優先させるべきだという、条約の憲法適合的解釈の原則を導いている(59)。できるだけ条約の違憲無効を避けるという意味では、国際法親和性を見出せなくはないものの、条約が基本法に劣位することを前

---

(53) BVerfGE 6, 309 (362).
(54) BVerfGE 6, 309 (363).
(55) BVerfGE 6, 309 (363).
(56) *F. Schorkopf*, Völkerrchtsfreundlichkeit und Völkerrechtsskepsis in der Rechtssprechung des Bundesverfassungsgerichts, in: *T. Giegerich* (Hrsg.), Der „offene Verfassungsstaat" des Grundgesetzes nach 60 Jahren, 2010, S. 134.
(57) BVerfGE 4, 157.
(58) 「条約法律」の意味については、第1部第2章Ⅰ2を参照。
(59) BVerfGE 4, 157 (168). また、条約（法律）も違憲審査の対象となることを認めつつ、違憲性が認められるとしても国際法上規範内容を遵守する義務がドイツには残ること、ただし、そのような事態を極力避けるべく、違憲判断を回避する義務が生じることを説くものとして、BVerfGE 6, 291もあわせて参照。

提とした、基本法を頂点とする国内法秩序の維持にむしろ力点を置いた考え方を示していると評価できる側面もある。

以上のように、最初期の判例は、従来の通説的見解である二元論の影響もあってか、国際法親和性を口にしつつ、アンビバレントなものを含んでいる。ただし、国際法と国内法が全く無干渉のものではなく、両者の調整が実際には必要なことは認める。ショールコプフ（F. Schorkopf）もいう通り、それゆえに立法者の国際法への絶対的拘束（57年判決）にせよ、国際法の違憲可能性（52年判決）にせよ、二項対立的な処理を控えて、両者を柔軟に対比参照させる手法が採用されていたと説明できるのではないだろうか[60]。他方で、この時代では、連邦憲法裁判所が1964年の独仏引渡条約判決において、「外在的な法秩序や法的見解への留意（Achtung）をとりわけ求める、国際法親和的な基本的姿勢（Grundhaltung）」を基本法の中に見出していること[61]にも象徴されるように、「留意」にとどまり、具体的な参照・尊重の方法論については十分な議論が及んでいなかったとの評価も可能であろう。

その後、1970年代以降、判例における国際法親和性原則の内容の充実化が進んだ。その皮切りとして、ショールコプフが「コペルニクス的転回」とも表現する[62]、1971年のスペイン人決定が挙げられる。この判決では、婚姻に関する準拠法が問題となり、準拠法となるべきスペイン法の規定が基本法6条1項の婚姻保護規定に反するとされ、これを適用した裁判所の決定を破棄した。そこで連邦憲法裁判所は、基本法の国際法親和的傾向が、国内の当局者による、外来法の無制限な適用の義務を生じさせるものではないことに言及している[63]。「基本権部」たる第一法廷の判断であることから、第二法廷の政教協定判決以下の判決との距離が生じている可能性も否定できない[64]が、明確に制限の余地を認めたことは重視されるべきである。

---

(60) vgl. *Schorkopf* (Anm. 56), S. 136. もっとも、基本法25条により、国際法の一般的諸原則の法律への優位が基礎づけられ、矛盾抵触する法律を排除する（verdrängen）か、国際法適合的な適用を求める効果を有することを強調する、BVerfGE 23, 288 (316) もある。

(61) BVerfGE 18, 112 (120). ここでさらに注意しなければならないのが、留意の対象が、国際法ではなく、外在的法秩序（*fremde* Rechtsordnumg）とされており、外国法やヨーロッパ法への留意をも求めるものと解する余地があることである。この点、例えば、国際私法における本国法の参照をこの文脈に引きつけて論じるものとして、*Knop*（Anm. 4）, S. 204f. を参照。

(62) *Schorkopf*（Anm. 56）, S. 137.

(63) BVerfGE 31, 58 (75f.).

(64) vgl. *Schorkopf*（Anm. 56）, S. 138.

1970年代以降の新たな傾向、あるいは特徴として、対外権の行使にあたっては政治的形成余地が認められうることを前提とした判示がみられることも挙げられている[65]。また、これともかかわることだが、ドイツの国際社会への組み込みにあたって民主政原理も考慮要素となると示されるようになる。これは、欧州統合の進展によって多岐にわたる国際的規律がなされるようになり、その民主的正統性への疑義が生まれたためであると指摘される[66]。さらに、国際法親和性原則の規範内容の実質化・精緻化という意味では、国際法親和性原則にかかわらず、基本法を含む国内法が貫徹される例外的場合がどのような場合かについて具体化が進んだ[67]。不可避で不可欠な憲法上の原則についてのみ、ドイツ法の貫徹が許されることを示した、*ne bis in idem* 決定[68]や、立法者が条約の排除の意図を明確にしていない限り、後法優位原則（*lex posterior*-Regel）の適用により条約後に成立した法律によって条約が排除されることはないとする無罪推定決定[69]などがそれである。

4　冷戦後の進展する欧州統合の中での展開

　1でみたように、「開かれた国家」性が基本法に盛り込まれた大きな理由が、被占領下の分断国家にとって、国際法を拠り所に独立回復を目指すとともに、閉じられた国家ではなく、国際社会や欧州統合に活路を見出すことにあった。そうすると、再統一を達成し、「国民国家」に復帰したドイツにとって、「開かれた国家」性や国際法親和性原則は無用のものとなる可能性もあった[70]。しかし、**2・3**を通じてみてきたように、「開かれた国家」性ないし国際法親和性原則は、判例・学説に定着し、当初の政治的戦略にとどまらない意義をもった。これは、連邦憲法裁判所により、国際法親和性原則が基本法上の原則（Grundsatz）であると明示され[71]、欧州法に特化した欧州

---

(65)　Ebd., S. 139.
(66)　Ebd..
(67)　Ebd., S. 140.
(68)　BVerfGE 75, 1 (17). *Siehe auch Schorkopf*, ebd., S. 139.
(69)　BVerfGE 74, 358 (370).
(70)　vgl. *T. Giegerich*, Die Zähmung des Leviathan-Deutschlands unvollendeter Weg vom nationalen Machtstaat zum offenen und europäischen Verfassungsstaat, in: *ders* (Hrsg.), Der „offene Verfassungsstaat" des Grundgesetzes nach 60 Jahren, 2010, S. 17.
(71)　BVerfG, 2 BvR 2115/01 vom 19. 9. 2006, NJW 2007, S. 500 Rn. 43.

法親和性という語が判決(72)に登場するという状況につながっている(73)。

　また、再統一やそれにも起因する冷戦の終結は、国際社会の協働の強化と欧州統合の進展・加速を生むことになった。そのような状況の下にあっても、基本法に代わる新憲法の制定の道をとらなかったことも手伝って、「開かれた国家」性ないし国際法親和性原則は放棄されることなく、むしろ強化されるに至った(74)。もっとも、国際社会の協働の強化と欧州統合の進展・加速は、憲法上の原則も含む国内法と国際法との軋轢も生み出す(75)。このような軋轢ないしある種の緊張関係は、国際法親和性原則の規範内容の精緻化と、場合によっては限界づけを生じさせた(76)。ただし、そこでの議論は、現在における国際法親和性原則の具体的内容を映すものであり、詳細はⅣで述べる。

5　まとめ

　以上みてきたように、国際法親和性原則とは、ヴァイマル憲法以前からの連続性も認められるものの、第二次大戦後のドイツが置かれた特殊な状況の下で、基本法の制定過程において生じた「開かれた国家」性概念から発展したものであるということができる。現在では、連邦憲法裁判所の判例や学説において広い定着がみられるのもまた事実である。しかしながら、グローバル化の進展の中で、国内法秩序と国際的な法秩序の間の軋轢が生じているの

---

(72)　BVerfGE 123, 267 (354) [Lissabon]; 126, 286 (303) [Honeywell].

(73)　関連して、*Knop* (Anm. 4), S. 25 は、冷戦の終結・再統一の達成によって、基本法の適用領域に関する規定であった 23 条が欧州統合に関する規定に置き換えられたことによって、基本法の開放性や欧州統合にとって大きな前進がみられたことを指摘する。なお、基本法の開放性（Offenheit）という場合、未決性あるいは、歴史的変化への柔軟な対応可能性という意味で用いられる場合もあることに注意しておく必要がある。後者の意味での開放性については、*K. Hesse,* Grundzüge des Verfassungsrechts der Bundesrepublik Deutschland, 20. Aufl., 1999, Rn. 19-31 [K. ヘッセ（初宿正典＝赤坂幸一訳）『ドイツ憲法の基本的特質』（成文堂、2006 年）15-19 頁（Rn. 19-31）] などを参照。

(74)　Ebd., S. 17f.. 加えて、NATO においては、他の加盟国によって領土の保全を保障される存在から、中心メンバーとして安全保障を提供するアクターへと転じたことも大きな変化である。*Siehe A. Paulus,* Völkerrechtsfreundlichkeit und Völkerrechtsskepsis in der politischen Praxis der deutschen Exekutive und Legislative, in: *T. Giegerich* (Hrsg.), Der „offeneVerfassungsstaat" des Grundgesetzes nach 60 Jahren, 2010, S. 74ff.

(75)　欧州人権条約と基本法の基本権保障との間で緊張関係が生じうることを示した例として、連邦憲法裁判所判決（BVerfGE 101, 361）の判断を欧州人権裁判所が覆した、Caroline 判決（EGMR, 24. 06. 2004-Nr. 59320/00）が挙げられる。さらに、コソボ空爆やイラク戦争のように、国際法と国際協力に緊張関係が生じるような場合も見受けられるようになったことについて、*Paulus,* ebd., S. 75 が指摘している。

(76)　*Siehe* BVerfGE 111, 307 [Görgülü].

も確かであり、国際法親和性原則の限界づけが論じられているのであるが、そもそもの規範内容や根拠についても、なお論ずべきものが残っている⁽⁷⁷⁾。そこで、若干の概念整理を行った上で、根拠論、限界論を含む具体的内容について、順に論じたい。

II　概念整理──「開かれた国家」性と国際法親和性の異同

Iでは、「開かれた国家」性と国際法親和性（原則）というものについて、基本的に互換性のあるものとして扱ってきた。ドイツにおいてもそれがむしろ一般的であることもすでに触れた通りであるし、様々な用語の使用による混乱と相互の分離の曖昧さが指摘されている⁽⁷⁸⁾。それでも、これらの概念整理を図る議論もないわけではない。

トムシャット（C. Tomuschat）は、連邦憲法裁判所において用いられる⁽⁷⁹⁾「国際的開放性（internationale Offenheit）」（さしあたって、これを「開かれた国家」性と同義に考えてよさそうである）につき、国際的共同体の秩序枠組への編入に資する形で、主権に依拠した国家の権力の排他性を放棄することと定義しつつ⁽⁸⁰⁾、国際法親和性を、国内の法領域において国際法上の規律の遵守を要求し、あるいは遵守を容易にすることを目標とした指導原理（Leitmaxime）の意味においてのみ理解すべきだとする⁽⁸¹⁾。

このようなトムシャットの議論と基本的な考え方は共有しつつ、より精緻な整理を提示するのが、クノップ（D. Knop）である。クノップによれば、「開かれた国家」性とは、国家の共同体への統合にとっての出発点となるものである。言い換えれば、「開かれた国家」性は、基本法1条2項、9条2項、23条ないし26条、そして59条2項といった憲法規定の中に示された基本的立場あるいは考え方なのである⁽⁸²⁾。そして、その内容として、国際

---

(77)　*Siehe Knop*（Anm. 4），S. 186.
(78)　Ebd., S. 188f. なお、ヘーベルレによって、この他に「協調国家（kooperativer Staat）」という概念が提案された（*P. Häberle,* Diskussionsbeitrag, VVDStRL Bd. 36, 1977, S. 129f.）が、のちに、ヘーベルレも「開かれた国家」という語を用いるようになったことについて、*K. Vogel,* Wortbruch im Verfassungsrecht, JZ 1997, S. 163を参照。
(79)　*Siehe Knop,* ebd., S. 190.
(80)　*Tomuschat*（Anm. 6），Rn. 9.
(81)　Ebd., Rn. 8.
(82)　以上について、*Knop*（Anm. 4），S. 189参照。

親和性とその特殊形態としての欧州親和性(83)というものがあるという(84)。さらに、このような基本的な立場を反映し、法原則として規範的な帰結を伴うものが、それぞれ、国際親和性と欧州親和性に対応して、国際法親和性と欧州法親和性と呼ばれることになるのである(85)。

すなわち、トムシャットとクノップの二人とも「開かれた国家」性や開放性について、政治的な基本的立場の決定（の結果）と考えているのであり、そのような決定から帰結される法的な効果を伴うものが、国際法親和性原則（や欧州法親和性原則）なのである。なお、厳密にはトムシャットは国際法親和性原則の定義づけではなく、国際法親和性の開放性との比較を行っていることには留意すべきだ(86)が、広く基本的な決定を示す概念と、その反映として一定の規範的内容を伴う概念とに分けているといえよう。

このような区別は、整理以上の意味はもたないかもしれないが、用語法の錯綜を許すよりは整理がついている方がよい。しかも、比較的明瞭な線引きができており、正確な理解のためには一貫性のある概念整理が必要なこと(87)に鑑みるならば、（より精緻という意味で、トムシャットよりもさらに）クノップの議論は基本的に支持できるものである。

III 国際法親和性原則の根拠

1 総　説

ここまで述べてきたところからも明らかになっているように、基本法において、国際法親和性原則について明示する条文は存在しない。それでいて、憲法上の原則ともいわれる国際法親和性原則(88)は、どのように根拠づけられ、あるいは導出されるのであろうか。

(1) 判　例　　この点、連邦憲法裁判所の判例においては、いくつかの個別条文からその背後にある書かれざる基本法上の原則として抽出する手法

---

(83) Ebd., S. 191f. は、欧州連合（EU）の文脈に特化して、「開かれた国家」性や欧州親和性に対応するものとして、統合への開放性（Integrationsoffenheit）や統合親和性（Integrationfreundichkeit）という語が用いられているとする。
(84) Ebd., S. 197.
(85) Ebd., S. 192 u. 198.
(86) Siehe Tomuschat (Anm. 6), Rn. 9.
(87) この点について、Knop (Anm. 4), S. 197 でクノップが強調している。
(88) BVerfG, 2 BvR 2115/01 vom 19. 9. 2006, NJW 2007, S. 500 Rn. 43.

がとられている。連邦憲法裁判所は、最初期には主に基本法25条に依拠していた(89)が、援用される条文は広がりをみせており、ここでは、国際法親和性原則についての判例の到達点を示しつつ、その限界にも言及するなど、ターニングポイントとなった判例であるといわれる(90)。Görgülü 決定に即して判例の論理を追ってみよう。ドイツの国内裁判における欧州人権裁判所判決の「考慮」が問題となった、この事件において、欧州人権条約そして欧州人権裁判所の判決の国内における効果・効力が論じられた。その中で、国際法一般に関する、国際法親和性原則あるいは基本法の国際法親和性についての言及がなされたのであるが、国際法親和性を示す条文として、以下のものが列挙される。すなわち、基本法が、ドイツの公権力を国際的協働（24条）あるいは欧州統合（23条）へとプログラムとして方向づけていること、国際法の一般的諸原則を通常法律に優先させていること（25条2項）、国際条約について59条2項を通じて国内の権力分立構造の中に基礎づけていること、集団安全保障体制への加盟の可能性を認めている（24条2項）こと、国際裁判による国際紛争の平和的解決を命じている（同条3項）こと、そして、平和の破壊、とりわけ侵略戦争を憲法違反と位置づけている（26条）ことが指摘されるのである(91)。前文も含めたこのような条文の複合体（Komplex）によって、基本法は、平和を志向する国際法秩序の、平和的で（他国と）対等な参加者として連邦共和国を位置づけようとしているという(92)。こういった条文の列挙から、基本法全体の一般的な傾向といったものをみてとることはできるとしても、Ⅵでみるような具体的な規範内容が導きうるのかは大いに疑問のあるところだが、判例による基礎づけはこのようなものである(93)。

(2) 一般的な学説　　それでは、学説はどうであろうか。実質的な根拠づけとして、先にも触れたような、ブレックマンによる「協力の国際法」の発

---

(89)　*Siehe* BVerfGE 6, 309 (362).
(90)　z.B. *Payandeh*（Anm. 3）, S. 465f.; *Schorkopf*（Anm. 56）, S. 142.
(91)　BVerfGE 111, 307 (318).
(92)　BVerfGE 111, 307 (318).
(93)　原則（Grundsatz）と明確に表現した、BVerfG, 2 BvR 2115/01 vom 19. 9. 2006, NJW 2007, S. 500ff. Rn. 43 u. 58 でも、基本法23条ないし26条、1条2項および16条2項、そして20条3項とともに59条2項が挙げられている。後二者が挙げられているのは、外国人の領事通報権という人権が問題となった事案だからである。このように、個別事案に即して引用されるという意味では、一定の補充がなされているとみることができないわけではない。

展を挙げて議論を展開するものがないわけではない[94]。しかし、とりわけ条文上の根拠づけという点では、指摘される条文には論者によって若干の差異があるものの、基本的には判例と同様、前文、1条、16条、23条ないし26条、59条2項といった条文を挙げて、これらの条文を踏まえて、体系的に、憲法上の原則であるとか憲法原理として国際法親和性原則を基礎づけるのが通常である[95]。

2 近時の学説による詳細な検討

もっとも、最近ではパヤンデー（M. Payandeh）[96]とクノップが、「書かれざる（ungeschrieben）憲法原理」あるいは「書かれざる憲法上の原則」という形で憲法原理ないし憲法上の原則[97]としての国際法親和性（原則）の基礎づけを試みる論考を公にした[98]。

(1) 書かれざる憲法原則の抽出方法　　(i) パヤンデー　　このうちパヤンデーは、書かれざる憲法原理自体がどのようなものかという点には踏み込んでいない。彼は、法治国原理という根本的なものも含めて実際に、書かれざる憲法原理が、関連規定の総体を中心とする基本法の体系的理解から導出されていることを指摘する[99]。そして、国際法親和性という憲法原理も、連邦共和国を国際的共同体へと結びつける、基本法の各個別条文が、基本法に通底する国際法親和性の指導的理念の表れとして把握できるのであれば、認められるのだという[100]。このような前提を確認した上で、個別の条文の規範

---

(94) *Bleckmann* (Anm. 46), S. 139.
(95) z.B. *Vogel* (Anm. 21), S. 46［主として24条に着目するが、ここでは、24条ないし26条を挙げる］; *Bleckmann* (Anm. 36), S. 309［24条ないし26条と59条を挙げる］; *ders.* (Anm. 46), S. 137ff.［23条ないし26条に言及］; *Tomuschat* (Anm. 6), Rn. 3［23条ないし26条を挙げる］; *H. Sauer*, Die neue Schlagkraft der gemeineuropäischen Grundrechtsjudikatur, ZaöRV 65, 2005, S. 46f.［1条2項と23条ないし26条に言及］; *K.-P. Sommermann*, Völkerrechtlich garantierte Menschenrechte als Maßstab der Verfassungskokretisierung, AöR 1989, S. 414ff.［1条2項、9条2項、24条ないし26条、59条、79条1項を挙げる］.
(96) *Payandeh* (Anm. 3), S. 468f.
(97) なお、*Knop* (Anm. 4), S. 83 は、この文脈での法原理（Rechtsprinzipien）と法原則（Rechtsgrundsätze）という用語の違いに意味はないとしている。Siehe auch z.B. *U. Penski*, Rechtsgrundsätze und Rechtsregeln, JZ 1989, S. 105.
(98) 他方で、書かれざる憲法上の原則としての国際法親和性原則は、その内容の具体化が困難であり、そのような曖昧なものを持ち出すのではなく、体系的解釈の一環として抵触回避原則としての、国際法親和的解釈の原則を想定すればよいとする、*A. Proelß*, Bundesverfassungsgericht und überstaatliche Gerichtsbarkeit, 2014, S. 46f. も参照。
(99) *Payandeh* (Anm. 3), S. 468f.
(100) Ebd., S. 469.

内容を確認する作業に移るのである。

　(ⅱ) クノップ　　他方、クノップは、博士論文としてのモノグラフィーであるということも手伝って、「書かれざる憲法」、「憲法上の原則」について丁寧に検討を加えている。

　そこでは、まず、書かれざる憲法について、憲法規範は憲法典に明記されたものに限定されるものではないが、書かれざるものというのは、反面その内容をいかようにも説明することが可能であり、憲法の優位、とりわけ憲法典を定めることの意義を失わせる、ある種の「魔法の言葉」になってしまいかねないことが指摘される。それゆえ、書かれざる憲法は、書かれた憲法、すなわち、憲法典の規定に緊密に結びつけられている必要があるし、書かれた憲法は書かれざる憲法に優先し、とりわけ憲法上の根本的な原則、すなわち、基本法79条3項の改正禁止事項に該当する制限を超えることはできないのである。ただし、緊密に憲法典に結びつけられるものであり、あくまで憲法規範なのであるから、書かれざる憲法の変更のためには、憲法改正による必要があることに注意しておく必要がある。こうして、クノップにおいても、憲法典の条文との結びつきが重視されるため、関連する基本法条項の丁寧な検討が必要となるのである。

　次に、憲法上の原則とは何かという点についてである。この点、クノップは、註(97)でも触れたように法原則（Rechtsgrundsätze）と法原理（Rechtsprinzipien）と同義であるとしつつ[101]、ドゥオーキン（R. Dworkin）やアレクシー（R. Alexy）の原理と規則の対比にも触れて、それでいて、結論としては、法原則は法規則（Rechtsregeln）との対比において抽象的なものであるところに差異があるにすぎず、いずれも法的拘束力をもつ、法規範であると位置づける[102]。問題は、法規範であるとして、法規則の一種であるところの憲法上の原則はどのような性質・効力をもつことになるかである。

　この問いにクノップは次のように答える。すなわち、法原則は抽象的なものであり、法規則や判例を通じた具体化を必要とするため、その効力や国法体系における序列は、それを具体化する法規則によることになる[103]。したがって、憲法上の原則といえるためには、憲法規定という憲法レベルの法規

---

(101)　*Siehe* auch *Knop*（Anm. 4), S. 92f..
(102)　Ebd., S. 89ff..
(103)　Ebd., S. 89.

則による基礎づけが必要となる[104]。各憲法規定の相関関係の中で、個別の要件や効果は異なる様々な憲法規定に通底する、法の意図するもの（ratio legis）[105]や憲法制定者の政治的な構想を抽出することによって、憲法上の法原則の内容が解明されるのである[106]。このような憲法上の法原則の抽出は、法学方法論によって承認された解釈方法に則って説得的に行われる必要がある[107]し、憲法の個別規定レベルの効果・地位を有することになるので、当然ながら制憲者の明示的な意思に反することは許されず[108]、改正限界にも服する[109]。また、この憲法上の法原則は、それが抽出される元の憲法規定の性質に応じて、主観的権利に限らず、客観法的性格ももちうる[110]。こうして、憲法上の法原則という意味からも、個別の憲法規範の規範内容を丁寧に確認することが要求される。

(2) 書かれざる憲法原則としての国際法親和性原則の抽出　(1)でみたところに従えば、パヤンデーにせよ、クノップにせよ、結局、個別の憲法規定がどのような規定内容をもっているかを詳らかにし、その相関関係の中で説得的にそれらに通底する法（この場合は基本法という実定憲法）の意図するところ（ratio legis）を示す作業が重要になる。そこで、やや簡潔なものとはなるが、両者による作業を追いかけてみよう。

　　　(i) パヤンデー　　パヤンデーは、関連する基本法の個別条文について、①国際法のドイツの国内法領域への取り込みに関する条文、②制度化された国際的協働への憲法上の決定に関する条文、③国際法の実体的な内容の憲法による受容を示す条文と、その性質・内容によって三つの種類に分けた上で検討している。

　まず、①には、基本法の25条と59条2項、そして100条2項が含まれる。なんらの国家行為を要求しない（25条）か、立法者による決定を要求する（59条2項）かという違いをもつものの[111]、パヤンデーにいわせれば、前二

---

(104) Ebd., S. 91.
(105) Payandeh (Anm. 3), S. 469 も ratio legis の抽出によって、書かれざる憲法原理の内容の特定を行われるべきことを説く。
(106) Knop (Anm. 4), S. 90 u. 96f.
(107) Ebd., S. 91.
(108) Ebd., S. 97f.
(109) Ebd., S. 93.
(110) Ebd., S. 91.
(111) Payandeh (Anm. 3), S. 472.

者の条文は、国際法を国家間の関係を規律するに尽きる法規範と考える従来の国際法理解から脱却し、国際法からの直接的な権利・義務の抽出可能性も認めたものである[112]。すなわち、広く国際法の国内法領域への取り込みに道を開いた条文であると理解されることになる。そして、基本法は、単なる国際法の取り込みを規定するにとどめず、100条2項で、国際法が連邦法の一部をなすか、個人に直接権利義務を発生させるものかを確認する権限を連邦憲法裁判所に付与している。これは、憲法裁判において、国際法の国内における貫徹を可能にしていると評価されるのである[113]。

　続いて②には、24条各項、23条、そして16条2項後段が含まれる。まず、24条1項は、国際機関への高権移譲の可能性に言及するものであり、国際的な協働への強いコミットメントを支持するものであると評価できるし、国内の法領域を対外的に開かれたものにする契機となる[114]。同条2項は必ずしも国際機関という形態をとるわけではないだろうが、その特殊な形態として、集団安全保障体制へのドイツの参加を謳っており、これは実際にNATOへの加盟を基礎づけるものであった[115]。さらに、同条3項は、国際紛争の平和的な司法的解決へのコミットメントを規定するものであって、国際的な法の支配への支持を示すものであって、国際法への親和性を表す重要な規定と位置づけられる[116]。23条は、国際機関の特殊形態として、より緊密な協働を実践する欧州連合（EU）への参加を規定する、24条1項にとってのある種の特別規定のようなものである。また最後に、16条2項後段は、かつてはそれだけで同条同項を形成してきた、同条同項前段の示すドイツ人の不引渡しの原則を破って、EU加盟国や、適切な国際裁判所——ここで主として引渡し先と想定されているのは国際刑事裁判所である——に対して、引渡しの道を開くものであり、これも国際的な法の支配へのコミットメントの表れであり、国際法との特別な親和性を示す[117]。

　最後に、③には基本法26条の平和条項や1条2項における人権の承認といったものが該当する。まず、26条は、侵略の禁止を具体化した規定であ

---

(112)　Ebd., S. 473f. u. 481.
(113)　Ebd., S. 475.
(114)　Ebd., S. 476.
(115)　Ebd., S. 476f..
(116)　Ebd., S. 477.
(117)　Ebd., S. 478.

り、国連憲章2条4項の武力行使禁止原則に資するものであるし、国連憲章そのものを国内法領域に取り込む条文ではないが、その実体的な内容を憲法において示した条文であると評価される[118]。次に、1条2項は、人権を人間社会の基礎として承認している。これには国際法上保護の対象となる人権への着目という意味があり、人権条約等の個別の規定を全て憲法レベルの規範として取り込むことを意味する必然性はないものの、国際的な人権も含めた人権保障の核心をドイツの国法体系において、憲法改正権者によっても改変できないものとして取り込んだものであり、実体的な取り込み規定と位置づけられるのである[119]。

　以上のような、条文への言及・検討を通じて、パヤンデーは、個々の条文の背後に、基本法を国際法に従属させるのではないが、国内の法状況を連邦共和国の国際法上の義務に同期させようという、法の意図（ratio legis）を読み取っている[120]。

　(ii) **クノップ**　続いて、クノップである。クノップは、個別の条文の内容を検討し、法の意図（ratio legis）を抽出した上で、国際法親和性原則の内容の確定に導く作業だけにも、紙数にして実に80頁を超える重厚な検討を施しており、ここでそれを詳細に紹介・検討することはかえって混乱を招こう。そこで、以下ではかなりの程度において簡略化した素描にならざるをえないことを断った上で、クノップの議論を紹介することにしよう。

　議論の構成は、パヤンデーのそれに非常に似たものとなるが、各条文から読み取られる国際法親和性に関連する基本法の特徴を、クノップは次の四つにまとめる。すなわち、①国家目標としての国際的親和性（internationale Freundlichkeit）、②国家の憲法上の義務としてのヨーロッパ親和性、③憲法の超国家法への志向性、④国際法・欧州法への親和性の条件としての統合責任である。それでは、これら四つの内容を確認する作業から始めよう。

　①に関して、まず、クノップは憲法規範を、規律の密度を手掛かりとして規範としての拘束力の強弱によって分類し、規範内容の具体性が低く、規範としての拘束力も弱いものとなるもののうち、国家の構造を決定するような性格をもつものではなく[121]、国家としての目標・方向性にかかわるものを

---

(118)　Ebd., S. 479.
(119)　Ebd., S. 480f.
(120)　Ebd., S. 481.

国家目標と整理する⁽¹²²⁾。

　このような整理を前提とした上で、クノップは、基本法前文が、ドイツが統合された欧州の一員となること、そして世界平和に貢献することを憲法制定の動機として掲げていることに注目する。これは、基本法が、国際的あるいは欧州規模での協働や統合に対して開かれた性格を有することを示すとともに、具体的な方法については指示することなく、抽象的にドイツの国家の目標として国際的親和性を掲げたものであると理解できる⁽¹²³⁾。これを具体化するのが、23条以下の条文である。23条1項においても、冒頭で統一欧州の実現を目標に据えるが、その手段としてEUへの加盟を挙げているし、同項の後半部分も含めて、23条各号は、欧州統合実現のために、ドイツの国家機関に与えられた権限、あるいは制約について詳細に規定している⁽¹²⁴⁾。他方、24条も欧州統合に限定されない一般的規定として存在している。24条1項は、国際機関への高権移譲が可能であると規定しているが、あくまで「できる」という規定であり、立法者以下の国家機関に判断余地を認めるものである。しかも、どのような国際機関にどういった高権を移譲できるのかについては触れるところがない⁽¹²⁵⁾。これに対して、24条3項は、国際裁判の枠組への参加という任務を与えているし、同条2項も、「できる」規定ではあるが、後段の規定ぶりとあわせてみたときに、集団安全保障体制参加へと方向づける規定であり、いずれも命令的な規定であるとクノップは評価する⁽¹²⁶⁾。このような評価をもとに、クノップは、前文と24条1項について、憲法上の義務や憲法上の任務づけを欠く、目標設定を行っただけの条文であるとし、国際的親和性を内容とする国家目標規定であると評価する。

　続いて、②についてである。ここで焦点を当てられているのは、基本法23条とりわけその1項である。ここで、クノップは23条1項を国家機関の憲法上の義務（Verfassungspflicht）を規定するものと結論づけるのであるが、

---

(121)　なお、クノップは、国家目標規定と国家構造原理（Staatsstrukturprinzipien）との区別にあたって、国家構造原理には、形式的な規定内容を超えた規律内容を伴う、補完的性質（Komplementarität）があるが、国家目標規定にはそれが欠けるという差異の存在についても強調している。*Siehe Knop* (Anm. 4), S. 109f.
(122)　Ebd., S. 104ff..
(123)　Ebd., S. 110.
(124)　Ebd., S. 110f..
(125)　Ebd., S. 110f..
(126)　Ebd., S. 111.

その前提として、憲法上の義務を既出の国家目標や国家の任務（Staatsauftragen）から区別する作業を行っている。先ほど、国家目標としての国際的親和性について述べた際に触れた通り、国家目標規定との差異は、規範内容の具体性にある。国家の任務規定は一定の具体的命令内容をもつものであり、その意味では憲法上の義務との重複がみられるという。ただし、国家の任務の場合は、ある程度特定された行動をとることが求められ、一度その行動をとってしまえばそれに尽きてしまう傾向があり、また立法者に向けられる場合が多いのに対して、憲法上の義務は、立法府に限られない国家機関一般を名宛人として、国家機関に一定の裁量・判断余地も与えつつ、継続的な措置・対応を求められるものであるのが一般的だという(127)。

　このような概念整理を踏まえた上で、クノップは、23条1項においては、具体的な時期や行為を示すことのない単なる国家目標を超えて、ドイツの国家機関がどのような場合にどのように関与するかが比較的詳細に述べられているし、とりわけEUへの参加について、国家構造保護のための条文が詳細に規定されていることから、24条1項の場合と異なり、その点においてドイツに決定の余地が残されていないと指摘する(128)。また、23条1項は欧州統合の発展を予定しており、政治的な形成余地を残しつつ、継続性のある対応を求めているとして、国家の任務規定ではなく、憲法上の義務であることを示唆する(129)。加えて、23条1項は、79条3項にも言及しており、ドイツの国家性が欧州統合によって崩されないよう、実質的な国家性の保障も行うという形で義務づけを行う規定でもある(130)。23条1項に続く2項ないし7項は、各国家機関の欧州統合への関与権限を確認するが、23条1項も含めてこれらは、従来の国家構造を変更するものではなく、従来の国家構造を保護するものであると評価する(131)。こうして、クノップは23条1項に現れた欧州法への親和性を憲法上の義務として整理する。なお、この義務は基本的には客観法としての性格を有するものであり、直接国民個人の主観的権利や地位を基礎づけるものでないとも指摘している(132)。

---

(127) Ebd., S. 114f. このような説明ぶりからも、国家の任務と憲法上の義務の区別の相対性がうかがわれるところではある。
(128) Ebd., S. 116f.．
(129) Ebd., S. 117.
(130) Ebd., S. 118ff.
(131) Ebd., S. 123.

次に、同じく基本法23条が問題となっているので、順番は前後することになるが、先に「④国際法あるいは欧州法親和性の条件としての統合責任」の問題について述べておくことにしたい。ここにいう統合責任とは、連邦憲法裁判所のリスボン条約判決[133]で言及された概念であり、欧州統合に対して連邦議会を中心とする各国家機関が有する責任のことを指す[134]ものとして現在連邦憲法裁判所の判例において定着している。先にも少し示唆したように、欧州統合はドイツにとっての目標でありながら、だからといってそれによってドイツの国家構造が変更されるのを許すものではない[135]。基本法の下でのドイツの国家構造を維持しつつ、欧州統合を実現していく責任が、ドイツの国家機関には課されるわけである[136]。そして、クノップにいわせれば、統合への参加を基礎づけるとともに、国内憲法のアイデンティティ保護を通じて統合を限界づけるものであって、統合過程への参入の前提をなすものなので、国際法や欧州法との親和性との間では、特殊な相互作用を及ぼす関係にある[137]。これを具体的に規定する条文が、23条の各条項であり[138]、その名宛人は全ての憲法機関であるという。

　最後に、③憲法の超国家法への志向性について述べておこう。クノップ自身は、この項目に最も多くの紙幅を割いているのであるが、要は、基本法25条や59条2項などの、国際法や欧州法の国内法領域への取り込みに関する基本法の規定を分析している。ここでは、国際法や欧州法などの超国家法について、類型ごとに、国内効力付与の条件や国法秩序における序列の問題、国内における適用可能性がどのようなものと解されるかについて、関連条項の解釈問題としてアプローチしている。

　なお、先に述べたように、書かれざる憲法上の原則の内容は個別の規定の解釈から、その背後にある法の意図を探ることによって抽出されるが、個別規定の解釈は、書かれざる憲法上の原則にてらしてなされることもあり、相互作用するものであるので、具体的な個別条文の解釈は、書かれざる憲法上

---

(132) Ebd., S. 125.
(133) BVerfGE 123, 267 (351).
(134) これについては、邦語文献ではさしあたり、国立国会図書館『国会による行政統制』(国立国会図書館、2015年) 35頁などを参照。
(135) *Siehe* Anm. 130.
(136) *Knop* (Anm. 4), S. 179.
(137) Ebd., S. 180f.
(138) Ebd., S. 178.

の原則の内容解明との境界が不明になる。実際、クノップ自身が国際法親和性原則の内容としてまとめるところと、ここでの個別条文の解釈の結果として述べるところには重複もみられるところである。そこで、以下では、多少クノップの与えたニュアンスを崩してしまう可能性はあるが、のちの検討との重複と混線を防ぐためにも、要点のみを簡潔に指摘することにしたい[139]。

まず、各条文について共通してクノップが指摘するのが、かつての見解はともかく、近時むしろ一般的な見解を前提とすると、25条にせよ、59条2項にせよ、国際法が国内効力を獲得する条件について述べたものであり、国内における直接適用可能性について触れるものではないということである[140]。こうして、基本的にここでの関心は、国内効力の問題となるが、国内効力の問題を論ずるにあたって、その前提問題として論じられることの多い、国際法・国内法の一元論・二元論の議論についても、現在では、いずれの学説も極端な見解を避け合一化傾向がみられること、また、基本法25条および59条2項はいずれの見解からも説明可能な条文であることから、国際法親和性原則との関係においては、一元論・二元論の問題は大きなものとならないことが述べられる[141]。さらに、実施理論と変型理論の対立[142]についても、判例も立場を明瞭にしていない。したがって、いずれの見解をとることも可能であって、これも国際法親和性原則との関係で問題となるものではないとする[143]。

重要なのは、まず、25条に基づいて、慣習国際法や国際法上の一般原則をその内容とする、国際法の一般的諸原則については、国際法上成立していればそれ以上の行為を介在させず、国内効力も認められることになること[144]、また、その具体的内容によっては、直接に国民の権利義務関係を規

---

(139) また、欧州法の問題も広い意味で国際法親和性原則にかかわるものであり、ここまでもまた、これ以降も適宜言及するが、本書の直接の検討対象は、(欧州法の問題を除いた) 狭い意味での国際法親和性原則であり、欧州法の国内効力・国法上の序列等にかかわる論点については、割愛する。
(140) *Knop* (Anm. 4), S. 134 を参照。国際法の一般的諸原則については明示的に述べないが、ebd., S. 131 であくまで、個別の市民が主観的権利を導き出しうる (können) としており、本文のような考え方が前提となっていると思われる。25条の解釈として本文のような旨を明確に述べるものとして、例えば、O. Rojahn, Art. 25, in: I. von Münch u. P. Kunig (Hrsg.), Grundgesetz Kommentar Bd. 1, 6. Aufl., 2012, Rn. 46 などを挙げることができる。
(141) *Knop*, ebd., S. 160ff..
(142) これについては、第1部第2章Ⅰ2(2)を参照。
(143) ただし、条約について、判例 (BVerfGE 128, 326 [367]) が変型理論を採用していると読むことが困難になっており、実施理論の採用に至っていると指摘する。*Knop* (Anm. 4), S. 138.
(144) *Knop*, ebd., S. 127.

律しうることが認められており、連邦憲法裁判所の判例がこれを根拠に、抵触する国内法の一般的諸原則への適合的解釈を要求することが指摘される(145)。序列の問題について、25条後段は通常法律への優位を説くものの、これは適用における優位であり、抵触する法律を無効にするような効力はもたないことを指摘する(146)とともに、ここから基本法への優位を説くことはできず、また、基本法上の基本的な決定に基づく制約が働きうることについても強調している(147)。

続いて、59条2項に関して、条約の序列問題について、「合意は拘束する pacta sunt servanda」という国際法の一般的諸原則を介することによって、通常法律に優位させる見解もないわけではないが、これは、国家の主権の理解には適合的ではないとする(148)。一方、連邦憲法裁判所は、条約（あるいはそれに対応する実施命令）は立法者を拘束しないと基本法は理解している旨述べ、条約法律に対応した序列に位置づけられると結論づける(149)。

さらに注意しなければならないのが、クノップが、国際機関の法という項目を設けて、24条をめぐる議論を別途展開していることである(150)。24条に基づく高権移譲は、条約によってなされることになり、59条2項に則って、条約法律という形式的法律を通じて実現されることになる。したがって、79条2項や3項により立法者に課された制約を受けるが、条約として国内効力を手にすることになるし、前法後法関係による適用優位の範囲内で、通常法律の効果を排する効力ももちうることが指摘されている(151)。

以上のような検討を通じて、クノップは、法の意図として、外在的法秩序である国際法や欧州法について、それが異なる法体系であることは認めた上で、それでも伝統的な考え方のように外来法と国内法の関係をピラミッド構造で理解するのではなく、並存し、互いに結合させ調整していくべきものと捉えており、ドイツの国家機関には、外来法に対して注意を向けるとともに、国内法領域においてそれをできるだけ貫徹できるように、調整を促そうとす

---

(145) Ebd., S. 131.
(146) Ebd., S. 129.
(147) Ebd., S. 133.
(148) Ebd., S. 135.
(149) Ebd., S. 135f.. 人権条約の特殊性についても言及する（ebd., S. 139ff.）が、これについては、IV 3において、国際法親和性原則の特殊形態の問題として扱う。
(150) Ebd., S. 143ff..
(151) Ebd., S. 150.

る、基本法の法の意図（*ratio legis*）を読み取る[152]。もう少し具体的には、基本法25条や59条2項、そして24条から、憲法制定者には、国際法上の義務を、国内においてできるだけ実行的に実施しようという意図があることが読み取れるという[153]。ただし、このような意図から導かれる憲法上の原則については、基本法20条3項および79条3項からの制限がかかるのだとも述べている[154]。このようにして、各個別条文の検討を通じて、上記のような内容の国際法親和性原則を基礎づけている。

3 まとめ

本節で、縷々みてきたように、判例や学説は一般的に、基本法前文や23条ないし26条、59条2項などの基本法の個別条項から、国際法親和性原則を導いているのであるが、どうして、また、具体的にどのような内容の原則が導かれるかという点については十分に示したとは言い難い状況にあった。この点、近時の学説では、書かれざる憲法原理ないし書かれざる憲法上の原則を、個別の明文規定から抽出する作業として説明するものが現れている。この説明方法について、やや立ち入って、紹介と検討を行ってきた。そこでは、従来に比べれば、十分に丁寧な説明が施されているが、結局、個別条文の解釈なのか、国際法親和性原則の内容を先取りして個別条文を無理からに解釈し、それを国際法親和性原則の内容把握に還元させるマッチ・ポンプではないかと疑われる側面もないわけではない[155]。ただ、その検証作業は、結局、国際法親和性原則の規範的内容としてどのようなものが理解されているかを明らかにする中で、規範内容設定の妥当性を確認する作業と重なるところが多い。そこで、この問題については、次のⅣにおいて国際法親和性原則の具体的内容について検討する際に留意することにしたい。

Ⅳ　国際法親和性原則の具体的内容

1 総　説

ようやく、国際法親和性原則の具体的内容についてみていくことになる。

---

(152) Ebd., S. 181.
(153) Ebd., S. 184.
(154) Ebd., S. 185.
(155) この点について、*Proelß* (Anm. 98), S. 46 も参照。

国際法親和性原則の内容についてはこれまでも断片的に触れてきたところでもあるが、教科書やコンメンタールといったレベルで、一般的にその内容として挙げられるのが、国内法の国際法親和的解釈である(156)。ここにいう国内法には憲法も含まれるとされる(157)。また、親和的解釈のあり方としては、国内法を解釈・適用する際に、単に国際法に留意したり、国際法の内容を考慮したりすることも含めている場合もあり(158)、幅広く、悪くいえば、かなりファジーな括り方がなされている(159)。他方、国際法親和性原則の要求として、国際法を国法体系における序列の中で憲法と同位に扱うべきとする見解(160)も一部(161)にないわけではないが、判例(162)も含めて、一般的には国際法親和性原則は、国際法の国内法への優位あるいは憲法との同位性を要求するものではないと考えられている(163)。

　国際法親和性原則の要請内容についても、立ち入った議論を行っているのは、やはりパヤンデーとクノップであり、上記のような一般的議論状況を踏まえた上で、両者の議論を中心に検討を進めていくことにしよう。

　この点、クノップは国際法親和性原則の内容を実体的側面(164)と手続的側面(165)に分けて、整理している。このうち、実体的側面については、要求内容を、①規範相互の抵触問題の処理ルールとしての国際法親和性、②外来法秩序への留意、③後法の前法への優位原則の修正、④国際法親和的解釈に分類して議論している。②ないし④は①の具体的内容を示すものであると評価

---

(156) z.B. *H.D. Jarass*, Art. 25, in: *ders und Pieroth*, GG Kommentar, 12. Aufl., 2012, Rn. 4a; *O. Rojahn*, Art. 24, in: *H. von Münch u. P. Kunig* (Hrsg.), Grundgesetz Kommentar Bd. 1, 6. Aufl., 2012, Rn. 2ff.. Siehe auch *R. Geiger*, Grundgesetz und Völkerrecht mit Europarecht, 4. Aufl., 2009, S. 161.
(157) z.B. *Jarass*, ebd.; *Tomuschat* (Anm. 6), Rn. 37.
(158) z.B. *Jarass*, ebd..
(159) この意味では、我が国における従来の国際法適合的解釈の議論に似る。
(160) Bleckmann (Anm. 46), S. 141; Vogel (Anm. 21), S. 39 [ただし、国際法の一般的諸原則のみ]。
(161) ただし、開かれた憲法論や国際法親和性原則に関する議論を初期においてリードした、フォーゲルやブレックマンという二人の論者が含まれることには注意が必要である。
(162) z.B. BVerfGE 6, 309 (363) [国際法の一般的諸原則]; 111, 307 (317) [条約]。
(163) z.B. *Geiger* (Anm. 156), S. 152 u. 160f.; *Payandeh* (Anm. 3), S. 484. ただし、とりわけ人権条約についての文脈であるが、一般に法律と同位とされる条約について、国際法親和的解釈の要請により、実質的な条約の通常法律への優位を構成していると指摘するものとして、*O. Rojahn*, Art. 59, in: *I. von Münch u. P. Kunig*, Grundgesetz Kommentar Bd. II, 6. Aufl., 2012, Rn. 45 などがある。この論理を応用すれば、憲法規定の国際法親和的解釈を通じて、実質的には憲法にも優位すると理解することも不可能ではなくなるだろう。Siehe *M. Schweitzer*, Staatsrecht III Staatsrecht Völkerrecht Europarecht, 10. Aufl., 2010, Rn. 710; *Payandeh*, ebd..
(164) *Knop* (Anm. 4), S. 201ff..
(165) Ebd., S. 239ff..

できる[166]し、さらに②および③は、広い意味では④国際法親和的解釈の内容とされるものであることに注意しておく必要がある。すなわち、②外来法への留意はこの外来法を国際法と理解する限りにおいては、国際法親和的解釈の出発点である[167]し、③の後法の前法への優位原則は国際法親和解釈が可能な限りで排除される[168]。そうすれば、一般的見解が国際法親和性原則の内容を主として国際法親和的解釈に集中させていることとも平仄が合う[169]。

　実体的側面が、以上のようなものであるとして、手続的側面とはどのような問題を扱っているのだろうか。この点、実体的側面で示された国際法への抵触を回避する義務は、あらゆる国家機関に各々生じ、その具体的な内容は、それぞれの権限にてらして決定される[170]ことを前提に、各国家機関の義務内容を確定する作業を行っているのである[171]。

　これに対して、パヤンデーは、(a)国際法は国内序列上、文字通りの意味では憲法レベルにあることは要求されないこと、(b)国際法親和的解釈、(c)立法者の国際法とりわけ条約への拘束の有無・程度、(d)衡量・裁量判断要素としての国際法、(e)条約法律制定・公布前における条約の国内効力、(f)条約の国内効力付与義務、(g)国際裁判所の判断の国内効力、(h)憲法裁判における国際法の意義[172]、(i)憲法改正権者の拘束可能性、(j)国際法を超える義務の可能

(166) 実体的側面についてのまとめの部分で、「規範相互の抵触問題の処理ルールとしての国際法親和性」という表題を付しつつ、検討を経た国際法親和的解釈の再分類について述べている (ebd., S. 238) ところからも、クノップ自身が本文のような意識をもっていることがうかがわれる。
(167) ただし、後述するように、②の議論の焦点は、外国法に向けられている。
(168) 国際法親和的解釈の内容解説の中で、後法の前法への優位原則の修正を説くものとして、例えば、*Tomuschat* (Anm. 6), Rn. 44［税法分野を除いて基本的に後法優位原則が貫徹されることはほとんどないとも言及する］がある。のちに述べるように、あくまで法律が明示しない限りは、後法たる法律が前法たる条約（法律）を排除しないという形で定式化されることも多い (siehe z.B. BVerfGE 74, 358 [370]) のだが、国際法親和的解釈の限界として、立法者の意図に反しないことということがいわれており (siehe z.B. *Tomuschat*, ebd., Rn. 36)、その意味では、立法者の条約を排する意図が明確になっている場合には、国際法親和的解釈の限界に打ち当たることになるので、本文のような記述も上記のような定式と同値ではないとしても、その「ズレ」は決して大きなものではない。
(169) *Knop* (Anm. 4), S. 238で国際法親和性原則の内容を再整理しており、ここで並べた、①ないし④の内容は、従来の学説等で指摘されている項目を並べて、検証対象としているにすぎないとみるべきであろう。
(170) この点を明示する連邦憲法裁判所の先例として、BVerfGE 112, 1 (26); BVerfG, 2 BvL 1/12 vom 15. 12. 2015, NJW 2016, S. 1300 Rn. 70がある。
(171) Ebd., S. 239.
(172) 具体的には、国際法違反自体は憲法異議の訴訟物とはならないことを説いている。憲法解釈においても、人権条約等の国際法が影響を与えうることについても言及するが、この点については、国際法親和的解釈の項目において論じる。Siehe Payandeh (Anm. 3), S. 495f.

性という10項目について、国際法親和性原則の内容として検討を加えている(173)。このうち、(a)は、前提問題として、先に述べたように一般的には否定されている、国際法の国法秩序における憲法レベルへの位置づけを改めて消極的に解したものであり、クノップの①に対応するものといえる(174)。(c)も条約を法律の同位に置くか、法律よりは上位に置くかという問題が論じられており、同じく、クノップの①に対応する。また、(i)もこれに深くかかわっているといえよう。他方、(b)ないし(g)は、クノップのいうような、広く国際法への抵触を避ける義務という意味での国際法親和性原則の内容について、場面ごとに切り分けたものということができる。このうち、(d)についていえば、通常法律の解釈・適用の場面において、国際法を参照して、衡量や裁量判断の枠づけをするものであるのだから、我が国の憲法適合的解釈の類型論において宍戸常寿が挙げる行政裁量統制型の憲法適合的解釈、さらには、我が国における国内法の国際法適合的解釈の概念整理として、宍戸の議論を参考にして筆者が示した、行政裁量統制型の国際法適合的解釈(175)との類似性がうかがわれる。そうすると、これと国際法親和的解釈との相違も相対的なものかもしれない(176)。最後に、(j)は国際法親和性原則にいう国際法が実定国際法に限定されることを指摘するものである。

　そして、国家機関の別に着目すれば、概ね裁判所は(b)・(d)・(e)・(g)・(h)、立法者は(c)・(e)・(f)、執行府・行政機関は(d)・(e)・(g)といった形で、クノップに倣って、それぞれの国家機関が負う抵触回避義務の内容について検討していると整理することができよう。このように考えることが許されるのであれば、パヤンデーとクノップの間の距離は近い。手続の側面と呼ぶべきかどうかは別として、近時国際法親和性原則について踏み込んだ検討を行った論者が、国家機関の権限配分の問題にも着目して、国際法親和性原則の内容に

---

(173) Ebd., S. 484ff..
(174) ただし、クノップは、①において、国際法親和性原則から国内効力を導くことはできず、問題となる国際法に国内効力が存在することを前提とした原則である旨についても説いており、パヤンデーが、(e)において論じる、条約法律制定前の署名済条約 (ebd., S. 489f.) の取り扱いにも言及していることに注意しておく必要がある。Siehe Knop (Anm. 4), S. 203.
(175) 第2章Ⅱ参照。
(176) ただし、のちに詳しく触れるように、条約の場合、ドイツにおいては法律と同位と考えられているため、上位法への抵触回避という意味での「体系適合的解釈」の一環としての国際法適合的解釈と、同位の法であるにもかかわらず、抵触を回避しようとする国際法親和的解釈との間に差異を見出すべきである。

アプローチしているのであれば、そこには重要な示唆を見出せる。

2 クノップの議論

1での概観を踏まえて、クノップの見解を基礎としつつ、パヤンデー他の論者の見解にも目を配りながら、パヤンデーとクノップの間の距離についての検証も含めて、もう少し掘り下げて検討していくことにする。

(1) 実体的側面　　(i) 規範相互の抵触問題の処理ルールとしての国際法親和性

まず、クノップが実体的側面の①で述べることについてであるが、ここでは、国際法親和性原則が、国内法と国際法が完全に抵触なく融合することを求めるのではなく、国際法の国内効力や国際法の国内法への優位を基礎づけないという旨が説かれる[177]。国際法の一般的諸原則であっても、憲法には劣位するし、条約は通常法律のレベルの規範であるにすぎない。国際機関の法も通常法律には優位するのであるが、これも国際法親和性原則から導かれるのではなく、基本法が認めた正当な手続の中で締結、国内法への編入がなされた設立条約の中での設定によるものであるとされる[178]。すでにドイツが署名している条約であって、しかし、未だ条約法律が制定されていない場合[179]に、条約に国内効力を認めることは国際法親和的であるようにも思われるが、国家主権や国内における権力分立構造の観点からは許されないものであることも指摘されている[180]。後者の点については、先に註(174)でも少し触れたが、パヤンデーが、上記(e)の部分において、国際法上はドイツに対する拘束力が生じることなどから、文字通りの国内効力は認められないとしても、裁判所や行政機関における国際法親和的解釈、すなわち利益衡量や裁量判断の場面において考慮する[181]という形で一定の効力を付与することが要求されるとしている[182]。この点、連邦憲法裁判所も、条約法律なく

---

[177] *Knop*（Anm. 4）, S. 201ff.
[178] Ebd., S. 202.
[179] この前提として、国際法親和性原則により、執行府が署名等を行った条約の変型ないし実施命令の定立、すなわち条約法律の制定の義務が立法者に発生するわけではないという点について、*Payandeh*（Anm. 3）, S. 490（上述 (f) の部分）を参照。
[180] *Knop*（Anm. 4）, S. 203.
[181] これを、国際法親和的解釈の一部と考えうることについては、前掲註(175)および(176)と、対応する本文を参照。
[182] *Payandeh*（Anm. 3）, S. 489f. これに対して、プロエルスは、パヤンデーのように憲法上の原則である国際法親和性原則により国際法親和的解釈を基礎づける場合は、署名済条約に効力を認めることは、裁判所や行政による立法を許すことになり認められないと批判する。*Siehe Proelß*（Anm.

して国内効力が認められないことを明示している[(183)]し、学説も一般に条約法律の成立を国内効力の前提としている[(184)]。しかし、これらが、パヤンデーのいう特殊な「効力」までを否定するものかは必ずしも判然としない。実は、クノップも国際法親和的解釈における「国際法」にどのような法規範が該当するかを検討する場面において、立法者が変型ないし実施命令の定立を明確に否定していない限りにおいて、条約法律未制定の条約についても完全な拘束は否定しつつも、「考慮義務」が裁判所や行政機関に生じうるとする[(185)]。また、クノップが指摘するのとは違った観点からも、考慮義務を導出しうるように思われる。つまり、上位法への抵触を回避するという狭い意味での国際法適合的解釈は不可能であるとしても、外国法の参照に準ずるようなある種の「考慮」[(186)]であれば、立法者の明確な意思に反しない場合などにおいて要求されるとすることは、あながち誤りとはいえないのではないだろうか。というのも、条約法条約18条において批准や承認などを条件として条約に署名した場合に、条約の批准や承認が行われる前にも、条約の趣旨や目的を失わせることが禁じられている[(187)]。これにより、条約の趣旨や目的を没却するような事態に至る場合には、別途条約法条約あるいはそれと同内容の慣習国際法に違反するということになるはずである。したがって、そのような状況に陥っていないかを考慮することも求められ、これにより国際法親和的解釈ないし参照が要求されるとはいえそうである。ただし、これは署名を行った条約そのものの効力というよりは条約法条約や同内容の慣習国際法という、ドイツにとっても国内効力を認められる国際法の効果であるという反論は可能である。これは、国際法親和的解釈をどのように定義づけるかにもかかわるものであり、国際法親和的解釈について扱う場面で改めて触れる。

---

98), S. 53f.. なお、プローエルスの見解に従えば、国際法上はドイツを拘束する法規範との抵触を極力回避すべく考慮するにとどまるので、条約法律の未整理は問題とならず、国際法親和的解釈の参照対象となるという。*Proelß*, ebd., S. 55.
(183) BVerfGE 72, 200 (264f. u. 271f.); BVerfG, NVwZ 2007, 1176 (1177).
(184) z.B. *R. Streinz*, Art. 59, in: *M. Sachs* (Hrsg.), Grundgesetz Kommentar, 6. Aufl., 2011, Rn. 70; *H. Butzer u. J. Haas*, Art. 59, in: *B. Schmidt-Bleibtreu, H. Hofmann u. A. Hopfauf*, GG Kommentar zum Grundgesetz, 13. Aufl., 2014, Rn. 106.
(185) *Knop* (Anm. 4), S. 218f..
(186) のちに述べるように、国際法親和的解釈と外国法の参照との距離は近い。
(187) *See, e.g.*, VIENNA CONVENTION ON THE LAW OF TREATIES A COMMENTARY 219ff. (O. Dörr & K. Schmalenbach eds., 2012).

(ii) **外来法秩序への留意**　次に、②外来法秩序への留意についてみておこう。ここでは、Ⅰ３で触れたスペイン人決定[188]や、第１次引渡決定[189]、Zweitregister 決定[190]といったものに触れつつ、判例が国際法だけではなく、外国法への留意、考慮といったものを要求してきたことについて論じている[191]。しかし、クノップは、国際法親和性原則の内容としてみた場合、言葉の意味においても、外国法は国際法ではなく、「開かれた国家」性の原則の一内容としてはともかく、国際法親和性原則の内容とするべきではないという[192]。関連して、本書においても、先に、概念整理を行い、クノップの所論にも着目しつつ、「開かれた国家」性と国際法親和性原則は一応分離すべきだという立場をとったところである。言葉の定義次第といったところではあるが、外国法への留意、参照という問題は、国際法親和性原則とは別の問題であるとしておいた方が、概念整理の明瞭性の面でも、国際法親和性原則について詰めた議論を可能にするという意味においても適切だろう。

(iii) **後法の前法への優位原則の修正**　続いて、③後法の前法への優位原則の修正において、クノップは何を論じているのであろうか。ここでは、特に条約を題材として国内法体系における序列や適用関係について論じられている。一般に条約は、国内法体系における序列については、国内への編入を行う法に準じるものとされ、条約のうち、条約法律によって変型ないし実施命令の定立がなされるものについては、連邦法律と同位の地位を与えられることとなる[193]。そうなると、後法優位の原則に従えば、条約は成立・発効後に成立した連邦法律によって排除されることが可能となるはずである[194]。しかし、判例[195]は、立法者が明示的に条約を排除する意思を示さない限り

---

(188)　BverfGE 31, 58.
(189)　BverfGE 18, 112.
(190)　BverfGE 92, 26.
(191)　*Knop*（Anm. 4）, S. 204ff..
(192)　Ebd., S. 206.
(193)　z.B. BVerwGE 47, 365 (378); *H.D. Jarass*, Art. 59, in: *ders und Pieroth*, GG Kommentar, 12. Aufl., 2012, Rn. 19; *Rojahn* (Anm. 163), Rn. 44; *Streinz* (Anm. 184), Rn. 63; *Butzer/Haas* (Anm. 184), Rn. 101. もっとも、*Payandeh*（Anm. 3）, S. 487 は、このように考えるのが素直であるとはしつつも、必ずしもそう考えなければならないわけではないことを指摘するとともに、慣習国際法など基本法 25 条にいう国際法の一般的諸原則との間で矛盾・抵触が生じうることに言及する。この点については、加えて、*ders*, Grenzen der Völkerrechtsfreundlichkeit, NJW 2016, S. 1280 [*Payandeh* (Grenzen)]、さらに古くは、*Vogel*（Anm. 78）, S. 162 も参照。
(194)　z.B. *Jarass*, ebd.; *Rojahn*, ebd.; *Streinz*, ebd.; *Butzer/Haas*, ebd., Rn. 102; *Tomuschat* (Anm. 6), Rn. 44.
(195)　BVerfGE 74, 358 (370).

において、後に成立した法律によって条約を排除することはできないという枠組を示していることに、クノップは注目する(196)。このような枠組の根拠には、国際法を基本的には排除しないという立法者の意思の推定が挙げられる(197)のであるが、クノップは、このような意思の推定がなぜ可能になるのかをさらに基礎づける根拠として、国際法親和性原則が機能しうるのだという(198)。国際法親和性原則を援用して、上記のような立法者の意思の推定を行うことは、結局、立法者に国際法を排除する余地は与えつつも、それを行おうとするのであれば、白日のもとにさらして行う義務を課していることになる(199)。ところで、本書では、条約に限定する形でここまで議論を進めてきた。国際法の一般的諸原則ものちの法律によって排除されないため、これもあわせて国際法親和性原則の帰結として語る可能性がないわけではない。この点、クノップは、基本法25条によって、明示的に通常法律への優位が説かれる国際法の一般的諸原則については、国内法体系における序列関係に依拠すればよいという(200)。明文の規定があるならば単純にそれに従えばよく、書かれざる憲法上の原則である国際法親和性原則を大仰に持ち出す必要はなく、また持ち出すべきでもないという意味でも、国際法親和性原則の内容としないのが妥当であろう。

なお、後法優位原則の例外に関連する、興味深い連邦憲法裁判所決定(Treaty-Override決定)(201)が2015年末になって出された。クノップの議論の紹介からは離れるが、ここで少し説明しておくことにしよう。このTreaty-Override決定は、具体的規範統制の事案であり、そもそも所得税法(厳密には所得税法を改正する法律)が、所得税法改正に先立って締結されていた独土二重課税回避協定の内容に抵触し、そこから逸脱するものであることが問題となっていた。連邦税務裁判所(Bundesfinanzhof)は、所得税法が基本法3条1項の平等条項に違反して違憲であるほか、法治国原理と結合した国際法親和性原則に反し違憲であると判断して、連邦憲法裁判所に具体的規範統制の手続を提起した(202)。連邦税務裁判所は、基本法20条3項にも言及して

---

(196) *Knop* (Anm. 4), S. 207.
(197) BVerfGE 74, 358 (370). *Siehe auch Payandeh* (Anm. 3), S. 488.
(198) *Knop* (Anm. 4), S. 207.
(199) Ebd., S. 208. *Siehe auch Payandeh* (Anm. 3), S. 488.
(200) *Knop* (Anm. 4), S. 209.
(201) BVerfG, 2 BvL 1/12 vom 15. 12. 2015, NJW 2016, S. 1295ff..
(202) BFHE 236, 304. この決定についての批判的な検討として、*M. Krumm*, Legislativer Völkerver-

欧州人権条約や欧州人権裁判所の判断の考慮を求めた、連邦憲法裁判所のGörgülü決定(203)や第2次保安拘禁判決(204)といった先例を挙げて、確かに、国際法親和性原則は条約成立後の法律による条約（法律）からの逸脱を許しているものの、法治国原理を背景(205)として、条約を破ることが許されるのは、根本的な憲法上の原則への違反がそうしなければ避けられない場合に限られるという定式を示したのである(206)。

これに対して、連邦憲法裁判所は、条約が通常法律である条約法律を通じて承認を受けるものであり通常法律の地位に置かれること(207)、「合意は拘束する (pacta sunt servanda)」という国際法上の一般原則を通じて、条約規定を国際法上の一般的諸原則として通常法律に優位する地位に置けないこと(208)をまず確認する。その上で、後法優位原則がより直近の民意の実現に結びついた民主政原理にかかわるものであることが指摘され、また基本法20条3項において立法者は法律には拘束されないこととなっていることにも言及して、後法による条約（法律）からの逸脱は可能であることが示される(209)。このことは、連邦憲法裁判所の判例によっても基礎づけられるとし、連邦税務裁判所が挙げた、Görgülü決定や第2次保安拘禁判決は、あくまで、条約を「考慮」する義務について述べたものであり、そうしなければ憲法違反が避けられない場合にのみ免除される義務とは、条約の考慮義務にすぎず、上記の連邦税務裁判所の定式のように、条約からの逸脱の要件として提示されたものではないという(210)。さらに、政教協定判決(211)を引用して、条約は後の立法者を拘束するものではないと従来理解されていたことも強調し

---

tragsbruch im democratischen Rechtsstaat, AöR 138, 2013, S. 363ff. がある。
(203) BVerfG 111, 307.
(204) BVerfG 128, 326.
(205) 夙に、1997年の段階で条約の逸脱（treaty override）を法治国原理にも結びつけて批判するものとして、Vogel (Anm. 78), S. 165ff.［これはフォーゲルのミュンヘン大学退任講義を収録したものであり、先出の処女講義（Vogel (Anm. 21)）と対応させたものとなっている］がある。
(206) BFHE 236, 304 (S. 309f. Rn. 18). この決定は、A. Rust u. E. Reimar, Treaty Override im deutschen Internationalen Steuerrecht, IStR 2005, S. 843ff. を多く引用しており、法治国原理と民主政原理の衡量としつつ、前者に重きを置く思考枠組（BFHE 236, 304 [S. 310 Rn. 19]）は、とりわけこの論文の基本構想（siehe Rust/Reimar, ebd., S. 847ff.［民主政原理の観点から立法者の裁量を認めつつも、条約の逸脱よりもより温和な手段を採れないことが必要であるとし、濫用禁止条項が規定されている二重課税回避協定においてはとりわけ条約逸脱の余地は狭まるとする］）を引き継ぐものである。
(207) BVerfG, 2 BvL 1/12 vom 15. 12. 2015, NJW 2016, S. 1297 Rn. 45f.
(208) BVerfG, 2 BvL 1/12 vom 15. 12. 2015, NJW 2016, S. 1297 Rn. 47.
(209) BVerfG, 2 BvL 1/12 vom 15. 12. 2015, NJW 2016, S. 1298 Rn. 53ff.
(210) BVerfG, 2 BvL 1/12 vom 15. 12. 2015, NJW 2016, S. 1298f. Rn. 59.

た(212)。こうして、条約からの逸脱が法律に明示されている本件のような場合には、法的安定性を大きく害することもなく(213)、条約からの逸脱は基本法違反を構成しないと結論づけた。

これには、ケーニッヒ（König）裁判官の反対意見が付されている。彼女は、立法者の決定自由を重視する見解はグローバル化の進んだ現在において説得力を失っているという(214)。法的な拘束力の維持を中核的内容としてもつ法治国原理を加味すれば(215)、国際法親和性原則から、適切な時間の枠内で国際法に反しない解決が可能ではないかが吟味されなければ、立法者による条約の逸脱は許されないという判断を示した(216)。

この Treaty-Override 決定の法廷意見に対しては、条約と国際法上の一般的諸原則を峻別しすぎていること、民主政原理を強調するが、その場合、国際法上の一般的諸原則という議会の介在を必要としない国際法規範に通常法律への優位を認める基本法 25 条後段が大きな矛盾を抱えることになるといった鋭い批判も存在している(217)。これをどのように評価するかは、のちに述べる立法者の判断余地の問題に密接に関係するが、民主的な立法者があえて国際法から逸脱する決定を行うことについては、そこには慎重な考慮が求められるというべきであるが、可能性を過度に狭めるべきではなく、連邦税務裁判所のような立場は、従来の判例との連続性という面も含めて、支持し難いところである。もっとも、連邦憲法裁判所の法廷意見と反対意見の差異は、考慮の慎重性をめぐる争いとみてよいだろう。国際法に反しない処理が可能であるかは十分に吟味されるべきであるが、その吟味にも、立法者の裁量が認められうるところであり、その意味では、ケーニッヒ反対意見の枠組

---

(211) BVerfGE 6, 309 (362f.).
(212) BVerfG, 2 BvL 1/12 vom 15. 12. 2015, NJW 2016, S. 1301 Rn. 74.
(213) BVerfG, 2 BvL 1/12 vom 15. 12. 2015, NJW 2016, S. 1302 Rn. 88.
(214) BVerfG, 2 BvL 1/12 vom 15. 12. 2015, NJW 2016, S. 1305 Rn. 2 vom Sondervotum König. 政教協定判決における立法者の拘束の否定を傍論とみる可能性を指摘するものとして、例えば、*Tomuschat* (Anm. 6), Rn. 43 がある。
(215) BVerfG, 2 BvL 1/12 vom 15. 12. 2015, NJW 2016, S. 1306 Rn. 6 vom Sondervotum König. 彼女は、ここでフォーゲルの最終講義 (*Vogel* (Anm. 78), S. 167) とともに、連邦税務裁判所決定と同様に、フォーゲルの門下生の筆になる *Rust/Reimar* (Anm. 206), S. 843ff. を多く引用しており、法治国原理と民主政原理の衡量としつつ、前者に重きを置く思考枠組は、とりわけ後者の基本構想（ebd., S. 847ff.）を引き継ぐものである。
(216) BVerfG, 2 BvL 1/12 vom 15. 12. 2015, NJW 2016, S. 1306 Rn. 11 vom Sondervotum König.
(217) *Payandeh* (Grenzen) (Anm. 193), S. 1280f..

に法廷意見を通じて「幅」をもたせる可能性があるのではないだろうか。

このように、後法優位原則の例外も、——その幅をめぐり、なお争いが残る(218)が——国際法親和性原則の内容として想定されている。

　(iv) **国際法親和的解釈**　ついに、国際法親和性原則の肝となる国際法親和的解釈についてみていくことになる。クノップは、まずは、国際法の国内法に対する優位の問題とは切り離して、直接憲法から導出される解釈原則ないし手法であるとした上で、国際法親和的解釈が多様な内容を包含しつつも、判例上も学説上も一般に承認されたものであることを確認している(219)。その上で、最初に国際法親和的解釈の源流を、連邦憲法裁判所のパリ協定判決に求める。当該判決において、ザールラントの地位について定めたパリ協定に対して、基本法に反しないように解釈を施したのであり、むしろ、条約の憲法適合的解釈の事例として整理されるべきものである。実際に、判決は憲法適合的な条約の解釈が可能かつ妥当であることが前提になることを指摘した上で、国際法上の原則に留意しつつ、条約当事国が条約を通じて実現しようと意図した共通の目的にそったものとなるように、かつ、条約の締結時に意図したものを超えて拘束されないようにパリ協定を解釈した(220)。さらに、政治条約(221)については、政治部門の形成余地にも配慮する解釈が必要であるとも指摘したのである(222)。しかし、ここでは、国際法親和的解釈の第1の目的でもある、条約規範の維持が志向されており、ある種の国際法親和的性格が見出せるという(223)。さらに、この広い意味での国際法親和的解釈についても、無制限に保障されるものではなく、基本法上の基本原理を害することができないことが、連邦憲法裁判所によって夙に強調されており、具体的には基本法19条2項の基本権の本質的内実の不可侵や79条2項の憲法改正の要求、79条3項の憲法改正限界の設定が不可触の基本原理に該当するとされた(224)。後の判例は、以上のような意味での、条約法律のある種

---

(218)　ただし、7対1の判断であり、連邦憲法裁判所の判例としては定着に向かうと解するのであれば、民主政原理に着目することによって、後法優位原則の例外の枠はかなり狭められたといえよう。
(219)　*Knop* (Anm. 4), S. 209f.
(220)　BVerfGE 4, 157 (168). *Siehe* auch, *Knop*, ebd., S. 210f.
(221)　基本法59条2項にいう「連邦の政治的関係を規律する」条約のことである。これについては、さしあたり、第1部第2章I 2 (1) (i) 参照。
(222)　BVerfGE 4, 157 (169).
(223)　*Knop* (Anm. 4), S. 211.
(224)　BVerfGE 4, 157 (170).

の国際法親和的解釈にとどまらず、純粋な国内法の国際法親和的解釈を行うようになり、ついには、1987年の無罪推定決定において、連邦憲法裁判所は基本法の国際法親和的解釈まで行うようになる[225]。そして、国際法親和的解釈の重要性は、2004年のGörgülü決定においても強調された[226]。国際法親和的解釈を行う義務は、各専門裁判所に限定されず、連邦憲法裁判所を含む他の国家機関にも及ぶと解されている[227]。ただし、パリ協定判決においても示唆されていたところ[228]であるが、国際法親和性原則には限界があることが2004年のGörgülü決定において明確に言及され[229]、むしろその内容にも注目が集まったところ[230]でもある。そこで指摘されるように、基本法の基本権保障が制限されたり、切り下げられたりすることは許されないのはもとより、基本法の国際法親和性というものも、最終的にはドイツ憲法の中に存在するドイツの主権を放棄するものではなく、基本法の民主政システムと法治国システムの枠内で許されるものにすぎないのであって、基本法における基本原理に反することは許されない[231]。このような立場は、2011年の第2次保安拘禁判決においても引き継がれ、欧州人権条約と基本法が完全にパラレルなものとなる必要はないと指摘されている[232]。

以上のような基本枠組の確認を経て、クノップは親和的解釈において考慮要素となる国際法にはどのようなものが該当するかの検討に移る。そこではまず、いわゆる行政協定の該当性が論じられるが、国際法親和性原則は特段条約の種類を限定していないとして、行政協定であっても考慮対象となることをあっさりと認める[233]。続いて、彼は署名等ののち未だ条約法律が制定

---

[225] BVerfGE 74, 358 (370).
[226] BVerfGE 111, 307 (317). もっとも、これらの判例において憲法解釈について援用されるのは、欧州人権条約であり、その規律対象の特殊性があるのだが、この点についてはのちに改めて論じることにする。
[227] *Knop* (Anm. 4), S. 213.
[228] Ⅰ 3参照。
[229] BVerfGE 111, 307 (319).
[230] Siehe z.B. *R. Streinz*, Das Grundgestz: Europarechtsfreundlichkeit und Europafestigkeit, ZfP 2009, S. 484.
[231] BVerfGE 11, 307 (317ff.).
[232] BVerfGE 128, 326 (367f. u. 370).
[233] *Knop* (Anm. 4), S. 216f.. *Siehe* auch *U. Fastenrath u. T. Groh*, Art. 59, in: *K.H. Friauf u. W. Höpfling* (Hrsg.), Berliner Kommentar zum Grundgesetz, Rn. 108; *A. Proelß*, Der Grundsatz der völkerrechtsfreundlichen Auslegung im Lichte der Rechtsprechung des BverfG, in: *H. Rensen u. S. Brink* (Hrsg.), Linien der Rechtsprechungdes Bundesverfassungsgerichts-erörtert von den wissenschaftlichen Mitarbeitern, 2009, S. 563. ただし、クノップは、条約法律が制定される狭義の法律より

されていない条約について論じるが、完全な拘束は無理だとしても、立法者による明示の排除がない限りにおいて、考慮義務を想定することは可能であるとしていることについては、すでに触れた通りである(234)。また、逆に同意法律が存在しているが、国際法上の発効がまだという条約については、国際法親和的解釈にいう国際法として考慮することに問題はないという(235)。

むしろ問題となるのは、Görgülü 決定において考慮対象となることが明示されるに至った、国際判決の取り扱いである(236)。クノップが正当にも指摘しているように、ここでは二つの問題がある(237)。一つは、そもそも、条約上、裁判所の決定にどのような効力が与えられているかという問題であり(238)、これは国際法の解釈の問題ということになる。そして、もう一つ、条約上裁判所の決定に拘束力が与えられていることを前提としても、国際法親和性原則から国際判決の国内でのなんらかの効力を基礎づけることができるのかという問題が残る。連邦憲法裁判所は、国際法親和性原則を、国内法に対する国際法の真の意味での優位原則ではないことを認めており、国内法が解釈余地を認めている限りにおいて認められるものであるとしているのである(239)が、国際裁判の決定は具体的な事件に向けられたものであるという特殊性をもつものであるにもかかわらず(240)、具体的な事件を超えて参照

は、国際法親和的解釈の限界は広い旨指摘している。
(234) この問題については、*Proelß*, ebd., S. 560ff. も参照。
(235) *Knop* (Anm. 4), S. 219.
(236) この問題については、後述するように手続的側面からもクノップは検討を加えている。
(237) *Knop* (Anm. 4), S. 220.
(238) 欧州人権条約 46 条や国連憲章 94 条および国際司法裁判所規程 59 条がこれに該当する。
(239) *Knop* (Anm. 4), S. 221.
(240) この点を強調し、Görgülü 決定をミスリーディングであると批判するものとして、例えば、*Tomuschat* (Anm. 6), Rn. 32 がある。Siehe auch A. *Proelß*, Die verfassungsrechtliche Berücksichtigungspflicht im Lichte des respectfull consideration-Erfordernisses des U.S. Supreme Court, in: *T. Giegerich* (Hrsg.), Der „offene Verfassungsstaat" des Grundgesetzes nach 60 Jahren, 2010, S. 188.
なお、これに対して、アメリカの連邦最高裁の領事関係条約 36 条の領事通報権の取り扱いが問題となった、Sanchez-Llamas 判決においては、法廷意見 (Sanchez-Llamas v. Oregon, 548 U.S. 357, 354-355 (2006))・反対意見 (*Sanchez-Llamas*, 548 U.S. at 382 [Breyer, J., dissenting]) の双方とも、国際司法裁判所規程 59 条を引いて、ICJ 判決の相対効が強調している。ちなみに、ブライヤー反対意見において、領事関係条約 36 条の自動執行性を判断するにあたり、2006 年の部会決定による憲法異議の対象とされた、連邦通常裁判所判決 (BGH, 5 StR 116/01 vom 7. 11. 2001, NStZ 2002, S. 168) が参照されている (*Sanchez-Llamas*, 548 U.S. at 377 [Breyer, J., dissenting]) が、2006 年の部会決定において、領事関係条約 36 条の直接適用可能性を基礎づけるに際して、ブライヤー反対意見が引用されており (BVerfG, 2 BvR 2115/01 vom 19. 9. 2006, NJW 2007, S. 501 Rn. 53 [領事関係条約による個人の権利の付与は認めつつ、証拠排除を求めるものではないと判示。ブライヤーは、自動執行性を基礎づける際に参照])、独米の裁判所による「対話」が成立している。Siehe auch *Proelß*, ebd., S. 180.

する義務について言及しており(241)、その影響は大きなものとなりうる。この点、判例は、条約の中において判決に拘束力を認めている以上、基本法59条２項によって、その拘束力是認は国内においても効力を有することになり、基本法20条３項の裁判権および執行権の法への拘束を通じて、国際判決を考慮する義務（考慮義務［Beachtungpflicht］）を基礎づける(242)。加えて、基本法24条に言及するものもあり(243)、同条３項において、国際裁判所の管轄権の受諾を規定している点を援用することを示唆するのであるが、これらの条文が個別の事件における拘束以上のものを基礎づけるかは疑問であるとクノップは指摘する(244)。この指摘にはもっともなところがあり、国際判決への留意・考慮については、少なくとも条約規定そのものの考慮ないしそこへの国際法親和的解釈とは別のものとして、分けて考える必要があろう(245)。

　最後に、国内の通常法律に対する適用における優位が認められる、国際機関の法や基本法25条にいう国際法の一般的諸原則については、規範の階層構造に基づく、上位法適合的解釈の問題として捉えればよいという(246)。

　ここまでの検討を踏まえて、クノップは、解釈方法論（Methodenlehre）の観点から国際法親和的解釈の位置づけを検討している。そこでは、伝統的な解釈法方法論が、文理的、体系的、歴史的、そして目的的というサヴィニー以来の四つの解釈方法を提示し、それぞれの相違、関係などが論じられてきたことがまず確認される(247)。そして、これらの伝統的な解釈方法に加え

---

(241) BVerfGE 111, 307 (329).
(242) BVerfGE 111, 307 (323f.). 連邦憲法裁判所のいう考慮義務が憲法上の原則である国際法親和性原則に結びつけられているのに対して、アメリカの判例にいう、国際判決の「尊重を伴う考慮 respectful consideration」については、憲法と直接結びつけられていないことを指摘するものとして、*Proelß*（Anm. 240), S. 187 も参照。プローエルスは、基本法と異なり、具体的な規範内容を伴う国際法親和性原則のようなものを基礎づけうるだけの十分な規定が合衆国憲法に存在しないことに相違点の理由を求める。Siehe *Proelß*, ebd., S. 191f.
(243) BVerfG, 2 BvR 2115/01 vom 19. 9. 2006, NJW 2007, S. 501 Rn. 54.
(244) *Knop* (Anm. 4), S. 225ff. 逆に、*Payandeh* (Anm. 3), S. 493 は、個別事件についての拘束であれば、条約に規律されたそのままの義務であり、わざわざ国際法親和性原則を持ち出す必要はないと指摘する。なお、*Fastenrath u. Groh* (Anm. 233), Rn. 115 は、BVerfG, 2 BvR 2115/01 vom 19. 9. 2006, NJW 2007, S. 502 Rn. 62 を引きつつ、考慮義務は、ドイツがその判決自体に拘束される場合に限定されないが、ドイツにとって有効な国際義務に関するものであることが必要になる点を指摘している。
(245) *Proelß* (Anm. 98), S. 107ff. は、この考慮義務について、法解釈における国際法親和的解釈よりも一歩踏み込んだ、管轄権競合を防止するための基本法上の義務として整理する。
(246) *Knop* (Anm. 4), S. 228f.
(247) *Knop*, ebd., S. 230f. *Siehe auch z.B. R. Zippelius*, Juristieche Methodenlehre, 11. Aufl., 2012, S. 35ff.

て、憲法適合的解釈(248)に代表される、――上位法適合的解釈とも呼びうる――法秩序の序列関係に着目した体系適合的な解釈という「解釈手法」の類型が存在することが指摘されている(249)。もっとも、この「解釈手法」は、先に登場した伝統的解釈手法とは異なり、伝統的解釈手法を用いて導かれた複数の解釈結果が存在することを前提として、法体系に着目して、その中からより正当なものを選択すること、およびその基準の提示こそが、体系適合的解釈なのである(250)。これは、解釈の方法というよりは、解釈結果の選択ルールという方が適切だといえる(251)。そして、クノップの議論は先に進んで、国際法親和的解釈はこの「体系適合的解釈」との対比においても、また異なったものであるという。確かに、基本法25条にいう国際法の一般的諸原則や、基本法24条1項に基礎を置く、通常法律に優位する法規範について、しかも、それらと通常法律との間であれば、確かに上位法への適合性の問題が生じ、「体系適合的解釈」ということができる(252)。ところが、基本法の国際法親和的解釈が説かれているのは先述の通りであり、これは下位法の考慮を意味することになるし、通常法律の条約親和的解釈の場合には、同位法の考慮の問題となり、「体系適合的解釈」とは異質なものとなる(253)。同位の場合は、体系適合性の考慮の側面を見出しえないわけではないけれども、基本的にここでは抵触（Konflikt）の回避が目的とされているにすぎない(254)。そこで、これまで必ずしも十分に意識されてこなかったのだが、上位法たる国際法との関係における、「体系適合的解釈」の一種としての国際法適合的解釈と、同位以下の国際法を考慮し、抵触回避を行う国際法親和的解釈を分離して考えるべきであるという(255)。プローエルス（A. Proelß）も

---

(248) ただし、ここにいう憲法適合的解釈（verfassungskonforme Auslegung）は、憲法志向的解釈（verfassungsorientierte Auslegung）から分離された、狭い意味での憲法適合的解釈、すなわち、我が国にいうところの合憲限定解釈に該当するもの（さしあたり、拙稿『『憲法適合的解釈』をめぐる覚書」帝京 29 巻 2 号（2015 年）321-322 頁註 103 を参照）と捉えるべきである。Siehe C. Höpfner, Die systemkonforme Auslegung, 2008, S. 179f.
(249) Knop (Anm. 4), S. 231ff. Siehe auch z.B. Wank (Anm. 41), S. 59ff. 体系適合的な解釈について詳しくは、Höpfner, ebd. を参照。
(250) Knop, ebd., S. 232.
(251) Ebd., S. 233. Proelß (Anm. 233), S. 556f. も、解釈方法ではなく抵触回避規則だと整理する。
(252) Ebd., S. 234.
(253) Ebd..
(254) Ebd., S. 236.
(255) Ebd., S. 237.

指摘するように、これまで必ずしも十分な区別が行われてきたわけではなかった(256)が、同位あるいは下位の法にてらして抵触を回避する狭い意味での国際法親和的解釈を、憲法適合的解釈などと同種の体系適合的解釈としての国際法適合的解釈と区別すべきだという議論は、近時において有力化しつつある。すなわち、例えばパヤンデーも、上位法の下位法への優位を背景とした適合的（konform）解釈と、抵触回避のルールとしての国際法親和的（freundlich）解釈は異種であることを指摘しており、法体系の統一性によって根拠づけられない後者こそが、憲法上の国際法親和性原則によって基礎づけられる必要があると指摘する(257)。また、プローエルスも同様な分類を行う(258)。以上のような近時の指摘は、もっともなものであり、筆者が日本の議論を整理する文脈において、国法体系における序列に着目した、国際法の参照と国際法適合的解釈の分離が必要であるとの議論(259)とも、方向性としては同じものを含んでいると評価できよう。

　（ⅴ）**再整理**　このような検討を踏まえて、クノップは、最終的には、国際法親和性原則の実体的側面について、国際法適合的解釈をその内容の一つとする、国内法より上位の地位を国際法に与えその貫徹を図るものと、後法優位原則の排除を含む、同位以下の法との抵触回避を内容とする、国際法親和的解釈の原則の二つに分類している(260)。

　(2) 手続的側面　クノップは上記のように、国際法親和性原則の実体的内容をまとめた上で、先に触れたように、各国家機関がそれぞれの権限の中でどのような義務を負うのかという観点について、手続的側面と呼んで検討を加えている。

　　(ⅰ)**立法者の義務**　ここではまず、国際法違反の是正義務という表題の下で、主として立法者の義務が論じられる(261)。これは、確かに裁判所を中

---

(256) Proelß（Anm. 233）, S. 559 は、従来の議論が大括りの議論をしてきたと批判し、国際法の種類ごとに細かな議論を行うことの必要性を強調している。Siehe auch Proelß（Anm. 98）, S. 48. ただし、ブレックマンが 1979 年の時点で夙にこの二つを分類していたことについて、前掲註(40)と対応する本文を参照。
(257) Payandeh（Anm. 3）, S. 485f..
(258) Proelß（Anm. 233）, S. 558f.. ただし、プローエルスは、国際法親和性原則を措定せず、体系的解釈の一環としての抵触回避ルールと説明する。Siehe Proelß（Anm. 98）, S. 46f..
(259) 第 2 章 II 3 参照。なお仮に、狭義の国際法親和的解釈を国際法の「参照」と同視するのであれば、条約法律成立前の条約の考慮は、国際法親和的解釈の一種として位置づけて問題ないことになる。
(260) Knop（Anm. 4）, S. 238.
(261) Siehe auch BVerfGE 112, 1 (26); BVerfG, 2 BvL 1/12 vom 15. 12. 2015, NJW 2016, S. 1300 Rn. 70.

心として、法の解釈・適用を行う国家機関についても是正義務は生じ、解釈の中で是正可能性を検討・留意する必要があり、実体的な規範内容の確定のみならず、手続的に是正・救済の可能性を探ることになるのである(262)が、国際法違反を除去する義務は一義的には立法者による法改正によって果たされる(263)ことになるからである(264)。

通常法律に優位するとされる国際法の一般的諸原則についてはともかく、立法者は通常法律には拘束されないので、基本的には憲法にのみ拘束を受ける(265)。したがって、クノップは、憲法上の基礎づけがあってこそ、国際法違反の是正義務も基礎づけられることになるという(266)。その基礎づけとして、国際法親和性原則が位置づけられることになるのであるが、憲法上、立法者は現実の政治的課題に即した法形成の義務と権限を委ねられており、国際法親和性原則によってもこれを排除できるものではない(267)。国際法違反の回避・是正義務への立法者の拘束が絶対的なものではないことは、Görgülü決定でも認められているところであり、他の憲法上の原則を遵守する方法が別にないのであれば、国際法違反の回避・是正義務からの逸脱が可能になるとされている(268)。結局は、基本法の民主政原理によって基礎づけられる幅広い形成権限と、基本法20条3項に基礎を置く法への拘束とのバランスの問題(269)ということになり、立法者の形成余地は大きなものとならざるをえ

(262) Ebd., S. 240. この点については、国際法への留意義務、中でも国際法親和的解釈の項目で詳しく触れており、本書でものちに触れる。
(263) 一例として、欧州人権裁判所による欧州人権条約違反の判断が再審事由になることを定めた刑事訴訟法改正が挙げられている。*Siehe* ebd., S. 240; *Payandeh* (Anm. 3), S. 494.
(264) BVerfGE 112, 1 (26) も立法者の是正義務を基本法の国際法親和性原則の三つの要素のうちの一つとして挙げる。
(265) *Knop*, ebd., S. 241. なお、政教協定判決において、基本法の国際法親和性によって、現存する条約の維持をのちの立法者の当該条約への拘束を通じて保障するものではないと指摘されていた。この点を強調するものとして、BVerfG, 2 BvL 1/12 vom 15. 12. 2015, NJW 2016, S. 1301 Rn. 74 (Treaty-Override 決定) がある。ただし、同決定のケーニッヒ裁判官の反対意見は、この政教協定判決の定式はグローバル化の進んだ現代においてもはや維持不可能であるとする。*Siehe* BVerfG, 2 BvL 1/12 vom 15. 12. 2015, NJW 2016, S. 1305 Rn. 3 vom Sondervotum König.
　なお、外来法秩序への留意で、外国法の考慮を国際法親和性の問題から切り離した以上、国際法への留意は、国際法適合的解釈および国際法親和的解釈双方の前提ということになるし、国際法親和性が必ずしも国際法の優位を表すものではないというのも議論の前提にすぎない。そうすると、国際法適合的解釈と、後法優位原則の例外も盛り込んだ国際法親和的解釈への再構成こそが、国際法親和性原則についてのクノップの整理ということになろう。この点について、前掲註(169)と対応する本文も参照。
(266) Ebd..
(267) Ebd., S. 242.
(268) BverfGE 111, 307 (319).

ないというのがクノップの結論である[270]。ここでは、(1) において触れた、後法優位原則の排除も立法者が明示することでその例外が認められうることを含むものであったことが指摘されており、条約違反をあえて行うのであれば、条約法のルールに則る必要があるとは説きつつも、前提として立法者があえて国際法から逸脱する権限の存在を指摘する[271]。

(ⅱ) **法適用者の義務**　続いて、クノップの原著では、国際法への留意義務という表題の下、検討が進められている。この義務は、ドイツの国家機関全体に向けられたものであるという指摘があるが、立法者にとっての国際法への留意義務の問題は、先に (ⅰ) で述べたところに重なることがクノップ自身によって語られており[272]、ここでの主たる問題は、法適用者、その中でも主として裁判所の義務の内容である。

クノップは、主として専門裁判所（Fachgericht）が担うことになる、国際法親和的解釈あるいは国際法適合的解釈の義務についてまず述べている。国際法親和的解釈あるいは国際法適合的解釈の内容については実体的側面の項目で論じられているのもあってか、違憲判断の連邦憲法裁判所への集中との対比が主な内容である。具体的には、違憲判断の連邦憲法裁判所への集中には、立法者保護および基本法の統一的解釈の確保という価値が表れている。その一方で、国際法親和性原則の判断にあたっては、連邦憲法裁判所への集中という仕組みが欠如している。この相違点からは、立法者保護および基本法の統一的解釈の確保が国際法親和性に優位する憲法価値と考えられていることがうかがえると指摘している。

クノップの記述とは順番が入れ替わるが、専門裁判所と連邦憲法裁判所と

---

(269) この点、後法優位原則の例外に関連して先に触れた、Treaty-Override 決定の法廷意見は、民主政原理を基礎に立法者の形成自由を強調し、事後の法律による条約の逸脱（treaty override）の違憲性を否定した。Siehe BVerfG, 2 BvL 1/12 vom 15. 12. 2015, NJW 2016, S. 1295ff.. 他方、この判決には、「法治国原理を加味した国際法親和性原則」を通じて treaty override を違憲と解したケーニッヒ裁判官の反対意見が付されており、さらに、当該事案について連邦憲法裁判所に具体的規範統制を提起した連邦税務裁判所の決定（BFHE 236, 304）は、法治国原理を強調し、当該 treaty override を違憲と解していた。連邦憲法裁判所多数意見の民主政原理による根拠づけに論理の飛躍があると批判するものとして、Payandeh (Grenzen)（Anm. 193), S. 1281 がある。また、連邦税務裁判所決定の法治国原理による基礎づけが従来の連邦憲法裁判所判決と齟齬を起こしていると批判するものとして、Krumm (Anm. 202), S. 385 がある。
(270) Knop (Anm. 4), S. 242f..
(271) Ebd., S. 243. 2013 年のクノップのモノグラフィー刊行後の、2015 年 Treaty-Overrride 決定が民主政原理を背景として、立法者の条約逸脱権限を強調した点については上述の通りである。
(272) Ebd., S. 251f..

の対比という意味で、次に、国際法への留意の憲法裁判による実現にかかわる項目(273)について確認しておくことにしよう。ここで論じられているのは、国際法はそれ自体として憲法規範ではないということから、直接それに基づいて憲法裁判を行うことができないという問題である(274)。従来、あらゆる法律違反が憲法違反として連邦憲法裁判所で取り扱われる危険性を回避すべく、判例が基本法3条1項を媒介することによって、下位法への違反が、憲法上の恣意的取扱禁止規範違反という形で、憲法違反の問題として構成できる限りにおいて憲法裁判の俎上に載せる道を開いてきたことを振り返った上で、判例(275)が、国際法や国際判決への不顧慮についてもこの方法によって憲法裁判で取り扱う道を開いていることが紹介される(276)。しかし、Görgülü決定(277)において、連邦憲法裁判所は、単なる恣意的取扱禁止を超えて、連邦憲法裁判所によって監視可能な、国際法の考慮義務を導出したのである(278)。すなわち、国際法親和性原則という憲法上の原則を介在させることにより、これに反して国際法ないし国際判決への顧慮を怠ったことは基本法違反を構成すると理解されることになる(279)。このような記述を通じて、連邦憲法裁判所の管轄拡大による過度な憲法化を防ぐ必要がある一方で、一定の範囲内では、連邦憲法裁判所による監視が可能となるような枠組の構築がなされてきたこと、追試可能な形で国際法を考慮したかどうかについて審査する義務と権限が連邦憲法裁判所には与えられていることが紹介されていると理解できる(280)。

　クノップがこの他に言及するのが、今まさに憲法裁判による実現に関連して触れた国際判決の考慮義務である。国際判決への拘束については、条約等で規定されている場合も、全体としてのドイツ国家に拘束力が及んでいるに

---

(273)　Ebd., S. 252ff.
(274)　Ebd., S. 253.
(275)　z.B. BVerfGE 111, 307 (328); 128, 326 (365).
(276)　*Knop* (Anm. 4), S. 254.
(277)　BVerfGE 111, 307 (328f.).
(278)　*Knop* (Anm. 4), S. 255. ただし、専門裁判所による国際法解釈について、連邦憲法裁判所が審査しうることは、1981年のEurocontrol I 決定（BVerfGE 58, 1 [34]）で示されていた。
(279)　*Proelß* (Anm. 233), S. 580f.. なお、プローエルスは、このような考慮義務が発生するのは、判決が明示する基本法1条2項、16条2項、23条ないし26条に関連する国際法に限定されるという（ebd., S. 581）が、*Knop*, ebd., S. 255 はこのような限定は自明ではないとする。
(280)　言い方を変えれば、国際法親和性原則によって、自身も国際法親和性原則の名宛人である憲法裁判所に、専門裁判所が十分な国際法の考慮を行ったかを審査する権限が基礎づけられているということである。この点について、*Payandeh* (Anm. 3), S. 495 も参照。

すぎず、国内においてどの国家機関に、国際判決の実現についてどのような義務と権限を与えるべきかについては、国際法は基本的に関知しないことを確認した[281]上で、国際法親和的解釈の場面における考慮と、国際判決を理由とする個別国家行為の効力否定の可否の二つの問題に分けて論じている。

前者の場合には、考慮を行う主体は主として専門裁判所ということになる。国際法の考慮義務とは、一義的には、国際法上の義務との抵触を生じさせない可能性を探ることを内容とする[282]のだが、国際判決を国際法親和的解釈の文脈において考慮するというのは、単純な引用ではなく、国際判決の事案と、問題となっている事件の事案について、背景の事実関係を明らかにし、共通点・相違点を把握していくことが求められるという[283]。

続いて後者の場合に関して、国際判決の内容の実現については、まずは、総説として、国家にかなりの程度裁量が認められていることが指摘されている[284]。その上で、再審、行政行為の取消しの順番に個別類型ごとに検討が進められる。検討の前提として、国際判決によって自動的に国内の国家行為の効力が奪われれば、憲法上の価値との抵触の有無などを判断する余地を奪うことになってしまうが故に適切ではなく、国際判決の国内における意義を吟味した上で新たな国家行為の判断を介在させる必要があることを指摘する[285]。そうして、再審については、再審事由を決定できるのは原則として立法者であるとして、裁判所限りでの再審の是認には慎重さも求められることが示唆される[286]。また、関連して、専門裁判所の決定の連邦憲法裁判所による見直しの可能性についても言及しているが、本書ではこの点に関連する問題を先に論じた。行政行為の取消しについては、行政庁による職権取消しと裁判所（この場合専門裁判所）による取消しの双方が考えられ、行政機関と裁判所の権限の問題としても再構成可能だが、授益的行政行為における取消しにあたっての慎重性の要求について触れられるといった程度の記述に

---

(281) *Knop* (Anm. 4), S. 246.
(282) Ebd..
(283) Ebd., S. 247. *Siehe auch* BVerfGE 111, 307 (327); 128, 326 (370).
(284) Ebd., S. 248.
(285) Ebd., S. 249. *Payandeh* (Anm. 3), S. 494f. も、せいぜい再審事由となるにとどまり、国際法親和性原則は国内裁判の判決等を無効にする効果は有しないことを指摘している。また、Görgülü 決定（BVerfGE 111, 307 [325]）もドイツの国内判決が欧州人権条約に反するからといっても、国内判決の効力が奪われるといった帰結を生むものではないことを指摘する。
(286) *Knop*, ebd., S. 250.

とどまる[287]。

　(3) 小　括　ここまで、クノップの議論に即して、国際法親和性原則の内容を整理してきた。結論としては、実体的側面では、国際法適合的解釈の要請と国際法親和的解釈の要請へと収斂する。そして、その要請は、全ての憲法機関に対して生じるものであり、個別の憲法機関はそれぞれに与えられた国家権限の枠内においてその充足を図ることになる。後者の側面を、クノップは国際法親和性原則の手続的側面と呼ぶわけである。従来の議論や他の論者も、クノップの議論の紹介において適宜言及したように、個別の論点について、クノップの議論が新奇なものであるというわけではない。むしろ、これまで十分に整理されないままに論じられてきたものを整理した点にクノップの議論の独自性と重要性が見出される。中でも、機関の権限に着目した整理は、安易に裁判所を主体として想定し、しかも、国際法を重視する方向ばかりに目が行きそうなところ、権力分立構造の中で期待できることとできないことを把握する重要な視点を提供してくれるように思う。

　もっとも、クノップの整理にも問題点や疑問点がないというわけではない。まず、総じての特徴という面では、国際法親和性原則の基礎づけの場面で具体的な条文からの丁寧な基礎づけの必要性を説いていたはずが、国際法親和性原則の内容を紹介し、整理していく場面では、各条文との関係など根拠づけが十分になされていたかというと疑わしいところもあり、根拠が十分示されないまま、ある内容をもつのだと従来の判例・学説を引用している印象も拭えないところがある[288]。

　次に、個別の内容についてである。確かに劣位する国内法に対する国際法適合的解釈と同位以上の国内法における国際法親和的解釈への分類は妥当なものである。しかし、同位に位置づけられる法律と条約との関係において、立法者の意思を推定し、後の法律による条約の排除を極力排除するということと、国際法よりも国法秩序において上位に位置づけられる憲法の解釈に国際法の内容が参照されることとの間にはやはり大きな差異があり、一括りに

---

(287)　Ebd., S. 251. *Payandeh* (Anm. 3), S. 493 は、国際判決（厳密には欧州人権裁判所の判決を想定している）によって、行政庁の裁量がゼロ収縮する可能性が指摘されている。

(288)　もっとも、個別条文から詳細かつ具体的に規範内容を導けるのであれば、単に、その条文の規定内容として把握すればよいのであって、一定の関連性がある条文の規定内容を括る包括的概念として国際法親和性原則を想定するならともかく、各条文の背後にある法の意図（*ratio legis*）を読み取って、そこから個別条文とは離れた国際法親和性原則などというものを導く必要性も可能性もないことになろう。

することはできないのではないだろうか。上位法の解釈にあたって、下位法に拘束されることは原則認められないはずであり、意思推定云々という議論も憲法制定権力や憲法改正権については想定しづらいところがある。そうすると結局、規範内容や問題状況の類似を理由に拘束力のない外国法を参照する比較法的参照に限りなく近いのではないか(289)。判例においても、憲法規定の国際法親和的解釈が認められてきているところだが、実際にはそれはほとんど人権、とりわけ欧州人権条約をめぐるものであって(290)、これについては、欧州人権条約親和性原則とでもいうべき、国際法親和性原則の特殊形態として把握しようとする論者(291)も多い。これに対して、クノップは、人権、中でも欧州人権条約の特殊性に着目した議論については、他の条約と切り離された特殊な位置価値を有することを否定する立場(292)から、国際法親和性原則の内容を検討するにあたって展開していない(293)。そこで次の 3 では、特殊性を否定するクノップの議論なども含めて、欧州人権条約親和性原則の特殊性をめぐり、憲法規定への国際法親和的解釈の可能性について追加的な検討を行う。

3　憲法の国際法親和的解釈──欧州人権法親和性原則という特殊形態？

(1) 欧州人権法の特殊性の有無　　2 の末尾で指摘した通り、国際法親和性原則、とりわけ憲法規範の国際法適合的解釈が論じられてきた先例は、人権に関連する事件であり、中でも欧州人権条約をめぐるものであった。国際法親和性原則についての到達点ともいえる、Görgülü 決定と第 2 次保安拘禁判決という近時の二つの重要判例の欧州人権条約の規定を基本法解釈に援用するものであり、欧州人権裁判所の先例の考慮までを憲法上の要求と位置づ

---

(289)　基本法上の概念の親和的解釈はむしろ比較憲法に似ると指摘する、連邦憲法裁判所の第 2 次保安拘禁判決（BVerfGE 128, 326 [370]）を参照。
(290)　この点について、*Proelß*（Anm. 233），S. 573 も参照。
(291)　連邦憲法裁判所の最近（2015 年 12 月 15 日）の Treaty-Override 決定（BVerfG, 2 BvL 1/12 vom 15. 12. 2015, NJW 2016, S. 1299f. Rn. 66）もこの旨を明言する。*Siehe* auch z.B. *Sommermann*（Anm. 95），S. 391ff.; *M. Hong*, Caroline von Hannover und die Folgen-Meinungsfreiheit im Mehrebenensystem zwischen Konflikt und Khärenz, EuGRZ 2011, S. 215.
(292)　*Knop*（Anm. 4），S. 142.
(293)　ただし、憲法上の原則としての国際法親和性原則の根拠づけをする場面で、欧州人権条約の特殊性について検討している。*Siehe Knop*（Anm. 4），S. 139ff.。また、前述の通り、判例は欧州人権条約に関するものがほとんどであるので、そういった判例を検討の題材としては扱っているのは勿論である。

けている。そこでは、欧州人権条約が基本法解釈において意義をもつ理由として、基本法1条2項における不可侵不可譲な「人権」へのコミットを引き合いに出す[294]。クノップもこのような連邦憲法裁判所判例の議論の運び方に、国際法親和性原則の特殊形態としての人権法親和性原則を見出す可能性自体については指摘しているのである[295]。さらに、最近の連邦憲法裁判所の判例に目を移せば、連邦憲法裁判所はTreaty-Override決定において、註(291)で紹介した一般的指摘に加えて、Görgülü決定や第2次保安拘禁判決なども引いて、国際法適合的解釈[296]をする際に、基本法1条2項にいう不可侵不可譲な人権とそれ以外の国際法との間で違いが生じるとする[297]。これは、連邦憲法裁判所自体が人権法の特殊性を認めたとも解せよう[298]。

次に、ここにいう「人権法」の範囲であるが、先例が考慮するのは、基本的には欧州人権条約に限定され、これに対してEU法という狭い意味での欧州法に該当し、国内法への優位を伴う法的拘束力をリスボン条約によって獲得したEU基本権憲章に対する連邦憲法裁判所の態度はかなり冷淡である[299]。また、ドイツも当事国である自由権規約への言及も見受けられない[300]。ただし、領事関係条約36条の領事通報権が問題となった事例では、部会決定ながら、連邦憲法裁判所は、Görgülü決定を引きながら、領事関係条約36条は、基本法1条2項にいう「人権」に該当するとして[301]、基本

---

(294) BVerfGE 111, 307 (329); 128, 326 (369f.).
(295) Knop (Anm. 4), S. 139.
(296) 決定自体の用語法（völkerrechtskonforme (n) Auslegung を使用）に従っている。
(297) BVerfG, 2 BvL 1/12 vom 15. 12. 2015, NJW 2016, S. 1301 Rn. 76.
(298) Siehe Payandeh (Grenzen) (Anm. 193), S. 1281. 当該箇所で続けてパヤンデーが指摘するように、連邦憲法裁判所は、基本法1条2項の「不可侵不可譲な人権」を国際法上の強行規範（ius cogens）に結びつけているように見受けられるが、両者のつながりは必然ではなく、なぜそこが等式で結ばれるのか説明を欠いているように思われる。また他方で、これまで基本法1条2項を援用して人権条約や国際判決が考慮された事案で問題となった人権が、人権保障の核心をなす、「不可侵不可譲な人権」といえるかも疑問がある。
(299) J. Griebel, Doppelstandards des Bundesverfassungsgrechts beim Schutz Europäischer Grundrechte, Der Staat 52. Bd., 2013, S. 382f.. グリーベルは、このようなダブル・スタンダードは正当化できるものではないとして、鋭く批判する（ebd., S. 398f.）。
(300) ただし、自由権規約の第一選択議定書に基づく、個人通報制度における規約人権委員会の見解は、法的拘束力をもつものではないという点に注意しておく必要がある。この点については、Tomuschat (Anm. 6), Rn. 33 [法的拘束力はないものの、留保しないことは許されず、誠実に（bona fide）考慮する必要があるという] や Proelß (Anm. 233), S. 572f. [欧州人権裁判所の判決も当事者への拘束を超えた事実上のものである以上、規約人権委員会の見解や、一般的意見も同様に参照されなければならないとする] を参照。
(301) BVerfG, 2 BvR 2115/01 vom 19. 9. 2006, NJW 2007, S. 501f. Rn. 58.

法2条2項の適正手続保障の解釈にあたり参照されるべきことを説き、あまつさえ、領事関係条約36条に関するICJのLaGrand判決やAvena判決までを参照している(302)。ICJ判決の参照にあたっては、20条3項と59条1項から参照義務を導出することはできないとしつつ(303)も、条約当事国にとって国際裁判所の判決の先例としての重要性(304)、とりわけ国際連合の主要な司法機関としての権威の大きさを指摘して、その参照義務を基礎づける(305)。

　これらの先例にてらせば、憲法解釈における参照義務の生じる範囲は、欧州人権条約に限定されるものではないが、基本法1条2項を通じたスクリーニングが必要となり、人権法に限定されていると解するのが妥当であるように思われる。しかも、クノップは憲法解釈における参照義務の根拠として、基本法1条2項はあくまで補充的なものであり、基本法59条1項が法的効果の基礎的な根拠となっていると指摘する(306)が、ICJ判決の参照根拠をみると、基本法20条3項と59条1項が基礎的な根拠となるのは、ドイツおよび憲法異議の当事者が紛争当事者となっている、しかも国際判決に拘束力のある旨規定のある場合に限定されるということになりかねない。

　ただし、領事関係条約決定は、基本法1条2項のみによって考慮義務が生じうるとするものではなくて、連邦憲法裁判所が、国際的な刑事裁判権にかかわる問題として、基本法16条2項に関連性をもつ、旧ユーゴスラビア国際刑事裁判所（ICTY）やルワンダ国際刑事裁判所（ICTR）の先例を引用していること(307)、判例上国際法親和性原則の表れとして基本法16条2項(308)

---

(302) BVerfG, 2 BvR 2115/01 vom 19. 9. 2006, NJW 2007, S. 502f. Rn. 63ff..
(303) この点について、*Proelß* (Anm. 233), S. 571 も参照。また、この事件では判決自体の効力が問題にはなっていないものの、本文のような筆致は、欧州人権裁判所の判決が当事者を超えた効力をもつようにも読める Görgülü 決定よりも慎重な検討を行っており、同様の事件に関するアメリカの Sanchez-Llamas 判決の ICJ 判決の相対効を強調する立場により近いという評価ができよう。以上の点については、前掲註(240)および対応する本文を参照。
(304) vgl. *Tomuschat* (Anm. 6), Rn. 30.
(305) BVerfG, 2 BvR 2115/01 vom 19. 9. 2006, NJW 2007, S. 502 Rn. 61f.. *Siehe auch Proelß*, ebd., S. 575.
(306) *Knop* (Anm. 4), S. 142.
(307) BVerfG, 2 BvR 1290/99 vom 12. 12. 2000, NJW 2001, S. 1851 Rn. 31ff.. ただし、この決定は、憲法違反の主張がないとして憲法訴願の申立てを却下した部会決定であり、ICTY・ICTRの先例は、憲法規範の解釈において直接は参照されていない。
(308) 基本法16条2項が例外的な自国民の引渡し先として許容する国際裁判所に、ICTYやICTR、そして国際刑事裁判所（ICC）が含まれることについては、例えば、*H.D. Jarass*, Art. 16, in: *ders. und Pieroth*, GG Kommentar, 12. Aufl., 2012, Rn. 21 を参照。

が列挙されていること(309)をあわせて読むことによって、16条2項を通じて国際判決の考慮義務が導出される場合があることにも言及している点(310)に注意しておく必要がある(311)。この点に着目すれば、クノップが指摘するように、個別の事件で人権が問題となっていた関係上、基本法の基本権規定と内容が類似している欧州人権条約が特に言及されていただけであり、また、憲法解釈への導入を基礎づける窓口として基本法1条2項が言及されたにすぎない(312)という可能性が浮上するからである。そして、憲法規定の解釈における参照なり考慮が人権条約に限定されるべきではないから、憲法側に受け入れの窓口がある限りで憲法解釈に盛り込みうる余地を残す考え方には妥当性があるといえよう。

　以上の点をまとめると、次のようになろう。すなわち、連邦憲法裁判所の判例は、国際法親和性原則に基づく、憲法規定の解釈における国際法の考慮を、事実上は人権条約、とりわけ欧州人権条約について限定するような形で行っている。しかし、国際法親和性原則との関係で、憲法解釈において特定の国際法を参照・考慮する可能性を示すものが見出せる場合には、これを憲法の国際法親和的解釈と呼ぶかはともかく、人権条約に限らず、参照ないし考慮を認め、場合によっては求めている。逆にいえば、憲法側にそのような窓口が見出せなければ、国際法の考慮義務の導出もできない(313)。

　(2) 憲法解釈に国際法を取り込む「窓口」　ここまでの検討を踏まえて、以下では、憲法側にどのような窓口がありうるのか——従来の議論に依るので、人権条約の考慮義務を導きうる場合に傾きがちではあるが——検討してみることにしたい(314)。

---

(309)　BVerfGE 112, 1 (25).
(310)　BVerfG, 2 BvR 2115/01 vom 19. 9. 2006, NJW 2007, S. 501 Rn. 56.
(311)　Siehe auch *Proeß* (Anm. 233), S. 574.
(312)　*Knop* (Anm. 4), S. 141f.
(313)　なお、*Proeß* (Anm. 98), S. 118ff. u. 296 は、本書にいう「窓口」を、国際法親和的解釈とは区別される管轄権競合防止策として（この点について前掲註(245)参照）、国際判決の考慮義務を基本法上基礎づける根拠として整理する。
(314)　欧州人権条約に限定した形であるが、可能性のある選択肢を列挙したものとして、M. Ruffert, Die Europäische Menschenrechtskonvention und innerstaatliches Recht, EuGRZ 2007, S. 246f.. 基本法1条2項を介したものを含め、これまで提示されている様々な選択肢をいずれも説得的でないとする、C. Grabenwarter u. K. Pabel, EuropäischeMenschenrechtskonvention, 5. Aufl., 2012, S. 18ff. や、憲法の国際法適合的解釈（Völkerrechtskonforme Auslegung）は、国際法の一般的諸原則と人権法を対象とする、基本法の内容を拡張する方向に作用するものに限定されるとする、R. Bernhardt, Völkerrechtskonforme Auslegung der Verfassung? Verfassungskonforme Auslegung völkerrechtlicher

(ⅰ) 法治国原理　　まずは、基本法 20 条 3 項をその表れの一つとする、法治国原理による基礎づけの可能性が指摘される[315]。20 条 3 項に言及して、連邦憲法裁判所が欧州人権裁判所の判決の考慮義務を導くのはすでに何度も触れたところである。ただし、その場合、基本法 20 条 3 項は 59 条 2 項とセットで論じられており、あくまで法律レベルの、裁判所および行政機関に対する拘束力を導いているにすぎないとみるべきである[316]。実際に、Treaty-Override 決定は、この旨指摘して、立法者への拘束を否定しているところである[317]。したがって、憲法レベルへの効力の引き上げ、ないし憲法規定の国際法親和的解釈を基礎づけるためには、法治国原理だけではなく、他により具体的な根拠を用意する必要があろう。法治国原理が単なる関連条項の集合概念ではなく、個別の条文を超えた一定内容をもつ[318]にしても、やはり、それ自体としては漠然としたものである――だからこそ原理と呼ばれる――ので、具体的内容を導くには、個別条文を基礎にして丁寧に行う必要があるということになろう。こう考えると、せいぜい法律レベルの拘束力を導けるにすぎない 20 条 3 項を引くだけでは不十分であり、判例もそうであるように、他の「窓口」を探す必要があろう。

　(ⅱ) 基本法 24 条 1 項　　次に、国際法規定の憲法化あるいは、憲法解釈における考慮義務の基礎づけの根拠として提示されるのが、基本法 24 条 1 項である[319]。基本法 24 条 1 項は、国際機関への高権移譲について規定したものであるが、これを通じて、憲法を含む国内法に優越する法規範を生み出す国際機関を創設することも可能であると解されている[320]。欧州人権条

Verträge?, in: *H.-J. Cremer, T. Giegerich, D. Richter u. A. Zimmermann* (Hrsg.), FS Steiberger, 2002, S. 395ff. も参照。
(315)　z.B. *T. Giegerich*, Kapitel 2: Wirkung und Rang der EMRK in den Rechtsordnungen der Mitgliedstaaten, in: *R. Grote u. T. Marauhn* (Hrsg.), EMRK/GG Konkordanzkommentar zum europäischen und deutschen Grundrechtsschutz, 2006, Rn. 58ff.。
(316)　*Siehe* ebd., Rn. 66.
(317)　BVerfG, 2 BvL 1/12 vom 15. 12. 2015, NJW 2016, S. 1303 Rn. 85.
(318)　*Siehe* z.B. *Giegerich*（Anm. 315）, Rn. 59.
(319)　*Siehe* z.B. *G. Ress*, Verfassungsrechtliche Auswirkungen der Fortentwicklung völkerrechtlicher Verträge, in: *W. Fürst, R. Herzog u. D.C. Umbach* (Hrsg.), FS W. Zeidler Bd. 2, S. 1785ff.. なお、基本法 24 条 1 項は、高権を国際機関に移譲するという点で、基本法上の権限配分に変更を及ぼすものであるから、憲法改正の内容を伴うものであるが、形式的意味の通常法律によってこれをなすことができる。この点について、例えば、*H.D. Jarass*, Art. 24, in: *ders und Pieroth*, GG Kommentar, 12. Aufl., 2012, Rn. 8 を参照。
(320)　*Siehe* z.B. *Rojahn*（Anm. 156）, Rn. 35; BVerfGE 73, 339（374f.）; BVerfG, 2 BvL 1/12 vom 15. 12. 2015, NJW 2016, S. 1296 Rn. 34.

約の判事も務めたレス（G. Ress）は、欧州人権条約の下の人権保障の構造をここにいう国際機関であるとする可能性を示唆し(321)、これを支持する見解も一定数みられる(322)。また、国際刑事裁判所（ICC）についても、24条1項にいう国際機関に含まれるという見解も存在している(323)。

ただし、判例も国内法に適用において優位する法規範の創出も可能だというにすぎず、24条1項にいう国際機関にあたるからといって、その国際機関の法の優位が当然に基礎づけられるわけではない。実際に、先に引用したいわゆるSolange II 判決も、EC法の国内法に対する優位を定めた、EEC条約189条の規定を引いて、これによって優位が認められるとしており(324)、権限移譲を行った条約において優位が基礎づけられていることを要求していると解するのが素直であろう。この点、学説において、欧州人権条約がEU法と異なり、国内法に対する優位を示すものではなく、国内において貫徹される効力というものを欠いていると指摘するものも存在している(325)。

以上の検討を踏まえると、基本法24条1項にいう国際機関とは何か、中でも国内法に優越する法規範を創出することが許される国際機関とはどのようなものかを明らかにしないと、24条1項がどのような「窓口」として機能するかが明瞭とはならない。

もっとも、上述したSolange II 判決の素直な読み方に従うならば、後者の問題については、明示あるいは少なくとも解釈によって(326)、当該条約自体、あるいはその条約によって創設される国際機関が定立する法規範（いわゆる二次法）の国内法への優位を基礎づけられることが必要というべきであろう。

問題は、24条1項で高権移譲の名宛人となる国際機関とはどのようなものかという点である。この点、国際機関（zwischenstaatliche Einrichtungen）

---

(321) *Ress*（Anm. 319), S. 1791f..
(322) z.B. *F. Wollenschläger*, Art. 24 in: *H. Dreier* (Hrsg.), Grundgesetz Kommentar Bd. 2, 3. Aufl., Rn. 34.
(323) z.B. *Wollenschläger*, ebd.; *R. Streinz*, Art. 24, in: *M. Sachs*, Grundgesetz Kommentar, 6. Aufl., 2011, Rn. 30.
(324) BVerfGE 73, 339 (375). もっとも、欧州法の優位も、現在に至るまで（ただし、発効に至らなかった欧州憲法条約のI-6条には規定あり）明示的にこれを規定した条文はなく、欧州司法裁判所の判例において確立したものである。以上については、庄司克宏『新EU法　基礎篇』（岩波書店、2013年）228-232頁などを参照。
(325) *Giegerich*（Anm. 315), Rn. 48. vgl. *Knop*（Anm. 4), S. 151.
(326) *Giegerich*, ebd., Rn. 15 は、解釈によっても欧州人権条約が優位を要求していないと解されることを示唆する。他方で、*Knop*, ebd., S. 149 は、EU法にも明示的な優位根拠がないことを強調する。

とは、国家連合（Staatenverbindungen）を形成する必要はないが、国際法上の国際機構（internationale Organisationen）を典型として[327]、条約によって国際法主体間で形成された組織を指す[328]。国際法主体間で形成された組織であるということは、国際 NGO のようなものはここに含まれないことを意味する[329]。また、この国際機関には「高権」の移譲が行われる必要があり、高権とは、公権力の行使を伴う権限であり、公権力は本来国家に独占されるべきところ、その一部が「国際機関」に委ねられることが 24 条 1 項の主眼とするところであり、国際機関は、公権力を行使しうる組織となっていることを必要とする[330]。

仮に、憲法にも優位する効果が認められるものであれば、その憲法解釈における考慮は、体系適合的解釈の一部として整理されることになろう。

　　（iii）**基本法 25 条**　　この他、基本法 25 条を援用する見解も存在する[331]が、基本的には、憲法と通常法律の中間に位置づけられることになるので、上位規範である憲法規定の解釈にあたって、参照される理由を示すことはできない。この点、前述のようにブレックマンは、「協力の国際法」への国際法の性質の転換を根拠に、基本法 25 条は、国際法と憲法の同位を基礎づけるものであるという立場を採用しており[332]、この考え方を前提とすれば、同位の法への留意という形で、国際法を憲法解釈において考慮することの根拠づけのための窓口として機能しうることになる[333]。もっとも、協力の国際法への性質変換から憲法と国際法の同位を説くことに論理の飛躍があるといわざるをえず、ブレックマンの見解は採用し難い。このほか、国際法の一般的諸原則全般、あるいはその一部は、国際法上の強行規範（ius cogens）に該当し、国際法上の強行規範は各国の憲法にも優位するという見

---

[327] ただし、*Rojahn*（Anm. 156), Rn. 19 のいうように、国際法上の国際機構のメルクマールである国際法主体性は必要条件ではなく、国際法上の国際機構であることは、24 条 1 項の国際機関に該当することと同値ではない。
[328] BVerfGE 2, 347 (377); *Streinz*（Anm. 323), Rn. 19; *Jarass*（Anm. 319), Rn. 7.
[329] *Jarass*, ebd.; *Streinz*, ebd., Rn. 20; *Rojahn*（Anm. 156), Rn. 20; *Knop*（Anm. 4), S. 144.
[330] *Jarass*, ebd., Rn. 4; *Streinz*, ebd., Rn. 12 u. 15; *Rojahn*, ebd., Rn. 23.
[331] 合意は拘束するという国際法の一般原則を通じた、条約の国際法の一般的諸原則化が、Treaty-Override 決定で否定されたこと（BVerfG, 2 BvL 1/12 vom 15. 12. 2015, NJW 2016, S. 1297 Rn. 47）についてはすでに述べた。
[332] *Bleckmann*（Anm. 46), S. 141f..
[333] A. *Bleckmann*, Verfassungsrang der Europäischen Menschenrechtskonvention?, EuGRZ 1994, S. 154.

解も存在する(334)が、国際法上の強行規範の外延は不明瞭なところがある(335)し、国際法上の強行規範が憲法にも優越するという理解は確立したものではないという難点がある(336)。

　(iv) **基本法2条1項**　この他に、条約の保障する権利が基本法2条1項にいう一般的行為自由としての基本権に該当するという説明をする可能性も指摘される(337)。この理由づけが可能なのは、人権に関連するものに限定されるし、一般的行為自由といえども、個別の保護領域を丁寧に示す必要性を指摘する見解もみられる(338)。そのようなハードルをクリアできたならば、全体を踏まえた体系的解釈として、同位の憲法レベルの規範を解釈において参照するという意味において、憲法の「国際法親和的解釈」を基礎づけることが可能となろう。

　(v) **基本法1条2項**　基本法1条2項は、判例において最も有力に援用されている窓口である。1条3項以下における基本権保障の核心となる、不可侵かつ不可譲な人権の保障への強いコミットメントを示したこの条文を通じて、人権法が中心となるが、同様に不可侵かつ不可譲な人権の保障の表れといえる国際法規範は、基本権規定を中心とした憲法規範の解釈にあたって参照が可能となり、かつ必要となるのである(339)。ただし、この中核的な人権保障に全ての人権法が関連するとみるべきではなく、その関連性は丁寧に検討される必要がある。また、ほとんど論じられることはないように見受けられるが、このような理由づけで国際人権規範の考慮・参照を導くのであれば、同様に中核的人権保障にかかわる他国の憲法規定等の考慮・参照も義務づけられる余地がある(340)。この点、連邦憲法裁判所は周到にも、基本法59条2項、20条3項にも言及することで(341)、ドイツにとっての法的拘束

---

(334) Siehe z.B. *M. Ruffert*, Der Entscheidungsmaßstab im Normverfikationsverfahren nach Art. 100 II GG, JZ 2001, S. 636f.; *Giegerich*（Anm. 315）, Rn. 51.
(335) Siehe z.B. *Payandeh*（Grenzen）（Anm. 193）, S. 1281.
(336) 例えば、ドイツ語圏の国際法教科書の「定番」とも評される（酒井ほか・前掲註 (50) 692頁）、*W. G. Vitzthum*（Hrsg.）, Völkerrecht, 5. Aufl., S. 135 Rn. 153（geschrieben von *P. Kunig*）は、国際法上の強行規範が憲法レベルとなることについても否定的見解を採用する。
(337) Siehe z.B. *Ruffert*（Anm. 314）, S. 247.
(338) *C. Grabenwarter*, Europäisches und nationales Verfassungsrecht, VVDStRL 60, 2001, S. 306.
(339) *Sommermann*（Anm. 95）, S. 417. Siehe auch BVerfGE 111, 307 (329); 128, 326 (369). ここでは、*Rensmann*（Anm. 7）, S. 55ff. が、基本権制定時の「開かれた国家」性への帰依は、人間の尊厳への帰依を意味し、ここにいう国際法として人権法が主として理解されていたとする点も想起される。
(340) 連邦憲法裁判所自身が、憲法規定の国際法親和的解釈を比較法的検討に似るとしている点（BVerfGE 128, 326 [370]）は、先に述べた通りである。

力を前提としているようにも見受けられる。ただし、上位規範であるはずの憲法の解釈にあたって考慮する義務は、基本法59条2項からも20条3項からも導けないはずであり、十分な説明になっているのかは疑わしい。

　(vi) **基本法16条2項**　　領事関係条約決定[342]において、連邦憲法裁判所によって、基本法16条2項を通じて国際判決の考慮義務を基礎づける可能性が示されたのは、すでに述べた通りである[343]。もっとも、この条文は、一定の他国あるいは国際裁判所への自国民の引渡しを例外的に許容したものにすぎない。もちろん、そのような管轄権を認めた裏返しとして、ドイツの裁判権の制約や、刑事手続保障に一定程度基本法の仕組みからの逸脱が認められることはありうるだろう[344]。しかし、それを超えて国際裁判所等の判決等が憲法解釈にまで影響を及ぼすというのには困難が伴うのではないか[345]。なお、領事関係条約決定での言及も、部会決定の傍論にすぎず、論拠も十分示されているわけではない。

　(vii) **若干の整理**　　以上の検討を踏まえると、憲法解釈において「国際法親和的解釈」が可能となる場合は、決して多くなく、実際上は、人権法、とりわけ欧州人権条約に限定されるということになりそうである。しかも、国際法を憲法解釈において考慮・参照する根拠となる個別の規定ごとに、考慮・参照の程度・範囲は異なり、それらを丁寧に区別しておく必要もある。具体的には、まず、基本法24条1項や25条を窓口として、憲法にも優位する国際法規範であるという理由で参照・考慮が可能となるならば、いわゆる

---

(341)　Siehe BVerfGE 111, 307 (329); 128, 326 (368f.).
(342)　BVerfG, 2 BvR 2115/01 vom 19. 9. 2006, NJW 2007, S. 501 Rn. 56.
(343)　前掲註(307)ないし(310)および対応する本文参照。
(344)　条文自体に法治国的諸原則が保障される限りにおいて、という制限がかかっており、これは、刑事訴訟上の核心的な手続保障の確保を意味するという (z.B. *J. Kokott*, Art. 16, in: *M. Sachs*, Grundgesetz Kommentar, 6. Aufl., 2011, Rn. 53; *A. von Arnauld*, Art. 16, in: *I. von Münch u. P. Kunig* (Hrsg.), Grundgesetz Kommentar Bd. 1, 6. Aufl., 2012, Rn. 41; *H.D. Jarass*, Art. 16, in: *ders und Pieroth*, GG Kommentar, 12. Aufl., 2012, Rn. 22) が、逆にいえば、核心的な保障さえ確保できていればよいということを意味する。
(345)　ある裁判権が、EUなどの国内法に優位するシステムの中で設定されたものであれば、そこで示された判決も優位性をもつ可能性はあるが、それは、基本法23条や24条の効果であり、16条2項の効果ではないといわざるをえないだろう。
　　また、ICTYやICTRのように、国連憲章第7章下の強制措置として設置された国際裁判所の判断は、国連憲章25条および103条にてらして、他の条約上の義務に優位すると解する余地があるが、この場合も、国際法上の優位が国内法における序列関係の変更に直結するものかという、国際法上の強行規範と同様の問題が生じるとともに、この問題をクリアしたところで、基本法16条2項の効果とは言い難い。

体系適合的解釈の一種として位置づけられる。続いて、その他の場合は、憲法レベルの規範相互間での体系的解釈の枠内における参照・考慮となり、外国法の比較法的参照との境界線も相対的なものとなる。

　(3) 小　　括　以上の検討を要約すると次の通りである。すなわち、まず、憲法の国際法親和的解釈という場合、その国際法とは必ずしも欧州人権条約をはじめとする人権法に限定されるものではない。しかし、どのような形であれ憲法の国際法親和的解釈を認める、場合によっては義務づけるというにあたっては、丁寧な理由づけが必要である。いくつかの国際法親和的解釈を導く窓口を検討したが、実質的に、国際法に該当するのは人権条約に限定されているに近い状況がある[346]。

　また、国際法親和的解釈と一口にいっても、窓口によって、国際法の考慮・参照のあり方にも、いくつかの種類が存在しており、(2)で述べた、狭義の国際法親和的解釈と体系適合的解釈の一つとしての国際法適合的解釈との区別に加えて、広義の国際法親和的解釈内部で丁寧な細分類が必要であるといえる。そして、実際に国際法親和的解釈を行うにあたっては、細分類のうちどれに該当するかを知って、その要求内容と限界を把握する必要があるといえよう。特に、欧州人権条約との関係では、基本法上の基本権保障との同質性が安易に語られがちで、無邪気な国際法親和的解釈が行われる可能性が否定できない。しかし、Caroline事件では、欧州人権裁判所と連邦憲法裁判所の立場の違いが浮き彫りになり、双方の価値観の調整の必要性も認識されたところである。国内法秩序と国際法秩序における基本価値が対立した場合の調整を含めた、国際法親和性原則の限界問題についても検討することが求められている。

4　ドイツにおける直接適用可能性の概念

　ところで、前章Ⅰの末尾では、ドイツにおける直接適用可能性をめぐる議論を参照することの有用性について指摘したが、ここで簡潔ながら、ドイツを中心として、ドイツ語圏にも目を配りつつ、そこでの国際法の直接適用可能性の概念について紹介・検討する。そして、その国際法親和性原則との関係についても簡潔に述べておきたい。

---

(346)　これも我が国における議論状況に似る。

（1）ドイツにおける国際法規範の直接適用可能性　　まずは、議論の出発点として、ドイツにおける直接適用可能性の概念がどのように理解されているかを確認することが必要となる。直接適用可能性についての概念整理については、国内効力との関係（(i)）や、個人の請求権ないし主観的権利・義務の創設可能性（(ii)）との異同といった点である。そして、これはドイツにおいても変わらない。したがって、以下では、(i)・(ii)の順序で、概念整理をめぐるこれらの論点について確認し、補足的にブレックマンによる精緻な概念整理（(iii)）についてもみておくことにする。

　さらに、ドイツにおける直接適用可能性の位置づけを知るためには、これもまた、直接的適用可能性についてしばしば問題となる、直接適用可能性の判断基準に関するドイツの議論についても確認しておく必要がある。そこで、最後に直接適用可能性の判断基準についてまとめる（(iv)）ことにしたい。

　（i）概念整理①——国内効力との区別　　ドイツにおけるかつての通説は、直接適用可能な国際法のみが、国内法への変型の対象となると考えていた(347)。この考え方の背景にある変型理論に従えば、国内法への変型を待って初めて国内効力を取得することになるのであるから、直接適用可能性は、国内効力の前提となる。そして、これは捉えようによっては、国内効力と混同されていると理解することができる(348)。また、以上のような考え方については、変型理論ではなく、実施理論を採用する見解であっても、実施命令が定立されるのは、直接適用可能なものに限られるという形で引き継ぐことが可能である(349)。また、判例に目を移せば、1970年のドイツ・オランダ財政条約連邦憲法裁判所決定は、国内において、権利義務を基礎づけうるような条約規定のみが条約法律によって国内に適用可能な法に変型されるとする(350)。「国内に適用可能な」という限定詞の読み方次第ではある(351)が、直接適用可能性が少なくとも変型の前提条件となっており、この見解に引きつ

---

(347)　z.B. *W. Rudolf*, Völkerrecht und deutsches Recht, 1967, S. 174. また、1984年段階で通説であると明記するものとして、*A. Verdross u. B. Simma*, Universelles Völkerrecht, 3. Aufl., 1984, S. 552, §865 (Anm. 34) がある。現在でも通説であるとするものとして、*Streinz* (Anm. 184), Rn. 66 [ただし、シュトラインツ自身はこの見解に反対] も参照。
(348)　*Siehe Streinz*, ebd., Rn. 67.
(349)　この点について、*Kunig* (Anm. 336), S. 94 Rn. 40f. などを参照。
(350)　BVerfGE 29, 348 (360).
(351)　*Schweitzer* (Anm. 163), Rn. 439b は、どちらとも読めると指摘する。

けて理解することができる(352)。また、連邦社会裁判所判決にも、国家の義務だけでなく、個人の権利義務をも創設する条約のみが国内法に変型されうるとするものがある(353)。

しかし、現在では、ドイツにとって有効な形で国際法が成立した時点で、国際法は国内効力を手に入れ（ここでも変型理論と実施理論のいずれを採用するかは、問題とはならない）、次の段階で、裁判所あるいは行政機関が国内法の介在なく当該国際法を適用できるかという直接適用可能性の問題が生じるという見解の方が、むしろ一般的である(354)。すなわち、国内効力と直接適用可能性は別概念である(355)とする見解の方が通説化、少なくとも有力化しているのである(356)。また、判例においても、夙にヴァイマル期のライヒ裁判所が国内効力を直接適用可能性の問題に先んじて論じている判決(357)が存在していることが指摘されている(358)。また、連邦通常裁判所の判決(359)で

---

(352) Streinz (Anm. 184), Rn. 67 は、この決定を、直接適用可能性と国内効力を混同する見解を採用したものとする。
(353) BSG, 4 RJ 351/71 vom 29. 3. 1973, RzW 1973, S. 320 Rn. 7.
(354) 今日においては一般的見解となっていることを明示するものとして、Rojahn (Anm. 163), Rn. 38 や Tomuschat (Anm. 6), Rn. 35 がある。See also, Y. Iwasawa, Domestic Application of International Law, 378 RECUEIL DES COURS DE L'ACADÉMIE DE DROIT INTERNATIONAL DE LA HAYE 9, 143 (2016).
(355) なお、直接適用可能性を変型ないし実施命令成立の前提となるとする見解も、直接適用可能性と国内効力は一応別概念として理解しており、むしろ、直接適用可能性が国内効力の前提となるか、国内効力が直接適用可能性の前提となるかという点をめぐる見解の相違であると整理した方が正確であるように思われる。
(356) この見解をとる主要なものとして、直接適用可能性に関するドイツ語圏随一のモノグラフィーといえる、A. Bleckmann, Begriff und Kriterien der innerstaatlichen Anwendbarkeit völkerrechtlicher Verträge, 1970, S. 58f. [岩澤雄司『条約の国内適用可能性』(有斐閣、1985 年) や、Iwasawa, supra note 354 でも多く引用されており、影響がうかがえる] のほか、A. Koller, Die Unmittelbare Anwendbarkeit Völkerrechtlicher Verträge und des EWG-Vertrages im Innerstaatlichen Bereich, 1971, S. 66f. [ただし、スイス法についての言及]、G. Buchs, Die unmittelbare Anwendbarkeit völkerrechtlicher Vertragsbetimmungen, 1993, S. 30、さらに教科書・コンメンタールの類では、Verdross u. Simma (Anm. 347), S. 552f. § 865; Kunig (Anm. 336), S. 94 Rn. 41f.; Rojahn (Anm. 163), Rn. 37f.; Streinz (Anm. 184), Rn. 67f.; Geiger (Anm. 156), S. 150f. u. 158f.; Tomuschat (Anm. 6), Rn. 35; Butzer/Haas (Anm. 184), Rn. 104 といったものがある。なお、Schweitzer (Anm. 163), Rn. 437f. は、旧来の通説への支持を維持しているようであるが、Rn. 439a は、「学説の一部」は直接適用可能性と国内効力を分離していると指摘し、近時の有力見解に親和的な判例を検討した後、最終的には、積極的な支持なのか、この考え方に立った場合にはどうなるかの説明なのかは必ずしも明らかではないものの、直接適用可能性の問題は個別の国際法解釈にかかっていると結論づけている (Rn. 440b)。
(357) z.B. RGZ 117, 280 (284); 117, 284 (285); 119, 156 (162); 121, 7 (9). ただし、いずれの判決も、問題となる条約（ベルサイユ条約）が法律の形式で公布されているので、個人の権利を導くような規定については、法律の規範としての性質をもちうるというものであり、直接適用可能性ないし個人の権利の基礎づけを要件として、国内効力を認めているように読めなくはない。最後の判決をむしろ、直接適用可能性を国内効力の前提としているとするものとして、Rudolf (Anm. 347), S. 173 がある。
(358) Geiger (Anm. 156), S. 158f..
(359) BGHZ 11, 135 (138); 52, 371 (383f.). 前者は、前掲註(357)のライヒ裁判所判決と同様の理論構成

も同様の判断順序がとられており(360)、同様の連邦行政裁判所の判決(361)の存在も指摘される(362)。

　我が国における議論の文脈において、中川丈久が指摘するよう(363)に、直接適用可能性の有無等が明確になっておらず、誰にどのような効果を与えるのかが不明瞭なものに、「国内効力」などということを認めることに意味があるのかは、大いに疑問のあるところである。この点、ドイツの学説は、国家機関を拘束する客観的義務を生じさせると説明している(364)が、国家間でしか問題とならないような規律事項について(365)、あるいは、国際法上も特定の法的効果を生じさせないような規定(366)について、国内効力を認めることに意味があるのかは、十分に考慮する必要があるようには思われる(367)。

　しかし、ブレックマンなども指摘するように、国内における国際法の適用が問題になる場面は一様ではなく、適用する国家機関、当事者による援用の手法によっても様々である(368)。そうすると、個別場面ごとに直接適用可能

　　　をとる判決であり、後者は、国内効力について主題化しないまま、RGZ 121, 7 (9) を引用して、当該事件で問題となった条約規定とベルサイユ条約 297 条 i とを比較している。前者の判決を、むしろ、直接適用可能性を国内効力の前提としているとするものとして、Rudolf (Anm. 347), S. 173 がある。
(360)　Geiger (Anm. 156), S. 158.
(361)　BVerwGE 87, 11 (13f.); 88, 254 (257). いずれも、基本的には、前掲註(357)のライヒ裁判所判決と同様の理論構成をとる判決であるが、変型によって、(一定の条件を満たす場合には) 条約規範の直接適用可能性が導かれるという表現になっており、条件と結果の関係がより明確になっているといえる。
(362)　Schweitzer (Anm. 163), Rn. 439b.
(363)　中川丈久「総括コメント：行政法から見た自由権規約の国内実施」国際人権 23 号（2012 年）65 頁。
(364)　z.B. Rojahn (Anm. 156), Rn. 37f.; Geiger (Anm. 156), S. 151. Siehe auch Bleckmann (Anm. 356), S. 94f.
(365)　ここには、筆者もこれまで何度か言及してきた名宛人の変更問題が存在する。
(366)　国際法上の直接適用可能性の有無の問題と論ずることもできなくはないだろうが、端的に国際法上の義務内容の解釈・確定作業によって、そもそもの法的拘束力が否定されるので、形式的には条約規定として国内法に受容されているとしても、そもそも国内効力を得ようがないものと考えればよいのではないだろうか。
(367)　さらに、国際法の受容に関する憲法規定の効果であり、国際法規範自体の国内効力という必要があるのかという問題（中川・前掲註 (363) 65 頁）に関連して、スイス法について同様の指摘をする Koller (Anm. 356), S. 64f. も参照。
　　　なお、岩澤は、下位の国内法の適用を排除する効果をもつことを直接適用から区別しているようである (Iwasawa, supra note 354, at 190-191) が、裁判などにおいて、下位法の違法性判断基準として機能するのは、その場面では解釈・適用の直接の対象となっており、直接適用といってもよいのではないか。
(368)　Bleckmann (Anm. 356), S. 66. Siehe auch Kunig (Anm. 336), S. 94 Rn. 42; Rojahn (Anm. 163), Rn. 37; Geiger (Anm. 156), S. 142. 以上のようなドイツにおける指摘は、アメリカの議論が主に裁判所における適用を想定しているところ、行政機関による適用も問題の射程に入れているという点で特徴的であるといえよう。この点については、さらに、直接適用可能性の相対的把握を説く、岩澤・前掲註

性は変わりうる。にもかかわらず、直接適用可能性が国内効力あるいは、変型または実施の前提と考えるのであれば、国内効力あるいは、変型または実施が個別場面ごとに変わるということになり不都合が生じよう[369]。

したがって、近時の一般的見解あるいは有力見解に倣い、国際法規範の国内効力と直接適用可能性は区別して考えておく方が適切だろう[370]。

(ii) **概念整理②——個人の権利・義務の創設との区別**　直接適用可能性を国内効力の前提とする見解のうち全てではないが[371]、個人の権利義務を創設するものであることを直接適用可能性の内容として構成し、これが国内効力の前提条件であるとするもの[372]も多い。個人の権利・義務を創設することを直接適用可能性の内容と捉える[373]ことは適切か、あるいはその必要はあるのか、確認しておこう。

(i) でみた、国内効力を直接適用可能性の前提であるとして両者を一応区別する、近時の一般的見解ないしは有力見解は、個人の権利・義務を基礎づけるか否かについて、狭義の直接適用可能性などと呼ぶもの[374]もみられるが、直接適用可能性の問題とは別の問題だとする見解が一般的である[375]。先に、国内効力との関係の場面でも触れた[376]ように、様々な適用場面があり、それぞれの場面ごとに、適用者や適用のあり方を多様に認める[377]とい

---

(356) 330頁以下、Iwasawa, *id.,* at 185ff. も参照。他方で、司法における適用に射程を限定して、主として司法判断適合性の問題に帰着させるものとして、Koller（Anm. 356）, S. 68ff. などがあることには注意する必要がある。

(369) Bleckmann, ebd., S. 62.

(370) 一般的には、近時の有力見解において国内効力が直接適用可能性の前提となると解されているが、国際法適合的解釈（本書でいうところの国際法親和的解釈に該当）も、直接適用と整理され、国際法親和的解釈には国内効力は前提とならないという立場から、国内効力が直接適用可能性の前提とはいえないとするものとして、M. Roš, Die unmittelbare Anwendbarkeit der Europäischen Menschenrechtskonvention, 1984, S. 189f. がある。

(371) 強い関係性は匂わせるものの、個人の権利・義務創設に限定しないことを示唆するものとして、Rudolf（Anm. 347）, S. 171f. がある。

(372) z.B. BSG, 4 RJ 351/71 vom 29. 3. 1973, RzW 1973, S. 320 (Rn. 7); BVerwGE 44, 156 (160).

(373) このように解していると思われるものとして、I. Pernice, Art. 59, in: H. Dreier (Hrsg.), Grundgesetz-Kommentar Bd. 2, 3. Aufl., 2009, Rn. 31 がある。

(374) Verdross/Simma（Anm. 347）, S. 551 § 864. ただし、これもむしろ分離に軸足を置いた説明を行っている。

(375) Buchs（Anm. 356）, S. 40; Geiger（Anm. 156）, S. 143; Rojahn（Anm. 163）, Rn. 41; Streinz（Anm. 184）, Rn. 69; Butzer/Haas（Anm. 184）, Rn. 105.

(376) これと異なる見解も含めて、前掲註(368)および対応する本文参照。

(377) ブレックマンは、例えば、条約の訴訟における用いられ方だけをみても、条約が違憲性を問われる対象となる場合、合法性判断基準となる場合、請求原因を基礎づける場合、国内法の効力を否定したり、適用を排除したりする場合があることを指摘している。その上で、条約が訴訟法について規

うのであれば、何も主観的な権利・義務を創設することに限定する必要はないところである。したがって、そもそもこのような前提が認められるのであれば、現在の一般的見解の整理が妥当であるといえよう。

　(iii)　補足的検討——ブレックマンにおける概念整理　　ただし、「適用」の場面や態様は様々であるのならば、個人の権利・義務の創設の問題だけを取り出して、直接適用可能性の問題との区別を云々すればよいかといえば不十分ではないかとも思われる。この点について、ブレックマンの精緻な概念整理があるので、少し検討してみよう。

　ブレックマンは、法のもつ効果というものを、ミクロレベル（個別問題レベル・主観的効果）とマクロレベル（一般レベル・客観的効果）、実体法的効果と手続法的効果という二つのパラメーターの複合により、次頁に掲げた「表」のような簡単なマトリックスを描く[378]。まず、ここにいう客観的法とは、国際法の文脈でいうと国内効力に該当するものであって、国内機関による国際法の適用の基礎となるものであり、別の言い方をすれば、この効果が認められることは、他の効果が認められる前提となる[379]。これに対して、貫徹可能性ないし適用可能性というのは、特定の国家機関の特定の手続における適用を義務づける効果をいい、適用義務は必ずしも適用を求める権利を前提とするものではない[380]。もっとも、逆に適用可能性の存在は主観的権利が具体的にどのような内容をもっているかの判断をする際には、本質的な考慮要素となり、特定の手続を想定してそこでの処理を求める権利としての手続的主観的権利も加味しつつ検討されることになる[381]。

　以上のような法的効果としての適用可能性の定義づけに従えば、適用可能性の一つの形態である直接適用可能性が、(i)・(ii)でみたように、客観的法としての国内効力とも、主観的権利とも概念上区別されたものであることは明確である。

　　律する場合、条約が訴訟要件の問題に関係する場合もあり、加えて、条約適合的解釈のような間接的適用もあるということにも言及する。以上について、*Bleckmann* (Anm. 356), S. 66ff. を参照。
(378)　Ebd., S. 94.「表」は、原典の表を翻訳・一部改変して作成した。
(379)　Ebd..
(380)　Ebd..
(381)　Ebd., S. 95.

	実体法的	手続法的
マクロレベル	客観的法 （objektives Recht）	貫徹可能性/適用可能性 （Durchsetzbarkeit/Anwendbarkeit）
ミクロレベル	実体的主観的権利 （materialles subjektives Recht）	手続的主観的権利 （prozessualles subjektives Recht）

表

　議論がここで終わるのであれば、話はわかりやすい。しかし、ブレックマンは、ある法概念の定義を行うには、その法的効果の側面をみるだけではなく、前提条件として何が要求されるかをみないことには真の定義ないしその理解は不可能である(382)として、直接適用可能性の前提条件の検討を続けている(383)。そこでは、なんと、直接適用可能性の前提条件として主観的権利が位置づけられるという。近時の有力見解とは反対の議論をしているのかと疑問を生じさせるが、勘違いしてはならない(384)。というのも、「前提条件」には、次のような意味が込められているからである。

　順を追って説明すれば、まず、適用可能性が問題になるのは、特定の国家機関において特定の問題が処理されようとしている場面においてである。そうすると、適用可能性が論じられる前提として、以下に述べるような場合に限定されるわけではない(385)が、例えば、条約に即していえば、条約が特定のカテゴリーに属する人間あるいは法関係について適用されることが予定されていることが求められる。そういう意味で、主観的権利が基礎づけられていることが、適用可能性を論じる上での前提となる場合がある(386)。要は、──少なくとも筆者には、ここで前提条件という語を用いることは大いに語

(382) Ebd., S. 54 u. 95.
(383) Ebd., S. 95ff.
(384) ブレックマンは、従来の通説的見解がいう「主観的な権利・義務の基礎づけ」というのは、自らがいう技術的な意味での主観的権利の基礎づけとは全く別のものであるとしている。彼によれば、従来の通説的見解がいう「主観的な権利・義務の基礎づけ」というのは、いわゆる個人の国際法主体性の議論であるという。Siehe ebd., S. 100 (Anm. 100). この点については、個人への国際法主体性付与の問題として切り離す可能性を示唆する、Koller (Anm. 356), S. 79ff. も参照。
(385) ブレックマン自身、主観的権利に関係のない、客観法の実施・適用が多く存在していることを指摘して、適用概念を主観的権利の実施に限定して考えることを戒めており（ebd., S. 96ff）、本文のように考えなければ、整合的な説明は不可能である。
(386) Ebd., S. 98 の b) の冒頭で、「die Voraussetzung」ではなく、「eine Voraussetzung」という表現が用いられていることも、これをうかがわせる。

弊があるように思われる[387]が——主観的権利が基礎づけられていることが直接適用可能性の問題を考える前提となる場合があるというような関係性に、主観的権利と直接適用可能性があるのだというのがここでの趣旨である。

なお、ここでブレックマンは、直接適用可能性の問題を一般的なレベルでの問題に限定し、個別問題ごとの問題は、個人の訴権（Klagebefugnis）ないし原告適格（Aktivlegitimation）といった、手続的主観的権利の問題として分離する可能性も検討する。しかし、当事者となる人間や集団を想定せずに主観的権利を設定することは困難であり、直接適用可能性の前提条件となっている場面と手続的主観的権利の前提条件となっている場面を分離することは難しく、また適切ではないとしている[388]。

以上のように整理すると、主観的権利がどのような場合に基礎づけられるのかが重要になるが、ブレックマンは、ゲオルク・イエリネック（Georg Jellinek）の公権論を参照して、①客観的法の存在、②客観的法が特定の人（個人および国家機関）に特定の行為を命じていること、③この客観法上の命令が特定の第三者の利害に関するものであること、④この第三者が当該客観法について特定の手続を通じて貫徹可能なことの4条件を満たす必要があるという[389]。これは、主観的権利が前提となる場合に直接適用可能性を基礎づけるための要件ともなるとして[390]、本書でも、続く(iv)で論じることになる、直接適用可能性の判断基準に関する議論への橋渡しも怠っていない。

ここまでの (i) ないし (iii) の検討を経ていえることは、直接適用可能性というのは、文脈依存性のある概念であり、緻密な分類は可能ではあるものの、類似概念との密接なつながりをもつ概念であり、実際に直接適用可能性の有無を判断するためには、具体的な適用場面において、丁寧に検討することが要求されているといえよう。

　　(iv) **判断基準**　　判断基準を検討するに先立って、直接適用可能性を判断する際のその範囲という問題について、論じておきたい。先に (ii) や (iii)

---

(387) よく混同される、主観的権利と直接適用可能性との関係性を明確化する意図とも考えられるが、混乱を招く副作用の方が強いのではないかとも危惧される。もっとも、このような指摘は、なぜそのような誤解を招きやすい議論をわざわざ紹介しているのかという批判をブーメラン効果として招くことになろう。
(388) *Bleckmann* (Anm. 356), S. 98ff..
(389) Ebd., S. 101.
(390) Ebd., S. 102.

でみたように、国際法の適用としては様々な機関による様々な場面が想定され、適用が問題となる具体的な場面ごとに判断されるべきである[391]。また、これと密接にかかわることであるが、もちろん、条約の全体構造に留意する必要があるにしても、条約が全体として直接適用可能かが論じられるのではなく、具体的な適用場面で実際に問題となる条文、あるいはそれ以上に細分化された部分ごとに判断されるべきであり、ドイツにおいても、この点が意識されるようになってきている[392]。

　続いて、判断基準をめぐる本論に入っていくことにする。ドイツにおいて、直接適用可能性の判断基準については次のように定式化されることがしばしば見受けられる。つまり、条約規定の「内容（Inhalt）、目的（Zweck）、そして表現様式（Fassung）により」、国際法上あるいは国法上の行為が、当該条約規定の実施にあたり、さらに必要とされていると判断されるかというものである[393]。これは、ヴァイマル時代のライヒ裁判所の判決[394]まで遡ることが可能であり、若干の表現の違いはあるが、連邦憲法裁判所の判例でも用いられている[395]。

　しかし、内容、目的、表現形式というものは指標であって、指標が示されただけでは、それぞれがどのようなものであれば直接適用可能性が基礎づけられるのかは、定かではない。また、この三つの指標のうち、目的が主観的

---

(391) 例えば、ブレックマンが、直接適用可能性が国内効力の前提とするならば、ある特定の適用方法においてのみ適用可能性があるということが説明できないという場合（ebd., S. 62ff.）、これを裏からみれば、特定の適用方法ごとに直接適用可能性の判断が変わりうることを前提としているということになる。

(392) z.B. *Koller* (Anm. 356), S. 92; *Tomuschat* (Anm. 6), Rn. 35. ドイツにおいても、条約という大きなレベルで直接適用可能性について論じるものがないわけではない。しかし、教科書やコンメンタールのレベル（*siehe* z.B. *Geiger* (Anm. 156), S. 159; *Streinz* (Anm. 184), Rn. 68）でも、一般的に、条約規定（Vertragbestimmung）の直接適用可能性という問いの立て方がされており、条約全体ではなく、個別条文ごとの直接適用可能性が主題化されていることが前提となっていると理解できる。*Bleckmann*, ebd., S. 148 は、1970 年段階での学説・判例の状況として、明らかに、個別の条項について検討していると指摘する。もっとも、*Bleckmann*, ebd., S. 153f. は、体系的解釈という観点から、個別条項のみを検討していればよいわけではなく、また、その限度で、条約全体を見渡す必要性についても言及している。

(393) *Siehe* z.B. *Geiger*, ebd., S. 159; *Rojahn* (Anm. 153), Rn. 37; *Streinz*, ebd., Rn. 68.

(394) RGZ 117, 284 (285).

(395) z.B. BVerfGE 29, 348 (360). ただし、2006 年の領事関係条約決定においては、刑事裁判所によって直接適用可能な程度に明確な規範内容であり、実施法律を必要としないことを理由にするもの（BVerfG, 2 BvR 2115/01 vom 19. 9. 2006, NJW 2007, S. 501 Rn. 53）で、実施法律の有無を、規定のあり方によって判断している点では、親和性があるものの、「内容、目的、表現」定式そのものへの言及は行われていない。

要素にかかわるものであり、残りが客観的要素を示すものであると理解するものもある[396]が、ドイツにおいても、直接適用可能性の判断基準として、主観的基準と客観的基準の関係性、論者によっては、双方の基準が必要であるのか、またそれぞれの基準について、国際法によって判断されるのか、国内法に基づいて判断されるのかも盛んに論じられている。

とりわけ、条約当事国の意思に注目する場合、まず、当事国は他の各当事国内における実施の方法について無関心である場合が多い[397]。さらに、仮に、条約当事国間において、当事国内で直接適用させることについて一定の同意が形成されたとしても、国内の法制度がそれを許さない場合には、如何ともしづらいことを指摘して、主観的基準は不要であり、客観的基準が決定的（maßgeblich）であるという見解[398]も存在する。この見解が指摘するところは、アメリカなどでも同様の主張があり、妥当なものを含んでいる。もっとも、この見解は、主観的基準を国際法上の基準としてのみ想定している点に難点があるように思われる。確かに、条約法律の制定時に、条約文言の変更はできないので、意思の反映は、条約法律自体の条文や付帯決議などに限定されざるをえないが、特定の条約規定を受けて、いかなる場合であれば、条約規定を直接に国内で適用しうるかという点についての立法者の認識を問題とする可能性はゼロではないだろう。また、消極的要素[399]としては、（条約の同意を担う）国内立法者が条約の直接適用可能性を排除するという意思をもつ可能性はありうる。さらに、条約当事国が、当事国内における直接適用可能性に無関心であることが一般的であるとしても、関心をもつことが禁

---

(396) 例えば、G. Boehmer, Der völkerrechtliche Vertrag im deutschen Recht, 1965, S. 8 (Anm. 35) が、「Zweck」の文言の有無に着目して、主観的基準の要求の有無を判断していることは、このような捉え方の表れということができよう。
(397) この点については、Koller (Anm. 356), S. 103 の指摘も参照。
(398) z.B. Boehmer (Anm. 396), 1965, S. 8f..　ベーマーは、ライヒ裁判所時代には、客観的基準のみが問題となっていた（確かに、ライヒ裁判所時代から「目的 Zweck」が判断基準となっていたが、1953 年の連邦通常裁判所判決［BGHZ 11, 136 (138)］では、周到にも、「目的」の語が抜け、内容と表現形式による判断がなされるべきことが論じられていたことも指摘する）のに、1955 年の連邦通常裁判所判決が「Will」への着目を行い、主観的基準を付加したと指摘する。もっとも、J.H. Lenz, Die unmittelbare innerstaatliche Anwendbarkeit der Europaratskonventionen unter besonderer Berücksichtigung des deutschen Rechts, 1971, S. 68 は、ライヒ裁判所時代から、条約当事国が個人への権利付与を意図していたかを問題にしており、ベーマーの指摘は、判例の理解としては、妥当でないと批判している。ただし、レンツも結論としては、ベーマーと同様の立場を採用する。Siehe Lenz, ebd., S. 79f..
(399) 主観的基準を消極的要素として挙げるものとして、直接はスイス法の文脈ではあるが、例えば、Roš (Anm. 370), S. 190 がある。

じられるわけではない(400)。また、結局は国内法体系にてらして当事国意思の貫徹が不可能であっても、国内法に基づく判断の前提として、国際法平面において、国家のどのような権利義務が設定されたのかを明確にしておくことが必要かつ妥当なことである。そして、その際、条約当事国の意思への考慮がなされうるものであることは否定できない(401)。ただし、このように考えるのであれば、国際法にてらした判断というのは、直接適用可能性の判断の前提として行われる、条約解釈(402)というべく、これを直接適用の国際法上の基準などというのは、ややミスリーデイングである(403)。

また、主観的基準とはいうものの、そこで問題となる、条約当事国なり国内立法者の意思は、規定内容や表現形式といった客観的要素によって判断されざるをえないことがしばしば指摘されている(404)。これは、確かに指摘の通りであり、主観的基準と客観的基準の区別は相対的で、相互依存関係にあるといってよい。その意味では、「内容、目的、表現形式」の3指標は、目的が主観的基準、内容・表現形式が客観的基準というように分解されるのではなく、やはり、主観的基準・客観的基準の双方を判断する際の指標とみるべきだろう。

主観的基準をめぐって、その捉え方についての整理がついたところで、主観的基準としてどのようなものが要求されるのかみていくことにしよう。註

(400) この点に関連して、小寺彰『パラダイム国際法』(有斐閣、2004年) 60頁も参照。
(401) この点については、前章Ⅰ2(4)(ii)で紹介したスロスの議論を参照。また、本文とは逆に、条約当事国が、直接適用を明示的には排除している場合には、国内の適用者限りで、直接適用する余地はないとするものとして、*Buchs* (Anm. 356), S. 43 がある。
(402) この点、従来直接適用可能性の問題として論じられてきた問題を、2段階に分け、第1段階として、国内における直接適用を、条約当事国が条約規定に盛り込んでいるかの判断を行い、第2段階として、国内法構造の中で条約規定が直接適用可能を判断する構造を提示する、*P.E. Holzer, Die Ermittlung der innerstaatlichen Anwendbarkeit völkerrechtlicher Vertragsbestimmungen*, 1998, S. 55ff. が参考になる。また、このホルツァーの構成は、前章Ⅰ2(4)(ii)で紹介した、スロスの見解とも重なる。さらに、あくまで直接適用可能性を国際法上の問題と整理しつつも、国際法上、一定の義務が存在しているかの判断を行う場面であると指摘する、*Bleckmann* (Anm. 356), S. 126 も参照。以上のように国際法上の判断を整理するのであれば、国際法レベルでの問題処理は、結局、国際法の意味内容の解釈・確定作業であり、主観的基準と客観的基準が分離されないものとなろう。
(403) 国際裁判などにおいて、国際法平面において直接適用可能かという問題が浮上する場合はありうるので、その場合は純粋に国際法に則って判断されることになろう。ただしこの場合も、当該国際裁判システムに特有の訴訟手続ルールによって判断されるともいえ、これを一般的な国際法にてらした判断といえるのか疑問なしとはしない。また、国際法の規定が直接個人を規律しうるかについては、単に国際法上の個人の法主体性の問題として構成すればよいのであって、直接適用可能性という必要はないのではないか。
(404) *Bleckmann* (Anm. 356), S. 159; *Roš* (Anm. 370), S. 190; *Lenz* (Anm. 398), S. 82.

(402)での指摘にかかわらず、さしあたり、国際法上の主観的基準が想定できるとするのであれば、そこで問われるのは、条約当事国の意思である。条約当事国の意思が求められるといっても、直接適用可能性を裏付けるためには、意思の客体はどのようなものである必要があり、それがどの程度、そしてどのように認知される必要があるのだろうか。ここで、裁判所限りでの適用を許容する意思であるとか、個人の権利義務の基礎づけの意思といったことが挙げられる場合があるが、先にみたように、国内における適用が裁判に限定されない[405]、個人の権利義務が問題となる場合にも限定されない[406]と考える、少なくとも近時有力な見解にてらせば、具体的場面における適用機関の権限にてらして、それ以上の国家行為が必要なく適応可能な程度の義務内容が意図されていればよいということになろう。しかし、これもすでに述べたように、国際法上の義務が履行されていれば、他国内における適用のあり方に対する関心は高いものではなく、個別の適用形態まで想定して条約が締結されることは稀である。そうすると、ここでの意思の存在を厳格に求めるのであれば、直接適用可能性はほぼ排除されることになってしまう。ブレックマンは、このような事態は、国際法親和性原則に反するとして、少なくとも明示的な直接執行の意思の提示を否定し[407]、アプリオリな要件設定は困難などとして、緩やかな認定への道を開く[408]。しかし、これでは、判断基準を曖昧にするだけであり、先も触れたところである[409]が、むしろ、条約当事国の意思については、明確な反対の意思がある場合には直接適用可能性が排除されるという消極的判断要素と捉えるべきではないだろうか[410]。

　次に、国内立法者の意思についてである。ここでブレックマンは、国際法・国内法二元論からは、国内の立法者による国際法の取り込みのあり方が問われる傾向をもつことになるし、一元論においても、条約における国内法

---

(405) *Siehe Bleckmann*, ebd., S. 173.
(406) *Siehe* ebd., S. 175.
(407) Ebd., S. 155. *Siehe* auch *Buchs*（Anm. 356), S. 46f.
(408) *Bleckmann*, ebd., S. 173. なお、ブレックマンは、適用機関を裁判所と想定した場合には、裁判所による適用が義務づけられる程度に規律されていればよく、救済（remedy）までが規律されている必要はないなどと述べている。*Siehe* ebd., S. 179ff.
(409) 前掲註(399)および対応する本文参照。
(410) 前掲註(399)のほか、スイスやオーストリアの判例においては、当事国によって国内における直接適用が明確に排除されていない限りは、条約当事国の意思は考慮されていないとする、*Buchs*（Anm. 356), S. 55を参照。

の参照を想定することによって、国内立法者の意思の考慮が排除されないとして、国内立法者の意思への注目を基礎づける。ただし、条約の適用というものは多様なものがあるため、当事国の意思同様、客観的基準や推定によって基礎づけられるのを認めざるをえないとする(411)。その上で、条約自体の内容を国内の立法者は変更できないが、条約法律などにおいて、立法者は一定の意思表示をすることは可能であるとして、条約法律による意思の表示、一般の法律を通じた意思の表示、行政協定の場合の行政命令制定者による意思の表示の三つの場合に分けて論じている。

　まず、条約法律の効果として、対外的な意味では条約の批准への授権を行うとともに、対内的には条約内容への同意を意味するのであり(412)、さらには、公布によって国民や国家機関に対して国内効力の存在を宣言することになる。そこでは、条約の内容によっては具体的な場面で直接適用可能性が生じうるのであって、条約法律の制定・公布自体が、直接適用可能性の基礎を与える行為とも評価できる(413)。これに加えて、条約法律の条約実施に関する独自条文において、国内実施に伴う条約内容の具体化・補充が行われることもあり、ここで直接適用を可能とすべきとの意思表示を行うことが可能であるという(414)。

　また、条約法律以外の一般の法律においても、特定の場合に条約規定が国内において適用されることを規定する場合があることを指摘し、ここでも立法者の意思を示すことが可能であるとしている(415)。もっとも、この場合は、別の一般的な法律の制定を待って適用が可能となっているという意味では、直接適用可能性が認められないのではないかという疑問も生じうる。この点、最終的な差異は相対的なものとなるかもしれないが、一般的な法律が内容面で補充することはなく、確認規定的に働くにとどまるような場合は、元の条約の直接適用可能性が認められるとはいってもよいだろう。

　最後に、行政命令の形式による条約の受容・実施の場合である。まず、法規命令として、公布ないし公示がなされている場合は、法律の場合に準じて、

---

(411) *Bleckmann* (Anm. 356), S. 133.
(412) Ebd., S. 188.
(413) Ebd., S. 194f.
(414) Ebd., S. 196.
(415) Ebd., S. 219ff.

そこに示された制定者の意思によって、直接適用可能性を基礎づけうるというのである[416]。もっとも、行政規則の形をとる場合には原則として、行政の内部的効力をもつにすぎないとされる[417]。

　以上の指摘では、法規命令の制定者を含む広い意味での国内立法者の国際法の内容への同意が公示されていること、さらに、国際法の実施に対するに意思表明の余地があるということが示されているにとどまり、積極的に直接適用を求める国内立法者の意思を求めているわけではない。ブレックマンの言わんとするところを忖度すれば、直接適用可能性を基礎づける国内立法者の積極的な意思が示されることは否定されないが、一般的には、詳細な規定をもつ条文に同意し公布していることであるとか、場合によっては国際法親和性原則というものによって、意思はむしろ推定され[418]、消極的基準として明示的に直接適用可能性の否定の意思が示された場合に、直接適用可能性が否定されるという趣旨に理解されるのではないだろうか。

　ここまで、ブレックマンの議論を紹介してきたのであるが、他の学説はどうか。この点、アメリカにおいて意思が問題になると、アメリカの条約締結権者の意思が重視された[419]が、ドイツでは、当事国の意思の問題の方に主たる関心が集まり、ブレックマン以外の論者は、国内立法者の意思についてはあまり論じていない印象を受ける。筆者なりの分析では、まず、そもそも主観的基準一般を否定する見解は、当事国の意思を求めることが理に適っていないことをもって、主観的基準を否定し、国内立法者の意思に立ち入ることをしない傾向が見受けられる。また、議論を先取りすれば、客観的基準において権力分立の問題が論じられる[420]ところ、立法者の意思を踏まえて、裁判所や行政機関の適用能力を論じることはむしろ、客観的基準を検討する文脈で触れられることになるのではないかとも思われる。もちろん、ここでも、結局主観的基準といっても、条約や法律の文言などの客観的資料によって判断され、客観的基準の判断との区別が非常にわかりづらいということも影響しているといわなければならない。

---

(416)　Ebd., S. 211ff.
(417)　Ebd., S. 218.
(418)　Ebd., S. 183, 194ff. u. 233.
(419)　さしあたり、前章を参照。
(420)　Siehe z.B. *Bleckmann* (Anm. 356), S. 309ff.; *Buchs* (Anm. 356), S. 51; *Holzer* (Anm. 402), S. 87.

最後に、客観的基準についてである。ブレックマンは、まず、ここで何が問われるのか、そしてそもそもなぜそれが問題になるのかということから説き起こしている。まずは、国際法と国内法の関係について厳格な二元論に立つトリーペルの立場から国際法、とりわけ条約への直接適用がどのように基礎づけられるのかを論じられる。ブレックマンによれば、トリーペルの理論において、国際法上の義務として条約内容を実現するための立法義務が対外的に発生する(421)——ここからブレックマンはトリーペルの理論を義務理論 (Pflichtentheorie) と呼ぶ(422)——のであるが、条約法律の制定によって、国内立法者のこの義務を果たす意思が表明される(423)ことにより、国内的にも条約内容が効力をもつことになる(424)。そして、国内効力をもつことになった条約内容が、国内法の一般的原則に従って、特定の場合に直接適用が可能だといえるとき、条約規定が直接適用可能性をもつということになるのである。ところで、最後の国内法上の一般原則というのは、例えば、法律の留保原則などがこれにあたり、広い意味では、権力分立の問題がここで問題とされるという(425)。

　一元論に立つ場合も、国内法平面の取り込みという問題が消失する可能性はあっても、実際に国内の機関による適用のあり方まで、一元論に立つことによって決定されるものではない。したがって、国内法上の概念により、国内法上の適用が可能となるかどうかが決せられるのであるから、トリーペルの義務理論で問題とされた最後の部分は、一元論に立ったところで共通問題として残ることになる(426)。

　そうであるならば、どのような条約内容あるいは性質をもてば、国内法上の適用が基礎づけられるのであろうか。この点、ブレックマンは、従来の学説や判例において、法規（Rechtssatz）あるいは客観的法（objektives Recht）

---

(421) 正確には、トリーペルの厳格な二元論に従えば、国内法を生み出せるのは（広い意味での）国内立法者に限定され、国際法の定立により国内法が成立したとはいえず、国内法を定立する義務を負ったにすぎないと説明されなければならないのである。H. Triepel, Völkerrecht und landsrecht, 1899, S. 23 u. 116f.. Siehe auch Bleckmann, ebd., S. 233.
(422) Bleckmann, ebd., S. 233.
(423) ここでは、トリーペルが国際法親和性原則により、国内立法者の意思が推定されると考えていると指摘する。Siehe Bleckmann, ebd., S. 233f..
(424) Triepel (Anm. 421), S. 400f..
(425) Bleckmann (Anm. 356), S. 239.
(426) もっとも、Bleckmann, ebd., S. 244f. はこのような理由づけなしに、学説や判例が法規ないし客観的法を規律内容としていることを要求してきたとして、その検討に移っている。

としての性格が求められてきたという(427)。言い換えれば、国内法における契約に準じる、国家間の法律行為的条約が排除され(428)、国際法上の法規概念(429)や国内法上の法律概念(430)においても求められる未来に向けられた一般的規範内容を有することが要求されるというのである。より具体的には、いわゆる(431)政治条約(432)や、文言において条約上の義務が（国民とは切り離された）国家に向けられている条約(433)、同じく立法者に向けられた条約(434)が排除される。また、客観的基準としてしばしば問題となる、規定の明確性は、立法者が条約への同意を通じて規律責任を果たしており、裁判所や行政機関による適用判断に委ねたと理解可能かにかかわるものだという(435)。

以上のようなブレックマンの説明は、必ずしも説得的なものとは言い難い。というのも、規律内容の一般性を問題とするといいつつ、規律内容の明確性についての説明はむしろ、法規概念というよりは、法律の留保概念にかかわるような観点を持ち込んでいる。単純に、広い意味での権力分立の観点から、裁判所や行政機関限りにおける適用が望ましくもなければ、可能でもない場合を排除すればよく、一般性を有する法としての法規概念を基準として持ち出す必要はないし、また、基準として適切に機能していないのではないか。そして、政治条約(436)や規定の明確性(437)に関連して、ブレックマン自身認

---

(427) Ebd..
(428) Ebd., S. 258ff..
(429) Ebd., S. 246ff..
(430) Ebd., S. 253f..
(431) 基本法59条2項第1文前段の「連邦の政治関係を規律」する条約を指し、高度に政治的な規律内容を有する。政治条約の意義については、第1部第2章Ⅰ2を参照。
(432) *Bleckmann* (Anm. 356), S. 262ff.. ここでは、フランスにおける統治行為論やアメリカにおける政治問題の法理を引用して、裁判所あるいは政治的裁量の小さい行政機関による適用が排除されることについて述べる。なお、連邦憲法裁判所において政治問題の法理が否定されているため、ドイツでは規定の明確性という形で処理されていると指摘しているものとして、*Buchs* (Anm. 356), S. 76 がある。
(433) *Bleckmann*, ebd., S. 287ff.. ここでは、ドイツ語でいえば個人への権利・義務の付与に sollen が用いられるにとどまっていること、英語でいえば、shall ではなく should が用いられているといった助動詞の相違、未来時制の使用の有無といった問題が扱われている。
(434) *Bleckmann*, ebd., S. 290ff.. 国際法上、国内における立法義務が課されている条約のことを指している。以上のような、条約規定の名宛人に基準として注目する見解について、条約の成立にあたって、常に直接適用可能性の問題が意識されているわけではないので、絶対的な基準ではなく、あくまで指標の一つにすぎないと指摘する、*Buchs* (Anm. 356), S. 86 も参照。さらに、実質的な名宛人の探求が重要だという *Koller* (Anm. 356), S. 107f. も参照。
(435) *Bleckmann*, ebd., S. 305ff..
(436) Ebd., S. 270.
(437) Ebd., S. 315.

めているところだが、国際法上、国内における実現を要求していない、あるいは実現が不可能な義務がありうるのであり、これを国際法上の客観的基準と呼ぶかはともかく、第1段階として、国際法解釈の問題がやはり存在するということなのではないか。

　これをもう少し敷衍すれば、政治条約は、法的に処理できない政治的問題を含んでいるというのであれば、そもそも国際法解釈の問題として法的効力を有していないということになるし、仮に、法的問題であるが、政治部門の裁量や裁判所の能力等の側面から、裁判所による処理を排除するというのであれば、まさに、統治行為論や政治問題の法理として論じられる、権力分立の問題と理解される。また、文言が国家に向けられた条約というのも、国際法上、確定的な法的義務を規定していない場合と、主として政治部門に具体化の裁量が残されているから、裁判所や行政機関限りによる適用が排除されるという、権力分立の問題として整理できる。立法者に向けられた条約というのは、それ自体で直接適用可能性が排除されるというよりは、ブレックマン自身認めるように、立法者になお具体化裁量を残しているかが決定的なのであり(438)、結局は規定の明確性の問題にかかわる。また、規定の明確性は、立法者と裁判所等の法適用機関との役割分担にかかわる問題であり、法治国原理と密接な関係をもつが、広い意味では、権力分立の問題として理解できる(439)。そして、直接適用に求められる、規定の明確性は、規律内容にも左右されるのであり、その意味では、条約の規律対象による直接適用可能性の高さのリスト化(440)は一定の意義をもちうる。ただし、条約には多様な規定が含まれること、適用のあり方は様々であることに鑑みれば、ブレックマンも指摘する通り、類型化の意義は限定的なものにとどまろう(441)。

　ここまでのドイツ（語圏）における議論の紹介・検討を総合すると、直接適用可能性の判断は、条約当事国の意思の検討も含めた、国際法レベルにおける規範内容の解釈作業と、規律対象、規定の明確性、それぞれの相関性を

---

(438)　Ebd., S. 295.
(439)　なお、要求される明確性は、各国の基準に従うことになるが、直接適用可能性の一般的な判断の定式は類似したものであるのにかかわらず、オーストリアでは、合法性の原則により比較的厳格に明確性が要求されるのに対して、スイスやドイツでは、比較的緩やかに明確性要件の充足が認められると指摘するものとして、Buchs（Anm. 356), S. 60ff. も参照。
(440)　スイスにおける、直接適用が認められる条約の規律内容の類型化を紹介するものとして、Buchs, ebd., S. 108f. がある。
(441)　Bleckmann（Anm. 356), S. 304f.

中心とした、国内法レベルにおける権力分立からの観点を中心とした検討の2段階に振り分けられる。そして国内法レベルにおいては、ここに述べたような客観的事情の検討を通じて基本的には推定されるが、国内の立法者の意思も多くの場合は消極的要件という形で検討対象となりうる(442)。

(2) 国際法親和性原則との関係　　直接適用可能性を論じる文脈において、国際法親和性原則への言及はあまりみられない(443)。しかし、若干ではあるが、すでに触れたように、国内における直接適用可能性を、国際法親和性原則によって推定する議論がある(444)。より具体的には、国内立法者の直接適用の意図を、国際法親和性原則を通じて推認するものである(445)。もっとも、このような論者も、直接適用可能性の判断にあたって決定的なのは、権力分立の観点等から要請される、規定の明確性の問題なのであって(446)、国内立法者の意思を原則的には消極的な要件であると位置づけるのに利用されているにすぎない。そう考えると、国際法親和性原則が直接適用に与える影響として想定されているのは、かなり限定されたものにすぎないということができる。すなわち、国際法親和性原則によって一般的に直接適用可能性を推定するという、アメリカにおいて一部でなされているような議論(447)は、ドイツではなされていないし、トムシャットのいうように(448)それは妥当でもないだろう(449)。

---

(442) 直接適用可能性を司法の場における問題と考え、司法判断適合性（Justiziabilität）の問題に限定している点で、支持できないところはあるが、基本的な整理として、同趣旨を述べるものとして、*Holzer*（Anm. 402）, S. 115ff.［ただし、スイスの判例を分析している］を参照。
(443) もっとも、国際法親和性原則の具体的内容の本格的な検討が近年になるまでなされてこなかったことも関係はしていよう。
(444) *Siehe Bleckmann*（Anm. 356）, S. 155 u. 233.
(445) Ebd., S. 233 u. 237f.
(446) *Siehe* ebd., S. 262. 国内立法者の明確な反対の意思表明がない限りで、客観的な基準が決定的なものとなるという点を強調する、*Koller*（Anm. 356）, S. 107 もあわせて参照。
(447) 前章Ⅰ2(2)を参照。
(448) *Tomuschat*（Anm. 6）, Rn. 35.
(449) 国際法親和性原則を考慮するとしても、憲法が定める組織法的枠組を超えることは許されず、客観的基準に注目する必要性を強調するものとして、*Buchs*（Anm. 356）, S. 50f. がある。また、すでに触れたように、条約の内容決定への国内立法者の関与が限定されるため、客観的基準について、通常の法律よりも厳しく検討すべきだとする *Koller*（Anm. 356）, S. 106 や、条約法律の場合、「法律」ではあっても、議会が条約本文について修正できないことなど、通常の「法律」に比して、議会における審議が不十分であることなどから、通常の「法律」と分けて考える必要性を認識し、委任立法の問題とパラレルに、法律の留保の観点から自動執行性の基準設定を行う可能性を指摘する *K. Vogel*, Gesetzesvorbehalt, Parlamentsvorbehalt und völkerrechtliche Verträge, FS Lerche, 1993, S. 102（これを紹介する邦語文献として、谷口勢津夫『租税条約論』（清文社、1999年）77頁以下）もあわせて参照。

5 国際法親和性原則の限界

ここまで、国際法親和性原則の内容についてみてきたが、以下では、その限界について確認しておくことにする。内容の外延を画定することは、限界を知ることであるので、これまでの検討においても幾分言及してきたところもあるが、ここでは、改めて限界の確認という問題設定を行い、国際法親和性原則の輪郭を浮かび上がらせることを目的とする。

(1) 判　　例　　連邦憲法裁判所の従来の判例においても、国際法親和性原則の限界に関する言及がなされてきた。Ⅰ3ですでに触れたところであるが、最初期の判例であるパリ協定判決は、条約が違憲審査の対象であると認め、基本法79条3項や19条2項に示された、放棄不能な基本法の根本的原理に違反する条約法律の無効性も説かれる(450)。ここには国際法という外在的法秩序に対し、憲法を頂点とする国内法秩序の維持を重視しようとする姿勢も看取される(451)。また、政教協定判決も、基本法の国際法親和性について是認する一方、国際法親和性が立法者をも拘束するものではないことを明言した(452)。さらに、国際法親和性原則の内容についての議論が深まった1970年代以降も、不可避で不可欠な憲法上の原則については、国際法ではなくドイツ法の貫徹が許容されるという考え方が示された(453)。

また、近時の判決に目を移せば、まず、Görgülü決定では、「基本法に基づく基本権保障の制限あるいは縮減にならない限りにおいて、」欧州人権条約や欧州人権裁判所の判決が基本法規定の解釈の補助手段（Auslegungshilfen）となるとしている(454)。ここでは、国際法親和的解釈の基本法による基本権保障の制限あるいは縮減方向への利用禁止という限界設定を見出せる。さらに同決定は、国際法による拘束への開放性は無限定なものではないとして、ドイツの憲法に内在する主権性（Soveränität）を放棄するものであってはならず、ドイツ以外による高権的行為への、憲法上の制限や統制を欠いた服従は否定されるという(455)。

---

(450)　BVerfGE 4, 157 (170).
(451)　vgl. *Schorkopf* (Anm. 56), S. 135f..
(452)　BVerfGE 6, 309 (363).
(453)　BVerfGE 75, 1 (17) ［不可避で不可欠な憲法上の原則についてのみドイツ法の貫徹が許容されるという書きぶりだが、反対解釈すれば本文のように理解できよう］.
(454)　BVerfGE 111, 307 (317).
(455)　BVerfGE 111, 307 (318f.).

続いて、第２次保安拘禁判決においては、国際法親和的解釈の限界という項目が設けられ、Görgülü 決定を引いて、基本法の基本権保障を制限してはならないと述べられるとともに、欧州人権条約親和的解釈は法律解釈・憲法解釈として承認された手法により導かれなければならないこと、さらには、究極的な限界として、基本法 79 条 3 項の改正禁止事項にそった基本法の憲法アイデンティティの核心的内容を指摘している[(456)]。

　最後に、Treaty-Override 決定においては、これも先に述べたように、パリ協定判決の立法者の判断余地を認めた部分を引用しつつ、他方で民主的正統性の観点からより直近の立法者の判断の重要性を説き、条約締結後の立法による「条約の逸脱」を認めたのであった[(457)]。ここでは、民主政原理が国際法親和性原則の限界を画することが示唆される。加えて、同決定は、国際法親和性原則が憲法レベルの原則であることを認めつつ、近時の判例においては限界づけも論点となっているとして、限界についても詳しく検討する。ここでの議論を要約すれば、以下の２点に集約される。つまり、①国際法親和性原則は国際条約への無制限な追従を義務づけるものではないこと、②国際条約は憲法上の基本権や法治国的諸原則を解釈するにあたっての補助手段にすぎないということの２点である[(458)]。①については、ドイツ憲法に内在する主権性の放棄を意味することではないという、第２次保安拘禁判決と同様の言明がなされる[(459)]。また、②もまた Görgülü 決定など従来の判例の用語を引き継ぐものであり、「補助手段」とされる点に着目して、無制限に義務づける性質をもつものではないし、──第２次保安拘禁判決とも共通する指摘だが──通常の解釈方法の枠から解放されるものではないという[(460)]。こうして、国際法親和性原則は、基本法の民主的かつ法治国的な枠内においてのみ効力をもつのであって、例えば、民主的自己決定の原則を侵害することはできないとまとめる[(461)]。

　以上の内容をまとめておくと、従来の判例において、基本法の基本権保障

---

(456)　BVerfGE 128, 326 (371).
(457)　BVerfG, 2 BvL 1/12 vom 15. 12. 2015, NJW 2016, S. 1298 Rn. 53ff.. ただし、これも記述の事項ながら、立法者の判断余地を広く認めることに懐疑的なケーニッヒ裁判官の反対意見が付されている。Siehe BVerfG, 2 BvL 1/12 vom 15. 12. 2015, NJW 2016, S. 1305f. Rn. 3 u. 11 vom Sondervotum König.
(458)　BVerfG, 2 BvL 1/12 vom 15. 12. 2015, NJW 2016, S. 1300 Rn. 67.
(459)　BVerfG, 2 BvL 1/12 vom 15. 12. 2015, NJW 2016, S. 1300 Rn. 68.
(460)　BVerfG, 2 BvL 1/12 vom 15. 12. 2015, NJW 2016, S. 1300 Rn. 71f.
(461)　BVerfG, 2 BvL 1/12 vom 15. 12. 2015, NJW 2016, S. 1300 Rn. 72.

の縮減の否定、ドイツの主権性の維持、憲法アイデンティティの保護、民主政原理、国際法親和的解釈については従来の解釈方法論による是認の要求といった様々な限界が設定されている。ただし、判例が挙げるこれらの限界事由相互の関係については必ずしも明らかではない。

(2) 学　説　学説も国際法親和性原則が無制限ではないことを認めており、限界として挙げられるものに――判例をもとに整理したものが大半なので当然ながら――判例と大きな違いはない。ここでも、国際法親和性原則について網羅的かつ詳細な検討を行っている、クノップの整理を基礎にして確認しておこう。

クノップは、まず、国際法親和性原則が基本法79条3項により改正禁止事項とされた内容ではないとして、憲法改正権による修正可能性に言及する(462)。そして、このことは、逆にいえば、79条3項が改正禁止事項として掲げる内容に抵触するものであってはならないという、絶対的な制限に服することを意味すると指摘する(463)。さらに第2次保安拘禁判決を引きつつ、これは要するに、憲法上の本質的な国家構造についての決定の核心領域が国際法親和性原則の限界をなすということを意味すると指摘している(464)。そして、このような限界は、国家を超えた統合の過程において、個別の憲法機関によって確保されなければならず、欧州統合の文脈において「統合責任」の語で語られるものに相当するという(465)。

加えて、クノップは相対的限界について言及する。相対的限界とは、第三者の権利を代表例とする、対立する憲法上の法益に内在する憲法原則のことであり(466)、他の憲法上の原則など同等の要請との衡量による制限可能性を指摘しているわけである。

ここでは、絶対的限界と相対的限界の区別がなされており、これ自体画期的なものである。ただし、国際判決の考慮の場合には特に問題となりやすい、個別事案の中での衡量とより一般的な原理・原則相互の調整といった区別はもちろんありうるものの、絶対的限界とされる、79条3項の憲法改正禁止

---

(462)　*Knop* (Anm. 4), S. 257. Siehe auch *Payandeh* (Anm. 3), S. 496.
(463)　*Knop*, ebd.. Siehe auch z.B. *Rojahn* (Anm. 156), Rn. 5; *Kunig* (Anm. 336), S. 85 Rn. 19.
(464)　Ebd..
(465)　Ebd., S. 258.
(466)　Ebd..

事項は内容が一義的に決まるものではなく、実際上[467]、例えば民主政原理などの原理と国際法親和性原則との衡量問題となり、絶対的限界と相対的限界との区別は、「相対的」なものになるのではないだろうか。その意味では、基本法20条の国家構造原理[468]を含めた憲法上の原理・原則との抵触における衡量上のパラメーターについて、国際法親和性原則の限界の項目で列挙・検討するパヤンデー[469]の方が方向性としては、妥当であるように思われる。なお、パヤンデーは、衡量における具体的考慮要素として、国際法上の義務の国際法における位置づけ・重要性と、対立する憲法上の原則の位置づけ・重要性を挙げる[470]。加えて、国際判決については、ドイツの外にある国際裁判所の判断にドイツの裁判所や行政機関が直面することになるため、単に国際法規範を参照する場合と異なり、ドイツの国家機関と国際裁判所における価値観の相違が顕在化する危険性も存在することに触れ、基本法20条3項による法への拘束が、互いに矛盾する義務を裁判所などに課す可能性にも言及している[471]。

　このように、クノップやパヤンデーは、限界判断のあり方にも一部検討を進めているが、学説上も国家の基本構造を定めた基本法79条3項が主たる限界であることという以上[472]に、限界の種類などについて整理できておらず、判例が挙げる諸々の限界事由相互の関係性については十分な説明はされていない。

　(3) 若干の整理　　(i) **憲法アイデンティティの維持——EU法との対比**　　判例や学説による国際法親和性原則の限界論においては、様々な限界事由が挙げられているが、必ずしも整理されたものではないというのが(2)までの結論であった。他方、一般的に憲法を含めた国内法への優位が認められている

---

(467) 基本法79条3項の絶対的保障の領域が明確に確定できれば、そこへの抵触が認められた段階で、国際法親和的解釈その他の国際法親和性原則の要求が認められる余地はなくなる。しかし、基本法79条3項の絶対的保障の外延がはっきりしなければ、結局、境界付近において原理間の衡量が行われて境界確定がなされることになる。
(468) 基本法79条3項で絶対的保障の対象とされるものである。*Siehe*, z.B. Sachs, Art. 79, in: *ders*, Grundgesetz Kommentar, 6. Aufl., 2011, Rn. 59ff.
(469) *Payandeh* (Anm. 3), S. 497f.. パヤンデーは、基本法79条3項に抵触するということになれば、国際法上の義務であることを理由にしても正当化できないというが、これは、抵触してもなお正当化の余地があるという構成にはならない旨指摘するものと理解できる。
(470) Ebd., S. 498.
(471) Ebd., S. 499f..
(472) もちろん、判例が様々に挙げる限界事由は結局基本法79条3項の問題に収斂するという理解を当然の前提としている可能性は指摘できる。

EU法についても、その優位の憲法上の限界が説かれ、実際に連邦憲法裁判所による審査も行われている。そして、先にみた、国際法親和性原則の限界に言及する連邦憲法裁判所の近時の判例は、EU法の優位における憲法上の限界についての先例を引用し、限界を考える上での参照を求めている(473)。そこで、EU法の優位の限界についての連邦憲法裁判所の審査枠組を整理した学説を手掛かりに、判例の挙げる国際法親和性原則の限界事由の関係性を整理してみたい。

連邦憲法裁判所は、EU法が憲法にも優位することを認めながら、それは無制限なものではなく、3種類の違憲審査の道を開いている。

はじめに登場したのが、基本権審査とでも呼べる枠組である。これは、1974年のいわゆるSolange I 判決をきっかけとするものであり、当該判決において連邦憲法裁判所は、当時の欧州共同体（EC）が、基本法の基本権保障に匹敵するだけの基本権保障のカタログを有していない限りは、EC法の二次法について、基本法の基本権規定にてらした具体的規範統制の対象となると判示した(474)。その後、1989年に同じく連邦憲法裁判所のSolange II 判決は、本質的な部分において基本法の基本権保障に匹敵する基本権保障がEC法秩序において確保されているとし、このようなレベルの基本権保障が維持される限りにおいて、基本法の基本権規定を基準としてEC二次法を審査しないと判示した。このように、基本権審査の道は原則的に閉じられたが、現在も連邦憲法裁判所によるEU法統制の潜在的な突破口となっている(475)。

次に登場したのが、権限踰越（*ultra vires*）審査である。これは、設立条約によって与えられた権限を超えてEUが活動していないかを審査するものである(476)。国際機関が設立条約による権限移譲の枠を越えていないかどうかの審査は、比較的古くから行われてきた(477)が、EUの設立条約であるマーストリヒト条約の合憲性が争われた、マーストリヒト判決において、EC/

---

(473) BVerfGE 111, 307 (317) [基本権保障の確保についてマーストリヒト判決を引用]; 128, 326 (371) [リスボン判決の「憲法アイデンティティ」（後述）を引用]; BVerfG, 2 BvL 1/12 vom 15. 12. 2015, NJW 2016, S. 1300 Rn. 72 [リスボン判決の民主的自己決定原則への言及を引用].
(474) BVerfGE 37, 271 (285).
(475) 例えば、リスボン判決における基本権審査への言及（BVerfGE 123, 267 [334f.]）を参照。
(476) z.B. *Tomuschat* (Anm. 6), Rn. 57.
(477) z.B. BVerfGE 58, 1 (30f.); 75, 223 (235, 242). さらに、第1部第2章II 3 (3) (ii) で触れた、条約の継続発展（Fortentwicklung）に新たな条約法律を要するかという問題も、権限踰越の問題を別の角度からみたものと整理できよう。

EU 法に基づく個別の行為に対する違憲審査の手法として定式化された(478)。本書との関係では、2010 年の Honeywell 判決が、欧州法親和性原則にてらして権限踰越審査は慎重に行う必要があり、権限踰越と判断するには十分な基礎づけ（hinreichend qualifiziert）が必要だとしたこと(479)も注目される。

最後は、憲法アイデンティティ審査である。これは、「死産」に終わった欧州憲法条約を実質的に引き継ぐ、リスボン条約の合憲性が争われた、リスボン判決において定式化された(480)。このアイデンティティ審査は、リスボン判決自体が権限踰越審査を包含するより広い概念であると整理する。少し敷衍すると、マーストリヒト判決によれば、基本法の民主政原理は、連合レベルにおいても、個々の国民の自己決定に公権力の正統化根拠が存すること求め、EU ではなく、あくまで加盟国が「条約の主人」であることを要する(481)。そうすると、EU の権限権限（Kompetenz-Kompetenz）が加盟国に留保されていることが必要となり、設立条約（一次法）によって与えられた以上の権限行使が否定される(482)。このような考え方に基づいて権限踰越審査は基礎づけられたのであった。ここからさらに発展する形で、リスボン判決は、基本法 79 条 3 項がドイツの主権国家性も保障している(483)として、権限権限を EU に認めないことは、この主権国家性の保障にもかかわるのだと整理した(484)。権限踰越審査も、民主政原理という憲法上の基本原理が害されていないかを審査する側面をもっていたのであるが、こうしてリスボン判決は、条約によって与えられた権限の踰越に限定せず、より一般的に、基本法 79 条 3 項に表れた憲法のアイデンティティの核心にかかわるような根本原理が害されていないのかを審査することができる枠組として、憲法アイデ

---

(478) BVerfGE 89, 155 (188).
(479) BVerfGE 126, 286 (303ff.). 後述するリスボン判決では、憲法アイデンティティ審査も欧州法親和的にそれが行われることが要求されていた。Siehe BVerfGE 123, 267 (354).
(480) BVerfGE 123, 267 (353f.). *C. Schönberger*, Identitäterä Verfassungsidentität zwischen Widerstandsformel und Musealisierung des Grundgesetz, JöR n.F. Bd. 65, 2015, S. 44ff. は、歴史的経緯、2006 年のフランスの判決におけるアイデンティティ審査の先行的導入（ただし、二次法に対する審査を対象とするものであり、憲法改正によって乗り越えられるもので、絶対的制限として憲法アイデンティティが据えられていないことを指摘 [S. 57f.]）、リスボン判決後の他国への広がりなどについても紹介している。
(481) BVerfGE 89, 155 (187f., 190, 199).
(482) BVerfGE 89, 155 (187f., 192 u. 199).
(483) BVerfGE 123, 267 (343).
(484) BVerfGE 123, 267 (349). ここでは、マーストリヒト判決も引用する。

ンティティ審査を定式化した(485)。この枠組は、ユーロ危機に際して、そこへの連邦議会の関与のあり方が争点となった一連の裁判の中でも採用された。つまり、連邦憲法裁判所は、「決定の主人」として連邦議会が財政における総合的責任（gesamte Veranwortug）を果たせているかも、この憲法アイデンティティ審査を通じて審査できるとしたのである(486)。

これら三つの審査については、その関係性が必ずしも明らかにされてこなかったが、デデレアー（H.-G. Dederer）は、これら三つの審査は憲法アイデンティティ審査をいわば一般法、基本権審査と権限踰越審査を特別法と位置づけることによって、統一的に把握できるのだという(487)。すなわち、基本権保障も、特にその中核的部分において、基本法のアイデンティティをなす核心的な領域であるということができる(488)し、権限踰越審査は上述のようにアイデンティティ審査に包含されることが、判例自体によって示されている(489)のである。デデレアーによれば、このように EU 法の優位に対する制約は、一般的な憲法アイデンティティ審査にまとめることができるのである(490)。そうすると、結局、基本法79条3項において憲法改正権によっても変更できないとされた、基本法のアイデンティティの核心の保護が目的であると理解できる。

他方、欠席裁判に基づくイタリアからの引渡要求に応じることの可否が問題となった、2015年12月15日の連邦憲法裁判所決定(491)では、刑事法における責任原則が人間の尊厳と法治国原理と結びつけられることによって、憲法アイデンティティ審査における基準となり(492)、実際に引渡しが違憲であるとされた(493)。ここには、アイデンティティ審査の基本権分野への拡大を

---

(485) なお、判決においては、EU条約4条2項にも各国のアイデンティティへの配慮を謳う規定が存在することが指摘されている。Siehe BVerfGE 123, 267 (354). ただし、Schönberger (Anm. 480), S. 53 u. 55 は、EU条約のアイデンティティ条項が、欧州統合に向けたEU法と加盟国法の対話を進めるものであるとすれば、連邦憲法裁判所のいう憲法アイデンティティは欧州統合の限界として立ち現れるものであり、両者は対立的な関係にあると指摘している。
(486) z.B. BVerfGE 135, 317 (401f. Rn. 164) [欧州安定化メカニズム本案判決]。
(487) H.-G. Dederer, Die Grenzen des Vorrangs des Unionsrechts, JZ 2014, S. 313.
(488) Ebd., S. 316. ここでは、夙に Solange I 判決において、基本権保障が基本法の基本部分であるとされたり、Solange II 判決において、法治国原理の基礎などとするなどしたりして、放棄できない基本法の憲法構造に属する本質的部分（BVerfGE 37, 271 [280]；73, 339 [376]）や現行憲法のアイデンティティ（BVerfGE 37, 271 [279]；73, 339 [375f.]）と呼んでいたことが指摘されている。
(489) Siehe nochmal BVerfGE 123, 267 (354).
(490) Dederer (Anm. 487), S. 316.
(491) BVerfGE 140, 317.
(492) BVerfGE 140, 317 (343f, 53ff.).

みてとることができる⁽⁴⁹⁴⁾。これを Solange 型の基本権審査が終焉を迎え、アイデンティティ審査に一本化されたものと理解することも可能である。他方で、この 2015 年決定は、アイデンティティ審査と権限踰越審査を一応区別しており⁽⁴⁹⁵⁾、デデレアーが提示した上記のような整理とは少し違った形に判例が展開しているようにも映る。しかし、まず、基本権審査との関係では、本質的な同一性が確認され、現代化されたものであり、アイデンティティ審査のうち、基本権にかかわる審査を基本権審査として括り出すこと自体は否定されるものではないだろう⁽⁴⁹⁶⁾。次に、権限踰越審査との関係においても、むしろ審査方法の共通性が論じられているのであり、両者を包含する広い意味でのアイデンティティ審査を観念することは可能であろう。

このような考え方を前提とすると、国際法親和性原則の限界についても、国際法親和的解釈における解釈方法論からの制限を除けば、基本法の基本権保障の縮減の否定、ドイツの主権性の維持、憲法アイデンティティの保護、民主政原理といったものが、限界を構成するとして判例において挙げられていたところであるが、究極的には憲法のアイデンティティが限界を構成するとして、統一的に把握することができるだろう⁽⁴⁹⁷⁾。

(ⅱ) **限界の判断主体**　(ⅰ) における検討を踏まえて、一つだけ付言しておきたいことがある。それは、限界の判断主体をめぐる問題である。国際法

---

(493) *D. Burchardt*, Die Ausübung der Identitätskontrolle durch das Bundesverfassungsgericht, ZaöRV 76, 2016, S. 527 のいうように、アイデンティティによるコントロールを通じて初めて違憲判断を行ったものである。この他の、連邦憲法裁判所のアイデンティティ審査の例については、*Schönberger*（Anm. 480), S. 42 などを参照。

(494) *M. Nettesheim*, JZ 2016, S. 424.

(495) BVerfGE 140, 317 (339, Rn. 46). ここでは、権限踰越審査の場合と同様に、連邦憲法裁判所に留保された審査権限は、抑制的かつ欧州法親和的に行使されるべきことが説かれる。

(496) *Nettesheim*（Anm. 494), S. 428 は、Solange 判例の終焉を説くが、これは、基本権分野における審査の再活性化という意味においてである。他方で、このような活性化が、「基本法 1 条 1 項 2 文の磨耗」(ebd., S. 427) であったり、「人間の尊厳のインフレーション」（*C. Schönberger*, JZ 2016, S. 424 [なお、S. 422f. は、EU 法の適用が問題になっておらず、アイデンティティ審査自体が本件において、そもそも不要であったとする]）を引き起こすとの批判や懸念も示されていることにも注意が必要である。関連して、欧州法親和的な審査を謳いながら、表面的なものにすぎないと批判する、*Burchardt*（Anm. 493), S. 533 も参照。

(497) 第 2 次保安拘禁判決は、前述のように、リスボン判決を引きながら、欧州人権条約親和的解釈の究極的な限界として、基本法の憲法アイデンティティを挙げる (BVerfGE 128, 326 [371]) が、同時に EU 法と各国法の優劣関係と国内裁判所による EU 法の審査権限の議論を参照した *A. Peters*, Rechtsordnungen und Konstitutionalisierung, ZÖR Bd. 65, 2010, S. 59ff. を引いており、すでに本書と同様の思考に立って、EU 法に対する審査枠組を導入しているとみる方が妥当かもしれない。このように理解する場合、リスボン判決において、これまで EU 法の限界づけに用いられてきた枠組が、広い意味での憲法アイデンティティの審査に統合されたと連邦憲法裁判所自身が理解していたことになる。

親和性原則の境界をなすのも、結局広い意味での憲法アイデンティティであるとして、連邦憲法裁判所は、その憲法アイデンティティの番人に自らを据えたと理解することができる(498)。これは、いわば究極的には、権限権限を連邦憲法裁判所が掌握したということにもなりかねない。各国憲法における基本的価値が国際法との交流や超国家的組織の創設によって害されないかの審査をいずれかの国家機関が担うべきことは重要であるし、是認されるべきである。しかし、果たしてそれが裁判所なのかは、慎重な検討が必要になる。第一次的な判断者は、むしろ憲法機関の中で最も高い民主的正統性をもつ、議会ではないのか(499)。もちろん、デデレアーも、侵害の明白性と重大性があって初めて審査可能だというが、憲法保障の役割を担い、政治的性格も憲法自身によって認められている、ドイツの連邦憲法裁判所についてはともかく、この議論から我が国における示唆を得ようとするとき、通常の司法裁判所にこの役割を担わせるべきか、大きな問題となろう。

V 中間総括

ここまでドイツ連邦共和国基本法における国際法親和性原則について紹介してきた。国際法親和性原則の内容が、広い意味での国際法親和的解釈にほぼ収斂する(500)というのは、すでにみた通りである。しかし、この国際法親和的解釈というものが広く多様なものを含んでいることも、本章の検討を通じて明らかになった。すなわち、一般国際法の連邦法律以下に対する関係や、条約の連邦法律よりも下位の法に対する関係において、憲法が連邦法律以下の方に対するのと同様に、上位法に対する下位法の体系適合的解釈の一種と整理されるべき類型がまず存在する。次に、条約の連邦法律に対する関係で本来は同位の法であり、後法優位原則によって、のちに制定された法律によって条約の内容を覆すことができるところ、条約を尊重し、後法により明確

---

(498) 連邦憲法裁判所は、基本法38条1項の選挙権侵害と構成することで、本書にいう憲法アイデンティティ審査に、憲法異議出訴の道を開いており、実質的な民衆訴訟を認める。
(499) この点について、山本龍彦「憲法訴訟における外国法参照の作法」小谷順子ほか編『現代アメリカの司法と憲法』(尚学社、2013年) 340頁も参照。
(500) その意味では、国際法親和性原則という憲法上の原則を措定するかどうかの差はある——それは大きな意味をもつものではある——が、クノップやパヤンデーと、プローエルスのいうことには、実質的に大きな差はないということができよう。

な条約排除が示されていない限りは、後法優位原則を排除するという類型がある。さらには、あくまで憲法規定に窓口を観念できる場合に限るが、本来下位法であるはずの国際法を憲法解釈において援用・参照する類型である(501)。

　本書における、多分にドイツにおける議論の独自の再構成も含んだ、以上のような整理は、国際法と国内法の何が優位するかという大きな括りでする議論ではなく、個別の法規範類型ごとの丁寧な処理を心がけたものであるということができる。ただし、その一方で、国内法体系における序列関係に重きを置きすぎた分類であるとの指摘もありえよう。

　また、本章では、ドイツ（語圏）における直接適用可能性をめぐる議論についても概観した。前章Ⅰの末尾でも示唆したように、ドイツにおいては、精緻な概念整理が行われており、国際法規範の直接適用可能性を、国内効力や個人の権利・義務の創設とは区別して考えることが、少なくとも近時において有力となっていることが確認された。そして、そこでは直接適用可能性とは、個別の適用の場面ごとに把握されるべきものであることも明らかになった。その意味では、直接適用可能性の判断基準というものを統一的に提示することは困難であり、アメリカの議論の検討を通じてもそうであったように、ドイツにおいても詳細な基準を導出することはできず、大まかな判断枠組を確認するにとどまった。具体的には、従来説かれてきた、国際法上の基準と国内法上の基準、あるいは、主観的基準と客観的基準というものの意義・関係性については、整理を行うことができた。すなわち、国際法上の基準といわれるものは、要するに、国際法上の規範内容の確定作業であり、国際法上の解釈基準に則った国際法解釈の問題である。この場面においては、国際法としての規定内容の明確性というような客観的要素も考慮されるし、とりわけ条約についていえば条約当事国の意思といった主観的要素も考慮されることになろう。しかし、狭い意味での直接適用可能性とは、特定の規範が特定の国内において特定の場面で適用可能かを問題とするもので、国際法

---

(501) ただし、ブローエルスは、可能な解釈の中から抵触を生じさせないものを選ぶだけであり、問題となる国際法よりも下位の国際法を国際法親和的解釈の対象から排除しないので、彼に従えば、このような限定をする必要はないということになろう。しかし、このブローエルスの論法は、結局なぜ国際法と抵触しないものを選択しなければならないのかを説明する上で、少なくとも体系的解釈の一つという根拠づけは難しくなるように思われる。

の解釈として得られた国際法の規範内容が、国内の統治構造の下で、裁判所なり場合によっては行政機関においてそのまま適用できるかが問われることになる。その意味では、規範内容の明確性を中心としつつ、国内の立法者等の意思も考慮して、権力分立構造の中で判断されることになるのである。

ところで、国際法と国内法、さらにはEU法や欧州人権法といった、複数の法秩序について、上下関係で捉えるのではなく、より柔軟な関係性で捉えようとする考え方も、ドイツでは、近時一部で有力に提唱されている[502]。法体系の上下関係という大括りな議論により処理しないという意味では、確かに、上述の本書における整理とも親和性があるようにも映る。しかし、国法秩序における序列を重視した本書における整理と、近時有力に提唱される議論との関係には対立的なものはないか、少し検討しておく必要があろう。

近時の有力見解というのも、必ずしも一様ではない。しかし、概ね共通するのは、国家というものの特殊性が強調され、国際法体系と国内法体系という二つの法体系を想定して、その関係性を論じていればよかった時代はもはや終焉し、EU法を代表として、それなりに自律性を有する新たな法体系が登場していること[503]、さらに、それぞれの法体系が自律性をもちつつも、相互に関連しあう関係にあることである[504]。このような相互関連性を前提とした場合、ピラミッドモデルで法体系相互の関係を想定することは適切でもなければ、可能でもない[505]。このような状況下で、法体系の相互関連を

---

(502) Siehe z.B. Peters (Anm. 497), S. 3ff.; A. Voßkuhle, Der europäische Verfassungsgerichtsverbund, NVwZ 2010, S. 1ff. [Voßkuhle (NVwZ)]; ders, Pyramide oder Mobile?-Menschenrechtsschutz durch die europäischen Verfassungsgericht, EuGRZ 2014, S. 165ff. [Voßkuhle (EuGRZ)]; L. Viellechner, Berücksichtigungspflicht als Kollisionsregel, EuGRZ 2011, S. 203ff. See also, A. von Bogdandy, Pluralism, Direct Effect, and the Ultimate Say: On the Relationship between International and Domestic Constitutional Law, 6 INT'L J. CONST. L. 397, 400-401 (2008).

(503) Siehe u.a. Peters, ebd., S. 41.

(504) Siehe Peters, ebd., S. 49; Voßkuhle (EuGRZ) (Anm. 502), S. 167. なお、Peters, ebd., S. 7 も触れるように、このような多元化した法体系の問題を考えるにあたっては、教会法との関係に取り組んできた、サンティ・ロマーノ（S. Romano）に代表される、イタリア法学の発想が大きなヒントとなる可能性がある。この点については、近藤圭介「グローバル化した世界で、法秩序をいかにして語るか」論叢176巻5=6号（2015年）380頁以下を参照。また、イタリアの多元的法秩序の理論について扱った、最近の論稿として、田近肇「多元的法秩序の理論とイタリア政教関係」長谷部恭男ほか編『自由の法理』（成文堂、2015年）711頁以下も参照。

(505) 連邦憲法裁判所と欧州人権裁判所の判事を務めたイエーガー（R. Jäger）は、The Econimist 誌の取材に対して、欧州司法裁判所、欧州人権裁判所そしてドイツ連邦憲法裁判所の関係について、アメリカの芸術家アレクサンダー・カルダー（A. Calder）の表現を参考に、ピラミッドよりもむしろ、モビールと捉えるべきではないかと示唆しており（Judgment Days, THE ECONOMIST (ASIA PACIFIC ED.), March 28, 2009, at 49. Siehe auch C. Hohmann-Dennhardt, P. Masuch u. M. Villiger (Hrsg.), FS

どのように調整していけばよいのであろうか。そこで提唱されるのが、それぞれの法体系の核心にあるアイデンティティはこれを維持しつつ、互いに他の法体系に対する尊重を行うものである。これについて、公序という防波堤を用意しつつ、基本的には他国法に尊重を与える国際私法をモデルに据える論者(506)もあるが、憲法アイデンティティの保護を究極的な限界としつつ、基本的には国際法や欧州法に尊重を与えるドイツ法の国際法親和性原則や欧州法親和性原則の枠組も、ドイツ法という個別の国内法秩序における調整枠組として捉え直すことが可能である(507)し、逆にいえば、この方向性で国際法親和性原則や欧州法親和性原則を捉え直すことが可能であろう。

ただし、法体系相互の関係性についての見解も、上下関係を見出さない以上、相互の調整枠組については、プラグマティックなものとならざるをえないことを認めている(508)。「対話」(509)というファジーな概念が持ち出されることもあり、結局肝心な部分がブラックボックスに入り込んでしまう可能性がある。そういう意味では、ドイツ法という個別の法体系における他の法体系との調整を考えるのであれば、ドイツにおける国法体系における序列に着目して、問題となる外来法が、ドイツ国法体系に取り込まれた場合、どの地位に置かれるのかに着目して尊重のあり方を論じ分けることは、有意義であり、少なくとも近時の有力な理解と矛盾するものではないだろう。

最後に問題となるのが、調整の場所、あるいは主体として裁判所が妥当であるかという点である。この点については、裁判所が、ある法体系のアイデンティティを確定することが、とりわけ特定国の国内法を想定した場合、裁判所の能力としても、民主的な正統性という観点からも大いに問題としうる。他方で、法定立は、各法体系において独自に行われる傾向も強いことを考えれば、実際の適用が問題となる場面において、調整を行わざるをえないことは否定できないようにも思われる(510)。そうすると、外来法の取り込みにつ

Renate Jäger, 2011, S. 63)、Voßkuhle (EuGRZ), ebd., S. 167 も彼女と同様、EU法秩序、欧州人権法秩序、ドイツ国内憲法秩序における基本権保障の関係について、モビールと捉えるべきだと回答している。*See also,* von Bogdandy, *supra* note 502, at 397 & 413.

(506) *Viellechner* (Anm. 502), u.a. S. 206.
(507) Siehe Voßkuhle (NVwZ) (Anm. 502), S. 3ff.; *Peters* (Anm. 497), S. 59. さらに、*Viellechner,* ebd., S. 206f. も抵触法規則として再構成された、国際法親和性原則、あるいは、国際法・国際判例の考慮義務が調整ルールとして機能すると考えているとみることができよう。
(508) *Siehe* u.a. *Peters* (Anm. 497), S. 57.
(509) *Siehe* z.B. Voßkuhle (EuGRZ) (Anm. 502), S. 165.
(510) Voßkuhle (EuGRZ), ebd. は、彼が連邦憲法裁判所の長官であるがゆえか否かはともかく、裁判

いて、議会に差戻すという機能を果たしうる、「直接適用可能性」には、法体系相互の調整の場として独自の意義を見出すことも可能となろう(511)。

所による国境を越えた対話に大きな期待を寄せているように映る。
(511) Von Bogdandy, *supra* note 502, at 402 は、法多元主義の下で、法体系間の相互調整の肝になるのが直接適用の問題であると指摘する。

第5章
アメリカ・ドイツにおける国際法の国内適用論の比較と日本国憲法 98 条 2 項の意義の再考

I　米独の比較

　以下では、第 2 部におけるここまでの作業を踏まえて、アメリカにおける議論状況とドイツにおける議論状況を対比させることで、アメリカ・ドイツにおける議論双方の理解を深化させる。この作業を通じて、日本国憲法 98 条 2 項の解釈論の再考も含めた、我が国における展開可能性を検討する準拠点を提示したい。

　まずは、議論の大枠に関係する問題から論じておくことにする。ドイツにおいては、国際法親和性原則という憲法上の原則が存在するとされ、例えば、その内容の一つとして、広い意味での国際法親和的解釈が論じられているし、国際法規範の直接適用可能性が、国際法親和性原則とどのような関係にあるものであると考えられているかということが主題化されている。これに対して、アメリカにおいては、国際法適合的解釈、あるいは、Charming Betsy Canon といったものや、国際法規範の自動執行性が個別の問題として論じられている[1]。そこでは、両者を包括するようなものはいうまでもなく、国際法の国内における取り扱いに関する、憲法上の原則の存在は基本的に想定されていない。この点、プローエルスも指摘するように、基本法に比して合衆国憲法に「国際法親和性原則」のようなものを見出すだけの、関連条文が

---

[1]　もちろん両者の関係が連続性のあるものである点については、アメリカでも、少なくとも一部では意識されている（*see, e.g.*, R. Crootof, *Judicious Influence: Non-Self-Executing Treaties and the Charming Betsy Canon*, 120 YALE L.J. 1784 (2011)［ただし、自動執行性の成否に目が行きがちであるが、自動執行性が否定された条約も多くが国際法適合的解釈の対象となっていることへの注意を喚起する論考である］）が、両者を包括する一般的憲法原則のようなものは想定されていない。

十分存在していないということが大きな理由となっているといえよう[2]。前章でみたように、ドイツにおける議論は、国際法親和性原則という憲法上の原則を導出するにあたって、関連条項を丁寧に分析し、各条項に通底する原則を見出すとともに、原則の具体的内容については、関連条項による基礎づけに心を砕いている。このようなアプローチは、ややもすれば、循環論法に陥るし、個別の条項について検討すれば足りるのであって、一般的な憲法上の原則を想定することが必要なのかという疑問も生じうるところではある[3]。しかし、我が国における、国際協調主義についてその内容を追究しようという議論の希薄さに思いをいたすとき、その対照性は有意義な視点をもたらしてくれるのではないだろうか。また、そのような視点を取り入れて検討を施すにあたっては、日本国憲法の構造が、関連条文が不十分な合衆国憲法にむしろ類似するのではないか。

次に、個別の論点について順にいくつか比較していくことにする。まずは、国際法規範の自動執行性（アメリカ）あるいは直接適用可能性（ドイツ）について、検討しておこう。前章でも触れたように、アメリカでは、合衆国憲法6条2項のいわゆる最高法規条項から、憲法が自動執行性の、少なくとも推定を要求しているという見解が一部で有力に主張されている。これに対して、ドイツにおいて、国際法親和性原則の内容として国際法規範の直接適用可能性の付与、推定といったものが説かれることはほとんどなく、逆に直接適用可能性が論じられる際に、一部で国際法親和性原則を加味した検討が行われているにとどまる。ここにも、ドイツにおける精緻な根拠づけの志向性を見出すことが可能であるとともに、アメリカにおける自動執行性推定論の根拠の薄弱性をみることもできよう。また、自動執行性ないし直接適用可能性の、概念整理や判断基準の設定についても、「法」というものの捉え方によるところが大きいとはいえ、ドイツにおける議論の方が、緻密に整理されているというのは、すでに言及した通りである。また、アメリカにおいて自動執行性の問題が、多分に国内における権力分立の問題として捉えられていることも指摘した。このような理解は、ドイツにおいて必ずしも前面に出て

---

[2] A. Proelß, Die verfassungsrechtliche Berücksichtigungspflicht im Lichte des *respectfull consideration*-Erfordernisses des U.S. Supreme Court, in: T. Giegerich (Hrsg.), Der „offene Verfassungsstaat" des Grundgesetzes nach 60 Jahren, 2010, S. 191.

[3] Siehe A. Proelß, Bundesverfassungsgericht und überstaatliche Gerichtsbarkeit, 2014, S. 45f.

いないが、権力分立あるいは法治国原理が、少なくとも一要素として関係していることについては、一致がみられるように見受けられる。ただし、完全に国内憲法の問題に終始するかといえばそうではないというべきであって、アメリカにおいても、ドイツにおいても、一部にそのことに自覚的で、それを自動執行性ないし直接適用可能性の問題として整理するかはともかく、少なくとも前提問題としては、国際法上の義務内容の確定作業の必要性を説く見解があるし、それは妥当な見解である。

　次に、国際判決の位置づけにかかわる問題について触れておこう。この点に関する両国の対比は、前章でもすでに少し行っているが、まず、国際判決の拘束力の正確な理解という意味では、当事者に事件限りに生じることを強調するアメリカの議論に軍配があがる[4]。その上で、アメリカにおいては「尊重を伴う考慮」が必要となるとされ、ドイツにおいては裁判所に考慮義務が課されるといわれていることの、異同について簡単に検討しておきたい。いずれも、その具体的内容が必ずしも明確ではないきらいがある[5]が、ドイツにおける考慮義務は、立法者による明確な反対意思の表明であるとか、改正禁止事項に該当するような、基本法の基本的決定に反することになる場合にのみ、国際判決の立場からの離反を許すにとどまる。他方、アメリカにおける尊重を伴う考慮は、一般論としては限界設定などが示されておらず、判例においては、アメリカ刑事訴訟における当事者対立構造への抵触によって、ICJ 判決の立場の採用が否定されている[6]。その意味で、アメリカの尊重を伴う考慮の方が、より漠然とした内容をもつものとなっている[7]。そして、これもすでに触れたが、アメリカにおいて憲法との結びつきが希薄であるこ

---

(4) Siehe M. Payandeh, Völkerrechtsfreundlichkeit als Verfassungsprinzip, JöR n.F. Bd. 57, 2009, S. 493; D. Knop, Völker-und Europarechtsfreundlichkeit als Verfassungsgrundsätze, 2013, S. 225ff.; C. Tomuschat, Staatsrechtliche Entscheidung für die internationale Offenheit, in: J. Isensee u. P. Kirchhof (Hrsg.), HStR Bd. XI, 3. Aufl., 2013, § 226, Rn. 32; A. Proelß, Die verfassungsrechtliche Berücksichtigungspflicht im Lichte des respectfull consideration-Erfordernisses des U.S. Supreme Court, in: T. Giegerich (Hrsg.), Der „offene Verfassungsstaat" des Grundgesetzes nach 60 Jahren, 2010, S. 188.
　なお、国際判決の参照に関する米独比較については、イタリアとの比較も含めて、Y. Iwasawa, Domestic Application of International Law, 378 RECUEIL DES COURS DE L'ACADÉMIE DE DROIT INTERNATIONAL DE LA HAYE 9, 217ff. (2016) を参照。イタリア法における処理については、小野昇平「国際司法裁判所判決の国内法秩序における効力」世界法年報 35 号（2016 年）109 頁以下なども参照。

(5) Siehe z.B. Proelß, ebd., S. 180 u. 189.
(6) Sanchez-Llamas v. Oregon, 548 U.S. 331, 356-357 (2006).
(7) Proelß (Anm. 3), S. 155.

と、また、主に国内の問題として処理されている傾向があることも指摘されている[8]。以上のような差異は、米独における超国家的法の意義・重要性に起因するのであれば、我が国を何に引きつけて考えるべきかも検討されなければならないだろう。

続いて、国際法適合的解釈ないし Charming Betsy Canon と国際法親和的解釈について検討しておこう。この点、Charming Betsy Canon は、国際人権法以外の国際条約を主たる対象としており、憲法の人権規定の解釈にあたり、国際法を参照することは、別問題として論じられる傾向がある。これに対して、前章で触れた通り、ドイツにおける広義の国際法親和的解釈はむしろ、欧州人権条約の規定や欧州人権裁判所の判決を基本法の基本権規定の解釈において参照することが主たる議論対象となっている。もっとも、ドイツにおいても上位法の解釈への影響と、下位法の解釈への影響を分けて考えるべきであるという議論が有力になされるようになっているのは、前章において指摘した通りであり、本書は、この方向性を支持する。ところで、アメリカにおける Charming Betsy Canon が権力分立と深く関係すること[9]は、すでに第3章で論じたところである。プローエルスは、このようにアメリカでは、あくまで権力分立の問題として処理されており、憲法上の国際法親和性原則などから導いていないことを強調し、アメリカにおける国際法親和性原則の欠如や国内志向性の証左だとする[10]。

最後に、両国において、国際法の国内効力について述べた条文で明示されない限り、当然に国際法が通常法律以下の国内法に優先するという帰結を導いていないことが指摘できる。むしろ、同位以下の法であってもこれを尊重する工夫がありうるのだと示唆され[11]、我が国における憲法98条2項の解釈論の再構築にあたっても参考となる。

以上、米独の比較というよりも、双方の異同を列挙したにすぎないきらいもあるが、いくつかの示唆を得ることはできたように思われる。すなわち、国際法の国内法上の効力に関する規定から、国際法に対する憲法の基本的姿

---

(8) *Proelß* (Anm. 4), S. 192.
(9) ただし、本書は、権力分立だけでは説明がつかず、国際法平面における拘束性と、国際法違反から生じる不利益を極力回避しようという発想が、国際法との抵触を極力回避する背景には存在するとの立場を採用している。
(10) *Siehe* ebd., S. 191ff..
(11) アメリカに関連して、第3章 II 2 (3) でもすでにこの旨指摘した。

勢のようなものを見出すことは、少なくとも、それだけでは困難を伴うことが一つである。そして、国際法の国内法上の効力を広く認めることが、国内法への優位に直結するものではないこと、また、国際法への基本姿勢やそれを内容とする憲法上の原則を導こうというのであれば、個別条文に根ざした丁寧な基礎づけが必要となることも示された。次のⅡでは、以上のような示唆を踏まえて、我が国における展開可能性を探ることにしたい。

Ⅱ　日本国憲法 98 条 2 項の意義

1　問題の所在

Ⅰでは、ドイツにおける国際法親和性原則についての議論と、アメリカにおける議論との対比を簡潔に行った。そこでは、かなり大雑把な議論にはなるが、比較的多くの国際協調に関連する条項をもつ基本法の下で、「書かれざる憲法上の原則」であるところの国際法親和性原則が抽出されているドイツと、条文の少なさゆえに、より一般的な権力分立論をベースとして、対外関係における、対外協調と国内の憲法価値の実現の調整を図ったアメリカという二つのモデルが浮かび上がってきたように思われる。

本節では、上記のような二つの対照的なモデルの存在を踏まえて、日本国憲法が採用しているといわれる、「国際協調主義」についてどのように把握すべきかを論じることにする。なお、ここで論じられる内容として想定されているのは、主として、法律と条約をはじめとする国際法との我が国の国法秩序における関係性である。というのも、国際法と国内法の関係性という大きな問題や、国法秩序における序列問題についても、憲法と条約ないし国際法との関係性については、これまでにも、それなりの議論の蓄積がされてきた(12)のであるが、グローバル化の進展により、複数の法秩序に起源をもつ法規範が実際問題として相互に交渉をもつようになってきており、国内法秩序からみれば、法律レベルの規範と国際法規範との調整こそが重要な課題となっているからである。

もう少し敷衍すれば、まず、法秩序が多元化している状況下で、国際法と

---

(12)　議論を概観するものとして、例えば、吉川和宏「条約の国内法的効力」大石眞＝石川健治編『憲法の争点』（有斐閣、2008 年）334-335 頁などを参照。

国内法という、国家を結節点とする二つの法秩序だけについて、純粋に理論的な、相互の抵触関係であるとか、授権関係の有無、態様を論じることの意義は小さい。さらに、憲法と国際法の関係も重要ではあるが、より日常的・実務的な場面での問題解決においては、法律との関係性こそ、詳細な点に立ち入って検討すべきであろう。

国法秩序における序列について、憲法制定当初の国際法（条約）(13)優位説の優位から、社会情勢の変化もあり、現在では、憲法優位説が通説として定着しているとされる(14)。そうすると、国際法と法律との序列が問題になってくるわけであるが、これについては、政府答弁(15)を含め、一貫して条約優位説が通説であるとされている(16)。その理由として一般に挙げられるのが、憲法98条2項に根拠をもつとされる国際協調主義である。しかし、この国際協調主義の内容については、これまで、あまり深く論じられておらず(17)、近時では、一部で通説による国際法優位説の根拠づけに疑義を呈する論者が登場してきている。

まず、高橋和之は、通説が憲法と条約の序列については、制定・改正手続の容易性を根拠として挙げるのに対して、条約と法律との関係においては、その観点が捨象されており、制定・改正手続の容易性という観点からは優位することになりそうな法律が条約に劣位することになっていることを指摘し、通説にはなんらかの規範的根拠づけが別途必要となるという(18)。理由づけ

---

(13) 日本の学説において、国際法として主として条約ばかりが想定され、慣習国際法に対する関心が十分ではない旨の批判として、古いものではあるが、西岡祝「日本国憲法第98条第2項（「確立された国際法規」条項）およびボン基本法第25条（「一般国際法規」条項）の成立史（その1）」福法18巻3号（1974年）1頁がある。

(14) 学説の変遷について、例えば、齊藤正彰『国法体系における憲法と条約』（信山社、2002年）27頁以下などを参照。

(15) 山内一夫＝浅野一郎編『国会の憲法論議II』（ぎょうせい、1984年）4648-4651頁。

(16) 齊藤正彰『憲法と国際規律』（信山社、2012年）46頁以下およびK. フォーゲル（谷口勢津夫訳）「ドイツ憲法による法治国家と条約」村上武則ほか編『法治国家の展開と現代的構成』（法律文化社、2007年）515頁以下［法律によって条約が承認されるドイツにおいても、同位ではなく、条約が国内法律に優位すると構成しうると主張］を参照。これに対して、少数説ながら、承認の手続が法律より簡略化されていることを理由に、条約は法律に劣位するとの見解として、畝村繁「憲法第九八条第二項の『国際法は守らなければならない』という表現の意味」甲南論集4巻2号（1956年）205-207頁がある。ただし、畝村繁「条約と国内法秩序」国際問題138号（1971年）52頁では改説。

(17) 憲法と国際法との関係における国際法優位説に対する批判の文脈においてであるが、阪本昌成『憲法理論I〔補訂第3版〕』（成文堂、2000年）98頁は、「国際協調主義という抽象的な大原則から結論を出そうとする性急さ」を論難する。

(18) 高橋和之「国際人権の論理と国内人権の論理」ジュリ1244号（2003年）81頁。ただし、学生向

は明確ではないが、条約と法律を同位とする松井茂記[19]も、このような手続面に着目しているものと思われる。この点、齊藤正彰は、予算法形式説になぞらえて、条約を法律とは別の特別な国法の一形式と考えることで、国内法の階層構造から括り出すことでこの問題を解消しようとする[20]。しかし、国法の一形式でありながら、国法の階層構造から解放された法というものを想定することが可能なのか、可能であるといったところで、他の国法に対する関係性・影響についてなんらかの説明は必要となるはずであり、問題を解消できるのかは大いに疑問である。さらに、国法秩序における序列を考える際に従来の学説において行政取極は捨象されているように見受けられ、その序列づけについてどう考えているのかは定かではない。

また、一律かつリジッドな条約の優位ではなく、柔軟な処理の余地を認めようとする見解[21]も登場している。このような指摘は、プラグマティックな調整を志向する本書の基本的な立場と一致する。この考え方[22]が、日本国憲法の国際協調主義の下で許容されるものなのか、さらには、そもそも国際協調主義とは何なのかを改めて検討する必要があるといえよう。

2　日本国憲法98条2項の「原意」

(1) 98条2項の制定過程　日本国憲法98条2項は、「日本国が締結した条約及び確立された国際法規は、これを誠実に遵守することを必要とする」と規定するが、総司令部案[23]にも、帝国議会に提出された政府案にも

け教科書では、あくまで通説の解説という形ながら、「法律の制定手続（59条）と条約の承認手続（61条）を比較すると、前者の方が重くなっているが、これは法律の方が重要であるということではなく、国家の対外的責任を重視したためであると解し、条約は法律に優位するというのが憲法の立場であると解釈しているのである」（髙橋和之『立憲主義と日本国憲法〔第3版〕』（有斐閣、2013年）17頁）と説明する。

(19)　松井茂記『日本国憲法〔第3版〕』（有斐閣、2007年）64-65頁。
(20)　齊藤・前掲註(16) 47頁以下［初出、2005年］。
(21)　中川丈久「総括コメント：行政法から見た自由権規約の国内実施」国際人権23号（2012年）70頁。もっとも、この見解が、立法裁量として認められる限りで、条約と齟齬する国内措置を許容するとしている点は、条約が履行方法についてある種の行政裁量を認めると解しうるとしている点とあわせて読めば、結局、条約が裁量を認めていると理解されるのなら、そもそも条約との齟齬が認められるのかという疑問が生じうる。
(22)　中川丈久の見解を、国際法と国内法の関係についての「調整理論」の実質化として捉える可能性を指摘するものとして、宍戸常寿ほか編『憲法学のゆくえ』（日本評論社、2016年）354頁［初出、2015年］の森肇志基調報告がある。
(23)　「Aritcle XC. This Constitution and the laws and treaties made in pursuance hereof shall be the supreme law of the nation, and no public law or ordinance and no imperial rescript or other

これに該当する条項はない。現在の98条に相当する総司令部案90条あるいは政府案94条(24)では、憲法に並んで、これに基づいて制定された法律および条約が国の最高法規に据えられていたが、帝国議会衆議院における審議を経て、憲法のみが最高法規とされる一方、2項を新設し、挿入されたのが現在の98条2項である。

憲法に並んで、法律や条約についても最高法規とする点については、総司令部案を提示された当初から、日本側には違和感があったようである(25)が、衆議院帝国憲法改正案委員小委員会（以下、憲法改正小委員会）において、これがアメリカ合衆国憲法6条2項のいわゆる最高法規条項を引き写したものであり、連邦制を採用しない日本において適切ではないという理解(26)で一致し、政府案から「並びにこれに基いて制定された法律及び条約」がまずは削除されるに至った(27)。しかし、この削除によって、条約の尊重を謳う条

governmental act, or part thereof, contrary to provisions hereof shall have legal forece or validity.」
「第九十条　此ノ憲法並ニ之ニ基キ制定セラルル法律及条約ハ国民ノ至上法ニシテ其ノ規定ニ反スル公ノ法律若ハ命令及詔勅若ハ其ノ他ノ政治上ノ行為又ハ其ノ部分ハ法律上ノ効力ヲ有セサルヘシ」
(24)「第九十四条　この憲法並びにこれに基いて制定された法律及び条約は、国の最高法規とし、其条規に反する法律、命令、詔勅及び国務に関するその他の行為の全部又は一部は、その効力を有しない。」
(25) 昭和34年9月10日の憲法調査会における佐藤達夫（日本国憲法制定過程当時の法制局第一部長）の証言では、「マッカーサー草案の九十条では、『この憲法並びにこれに基き制定せらるる法律及条約』これは至上法でということでてでおりました。三月二日案では、これはおかしいという気分は持っておりましたけれども、（中略）余り毒にも薬にもならないようなところは、草案をそのままにしておこう、栗のイガに当たる部分だけをこの際としては除いて、あと渋皮の方を剥くのは、この後の折衝ということで出発したのでありますから、（中略）草案のままにしておいた」とされる（憲法調査会編『憲法制定の経過に関する小委員会第二十六回議事録』36頁）。
また、帝国議会に政府案が提出されるに先立って行われた、枢密院における審議において、美濃部達吉顧問官から、法律や条約まで最高法規とすることに疑義が呈されていたことについて、同上・36頁、佐藤達夫（佐藤功補訂）『日本国憲法成立史　第三巻』（有斐閣、1994年）415-416頁、村川一郎編『帝国憲法改正案議事録』（国書刊行会、1986年）153頁［最高法規の章目全体の削除を提案］、新正幸「憲法九八条二項立案過程の分析(二)」福島2巻2号（1989年）115頁以下を参照。
(26) 学説においても、本文のような理解が一般化した。この点について、例えば、法学協会編『註解日本国憲法　下巻』（有斐閣、1953年）1468頁、宮沢俊義（芦部信喜補訂）『全訂　日本国憲法〔第2版〕』（日本評論社、1978年）806-807頁［ただし、合衆国憲法を「眼中にお」いたという表現にとどめている］。
他方で、この理解が妥当ではないと批判するものとして、小嶋和司『小嶋和司憲法論集三　憲法解釈の諸問題』（木鐸社、1989年）358頁（「最高法規」［初出、1967年］）、および新・同上128頁。なお、小嶋は、旧来の法令も「法規性」を有することを指示するとともに、新憲法およびその秩序の下で成立した立法の優越を示すものであったと理解（小嶋・同上357頁）し、新は小嶋の見解を基本的に支持しつつ、「法の支配」を確立するという趣旨で盛り込まれた規定であると理解する（新・同上）。
(27) 衆議院憲法改正小委員会の第1回審議（1946年7月25日）の席上、自由党の修正案を説明する、芦田均委員長の発言では、「私の方で九十四条の修正をした理由は、私は餘り深く研究しないが、此の文章は『アメリカ』合衆国憲法第六条の第二項を直接其の儘茲に入れてある、所が日本では、『アメリカ』のやうに合衆国の法律とか各州の法律とか云ふ区別がない、『アメリカ』のやうな国では、

文が憲法上になくなってしまうことを懸念した外務省の働きかけにより、2項が挿入されることになったわけである。具体的な経緯を紹介しておくと、1946年7月27日の第3回憲法改正小委員会で、9条に関する審議において、外務省からの提案で、94条に2項として、「日本が締結又は加入した条約、日本の参加した国際機関の決定及び一般に承認された国際法規は、この憲法と共に尊重せられなければならない。」という文言を挿入することが提案されている旨触れられたが、これについて、詳しい審議は行われていない[28]。その後、1946年8月2日の憲法改正小委員会の第8回審議において、改めて芦田均委員長により、上記のような外務省の意向が紹介され、委員長提案の形で審議がなされた[29]。政府委員として意見を求められた佐藤達夫は、最高法規の章に置く内容ではない[30]、前文においてすでに国際信義を重んずる精神が示されている、文章を相当に練る必要があるといった難点を、

各州とそれから連邦との立法があるから、さう云ふものを入れる必要があるが、日本には其の必要がない、それを取纏めて斯う云ふ風にした訳です、そこで自由党の修正で、『並びにこれに基づいて制定された法律及び条約』と云ふのを削つたのはさう云ふ理由で削つた訳です〔送り仮名等のカタカナ表記をひらがな表記に、旧字体表記を一部新字体表記に改めた。以下、類例について同じ〕」とされている(『帝国憲法改正案委員小委員会速記録』〔以下、小委員会速記録〕11頁)。
　その後他党の修正案も提示されたのち、同年同月31日の同小委員会第6回審議において、「並びにこれに基づいて制定された法律及び条約」という文言の削除が決定された。これに際して、芦田委員長によって、第1回審議の際と同様の指摘がなされた上で、「最高法規」の語も削るべきかどうかについても審議されたが、合衆国憲法の引き写しであるという認識については、委員の間で共有されていた。さらに、政府委員として意見を求められた佐藤達夫も、「『並びに』以下がなくても、今委員長の御批判のやうに『アメリカ』の真似そここないなんだと云ふやうな面が目だちまして、なんら実際の実益がないのぢやないかと云ふ気が致します」と述べている。以上については、同上179-180頁を参照。
　なお、この削除について、佐藤達夫（佐藤功補訂）『日本国憲法成立史 第四巻』（有斐閣、1994年) 681頁は、連合国側からも、憲法と法律が同格であるとの理解が生じることを懸念して、1946年7月15日の段階で打診があったとする。この点については、憲法調査会編・前掲註(25) 37頁の佐藤達夫発言も参照。
　また、本来秘密懇談会の形で進められた当該小委員会（有名な「芦田修正」もここで行われた）における審議が憲法解釈にとってもつ意味や、公開の経緯について、鈴木敦「帝国議会秘密会議事速記録の公開経緯・再考(1)」山院78号（2016年）99頁以下を参照。
(28)　小委員会速記録・同上80頁。なお、佐藤・同上746-747頁（補訂者・註）によれば、萩原徹条約局長がこの審議の前日7月26日に、金森徳次郎国務大臣を訪ねて94条の原案のうち、「並びにこれに基づいて制定された法律及び条約」の削除と、本文引用の2項の案文の挿入を試案として提示したとされる。この点については、新正幸「憲法九八条二項立案過程の分析(一)」福島1巻3=4号(1989年) 388-387頁に詳しい。また、萩原局長による、憲法制定直後のものとみられる覚書が、新・同上378-373頁に引用されている。
(29)　小委員会速記録・同上227頁。
(30)　ちなみに、第3回審議においては、芦田委員長も、「私はあそこに条約のことを入れるのはまづいと思ふのです、だから若し条約のことを入れると云ふならば第二章に入れる」と述べている（同上80頁）。

「砕けた立場」から指摘しており(31)、外務省と法制局との間の意見の対立がうかがわれる。しかし、委員の間では、日本に国際条約尊重(32)の態度が足りないという批判を受けているといった認識が示される(33)など、条約尊重の規定を入れることに賛成することで意見が一致し、「日本が締結または加入した条約、日本の参加した国際機関の決定及び一般に承認せられた国際法規は、立法その他の国政の上で最大の尊重を必要とする」という案文(34)が確認されたが、最終的には、法制局において案文を適当に訂正するよう、芦田委員長から佐藤政府委員に要望が出された(35)。その後、2項の文言について、小委員会における審議はなされないまま(36)、1946年8月21日の衆議院帝国憲法改正案委員会に憲法改正小委員会案として提示された際には、現在の98条2項と同様の規定となった(37)。そして、当該条項については特段質疑もないまま(38)、同日の委員会で、憲法改正小委員会案が、衆議院憲法改正案委員会案として採択されている(39)。この後、8月24日には、衆議院本

---

(31) 同上227頁。
(32) ここで国際法が「条約」に限定されていることも重要であるし、ドイツの基本法制定過程において、国際法として人権保障が念頭に置かれていた面が強いのに対して、我が国においては、戦争法規が主に念頭に置かれていたという差異も重要である。
(33) 同上228頁に収録される、北昤吉委員の発言を参照。この点については、鈴木義男委員からも賛同が示されている。
(34) これは、先に紹介した、外務省作成の原案に基づいているが、「この憲法と共に尊重せられなければならない」(新・前掲註(28)380頁は、国際法規範の国内効力の付与と法律と同等以上の形式的効力の付与を目論むものであったと指摘する)が、「立法その他の国政の上で最大の尊重を必要とする」という文言になり、その程度が弱められているという指摘(新・同上393頁)もある。ちなみに、この改変は、条約が憲法と同列のものとして扱われるのを嫌った、芦田委員長による意図的なものであることが、審議中、委員長自身によって述べられている(小委員会速記録・同上228頁)。
(35) 小委員会速記録・同上228-229頁。
(36) 国際機関の決定が取り除かれ、「一般に承認せられた国際法規」(ヴァイマル憲法4条の文言が意識されているとされる。この点については外務省原案の起草者のメモにヴァイマル憲法4条の記述があることからも裏付けられる。新・前掲註(28)386頁、381頁、371頁を参照)という表現は、「確立された国際法規」となっているし、遵守のあり方についても、「立法その他の国政の上で最大の尊重を必要とする」から、「誠実に遵守することを必要とする」ものへと変更されているが、その経緯は明らかになっていない(1946年8月6日の「入江・ケーディス会談」において、ケーディス大佐から条約の誠実遵守に関する修正について「賞賛」があったことについては、佐藤・前掲註(27)803頁を参照)し、この変更について実質的な審議は行われていないというわけである。
(37) 『帝国憲法改正案委員会議録(速記)第二十一回』393頁。あわせて、西岡・前掲註(13)181頁も参照。なお、佐藤達夫によれば、1946年8月5日時点で現在の98条2項と同様の案文が成立していたようである。佐藤・同上788頁、特に、註1を参照。
(38) なお、2項挿入の趣旨について、芦田委員長は、「日本国民が国際生活に於ける法則と約定とを遵守することが当然であるとの意向を以て、これを第九十四条の二項に新しく挿入することと致しました」と説明している(同上(第21回委員会議事録)393頁)。
(39) 同上405頁。

会議において、衆議院憲法改正案委員会案に基づき、委員長報告[40]と読会審議[41]が行われ、委員長報告の通り可決された[42]。

こうして、審議の舞台は貴族院へと移る。8月26日の貴族本会議において、政府側の趣旨説明に続いて登壇した、高柳賢三議員は、改正案94条（98条）についても質問を行っている。そこでは、条約、国際法等に「立法その他の国政の上で最大の尊重が払はるべきこと[43]」としたことは、当然の事理であるとしつつ、国際法軽視の風潮があったことに鑑み、この条文を設けることには賛成であるとした上で、「国内法的地位」について質している[44]。問いは3点にわたっており、まず1点目は、94条（98条）1項において、最高法規たる憲法に反する場合に効力を認められないものの中に条約が含まれていないことに関連して、憲法に違反する条約は無効と考えてよいかというものである。2点目は、条約と法律との関係を同位であり、前法後法関係で抵触問題を処理してよいか、3点目は、条約が違憲審査の対象となるかといったものになっている。金森徳次郎国務大臣はこれに答えて曰く[45]、まずは、前提として、「条約及び確立された国際法規は、これを誠実に遵守することを必要とする」とは、国際法平面においても国内法秩序においても、「有らゆる角度に於て誠実に遵守すると云ふことをはつきり言切つている」としている。続いて、高柳議員の第1の質問を、憲法と条約の関係についての問題と理解し、その条約の性質に従って慎重に考える必要があり、憲法に

---

(40) 憲法改正案委員会案98条（政府案94条）に関しては、憲法のみが最高法規と認められるべきことから、「これに基いて……法律及び条約」が削除されたこと、「然るに諸外国との条約は、今後誠実に之を履行して、日本国民が国際生活に於ける法則と約束とを遵守する精神は、憲法の何れかの箇所に表示することが適当であるとの意向を以て」、挿入する旨説明している。『官報号外（昭和21年8月25日）』504頁。

(41) 実質的な審議が行われた第二読会において、北昤吉議員は、委員会案に賛成して、満州事変以来の「国際法蹂躙の癖」を指摘した上で、国際社会における信頼回復のためには、国際条約の尊重を憲法に盛り込む必要があること、「ワイマール憲法」の4条にも触れながら、憲法と同様に国際条約を尊重することが日本の再出発にとって便利であると述べている（同上519頁）。北議員に続いて登壇した犬養健議員も、98条2項の挿入を、「重要な修正」と指摘し、「国際条約は勿論、一般に承認せられた国際法規」についても最大限の尊重を払うべきことを示したものであるという。さらに、「此の修正は、世界の凡ゆる民族より敬愛せらるる新日本人の再起の宣言であるのみならず、過去十数年に亘って我が国の指導者が犯しました所の国際法蹂躙の歴史に対する、清らかなる国民的懺悔と申すべきものであります」とまで述べている（同上520頁）。

(42) 同上524-525頁。

(43) これは衆議院の最終的な案文ではなく、衆議院憲法改正小委員会で芦田委員長が当初提示した案文に似る。

(44) 『官報号外（昭和21年8月27日）』229頁以下。

(45) 同上231-232頁。

対して制約を加える条約の存在する可能性を認める。第2の条約と法律の関係については、明治憲法下においては、実務上条約と法律が同位であると扱われているが、今回誠実に遵守するということを必要とするようになった以上は、「其の考は変わつていくのであつて条約の方に特別なる尊重を加へなければならぬ」とし、条約優位の考えを示す。第3の質問についても、条約の性質によって考えるべきで、一義的な答えはないと回答している(46)。ここから、憲法と条約の優劣関係という長い議論が始まるのだが、同時に、条約と法律との関係については、理由が不明瞭なまま、条約が優位するとされ、これが一貫した政府見解、通説へとつながっていくことになるわけである。

　その後、8月29日の貴族院本会議の審議では、佐々木惣一議員が、最高法規の章目の3か条が不要であり、全面削除するべきではないかと質問した(47)のに対して、金森国務大臣は、98条の必要性を説くにあたり、「殊に条約の点に付きましては、日本の現に置かれて居る地位が、過去に於て条約を軽視したと云ふ疑を世界に撒き散らして居りまする時に、相当理由ある規定であると信じて疑ひませぬ」と応答している(48)。

　審議の舞台は、その後、貴族院の帝国憲法改正案特別委員会に移ることになるが、98条2項について様々な議論が展開されたのが、9月26日の審議である。最高法規の章目が審議の対象となったこの委員会審議においては、98条2項も含めて、「最高法規」という概念がアメリカ法の議論に引きずられすぎたものであり(49)、日本においては毒にも薬にもならない(50)といった理由で、削除を求める意見が多く表明された(51)。98条2項に特化したもの

---

(46)　国際法規の性質により、憲法との優劣について分けて考える見解は、憲法制定後の政府答弁にも受け継がれ、通常の条約については答えが出ていないとする政府答弁も存在する一方（山内＝浅野編・前掲註(15) 4649頁）、確立された国際法規であるとか、降伏文書や平和条約のような一部の条約、一般国際法については、憲法に優位するというのが政府見解である（同上4645-4647頁）。さらに長谷部恭男『憲法〔第6版〕』（新世社、2014年）438頁も参照。
(47)　『官報号外（昭和21年8月29日）』311頁。なお、佐々木は、98条について、憲法が最高法規であるのは当然のことであると指摘しているにとどまり、2項には触れていない。
(48)　同上320頁。
(49)　この点を特に強調するのは、高木八尺議員（『第九十回帝国議会貴族院　帝国憲法改正案特別委員会議事速記録第二十二号』1頁）や、澤田牛麿議員（同上8頁）、そして山田三良議員（同上17頁）である。
(50)　牧野英一議員の発言である。同上5頁を参照。金森大臣もこれに応えて、「毒にも薬にもならない規定であると私共は考へて居らい」としている（同上6頁）。
(51)　高木八尺（同上1頁）、牧野英一（同上5頁）、澤田牛麿（同上7頁）、佐々木惣一（同上9-10頁）といった議員がこの立場を明確にした一方、英米法を専門とする高柳賢三議員は最高法規条項を設けることの重要性・必要性をマグナカルタに遡って説いた（同上15-16頁）。

としては、最高法規の章目に、最高法規ではない条約の遵守に関する規定が置かれていることの不当性を指摘するものもあった(52)。なお、これまでもしばしば登場した、従来の国際法軽視への反省という観点に関連して、牧野英一議員は、そのような批判を受けてきた国であるからこそ、国際法の遵守というある意味当然な規定を置くことがかえって「残念」であり、取りやめるべきだとしていた(53)。

その他に、98条2項に関して問題となったのは、①この条項が条約に国内効力を付与するものかという点、②条約と憲法との序列関係、③条約と法律との序列関係である。

以上の点に対する政府答弁を順に追っていこう。まず、規定するまでもない、当然の規定であり、不要であるとの指摘に対して、金森国務大臣は、人権保障のあり方にしても国際法の遵守の観点にしても、従来の日本の状況といったものを踏まえれば、当然のことであってもこれを明確にすることが重要であると答弁している(54)。また、98条2項が最高法規の章目の中に置かれていることについても、場所の問題については否定できないところがあるとはしつつも、憲法上規定を置こうと思えば、最高法規の問題とも関連性が高いため、現在のような位置づけにならざるをえないという(55)。

次に、①ないし③の問題についてみておこう。①の点について、端的に質問しているのが、佐々木惣一議員である。佐々木議員は、「誠実に遵守する」ということが、ヴァイマル憲法4条のように、「国内法として『ギルティヒ』とか、働く、妥当すると云ふ意味に解するの」かと尋ねている(56)。これに対する、金森国務大臣の答弁は、「当然にそれが国内法という所に踏み込んで居ります」というものであって、国内効力が98条2項によって付与されると解しているとみることができる(57)。実際に、高柳議員に対する別の答弁において、国内法的に遵守するということは、国際法上も規律内容が明確であることが必要となるとはしつつも、国内法上の効力が生じることを述べている(58)。ただし、国内効力に限った問題ではないが、「遵守する」という

---

(52) 山田三良議員の質問である。同上17頁を参照。
(53) 同上5頁。
(54) 同上2頁。
(55) 同上18頁。
(56) 同上11頁。
(57) 同上。
(58) 同上16頁。

文言のニュアンスとして、法的拘束力を正面から認めるようなものではなく、「法律的な的確さを十分には備えていない」としている点は、重要である(59)。

②の点については、端的にいえば、ある意味、「逃げ」の回答を行っている。敷衍すると、基本的には、憲法以下のものと考えてよいが、まさに、ポツダム宣言の受諾によってこの改正作業が行われているように、条約等の種類によって(60)は、憲法に対して制限を生じさせるような場合もあるということを説き、学説の蓄積を待つほかない旨述べる(61)。

これに対して、③の点については、ここでも理由は十分に示されていないきらいがあるが、本会議での答弁でもすでに現れていたように、明治憲法下の法律との同位から、新憲法においては、条約が法律に優位する旨の答弁がなされている(62)。

以上の通り、貴族院での審議においては、衆議院でのそれに比して踏み込んだ議論も行われたのだが(63)、結局、98条2項の条文は修正されることなく、貴族院においても可決され(64)、最終的に現在の規定の通りとなった。

(2) まとめ　以上の制定過程の検討から得られたものを簡潔にまとめておくと、98条2項が、戦前の日本の「国際法蹂躙」に対する国際社会からの不信の払拭を動機として設けられたものであることについては、制憲当事者たちの間で概ねコンセンサスが得られていたことが確認された。ただし、具体的な条文自体は、最初に提案された衆議院では十分に審議されないまま、法制局限りで登場したものであったこと、そして、政府自体も、政治的・象徴的な側面も大きな条文であり、その意味内容には不明瞭な点があると認めていたこともわかった。ただし、憲法と条約・国際法(65)との関係について

---

(59) 同上6頁。
(60) この点に注目するものとして、齊藤・前掲註 (14) 48頁も参照。
(61) 『第九十回帝国議会貴族院　帝国憲法改正案特別委員会議事速記録第二十二号』3-4頁、11頁、19頁。なお、帝国議会による修正を受けた条文の、枢密院における審査において、河原春作顧問官から、違憲の条約および国際法規の遵守義務が生じる疑いを招かないか質問が出て、金森国務大臣から、これは「道義的規定であるので、解釈の差異は今後の学問的解釈に俟つべきである旨の答弁があった」とされる（村川編・前掲註 (25) 213頁）。
(62) 同上19頁。
(63) 安倍能成帝国憲法改正案委員会委員長は、1946年10月5日の貴族院本会議の委員長報告において、「第十章最高法規は、或は他の法規と重複し、或は自明の理であるとして全章削除すべしとの論も強かつたのでありますが、政府は其の存置の必要を主張し、又委員の間にも政府と所見を同うする向もあつて、此の点は其の儘になったのであります」と述べている（『官報号外（昭和21年10月6日）』499頁）。
(64) 『官報号外（昭和21年10月7日）』542頁。

は、学説の発展に委ねた一方で、詳しい説明のないまま、法律に対する優位は明示されていたこと、このような議論の成り立つ前提として、98条2項によって国際法が国内効力を付与されていると解されていたという点に留意しておかなければならない。

3　98条2項解釈論の再構成

　憲法制定過程を振り返ると、憲法と法律の関係性については、解釈の余地が認められていたようであるが、条約と法律の関係については、憲法制定時から一貫して条約優位という理解がなされてきたということがわかる[66]。その意味では、法律に対する条約の優位は「原意」ということになりそうである。さらに、憲法制定後もその理解が一貫してきたわけである。ただし、制定過程を具にみたとき、このような理解に十分な根拠があるのかといえばそれは相当に怪しいのではないか。というのも、現在の98条2項が挿入された衆議院の憲法改正小委員会では、条文が十分に議論されたわけではなく、せいぜい、日本が国際法を蹂躙してきたとの自己意識、あるいは国際的評価を踏まえて、それを払拭することが、新日本の再出発に必要であるという認識が共有されたにすぎない。すなわち、金森大臣[67]や佐藤政府委員[68]など政府側関係者も一致して述べるように、98条2項は多分に「政治的な意味合い」をもつものにすぎなかったわけである[69]。それが、貴族院での審議になると、金森も「誠実に遵守する」という語に、法律上の用語法として不十分なところがあることを認めつつも、ここから、一足飛びに、法律に対する当然の優位、場合によっては憲法にも優位する場合を認める説明をしている。

　他方で、日本と同様、国際法違反への反省——それが、多分に政治的な打

---

(65)　制定過程において、基本的に、条約に焦点が当てられ、確立された国際法規等には十分な関心が払われていなかったことについては、西岡・前掲註 (13) 172頁などを参照。
(66)　なお、近時において、98条2項が国際法違反の立法を封じたものであること、すなわち、国際法の法律への優位を積極的に強調するものとして、松田浩道「憲法秩序における国際規範：実施権限の比較法的考察(2)」国家129巻7＝8号（2016年）80頁註 (336) がある。もっとも、その理由を詳述すると予告されている部分は2016年10月末の時点で未公刊である。
(67)　枢密院での発言について、村川編・前掲註 (25) 213頁を参照。なお、この発言は、貴族院における審議の後のものである。
(68)　憲法調査会での発言について、憲法調査会編・前掲註 (25) 37頁を参照。
(69)　といっても、国内効力が98条2項によって認められることについては、基本的に争いはないといえる。ただし、これに対して、98条2項の効果ではなく、明治憲法以来の慣行により国内効力が認められるとする、宮田豊「憲法第98条第2項」論叢62巻3号（1956年）39-40頁を参照。

算も伴うものであったことはすでに述べた——を出発点として、制定されたドイツ連邦共和国基本法においても、国際法の一般的諸原則については、明確に法律への優位が規定されたけれども、条約に関していえば、それが国内に導入される形式に従って、連邦法律と同位であると位置づけられている(70)。それでも、国際法親和性原則という憲法上の原則を見出して、場合によっては、条約の規定内容が憲法解釈にも影響を与えるような可能性も導出されていることは、本書が主題として扱ってきたところである。そこでは、国法秩序における序列関係にも十分配慮はしつつも、それだけにとらわれず、憲法上の基本的価値から生じる限界には配慮しつつ、柔軟な調整を行っている。そうであれば、日本国憲法 98 条 2 項が前文や 9 条とともに、国際協調主義を規定しているとしても、そこから、法律に対する類型的な優位を導く必要もなければ、その根拠も薄弱ということにならないだろう。その意味で、近時の有力学説が説くところがやはり妥当であるように思われる。

　さらに、基本法ほど(71)に日本国憲法が詳細な国際関係の条文(72)を有しておらず、国際法親和性原則に準ずる国際協調主義を見出すことが可能か、そこから、柔軟な在外法秩序との調整を導けるかという疑問も生じる。しかし、ここでは、むしろ、そこには直列ではない複雑な関係は存在するが、98 条のモデルである合衆国憲法 6 条 2 項の下で、他に国際関係の条文を十分にもたない中で、権力分立を足掛かりに Charming Betsy Canon などの調整枠組を創出しているアメリカ合衆国の議論(73)を参照すればよい。

　なお、アメリカ法においては、憲法規定について国際法を考慮した解釈を行うことについての議論が、十分に詰められていないところもある。ただし、この点については、我が国において、佐藤幸治や齊藤正彰がいうような、憲法 11 条を介した考慮の正当化論を、本書にいう、憲法側の「窓口」の確定作業として評価できよう。

---

(70)　もっとも、「原意」は異なっていた可能性については前章 I 1 を参照。
(71)　重複する指摘であるが、プローエルスは基本法の下においても書かれざる憲法上の原則としての国際法親和性原則の存在を否定する。Siehe, Proelß (Anm. 3), S. 45ff.
(72)　日本国憲法においては、この「他の憲法規定」となりうるのは、前文のほか、国際人権法との関係で憲法 11 条や 97 条、国際法上の武力行使禁止原則との関係で 9 条といった程度に限られよう。ただし、参照、齊藤正彰「憲法の国際法調和性と多層的立憲主義」北星論集 52 巻 2 号（2013 年）303-304 頁。
(73)　もっとも、自動執行性ないし直接適用可能性の議論については、むしろドイツの方が精緻な議論が展開されており、それが基本的に妥当であるということについては、すでに触れた。

98条2項の解釈論に関連して最後に留意しておかなければならないのが、条約だけではなく、条約に並ぶもう一つの国際法法源である慣習国際法の位置づけである。多くの場合、特段深い考察のないまま、慣習国際法が98条2項にいう「確立された国際法規」と一致するように扱われている[74]。しかし、これは妥当なのであろうか。とりわけ、確立した国際法規について憲法にも勝る効力を有すると解する場合[75]、一つの問題が生じる。つまり、国際法平面においては、特別法は一般法を破るという原則に即して、特別国際法である条約は、一般国際法である慣習国際法を排除することになる[76]。もちろん、これは、抵触関係の処理に関するものであり、上下の序列問題ではない。しかし、国内法平面においては慣習法が優位し、国際法平面においては条約が優位するというのはどう処理されることになるのか。この問題は、法律に優位することが憲法上明記された、国際法の一般的諸原則を慣習国際法と解するのが一般的であり、かつ、条約はその国内法への取り込みの形式に従って、法律と同位と解されるのが一般的なドイツにおいては、顕著な問題となろう。憲法であるとか、法律に優位するのは、慣習国際法の中でも、国際法上の強行規範（*ius cogens*）に該当するものなどに限定されるとする可能性があるように思われる[77]。また、「条約」の国法秩序における序列を考える際に、知ってか知らずか、議会による承認の対象となる狭義の条約に限

---

(74) 例えば、樋口陽一ほか『注解法律学全集3 憲法IV』（青林書院、2004年）342頁［佐藤幸治執筆部分］。
(75) 前述の通り（前掲註(46)参照）、政府見解（降伏文書などもあわせて憲法に優位するとする）もこの立場であると解される。また、「確立された国際法規」への憲法の拘束を認める学説として、小嶋和司『憲法概説』（信山社、2004年）138-139頁などがある。また、佐藤幸治『日本国憲法論』（成文堂、2011年）89-90頁［以下、佐藤（日本国憲法論）］では、諸説の並記にとどめる佐藤幸治も、同『憲法〔第3版〕』（青林書院、1995年）32頁では、「『確立された国際法規』（国際社会で一般に承認・実行されている慣習国際法）を成文化した条約や、あるいは領土や降伏などに関する条約は憲法に優位すると見るべきであろう」と、自説として明記していた。
　これに対して、芦部信喜『憲法学I 憲法総論』（有斐閣、1992年）96-97頁註(13)は、降伏文書等が憲法に優位することを認めつつ、一般的な国際法と憲法の国法秩序における序列問題とは別次元の理由に基づくものであるとする。
(76) 同様の指摘をするものとして、芦部・同上95頁があり、これを理由として、「確立された国際法規」の憲法優位について否定的見解を採る。
(77) もっとも、なぜ国際法上の強行規範に該当すれば、各国の国法秩序において憲法に優先することになるのか、また、そういった一般的ルールを措定するのではなくとも、各国個別の国法秩序の中でどうして憲法に優位することになるのか根拠づけが必要となることはもちろんである。この点については、ドイツの文脈における指摘ではあるが、前章註(334)ないし(336)および対応する本文の記述を参照。また、連邦憲法裁判所が基本法1条2項にいう「不可侵不可譲な人権」を国際法上の強行規範と考えているのではないかという指摘について、前章註(298)も参照。
　なお、樋口ほか・前掲註(74)342頁［佐藤幸治執筆部分］では、「確立された国際法規」を慣習国際法と捉える佐藤も、佐藤（日本国憲法論）・前掲註(75)89-90頁は、それが憲法に優位するという

定している傾向も指摘できる⁽⁷⁸⁾。いわゆる行政取極も広義の条約なのであり、国会承認条約に限定して条約を考えるのは、十分に議論を尽くせていないということにはならないだろうか⁽⁷⁹⁾。近時、実質的な内容面に着目して、条約の序列問題を柔軟に処理しようという見解⁽⁸⁰⁾が有力化しているが、「柔軟な調整」を行うにあたっては、実質面だけではなく、形式面も重要な考慮要素となることを意識する必要がある。

III 日本における国際法の国内適用の再構成

　基本的には、ここまでの検討をまとめる形になるが、日本における国際法の国内適用のあり方について、最後に整理しておきたい。
　まず直接適用であるが、これは、国際法上の規律内容として日本において国内問題として処理可能な事柄が扱われていることを前提としつつ、権力分立構造の中で適用機関限りで、具体的事案に解釈・適用が可能であると判断され、また、基本権保障など他の憲法上の要請からも排除されない場合にこれを行うことができるというべきである。
　続いて、従来間接適用と呼ばれてきたものには多様な作用形態が含まれており、これを細分化していく必要がある。一つには、国際法規範よりも国法秩序において下位に位置づけられる国内法規範に対して、体系的統一性の観点から積極的な適合が求められる、狭い意味での国際法適合的解釈がある。加えて、国際法規範と同位⁽⁸¹⁾の法規範について、国際法を尊重し、一応国際法規範を考慮することは求められる形で行われる、国際法親和的解釈⁽⁸²⁾

　　場合には、その範囲に限定をかける必要性があることを指摘し、「例えば、世界人類が等しく遵守すべき普遍的原理を内容とする法規」については優位性を認めることに妥当性があるとしており、この問題に自覚的であるとみることは可能である。
(78)　齊藤・前掲註 (14) 255 頁の指摘を参照。
(79)　この点についても、齊藤・同上を参照。なお、国内への取り込み方法という形式面に注目するのであれば、行政取極は、法律に劣位するということになろうが、国際法平面においては、強行規範を除いて国際法相互は同位であるとされることとの調整が必要になる。なお、行政取極の意味については、第1部第1章Iを参照。
(80)　例えば、齊藤・同上 47 頁以下・251 頁以下。もっとも、前註からもわかるように、齊藤も、条約の形式的種類分けの考慮の必要性についても十分認識している。
(81)　ドイツにおける国際法親和的解釈については、行政協定など、問題となる国内法よりも下位の国際法の考慮も排除されないという見解が一般的であるが、下位法が上位法の解釈に影響を与えることには慎重になるべきである。また、可能な解釈の中から国際法に違反しないものを選択するのみといえども、可能な解釈の中からの特定の解釈の選択と、国際法に違反しないことを志向した解釈が、理論上はともかく、実際上分類可能かという問題もあり、一応暫定的ながら本文のように整理している。

もある。なお、本書の立場においては、国際法規範は法律と同位と考え、日本国憲法 98 条 2 項はせいぜいこの国際法親和的解釈を基礎づける意味をもつものにすぎないと位置づけられることになる[83]。さらに、国際法規範よりも上位の法規範、典型的には、憲法について、当該上位規範内部に、参照根拠を見出すことによってなされる、国際法を参照した国内法解釈がある。これらは、国際法の援用・参照の根拠が、憲法ないし上位の国内法規範に見出せるという点では、法的な拘束力の全くない外国法について参照する比較法とは異なることになるが、その国際法規範の拘束性の強さに応じて、後者になるほど比較法に類似した性格をもつ。

　また、やや次元の異なる問題として、原則的には国家間の問題を処理し、国内法平面においても、国家・私人間関係を規律することになる国際法規範が、私人間の法律関係に影響を与えるかという、私人間適用型の「間接適用」の考慮を必要とする場合がある。ただし、国際法の国内適用については、典型的な国際法を想定する限り、多かれ少なかれ、名宛人の変更を伴うものであり、その意味で程度問題といえなくはない。もちろん、国内法解釈への影響のあり方については、変更の程度が大きい分、裁判所や行政機関の限りで安易にそれを重視してよいかという問題は生じうるが、それも、権力分立や他の憲法上の要請との関係で処理されるという意味では、基本的な構造は、通常の国際法の国内法解釈への影響を考える場合と変わらない。

---

(82) 国際法親和性原則の存在しない我が国において、これを国際法親和的解釈と呼ぶ必要性はないが、従来これに対応する用語が存在していないので、さしあたり、ドイツにおける用語を流用する。
(83) この点は、従来の通説を前提として、条約をさしあたり法律に優位するものと考えることを前提として議論を展開した第 2 章による整理とは異なる結果を導くことになる。

第2部補論
国境を越える裁判所の「対話」と民主主義

　本書においても、グローバル化の中で、各国の国内裁判所や国際裁判所が、国境を越えて相互に各々の決定を参照しあう現象について触れてきた。このような相互の判断の参照を、裁判所による「対話」と呼ぶ傾向が一部で見受けられる[1]。しかし、議論の不要な拡散を防ぐ意味でも、外国法を含む外来法の参照がどうあるべきかについては、本書ではこれまで踏み込んで検討してこなかった。そこで、これを補う意味で、裁判所による「対話」といわれる現象について若干の検討を行うことにする。

　裁判所の「対話」という語を用いる論者として、スローター（A.-M. Slaughter）がいる。彼女は、グローバル化時代の法秩序は、集権化したものではなく、分極化されたものであり、公式・非公式双方の国境を越えるネットワークがその中で重要な役割を果たすという[2]。ここにいう「ネットワーク」とは、厳密に定義されたものではなく、国家、様々な組織、さらには個人による相互作用を含む概念であり、そこには、単なる情報交換から、ルールの設定・執行までの幅広いものが含まれている。このネットワークの代表例は、各国の行政機関により構成される組織体である国際行政ネットワークだが、スローターは、この他にも、各国の立法のネットワークなどの存在も指摘するとともに、国内外の裁判所もこのようなネットワークを形成しているという[3]。そして、彼女は、このような国内外の裁判所により形成されるネットワークを裁判所の「対話」とも呼ぶのである[4]。

---

(1) See, e.g., C. L'Heureux-Dubé, *The Importance of Dialogue: Globalization and the International Impact of the Rehnquist Court*, 34 TULSA L.J. 15, 17 (1998).
(2) A.-M. SLAUGHTER, A NEW WORLD ORDER 261ff. (2004).
(3) *Id.*, at 65ff.
(4) *Id.*, at 74. スローターは、ここで L'Heureux-Dubé, *supra* note 1 も引用している。

しかし、スローターのいう新しい法秩序の中で裁判所の対話がもつ意味も必ずしも明らかになっていないし、他の論者にしても、裁判所の「対話」のそもそもの意味やその機能が十分に検討されているわけではない。そこで、本補論では、本書を通底するテーマである、民主的正統性の観点も加味しつつ、国境を越える裁判所の「対話」というものがどのようなものであり、どのような機能を果たしうるものなのか、また、限界はどこにあるのかといった点について、以下のような順序で素描してみたい。すなわち、まずは、国境を越える裁判所の「対話」というものが、実際どのような現象なのかを簡単に確認する（I）。続いて、そもそも国際裁判所の機能や限界がどのようなものかについて簡潔に紹介する（II）。そして、最後に、裁判所のネットワークにおける国内裁判所の機能と限界について述べた（III）のち、国際裁判所と国内裁判所の関係について簡単にコメントした（IV）上で、国境を越える対話についての規範的評価を改めて提示することにする（V）。

I　国境を越える裁判所の対話とは何か

　グローバル化に関連して「ネットワーク」という言葉が用いられる場合、銀行監督に関するバーゼル委員会のような、行政機関を中心とする各国の規制当局の集合体を指すことが一般的である[5]。これに類似する組織が裁判所に存在するかといえば、答えは、ノーであろう。もちろん、すでに裁判官の国際会議は開催されており、裁判官はお互いにやり取りを行っているのは確かである[6]。しかし、そのような会議体は、システマティックに機能しているわけではなく、とりわけ個別の事案にもたらす影響はわずかであるし、あるとしても、はっきりとしたものではない[7]。つまり、行政機関のネットワークの場合とは異なり、具体的な事件において適用される規範が、裁判官の

---

(5) See, e.g., P.-H. Verdier, *Transnational Regulatory Networks and Their Limits*, 34 YALE J. INT'L L. 113, 132-143 (2009) and also *the Website of Bank of International Settlements*, http://www.bis.org/bcbs/.

(6) 実際、南アフリカとブラジルにおいて、違憲審査を担う裁判所の裁判官の世界規模の会合がすでに開かれている。この点については、世界憲法裁判官会議（World Conference of Constitutional Justice）のウェブサイト http://www.venice.coe.int/wccj/wccj_e.asp および、SLAUGHTER, *supra* note 2, at 96-99 を参照。

(7) See, e.g., T. Ginsburg, *National Courts, Domestic Democracy, and the Evolution of International Law: A Reply to Eyal Benvenisti and George Downs*, 20 EURO J. INT'L L. 1021, 1024 (2009).

上述のような会合で形成されることはなく、またそのようなことは原則として想定すらされていない。

したがって、国境を越える「対話」といっても、せいぜい、各々の判断の相互参照を意味しているというべきである。すでに、長きにわたって、裁判所というものは、自身の先例にとどまらず、類似事案についての外国判例についても検討してきたのであり、裁判所の判断の相互参照というものは決して新しい現象ではない。けれども、グローバル化によって、多くの国が同一の、あるいは、少なくとも類似の問題に直面するようになり、相互参照がますます一般的なものとなったのは事実であろう。さらに、国際裁判所が、グローバル化社会にアクターとして登場するようになったことも指摘できる。国際裁判所自体が、すでに約100年前には登場してきていたのは事実であるが、この20年ほどの間に、数多くの国際裁判所が誕生し、あまつさえ、個人や国内事項に関連するような事案を処理するようになってきている[8]。このような状況の下で、最近では、国内裁判所相互の「外国判決」の参照という形での「対話」のみならず、国際裁判所と国内裁判所の間での「対話」もなされるようになってきている。もし、裁判所の間で行われる、国境を越える「対話」についてよく知ろうと思うならば、前提問題として、国内裁判所に加えて、国際裁判所の機能と限界についても吟味する必要がある。

加えて、とりわけアメリカにおいて顕著である[9]が、裁判所による外国法あるいは国際法の参照が、民主主義の観点からの批判にさらされている[10]。そして、確かに、本来の国内事項や、国内になんらかの効果をもつような問

---

(8) 国際刑事裁判所はその好例の一つである。

(9) 裁判官の対話（Judicial dialogue［英］; dialogue des juges［仏］; der Dialog der Gerichte［独］）については、ヨーロッパ諸国でも議論されている。例えば、ドイツにおいて、欧州司法裁判所と欧州人権裁判所、さらに連邦憲法裁判所）の相互の関係性が論じられていることは、本書においても触れたところである。これについては、ドイツでも文献は多いが、例えば、*M.H. Randall*, Der grundrechtliche Dialog der Gerichte in Europa, EuGRZ Bd. 41, 2014, S. 5 [その註10では、フランス語圏における関連文献も多く引用されている] などを参照。

(10) アメリカにおいても、これまで外国判例や国際判例が多く参照されてきた（この点について、V. C. Jackson, *Progressive Constitutionalism and Transnational Legal Discourse, in* THE CONSTITUTION IN 2020 285, 286-288 (J.M. Balkin & R.B. Siegel eds., 2009) などを参照）。しかし、とりわけ、法廷意見中、ソドミー行為の禁止の違憲性を基礎づけるために、ケネディ判事が英国のいわゆる「ウォルフェンデン」報告や欧州人権裁判所の先例を援用した、Lawrence v. Texas 判決（539 U.S. 559 (2003)）や、同じくケネディ判事が執筆した法廷意見が、外国や国際法における未成年の死刑の禁止ないし廃止について、未成年の死刑が合衆国憲法修正8条に禁止された「異常な刑罰」に該当することを基礎づけるにあたって言及した、Roper v. Simmons 判決（543 U.S. 551 (2005)）以降、アメリカにおいて、外国法あるいは国際法の参照をめぐる活発な議論が行われるようになった。

題に関して、国際裁判所が決定することは、民主主義の観点からみると問題を抱えている。そこで、以下では、国際裁判所と国内裁判所の両方の機能および限界についても、民主主義の観点から検討を加えることにしたい。

II 国際裁判所——その機能と限界

20世紀初頭、国際裁判が国際紛争の平和的解決手段として登場した。国際裁判の正統性は、元来国家の同意によって基礎づけられ[11]、今日においてもなお、原則として妥当している[12]。つまり、国際裁判所が紛争を処理するにあたっては、当該裁判所の管轄権についての、個別事件ごとの同意、あるいは、事前の類型的な受諾が必要とされるのである。この他に重要なのは、国際裁判所は、主として国家間の紛争を解決するのであり、原則として、個人相互あるいは、国家・個人間の紛争を解決するのではないということである。しかし、近時、以上のような国際裁判所の基本像が変化している。例えば、国際刑事裁判所においては、国家ではなく個人が訴追の対象となっているし、欧州人権裁判所をはじめとする人権裁判所は、国家と個人の間の紛争を解決している[13]。これらの例が示唆する通り、国際裁判は、国内領域になんらかの直接的、あるいは少なくとも間接的な影響を及ぼしている。

フォン・ボグダンディ（A. von Bogdandy）は、ウェンツケ（I. Venzke）との共著論文において、このような個人にかかわる問題の処理という近時における国際裁判所の機能を捉えて[14]、国際裁判所は、ある種の「公的権力（public authority）」を行使していると主張している[15]。「公的権力」を行使

---

(11) See, A. von Bogdandy & I. Venzke, *In Whose Name? An Investigation of International Court's Public Authority and Its Democratic Justification*, 23 EURO J. INT'L L. 7, 24 (2012).
(12) See, e.g., N. Grossman, *Legitimacy and International Adjudicative Bodies*, 41 GEO. WASH. INT'L L. REV. 107 (2009)［国家の同意により重きを置く］.
(13) さらなる例については、例えば、A. von Bogdandy & I. Venzke, *On the Functions of International Courts: An Appraisal in Light of Their Burgeoning Public Authority*, 26 LEIDEN J. INT'L L. 49, 57-59 (2013) などを参照。
(14) Von Bogdandy & Venzke, *id.*, at 52-59 は、紛争の解決（厳密な意味での事件処理）、規範に関する予見の安定化、法の定立、（他の）公的権力の統制と正統化を、国際裁判所の主たる機能であると指摘している。
(15) フォン・ボグダンディによる「公的権力」の定義は、他人の権利自由について判断し、場合によってはそれを縮減するものである。*See*, A. von Bogdandy, P. Dann & M. Goldmann, *Developing the Publicness of Public International Law: Towards a Legal Framework for Global Governance*, 9 GER. L. J. 1375, 1381-1382 (2008). 国際的な公的権力をめぐるさらなる議論については、*id.*, at 1383ff. を参照。

するということは、それ自体、正統化を必要とし、とりわけ今日においては民主的正統化が要求されるのだという[16]。

フォン・ボグダンディは、まず、裁判官の選出方法に言及し[17]、裁判官の職務を全うする上で十全な適性を確保するためには、国際裁判官の独立性と不偏性が重要であると強調している[18]。もっとも、彼は、国際裁判官の独立性と不偏性が、裁判官の選出方法によって獲得しうる潜在的な民主的正統性を汲み尽くしているわけではないことは認めている[19]ことには注意しておく必要がある。加えて、「国際法の断片化」が、民主的正統性を弱いものにしてしまう可能性をもっているとも主張する[20]。ここにいう「国際法の断片化」とは、専門分化した国際裁判所によって生み出された、分断された多数の法システムの並存を意味する。フォン・ボグダンディによれば、「国際法の断片化」は、民主的な一般性を弱める[21]。というのも、彼は、我々がある法について民主的な正統性を有するといえるのは、テーマ的に特定されているのではなくて、競合するあらゆる視点に広く開かれた手続によってその法が制定されることが必要だと考えているからである[22]。

以上のような理由で、フォン・ボグダンディは、民主的正統性の欠如を憂慮し、この問題を解決すべくいくつかの戦略を挙げている。彼によれば、透明性[23]や公衆参加といった手続的要素によって、国際裁判所による「公的権力」の行使が正統化されるのだという[24]。換言すれば、フォン・ボグダ

(16) もちろん、国家による同意という、古典的な正統化根拠は、なおも重要な正統化要素である。しかし、フォン・ボグダンディによれば、それだけではもはや十分ではないのである。さらに、国内の文脈において正統化の要素としてしばしば援用される根拠（ここで彼はハーバーマスを引く）は、超国家的なレベルにおいて民主的な議会が存在していないためにここでは機能しないという。See, von Bogdandy & Venzke, *supra* note 11, at 13ff.. 民主的正統性以外の司法権独自の正統化形態については、C. Möllers, Gewaltengliederung, 2005 などを参照。
(17) Von Bogdandy & Venzke, *id.*, at 32ff..
(18) のちにみることになるが、大変興味深いことに、ベンヴェニスティとダウンズは、関係する国際機構からの国際裁判所の裁判官の独立が比較的弱いことが、国際裁判の機能を制限する要因となっていることを指摘している。See, E. Benvenisti & G.W. Downs, *Toward Global Checks and Balance*, 20 CONST. POLIT. ECON. 366, 373-374 (2009).
(19) Von Bogdandy & Venzke, *supra* note 11, at 34.
(20) *Id.*, at 23.
(21) *Id.*.
(22) *Id.*.
(23) グロスマンは国際裁判所の民主的正統性に重きを置かないが、彼も、透明性が民主的正統性を高めることについて言及している。See, Grossman, *supra* note 12, at 156.
(24) Von Bogdandy & Venzke, *supra* note 11, at 25ff..

ンディは、訴訟手続の公開や、第三者参加の広い許容、そして、*amicus curiae* のシステムの利用によって、透明性や公衆参加の実現が促進されると考えているのである。ここで彼は、ハーバーマスも引きながら、超国家的な議会が実現不可能であることに触れており[25]、トランスナショナルなレベルにおける法定立の正統化戦略において、透明性や公衆参加の実現を次善策として提示しているものと理解できる。

最後に、それでもフォン・ボグダンディは、国際裁判所の民主的正統性には限界があることを認める[26]。そのような限界の存在を踏まえると、民主的正統化問題の処理について、国内裁判所が重要な役割を果たすことになる[27]。というのも、フォン・ボグダンディもいうように、国内裁判所やその他の国内の憲法機関は、国際レベルにおける判断が、民主主義などの国内の憲法価値に合致しているかを検討することができるからである[28]。

最後に、国際法の断片化やそれに関連する問題に関連して、フォン・ボグダンディは、体系的な解釈を行うことによって、民主的一般性の欠如を回避あるいは、少なくとも緩和することができるのではないかと示唆する。ここに、体系的解釈とは、ある特定の法規範の解釈を行うに際して、関連する国際法上の規則を考慮することを意味している[29]。こうすることによって、我々には、国際裁判所の先例を相互に参照することを正当化し、あるいは要求する可能性が開けてくるのである。

III 国内裁判所——国際・外国判例の参照の意義と限界

本補論冒頭で述べたように、国内裁判所がますます多くの外国判決や国際判決を引用するようになってきている[30]。このような参照を、国際的な法

---

(25) See, id., at 35.
(26) Id., at 39.
(27) Id., at 39. しかしながら、A. von Staden, *The Democratic Legitimacy of Judicial Review beyond the State: Normative Subsidiarity and Judicial Standards of Review*, 10 INT'L J. CONST. L. 1023, 1032 (2012) は、フォン・ボグダンディが、国際裁判所と各国政府との間における判断権限の配分がある程度存在しているということを無視していると批判している。この点に関しては、のちに III 1 で改めて触れる。
(28) Von Bogdandy & Venzke, *id.*, at 39-40.
(29) Id., at 36-38.
(30) 例えば、THE USE OF FOREIGN PRECEDENTS BY CONSTITUTIONAL JUDGES (T. Groppi & M.-C. Ponthoreau eds., 2014) は、世界各国における現状を提示してくれる。

の支配の実現であるとか[31]、コスモポリタンな公法（価値）の誕生である[32]として肯定的に捉える論者もいる。また、国内裁判所が得られなかったような有益な情報を得ることができ、良い判断を行う助けになるという者もいる[33]。しかし、とりわけアメリカにおいて[34]は、国境を越える先例の参照を支持する者[35]ばかりではなく、批判的な論者が多く存在する。参照に否定的な論者は、国内の憲法価値を傷つける危険性を内包するものであるという理由を挙げる[36]。例えば、スカリア判事は、裁判官が自身の見解にそった外国判決や国際判決のみを取り上げることを通じて、憲法の原意が裁判官の嗜好により歪曲されることを危惧している[37]。また批判的論者の中には、新手の司法審査の反多数主義的問題として定位する者もみられる[38]。これらの反対理論に全面的に賛同するわけではないが、筆者には、基本的な部分において、首肯せざるをえないところがあるように思われる。元来の反多数主義問題の場合と同様、外国法あるいは国際法の参照を完全に捨て去ることが解決にはならないだろう。したがって、ここでの問題は、外国法あるいは国際法の参照の役割とその限界を見極めて、如何にしてそれに規律を与

---

(31) E. Benvenisti & G.W. Downs, *National Courts, Domestic Democracy, and the Evolution of International Law*, 20 EURO. J. INT'L L. 59, 60 (2009).

(32) L'Heureux-Dubé, *supra* note 1, at 40. コスモポリタン法については、M.D. Walters, *The Common Law Constitution and Legal Cosmopolitanism, in* THE UNITY OF PUBLIC LAW 431ff. (D. Dyzenhaus ed., 2004) を参照。

(33) *See, e.g.,* G.L. Neuman, *The Use of International Law in Constitutional Interpretation*, 98 AM. J. INT'L L. 82, 87 (2004).

(34) すでに前掲註(10)で触れたように、Lawrence判決やRoper v. Simmons判決以来、アメリカにおいては、外国法・国際法の参照をめぐって、活発な議論が行われている。

(35) 例えば、学者の中では、アッカーマンやジャクソン（V.C. Jackson）、コーそして、スロータ―の名前が参照肯定派としてよく挙げられる。連邦最高裁の判事では、ケネディ判事（*see, supra* note 10）、オコナー判事（*see, e.g., Roper,* 543 U.S. at 604-605）、ブライヤー判事（*see, e.g., Nixon v. Shrink Mo. Gov't PAC,* 528 U.S. 377, 403 [Breyer, J., concurring, 2000]）、スティーブンス判事（*see, e.g., Thompson v. Oklahoma,* 487 U.S. 815, 830-831 [plurality opinion, 1988]）、そして、ギンスバーグ判事（*see, e.g., Grutter v. Bollinger,* 539 U.S. 306, 344 [Ginsburg, J., joined by Breyer, J., concurring, 2003]）が肯定派として挙げられる。

(36) *See, e.g.,* R.P. Alford, *Misusing International Sources to Interpret the Constitution*, 98 AM. J. INT'L L. 57, 58-61 (2004); J. KU & J. YOO, TAMING GLOBALIZATION 227ff. (2012). 連邦最高裁判事の中では、レンキスト判事（*see,* Atkins v. Virginia, 536 U.S. 304, 324-325 [Rehnquist, C. J., dissenting, 2000]）、スカリア判事）、そしてトーマス判事（*see,* Foster v. Florida, 537 U.S. 990, 990 n. *[Thomas, J., concurring in denial of certiorari]）が、外国法あるいは国際法の参照に消極的立場を表明する。

(37) *Roper,* 543 U.S. at 628 (Scalia, J., dissenting). ここでスカリア判事は、「外国の素材によって、拒絶されるのではなく、『肯定』されるものというのは、裁判官自身の、世界がいかにあるべきかという観念であり、裁判官の今後はアメリカにおいてもそうでなければならないという独善的判断である」と述べている。

(38) *See,* A. Chander, *Globalization and Distrust*, 114 YALE L.J. 1193, 1194-1204 (2005).

えるかということにある。そこで以下では、外国法・国際法の参照が果たしうるといわれる、いくつかの機能やその限界を、主として、民主主義の観点から吟味することにする。

1　民主政の擁護者としての国内裁判所？

　ベンヴェニスティ（E. Benvenisti）とダウンズ（G.W. Downs）は、国内裁判所が国内レベルにおいて、民主主義やその他の憲法上の価値を擁護する役割を担うことができると主張している[39]。彼らの見解によれば、国内裁判所は、対外領域における執行府への敬譲を捨て、より積極的に対外行為について審査を及ぼすべきだという。というのも、執行府や行政機関の単独による対外行為が増加すれば、憲法が想定した憲法機関相互のバランスが崩れるとともに、民主的な熟議の欠乏を招くことになるからだというのが彼らの議論である。対して、裁判所による詳細な審査を行うことになれば、執行府にアカウンタビリティーを課すことになるし、公開の法廷での議論は、政府の政策決定の透明性を高めることになるのだという[40]。ベンヴェニスティとダウンズによれば、*amicus curiae* のシステムを利用することで、ある種の公衆参加も実現されうる[41]。加えて、各国の国内裁判所が協力――すなわち、相互の情報交換（「対話」）を――することによって、行きすぎた執行権に対峙する良き戦略を手にすることができる[42]。さらには、例えば国際人権法のような特定の国際法を援用することによって、個人の政治的熟議や民主政への参加の権利を基礎づける可能性もあろう[43]。

　しかし、彼らの議論には多くの利点もあるが、裁判所がどのような外国法や国際法を積極的に援用していくべきかについては十分に示していないように思われる。また、ベンヴェニスティとダウンズのアプローチは、見逃し難い矛盾を抱えている。その矛盾とは、彼らが裁判所が外国法や国際法を参照することに積極的である反面、執行府による国際法規範の導入には批判的だというところにある[44]。この問題を解消するためには、以下のように考え

---

(39)　二人による同趣旨の論考は多いが、例えば、Benvenisti & Downs, *supra* note 31 が挙げられる。
(40)　*Id.*, at 64.
(41)　*Id.*, at 69.
(42)　*Id.*, at 65.
(43)　*See*, S. Hamamoto, *An Undemocratic Guardian of Democracy-International Human Rights Complaint Procedures*, 38 VICTORIA U. WELLINGTON L. REV. 199, 208-209 (2007).
(44)　さらなる批判については、Ginsburg, *supra* note 7 を参照。

ることが必要になろう。つまり、一方で、裁判所は、政治的熟議や民主政の過程にアクセスする権利を個々の市民に保障する国際人権法を積極的に適用するべきであるが、他方で、外国判例を参照するのは、他国の裁判所が、同一のあるいは類似する基本的価値あるいは各国憲法の基本構造を如何に擁護しているかを知る必要がある場合に限定されるのである。そして、ベンヴェニスティとダウンズの議論をこのように再構成すれば、そこに、イリィやその支持者によって提唱されるプロセス理論の国際版を見出せよう。

最後に、なぜ国際裁判所ではなく、国内裁判所が民主政の擁護者として位置づけられるのであろうか。もちろん、ある国の民主政の仕組みや憲法上の原理については、その国の国内裁判所が最も通じているということは確かである。しかし、国際人権法のような国際法の適用に関していえば、国際裁判所の方が、擁護者としてより良く機能するということはできないだろうか。実は、ベンヴェニスティとダウンズはすでにこの問題に解答を用意している。彼らによれば、国際裁判所の方が国内裁判所に比してその独立性が弱いのであり、それゆえ、国内裁判所の方が、執行府の単独行動に対峙するのに適しているのである(45)。ここに、フォン・ボグダンディが国際裁判官の独立性を重要視していたこととの類似性が想起される。そうすると、国内裁判所の国際裁判所に対する優位を、国際法の断片化という観点からも基礎づけることができるかもしれない。

2 規範的基礎づけの試み

他に、外国判例や国際判例の参照を規範的に根拠づけようとする論者もいる。そのような論者は、とりわけ、人権法をそれが民主主義や多数決主義に勝る、自然法や理性を反映したものであるとして、人権法に関する外国判例や国際判例の援用を推し進めようとする(46)。例えば、ウォルドロンは、世界各国の判例に共通する命題から *ius gentium* を抽出することができるという(47)が、このウォルドロンの議論は、規範的基礎づけの試みとして理解することができるだろう(48)。少なくとも、第二次大戦後においては、一定の

---

(45) Benvenisti & Downs, *supra* note 18, at 373-380.
(46) このような議論については、例えば Chander, *supra* note 38, at 1228ff. を参照。
(47) J. Waldron, *Foreign Law and the Modern Ius Gentium*, 119 HARV. L. REV. 129 (2005).

人権が優越的な価値、普遍的な価値をもつことを否定できないのは確かである。しかし、このような議論は、民主主義と法の支配（あるいはある種の理性）という、競合するがともに重要な価値の調整を行う必要があるという、議論の出発点の確認にすぎないように思えてならない。このような試みは、いつどのような場合に、法の支配ないし人権が民主主義を凌駕することになるのか、基準を示すことに成功していないのではないか。

　それでも、この類の議論には、基準を設定するなんらかのヒントを見出すことができるように思われる。例えば、ウォルドロンの *ius gentium* 論は、類似の判断の蓄積を要求している[49]一方、*ius gentium* を完全に自然法であるとも考えていない。つまり、ウォルドロンは、*ius gentium* とは、本来多くの事案において見出されたプラグマティックな賢慮を反映した便法であるというのである[50]。それでも彼は、外国あるいは国際的な先例の参照を必要とする基準を示してはいない[51]。そこで、次の**3**において、より詳細な基準を、プラグマティックな議論を参照しつつ、探ってみることにする。

3　プラグマティックな正当化

　2の最後に、外国法あるいは国際法上の先例を参照することについてのプラグマティックな根拠づけを行うことの重要性を指摘した。しかし、そもそも、なぜ外国の裁判所や国際裁判所において類似の判断が積み重なっている場合に、外国判例や国際判例を参照することが求められるのであろうか。エリック・ポズナーとサンスティンは、我々にこの問いに対する答えを提示

---

(48) この点、山本龍彦「憲法訴訟における外国法参照の作法」小谷順子ほか編『現代アメリカの司法と憲法』（尚学社、2013年）326頁が、ウォルドロンの *ius gentium* 理論をプラグマティックな理由づけであるとする一方で、山元一「グローバル化社会と人権法源論の展開」小谷順子ほか編『現代アメリカの司法と憲法』（尚学社、2013年）348頁、353-355頁は、この見立てに否定的であり、規範的な議論であると主張する。

(49) Waldron, *supra* note 47, at 133.

(50) *Id.*. 山本龍彦がこの点を強調する（山本・前掲註(48)326頁）一方、山元一は、これは *ius gentium* の起源についての説明にすぎず、ウォルドロン自身は、*ius gentium* を人権の普遍性を反映したものであるとする（山元・前掲註(48)348頁）。加えて、ローマ法にいう *ius gentium* に淵源をもつある種のコモンローとしてのコスモポリタン法概念を提示するウォルター（M.D. Walters）の議論も参照。*See, e.g.*, Walters, *supra* note 32, at 441.

(51) この点に関して、ジャクソンがウォルドロンを批判している。*See*, Jackson, *supra* note 10, at 294 n. 23［ジャクソンは、ウォルドロンの命題が適用されるためには、真の、議論が尽くされた合意が必要となるが、そのような合意が生まれるのはかなり稀な場合であるという］。アランもまた、外国法参照を自然科学になぞらえるウォルドロンの議論を批判する。*See*, J. Allan, *Jeremy Waldron and the Philosopher's Stone*, 45 SAN DIEGO L. REV. 133, 140-141 (2008).

してくれる(52)。二人は、コンドルセの陪審定理によって、外来判決の参照の重要性が基礎づけられるとともに、その限界も明らかになるという(53)。よく知られているように、コンドルセの陪審定理とは、ある集団の個々の構成員が正しい判断を行う可能性の方が誤った判断を行う可能性に優る場合に、投票に加わる人間が多くなればなるほど、投票の結果選択される結果は、正しいものとなる可能性が増すというものである(54)。ポズナーとサンスティンは、この定理を外国判例・国際判例の判断に従うべきかどうかという場面に応用するのである。より具体的にいえば、外国判例(55)に従うべき3条件を挙げる。すなわち、①先例は、その判断によって十分に影響を受ける人間によって下されていること(56)、②問題となる他国ないし国際判決の対象が十分に似ていること(57)、そして、③他国における諸判断は各々に独立したものであること(58)の3点である。

それぞれの条件について、補足的な説明をしておくと、まず、コンドルセの陪審定理は、個々の判断者が正しい判断を下せる可能性の方が高いことを前提としているので、判断者、あるいは「投票者」として認められるためには、関連情報を十分に有していなければならない。そのために、ポズナーとサンスティンは、条件①を挙げているのである。次に、コンドルセの陪審定理は、もともと特定の同一問題についての判断を想定しているので、他国の判断は、十分に類似した状況下で下されていなければならない。これが条件②が導き出される根拠となる。最後に、条件③は、独立した投票を必要とするという、まさに陪審定理の定義自体に含まれていることを、そのまま外国判決参照の文脈に置き換えたものである。ポズナーとサンスティンが提示するこの枠組は、これらの諸条件を満たしているのかどうかの判断には困難を伴う(59)ものの、外国判決や国際判決の判断に従うことが許されるかどうか

(52) ポズナーとサンスティンは、後掲註(53)論文 (*infra* note 53) において、他の裁判所の判断をなぜ参照できるのかだけではなく、どのような場合にそれが正当化できないのかについても理解しようとするものであることを強調している。*See also*, E.A. Posner & C.R. Sunstein, *On learning from Others*, 59 STAN. L. REV. 1309, 1310 (2007).

(53) E.A. Posner & C.R. Sunstein, *The Law of Other States*, 59 STAN. L. REV. 131, 136-137 (2006).

(54) *See, e.g.*, K.K. Ladha, *The Condorcet Jury Theorem, Free Speech, and Correlated Votes*, 36 AM. J. POL. SCI. 617, 617-618 (1992). 邦語では、例えば、長谷部恭男『比較不能な価値の迷路』(東京大学出版会、2000年) 89頁以下 (初出、1996年) を参照。

(55) ポズナーとサンスティンは、外国判決の参照を直接の対象としている。

(56) Posner & Sunstein, *supra* note 53, at 144.

(57) *Id.*.

(58) *Id.*, at 144-145.

の根拠と基準を概ね説明できているように思われる。関連して、ポズナーとサンスティンも、実際上記3条件の充足を判断する能力が司法府に存在するのかについて疑念をもっており[60]、裁判所による外国判例や国際判例の参照について評価するには、裁判所の能力にも着目する必要があることが示唆される。

　この他にしておかなければならないのは、他の論者がしばしば外国法と国際法を混同して議論している[61]のに対して、ポズナーとサンスティンの二人がはっきりと、別々のものとして扱っていることである[62]。先に註(55)でも触れたように、彼らの命題は外国の先例に従うべきかどうかというものに関するものであり、国際法についてはあまり言及していない。さらに、二人は、各々の当事国の「投票」と同視できない限りは、国内裁判所は国際条約に重きを置くべきではないとするのである[63]。もっとも、筆者は、このような指摘は、3条件の基準としての有用性を損なうものではないと考えている。というのも、国際条約を基本的に重視すべきではないという指摘は、この基準を、ある種類型的に国際条約について適用したものであると理解することができるからである。なお、そのような大まかな傾向を示すこと自体は妥当であるが、国際条約に基づく個々の先例については、より具体的に3条件の充足が判断されるべきであるという意味で、ポズナーとサンスティンの議論を批判することはできよう。

(59) 本章のもととなっている国立台湾大学での報告に対して、トム・ギンスバーグ（Tom Ginsburg）から、事件の類似性と、判断の独立性の双方を要求していることには、問題があるのではないかという指摘を受けた。筆者は、類似性が参照される事件における事案と離れたものではないことを意味する一方、独立性とは他の判断の単なる模倣や他の判断への従属を意味しており、一応両者をともに満たす場合は十分にありうると考えている。
　　さらに、ローゼンクランツが、N.Q. Rosenkranz, *Condorcet and the Constitution: A Response to The Law of Other States*, 59 STAN. L. REV. 1281 (2007) において、ポズナーとサンスティンの議論について、さらにいくつかの根本的な批判を加えている。要約すると、ローゼンクランツは、コンドルセの陪審定理は、正しい答えが存在することを想定しているが、制憲者たちはそのような考え方自体を否定していたというものである。この批判自体は、原意主義の表明以上のものではないといえるが、正しい答えが指定できるかという問題自体は、難問として残ろう。ポズナーとサンスティンのローゼンクランツへの応答については、Posner & Sunstein, *supra* note 52, at 1310ff. を参照。
(60) Posner & Sunstein, *supra* note 53, at 168-172.
(61) とりわけ、コスモポリタン法や *ius gentium* を援用する議論においては、外国法と国際法の区別は相対化されやすい。
(62) Posner & Sunstein, *supra* note 53, at 164-168.
(63) *Id.*, at 166. 確かにこの指摘は重要なものを含んでいるが、外国法が他国内において法的効力をもたないのに対して、国際人権条約をはじめとして、国際法は、多くの国家において有効な国内法としての地位も有しているということを見逃してはならない。

最後に、フォン・ボグダンディが国際法の断片化とそれに伴う民主的一般性の欠損を回避するために国際裁判所が体系的解釈を行うべきだとしていたこと[64]について、ここで再び注意を促しておきたい。フォン・ボグダンディは、体系的解釈の具体的な方法や基準について語らないが、類似・関連する法も考慮するという意味での体系的解釈の方法についても、コンドルセの定理は機能するのではないだろうか[65]。

IV　国内裁判所と国際裁判所の関係

　ここまで、すでに国際裁判所と国内裁判所の関係性をめぐるいくつかの考え方に言及してきた。例えば、フォン・ボグダンディは、国際裁判所の判断について、国内裁判所による補足的調整が必要であるとしている[66]ことに言及した。これに関連して、国際裁判所（あるいは超国家的裁判所）は、国内裁判所（あるいは下のレベルの裁判所）に対して、国内事項（あるいは下のレベルの問題）が問題となっている場合敬譲を示すべきだ（補充性の原則）という論者もいる[67]。フォン・シュターデン（A. von Staden）がいうように、その理由とは、国際裁判所は個人からの距離が遠く、それゆえ国内の判断者の方が国内の状況により適合的な判断が可能だからである[68]。

　ここでは詳細に述べなかったが、ベンヴェニスティとダウンズは、国際裁判所に自身の判断を見直すように圧力をかけるべく、お互いに協力すべきであるとも論じている[69]。さらに、ポズナーとサンスティンが、国内裁判所が国際判例を引用することを完全には否定しない一方で、フォン・ボグダンディの体系的解釈原理は、国際裁判所が関連する国内判例の参照を否定しないという点にも注目する必要がある。以上のような議論から、国内裁判所と国際裁判所の相互のチェックの有用性が示されるところでもある。

---

(64)　Von Bogdandy & Venzke, *supra* note 11, at 36-38.
(65)　しかしながら、国際的文脈においては、文化的多様性にも留意する必要がある。
(66)　Von Bogdandy & Venzke, *supra* note 11, at 39. *See also*, Benvenisti & Downs, *supra* note 18, at 380.
(67)　*See, e.g.,* von Staden, *supra* note 27, at 1026.
(68)　*See, id.,* at 1034-1038.
(69)　*See,* E. Benvenisti & G.W. Downs, *National Courts, Domestic Democracy and the Evolution of International Law,* 20 EURO J. INT'L L. 59, 68 (2009).

V 再論——裁判所の「対話」とは何か

　最後にこれまでの議論をまとめておくことにしよう。第1に、国境を越える裁判所の対話とは、裁判所間の水平的・垂直的両方の判断の相互参照のことをいう。第2に、「対話」を評価する際には、一般的な公衆に根ざした、民主的正統性を考慮にいれなければならない。第3に、各々の独立性ないし独自性への理解や尊重を通じて、裁判所は、相互参照によって、互いにチェックを行う必要がある。最後に、特定の先例に従うべきかどうかは、コンドルセの陪審定理から導かれる三つの条件によって判断される。

　続いて、本補論を締め括るにあたって、もう一つ言及しておくことにする。冒頭で、分断化されたグローバル化社会における、スローターの新しい法秩序像を提示したところであるが、彼女は、この時代において適切な世界秩序を構築するためには、次の五つの要請を満たす必要があるという。すなわち、熟議への参加における平等、正統な差異、積極的な敬譲、抑制と均衡、そして、補充性である[70]。ここで挙げられた五つの要請と、本補論における検討の結果を比較すると、その類似性に気づかされる。このことは、スローターの、「ネットワーク」についての規範的評価が、基本的に、裁判所の国境を越える対話、すなわち、相互の参照あるいはやり取りにも当てはまるということなのかもしれない。

---

(70) SLAUGHTER, *supra* note 2, at 244ff.

終　章

　本書では、グローバル化に伴う法規範形成の国際化、超国家化（場合によっては脱国家化）といったものに対して、法規範の民主的正統性の確保という観点から国内議会の位置づけや果たすべき役割（第1部）と、国内裁判所の位置づけ・果たすべき役割（第2部）について論じてきた。もっとも、第2部では、国内裁判所の役割というものを出発点としつつ、各国憲法における外来法秩序に対する取り扱いをめぐる基本原則にも議論は波及し、最後に日本国憲法98条2項の解釈論についても触れることとなった。

　ここで、第1部・第2部での検討結果を簡潔に振り返っておく。第1部では、国内議会の関与を確保すべく、条約承認手続の対象を実質的に判断し、形式的な判断を加える場合よりも拡大すべきことをまず述べた。しかし、この方策には限界が存在し、「条約」を想定した場合にあっても、承認という「点」に限定されることなく、交渉時点からの議会の多様かつ継続的な（比喩的には線あるいは面の）コントロールを行うべきこと、行政手続などの利用による補充的な民主的正統性確保の可能性も指摘した。さらには、他方で迅速な対応も求められるところ、承認手続を簡略化しつつ、継続的な関与・コントロールを行う可能性を提示したところでもある。

　ただし、国内議会による承認やそれに準じるものを想定しうる法規範は限定されており、行政法の手法による規制を措けば、最終的な規範適用の担い手である国内裁判所に「ゲートキーパー」としての役割を期待できないのかというのが、第2部の議論の出発点であった。ここでは、自動執行性ないし直接適用可能性というものが、基本的には国内における権力分立の問題であることが指摘され、その中で、国内議会に重要な決定を求める契機となりうることを提示した。また、国際法の「間接適用」ともいわれる、国内法の国際法適合的解釈についても検討した。ここでも、国際法適合的解釈の方法や

限界は権力分立を中心として、形づけられ、また、とりわけ限界については各国の憲法における根本的な原則もまたそれを形成すべきことを指摘した。そして、その過程で先に述べた通り、各国憲法における外来法秩序に対する取り扱いをめぐる基本原則についても検討した。そこでは、それぞれの法秩序にとっての基本的価値の維持を確保しつつ、相互に入り組む複数の法秩序の柔軟かつプラグマティックな調整が行われるという、古典的な国際法・国内法の関係論とは異なる思考枠組の可能性にも言及したのである。

以上のような検討内容を振り返ると、本書に通底するテーマは、権力分立構造の中で、国内議会と国内裁判所の機能分担、権限配分であると評価でき、『グローバル化と憲法』という表題をもつ本書ではあるが、厳密には、グローバル化時代における法律の留保論とも位置づけることができよう。これは、他方で、基本権論について本書の検討が手薄であることを意味しており、グローバルな人権保障も重要な検討課題になっている現在にあって、うがった見方をすれば、それに冷水を浴びせるような議論も随所で行っている。しかし、これは、国際人権の重要性を否定するものではなく、重要であるからこそ、それに流された安易な議論を行ってしまうことに対する、自戒の念もこめた牽制であるにすぎない。その意味では、将来、グローバルな人権保障の問題にも本格的に取り組みたいと考えている。

グローバルな人権保障の問題の検討という将来の課題に言及したが、これ以外にも本書では論じきれなかった課題はいくつか残っている。そこで以下では、それらの課題について簡潔に述べ、本書を閉じることにしたい。

先にも少し言及したが、本書第1部では、行政手続の活用による法規範の民主的正統性確保の可能性について触れた。しかし、民主政理論として、行政手続が民主的正統性の確保に資するものであるかどうかという点について、最終的な回答を留保している。この点については、今後民主政の基礎理論の研究を深めることによって解答に近づきたい。

また、これと密接に関連する問題として、第1部の末尾で触れているが、行政統制の手法をグローバルなレベルで活用する議論の検討も重要な課題となっている。本書では、さしあたり、我が国においても行政法学において活発化しつつある、グローバル行政法論、あるいは、国際的行政法論の参照を求めたにとどまっている。やがては、筆者自身の課題としてこれらの問題に取り組みたい。ただし、グローバル行政法においては、国家なき場面におい

て「行政」法を語ることが果たして可能なのか、他方で、抵触法的な意味での国際的行政法など、あくまで国家を基軸に考えていくことが、これからの時代、果たしてどこまで有効なのかは疑問がないわけではない。そういう意味では、手続による規律に純化してしまうわけでもなければ、国家に固執せず、正統化が必要となる行為に枠づけをしようと試みる、フォン・ボグダンディの「公的権力（public authority）論」[1]には興味を強くひかれる。そもそも議論として成立しているのかという根本的な点から取り組んでいきたい。そして、これらの議論は、本書が冒頭でさしあたっての検討課題から排除した、グローバルなレベルでの民主政論にもつながっていくものであり、最終的にはこれに取り組みたいと考えている。

---

(1) *See* A. von Bogdandy, P. Dann & M. Goldmann, *Developing the Publicness of Public International Law: Towards a Legal Framework for Global Governance*, 9 GER. L.J. 1375, 1381-1382 (2008).

あとがき

　本書は、私が初めて単著として世に問う研究書である。これは、2012年1月に京都大学に提出した、課程博士学位論文「グローバル化時代の議会民主政」（概ね、本書の第1部がこれに該当する）に、その後公表したいくつかの論稿を加え再構成している。学位論文の執筆に取り掛かってから6年の間に著したものであり、その間に私の興味関心は良くも悪くも移ってきた。しかし、単なる論文集ではなく、「民主的正統性」をキーワードに、グローバル化時代の国内統治構造のあり方を模索するという、一貫したテーマの下にまとめられた、モノグラフィーとしての体裁を保っているつもりである。本書が学界、さらには広く公論にとってなにがしかの利益をもたらすものであるかは私には判断がつかないが、修行時代の区切りとして曲がりなりにも一つの著作を編み出せたことに、今は少し安堵している。もちろん、本書の出来は決して安堵を許すようなものではなく、読者の皆様からのご意見・ご批判を賜り、一層精進しなければならないことも承知している。本書について忌憚のないご叱責を賜れれば幸いである。

　本書を書き上げるまでには、多くの方々にお世話になった。Doktorvaterである毛利透先生には、まず何をおいてもお礼を申し上げなければならない。先生は、院生時代、完全な研究の自由をお認めくださり、研究内容につき細々と指図を受けたことも一切なければ、雑用の類の仕事を仰せつかったこともない。それでいて、こちらからお願いする推薦状の執筆などについては常にご快諾くださった。先生の基礎理論に対する深い理解に裏付けられた論稿に接するとき、それに比して議論の表層をなぞるのに必死な拙稿をただだ恥じるばかりである。この度、本書のような不十分なものを世に問うことになった、「親不孝」についてはご寛恕を願うほかない。

　続いて、大学院時代副指導教授をお願いした、初宿正典先生と土井真一先生にもお礼を申し上げたい。学部の憲法第二部の授業においてドイツ憲法学

に関心をもつきっかけを与えてくださった初宿先生は、いつまでたってもドイツ語の読解が覚束ない私にも、大学院の授業において忍耐強く相手をしてくださった。今でも、学会等でお会いすると優しいお言葉をかけてくださり、研究の励みになっている。土井先生のアメリカ憲法学にはとどまらない広いご学識からは日々多くを学ばせていただいており、現在共同研究者に加えていただいている研究プロジェクトの研究会は、私が一学生に戻って勉強できる貴重な研鑽の場となっている。

大石眞先生、曽我部真裕先生、見平典先生にも、京都大学在籍時から、多大なご指導を賜った。大石先生は、「憲法第一部」という憲法学との出会いを提供してくださった。さらに現在に至るまで研究会等で様々なご助言をいただいている。曽我部先生には、院生時代以来の研究会等でのご指導のほか、現在ではいくつか仕事をご一緒させていただき、そこで得るものも多い。学部時代のサークルの先輩でもある見平先生は、私にとって導きの星である。

お世話になった先生方の名前を挙げればきりがないので、これ以上は割愛させていただきたいが、最後に、本書がなるにあたって大きな助けとなった、勉強会について触れておきたい。法律時報誌上の「憲法学のゆくえ」という連載企画において、光栄なことに本書の一部をなす拙稿について言及していただいたのであるが、あまつさえ、これがきっかけとなり、森肇志先生と宍戸常寿先生を中心として「憲法学と国際法学の対話にむけて」という勉強会が発足し、私も末席に加えていただくことになった。本書第2部には、この勉強会での刺激を受けて執筆した部分も多く含まれている。両先生をはじめとする、勉強会メンバーの先生方（岩月直樹先生、山本龍彦先生、伊藤一頼先生、北村朋史先生、江藤祥平先生）には、お礼を申し上げたい。

また、博士課程進学当時の京都大学憲法研究室の年長者として、研究生活のイロハを教えてくださった奥村公輔先生や、「四者四様」の研究テーマと研究スタイルをお示しくださり、今尚親しく交流させていただいている一学年上の先輩方（内野広大先生、鈴木敦先生、白水隆先生、御幸聖樹先生）をはじめ、学部1回生の時からの付き合いで、今も類似の研究テーマを扱う者同士、よき相談相手となっていただいている近藤圭介先生、学部時代在籍した岡村周一ゼミの院生チューターであり、大学院進学後はドイツ公法学のabcを教えてくださった重本達哉先生など、京都大学で優秀な先輩・後輩に巡り会えたことも筆者にとって何より幸せなことであったと思う。

加えて、昨年4月から籍を置いている、岡山大学法学部から得た有形無形の支援にも触れておかねばならない。本書の4割程度は、岡山大学移籍後に執筆したものであり、本書は岡山大学法学部の充実した研究環境無くしては生まれていない。これは、深刻な状況に置かれる地方国立大学文系学部にあって、若手の研究環境の維持を何よりも優先してくださっている、執行部の先生方のご尽力のおかげであり、感謝してもしきれない。また、恵まれた環境への移籍にあたり労をお執りくださった、井上武史先生にも感謝している。

　本書がなるにあたり、弘文堂編集部の登健太郎氏には、多大なるご助力をいただいた。原稿に対する迅速かつ適切なコメント、わがままな私からの希望への当意即妙なご対応には、大変感謝している。このような優秀な編集者をご紹介くださり、拙著が弘文堂「憲法研究叢書」シリーズの末席を汚すきっかけをくださった、片桐直人先生と大林啓吾先生にも、日頃からの学恩に対するものも含め、お礼を申し上げたい。

　なお、本書の内容は、科学研究費補助金（特別研究員奨励費）「グローバル化における国内議会の位置付け」（課題番号23・2614）、科学研究費補助金（研究活動スタート支援）「グローバル化時代の国内統治構造」（課題番号24830040）、科学研究費補助金（若手(B)）「グローバル化時代における国内裁判所と民主政」（課題番号26780020）、科学研究費補助金（基盤(C)）「憲法適合的解釈の国際比較」（課題番号26380033）といった補助を受けた研究の成果である。また、本書の出版にあたっては、京都大学大学院法学研究科よりの多大な援助（平成28年度京都大学総長裁量経費として採択された法学研究科若手研究者出版助成事業による補助）をいただいたことについても、ここに記して謝意を表したい。

　最後に、私事に亘り恐縮だが、家族とは全く別の専門を選び、日々よくわからない理屈をこねるようになっていく私を、これまで温かく見守ってくれた両親と兄に感謝したい。本書を、最晩年に至るまで不肖の孫のことを気にかけ、物心両面において支えてくれた、亡き祖母、樋口英子の霊に捧げる。

岡山大学　津島キャンパスにて
2016年晩秋に
山田　哲史

■事項・人名索引

A～Z

actus contrarius 原則 …………………………… 56
amicus curiae …………………………… 465, 467
AUMF …………………………………………… 309
Charming Betsy Canon ……… 251, 304-306, 308-324, 326-340, 344, 347-351, 441, 444, 456
Chevron Doctrine … 310, 314, 327, 334-340, 342-344, 346, 347, 349
Chevron Step 0 …………………………………… 338
Chevron Step 1 …………………………… 338, 339
Chevron Step 2 ………………… 310, 338, 339
EU 基本権憲章 ………………………………… 402
G. W. ブッシュ（G.W. Bush）… 101, 128, 289, 313
GATT …………………… 205, 208-210, 336, 337
ius gentium ………………… 305, 468, 469, 471
non-self-executing ………………… 258, 263, 264, 276
Nondelegation Canon ……………… 161, 175, 344
ratio legis ………………… 372, 374, 380, 400
Solange II 判決 ………………… 406, 432, 434
TRIPS 協定 ……………………………………… 209
WTO ……… 82, 208-210, 288, 310, 334, 336, 337, 339-341

あ

アイゼンハワー ……………………………… 261
（憲法）アイデンティティ審査 ………… 433-436
アカウンタビリティー … 119, 120, 122, 124, 126, 149, 154, 155, 157-159, 161-165, 174, 175, 187, 343, 346, 467
浅田正彦 …………………………………… 202
芦田均 …………………………………… 448-451
芦部信喜 ……………………………… 17-20, 45
新しい国際法（New International Law）… 173-176
アフガン戦争 …………………………………… 309
アリート（S. Alito）…………………………… 290
アレキサンダー（L. Alexander）……………… 155
アレクシー（R. Alexy）………………………… 371
安全保障理事会 … 1, 4, 36, 40, 170, 199, 261, 262, 282, 291, 297
アンチダンピング協定 ………… 337, 339, 340

い

域外適用 ………………………… 307-309, 313
意見公募手続（パブリック・コメント手続）
………… 123, 125, 164, 183, 186, 190, 191

違憲判断回避原則 … 310, 312, 318, 322, 326-328, 331, 337, 338, 344
（国際法・国内法）一元論
………… 196, 323, 358, 378, 421, 424
一般国際法 ………………… 173, 355, 452, 457
一般的受容 ………………… 203, 212, 214-216
一方的行為 ………………… 19, 35, 53, 54, 57, 61
委任禁止法理（Nondelegation Doctrine）…… 119, 124, 134, 149-157, 159, 163, 164, 167-176, 184, 186, 191
イリィ（J.H. Ely）………………… 144, 153, 468
入江・ケーディス会談 ……………………… 450
岩澤雄司 … 186, 192, 196, 197, 200, 201, 203, 213-215, 217, 218, 221-223, 225, 226, 228, 243, 249, 253, 259, 270, 279, 283, 299, 413

う

ヴァイマル憲法 ……… 91, 354-356, 366, 450, 453
ヴァスケス（C. M. Vazquez）
………… 266-270, 272, 274, 275, 277, 279, 294
ヴァミュール（A. Vermeule）………… 150, 155
ウィーン条約法条約
… 9, 12, 13, 18, 26, 55, 58, 102, 245, 278, 385
ウェンツケ（I. Venzke）……………………… 463
ウォルドロン（J. Waldron）………… 244, 468, 469
ウルグアイラウンド協定 ……………………… 109

え

江島晶子 ……………………………………… 220
エリック・ポズナー（E.A. Posner）
………………………… 155, 469, 470

お

欧州安定化メカニズム法 ………………… 78, 79
欧州委員会 ……………………………… 86, 89
欧州化 ……………………… 20, 42, 46, 52, 224
欧州人権規約 ……………………………… 354
欧州人権条約親和性原則 …………………… 401
欧州法親和性原則 ………… 368, 433, 439
欧州理事会 …………………………………… 86
欧州連合委員会 ………………………… 64, 88, 89
欧州連合条約（EUV）………………… 85, 86
大石眞 ………………………… 10, 17, 188
オーヴス（M.J. Alves）……………………… 340
大平正芳 ……………………………………… 10
オコナー（S. O'Connor）………… 309, 466

483

オッセンビュール（F. Ossenbühl）……49, 50, 69

か

カーター…………………………………262
外交委員会………………………………64
外交的保護権……………………………293
外国主権免除法（FSIA）………………313
海事不法行為法（Jones Act）…………307
解釈宣言………………………18, 114, 188, 269
解釈の補助手段（Auslegungshilfen）……428
解釈方法論（Methodenlehre）……393, 430, 435
外来法…………………244, 352, 364, 382, 439, 460
カヴァノー（B. Kavanaugh）……313, 329, 332
書かれざる（ungeschrieben）憲法原理
　…………………………………370, 372, 380
確立された国際法規
　…………246, 447, 450, 451, 452, 455, 457
合衆国国際貿易委員会（USITC）………111
カティアル（N.K. Katyal）……………345-347
金森德次郎……………………………449, 451-455
カルロ・シュミット（Carlo Schmid）……353, 355
慣習国際法……4, 18, 27, 171, 191, 195, 196, 199,
　203, 206, 245, 250, 251, 278, 303, 313, 316,
　317, 326, 328-330, 332-335, 342, 343, 345,
　356, 378, 385, 386, 446, 457
間接適用……5, 171, 197-199, 225-232, 234-238,
　242-245, 247-252, 304, 349, 351, 459, 475
環太平洋パートナーシップ協定（TPP）
　…………………………………100, 110, 185

き

議院内閣制………50, 64, 73, 91, 166, 184, 186, 187
議会関与行政協定（congressional-executive
　agreement）……101, 102, 104, 105, 117, 127,
　130, 132, 133, 182, 288, 302
議会拒否権…………………………………124, 152
議会留保……37-39, 41, 50-52, 59, 62, 65, 69-73,
　78-81, 92
機関訴訟………………………………32, 33, 34, 36, 80
旗国主義……………………………………308
北アメリカ自由貿易協定（NAFTA）
　…………………………102, 105, 109, 112, 113
北大西洋条約機構（NATO）
　………34-37, 39-41, 48, 54, 58, 59, 82, 366, 373
機能主義………………………………142, 144, 148
基本権審査……………………………432, 434, 435
義務理論……………………………………424
（直接適用可能性の）客観的基準
　………………………214, 419, 420, 422-427, 437

客観的法………202, 249, 301, 302, 415-417, 424
客観法発生説………………………………219, 302
キャリアー（M.A. Carrier）……………181, 182
救済法（remedy law）……………………279
9人委員会…………………………………79
旧ユーゴスラビア国際刑事裁判所（ICTY）
　…………………………………………403, 409
強行規範（ius cogens）
　………………313, 331, 402, 407-409, 457, 458
強制管轄権受諾宣言………………………54, 361
行政手続…122, 126, 149, 159, 160, 162-167, 175-
　177, 182, 183, 186, 187, 190, 475, 476
行政手続法（Administrative Prcedure Act; APA）
　…………………………………119, 122, 124, 153
行政取極…………………………10, 104, 447, 458
行政ネットワーク…………………………334, 460
協働…17, 18, 38, 45-48, 52, 63, 67, 68, 84, 91, 94,
　119
協力の国際法………………………………362, 369, 407
銀行監督に関するバーゼル委員会………1, 461
ギンスバーグ（R.B. Ginsburg）
　……………………………107, 268, 292, 466, 471

く

クー（J.G. Ku）…………………173, 174, 175, 176
クノップ（D. Knop）………367, 368, 370-372, 374-
　377, 379, 381-387, 390-398, 400-404, 430,
　431, 436
クリントン…………………………………106, 157
グレーヴェ（W.G. Grewe）………………44, 45
クレープス（W. Krebs）…………………51
グローバル行政法……………190, 191, 221, 476
グローバル・デモクラシー論……………2

け

経済的、社会的及び文化的権利に関する国際規
　約（社会権規約）……201, 202, 205-208, 210
形式主義………………………………142, 144, 148
形式的法律概念………………………………67, 77
継続発展……………………………………57, 59
ケーガン（E. Kagan）……………157-159, 162, 164
ゲートキーパー委員会の不承認…………111
ケーニッヒ（König）………………389, 396, 397, 429
ゲオルク・イエリネック（Georg Jellinek）……417
ケネディ（A. Kennedy）
　……………………141, 142, 290, 313, 462, 466
権限権限（Kompetenz-Kompetenz）………433, 436
権限踰越（ultra vires）審査……………432-435
原告適格（Aktivlegitimation）……………417

建設的不信任決議 ……………………………… 63
憲法改正小委員会 …………………… 448-451, 455
憲法機関忠誠（原則）…… 76, 83-85, 89, 90, 95, 97
憲法制定会議 ……………………………… 271, 272
憲法適合的解釈 …… 229, 230, 236, 242, 247, 249,
　　312, 360, 363, 383, 390, 394, 395
　行政裁量統制型の―― ……………………… 229
憲法（の）アイデンティティ
　……………………………… 71, 377, 429-436, 439
憲法判断回避原則 ………………………… 312, 328
憲法優位説 ………………………… 243, 245, 446
権力分立根拠論 …… 316, 317, 319, 321, 323, 326

こ

コイル（J.F. Coyle） ……………… 324, 325, 331
合意は拘束する（pacta sunt servanda）
　…………………………………… 379, 388, 407
交渉助言グループ ……………………………… 110
公的権力（public authority）………… 463, 464, 477
後法優先原則 …………………………………… 365
考慮義務（Beachtungpflicht）…… 385, 388, 392,
　　393, 398, 399, 403-405, 409, 439, 443
国軍の最高司令官 …………………… 103, 106, 135
国際化 …… 1, 20, 21, 31, 42, 46, 51, 52, 55, 62, 100,
　　185, 195, 221, 223, 224, 226, 475
国際機関への高権移譲 …………… 373, 375, 405
国際機構 …… 1, 2, 4, 9, 53, 58, 59, 108, 167, 168,
　　173, 174, 190, 301, 407, 464
国際共益 ……………………………………… 197
国際行政法 ……………………………… 190, 221
国際協調主義（日本国憲法上の）
　…………………… 252, 287, 442, 445, 446, 447, 456
国際協調論（internationalist conception）
　…… 315, 316, 319, 320, 321, 323, 325, 326, 328
国際協定 …… 92, 94, 108, 109, 113, 120, 123, 124,
　　187, 263, 265, 288, 297, 311, 336, 342
国際刑事裁判所（ICC）…………… 224, 403, 406
国際司法裁判所（ICJ）
　………… 54, 262, 289-291, 313, 333, 361, 403
国際人権法 …… 200, 218, 219, 220, 227, 231, 236-
　　238, 240, 241, 245, 247, 248, 329, 444, 456,
　　467, 468
国際的権限委譲（international delegation）…… 167
国際法上の基準 ………… 216, 264, 419, 420, 437
国際法親和的解釈（völkerrechtsfreundliche Ausle-
　　gung）…… 352, 360, 370, 381-385, 390-397,
　　399-401, 404, 405, 408-410, 414, 428-431,
　　435-437, 441, 444, 458, 459
国際法適合的解釈（völkerrechtskonforme Ausle-

gung）…… 197-199, 225-228, 242, 243, 245-
　　251, 304, 312, 349-352, 355, 360, 361, 383,
　　385, 394-397, 400-402, 404, 410, 441, 444,
　　458, 475
国際法の一般的諸原則 …… 355-359, 361, 363, 364,
　　369, 378, 379, 381, 384, 386, 387, 393, 394,
　　396, 404, 407, 456, 457
国際法への懐疑（Völkerrechtsskepsis）……… 363
国際法（条約）優位説 ………………………… 446
国際約束 ………………………… 10, 24, 92, 99
国際礼譲 ……………………………………… 344
国内管轄事項 ………………………………… 323
国防委員会 ……………………………………… 64
国民国家 ………………… 173, 190, 353, 365
国連憲章 …… 257-261, 290, 291, 293, 374, 392, 409
小嶋和司 ………………………………… 188, 448
個人（の）請求権 …… 19, 200-205, 266, 270, 411
個人の訴権（Klagebefugnis）………………… 417
コスモポリタン法 ………………… 466, 469, 471
国家指導（Staatsleitung）……………… 45, 67, 68
国家連合（Staatenverbindungen）…………… 407
国権の最高機関 ……………… 14, 17, 187, 222, 223
小林友彦 ……………………………………… 209
コモン・ロー …… 150, 267, 306, 317, 323, 343
コンドルセの陪審定理 …………… 470, 471, 473

さ

サーシオレイライ ……………………………… 115
罪刑法定主義 ……………… 215, 223, 224, 302
（国の）最高法規 …… 106, 107, 247, 256-258, 260,
　　263, 266, 267, 272, 273, 275-277, 279-282,
　　284, 286, 292-294, 296, 312, 345, 442, 448,
　　449, 451-454
在テヘラン米国大使館占拠事件 ………… 106, 138
齊藤正彰 ……… 218, 245, 246, 269, 447, 456, 458
サヴィニー ……………………………………… 393
佐々木惣一 …………………………………… 452, 453
佐藤幸治
　………… 13, 153, 216, 217, 223, 246, 247, 456, 457
佐藤達夫 ……………………………… 449, 450, 455
サンスティン（C.R. Sunstein）…… 161, 162, 175,
　　184, 327, 328, 344-347, 470-472

し

ジェイ条約 …………………………………… 278
シェーンブロット（D. Schoenbrod）………… 156
ジェノサイド条約 …………………………… 261
塩見訴訟 …………………………… 201, 202, 207
事項別拒否権 ………………………………… 152

自己決定権·· 248
事後承認行政協定···102, 105, 108, 109, 112, 113,
   116, 117, 121, 124-128, 130-132, 176-178,
   181, 182, 288, 289, 336, 342
宍戸常寿···························· 227, 229, 230, 383
私人間適用·············· 232, 234, 236, 248-251, 459
私人間適用型（国際法適合的解釈）間接適用
   ·· 242, 247-249, 459
事前授権行政協定···104, 105, 108, 116-119, 123,
   124, 126, 178, 342
事前授権法律······································· 92-94
自然法······················· 244, 316, 317, 328, 468, 469
執行本質主義（executive power essentialism）
   ··· 147
（国内）実施法律······102, 113, 116, 131, 189, 264-
   266, 269, 324, 325, 331, 336, 339, 341, 418
実施理論（Vollzugstheorie）
   ························ 26-28, 248, 287, 301, 378, 411, 412
児童の権利に関する条約
   ····························· 1, 206, 226, 229, 237-239
シベリア抑留訴訟························· 13, 203, 206
司法審査····· 48, 119, 151, 174, 175, 191, 231, 310,
   336, 341, 342, 348, 466
司法による執行可能性···· 280-282, 287, 288, 296
司法判断適合性···········116, 137, 170, 216, 268, 269,
   278, 288, 296, 298, 414, 427
市民的及び政治的権利に関する国際規約
   ··· 205, 237, 238
ジャクソン（R.H. Jackson）
   ·· 119, 135, 136, 137, 138
ジャクソン3類型······························· 140-144
衆議院帝国憲法改正案委員会················· 450
自由権規約人権委員会······························ 207
修正権·········· 13-20, 28, 30, 48, 77, 179, 195, 216
（直接適用可能性の）主観的基準
   ·· 214, 419, 420, 421, 423, 437
主観的権利······· 301, 302, 376, 378, 411, 416, 417
熟議の民主主義································ 125, 166
主権性（Souveränität）············· 143, 428-430, 435
シュタインハート（R.G. Steinhardt）
   ·· 310, 315, 321-323
出訴権（right of action）
   ···· 266, 268, 270, 279, 288, 294, 297, 298, 300
シュレーダー································· 64, 106
情報提供義務······································ 83-85, 90
（合衆国憲法2条の）条約（Treaty）
   ·· 101, 102, 288
条約監視機関·············· 234, 236, 237, 239-242, 245
条約実施法律······························ 324, 325, 339

条約借用ルール（the borrowed treaty rule）··· 324
条約承認（権）······ 4, 9, 11, 13, 14, 18, 20, 44, 63,
   100, 114, 116, 117, 121, 187-189, 302, 303,
   475
条約締結権限········· 141, 270, 272, 273, 284, 286
条約締結権者···264, 265, 267, 268, 271, 273, 274,
   276, 277, 280-283, 286, 287, 423
条約の逸脱（treaty override）··· 388, 389, 397, 429
条約の継続発展（die Fortentwicklung Vertrags）
   ············· 32, 36, 40, 53, 55, 57, 59, 60, 169, 432
条約の主人·· 433
条約の留保······ 16-18, 28, 31, 55, 56, 83, 114, 115,
   180, 188, 189, 269, 280, 333, 361
条約法条約（ウィーン条約法条約）···9, 12, 13, 18,
   26, 55, 58, 102, 245, 278, 385
条約法律······25-31, 33, 40, 45, 48, 51, 55-59, 61,
   67, 82, 92-94, 97, 98, 179, 303, 304, 363, 379,
   382-386, 390, 391, 395, 411, 419, 422, 424,
   427, 428, 432
ショールコプフ（F. Schorkopf）·················· 364
諸国民の法（law of nations）
   ·· 305-307, 311, 316, 328
ジンクス（D. Jinks）····························· 345-347
人種差別撤廃条約······················· 202, 227, 232-235
人身保護請求·· 289

す

推定ルール········· 275, 276, 282, 285, 298, 322
スカリア（A. Scalia）
   ·· 107, 151, 152, 312, 313, 466
スチュワート（P. Stewart）·························· 116
スティーブンス（J.P. Stevens）
   ·· 107, 116, 293, 294, 466
スメント（R. Smend）································84
スロス（D.V. Sloss）
   ···· 255, 275, 277-282, 285-288, 296, 300, 420

せ

政治的条約································29, 37, 43, 56, 57
政治問題の法理
   ···· 102, 116, 258, 261, 269, 318, 322, 425, 426
制度的能力················· 316, 332, 344, 346, 347
世界憲法裁判官会議······························· 461
世界人権宣言······································ 258, 259
セルフ・エグゼキューティング········ 212, 216
1974年通商法·························· 109, 110, 113
戦後補償······································ 203, 206
全米産業復興法（the National Industrial Recovery
   Act; NIRA）·· 151

そ

総合的責任（gesamte Veranwortug）............ 434
総司令部案.................................... 447, 448
ソーター（D. Souter）................... 268, 292
ソーヤー（C.W. Sawyer）.................... 135
租税法律主義........................ 222, 223, 302
ソフトロー............................ 19, 53, 60, 251, 334

た

ダール（R. Dahl）............................. 174
第一次的法（primary law）................... 279
対外関係法（第3）リステイトメント
.... 115, 262, 266, 311, 312
対外関係法第2リステイトメント........ 311, 312
対外関係法第4リステイトメント
.... 263, 264, 266, 268, 272, 275, 299, 315
対外権.... 19, 31, 32, 34-36, 38-45, 47, 48, 52, 55,
56, 63, 81, 85, 91, 94, 96, 365
体系適合的解釈........ 383, 394, 395, 407, 410, 436
大統領の固有権限..... 103, 106, 123, 135, 139, 140
第2次保安拘禁判決
.... 388, 391, 401, 429, 430, 435
対仏通商停止法........................... 304-306
大陸会議..................................... 267
対話...159, 192, 392, 434, 439, 440, 460, 461, 462,
467, 473
ダウンズ（G.W. Downs）......... 464, 467, 468, 472
高野雄一................................ 211, 212
高橋和之................... 96, 218, 219, 303, 446
高柳賢三........................... 451, 452, 453
髙山佳奈子................................... 224
多元主義的民主政（観）...................... 153
多数国間条約................. 1, 29, 83, 115, 269, 317
谷口勢津夫.............................. 222, 223
単純決議
.... 38, 51, 65, 66, 67, 68, 69, 73, 74, 81, 83, 87
ダンツィヒ事件勧告の意見.................... 283
単独行政協定（sole executive agreement）....101,
103-108, 113, 116-119, 124, 136, 138, 139,
176, 182, 308, 309, 342, 345

ち

超国家的組織................................. 436

つ

通貨同盟金融安定化法.......................... 78

て

デイヴィス（K.C. Davis）............... 159, 160
帝国議会.......................91, 447, 448, 454
抵触回避........................... 383, 394, 395
デーリング（K. Doehring）..................... 54
「手続の懈怠」の法理......................... 289
手続的主観的権利......................... 415-417
デデレアー（H.-G. Dederer）............ 434-436
デュー・プロセス条項..................... 281, 296
寺谷広司................... 234, 243, 246, 250, 349
伝統的国際法（Traditional International Law）... 173

と

ドイツ帝国憲法...........................91, 355
ドイツ連邦共和国基本法......9, 22, 124, 351, 352
統一的外交.................... 271, 274, 284, 299
ドゥオーキン（R. Dworkin）................... 371
当事国の意図.................... 260, 262, 278, 297
統治行為論.............................. 425, 426
ドーガーダス（K. Daugirdas）................. 172
トーマス（C. Thomas）
.... 107, 146, 148, 290, 331, 466
特別国際法................................... 457
独立戦争........................ 254, 271, 273, 278
閉じられた国家................... 353, 357-359, 365
閉じられた商業国家（Geschlossenen Handelsstaat）................................ 357, 358
トム・ギンスバーグ（Tom Ginsburg）......... 471
トムシャット（C. Tomuschat）...35, 367, 368, 427
トライブ（L. Tribe）..................... 102, 130
トランスナショナリスト
.... 266, 270-272, 274, 275, 279, 281-286, 298
トランスナショナル人権法源論................. 244
トリーペル（H. Triepel）...........27, 355, 424
ドレッガー（M. Dregger）................... 90-97

な

中川丈久............................... 413, 447
ナショナリスト........ 270, 271, 275, 277, 281-285
成田頼明..................................... 221

に

（国際法・国内法）二元論........180, 196, 323, 355,
358, 363, 364, 378, 421, 424
二重決定.................................34, 37, 54
2015年TPA法........................... 100, 110
日米安全保障条約................... 9, 14-17, 200
日本国憲法98条2項..... 13, 196, 201, 203, 214,

216, 217, 219-222, 229, 240, 246, 350, 441, 444-448, 450-457, 459, 475
人間の尊厳……………258, 354, 356, 408, 434, 435

ね

ネットワーク……4, 124, 125, 168, 175, 186, 334, 460, 461, 473

の

ノーティス・アンド・コメント（notice and comment）手続………122, 123, 160, 162, 163, 172, 175, 176, 178, 186

は

バーガー（W.E. Burger）…………………… 116
ハーバーマス（J. Habermas）… 2, 3, 123, 464, 465
パウエル［合衆国最高裁判所事］（L.F. Powell, Jr.）………………………………………… 115
パウエル（H.J. Powell）…………………… 145
ハサウェイ（O.A. Hathaway）……105, 109, 118, 120-122, 124-128, 130-134, 149, 154, 164, 165, 168, 169, 175-177, 181, 183, 288
濱本正太郎…………………………………… 226
林知更………………………………………20, 45
パヤンデー（M. Payandeh）
…370, 372, 374, 381-385, 395, 402, 431, 436
パリ条約……………………………………254, 255
半影（penumbra）…………………………… 327
反多数主義…………………………………… 466

ひ

ピアース（R.J. Pierce）………………… 160, 162
樋口陽一………………………………………… 216
非自動執行条約……… 171, 313, 330, 332, 333, 345
非自動執行的宣言………………………265, 277, 280
ビッケル（A.M. Bickel）…………………… 327
「必要かつ適切」条項……………… 103, 147, 266
「開かれた国家」性…353-362, 365-368, 386, 408
開かれた立憲国家……………………………352-354
ピラミッドモデル…………………………… 438
広部和也………………………………………… 213

ふ

ファスト・トラック（Fast-Track）……100, 109-113, 121, 122, 176, 178, 181-183, 185, 186
フィヒテ（J.G. Fichte）……………………357, 358
フーゴー・プロイス（H. Preuß）…………354, 355
フォーゲル（K. Vogel）
…222, 303, 354, 357-359, 362, 381, 388, 489

フォン・シュターデン（A. von Staden）……… 472
フォン・ボグダンディ（A. von Bogdandy）
……………………………463-465, 472, 477
フォン・マンゴルト（H. von Mangoldt）
………………………………………355, 356
付帯決議……………………………… 31, 82, 179
ブッツァー（H. Butzer）……………69, 72, 74-76
フラーティー（M.S. Flaherty）…………146, 147
ブライヤー（S. Breyer）… 268, 292-294, 392, 466
ブラウネル（R. Brownell）……………138-140, 143
プラカシュ（S.B. Prakash）……144-149, 155, 331
ブラック（H. Black）……………………135, 259
ブラックマン（H. Blackmun）……………… 116
ブラッドリー（C.A. Bradley）……146, 147, 171, 275-277, 281, 282, 296, 312-322, 324-326, 328-331, 334, 338, 342-345, 348
フランス革命………………………… 43, 278, 304
ブリッカー修正……………………………… 261
武力不行使原則………………………………41, 59
ブレスマン（L.S. Bressman）………158, 160, 162
ブレックマン（A. Bleckmann）……357, 359-362, 369, 381, 395, 407, 413-418, 421, 423-426
ブレナン（W.J. Brennan, Jr.）……………… 116
プローエルス（A. Proelß）………333, 384, 385, 393-395, 398, 436, 437, 441, 444, 456
プロセス理論………………………………… 468
フロリダ買収条約………………………… 255, 256

へ

米国環境保全局（Environmental Protection Agency; EPA）……………………………… 169
ヘイト・スピーチ…………………………… 226
ヘーグ陸戦条約……………………………… 203
ベンヴェニスティ（E. Benvenisti）
……………………………464, 467, 468, 472
ヘンキン（L. Henkin）
……… 115, 116, 127, 172, 174, 247, 263, 269
変型……27, 28, 196, 212, 215, 355, 356, 384-386, 411-414
変型理論（Transformationstheorie）…26-28, 196, 248, 287, 288, 301, 378, 411-412

ほ

防衛憲法（Wehrverfassung）………… 37-39, 41, 70
貿易促進権限（Trade Promotion Authority; TPA）
……………………………………………… 110
法実証主義…………………………………… 316
法治国原理…50, 73, 224, 355, 370, 387-389, 397, 405, 426, 434

法的安定性……………68, 206, 210, 295, 389
法的権利発生説………………………… 219
法的立法義務発生説…………………… 219
法の意図（*ratio legis*）………… 374, 377, 379, 400
法の支配……………96, 342, 345, 373, 448, 469
法律の留保…25, 47, 49-53, 58, 59, 69, 70, 72, 94, 95, 221, 223, 303, 424, 425, 427, 476
補完性原則……………………………86, 87, 89
ホワイト（B. White）…………………… 116
本質性理論…38, 39, 47-50, 52, 60-62, 69, 70, 73, 80, 92, 95, 96, 98, 124, 154, 184, 186, 191

ま
マーシャル（J. Marshall）… 256, 257, 263, 305, 338
マーレンホルツ（E.G. Mahrenholz）………… 35, 64

み
民衆訴訟………………………… 32, 71, 436
民主主義の赤字………………………… 2
民主政原理…50, 90, 224, 365, 388, 389, 396, 397, 429-431, 433, 435
民主的正統化…… 3, 4, 48, 101, 123, 125, 164-166, 175, 182, 183, 185, 190, 464, 465
民主的正統性…… 1-5, 20, 21, 31, 35, 46, 78, 98, 100, 123, 125, 126, 131-133, 183, 185-187, 191, 195, 197, 277, 299, 300, 365, 429, 436, 461, 464, 465, 473, 475, 476

む
棟居快行…………… 219, 247, 248, 250, 302, 349
村西良太………………… 20, 21, 38, 41, 42, 45, 46

め
明確な意思表明のルール
………………… 316, 319, 320, 322, 327, 343
メラース（C. Möllers）………47, 48, 51, 52, 81, 85, 125, 165, 166, 174, 175, 190
メンツェル（E. Menzel）………………… 34, 45

も
モンテスキュー………………………42, 43, 146

や
山本龍彦…………………………………… 469
山元一………………………………227, 244, 469

ゆ
ユー（J. Yoo）
……… 128-133, 271-275, 286, 288, 294, 302

ユーロ危機……………………32, 70, 83, 434

よ
予算法形式説…………………………… 447

ら
ライト（Q. Wright）………………258, 259, 260
ラウフ（W. Lauff）……………………… 94, 95
ラムゼー（M.D. Ramsey）……… 144, 145-149, 331,

り
利益団体リベラリズム…………………153, 159
リスボン条約……………… 4, 85-89, 377, 402, 433
リチャード・ポズナー（R.A. Posner）………… 327
立法者意図論（legislative intent conception）
………………… 315, 316, 317, 319, 320, 321
（条約の）留保…… 16-18, 28, 31, 55, 56, 83, 114, 115, 180, 188, 189, 269, 280, 333, 361
了解……………………………………16, 114
領事関係条約
…… 262, 289-291, 293, 352, 392, 402, 409, 418
領事関係条約決定………………… 403, 409, 418
領事関係条約（の）選択議定書………… 290, 291

る
ルソー……………………………………43
ルワンダ国際刑事裁判所（ICTR）
………………………… 102, 131, 403, 409

れ
レーベンシュタイン（K. Löbenstein）……… 46, 68
レス（G. Ress）………………………… 406
レンキスト（W. Renquist）
……… 116, 136, 137, 151-153, 172, 308, 466
連合規約……………………………267, 272
レンスマン（T. Rensmann）………… 354-356
連邦一般コモン・ロー……………………… 317
連邦議会議院規則…………………………30
連邦宰相………23, 30, 32, 33, 54, 64, 98, 106
連邦参議院………25, 26, 55, 64, 66, 67, 70, 74, 76, 84, 86, 87, 89, 91, 185
連邦主義………………… 131, 143, 168, 173
連邦税務裁判所（Bundesfinanzhof）
……………………………… 387-389, 397
連邦大統領………22, 23, 26, 27, 30, 67, 74-76, 84

ろ
労使関係法（Labor Management Relations Act of 1947）…………………………… 307, 308

ローソン（G. Lawson）······················ 156
ロック························ 42, 43, 146, 150, 155
ロバーツ（J. Roberts）···················· 142, 290
ロルツ（R.A. Lorz）······················ 76, 85, 179

■判例索引

【日本】

最高裁判所

最大判昭和 34 年 12 月 16 日刑集 13 巻 13 号 3225 頁	200
最大判昭和 36 年 4 月 5 日民集 15 巻 4 号 657 頁	200
最判昭和 56 年 10 月 22 日刑集 35 巻 7 号 696 頁	201
最判昭和 58 年 11 月 25 日訟月 30 巻 5 号 826 頁	201
最判平成元年 3 月 2 日判タ 741 号 87 頁	201, 202, 205
最大判平成 8 年 8 月 28 日民集 50 巻 7 号 1952 頁	200
最判平成 9 年 3 月 13 日判タ 946 号 70 頁	203
最決平成 17 年 4 月 7 日判例集未登載 [LEX/DB 文献番号 25421354]	232
最判平成 19 年 4 月 27 日民集 61 巻 3 号 1188 頁（西松建設中国人強制労働事件判決）	19, 200-202
最大判平成 20 年 6 月 4 日民集 62 巻 6 号 1367 頁	227, 237
最判平成 21 年 10 月 29 日民集 63 巻 8 号 1881 頁（日星租税条約事件判決）	19, 200, 227, 245
最大決平成 25 年 9 月 4 日民集 67 巻 6 号 1320 頁	227, 239
最決平成 26 年 12 月 9 日判例集未登載 [LEX/DB 文献番号 25505638]	233
最大判平成 27 年 12 月 16 日民集 69 巻 8 号 2427 頁	240
最大判平成 27 年 12 月 16 日民集 69 巻 8 号 2586 頁	240

下級裁判所

京都地判昭和 59 年 6 月 29 日判タ 530 号 265 頁	205, 208
東京高判平成 5 年 2 月 3 日東高刑時報 44 巻 1-12 号 11 頁	205, 207
東京高判平成 5 年 3 月 5 日判時 1466 号 40 頁（シベリア抑留補償請求訴訟）	13, 201, 203, 206
仙台高判平成 5 年 4 月 14 日判時 1463 号 70 頁	203
札幌高判平成 5 年 5 月 19 日判時 1462 号 107 頁	203
福岡高判平成 6 年 2 月 21 日判タ 874 号 141 頁	203
大阪高判平成 6 年 10 月 28 日判時 1513 号 71 頁	205, 207
東京地判平成 7 年 3 月 23 日判タ 874 号 298 頁	231
徳島地判平成 8 年 3 月 15 日判時 1597 号 115 頁	203, 205, 230
東京地判平成 8 年 11 月 22 日訟月 44 巻 4 号 507 頁	204
札幌地判平成 9 年 3 月 27 日判時 1598 号 33 頁（二風谷ダム事件判決）	228, 229, 230, 247, 249
高松高判平成 9 年 11 月 25 日判時 1653 号 117 頁	230
東京地判平成 10 年 10 月 9 日判時 1683 号 57 頁	204
東京地判平成 10 年 11 月 30 日判タ 991 号 262 頁（オランダ人捕虜戦後補償請求訴訟第一審判決）	203, 206
広島地判平成 11 年 3 月 25 日訟月 47 巻 4 号 1677 頁	204
広島高判平成 11 年 4 月 28 日高等裁判所刑事裁判速報集（平 11）136 頁	201
静岡地浜松支判平成 11 年 10 月 12 日判タ 1045 号 216 頁（浜松宝石店入店拒否事件判決）	231
大阪高判平成 11 年 10 月 15 日判時 1718 号 30 頁	201, 207
東京高判平成 12 年 12 月 6 日判時 1744 号 48 頁	204
東京地判平成 13 年 5 月 30 日判タ 1138 号 167 頁	204
東京高判平成 13 年 10 月 11 日判タ 1072 号 88 頁	204
東京高判平成 14 年 1 月 23 日判時 1773 号 34 頁	231
東京高判平成 14 年 3 月 27 日判時 1802 号 76 頁	203, 206
東京地判平成 14 年 3 月 29 日判時 1804 号 50 頁	204
広島地判平成 14 年 7 月 9 日判タ 1110 号 253 頁	204

札幌地判平成 14 年 11 月 11 日判時 1806 号 84 頁（小樽公衆浴場事件第一審判決）············ 202, 232
福岡地判平成 15 年 3 月 31 日判タ 1234 号 82 頁 ··· 229
東京地判平成 15 年 4 月 24 日判時 1823 号 61 頁 ·· 201, 204
札幌地判平成 16 年 3 月 23 日訟月 50 巻 12 号 3357 頁 ·· 204
札幌高判平成 16 年 9 月 16 日判例集未登載［LEX/DB 文献番号 25421353］
　　　（小樽公衆浴場事件控訴審判決）·· 232
広島高判平成 17 年 1 月 19 日判時 1903 号 23 頁 ··· 204
福岡高判平成 17 年 3 月 7 日判タ 1234 号 73 頁 ·· 229
東京地判平成 17 年 4 月 22 日裁判所ウェブサイト ·· 209
大阪地判平成 17 年 5 月 25 日判時 1898 号 75 頁 ··· 205, 208
大阪高判平成 17 年 10 月 27 日裁判所ウェブサイト ·· 201, 208
東京地判平成 18 年 6 月 29 日刑集 66 巻 12 号 1627 頁 ·· 207
京都地判平成 19 年 2 月 23 日判時 1993 号 104 頁 ··· 201
福岡高判平成 19 年 9 月 7 日判例集未登載［LEX/DB 文献番号 28135459］ ············· 201
大阪高判平成 19 年 10 月 30 日判例集未登載［LEX/DB 文献番号 28140498］ ······ 208
京都地判平成 20 年 7 月 9 日労判 973 号 52 頁 ·· 207
大阪高判平成 20 年 11 月 27 日判時 2044 号 86 頁 ····································· 201, 207
大阪高判平成 21 年 7 月 16 日労判 1001 号 77 頁 ··· 207
福岡高判平成 22 年 5 月 19 日判例集未登載［LEX/DB 文献番号 25473447］ ········· 208
知財高判平成 23 年 4 月 28 日裁判所ウェブサイト ·· 209
東京地判平成 23 年 12 月 19 日判タ 1380 号 93 頁 ··· 199
京都地判平成 25 年 10 月 7 日判時 2208 号 74 頁（京都初等朝鮮学校襲撃事件第一審判決）
　　　·· 226, 233, 349
大阪高判平成 26 年 7 月 8 日判時 2232 号 34 頁 ······································· 226, 233, 349
静岡地浜松支判平成 26 年 9 月 8 日判時 2243 号 67 頁 ·· 235
東京高判平成 27 年 7 月 1 日判例集未登載［LEX/DB 文献番号 25540642］············ 235

【ドイツ】

連邦憲法裁判所

BVerfGE 1, 351 ··· 32, 33
BVerfGE 1, 372 ·· 24, 33, 34, 63
BVerfGE 1, 392 ··· 28
BVerfGE 1, 396 ··· 26, 75
BVerfGE 2, 143 ··· 75
BVerfGE 2, 347 ··· 407
BVerfGE 4, 157（パリ協定判決）··· 363, 390, 391, 428, 429
BVerfGE 6, 291 ··· 363
BVerfGE 6, 309 ·· 362, 363, 369, 389, 428
BVerfGE 18, 112 ··· 364, 386
BVerfGE 23, 288 ··· 364
BVerfGE 29, 348 ··· 411, 418
BVerfGE 31, 58 ··· 364, 386
BVerfGE 34, 9 ·· 75
BVerfGE 35, 193 ··· 84
BVerfGE 37, 271 ··· 432, 434

BVerfGE 40, 141	24
BVerfGE 41, 251	50
BVerfGE 45, 1	84
BVerfGE 49, 89	51, 95
BVerfGE 58, 1	398, 432
BVerfGE 68, 1	34-36, 40, 59, 63, 64
BVerfGE 72, 200	385
BVerfGE 73, 339	406, 434
BVerfGE 74, 358	365, 386, 387, 391
BVerfGE 75, 1	365, 428
BVerfGE 75, 223	432
BVerfGE 77, 170	48
BVerfGE 89, 155	32, 71, 84, 433
BVerfGE 90, 60	75
BVerfGE 90, 286	36, 37, 38, 40, 58, 59, 63, 70, 73, 84
BVerfGE 92, 26	386
BVerfGE 97, 350	84
BVerfGE 98, 218	51
BVerfGE 101, 361	366
BVerfGE 104, 151	40, 58, 63
BVerfGE 111, 307 (Görgülü 決定)	366, 369, 388, 391, 392, 393, 396, 398, 399, 402, 403, 409, 428, 429, 432
BVerfGE 112, 1	382, 395, 396, 404
BVerfGE 118, 244	40, 41, 58
BVerfGE 121, 135	40, 41
BVerfGE 123, 267 (リスボン判決)	71, 87, 366, 377, 402, 432, 433, 435
BVerfGE 126, 286	366, 433
BVerfGE 128, 326	378, 388, 398, 399, 402, 408, 409, 429, 432, 435
BVerfGE 129, 124	70-72, 78, 79
BVerfGE 130, 318	79, 80
BVerfGE 131, 152	83, 88
BVerfGE 135, 317	434
BVerfGE 140, 115	79
BVerfGE 140, 317	434
BVerfG, 2 BvR 1290/99 vom 12. 12. 2000, NJW 2001, S. 1851	403
BVerfG, 2 BvR 2115/01 vom 19. 9. 2006, NJW 2007, S. 499	352, 368, 369, 392, 393, 402-404, 409, 418
BVerfG, 2 BvR 695/07 vom 3.5. 2007, NVwZ 2007, S. 1176	385
BVerfG, 2 BvL 1/12 vom 15. 12. 2015, NJW 2016, S. 1295 (Treaty-Override 決定)	382, 387-389, 395-397, 401, 402, 405, 407, 429, 432

連邦行政裁判所

BVerwGE 12, 16	66, 82
BVerwGE 44, 156	414
BVerwGE 47, 365	386

連邦税務裁判所

BFHE 236, 304	387, 388

連邦社会裁判所

BSG, 4 RJ 351/71 vom 29. 3. 1973, RzW 1973, S. 320 ················· 412, 414

連邦通常裁判所

BGHZ 11, 135 ··· 412
BGHZ 11, 136 ··· 419
BGHZ 52, 371 ··· 412
BGH, 5 StR 116/01 vom 7. 11. 2001, NStZ 2002, S. 168 ················· 392

バイエルン憲法裁判所

BayVerfGH, Beschluss vom 30. 9. 1959, DVBl. 1959, S. 816 ·············· 66, 67

ライヒ裁判所（ヴァイマル期）

RGZ 117, 280 ··· 412
RGZ 117, 284 ·· 412, 418
RGZ 119, 156 ··· 412
RGZ 121, 7 ·· 412, 413

【アメリカ】

連邦最高裁

A.L.A. Schechter Poultry Corporation v. United States, 295 U.S. 495 (1935) ······················ 151
Almendarez-Torres v. United States, 523 U.S. 224 (1998) ························· 311
American Insurance Association v. Garamendi, 539 U.S. 396 (2003) ············ 106, 107, 140, 143, 144
American Textile Manufactures Institute v. Donovan, 452 U.S. 490 (1981) ················ 151
Ashwander v. TVA, 297 U.S. 288 (1936) ································· 312
Atkins v. Virginia, 536 U.S. 304 (2002) ·································· 466
Baker v. Carr, 369 U.S. 186 (1962) ······································· 318
Benz v. Compania Naviers Hidalgo, S.A., 353 U.S. 138 (1957) ················· 307
Chevron v. N.R.D.C., 467 U.S. 837 (1984) ······························· 343
Chicago & Southern Air Lines, Inc. v. Waterman S.S. Corp., 333 U.S. 103 (1948) ··············· 140
Clinton v. City of New York, 524 U.S. 417 (1998) ························· 152
Cunard S.S. Co. v. Melon, 262 U.S. 100 (1923) ···························· 251
Dames & Moore v. Regan, 453 U.S. 654 (1981) ················ 106, 136-140, 143
DeBartolo Corp. v. Florida Gulf Coast Building & Construction Trades Council, 485 U.S. 568
　(1988) ·· 310, 311, 337
Federal Power Company v. New England Power Company, 415 U.S. 345 (1974) ············· 151
Field v. Clark, 143 U.S. 649 (1892) ······································ 150
First National City Bank v. Banco Nacional de Cuba, 406 U.S. 759 (1972) ·············· 140, 141
Foster v. Neilson, 27 U.S. (2 Pet.) 253 (1829) ················ 255-257, 267, 268
Fourteen Diamond Rings v. United States, 183 U.S. 176 (1901) ···················· 114
Goldwater v. Carter, 444 U.S. 997 (1979) ·························· 115, 116, 136
Grutter v. Bollinger, 539 U.S. 306 (2003) ································· 466
Hamadan v. Rumsfeld, 548 U.S. 557 (2006) ······························· 309
Hamdi v. Rumsfeld, 542 U.S. 507 (2004) ·································· 309

Hartford Fire Insurance Co. v. California, 509 U.S. 764 (1993) 312, 313
Industrial Union Dept. v. American Petrol. Inst., 448 U.S. 607 (1980) 151, 153, 172
INS v. Cardoza-Fonseca, 480 U.S. 421 (1987) 339
INS v. Chadha, 462 U.S. 919 (1883) 124, 152
J.W. Hampton, Jr. & Co. v. United States, 276 U.S. 394 (1928) 150
Kent v. Dulles, 357 U.S. 116 (1958) 138, 151
Lauritzen v. Larsen, 345 U.S. 571 (1953) 307
Lawrence v. Texas, 539 U.S. 559 (2003) 462
Loving v. United States, 517 U.S. 748 (1996) 152
Medellín v. Texas, 552 U.S. 491 (2008) (Medellín 判決)
.... 107, 140, 141, 143, 168, 253, 255, 262, 268, 289, 290-300, 334
Missouri v. Holland, 251 U.S. 416 (1920) 266
Mistretta v. United States, 488 U.S. 361 (1989) 152
MuCulloch v. Sociedad Nacional, 372 U.S. 10 (1963) 308
Murray v. Charming Betsy, 6 U.S. (2 Cranch) 64 (1804) 304-306, 332
Nixon v. Shrink Mo. Gov't PAC, 528 U.S. 377 (2000) 466
N.L.R.B. v. Catholic Bishop of Chicago, 440 U.S. 490 (1979) 310
Oyama v. California, 332 U.S. 633 (1948) 259
Panama Refining Co. v. Ryan, 293 U.S. 388 (1935) 151
Peretz v. United States, 501 U.S. 923 (1991) 152
Roper v. Simons, 543 U.S. 607 (2005) 312, 462, 466
Sale v. Haitian Centers Council, Inc., 509 U.S. 155 (1993) 140
Sanchez-Llamas v. Oregon, 548 U.S. 331 (2006) 293, 334, 392
Shankland v. Washington, 30 U.S. 390 (1831) 150
Talbot v. Seeman, 5 U.S. (1 Cranch) 1 (1801) 306
The Head Money Cases, 112 U.S. 580 (1884) 256
Thompson v. Oklahoma, 487 U.S. 815 (1988) 466
United States v. Belmont, 301 U.S. 324 (1937) 106
United States v. Curtiss-Wright Export Corporation, 299 U.S. 304 (1936)
.... 133, 134, 139, 140, 143, 342
United States v. NewYork Times, 403 U.S. 713 (1971) 138
United States v. Percheman, 32 U.S. (7 Pet.) 51 (1833) 257, 268
United States v. Pink, 315 U.S. 203 (1942) 106
Valentino v. United States, 299 U.S. 5 (1936) 131
Ware v. Hylton, 3 U.S. (3 Dall.) 199 (1796) 253, 254
Weinberger v. Rossi, 456 U.S. 25 (1982) 102, 308, 309
Youngstown Sheet & Tube Co. v. Sawyer, 343 U.S. 579 (1952) 119, 134-136, 139, 140, 143, 144
Zivotofsky v. Clinton, 132 S. Ct. 1421 (2012) 318
Zivotofsky v. Kerry, 135 S. Ct. 2076 (2015) 141-143, 331

連邦下級裁判所

Al-Bihani v. Obama, 619 F.3d 1 (D.C. Cir, 2010) 313, 329, 330
Atlee v. Laird, 347 F. Supp. 689 (E.D. Pa. 1972) 137
Corus Staal v. Department of Commerce, 259 F. Supp. 2d 1253 (2003) 339, 340
Corus Staal v. Department of Commerce, 395 F.3d 1343 (Fed. Cir., 2005) 334, 340
Diggs v. Dent, No. 74-1292 (D.D.C. May14, 1975), 14 I.L.M. 797 262
Diggs v. Richardson, 555 F.2d 848 (D.C. Cir. 1976) 170, 262, 296, 297
Diggs v. Schultz, 470 F.2d 461 (D.C. Cir., 1972) 261
Federal Mogul v. United States, 63 F.3d 1572 (1995) 338, 340

Footwear Distributors and Retailers of America v. United States, 852 F. Supp. 1078
(Ct. Int'l Trade 1994) ·· 310, 337, 340
Hyundai v. United States, 53 F. Supp. 2d 1334（1999）································· 339, 340
Made in the USA Foundation v. United States, 242 F.3d 1300（11th Cir. 2001）········· 102
NRDC v. EPA, 464 F.3d 1（D.C. Cir. 2006）··· 169
Ramirez de Arellano v. Weinberger, 745 F.2d 1500（D.C. Cir. 1984）············· 137
Sampson v. Federal Republic of Germany, 250 F.3d 1145（7th Cir. 2001）····· 313
Suramerica v. United States, 966 F.2d 660（2005）···································· 340
The Fund for Animals v. Kempthorne, 472 F.3d 872（D.C. Cir. 2006）········· 313, 330
Timken v. United States, 240 F. Supp. 2d 1228（Ct. Int'l Trade 2002）········· 340
Timken v. United States, 354 F.3d 1334（Fed. Cir. 2004）··························· 340, 341
Unisor v. United States, 342 F. Supp. 2d 1267（Ct. Int'l Trade 2004）·········· 341
United States v. Guy W. Capps, Inc., 204 F.2d 655（4th Cir. 1953）·············· 107
United States v. Yunis, 924 F.2d 1086（D.C. Cir. 1991）······························ 312
Warren Corporation v. E.P.A., 159 F.3d 616（D.C. Cir. 1998）····················· 310

カリフォルニア州裁判所

Fujii v. State of California, 217 P.2d 481（1950）·· 257, 258
Fujii v. State of California, 38 Cal.2d. 718（1952）······································ 257, 260

【国際裁判所】

国際司法裁判所（ICJ）

Avena and Other Mexican Nationals（Mex. v. U.S.）, 2004 I.C.J. 12（Mar. 31）（Avena 判決）
·· 262, 289, 291, 293, 294, 297, 403
Fisheries Case（U.K. v. Nor.）, 1951 I.C.J. 116（Dec. 18）····························· 333
Judicial Immunities of the State（Ger. v. It.）, Judgment, 2012 I.C.J. 99（Feb. 3, 2012）············· 313
LaGrand（Ger. v. U.S.）, Provisional Measures, 1999 I.C.J. 9（Mar. 3）········· 262
LaGrand（Ger. v. U.S.）, 2001 I.C.J. 466（June 27）（LaGrand 判決）············· 262, 403
Nuclear Tests（Austl. v. Fr.）, 1974 I.C.J. 253（Dec. 20）······························· 57
Territorial Dispute（Libyan Arab Jamahiriya/Chad）, 1994 I.C.J. 6（Feb. 3）··· 278
The Frontier Dispute（Burk. Faso v. Mali）, 1986 I.C.J. 554（Dec. 22）········· 57
Vienna Convention on Consular Relations（Para. v. U.S.）, Provisional Measures, 1998 I.C.J. 248
（Apr. 9）·· 262
Vienna Convention on Consular Relations（Para. v. U.S.）, Order of Nov. 10 1998, 1998 I.C.J. 426
（Nov. 10）·· 262

常設国際司法裁判所（PCIJ）

Jurisdiction of the Courts of Danzig, Advisory Opinion, 1928 P.C.I.J.（ser. B）No. 15（Mar. 3）··· 212

欧州人権裁判所

EGMR, 24. 06. 2004-Nr. 59320/00 ·· 366

山田哲史（やまだ・さとし）
1984 年　愛知県生まれ
2007 年　京都大学法学部卒業
2009 年　京都大学大学院法学研究科法曹養成専攻修了
2012 年　京都大学大学院法学研究科法政理論専攻修了
現　在　岡山大学大学院社会文化科学研究科・法学部　准教授

【主要論文（本書所収以外）】
「『憲法適合的解釈』をめぐる覚書」帝京法学 29 巻 2 号（2015 年）277-322 頁、「強制処分法定主義の憲法的意義」公法研究 77 号（2015 年）225-234 頁、「新技術と捜査活動規制(1)・(2・完)」岡山大学法学会雑誌 65 巻 1 号（2015 年）178-132 頁・65 巻 2 号（2015 年）500-452 頁、「プライバシー権と刑事手続」大沢秀介＝大林啓吾編『アメリカの憲法問題と司法審査』(成文堂、2016 年) 131-158 頁

グローバル化と憲法
──超国家的法秩序との緊張と調整　　　　　　憲法研究叢書

2017(平成29)年 2 月21日　初版 1 刷発行

著　者　山田哲史
発行者　鯉渕友南
発行所　株式会社　弘文堂　　101-0062 東京都千代田区神田駿河台 1 の 7
　　　　　　　　　　　　　　TEL 03(3294)4801　振替 00120-6-53909
　　　　　　　　　　　　　　http://www.koubundou.co.jp
装　丁　大森裕二
印　刷　三陽社
製　本　牧製本印刷

Ⓒ 2017 Satoshi Yamada. Printed in Japan

[JCOPY]〈(社)出版者著作権管理機構　委託出版物〉
本書の無断複写は著作権法上での例外を除き禁じられています。複写される場合は、そのつど事前に、(社)出版者著作権管理機構（電話 03-3513-6969、FAX 03-3513-6979、e-mail: info@jcopy.or.jp）の許諾を得てください。
また本書を代行業者等の第三者に依頼してスキャンやデジタル化することは、たとえ個人や家庭内での利用であっても一切認められておりません。

ISBN 978-4-335-30335-7

憲法研究叢書

憲法裁判権の動態　宍戸常寿　　　　　　　　Ａ５判　8000円
立法者との関係での限界画定論の動態についてドイツを素材に精密な史的分析を行った上で、憲法裁判権の判例傾向や現在的問題状況に多角的な検討を試み、その再構成に挑む。

表現・教育・宗教と人権　内野正幸　　　　　　Ａ５判　3800円
言葉で表現したり教育したりする側の自由や利益と、それを受け取る側の気持ちを害されるおそれとを、どのように調整していくべきか。長年、思考を重ねてきた著者の集大成。

現代国家における表現の自由　横大道聡　　　　Ａ５判　5000円
国家の規制手法がますます不可視化・巧妙化する現代、表現の自由はいかなる意味を持つのか。従来個別に論じられてきた諸法理の関係を再検討し、表現の自由論のアップデートを試みる。

憲法とリスク　大林啓吾　　　　　　　　　　　Ａ５判　5800円
監視、犯罪予防、公衆衛生、情報提供、環境問題について、リスク対策をめぐる三権の動態を考察しながら「リスク社会」にふさわしい憲法秩序を探究する。

異質性社会における「個人の尊重」　齊藤愛　　Ａ５判　3500円
デュルケームの社会思想を手がかりに、日本国憲法の核心原理である「個人の尊重」の現代的意義に迫る。異質性社会の構成員の精神的紐帯が「個人の尊重」であることを力強く謳う。

グローバル化と憲法　山田哲史　　　　　　　　Ａ５判　5800円
超国家的法規範への国内議会関与および国内裁判所によるその適用に関する独米の議論を素材に、国際法学との間にも橋を架けながら「民主主義の赤字」論に憲法学から応答する。

＊表示価格(税別)は2017年2月現在のものです。